MARCOS
EHRHARDT JR.

FABÍOLA
LOBO

ORGANIZADORES

VULNERABILIDADE E SUA COMPREENSÃO NO DIREITO BRASILEIRO

2021 © Editora Foco
Organizadores: Marcos Ehrhardt Jr. e Fabíola Lobo
Autores: Ana Carolina Brochado Teixeira, Caio Ribeiro Pires, Camila Buarque Cabral, Carlos Henrique Félix Dantas, Cora Cristina Ramos Barros Costa, Daniel Bucar, Dimitre Braga Soares de Carvalho, Elisa Cruz, Everilda Brandão Guilhermino, Fabíola Albuquerque Lobo, Fernanda Tartuce, Gabriel Schulman, Geraldo Frazão de Aquino Júnior, Glícia Thais Salmeron de Miranda, Gustavo Henrique Baptista Andrade, José Barros Correia Junior, Karina Barbosa Franco, Luciana Brasileiro, Manuel Camelo Ferreira da Silva Netto, Maria Carla Moutinho Nery, Maria Rita de Holanda, Patricia Ferreira Rocha, Paula Falcão Albuquerque, Paulo Lôbo, Simone Tassinari, Tatiane Gonçalves Miranda Goldhar
Diretor Acadêmico: Leonardo Pereira
Editor: Roberta Densa
Assistente Editorial: Paula Morishita
Revisora Sênior: Georgia Renata Dias
Capa Criação: Leonardo Hermano
Diagramação: Ladislau Lima e Aparecida Lima
Impressão miolo e capa: GRAFNORTE

Dados Internacionais de Catalogação na Publicação (CIP) (Câmara Brasileira do Livro, SP, Brasil)

V991   Vulnerabilidade e sua compreensão no direito brasileiro / Ana Carolina Brochado Teixeira ... [et al.] ; coordenado por Fabíola Albuquerque Lobo, Marcos Ehrhardt Jr.. - Indaiatuba, SP : Editora Foco, 2021.
216 p. ; 17cm x 24cm.

Inclui bibliografia e índice.
ISBN: 978-65-5515-193-0

1. Direito. 2. Vulnerabilidade. I. Teixeira, Ana Carolina Brochado. II. Pires, Caio Ribeiro. III. Cabral, Camila Buarque. IV. Dantas, Carlos Henrique Félix. V. Costa, Cora Cristina Ramos Barros. VI. Bucar, Daniel. VII. Carvalho, Dimitre Braga Soares de. VIII. Cruz, Elisa. IX. Guilhermino, Everilda Brandão. X. Lobo, Fabíola Albuquerque. XI. Tartuce, Fernanda. XII. Schulman, Gabriel. XIII. Aquino Júnior, Geraldo Frazão de. XIV. Miranda, Glícia Thais Salmeron de. XV. Andrade, Gustavo Henrique Baptista. XVI. Correia Junior, José Barros. XVII. Franco, Karina Barbosa. XVIII. Brasileiro, Luciana. XIX. Netto, Manuel Camelo Ferreira da Silva. XX. Nery, Maria Carla Moutinho. XXI. Holanda, Maria Rita de. XXII. Rocha, Patricia Ferreira. XXIII. Albuquerque, Paula Falcão. XXIV. Lôbo, Paulo. XXV. Tassinari, Simone. XXVI. Goldhar, Tatiane Gonçalves Miranda. XXVII. Ehrhardt Jr., Marcos. XXVIII. Título.

2020-3159   CDD 340   CDU 34

Elaborado por Vagner Rodolfo da Silva - CRB-8/9410
Índices para Catálogo Sistemático:
1. Direito 340   2. Direito 34

DIREITOS AUTORAIS: É proibida a reprodução parcial ou total desta publicação, por qualquer forma ou meio, sem a prévia autorização da Editora FOCO, com exceção do teor das questões de concursos públicos que, por serem atos oficiais, não são protegidas como Direitos Autorais, na forma do Artigo 8º, IV, da Lei 9.610/1998. Referida vedação se estende às características gráficas da obra e sua editoração. A punição para a violação dos Direitos Autorais é crime previsto no Artigo 184 do Código Penal e as sanções civis às violações dos Direitos Autorais estão previstas nos Artigos 101 a 110 da Lei 9.610/1998. Os comentários das questões são de responsabilidade dos autores.

NOTAS DA EDITORA:
Atualizações e erratas: A presente obra é vendida como está, atualizada até a data do seu fechamento, informação que consta na página II do livro. Havendo a publicação de legislação de suma relevância, a editora, de forma discricionária, se empenhará em disponibilizar atualização futura.

Erratas: A Editora se compromete a disponibilizar no site www.editorafoco.com.br, na seção Atualizações, eventuais erratas por razões de erros técnicos ou de conteúdo. Solicitamos, outrossim, que o leitor faça a gentileza de colaborar com a perfeição da obra, comunicando eventual erro encontrado por meio de mensagem para contato@editorafoco.com.br. O acesso será disponibilizado durante a vigência da edição da obra.

Impresso no Brasil (12.2020) – Data de Fechamento (12.2020)
2021
Todos os direitos reservados à
Editora Foco Jurídico Ltda.
Rua Nove de Julho, 1779 – Vila Areal
CEP 13333-070 – Indaiatuba – SP
E-mail: contato@editorafoco.com.br
www.editorafoco.com.br

PREFÁCIO
Afinal, o que significa ser vulnerável no direito brasileiro?

O objetivo deste livro é tentar apresentar ao leitor diferentes respostas à pergunta acima formulada, já que a compreensão acerca do tratamento jurídico conferido a situações de vulnerabilidade apresentou significativa evolução nas últimas décadas, especialmente após o advento da Constituição Federal de 1988.

É a partir do texto constitucional que se rompe com o paradigma liberal que orientava a disciplina das relações privadas, baseado numa perspectiva de igualdade formal incompatível com as transformações sociais então vivenciadas. É num modelo baseado numa ética da alteridade e respeito à diversidade, característicos das relações humanas, que prosperou a preocupação com a proteção de sujeitos de direito em condições de desvantagem, limitação, discriminação ou restrição injustificada ao exercício de sua própria autonomia, seja existencial ou puramente patrimonial.

Se é comum associarmos o início dos estudos acerca da tutela dos vulneráveis a aspectos puramente econômicos, sobretudo pelo tratamento dispensado aos consumidores em suas relações assimétricas com fornecedores de produtos ou serviços, é preciso anotar que a noção de vulnerabilidade vem sendo ressignificada, priorizando aspectos existenciais das relações jurídicas, de modo a desenvolver a proteção necessária da pessoa em situações de desigualdade de oportunidades, fragilidade, redução da autodeterminação ou capacidade de agir, que transcendem a preocupação com restrições à autonomia negocial ou desigualdade no campo das relações privadas patrimoniais.

Atualmente relacionamos o tema da vulnerabilidade à necessidade de intervenção para a proteção de crianças, adolescentes, idosos, pessoas com deficiência, pessoas superendividadas e mulheres vítimas dos mais diversos tipos de violência em suas relações conjugais, mas não podemos nos esquecer de incluir nas discussões sobre o tema as pessoas que sofrem de discriminação por conta de suas escolhas no campo religioso e/ou sexual, tampouco pessoas que sofrem preconceito por sua origem racial ou pela contingência de estarem tentando sobreviver a uma guerra, perseguição política ou severas condições socioeconômicas, fatores comuns entre refugiados.

O desenvolvimento da tecnologia e seu impacto nas relações humanas também vêm criando novos tipos de exclusão social, a exigir um olhar atento para que não se ampliem ainda mais as hipóteses de vulnerabilidade baseadas na falta de acesso à internet ou na ausência de educação para a vida digital.

Identificada a vulnerabilidade nos seus mais variados matizes, voltamos nossos olhos às possíveis respostas ao problema, que vêm sendo construídas a partir da conjugação dos verbos proteger, reequilibrar, revisar, tutelar e intervir. Há que se aprofundar os estudos acerca das possibilidades de intervenção estatal nas relações privadas com fundamento na necessidade de se assegurar uma efetiva igualdade material nos casos concretos, tarefa que depende, muitas vezes, do compromisso do intérprete em preencher o significado de cláusulas gerais e conceitos indeterminados com base em interesses merecedores de tutela que decorrem do texto constitucional.

Interferir quando estritamente necessário para reequilibrar, para impor limites a condutas oportunistas e abusivas, para promover autonomia, liberdade e respeito a escolhas individuais através de decisões fundamentadas, que precisam ser baseadas em critérios sindicáveis , não é uma tarefa de fácil efetivação, num cenário com tantos hábitos, culturas e visões de mundo distintos, cada vez mais polarizadas por algoritmos que buscam categorizar nossa existência em padrões predefinidos segundo a lógica do mercado de consumo, dificultando sobremaneira a coexistência com a diversidade e o exercício da tolerância com aqueles que legitimamente pautam suas ações por uma perspectiva diferente da nossa.

Não importa se o contexto é de desvantagem econômica, social, etária, informacional, técnica ou tecnológica; não importa se estamos diante de um quadro histórico e estrutural ou meramente contingencial, o traço característico da vulnerabilidade é o exercício de poder sobre o outro, que reclama algum grau de intervenção para evitar os abusos decorrentes do exercício de protagonismo por apenas um dos sujeitos da relação jurídica, movido por interesses particulares que nem sempre encontram abrigo quando analisados sob a ótica dos direitos fundamentais.

Se no campo das relações patrimoniais temos vários exemplos de legislações que orientam uma intervenção estatal para limitar uma autonomia privada exercida sem equivalência material efetiva, no campo das relações existenciais ainda há aqueles que confundem proteção com vedação ao exercício de direitos, vale dizer, com reconhecimento de capacidade jurídica para a prática de atos com efetiva paridade.

Em boa hora a editora Foco abraçou este projeto, nascido dos debates dentro do Grupo de Pesquisa Constitucionalização das Relações Privadas (CONREP), vinculado à Universidade Federal de Pernambuco (UFPE), porta de entrada para pesquisadores de todo o país que atuam pesquisando em conjunto, através da rede de pesquisa Agendas de Direito Civil Constitucional.

Ao longo de 17 artigos, são apresentadas importantes reflexões sobre *vulnerabilidade, diversidade sexual e gênero* (artigos de Elisa Cruz, Daniel Bucar, Caio Pires, Manuel Camelo Ferreira da Silva Netto e Carlos Henrique Félix Dantas), *vulnerabilidade contratual* do consumidor, do empresário e daqueles que se encontram superendividados (textos de José Barros Correia Júnior, Paula Falcão, Fabíola Lôbo e Cora Costa), *vulnerabilidade e tecnologia* (artigos de Everilda Brandão, Geraldo Frazão, Tatiane Goldhar e Glícia Miranda) e *vulnerabilidade nas relações familiares*, não apenas do ponto de vista da conjugalidade, mas também analisando as relações que decorrem do exercício da autoridade parental, envolvendo o melhor interesse de crianças e adolescentes (textos de Ana Carolina Brochado Teixeira, Maria Carla Moutinho Nery, Camila Buarque Cabral, Karina Barbosa Franco e Dimitre Carvalho).

Devem-se ainda destacar os trabalhos específicos sobre temas que fomentam acalorados debates sobre autonomia e gradação da curatela (Fernanda Tartuce e Simone Tassinari), gestação sub-rogada (Maria Rita Holanda), função social da legítima e vulnerabilidade dos sucessores (Patrícia Rocha), vulnerabilidade sucessória nas relações concubinárias (Gustavo Andrade e Luciana Brasileiro) e sobre saúde mental e os pressupostos para a internação forçada (Gabriel Schulman), que formam um mosaico do estado da arte das discussões sobre vulnerabilidades e sua compreensão em nosso sistema jurídico.

Ainda é preciso destacar o texto de abertura desta coletânea, da lavra do Professor Paulo Lôbo, que com precisão e objetividade apresenta a evolução e os atuais contornos da vulnerabilidade jurídica dos contratantes, estabelecendo premissas que serão desenvolvidas ao longo de todo o livro.

O livro nos convida a refletir sobre inclusão e respeito à diferença, que fortalecem o convívio social e nosso compromisso com tolerância e diversidade, na busca de um efetivo equilíbrio material em relações que fazem parte de nosso cotidiano.

Marcos Ehrhardt Júnior

Advogado. Doutor em Direito pela Universidade Federal de Pernambuco (UFPE). Professor de Direito Civil da Universidade Federal de Alagoas (UFAL) e do Centro Universitário CESMAC. Editor da Revista Fórum de Direito Civil (RFDC). Vice-Presidente do Instituto Brasileiro de Direito Civil (IBDCIVIL). Presidente da Comissão de Enunciados do Instituto Brasileiro de Direito de Família (IBDFAM). Membro Fundador do Instituto Brasileiro de Direito Contratual – IBDCont e do Instituto Brasileiro de Estudos de Responsabilidade Civil (IBERC). *E-mail*: contato@marcosehrhardt.com.br

Devem-se ainda destacar os trabalhos específicos sobre temas que fomentam autoria dos debates sobre autonomia e gradação da criança (Cfr. Amanda Farinha e Simone Tassinari), gestação sub-rogada (Maria Rita Holanda), função social da legítima e vulnerabilidade dos sucessores (Patrícia Rocha), vulnerabilidade sucessória nas relações concubinárias (Gustavo Andrade e Eduarda Brasileiro), e sobre ainda, inamuais, os pressupostos para a interrupção forçada (Gabriel Schulman), que formam um mosaico do estudo de uma das facetas sobre vulnerabilidades e sua compreensão em nosso sistema jurídico.

Ainda preciso destacar o texto de abertura de ilustre amiga, da lavra do Professor Paulo Lôbo, que com precisão e objetividade apresenta a evolução e os atuais contornos da vulnerabilidade jurídica dos contratantes, estabelecendo premissas que serão desenvolvidas ao longo de todo o livro.

O livro nos convida a refletir sobre inclusão e o respeito a diferença, que fortalecem o convívio social e nosso compromisso com tolerância e diversidade, na busca de um efetivo equilíbrio material em relações que fazem parte de nosso cotidiano.

Marco Fábio Morsello

Advogado. Doutor em Direito pela Universidade Federal de Pernambuco (UFPE). Diretor dos Direitos Civil de Habitação no Brasil pelo Alumni da UNAM e do Centro Universitário CEUB. Conselho de leitura Revista Direito Civil (UFPE). Vice-Presidente do Instituto Brasileiro de Direito Civil (IBDCIVIL). Presidente da Comissão de Diversidade do Instituto Brasileiro de Direito de Família Seccional IBDFAM-PE. Membro Fundador do Instituto Brasileiro de Eurogovia Funcional IBDEuf. E-mail: marcomorsello@hotmail.com.br.

SUMÁRIO

PREFÁCIO III

VULNERABILIDADE JURÍDICA DO CONTRATANTE
    Paulo Lôbo 1

O EMPRESÁRIO VULNERÁVEL EM TEMPOS DE SIMETRIA CONTRATUAL
    José Barros Correia Junior e Paula Falcão Albuquerque 17

A HIPERVULNERABILIDADE DO CONSUMIDOR DE SERVIÇOS FINANCEIROS DIGITAIS
    Geraldo Frazão de Aquino Júnior 43

A PROTEÇÃO JURÍDICA DA HIPERVULNERABILIDADE DO IDOSO SUPERENDIVIDADO NA SOCIEDADE DE CONSUMO
    Fabíola Albuquerque Lobo e Cora Cristina Ramos Barros Costa 65

A ECONOMIA DO COMPARTILHAMENTO E A DESCOBERTA DE UM NOVO CONTRATANTE VULNERÁVEL: EM BUSCA DE UMA JUSTIÇA CONTRATUAL
    Everilda Brandão Guilhermino 97

VULNERABILIDADE DA CRIANÇA E DO ADOLESCENTE E A (IN) CONSTITUCIONALIDADE DA LEI DE ALIENAÇÃO PARENTAL
    Camila Buarque Cabral e Karina Barbosa Franco 109

VULNERABILIDADE DIGITAL DE CRIANÇAS E ADOLESCENTES: A IMPORTÂNCIA DA AUTORIDADE PARENTAL PARA UMA EDUCAÇÃO NAS REDES
    Ana Carolina Brochado Teixeira e Maria Carla Moutinho Nery 133

A EXPOSIÇÃO INFANTIL COM FINS COMERCIAIS NAS REDES SOCIAIS, MECANISMOS DE PROTEÇÃO INFANTIL E A RESPONSABILIDADE CIVIL DOS PAIS
    Tatiane Gonçalves Miranda Goldhar e Glícia Thais Salmeron de Miranda 149

VULNERABILIDADE, SUPERENDIVDAMENTO E GÊNERO: ENTRE NÚMEROS, PROBLEMAS E SOLUÇÕES
    Daniel Bucar e Caio Ribeiro Pires 167

VULNERABILIDADE E MULHER NOS DIREITOS DAS FAMÍLIAS: DESIGUALDADES NAS RELAÇÕES DE CONJUGALIDADE E CUIDADO
    Elisa Cruz 181

A VULNERABILIDADE DA MULHER NO CASO DA GESTAÇÃO SUB-ROGADA NO BRASIL
    Maria Rita de Holanda 197

"NOSSAS VIDAS IMPORTAM?" A VULNERABILIDADE SOCIOJURÍDICA DA POPULAÇÃO LGBTI+ NO BRASIL: DEBATES EM TORNO DO ESTATUTO DA DIVERSIDADE SEXUAL E DE GÊNERO E DA SUA ATUAL PERTINÊNCIA
    Manuel Camelo Ferreira da Silva Netto e Carlos Henrique Félix Dantas 213

A VULNERABILIDADE JURÍDICA DAS FAMÍLIAS TRANSNACIONAIS
    Dimitre Braga Soares de Carvalho 231

AUTONOMIA E GRADAÇÃO DA CURATELA À LUZ DAS FUNÇÕES PSÍQUICAS
    Fernanda Tartuce e Simone Tassinari 245

FUNÇÃO SOCIAL DA LEGÍTIMA: DA SOLIDARIEDADE FAMILIAR ABSTRATA À ANÁLISE CASUÍSTICA DA VULNERABILIDADE DOS SUCESSORES
    Patricia Ferreira Rocha 261

TODA LIBERDADE SERÁ CASTIGADA: UM ESTUDO SOBRE A VULNERABILIDADE DA AUTONOMIA SUCESSÓRIA NAS RELAÇÕES CONCUBINÁRIAS
    Gustavo Henrique Baptista Andrade e Luciana Brasileiro 275

DESENVOLVIMENTO SUSTENTÁVEL, SAÚDE MENTAL E VULNERABILIDADES. INTERFACES ENTRE VIDA SAUDÁVEL, BEM-ESTAR E OS PRESSUPOSTOS PARA INTERNAÇÃO FORÇADA NA JURISPRUDÊNCIA DA CORTE EUROPEIA DE DIREITOS HUMANOS
    Gabriel Schulman 291

VULNERABILIDADE JURÍDICA DO CONTRATANTE

Paulo Lôbo

Doutor em Direito Civil pela USP. Professor Emérito da UFAL, ex-Conselheiro do Conselho Nacional de Justiça, líder do gripo de pesquisa "Constitucionalização das relações privadas".

Sumário: 1. Ocorrências de vulnerabilidades jurídicas no contrato. 2. Vulnerabilidade contratual estrutural 3. Controle do poder negocial e redução da vulnerabilidade contratual. 4. Vulnerabilidade contratual circunstancial. 5. Vulnerabilidade decorrente da massificação contratual. 6. Limitações da liberdade contratual e proteção da parte vulnerável. 7. Equivalência material como fundamento da proteção do contratante vulnerável. 8. Ressignificação da autonomia privada ante a vulnerabilidade contratual. 9. Excurso.

1. OCORRÊNCIAS DE VULNERABILIDADES JURÍDICAS NO CONTRATO

A consideração da vulnerabilidade jurídica do contrato é relativamente recente. Durante o triunfo do individualismo moderno, aprofundou-se a ficção instrumental da igualdade formal dos contratantes, como expressão de suas plenas autonomias de vontade.

Como corolário desse cenário formalista, não cabia ao legislador intervir para proteger a parte que, na realidade da vida negocial, estava de fato submetida ao poder negocial da outra. Foram afastados até mesmo institutos jurídicos consagrados na experiência milenar do sistema romano-germânico, como o *favor debitoris*, a *interpretatio contra stipulatorem* e a cláusula *rebus sic stantibus*, porque eram incompatíveis com a visão formalista e individualista da intocabilidade do contrato, porque reclamavam a intervenção do Estado-juiz. Recentemente, esses e outros institutos assemelhados foram reintroduzidos nos sistemas jurídicos contemporâneos, quando passaram a contemplar a vulnerabilidade real dos contratantes.

Nesta exposição, concentrar-nos-emos na vulnerabilidade jurídica, deixando de lado outras espécies de vulnerabilidades reais, tais como a econômica, a social, a etária, a informacional, a educacional, a técnica. Tais vulnerabilidades podem estar presentes na formação e na execução do contrato, porém somente interessam ao direito quando este as converte em jurídicas.

As vulnerabilidades jurídicas consideradas atualmente nos contratos podem ocorrer em duas situações distintas:

1. A vulnerabilidade estrutural, assim qualificada quando o direito presume que, em determinados contratos, uma das partes é merecedora de tutela jurídica, independentemente das condições reais (ex.: o consumidor, pobre ou rico, é sempre juridicamente vulnerável ao poder negocial da outra parte);

2. A vulnerabilidade circunstancial, que depende de circunstâncias particulares, que estiveram presentes na formação e se frustraram ou foram modificadas durantes a execução do contrato, ainda que presumivelmente paritário.

2. VULNERABILIDADE CONTRATUAL ESTRUTURAL

A vulnerabilidade do contratante é fruto do Estado social, do século XX, com suas promessas de realização da justiça social e redução das desigualdades sociais, que no Brasil projetaram-se nas Constituições de 1934 a 1988, especialmente nesta.

No que respeita aos contratos, o Estado social caracteriza-se justamente pela função oposta à cometida ao Estado liberal mínimo. O Estado não é mais apenas o garantidor da liberdade e da autonomia contratual dos indivíduos; vai além, intervindo profundamente nas relações contratuais, ultrapassando os limites da justiça comutativa para promover, não apenas a justiça distributiva, mas também a justiça social.

Diferentemente da justiça comutativa (dar a cada um o que é seu, considerando cada um como igual – transportando-se para o contrato o princípio da igualdade jurídica formal) e da justiça distributiva (dar a cada um o que é seu, considerando a desigualdade de cada um – no plano contratual, atribuindo mais tutela jurídica ao contratante que o direito presume vulnerável, a exemplo do trabalhador, do inquilino, do consumidor, do aderente), a justiça social implica transformação, promoção, mudança, segundo o preciso enunciado constitucional: "reduzir as desigualdades sociais" (arts. 3º, III, e 170, VII, da Constituição brasileira). Com efeito, enquanto as justiças comutativa e distributiva qualificam as coisas como estão, a justiça social tem por fito transformá-las, de modo a reduzir as desigualdades.

A intervenção do Estado nas relações econômicas privadas, que caracteriza profundamente o Estado social, tem sob foco principal o contrato, como instrumento jurídico por excelência da circulação dos valores e titularidades econômicos, e precisamente da proteção dos figurantes mais fracos ou vulneráveis.

No Brasil, ao longo do século XX, o direito passou a presumir a vulnerabilidade de determinados figurantes, merecedores de proteção legal e de consequente restrição do âmbito de autonomia privada, quando esta é instrumento de exercício de poder do outro figurante (ou parte contratual). Assim, emergiram os protagonismos do mutuário, com vedação dos juros usurários (Dec. 22.626, de 1933), do inquilino comercial (Dec. 24.150, de 1934; atualmente, Lei 8.245, de 1991) e do promitente comprador de imóveis loteados (Dec.-Lei 58, de 1937), na década de trinta; do trabalhador assalariado (Consolidação das Leis do Trabalho, de 1943), na década de quarenta; do inquilino residencial (Lei 4.494, de 1964; atualmente, Lei 8.245, de 1991) e do contratante rural (Estatuto da Terra, de 1964), na década de sessenta; dos titulares de direitos autorais (Lei 5.988, de 1973; atualmente, Lei 9.610, de 1998), na década de setenta; do consumidor (Código de Defesa do Consumidor, de 1991), na década de noventa; do aderente em contrato de adesão (Código Civil, de 2002), na primeira década do século XXI.

Algumas dessas vulnerabilidades reclamaram tal grau de intervenção legal, que se converteram em ramos autônomos do direito, a exemplo do direito do trabalho, do direito autoral, do direito agrário e do direito do consumidor. Como o direito civil dos contratos permaneceu ancorado nos pressupostos oitocentistas do Estado liberal, da concepção de mercado como espaço imune à controlabilidade social ou estatal e das consequentes concepções de autonomia privada ilimitada e de igualdade jurídica formal dos contratantes, terminou por ser subtraído de importantes segmentos da vida econômica e do cotidiano das pessoas.

Esses direitos contratuais especiais têm em comum a intervenção legislativa e a consequente limitação da autonomia privada. Essa limitação, paradoxalmente, tem por fito a garantia da autonomia negocial real, pois a proteção do contratante vulnerável assegura-lhe condições efetivas de paridade de armas com o outro contratante. Assim, reafirma-se o equilíbrio e reciprocidade da autonomia negocial, para que não seja exercitada apenas por uma das partes.

Ressalta-se o paradoxo que os juristas começam a perceber com mais nitidez: o Estado social, sob o ponto de vista do direito, cresce na mesma proporção em que ele decresce, sob o ponto de vista econômico. As recentes experiências brasileiras de privatização de setores importantes da economia nacional, principalmente de fornecimento ou prestação de serviços públicos, revelaram que cresceram as demandas de regulação, para proteção dos contratantes usuários. E a regulação se dá, prioritariamente, no controle das relações contratuais, para tutela dos contratantes vulneráveis, que exercem pouco ou nenhum poder negocial.

A partir do início dos anos oitenta do século XX, passou a vigorar o suposto consenso de que o Estado é o problema e o mercado a solução, ou de que a atividade econômica desregulada é mais eficiente. O fim do Estado social foi proclamado pelos poderes econômicos hegemônicos e pela literatura política e social, que alardeiam a necessidade de "respeito aos contratos", pouco importando que tenham resultado do poder negocial dominante e da vulnerabilidade jurídica das outras partes, para que os investimentos nas nações mais pobres fluam.

Apesar de estar o ordenamento jurídico brasileiro sob a conformação constitucional do Estado social, a concepção individualista e formal do contrato ainda é muito enraizada nos hábitos e quefazeres dos juristas nacionais, para o que contribuiu a onda aparentemente vencedora do mercado financeiro mundial livre de qualquer regulação e na corrente ideológica do neoliberalismo, exigentes do encolhimento das garantias legais dos direitos nacionais, máxime no que concerne à proteção dos contratantes vulneráveis, principalmente do trabalhador assalariado, do consumidor e do usuário dos serviços públicos privatizados.

Esse cenário enganador de ressurgimento das crenças nas virtudes econômicas do sistema de mercado livre levou alguns[1] a propugnar pelo retorno dos princípios clássicos do contrato, com interesse crescente (especialmente nos países anglo-americanos) na relação entre eles e os princípios econômicos (eficiência, custo e benefício), com alguma repercussão no Brasil, abdicando-se dos valores e princípios jurídicos fundamentais.

---

1. ATTIYAH, P. S. *An introduction to the law of contract*. New York: Oxford, 2000, p. 27.

A crise financeira mundial do final de 2008 pôs em xeque essas convicções que pareciam irreversíveis, retomando-se a necessidade de regulação pública da atividade negocial e, consequentemente, da preservação dos contratantes vulneráveis. "De repente, o Estado voltou a ser a solução, e o mercado, o problema; a globalização foi posta em causa; a nacionalização de importantes unidades econômicas, de anátema passou a ser a salvação" [2].

3. CONTROLE DO PODER NEGOCIAL E REDUÇÃO DA VULNERABILIDADE CONTRATUAL

A história ensina que a liberdade contratual transformou-se nas mãos dos poderosos em instrumento iníquo de exploração do que se presume vulnerável. Quem utiliza instrumentos contratuais para o exercício, ainda que legítimo, do poder negocial deve se submeter a controle social ou estatal. O exercício de poder implica submissão do outro. Seu controle tem como ponto de partida a identificação de quem a ele se submete, para que seja protegido dos abusos e excessos. Portanto, em relação ao poder negocial dominante, o controle preventivo ou repressivo se dá pela intervenção legislativa, de modo a proteger o juridicamente vulnerável.

Montesquieu disse, com razão, que o poder exercido sem qualquer controle degenera em abuso: "todo homem que tem em mãos o poder é sempre levado a abusar do mesmo; e assim irá seguindo, até que encontre algum limite" [3]. Sua reflexão, dirigida ao poder político, vale igualmente para o exercício de qualquer tipo de poder.

Dispensa-se o controle quando, no contrato, os figurantes são presumivelmente iguais, seja porque os riscos econômicos são equivalentes, seja porque ambos detêm o domínio das informações, seja porque os poderes de barganha se encontram equilibrados. São iguais por presunção, pois não se pode exigir igualdade absoluta entre eles, dado a que sempre haverá entre os contratantes desigualdades pessoais, sociais e econômicas, que não são utilizadas para exercício de poder ou de exploração de um contra o outro. Nesses casos não faz sentido cogitar-se de presunção de vulnerabilidade jurídica. É o que se dá, na maioria dos casos, com os contratos interempresariais ou com os contratos entre pessoas que não exercem atividade econômica. Ainda assim há limitação da autonomia privada, no plano geral, em razão dos bons costumes e das normas legais que estabelecem critérios objetivos, fora da lógica de mercado, como a boa-fé e a função social.

A vulnerabilidade, sob o ponto de vista jurídico, é o reconhecimento pelo direito de que determinadas posições contratuais, nas quais se inserem as pessoas, são merecedoras de proteção. Não se confunde com a hipossuficiência, que é conceito eminentemente econômico ou conceito jurídico fundado na insuficiência das condições econômicas pessoais. De maneira geral, os juridicamente vulneráveis são hipossuficientes, mas nem

---

2. SANTOS, Boaventura de Sousa. Consensos problemáticos. *Constituição & democracia*. Brasília: UnB, n. 30, mar. 2009, p. 24. "Mais intrigante ainda é o fato de serem as mesmas pessoas e instituições a defenderem hoje o contrário do que defendiam ontem, e de aparentemente o fazerem sem a mínima consciência da contradição".

3. MONTESQUIEU. *Do espírito das leis*. Trad. Gabriela de Andrada Dias Barbosa. Rio de Janeiro: Tecnoprint, 1968, p. 201, v. 2.

sempre essa relação existe. A vulnerabilidade jurídica pode radicar na desigualdade do domínio das informações, para que o interessado em algum bem ou serviço possa exercer sua escolha, como ocorre com o consumidor; pode estar fundada na impossibilidade de exercer escolhas negociais, como ocorre com o aderente em contrato de adesão a condições gerais.

A vulnerabilidade contratual independe de aferição real ou de prova. A presunção legal absoluta não admite prova em contrário ou considerações valorativas, até porque a presunção é consequência que a lei deduz de certos fatos, às vezes prevalecendo sobre as provas em contrário. A presunção é o meio de prova pressuposta que dispensa a comprovação real. Qualifica-se como prova indireta. Tem natureza de ficção jurídica, pois é juízo fundado em aparências, como instrumento operacional para resolução de conflitos, substituindo os demais meios de prova. A presunção simplifica a prova, pois a dispensa.

O legislador define *a priori* qual a posição contratual que deve ser merecedora de proteção ou do grau desta proteção, o que afasta a verificação judicial caso a caso. Não pode o juiz decidir se o trabalhador, o consumidor, o aderente, por exemplo, são mais ou menos vulneráveis, em razão de maior ou menor condição econômica, para modular a proteção legal, ou mesmo excluí-la. A lei leva em conta o tipo médio de vulnerabilidade, com abstração da situação real em cada caso. E assim é para se evitar que as flutuações dos julgamentos, ante as variações individuais, ponham em risco o princípio da proteção.

Até mesmo entre empresas, pode ocorrer vulnerabilidade jurídica, quando uma delas esteja submetida a condições gerais dos contratos predispostas pela outra. São situações comuns de vínculos contratuais permanentes para fornecimento de produtos ou serviços como as das concessionárias, das fornecedoras de mercadorias para redes de supermercados, ou das franqueadas. Ou então para obtenção de serviços que assegurem o funcionamento da empresa: fornecimento de água, luz, telefonia; seguros; acesso à rede computadores; manutenção de programas etc.

4. VULNERABILIDADE CONTRATUAL CIRCUNSTANCIAL

Os contratos de execução duradoura ou indeterminada, também denominados relacionais, não podem ser submetidos aos mesmos requisitos dos contratos de execução instantânea. São suscetíveis de modificação pelas circunstâncias futuras, previsíveis ou não, até porque ninguém pode antecipar a regularidade do mesmo estado de coisas com o passar do tempo. Esses contratos exigem adaptação constante, com o reajuste e o reequilíbrio de suas condições, o que provoca a implosão do princípio clássico de sua vinculabilidade obrigacional (*pacta sunt servanda*). Para esses contratos, são impróprias as soluções da teoria geral do adimplemento e das consequências do inadimplemento, porque não satisfazem os interesses das partes.

Não se pode esperar que a onerosidade insuportável para a parte vulnerável, em virtude das circunstâncias advindas da execução negocial, tenha como solução a extinção do contrato. Nesses casos, como no exemplo dos planos de saúde, há a razoável expectativa de que o contrato perdure por anos ou até mesmo até o fim da vida da pessoa, impondo-se a consideração da vulnerabilidade de quem dele se utiliza e o permanente ajustamento da equivalência material.

No contrato paritário, uma das partes pode estar, circunstancialmente, vulnerável, em virtude de frustração da base do negócio, não podendo prevalecer o princípio de *pacta sunt servanda*, que beneficia apenas a outra parte. A base do negócio é o ponto de equilíbrio que dá higidez ao contrato e fundamenta sua obrigatoriedade. Compromete-se a base do negócio não apenas quando ocorre mudança superveniente das circunstâncias, mas também quando não se confirmam as circunstâncias que as partes supuseram presentes na celebração. Interessa, pois, a aferição da base do negócio no momento da celebração e durante a execução.

O desenvolvimento mais aprofundado da aplicação da base do negócio quando ocorre mudança superveniente das circunstâncias (também denominada, inadequadamente, de teoria da imprevisão), tanto na doutrina quanto na jurisprudência brasileiras, não afasta sua verificação no momento da celebração do contrato. A percepção incorreta ou incompleta das circunstâncias, pelas partes ou por uma das partes, em boa-fé, torna irreal a base do negócio. A parte prejudicada com a onerosidade excessiva que se revelou na execução do contrato, se tivesse correta ou completa a percepção das circunstâncias, não concordaria com o contrato, nas condições em que foi celebrado. Cuida-se de fenômeno que pode ser denominado frustração da base do negócio, em virtude de falsa representação das circunstâncias que a informaram.

Assim como para a resolução em virtude de mudança superveniente das circunstâncias, a resolução ou a revisão por frustração da base do negócio, por falsa representação das circunstâncias, facultadas à parte prejudicada, não importa em perdas ou danos, ou incidência de cláusula penal, porque sua natureza não é de inadimplemento da obrigação. A parte pode pedir a modificação do contrato que elimine a desvantagem exagerada ou a onerosidade excessiva, ou pedir a resolução, se o grau de frustração da base do negócio não recomendar a continuidade do contrato.

5. VULNERABILIDADE DECORRENTE DA MASSIFICAÇÃO CONTRATUAL

O modelo paradigmático de liberdade de escolhas para autocomposição de interesses, em igualdade de condições, teve seu espaço reduzido substancialmente, a partir das primeiras décadas do século XX, em razão da massificação contratual e da crescente concentração de capital. Esse fenômeno real, mais que a intervenção legislativa, foi a causa efetiva da crise da autonomia privada contratual. As massas são os "conjuntos humanos nos quais o homem se revela como um ser anônimo e despersonalizado".[4]

A sociedade de massas multiplicou a imputação de efeitos negociais a um sem número de condutas, independentemente da manifestação de vontade dos obrigados. A globalização econômica utiliza o contrato como instrumento de exercício de dominação dos mercados e de desafio aos direitos nacionais, especialmente mediante condições

---

4. LÔBO, Paulo. *Condições gerais dos contratos e cláusulas abusivas*. São Paulo: Saraiva, 1991, p. 12.

gerais predispostas, que apenas são vertidas (quando o são) aos idiomas locais. A Administração pública tem abdicado dos clássicos instrumentos de soberania e *imperium* para desenvolver políticas públicas contratualizadas, como os contratos de gestão, em fenômeno que foi tido como "a fuga para o direito privado"[5].

A relação contratual de consumo, na dimensão que transcende os interesses dos figurantes e alcança a cidadania, está provocando uma das mais profundas transformações do direito, principalmente a partir da última década do século XX, no estalão da interdisciplinaridade.

Contemporaneamente, os contratos aos quais as pessoas mais se vinculam estão submetidos a condições gerais predispostas por uma das partes, inalteráveis pelos destinatários, submetendo milhares ou até mesmo milhões de pessoas. Cite-se o exemplo dos contratos de planos de saúde no Brasil, os quais alcançam dezenas de milhões de usuários (contratantes e beneficiários). Os ordenamentos jurídicos tiveram de se deparar com essas realidades do mundo da vida, para as quais o modelo tradicional do contrato é totalmente inadequado.

Nos contratos de adesão, a conduta do contratante aderente não configura exteriorização consciente de vontade, mas submissão às condições preestabelecidas. Por esta razão, o Código Civil de 2002 protege o aderente, qualificado como juridicamente vulnerável, com a interpretação que lhe seja favorável, quando em conflito com o predisponente. Portanto, mais que a vontade consciente exteriorizada, em casos que tais, o negócio jurídico emerge da conduta ou comportamento geradores de efeitos equivalentes ao do negócio jurídico volitivo, mas distintos. Hoje, os contratos de adesão atravessam toda a vasta área contratual da circulação de bens e da prestação de serviços, constituindo, em setores relevantes (bancário, de seguros, de fornecimento de bens duradouros etc.) a forma largamente dominante, quase exclusiva, de contratação. "Neles se jogam interesses econômicos nucleares da vida relacional do homem comum"[6].

Consequência assemelhada se dá com os chamados contratos necessários ou obrigatórios, a exemplo do seguro obrigatório para licenciamento de veículos, nos quais a vontade é totalmente desconsiderada. Nos contratos massificados de transporte coletivo pouco importa que a vontade do passageiro seja contrária ao preço da tarifa ou até mesmo do objeto contratual, quando se engana do destino. Para essas situações, alguns propõem que melhor se enquadrariam como ato-fato jurídico ou até mesmo como fato jurídico em sentido estrito, pois as normas do Código Civil relativas ao negócio jurídico e ao ato jurídico lícito, segundo Moreira Alves, "esgotam a disciplina das ações humanas que, por força do direito objetivo, produzem efeitos jurídicos em consideração à vontade do agente, e não simplesmente pelo fato objetivo desta atuação"[7].

A supremacia da vontade individual cedeu o lugar para os efeitos contratualiformes do tráfico jurídico. Assim, não mais se estranha que haja contratos obrigatórios, que certas condutas típicas sejam equiparadas a aceitação, que a vontade negocial seja

---

5. Título da obra de Maria João Estorninho, Coimbra: Almedina, 1996.
6. RIBEIRO, Joaquim de Souza. *Direito dos contratos*: estudos. Coimbra: Coimbra, 2007, p. 182.
7. ALVES, José Carlos Moreira. O negócio jurídico no anteprojeto de Código Civil brasileiro. *Arquivos do Ministério da Justiça*. Brasília: set. 1974, p. 3.

desconsiderada nos contratos massificados, que o equilíbrio formal do contrato seja superado pela equivalência material. A "morte do contrato" profetizada por Grant Gilmore não se consumou, salvo se for referida ao modelo clássico, matrizado na soberania da vontade do livre mercado, cujas teorias chocavam pela ausência de qualquer consideração social, como ele próprio admite[8]. Houve, ao contrário, sua metamorfose, para se adaptar à realidade de tão intensas mudanças da sociedade pós-industrial, com a inevitável consideração dos sujeitos vulneráveis.

6. LIMITAÇÕES DA LIBERDADE CONTRATUAL E PROTEÇÃO DA PARTE VULNERÁVEL

A liberdade contratual pressupõe o exercício de três liberdades de escolha interligadas: a) a liberdade de escolher o outro contratante; b) a liberdade de escolher o tipo contratual; c) a liberdade de determinação do conteúdo. A intervenção legislativa, no Estado social, para realizar a proteção do contratante vulnerável, vale-se de correspondentes modalidades de limitação da liberdade contratual, a saber:

I – limitação da liberdade de escolha do outro contratante, sobretudo nos setores de fornecimento de serviços públicos (água, luz, telefone, transporte etc.), ou monopolizados. O contratante fornecedor é obrigado a prestar o serviço a qualquer pessoa que o demande. Cuida-se de obrigação compulsória de fazer, não podendo haver recusa discricionária à contratação, que poderá ser determinada judicialmente, além de importar indenização por perdas e danos;

II – limitação da liberdade de escolha do tipo contratual, quando a lei estabelece os tipos contratuais exclusivos em determinados setores, a exemplo dos contratos de licença ou cessão, no âmbito da lei de *software*, e dos contratos de parceria e arrendamento no âmbito do direito agrário. São contratos típicos, que consistem em *numerus clausus*. Nesta hipótese, cessa a liberdade de escolher ou criar outros, pois o legislador presume que os tipos que definiu são os que melhor protegem o contratante vulnerável, segundo os dados da experiência. As leis, principalmente o Código Civil, regulam os tipos que já estão consagrados no tráfico jurídico: compra e venda, doação, permuta, empréstimo, mandato, locação, fiança, empreitada, corretagem, transporte, seguros. Porém, essa regulação é tradicionalmente supletiva, com uso de normas jurídicas dispositivas, ou seja, apenas incidem sobre os contratos se as partes não tiverem estipulado de modo diferente ao que elas dispuseram;

III – limitação da liberdade de determinação do conteúdo do contrato, parcial ou totalmente, quando a lei define o que ele deve conter de forma cogente, total ou parcialmente, como no contrato de locação residencial, nos contratos do sistema financeiro da habitação, no contrato de turismo, no contrato de seguro. O contratante que exerce o poder negocial dominante não pode contrariar os conteúdos fixados por lei, que dizem respeito à essência desses contratos protegidos.

O Estado liberal oitocentista era tendencialmente não cogente, pois a função básica do direito era a de suplementar a autonomia privada. A doutrina tradicional pôs como

---

8. GILMORE, Grant. *The death of contract*. Columbus: Ohio State University, 1995, p. 104.

fontes de limitação apenas os bons costumes e a ordem pública, repercutindo o ideário liberal burguês da primazia do individualismo, negando-se o poder de intervenção do Estado legislador, administrativo ou judicial, para realização da justiça social nas atividades econômicas.

As normas jurídicas não cogentes já constituem, em grau menor, uma técnica legislativa de previsão de conteúdo e futuro de eficácia do negócio jurídico, tomando o lugar das manifestações de vontade que não foram feitas. O Estado social, todavia, intervém na ordem econômica privada para proteger a parte juridicamente vulnerável e evitar o abuso do poder negocial da outra, o que importa crescente utilização de normas cogentes (proibitivas ou imperativas), limitando o uso das normas dispositivas ou supletivas e a própria autonomia privada.

A modalidade mais incisiva e eficaz do contratante vulnerável, além das três referidas, que o legislador passou a utilizar, é a de sancionar com nulidade o contrato ou partes dele que comprometem a equivalência material, ou seja, quando levam à vantagem excessiva para quem exerce o poder negocial e desvantagem ou onerosidade excessiva para quem não detém poder de barganha. As cláusulas correspondentes são consideradas abusivas, consequentemente, nulas. A nulidade é contextual, ou seja, quando há ocorrência de abusividade e de presunção de vulnerabilidade, pois, no contexto de contrato paritariamente negociado, não se cogita de nulidade. Por exemplo, a Medida Provisória 2.172-32, de 2001, estabelece que são nulas "de pleno direito" as estipulações usurárias, assim consideradas as que estabeleçam nos contratos civis de mútuo, taxas de juros superiores às legalmente permitidas, caso em que deverá o juiz, se requerido, ajustá-las à medida legal, e, nos negócios jurídicos não disciplinados pelas legislações comercial e de defesa do consumidor, lucros ou vantagens patrimoniais excessivos, estipulados em situação de vulnerabilidade da parte, caso em que deverá o juiz, se requerido, restabelecer o equilíbrio da relação contratual. Foi, porém, no direito do consumidor que o legislador melhor imprimiu essa orientação. A invalidade absoluta reforça o caráter de ordem pública da proibição: as cláusulas abusivas são insuscetíveis de convenção ou convalescimento. O interesse protegido não pertence individualmente ao consumidor, mas a toda comunidade potencialmente atingida, o que permite o ajuizamento de ação civil pública por legitimado coletivo. Pudesse haver uma gradação de invalidade, as hipóteses sujeitas a anulabilidade restariam desprotegidas, porque dependentes de decisão do interessado direto (o consumidor). Duas ordens de problemas contribuiriam para se frustrar o objetivo legal:

a) a inércia do consumidor e seu temor aos riscos da demanda, comuns nas relações de consumo;

b) o estímulo ao abuso do poder negocial, que contaria com a omissão dos contratantes consumidores, ante a ausência de proibição legal absoluta às cláusulas abusivas.

As cláusulas abusivas, nas relações contratuais de consumo, e as condições gerais abusivas nos contratos de adesão atingem uma vasta pluralidade de sujeitos vulneráveis. Por isso, o estímulo à estruturação prevalecente de remédios preventivos, inibitórios, alcançando diretamente as fontes do abuso[9]. O aderente não precisa aguardar a decisão judiciária para deixar de cumprir as cláusulas abusivas assim qualificadas. A declaração de nulidade opera *ex tunc* e a cláusula, por ser absolutamente inválida, nunca se integra ao contrato nem produz efeitos jurídicos. A nulidade das cláusulas abusivas não invalida o contrato totalmente, salvo se ocorrer ônus excessivo para qualquer das partes, mantendo-se na parte remanescente. Impõe-se o princípio da conservação do negócio jurídico, desde que guardada a equivalência material.

O direito do consumidor, que despontou com força nas últimas décadas, provocou mudanças substanciais no direito contratual, impondo-se ao plano da teoria geral dos contratos, pois não trata de situações especiais e episódicas, mas da maior parte das relações negociais entretecidas no mundo atual pelas pessoas físicas. O diálogo entre o direito contratual comum e o direito contratual do consumidor terminaria por ser intensificado, como ocorreu com o Código Civil alemão que passou a tratar conjuntamente de ambos, após as profundas reformas do direito das obrigações, ocorridas nos anos de 2001 e 2002. No Brasil, a harmonização entre essas dimensões do direito contratual tem sido profícua na doutrina e na jurisprudência dos tribunais, para o que muito contribui a compreensão da vulnerabilidade como categoria jurídica relevante.

A ausência do contratante vulnerável legalmente presumido não afasta outros modos de limitação da autonomia privada, para prevenir vulnerabilidades ocasionais ou circunstanciais. A legislação atual prevê regras voltadas à preservação da equivalência material dos contratos, algumas das quais tinham sido suprimidas da codificação civil liberal, como o estado de perigo, a lesão, a onerosidade excessiva em razão de circunstâncias supervenientes e imprevistas, a resilição unilateral, as fases pré e pós-contratual, as limitações dos juros de mora e da cláusula penal, a flexibilização dos vícios redibitórios, a evicção.

7. EQUIVALÊNCIA MATERIAL COMO FUNDAMENTO DA PROTEÇÃO DO CONTRATANTE VULNERÁVEL

A vulnerabilidade é subprincípio derivado do grande princípio social da equivalência material, no plano da teoria geral dos contratos. É, todavia, princípio autônomo nas relações contratuais nas quais a vulnerabilidade de um dos figurantes é presumida por lei. Exemplo frisante é o do contrato de consumo, em que recebe expressa e destacada referência no CDC.

A equivalência material é objetivamente aferida quando o contrato, seja na sua constituição seja na sua execução, realiza a equivalência das prestações, sem vantagens ou onerosidades excessivas originárias ou supervenientes para uma das partes. No direito brasileiro, a norma que melhor a expressa, na ordem objetiva, é o inciso V do art. 6º do CDC, que prevê "a modificação das cláusulas contratuais que estabeleçam prestações desproporcionais ou sua revisão em razão de fatos supervenientes que as tornem excessivamente onerosas". Na ordem subjetiva, leva em o que o direito pre-

---

9. LÔBO, Paulo. *Condições gerais dos contratos e cláusulas abusivas*. São Paulo: Saraiva, 1991, p. 178.

sume como juridicamente vulneráveis, como o consumidor, o aderente, o inquilino, o trabalhador.

Como disse Franz Wieacker, "o positivismo, desprezando a antiga tradição – que vinha da ética social de Aristóteles, passando pela escolástica, até o jusnaturalismo – tinha deixado de atribuir qualquer influência à equivalência material das prestações nos contratos bilaterais" [10]. Por esta razão, todos os institutos jurídicos que levavam à justiça contratual e, consequentemente, à limitação da liberdade dos poderes negociais, foram afastados pela legislação liberal, a exemplo do Código Civil de 1916. Retoma-se o curso da história, recuperando e dando novas feições a esses institutos generosos, como a equivalência material, contribuindo para a humanização ou repersonalização das relações civis e a pacificação social.

A equivalência material enraíza-se nas normas fundamentais da Constituição brasileira de 1988, que veiculam os princípios da solidariedade (art. 3º, I) e da justiça social (art. 170). Este último artigo estabelece que toda a atividade econômica – exercida juridicamente mediante contratos – deve observar os "ditames da justiça social", que, como vimos, voltam-se à promoção da mudança social e à redução das desigualdades reais dos figurantes.

No Código Civil de 2002 teve introdução explícita nos contratos de adesão. O Código o incluiu, de modo indireto, em preceitos dispersos, inclusive nos dois importantes artigos que disciplinam o contrato de adesão (arts. 423 e 424), ao estabelecer a interpretação mais favorável ao aderente (interpretatio contra stipulatorem) e ao declarar nula a cláusula que implique renúncia antecipada do contratante aderente a direito resultante da natureza do negócio (cláusula geral aberta, a ser preenchida pela mediação concretizadora do aplicador ou intérprete, caso a caso). O contrato de adesão disciplinado pelo Código Civil tutela qualquer aderente, seja consumidor ou não, pois não se limita a determinada relação jurídica, como a de consumo.

Em situações específicas, a equivalência material é revelada implicitamente. No Código Civil de 2002 ampliou-se, consideravelmente, o poder do juiz para revisar o contrato e para assumir o juízo de equidade, levando-o às fronteiras do legislador, ao menos no que concerne ao caso concreto. Ao juiz é dada a moldura, mas o conteúdo deve ser preenchido na decisão de cada caso concreto, valendo-se de princípios, conceitos indeterminados ou cláusulas gerais. Destaquem-se, nessa dimensão, os artigos 157 (lesão), 317 (correção do valor de prestação desproporcional), parágrafo único do art. 404 (concessão de indenização complementar, na ausência de cláusula penal), 413 (redução equitativa da cláusula penal), 421 (função social do contrato), 422 (boa-fé objetiva), 423 (interpretação favorável ao aderente), 478 (resolução por onerosidade excessiva), 480 (redução da prestação em contrato individual), 620 (redução proporcional do contrato de empreitada).

O art. 4º do Código de Defesa do Consumidor estabelece que, para a proteção do consumidor, deve ser atendido, dentre outros, os seguintes princípios: "reconhecimento

---

10. WIEACKER, Franz. *História do direito privado moderno*. Trad. A. M. Botelho Hespanha. Lisboa: Gulbenkian, 1980, p. 599.

da vulnerabilidade do consumidor no mercado de consumo", ao lado do princípio da "harmonização dos interesses" e "equilíbrio nas relações entre consumidores e fornecedor", sendo estes enunciados expressões da equivalência material.

A equivalência material, recepcionada como princípio normativo pelo direito brasileiro, rompe a barreira de contenção da igualdade jurídica e formal, que caracterizou a concepção liberal do contrato. Ao juiz estava vedada a consideração da desigualdade real dos poderes contratuais ou o desequilíbrio de direitos e deveres, pois o contrato fazia lei entre as partes, formalmente iguais, pouco importando o abuso ou exploração da parte vulnerável.

8. RESSIGNIFICAÇÃO DA AUTONOMIA PRIVADA ANTE A VULNERABILIDADE CONTRATUAL

Apenas com o advento do Estado liberal oitocentista, cogitou-se do que passou a se denominar autonomia privada, até porque o indivíduo e sua vontade livre passaram a ser o centro da destinação do direito, difundindo-se a concepção de liberdade negativa em contraposição à liberdade positiva dos antigos.

Na concepção tradicional do contrato, a autonomia justificava-se por si mesma. Dizer que a vontade era autônoma ou livre era quase um truísmo, dada a força da ideologia dominante, que a fundava nas ideias inatas de liberdades absolutas de propriedade e dos negócios. O livre jogo das forças de mercado conduzia ao equilíbrio de interesses e dos poderes econômicos distintos. Essa origem, de forte matiz ideológico e resultante de contingências históricas, não poderia ser abstraída com o advento do Estado social.

A natureza intervencionista do Estado social, para os fins de proteção das pessoas vulneráveis, é incompatível com a recepção plena da concepção tradicional da autonomia privada. A Constituição brasileira refere explicitamente à livre iniciativa, mas não à autonomia privada, porque esta é necessariamente limitada e limitável. A autonomia privada é mais ampla que a livre iniciativa; esta é expressão parcial daquela. A livre-iniciativa é liberdade de criar e exercer empreendimentos ou atividades econômicas.

Nem todos os atos de autonomia privada se enquadram nesse conceito de livre iniciativa; os atos realizados entre pessoas particulares, inclusive contratos, sem relação com atividade econômica, os atos realizados no âmbito do direito de família ou das sucessões são de autonomia privada, mas não de livre iniciativa. Depreende-se que há atos de autonomia privada dentro e fora da livre iniciativa. Não há, pois, princípio constitucional da autonomia privada ou da liberdade contratual. Nessa linha, decidiu o Conselho Constitucional francês (Decisão 94-348) que "nenhuma norma de valor constitucional garante o princípio da liberdade contratual".[11]

Nos Estados Unidos, a Corte Suprema constitucionalizou a autonomia privada durante o predomínio do liberalismo individualista, com intuito de barrar as leis que

---

11. MATHIEU, Bertrand. L'utilisation de principes legislatifs du Code Civil comme norme de référence dans le cadre du contrôle de constitutionnalité. *Code civil et constitutions*. Paris: Econômica, 2005, p. 35.

intervinham nas relações privadas de caráter econômico, até que, em 1934, reformulou totalmente sua orientação para considerar constitucional a legislação intervencionista do *New Deal* e, consequentemente, desconstitucionalizar a autonomia privada, que passou a ser tida apenas como princípio de direito privado, suscetível de limitação no interesse geral. Na Alemanha, Raiser afirma que não é claro que a Constituição (Lei Fundamental) garanta a liberdade contratual[12].

A limitação jurídica do espaço da autonomia privada, para evitar que seja explorada pelo poder negocial dominante em seu interesse, representa um profundo abalo ao próprio princípio, enquanto deixa de ser explicado pelo poder de autonomia, de acordo com sua fundamentação política, para sê-lo por seu contrário (o limite, a restrição). Na medida em que crescem o controle e a limitação estatais e sociais, reduz-se o espaço do poder negocial dominante.

A interlocução entre poder negocial e autonomia privada negocial é fundamental para a concepção contemporânea desta. Não é mais o exercício por uma das partes da liberdade contratual, com redução da liberdade contratual da outra, pois assim se confunde com poder negocial dominante. Na contemporaneidade, a autonomia privada negocial é apenas concebível como poderes negociais jurídica e materialmente equivalentes, entre as partes do contrato.

9. EXCURSO

Estudiosos da filosofia, da sociologia e da ciência política têm vislumbrado sinais de pós-modernidade, a qual não significa juízo de valor positivo[13]. A modernidade trouxe injustiças, por seu impiedoso individualismo e exasperação dos valores patrimoniais, que reduzem o número dos titulares reais dos direitos subjetivos, mas trouxe avanços que marcaram indelevelmente a emancipação humana.

Na perspectiva do direito, sua mais importante realização diz com a igualdade de todos perante a lei, libertando os homens dos vínculos a corpos intermediários, ordens, corporações e estamentos. Os direitos subjetivos, a todos formalmente conferidos, vieram substituir os direitos privilegiados, que decorriam de concessões em razão do lugar ou da posição ocupada na rígida hierarquia da ordem social. Configurando o último estágio conhecido do Estado moderno, o Estado social procurou oferecer oportunidade de realização da igualdade de todos *na* lei, mediante a concretização da justiça social. Um de seus mais importantes avanços, no direito privado, foi precisamente a proteção do contratante que a lei considera vulnerável.

Atualmente, assiste-se a um retorno preocupante a certos traços da cultura pré--moderna, o que pode prenunciar um neofeudalismo[14] das relações jurídicas, ao lado da

---

12. RAISER, Ludwig. *Il compito del diritto privado.* Trad. Marta Graziadei. Milano: Giuffrè, 1990, p. 182.
13. Habermas reage, com fina ironia, contra os que já veem "pós" quando estamos em pleno "ainda". Cf. *The New Conservatism.* Cambrigde: MIT Press, 1990, p. 3-5.
14. Advirta-se que esse "neofeudalismo" não significa o desaparecimento total da modernidade nem um simples retorno à organização política e econômica medieval, pois ostenta complexidade diferenciada, mais sofisticada, sem embargo da preocupante característica antidemocrática que ele revela. Para José Eduardo Faria, *O Direito na Economia Globalizada,* São Paulo, Malheiros, 1999, p. 325, ele se assenta "nos interesses e na vontade dos atores

revalorização do *homo aeconomicus*. Substituem-se os vínculos diretos entre cidadão e Estado pela superposição de corpos intermediários. Passam a ser mais importantes os vínculos obrigacionais contraídos pelas pessoas com grandes empresas, pelo temor do desemprego e de insuficiência da previdência social, ou com fornecedores de serviços e produtos, que produzem suas próprias ordens normativas.

Alguns fatores têm contribuído para essa situação de perplexidade, de quase dispensa do direito estatal, podendo ser assinalados:

a) superposição de vínculos jurídicos, especialmente com macroempresas transnacionais, com organizações não governamentais de caráter nacional ou transnacional, com instituições políticas, culturais, filantrópicas, esportivas, com credos e instituições religiosas;

b) dispersão da consciência de *res publica*, de obrigação cívica com o bem público, no Brasil agravada com uma tradição privatista do público, quase sempre entendido como extensão do espaço doméstico e familiar;

c) contratualização do direito, o que leva a que os poderes normativos das empresas tenham a aparência contratual, principalmente mediante condições gerais dos contratos, fundando-se na legitimidade aparente da autonomia dos sujeitos, os quais são a elas, de fato, submetidos;

d) redução substancial dos direitos garantidos em lei (garantismo legal), de modo a que os mais fracos dependam de garantias convencionais, obtidas em negociação com os mais fortes, inclusive mediante organizações profissionais;

e) contratualização das políticas públicas, abdicando o Estado do seu poder de império, para assumir posição de contratante paritário, como se dá com os contratos de gestão;

f) cerco à ordem econômica fundada na justiça social;

g) redirecionamento do papel do juiz, suprimindo-lhe o poder de intervenção na atividade econômica, como o da revisão dos contratos iníquos, para garantia da lógica dura do mercado;

h) predomínio de uma *lex mercatoria* ditada pelos poderes hegemônicos globais, que se distancia dos tradicionais costumes mercantis consolidados;

i) a precarização da prestação de serviço, com degradação ou abandono da relação de emprego, com a ilusão de autonomia e de ser "dono de seu próprio trabalho", mediante a disseminação da conversão do serviço subalterno e informal em pessoa jurídica unipessoal, sem direitos e até sem contrato, modo sofisticado de servidão contemporânea, como retratou o filme europeu "Você Não Estava Aqui" (*Sorry We Missed You*);

---

políticos e econômicos – as "organizações complexas" – com maior poder de articulação, mobilização, confronto, veto, barganha, decisão de investimento e capacidade de geração tanto de emprego quanto de receitas", e não está mais baseado "no nascimento, na etnia, na nobreza, na religião, no credo político ou na ocupação dos sujeitos".

j) a transnacionalidade dos contratos eletrônicos, que passam ao largo das garantias jurídicas duramente conquistadas e incorporadas aos direitos nacionais, e transformam em mercadorias os dados pessoais dos contratantes.

Talvez o fator mais decisivo para o desenvolvimento de relações jurídicas que tangenciam os direitos nacionais seja a rede de informação mundial, a *internet*, que propicia a realização de inúmeros atos jurídicos, sem contato pessoal, à distância, para os quais os Estados e suas ordens jurídicas diferenciadas constituem estorvo. As pessoas adquirem ou utilizam produtos e serviços oriundos de outros países, com legislações civil, contratual, tributária e de direito internacional privado divergentes, que são desconsiderados pelos que participam dessas transações.

j) a transnacionalidade dos contratos eletrônicos, que passam ao largo das garantias jurídicas duramente conquistadas e incorporadas aos direitos nacionais, e transformam em mercadorias os dados pessoais dos contratantes.

Talvez o fato mais decisivo para o desenvolvimento de relações jurídicas que ensejariam os direitos nacionais seja a rede de informações mundial, a internet, que propicia a realização de inúmeros atos jurídicos, sem contato pessoal, à distância, partes quais os Estados estão ou de jurisdições diferenciadas constituem estorvo. As pessoas adquirem ou utilizam produtos e serviços oriundos de outros países, com legislações civil, contratual, tributária e de direito internacional privado diferentes, que são desconsideradas pelos que participam desas transações.

O EMPRESÁRIO VULNERÁVEL EM TEMPOS DE SIMETRIA CONTRATUAL

José Barros Correia Junior

Doutor em Constitucionalização das Relações Privadas pela Faculdade de Direito de Recife – FDR/UFPE. Professor dos cursos de graduação e mestrado da Faculdade de Direito de Alagoas – FDA/UFAL. Pesquisador vinculado aos grupos de pesquisa Constitucionalização das Relações Privadas da UFPE e Problemas de Direito Civil Constitucional na Sociedade Contemporânea da UFAL e advogado militante.

Paula Falcão Albuquerque

Doutoranda em Direito pela UFPE. Mestra em Direito pela UFAL. Professora de Direito. Integrante do grupo de pesquisa Constitucionalização das Relações Privadas (CONREP), da UFPE. Pesquisadora do grupo de pesquisa Direito Privado e Contemporaneidade, da UFAL. Advogada. E-mail: paula.falcao@hotmail.com.

Sumário: 1. Introdução. 2. Simetria e assimetria contratual. 2.1 Profissionalismo. 2.2 Vulnerabilidade, hipossuficiência e dependência nas relações contratuais. 3. Relações empresariais simétricas. 4. Relações empresariais assimétricas. 4.1 *Shopping center*. 4.2 Franquias. 4.3 Representação comercial, agência e distribuição. 4.4 O empresário consumidor. 5. O empresário vulnerável e o tratamento dado aos seus contratos. 6. Considerações finais. 7. Referências.

1. INTRODUÇÃO

Desde a edição do Código Civil em vigor, houve, pela adoção da teoria da empresa de Cesare Vivante, tal qual o Código Italiano das Obrigações de 1942, a unificação de uma teoria geral das obrigações e de uma teoria geral dos contratos. Isto, não importa dizer que houve uma unificação dos ramos jurídicos. A dicotomia entre os diversos ramos do Direito Privado ainda se mantém, todavia, não há problema que regras gerais disponham sobre princípios e formação dos contratos.

Verifica-se, a partir daí, a existência de regras especiais, em cada ramo do Direito, visando dar solução específica para problemas específicos. Daí a importância de os contratos serem classificados conforme a natureza do ramo jurídico. Os contratos empresariais diferem de outros contratos, não em regras gerais, mas em regras específicas.

Contratos de consumo e trabalhistas serão colocados em um nicho de negócios em que haverá uma presunção de vulnerabilidade de consumidores e trabalhadores. O mesmo não se fará com contratos civis e empresariais. Isto não importa dizer, entretanto, que não haverá relações desequilibradas em contratos presumidamente simétricos. Abre-se espaço aqui para críticas aos defensores de um contrato empresarial obrigatoriamente simétrico e paritário, verificando-se, caso a caso, situações específicas que mereçam tratamento específico. Dado o tamanho do país, dada a diversidade econômica e social, não existiriam, portanto, fórmulas mágicas em contratos empresariais, cabendo a análise de algum balizamento para que se alcance princípios como justiça contratual, até mesmo em campo de função individual e autonomia privada dos contratos.

2. SIMETRIA E ASSIMETRIA CONTRATUAL

Os contratos podem ser classificados conforme o equilíbrio da relação jurídica, podendo se classificar como simétricos e assimétricos. Os contratos simétricos seriam aqueles em que as partes tivessem uma paridade de armas dentro da relação, não gerando desequilíbrio substancial que justificasse um dirigismo contratual do Estado.

Já os assimétricos seriam justamente o contrário. As diferenças entre as partes seriam substanciais a ponto de levar o Estado a intervir na relação como forma de se alcançar um equilíbrio e justiça contratuais que naturalmente não se verificou. Como se verá no decorrer deste texto, não se buscará uma isonomia formal das partes no contrato, pois o contrato pressupõe uma relação que pelo menos uma das partes terá algum nível de vantagem.

A importância desta classificação repousa no tratamento que o direito dará à relação jurídica, mantendo o equilíbrio natural da relação, ou criando um equilíbrio artificial. Nos contratos assimétricos haverá equilíbrio não pela condição natural da obrigação, mas por uma intervenção do Estado para que a relação se torne equilibrada e contratualmente justa.

A doutrina e a jurisprudência, por costume, classificam contratos como simétricos e assimétricos por sua natureza. Contratos consumeristas e trabalhistas são classificados como assimétricos, diante da presunção absoluta de vulnerabilidade das partes contratantes, passando o Estado a intervir nestas relações para a proteção de consumidores e trabalhadores. Por outro lado, contratos civis e empresariais são considerados simétricos, por considerar que particulares ou empresários estariam em um mesmo patamar, não carecendo de uma intervenção estatal nestas relações, privilegiando-se a autonomia das partes na definição das relações.

Isso deveria ser encarado de forma simples caso o Brasil fosse um pequeno país, de economia estável há décadas e relações homogêneas, mas a realidade é outra. O Brasil é um país de proporções continentais, com sucessivas crises econômicas, dificuldades sociais e educacionais marcantes e, portanto, de relações profundamente heterogêneas. Em alguns momentos as relações contratuais são, de fato, simétricas, entretanto, em outros momentos, em relações civis e empresariais surgem desequilíbrios, tornando necessária uma intervenção do Estado.

Para uma melhor compreensão disto, faz-se necessária a análise de alguns pontos que servem como fundamentação para a simetria e assimetria contratual, a saber, profissionalismo ou profissionalidade, vulnerabilidade e hipossuficiência.

2.1 Profissionalismo

Tem-se vinculado a simetria dos contratos empresariais em grande medida ao pressuposto do profissionalismo. Para ser empresário, pela intelecção do art. 966, necessário se faz o exercício da empresa de forma profissional e organizada, assim, o profissionalismo seria condição para ser empresário, todavia, o alcance da expressão varia na doutrina entre as explicações do pressuposto e o fundamento do profissionalismo para justificar a simetria contratual. A ideia geral na doutrina sobre o pressuposto do profissionalismo está mais vinculada à habitualidade da atividade empresarial do que em si pela sua capacidade técnica em reconhecer detalhes das atividades negociais.

O profissionalismo dos empresários remonta à Idade Média e o desenvolvimento das cidades italianas em que comerciantes se destacavam socialmente, conforme assevera Fran Martins[1]. Os comerciantes formaram grandes corporações que perduraram até a Revolução Francesa, mantendo-se ainda a exigência de um profissionalismo.

Cesare Vivante, ao explicar o pressuposto, afirma ser o exercício de atos de comércio[2] pelo comerciante "uma fonte habitual de ganhos"[3]. Para o autor, não basta o exercício de uma atividade econômica eventual, mas deve ser habitual, contínua e sistemática. Além disso, não é necessário que seja a sua única fonte de renda, mas que se constitua como tal, pois a onerosidade é da essencial do direito empresarial.

Rubens Requião que o profissionalismo se remete ao Código Francês com uso da expressão conjunta "habitual"[4]. O autor destaca que, conforme defende Ripert, se configuraria como uma redundância, considerando que o cerne da expressão profissão seria a busca pela sobrevivência, uma obtenção de "seus meios de vida", mesmo que não seja o único meio[5].

O hábito decorre da profissão, portanto, não há como se falar em "profissão habitual", como fazia o *Code Napoléon* francês de 1807[6], o Código brasileiro de 1850[7] e o *Codice Di Commercio* italiano de 1882[8], mas apenas profissionalismo ou profissionalidade. Para Carvalho de Mendonça, a profissão seria o exercício de atos "com vontade constante" fazendo a pessoa de sua atividade profissional "fonte permanente de lucro" e complementa afirmando que "*o habito constitue a profissão, como a profissão suppõe o habito*"[9].

A melhor opção de redação veio com os códigos Alemão (HGB) de 1897, o Italiano (das Obrigações) de 1942 e o (Civil) brasileiro de 2002. Todos optaram por destacar o pressuposto da profissão, porém, sem caírem na redundância da habitualidade.

Por sua vez, Plácido e Silva entende ser a profissão uma "declaração ou manifestação do modo de vida ou o gênero de trabalho exercido pela pessoa [...] exercício de um ofício, arte ou cargo, com habitualidade"[10]. Porém, além da ideia geral da habitualidade, o autor traz a ideia também de uma expertise não presente em todas as pessoas, assim,

---

1. MARTINS, Fran. *Curso de Direito Comercial*. Rio de Janeiro: Forense, 2001, p. 67.
2. Vale lembrar que a doutrina de Vivante se desenvolve com a teoria dos atos de comércio, antes mesmo da teoria da empresa.
3. VIVANTE, Cesare. *Instituições de Direito Comercial*. Campinas: LZN, 2003, p. 42.
4. REQUIÃO, Rubens. *Curso de Direito Comercial*. São Paulo: Saraiva, 2017, p. 79.
5. REQUIÃO, Rubens. *Curso de Direito Comercial*. São Paulo: Saraiva, 2017, p. 80.
6. "1º. *Sont commerçants ceux qui exercente des actes de commerce et em font leur profession habituelle*".
7. "Art. 4º. Ninguém é reputado comerciante para efeito de gozar da proteção que este Código liberaliza em favor do comércio, sem que se tenha matriculado em algum dos Tribunais do Comércio do Império, e faça da mercancia profissão habitual".
8. "8º. *Sono commercianti coloro che esercitano atti di commercio per professione abituale, e le societa commercialli*".
9. MENDONÇA, J. X. Carvalho de. *Tratado de Direito Commercial Brasileiro*. Rio de Janeiro: Freitas Bastos, 1933, p. 91.
10. DE PLACIDO E SILVA. *Vocábulos jurídicos*. Rio de Janeiro: Forense, 1975, p. 1235.

haveria profissão quando uma "pessoa se diz ou se mostra perito ou mestre"[11]. O profissionalismo, por sua vez, é "o estado ou condição do profissional"[12].

Sobre a perícia que destaca Plácido e Silva, seria possível se verificar a exigibilidade de uma expertise dos empresários, destacando-os dos demais sujeitos. Este conhecimento mais elevado faria com que, para alguns, ele não pudesse alegar inexperiência sobre os negócios que realiza, procurando amparo legal diferenciado em suas relações.

Por tal motivo, é que um dos projetos de Código Comercial que tramitava na Câmara dos deputados (Projeto de Lei 1.572/2011), de autoria do Deputado Federal Vicente Cândido, trazia em seu art. 307 a ampliação do profissionalismo para um nível superior a outros sujeitos[13]. Outro projeto que tramita ainda no Senado (Projeto de Lei 487/2013), de autoria do Senador Renan Calheiros, prevê em seu art. 46 que "no processo empresarial, presume-se que as partes são profissionais e possuem condição econômica e técnica suficiente para exercer em juízo a defesa de seus direitos", complementando no art. 162 que "em razão do profissionalismo com que exerce a atividade empresarial, o empresário não pode alegar inexperiência para pleitear a anulação do negócio jurídico empresarial por lesão".

A ideia é criar uma presunção de que, em função do profissionalismo, os empresários são super sujeitos, conhecedores não só de sua atividade empresarial, mas também de normas jurídicas a ponto de não poder argumentar eventuais vulnerabilidades para pleitear revisão, anulação ou resolução de contratos. Esta é uma tendência cada vez mais presente nos últimos anos de liberalização do direito brasileiro, com destaque para as relações que envolvam, direta ou indiretamente, empresários.

O profissionalismo, portanto, traria consigo algumas características bem peculiares aos empresários, a saber: exercício de uma atividade, habitualidade, a busca de um sustento pessoal, a assunção de riscos e a presença de uma expertise. O pressuposto trazido pelo art. 966 do CCB exige que a atividade exercida se dê de forma habitual, que seja onerosa e o empresário apresente conhecimentos técnicos da atividade a ser exercida.

A questão é que a expertise presente no profissionalismo varia conforme cada sujeito e atividade empresarial. Muitas vezes a expertise apresentada dá ao empresário conhecimento suficiente para se blindar de abusos, considerando que a sua entrada em certos negócios que lhe causem certa dependência é uma disposição de autonomia consciente, no entanto, em outras oportunidade o expertise apresentado tem conexão com a atividade exercida, mas não um conhecimento amplo das relações para entender cada risco apresentado e detalhes jurídicos.

Finalmente, em relação ao profissionalismo se vincula ainda a ideia de dever de diligência do empresário e administradores[14]. O dever de diligência reforçaria a expertise e o nível mais elevado de empresários nas relações contratuais, levando à uma presunção de

---

11. DE PLACIDO E SILVA. *Vocábulos jurídicos*. Rio de Janeiro: Forense, 1975, p. 1235.
12. DE PLACIDO E SILVA. *Vocábulos jurídicos*. Rio de Janeiro: Forense, 1975, p. 1236.
13. "Art. 307. Em razão do profissionalismo com que exerce a atividade empresarial, o empresário não pode alegar inexperiência para pleitear a anulação do contrato empresarial por lesão".
14. LUPION, Ricardo. *Boa-fé objetiva nos contratos empresariais* (contornos dogmáticos dos deveres de conduta). Porto Alegre: Livraria do Advogado, 2011, p. 142.

simetria contratual. O questionamento que se deve fazer é se esta ressunção seria relativa, podendo ser afastada em casos de vulnerabilidade do empresário, ou se seria absoluta.

2.2 Vulnerabilidade, hipossuficiência e dependência nas relações contratuais

Quando se fala em vulnerabilidade e hipossuficiência é muito como se voltar os olhos para relações de consumo e relações trabalhistas. Nestas relações, a vulnerabilidade é presumida de forma absoluta, não interessando, como regra características subjetivas do indivíduo. Assim, nas relações de consumo, o consumidor pessoa física não profissional[15], por presunção *jure et de jure*, será sempre considerado como parte frágil da relação, voltando-se o Direito para a sua proteção como forma de equilíbrio e justiça contratual.

O mesmo não ocorreria com o consumidor profissional. Neste caso, dever-se-ia analisar a situação concreta para verificar se haverá ou não a necessidade de protegê-lo na relação de consumo. Para entender o alcance da proteção do direito, surgem três teorias sobre o consumidor profissional, a saber: teoria minimalista ou finalista, teoria maximalista e teoria do finalismo aprofundado[16].

A primeira defende que apenas os consumidores pessoas físicas não profissionais teria o CDC aplicável em suas relações. Aos consumidores profissionais (pessoas físicas ou jurídicas), aplicar-se-ia o Código Civil e leis especiais sobre Direito Civil e Empresarial. A teoria maximalista, por outro lado, opta por interpretar o CDC de forma literal, quando no seu art. 2º define como consumidor "toda pessoa física ou jurídica que adquire ou utiliza produto ou serviço como destinatário final".

Por derradeiro, a teoria do finalismo aprofundado ou mitigado se coloca como um meio, um equilíbrio entre as duas outras teorias, reduzindo o "rigor" da teoria finalista para permitir a aplicabilidade do CDC em certos procedimentos enquadrando empresários como consumidores, conforme se verá adiante de forma mais aprofundada.

a) Vulnerabilidade

A grande dúvida que surge é se o profissionalismo dos empresários afastaria por completo eventuais alegações de vulnerabilidade. Para tal entendimento, se faz necessário dissecar as espécies e o alcance da vulnerabilidade, termo tão usado em relações de consumo e trabalhistas, mas estranho ao direito empresarial. Por vulnerabilidade se entende a debilidade material de uma parte em função de outra em relações contratuais, justificando a intervenção do estado nestas relações como forma de equilibrar um contrato que já nasce desequilibrado.

A doutrina mais desenvolvida sobre a matéria é a consumerista, deixando para traz a doutrina trabalhista, civilista e, especialmente, a empresarialista. A base para a definição do consumidor é a vulnerabilidade, sendo, mais fluido o seu estudo nesta doutrina.

A doutrina e jurisprudência elencam algumas espécies de vulnerabilidade, entre elas, a saber, (a.1) a técnica, (a.2) a jurídica, (a.3) a socioeconômica ou fática, (a.4) a

---

15. MARQUES, Claudia Lima. *Contratos no Código de Defesa do Consumidor* (O novo regime das relações contratuais). São Paulo: Ed. RT, 2005, p. 323.
16. MARQUES, Claudia Lima. *Contratos no Código de Defesa do Consumidor* (O novo regime das relações contratuais). São Paulo: Ed. RT, 2005, p. 305.

informacional, (a.5) a política, (a.6) a ambiental e (a.7) a tributária. Apesar de forcarem com destaque nas três primeiras[17], as demais também são consideradas como categorias de vulnerabilidade por alguns doutrinadores[18].

(a.1) Por vulnerabilidade técnica se entende a ausência de conhecimentos sobre determinado ponto ou sobre toda a relação. Em tese, ela tem correção com o objeto que tenha sido adquirido e o desconhecimento do adquirente em face das nuances do produto. Tal desconhecimento técnico permite que o adquirente seja colocado em posição inferior no contrato, pois, até segunda ordem, ele se vê obrigado a confiar no alienante. O desconhecimento da funcionalidade do produto, dos insumos usados para a produção, ou mesmo da forma da sua elaboração, coloca uma das partes em desvantagem em relação à outra.

(a.2) A vulnerabilidade jurídica, também denominada de científica, ocorreria quando uma das partes contratuais não tivesse conhecimentos científicos que envolvessem o contrato. Esses conhecimentos, como de regra, serão jurídicos, mas também podem ser contábeis, econômicos etc.[19]. Entre as falhas de conhecimento mais abordadas está a jurídica, pois, na ausência deste conhecimento, ao firmar contratos que usem, muitas vezes abusivamente, termos técnicos excludentes de um consensualismo real, o equilíbrio entre as partes acabaria sendo reduzido. Afastar-se-ia do contrato o seu ideal de justiça quando uma das partes tenha uma fragilidade científica. O poder aqui repousa no conhecimento da ciência por uma das partes, ou por quem lhe assessore, e a ausência deste pela outra.

(a.3) Uma das hipóteses mais comuns de vulnerabilidade é a fática ou socioeconômica. Por ela, uma das partes do contrato usaria o seu maior poder econômico para impor a outra os seus interesses. Havendo uma dependência da parte frágil e a necessidade de firmar o negócio, optaria por se curvar às exigências contratuais do detentor do poder.

A disparidade econômica entre as partes ocasiona, muitas vezes, uma vulnerabilidade socioeconômica que interferiria nas relações contratuais. Há de se ter cuidado, pois a equivalência das partes dificilmente ocorreria e para que haja a vulnerabilidade econômica não bastaria meras diferenças patrimoniais, mas um desequilíbrio que interfira na justiça contratual. Pessoas que não tenham acesso a uma educação de qualidade, que não tenham acesso à uma assessoria jurídica, passam a ter um déficit contratual diante da vulnerabilidade fática.

(a.4) A vulnerabilidade informacional é assim considerada por um dos contratantes deter informações que não dividiria com a parte contrária do contrato. PAULO

---

17. MARQUES, Claudia Lima. *Contratos no Código de Defesa do Consumidor* (O novo regime das relações contratuais). São Paulo: Ed. RT, 2005, passim.
    MARQUES, Claudia Lima et MIRAGEM, Bruno. *O novo Direito Privado e a proteção dos vulneráveis*. São Paulo: Ed. RT, 2012, passim.
18. MORAES, Paulo Valério Dal Pai. *Código de Defesa do Consumidor*: o princípio da vulnerabilidade no contrato, na publicidade e nas demais práticas comerciais. Porto Alegre: Livraria do Advogado, 2009, passim.
19. MARQUES, Claudia Lima. *Contratos no Código de Defesa do Consumidor* (O novo regime das relações contratuais). São Paulo: Ed. RT, 2005, p. 322 e 323.

LÔBO[20] defende, em decorrência do princípio da boa-fé objetiva, as partes teriam deveres anexos ao contrato, entre eles o dever de informação, mas não qualquer informação, mas informação clara e precisa.

Dentro da vulnerabilidade informacional poder-se-ia incluir a vulnerabilidade neuropsicológica aplicável em relações de consumo. Consumidores estariam suscetíveis à interferência de técnicas de marketing e propaganda que fomentassem o consumo. Contudo, o uso de técnicas psicológicas para alcançar o consumidor e fomentar o consumo tem profunda conexão com o uso de informações, pois, não basta que elas sejam prestadas, mas que sejam de forma clara a ponto de que o contratante entenda todo o alcance da proposta.

(a.5) Já por vulnerabilidade política ou legislativa se tem a caracterização de uma baixa representatividade política de certos nichos da sociedade. Não conseguindo boa representatividade política, as regras que fossem criadas não seriam voltadas aos interesses destes grupos, causando-lhes déficit de direitos e garantias.

Tal qual a autonomia privada que tem uma variação conforme relação jurídica, tempo e espaço, aqui também haveriam variações, pois enquanto aqui há este tipo de vulnerabilidade, a mesma não se apresenta em outros países, e vice-e-versa. Influencias políticas e econômicas locais interferem no processo de criação de normas e, por via de consequência, no equilíbrio e justiça contratuais também.

Tal situação, como mencionado, é influenciada também pelo tempo em que se analisa essa vulnerabilidade, pois, como um pêndulo, há uma constante variação em garantias e liberdades. O Estado Brasileiro que, por determinação constitucional prima por valores sociais de livre iniciativa, tem variado nos últimos anos entre garantias sociais e autonomia contratual.

(a.6) Por outro lado, quando se depara com uma vulnerabilidade ambiental os efeitos não serão surtidos apenas entre os contratantes, mas perante todos os *stakeholders* da empresa (fornecedora, empregadora, parceira etc.). Não apenas a atual geração, mas as futuras também acabam sendo atingidas por um modo de produção e de vida não sustentável.

A grande questão nesta espécie de vulnerabilidade estaria no fato de que a mesma transcende as partes do contrato, atingindo a sociedade como um todo, questionando-se a sua importância para a delimitação do contrato firmando entre sujeitos determinados. Essa vulnerabilidade interferiria na relação contratual? É fato de que, nas relações de consumo, por exemplo, o consumidor teria que conviver com os efeitos ambientais da produção, mas, como dito, estes efeitos transcendem a relação meramente contratual e atingem a sociedade como um todo.

(a.7) Por fim, a doutrina ainda prevê a possibilidade de uma vulnerabilidade tributária. Na cobrança de tributos, o Estado impõe à economia produtiva uma carga tributária muitas vezes pesada, gerando altos custos para a produção. Neste sentido, empresários acabam incluindo no valor de seus produtos ou serviços. Por ela se tem a posição de dependência que uma parte no contrato teria em relação pela imposição de pagamento de tributos por via indireta.

---

20. LÔBO, Paulo Luiz Netto. *Direito Civil* (obrigações). São Paulo: Saraiva, 2019, v. 2, p. 103 e ss.

É, todavia, natural das regras econômicas que o produtor de bens e serviços repasse ao adquirente todos os seus custos, visto que a atividade empresarial tem como elemento a lucratividade e, assim, objetiva ganhos pessoais, não prejuízos. Tal qual a vulnerabilidade ambiental, esse "prejuízo" acabaria sendo arcado por toda a sociedade de consumo de bens e serviços.

Nos contratos de trabalho, a vulnerabilidade se aproximaria da condição de subordinação do empregado ao empregador, pressuposto da relação de emprego. As razões desta subordinação/vulnerabilidade variam conforme a doutrina desenvolve o assunto. Alguns fundamentam na questão econômica, outros na técnica, mas especialmente a doutrina opta por focar a subordinação sobre critérios jurídico-hierárquicos. Sem que se afaste por completo a subordinação econômica, pois a mesma não seria pressupostos para o contrato de trabalho[21], mas estaria presente na maior parte das relações laborais, a vulnerabilidade do trabalhador adviria da subordinação jurídico-hierárquica, sofrendo, muitas vezes, pressão para firmar e ajustar cláusulas contratuais muitas vezes prejudiciais ao trabalhador. Daí a regra de que os contratos laborais só poderem ser alterados de forma bilateral e sem prejuízo ao trabalhador[22].

Há quem defenda hoje uma ideia da vulnerabilidade no trabalho envolvendo jovens, idosos e outros trabalhadores, todavia, os casos abordados se relacionam mais a situações de hipervulnerabilidade e não a mera vulnerabilidade que, como dependência do trabalhador, teria o seu núcleo na subordinação deste em face dos interesses do empregador.

b) Hipossuficiência

Por derradeiro, hipossuficiência seria encarada não como sinônimo de vulnerabilidade, pois, como se vê no CDC, presume-se a vulnerabilidade do consumidor, mas não necessariamente haveria uma hipossuficiência. Na hipótese de o consumidor ser considerado, além de vulnerável, hipossuficiente, ocorreria uma episódica e pontual inversão de ônus da prova[23].

No direito do trabalho, por outro lado, havia uma presunção de hipossuficiência do trabalhador, que foi alterada pela reforma trabalhista de 2017. Hoje, o trabalhador que move uma ação tem o ônus de provar os fatos constitutivos de seu direito, cabendo ao empregador a prova de fato impeditivos, modificativos ou extintivos do direito do trabalhador, podendo há hipótese de dificuldade do ônus da prova o juiz de forma fundamentada invertê-lo[24].

Mas o que seria então hipossuficiência? A hipossuficiência seria uma vulnerabilidade processual, tornando difícil e, muitas vezes, impossível a prova de determinados fatos. Ela não uma causa única em si, podendo surgir desde de dificuldades econômicas e sociais, até a mera dificuldade de acesso a informações.

---

21. SUSSEKIND, Arnaldo et alii. *Instituições de Direito do Trabalho*. São Paulo: LTr, 1995, v. 1, p. 240 e ss.
22. DELGADO, Maurício Godinho. *Curso de direito do Trabalho*. São Paulo: LTr, 2005, p. 301 e ss.
23. BRASIL, Código de Defesa do Consumidor (Lei 8.078/90). Art. 6º, inciso VIII.
24. BRASIL, Consolidação das Leis Trabalhistas (Dec.-Lei 5.452/43). Art. 818, § 1º.

Diferentemente da vulnerabilidade em suas várias faces que tem natureza de direito material, a hipossuficiência repousa em relação processual, gerando uma proteção para uma das partes processuais.

c) Dependência

O que se defende seria que os contratos empresariais seriam eventualmente assimétricos não por uma vulnerabilidade ou por uma hipossuficiência, mas por dependência de alguns empresários em relação a outros em certos e determinados contratos. Mas o que seria de fato dependência?

Por dependência se entenderia a ausência de liberdade do indivíduo, vinculando-se a outro, mediante um processo de controle, "Ou, por não ter recursos ou não poder manter-se por si"[25]. Boa parte dos autores que pretendem justificar uma ausência de vulnerabilidade de empresários argumenta que o que existiria de fato seria uma dependência, gerada por opção do próprio empresário que abriria mão de sua liberdade em função de um proveito econômico próprio.

Este argumento é falho, pois o mesmo poderia se atribuir aos empregados que, para obter ou manter os seus empregos, aceitariam condições indesejadas para que mantivessem o seu sustento. A discussão é meramente semântica, visto que de fato existem situações de vulnerabilidade do empresário que não se confundiriam com a hipótese de o empresário reduzir seus direitos por mera autonomia privada, objetivando o lucro.

Em verdade, por dependência, como expõe De Plácido e Silva, se entenderia "a subordinação ou a situação de obediência de uma pessoa em relação a outra, como designa a condição de pessoa que vive às expensas ou é mantida, sustentada por outrem, tanto porque seja dever de quem a mantém como porque a tenha tomado sob sua proteção"[26].

Dividir-se-ia, portanto, dependência verdadeiramente voluntária e vulnerabilidade. A dependência que seria verdadeiramente voluntária seria a autonomia de o empresário reduzir os seus direitos em relações interempresariais. Por outro lado, o que alguns doutrinadores querem expor como dependência voluntária na realidade seria uma vulnerabilidade do empresário que se vê obrigado a aceitar condições de inferioridade forçada.

3. RELAÇÕES EMPRESARIAIS SIMÉTRICAS

Como visto, em função do profissionalismo inerente aos empresários (art. 966 do CCB), as relações empresariais serão consideradas presumidamente simétricas, não havendo necessidade de o Estado intervir nestas relações objetivando um equilíbrio artificial. Esta ideia pode ser vista na I Jornada de Direito Comercial do CJF quando se editou o Enunciado 21. Pelo enunciado, "nos contratos empresariais, o dirigismo contratual deve ser mitigado, tendo em vista a simetria natural das relações interempresariais".

Como se observa em alguns doutrinadores[27], há uma crescente "arrependimento" pela adoção da Teoria da Empresa pelo Código Civil de 2002, optando-se por um crescente

---

25. DE PLÁCIDO E SILVA. Vocabulário Jurídico. Rio de Janeiro: Forense, 2014, p. 675.
26. DE PLÁCIDO E SILVA. *Vocabulário Jurídico*. Rio de Janeiro: Forense, 2014, p. 674.
27. COELHO, Fábio Ulhôa. *Princípios do direito comercial*. São Paulo: Saraiva, 2012, p. 49-53.

processo de neoliberalização econômica, sob o argumento de uma incompatibilização entre princípios liberais e sociais adotados pelo CCB. Para tais autores, não se compatibilizaria contratos empresariais com a teoria geral dos contratos do Código Civil.

Seguindo na mesma linha, verifica-se na Lei 13.874/2019, Declaração de Direito de Liberdade Econômica, fundada em ideais liberais, opta-se por uma proteção mais destacada de valores como livre iniciativa, com a redução do Estado na revisão contratual, presumindo-se a boa-fé das partes no exercício de atividades econômicas, mitigando as regras de Direito Empresarial para uma aplicação meramente subsidiária (Art. 3º, incisos V e VIII da Declaração). Talvez uma das regras de maior destaque na Declaração de Liberdade Econômica seja a alteração e inclusão de um art. 421-A no Código Civil. Lá se destaca a presunção de simetria e paridade de contratos civis e empresarias.

Além disso, opta-se por autorizar às partes contratuais o estabelecimento de regras objetivas para a interpretação dos contratos, permitindo um balizamento no próprio contrato da forma como as partes pretendem que ele seja interpretado, revisto e resolvido. Autorizou-se ainda nos contratos civis e empresariais que as partes fizessem a alocação dos riscos por situações eventualmente surgidas no transcurso da relação, reduzindo a possibilidade da revisão limitada apenas e tão somente em casos excepcionais.

Todavia, deve-se destacar que tal presunção não é colocada de forma absoluta nem mesmo pela Declaração de Liberdade Econômica. Tal presunção é *juris tantum*, ou seja, relativa, cabendo prova em contrato a depender do caso concreto. Mas quais seriam as condições para o afastamento desta presunção?

O novo texto do Código Civil, trazido pela Lei 13.874/2019, prevê a presunção relativa de simetria contratual civil e empresarial, porém, considerando justo o seu afastamento quando se demonstrarem elementos concretos para tal intento.

O projeto de Código Comercial do Senado prevê em seus Arts. 20, § 2º e 162, conforme já abordado aqui, prevê a impossibilidade de revisão dos contratos empresariais e de pleitear a anulação contratual por lesão, diante do profissionalismo próprio das atividades empresariais, tal qual procedia o projeto da Câmara.

4. RELAÇÕES EMPRESARIAIS ASSIMÉTRICAS

Como dito, em tese as relações empresariais serão presumidamente simétricas, entretanto, tal presunção sendo relativa, caberia provas em contrário para que surgisse o Estado efetivando o seu dirigismo contratual como forma de proteção de empresários que se demonstrassem dependentes e vulneráveis.

Como visto, as relações empresariais, diante do profissionalismo como pressuposto para a qualificação do empresário, são tratadas presumidamente como simétricas e paritárias. Todavia, sendo esta presunção relativa, na análise de casos concretos de assimetria, poderá o aplicador do direito entender que haveria um tratamento favorecido para uma das partes no objetivo de se alcançar o procurado equilíbrio contratual.

O tema ganha nuances mais complexas quando se verifica em termos da relação empresarial no Brasil não poderia ser analisada homogeneamente. Sendo o Brasil um país de proporções continentais, verifica-se que as obrigações, além de muito mais complexas e normalmente atípicas em comparação a obrigações de outra natureza, são heterogêneas, não podendo ter seu estudo planificado como muitos pretendem.

A atipicidade dos contratos que ocorre com mais força nas relações empresariais tem uma dúplice característica. A primeira característica da atipicidade dos contratos é torná-lo mais fluido, dando às partes um maior poder de negociação e reduzindo a interferência estatal nas relações contratuais. Se a autonomia privada é o resultado inverso da determinação do suporte fático, quanto maior a tipicidade contratual, menor será a autonomia e vice-versa. A atipicidade, portanto, leva a um processo de maior autonomia privada das partes.

A outra característica da atipicidade contratual é permitir que, justamente por conta da maior autonomia das partes, abusos sejam encontrados nos contratos. Enquanto em relações de consumo e de trabalho se presume de forma absoluta a vulnerabilidade de consumidores e trabalhadores aumentando a determinação do suporte fático e reduzindo a autonomia[28], nas demais relações em que não há esta presunção, cria-se um *locus* não só para uma maior liberdade negocial, mas também para abusos de poder econômico. É o que destaca Gustavo Saad como atualizador da obra de Fran Martins. Segundo o autor, a autonomia privada no direito empresarial é levada ao extremo da licitude[29].

Tal atipicidade contratual que, de um lado evita que os contratos sejam engessados por interferência exagerada do Estado nas relações econômicas, por outro lado cria um campo propício para abusos contratuais, notadamente em relações entre grandes corporações e empresários menores.

O grande problema é ter que analisar todos os tipos de relações empresariais, optando neste texto pela escolha de algumas relações notadamente assimétricas e, portanto, com algum grau de vulnerabilidade. É o caso dos contratos de *shopping center*, franquia e representação comercial autônoma, seja por agência, seja por distribuição.

4.1 *Shopping center*

O contrato de *shopping center* não encontra definição na legislação brasileira, mas a doutrina o estuda com profundidade e a jurisprudência se debruça sobre ele com certa frequência. Por *shopping center* se tem o contrato de locação não residencial *sui generis*, firmado entre empreendedor (shopping) e lojistas, cedendo o primeiro o uso de um espaço comum à vários lojistas no intuito de diversificar a venda e bens e prestação de serviços, sempre mediante pagamento de alugueis e outras verbas. Via de regra, estes alugueis obedecem a regras contratuais de valores fixos e variáveis, calculados, neste caso, sobre o faturamento do lojista. Ambos serão empresários, cedendo o empreendedor o espaço físico e outros serviços para que o lojista exerça a sua empresa.

A despeito de se configurar como uma locação *sui generis*, vê-se nele uma relação em grande medida atípica[30]. Enquanto locação, lança-se mão de certas particularidades

---

28. Para muitos autores a redução chegaria ao ponto de transformar a autonomia em heteronomia, conforme pode se ver em LÔBO, Paulo. *Dos contratos no estado social crise e transformações*. Maceió: Edufal, 1983.
29. MARTINS, Fran. *Contratos e Obrigações Comerciais*. Rio de Janeiro: Ed. Gen-Forense, 2018, p. 79.
30. O STJ vem considerando-o como contrato atípico. BRASIL, Superior Tribunal de Justiça. REsp 178.908/CE, Ministra Eliana Calmon, julg.: 12.09.2000, pub.: 11.12.2000.

da Lei 8.245/91 para solução de demandas que envolvam, por exemplo a renovação compulsória do contrato, mas, por outro lado, demonstra-se ainda atípico pois inúmeras particularidades ficam no espaço de autonomia das partes, por ausência de regulamentação.

Nos contratos de shopping center é muito comum uma série de atitudes que em outras relações seriam consideradas facilmente abusivas. A primeira delas está na quebra, por força de contrato, do sigilo de escrituração contábil e de estoque dos lojistas. Sobre isto o CJF na sua I Jornada de Direito Comercial editou o Enunciado 30 dispondo que "Nos contratos de shopping center, a cláusula de fiscalização das contas do lojista é justificada desde que as medidas fiscalizatórias não causem embaraços à atividade do lojista"[31].

O empreendedor, notadamente na cobrança de alugueis sobre o faturamento, firma com o lojista contrato em que poderá fiscalizar o faturamento mediante análise de livros, notas fiscais e até mesmo o estoque do lojista. Todavia, além do normal embaraço ao exercício da empresa pelo lojista, pois as fiscalizações ocorrem no melhor interesse, data e horário para o empreendedor, entre os direitos e garantias de empresários se encontra o de sigilo de escrituração.

O Código Civil prevê em seu art. 1.191 que nenhum magistrado poderá autorizar a exibição total de livros de um empresário, exceto nos casos previstos em lei, tais como "quando necessária para resolver questões relativas a sucessão, comunhão ou sociedade, administração ou gestão à conta de outrem, ou em caso de falência". O exame, portanto, só poderia ocorrer em situações episódicas, ou em trechos específicos da escrituração.

Tal disposição cria aos empresários um direito de sigilo de escrituração. A dúvida que surge será se esse direito será ou não disponível. Não sendo o empresário um sujeito qualquer, dada a exigência do profissionalismo, vê-se que ele pode por contrato abrir mão deste direito, aplicando-se, de uma forma geral, a possibilidade de o lojista dispor deste direito de sigilo em prol de um benefício maior.

O grande problema está na heterogeneidade de lojistas, pois os contratos de shopping center são firmados tanto entre lojistas que ocuparão lojas âncora, como por pequenos empresários. No caso dos pequenos empresários, o contrato firmado é, na maioria das vezes, de adesão, aceitando o lojista as condições do shopping no objetivo de maior visibilidade e segurança.

Nas grandes cidades de todo o mundo, os centros comerciais deixaram de ser bairros ou ruas, deslocando-se para shoppings. Os consumidores preferem a comodidade e segurança dos shoppings ao relento e risco de assalto em ruas abertas. Isso obriga empresários em maiores centros a migrar para shoppings, sob pena do insucesso empresarial.

Destarte, enquanto os grandes empresários têm condições negociais com os empreendedores de *shopping center*, os pequenos lojistas se curvam às pressões dos empreendedores, aceitando qualquer contrato. Cria-se um sistema de vulnerabilidade de menores empresários em admitir as condições do empreendedor em contrato de adesão, sob pena de não poder abrir em centros comerciais.

---

31. BRASIL, Conselho da Justiça Federal. Enunciado 30. Disponível em: https://www.cjf.jus.br/enunciados/pesquisa/resultado. Acesso em: 15 abr. 2020.

É muito comum, para não dizer a regra, que o shopping adentre nas lojas para verificar a contabilidade e estoque dos lojistas, tudo no intuito de confirmar se as informações prestadas ao shopping são verdadeiras ou não. Mas qual seria o motivo desta quebra de sigilo exceto a falta de confiança e boa-fé entre os contratantes? Se a Lei 13.874/2019 prevê uma presunção de boa-fé nas relações empresariais, é contraditório admitir que a autonomia fira tal sigilo em casos de relações assimétricas.

A aludida lei prevê em seu art. 3º os direitos relacionados à liberdade econômica, com destaque para o inciso V que dispões sobre a presunção de boa-fé nas relações empresariais, dando à autonomia privada das partes a interpretação dos contratos, "exceto se houver expressa disposição legal em contrário". Em relações paritárias, portanto, as partes poderiam ajustar livremente pela sua autonomia privada a interpretação dos contratos empresariais, no entanto, em relações entre lojistas menores há clara quebra de paridade contratual.

Outro ponto muito discutido em contratos de *shopping center* é a cobrança dos alugueis, não tanto pelo cálculo sobre faturamento, mas especialmente no número de parcelas a serem pagas. A grande maioria dos empreendedores de shopping cobra um 13º aluguel e muitas vezes cobra também um 14º e até um 15º aluguel. Com qual finalidade se cobra tais valores? A justificativa dos empreendedores está no período de natal (13º aluguel), dia das mães (14º) e dia dos namorados (15º).

O argumento é que nestes períodos o empreendedor tem um aumento dos seus custos, com investimentos em marketing e propaganda, motivando a cobrança a maior nestes períodos. O que causa estranheza aqui é que os lojistas, na sua grande maioria, além do pagamento de um valor fixo mínimo de aluguel, pagam também um valor variável sobre o faturamento. Assim, se nestes períodos o investimento traz aos lojistas um implemento na lucratividade, por via de consequência, os alugueis também são pagos a maior, constituindo-se o 13º, 14º e 15º alugueis como *bis in idem* e uma abusividade contratual. Todavia, sendo a Lei 8.245/91 incompleta no que diga respeito aos shoppings, torando o contrato atípico, os empreendedores se aproveitam da abertura em sua autonomia e incluem cláusulas de cobrança de valores adicionais, repita-se, de forma abusiva.

Diante desta abusividade verificada em contratos de *shopping center* é que se propõe projetos de lei para limitar os poderes dos empreendedores em face dos lojistas. Dois projetos ganham destaque. O primeiro deles é o Projeto de Lei 4.447/2012, do Deputado-Federal Marcelo Matos. Neste projeto se pretende alterar a Lei 8.245/91 para a inclusão de um segundo parágrafo ao art. 17, limitando-se ao máximo de 12 cobranças de alugueis mensais por ano, vedando a cobrança progressiva de percentual sobre o faturamento do locatário.

O que se deve observar é que não há abusividade de cobrança de alugueis sobre o faturamento, mas a cumulação do mesmo com mais do que 12 parcelas mensais ao ano. A cobrança cumulada de alugueis sobre faturamento com 13º, 14º ou 15º aluguel é que torna abusiva a relação, tornando clara a vulnerabilidade de pequenos lojistas.

Outro projeto de Lei é o 7.137/2002, da Deputada Federal Zulaiê Cobra. Neste projeto se propõe a alteração do art. 13, com um novo § 3º. Nele se prevê que os empreendedores não poderão cobrar encargos relativos à cessão ou sublocação e, após a notificação escrita, serão obrigados a consenti-las, nas mesmas condições do contrato com o lojista-locatário original, exigindo-se apenas as garantias de idoneidade e solvência do novo locatário.

Além do art. 13, da mesma forma que o projeto do Deputado Marcelo Matos, o presente projeto também propõe alteração do art. 17 com inclusão de um parágrafo segundo limitando o pagamento de apenas 12 alugueis mensais por ano, permitindo a cobrança de valores mínimos e percentuais, sobre o faturamento. Inclui também um parágrafo terceiro vedando a cobrança de alugueis determinados ou progressivos, após o primeiro ano de vigência contratual, autorizando as correções apenas por índices oficiais.

O projeto ainda altera o texto do art. 52 da Lei 8.245/91. Ajusta-se a possibilidade do locador se defender na ação renovatória sob o fundamento de uma melhor proposta de aluguel por terceiro. Apesar de o art. 52 não se referir a esta hipótese, o § 3º prevê a possibilidade de indenização e o art. 72 elenca tal hipótese de defesa.

O que o projeto faz, além de incluir esta hipótese para as locações não residenciais, é alterar o texto do § 2º para vedar também que empreendedores de *shopping center* e outros proprietários na condição de locadores não possam se defender em ações renovatórias sob argumento de o imóvel servir para utilização do próprio locador, ou ainda pela existência de melhor proposta por terceiros, devendo indenizar o lojista se o locador, no prazo de três meses da entrega do imóvel, não iniciar as obras determinadas pelo Poder Público, única hipótese de defesa prevista para os empreendedores de shopping em ação renovatória.

Por derradeiro, o projeto, em relação aos shoppings-centers, proibiria no art. 54 a cobrança de multas superiores a três alugueis, além das vedações já previstas na legislação em vigor. O que se verifica é que, mesmo que tais projeto não sejam aprovados, já há na Lei 8.245/91 uma clara proteção do lojista na condição de empresário vulnerável em relação ao empreendedor do *shopping center*. O art. 51 reconhece que os lojistas são proprietários de uma propriedade dinâmica configurada pelo estabelecimento empresarial e seu ponto, quando cria condições para a renovação compulsória diante da propriedade estática do locador. Quando o locador usa a não renovação do contrato como artifício para exigir maiores proveitos econômicos, a lei reconhece a vulnerabilidade do empresário e a importância da sua atividade frente ao direito de propriedade do locador.

Por si só, isto já comprovaria a relação de dependência e vulnerabilidade dos empresários em face dos locadores, mas nos contratos de *shopping center* essa relação ganha um colorido diferente, exigindo do legislador e do aplicador do direito que se debrucem com maior cuidado sobre essa relação. Isso dá ensejo a projetos de lei como os apresentados aqui.

A Lei 8.245/91, bem como os projetos de alteração, prevê que os lojistas de shopping, como forma de equilíbrio contratual, poderão se organizar em entidades associativas. É a mesma medida que se utiliza em contratos de trabalho, mais especificamente em relações de emprego, onde o trabalhador, como medida de equiparação de forças contratuais, os sindicatos, como entidades associativas, representam os empregados em negociações coletivas. Clara, portanto, a vulnerabilidade de boa parte dos lojistas em contratos de *shopping center*, sofrendo com abusos dos empreendedores e carecendo de intervenção do Estado.

4.2 Franquias

Talvez um dos contratos mais importantes para a economia mundial, mas especialmente para empresários é o contrato de franquia. Pela franquia, dois empresários, franqueador e franqueado ajustam o uso de marcos e outras propriedades intelectuais em atividades de produção e/ou circulação de bens e/ou serviços.

A doutrina, sobre este contrato, sempre foi conflitante ao defini-lo quanto à sua tipicidade. Como existia a Lei 8.955, de 15 de dezembro de 1994, muitos defendiam ser um contrato típico, no entanto, via-se que a lei regrava apenas a Circular de Oferta de Franquia (COF), não adentrando além da formação do contrato, seja propositalmente para gerar com a atipicidade uma maior autonomia entre as partes, seja por falta de cuidado do legislador.

A verdade é que a partir de 26 de março de 2020, entrou em vigor a Lei 13.966/2019, alterando de forma substancial o regramento de franquias, regulando muito além da COF. Sobre a Circular de Oferta de Franquia, passa de 15 itens da lei antiga para 23 da atual lei, determinado uma simplificação da linguagem, tornando o contrato mais acessível (*caput* do art. 2º).

Sendo franqueadores e franqueados empresários, logo, profissionais, conhecedores do direito, das boas técnicas contratuais, não haveria necessidade desta proteção se não se reconhecesse uma vulnerabilidade do franqueados, diante dos franqueadores, notadamente quando forem os franqueados pequenos empresários.

O que há aqui é uma vulnerabilidade técnica da parte dos franqueados que, não tendo conhecimentos jurídicos, nem mesmo sendo assessorados por profissionais do direito, poderiam sofrer abusos pelo exagero linguístico e uso de expressões técnicas que os excluíssem de um entendimento integral do contrato e seus efeitos. A depender da hipótese concreta, o uso de um vernáculo e de informações técnicas excludentes afastaria o consentimento necessário ao contrato.

O acesso a informações é um direito insculpido no art. 5º, inciso XIV da Constituição Federal e aplicável aos contratos, vinculando-se nos contratos pelas mãos do princípio da boa-fé objetiva previsto no art. 422 do CCB, conforme entendimento do Supremo Tribunal Federal no REsp 586316/MG[32]. O dever de informar (com clareza e objetividade) é dever geral de conduta presente em todos os contratos[33].

Um dos deveres anexos de conduta que se vinculam à boa-fé dos contratos é o dever de informação. Negar às partes contratuais informações claras e objetivas, especialmente em contratos de adesão como ocorre com as franquias, é negar-lhe boa-fé e acaba por fulminar de morte o contrato, negando-lhe vontade livre de vícios, tornando-o invalido (art. 2º, § 2º da lei de franquias).

Da mesma forma que os lojistas em contratos de *shopping center*, os franqueados poderão se organizar em conselhos ou entidades associativas para unir forças e poderem negociar em condições de maior igualdade com os franqueados. No caso do contrato de

---

32. BRASIL, Supremo Tribunal Federal. REsp 586316/MG, 2ª Turma, Rel. Min. Herman Benjamin, DJe 19.03.2009.
33. LOBO, Paulo. *Direito Civil* (Obrigações). São Paulo: Saraiva, 2018, v. 2, p. 110.

franquia, a COF obrigatoriamente deve informar aos pretensos franqueados a existência destas organizações (art. 2º, inciso XX da Lei de franquias em vigor).

É muito comum às franquias o uso de entidades associativas, especialmente quando os franqueadores são de um maior porte em comparação aos franqueados. O franqueado-mestre, diferentemente, foge, como regra, ao lugar comum dos demais franqueados. A maioria dos franqueados, mesmo não se comparando com a maioria dos contratantes, é econômica e brutalmente inferior aos franqueadores, precisando se organizar em associações como forma de alcançar um equilíbrio contratual, tal qual visto com os lojistas em contratos de *shopping center*, entre os contratos empresariais, e os empregados em contratos trabalhistas.

Além disso, caso a COF não seja entregue ao franqueado pretendente no máximo 10 dias antes da assinatura do contrato preliminar ou definitivo de franquia, com todas as informações exigidas por lei, o contrato poderá ser invalidado e devolvidas as quantias eventualmente pagas pelo candidato a franqueado (§§ 1º e 2º do art. 2º da lei de franquia).

4.3 Representação comercial, agência e distribuição

O contrato de representação comercial é uma espécie de contrato por aproximação e gênero de dois outros contratos, agência e distribuição. Por tais contratos o representante ajusta com o representado a intermediação de negócios empresariais, agenciando propostas ou pedidos, ou ainda distribuindo produtos, de forma não eventual e mediante pagamento de comissões (art. 1º da Lei 4.886/65 e arts. 710 e seguintes do CCB). Pelo próprio conceito de representação comercial autônoma já se verifica a relação entre a representação e a agência, porém, a distribuição viria por força da interpretação do Código Civil e o liame tênue com a agência[34].

Alguns pontos destacam bem quando a relação entre representante e representado poderá ser assimétrica. Uma forte analogia entre o contrato de representação comercial e as relações de emprego; a vedação da cláusula *del credere*; a necessária classificação dos créditos do representante entre os créditos trabalhistas na eventual falência do representado; e a possibilidade de suspensão das atividades sem rescisão contratual em caso de incapacidade laboral. Todos estes casos, geram um sistema diretivo no contrato, reduzindo a autonomia para reequilibrar a relação entre os sujeitos.

A despeito de a representação comercial deixar claro que não há qualquer vínculo de emprego entre partes contratuais (art. 1º da Lei 4.886/1965), verifica-se um tratamento extremamente análogo entre estes contratos. Nos contratos de representação, a resilição unilateral por parte do representado de forma injustificada, gera também o dever de uma denúncia de noventa dias (art. 720, CCB), bem como a fixação de uma indenização proporcional ao tempo de contrato. O art. 27, letra j, da lei de representação determina uma

---

34. BRASIL, Conselho da Justiça Federal. Enunciado 31: "O contrato de distribuição previsto no art. 710 do Código Civil é uma modalidade de agência em que o agente atua como mediador ou mandatário do proponente e faz jus à remuneração devida por este, correspondente aos negócios concluídos em sua zona. No contrato de distribuição autêntico, o distribuidor comercializa diretamente o produto recebido do fabricante ou fornecedor, e seu lucro resulta das vendas que faz por sua conta e risco". Disponível em: https://www.cjf.jus.br/enunciados/pesquisa/resultado. Acesso em: 29 abr. 2020.

indenização correspondente um mínimo de doze avos das remunerações pagas representante em todo o contrato. Como mencionado, mesmo não configurando qualquer relação trabalhista, observa-se uma proximidade peculiar entre os contratos quando geram para parte mais frágil da relação uma indenização proporcional ao tempo de serviço.

Não será diferente da prática laboral em casos de contrato por prazo determinado. Caso o contrato seja de prazo determinado a indenização corresponderá à metade do período restante multiplicado pela média de remunerações do representante (art. 27, § 1º da lei de representação). Analogamente aos contratos de trabalho, quando a representação for feita por prazo determinado, quando prorrogado, torna-se por prazo indeterminado, dado o princípio da continuidade, considerando-se um único contrato por prazo determinado caso a prorrogação ocorra em interstício inferior a seis meses (§§ 2º e 3º).

Sobre a vulnerabilidade dos representantes comerciais, em comparação clara aos contratos de trabalho subordinado, Sílvio Venosa destaca que

> em qualquer situação de dispensa, deverão ser levados em conta os princípios da lei que regula a representação mercantil, que deverá ser utilizada em tudo que beneficiar o representante comercial, seja ele agente ou distribuidor. Essa lei, e outras que estiverem no mesmo diapasão, visam proteger a inferioridade econômica e a vulnerabilidade do agente ou distribuidor perante o dono do negócio, o que, quase sempre, é regra geral[35].

Isso, por si só, não configuraria a vulnerabilidade do representante, pois, na mesma medida que representados podem ser grandes corporações, representantes também podem ser grandes corporações. A vulnerabilidade surge aqui em determinadas relações que exista vulnerabilidade econômica, jurídica ou técnica.

A relação empresarial entre representante e representado sempre terá em conta a proteção do representante comercial autônomo[36], a saber: (a) pela obrigatoriedade do pagamento das comissões provenientes de vendas concluídas em sua zona de atuação, mesmo que pelo próprio representado (art. 711, do CCB); (b) pelo pagamento obrigatório das comissões a partir do pagamento do pedido ou proposta e com cálculo sobre o valor total das mercadorias, não havendo abertura para negociação contrária (art. 32, da LRC); (c) pela impossibilidade de alteração contratual que implique em redução da média de remunerações do representante em relação aos últimos seis meses; e (d) proibição da cláusula *del credere*.

Apenas quando o comprador desfizer o negócio, sustar a entrega da coisa comprada devida à sua situação comercial, ou ainda houver insolvência do comprador na relação de representação é que as comissões pelas vendas não seriam pagas (art. 33, § 1º, da LRC).

Talvez a maior prova da vulnerabilidade do representante e do poder contratual do representado esteja na proibição da cláusula *del credere*. Em qualquer outra hipótese o

---

35. VENOSA, Silvio de Salvo. *Direito civil*: contratos em espécie. São Paulo: Atlas, 2018, v. 3, p. 334.
36. A Lei 4.886/1965 prevê em seu art. 31, parágrafo único que não será presumida a exclusividade de área na representação comercial autônoma, todavia, o art. 711 do CCB dispõe que, salvo disposição contratual em contrário, não poderá o proponente constituir mais de um agente para a mesma área de atuação. Assim, sendo a agencia uma espécie de representação, poder-se-ia dizer que a regra atual seria a da presunção de exclusividade de zona. Interpretação também dada pelo STJ no REsp Sá severino 846543/RS, Rel. Min. Paulo de Tarso Sanseverino, pub.: 11.04.2011.

representante deverá receber as suas comissões, sendo vedada a adoção da cláusula *del credere* nas representações comerciais (art. 43 do mesmo diploma). A cláusula *del credere* seria usada para impedir o pagamento pelo representado das comissões do representante caso haja mero inadimplemento do comprador, ou que o negócio seja desfeito. A proibição desta cláusula indica que, a despeito de ambos serem empresários, o risco da atividade e dos negócios será do representado, nunca do representante[37].

Talvez um dos principais destaques como prova da vulnerabilidade do representante comercial autônomo e sua similitude com os contratos de trabalho está no fato de, havendo falência do representado, os valores devidos pelo contrato de representação se enquadrariam na classificação dos créditos como de natureza trabalhista (art. 44 da LR), bem como quando houver incapacidade laboral do representante não poderá o representado rescindir o contrato por este motivo (art. 45).

É claro o reconhecimento da vulnerabilidade do representante comercial autônomo em comparação ao que se faz com a relação de emprego, por mais que a lei, acertadamente, destaque que o contrato de representação (exceto em casos de pejotização), não configura relação de emprego.

4.4 O empresário consumidor

É sabido que o Código de Defesa do Consumidor não será aplicável em relações interempresariais, como regra. A aplicação do CDC às relações interempresariais retiraria todos o cuidado e importância que se deve dar ao consumidor pessoa física e não profissional. Colocar as duas relações em um mesmo nível não é a intenção do legislador, adotando a teoria finalista como fundamento da definição do consumidor.

Todavia, a teoria finalista, em contraponto à teoria maximalista que pretende a aplicação do CDC sempre que houver aquisição de bens e serviços sem objetivo de revenda, tem sido acertadamente mitigada para uma teoria de finalismo aprofundado. Ela ficaria, como mencionado, no meio termo entre a teoria finalista e a maximalista, permitindo que se aplique o CDC em determinados casos em que um consumidor pessoa física e profissional, ou pessoas jurídicas com fim econômico adquira bens e serviços que possam servir no processo produtivo, mas que o empresário esteja em condição de vulnerabilidade.

Tal entendimento é destacado por inúmeros autores em suas obras, a saber, Claudia Lima Marques[38] e Fran Martins[39], bem como pela jurisprudência mais recente do Superior Tribunal de Justiça.

> Processual civil. Embargos de divergência. Conceito de consumidor. Incidência do CDC. Pessoa jurídica. *Finalismo mitigado. Vulnerabilidade.* Ausência de divergência entre os acórdãos confrontados. 1. Hipótese em que, em verdade, não há divergência entre os acórdãos comparados, pois todos aplicam a teoria finalista mitigada, que admite a incidência do CDC, ainda que a pessoa física ou jurídica não

---

37. O art. 716 do CCB vai além, prevê que a comissão será devida ainda quando a causa da não realização do negócio for de responsabilidade do proponente.
38. MARQUES, Claudia Lima. *O novo direito privado e a proteção dos vulneráveis*. São Paulo: Ed. RT, 2012, p. 113 e ss.
39. MARTINS, Fran. *Contratos e Obrigações Comerciais*. Rio de Janeiro: Ed. Gen-Forense, 2018, p. 61.

sejam tecnicamente destinatárias finais do produto ou do serviço, quando estejam em situação de vulnerabilidade diante do fornecedor. 2. Entretanto, no acórdão embargado, a Primeira Turma afirmou que a hipótese é de "ausência de demonstração de vulnerabilidade" da pessoa jurídica agravante (fls. 1.446-1.447). A reforma dessa conclusão pressupõe novo julgamento do Recurso Especial, com análise detida do acórdão recorrido, o que não pode ser obtido por esta via. 3. Haveria divergência se os paradigmas indicados afirmassem que, para a incidência do regime protetivo do CDC, seria dispensável a análise da situação de vulnerabilidade da pessoa jurídica sempre que se tratar de serviço público essencial. Em nenhum deles, contudo, está assentada essa tese. 4. Agravo Regimental não provido[40].

O que se destaca, *in casu*, é que a vulnerabilidade deve ser demonstrada pelo empresário, não sendo presumida, por motivos óbvios. A relação de consumo tradicional com fornecedores e consumidores pessoas físicas e não profissionais, a presunção de vulnerabilidade será absoluta, contudo, quando o consumidor for empresário, além de provar que a aquisição do produto ou serviço não será objeto de revenda, pois ao consumo intermediário não se aplica o CDC, mas provar também a condição de vulnerabilidade do empresário[41].

O STJ tem decidido que em contratos com empresário que comprovem a sua vulnerabilidade, será possível a aplicação do CDC pelo finalismo aprofundado ou mitigado, considerando o empresário um consumidor por equiparação. É o caso quando um caminhoneiro adquire como profissional autônomo um caminhão para o seu trabalho de transporte[42]. São claras as hipóteses quando se difere um empresário pequeno em relação à uma instituição financeira, empresa de grande porte, de contratos firmados entre a mesma instituição financeira e grandes transportadoras.

5. O EMPRESÁRIO VULNERÁVEL E O TRATAMENTO DADO AOS SEUS CONTRATOS

Como visto, inúmeras são as hipóteses de vulnerabilidade de empresários em relações contratuais interempresariais. Nos contratos de franquia e *shopping center*, franqueados e lojistas se unem em associações para reduzirem as diferenças com franqueadores e empreendedores. As regras de representação comercial autônoma chegam a se aproximar em muito das regras atinentes aos contratos de trabalho subordinado.

É obvio que nem todas as hipóteses de franquia, *shopping center* e representação comercial se encaixariam em uma relação de vulnerabilidade. Um grande franqueado mestre está mais próximo do franqueador do que dos franqueados tradicionais. Lojas âncora de shoppings normalmente são grandes empresários, muitas vezes com poder econômico superior ao empreendedor. Da mesma forma, relações entre representantes, seja por agência, seja por distribuição, podem ser bem equilibradas.

Neste caso, como dito, o que deve determinar se o contrato terá ou não alguns nível de vulnerabilidade será o caso concreto. Quais seria, desta maneira, as balizas para se verificar situações de vulnerabilidade e dar solução às demandas que surjam? Como

---

40. BRASIL, STJ. AgRg no REsp 1.331.112-SP, Min. Rel. Herman Benjamin, julg.: 03.12.2014, pub.: 02.02.2015.
41. BRASIL, STJ. REsp 1.195.642-RJ, Min. Rel. Nancy Andrighi, julg.: 13.11.2012, pub.: 21.12.2012.
42. BRASIL, STJ. REsp 716.877/SP, Min. Rel. Ari Pargendler, julg.: 22.03.2007, pub.: 23.04.2007.

deveria o magistrado, o mediador ou o árbitro agir nestas situações? Ademais, como se comportariam os contratos empresariais em tempos de crise?

Quando se fala em simetria contratual como critério de classificação, é muito comum que se levante o conceito de igualdade entre as partes para definir contratos. Contudo, é um grave equívoco vincular a ideia tradicional de igualdade formal ao classificar contratos[43]. As partes nunca serão iguais, como na maioria das relações sociais. O conceito de igualdade acaba evoluindo para um tratamento sobre as desigualdades. BARROSO ao tratar sobre o assunto demonstra que a própria Constituição Federal ao tratar sobre isonomia, acaba por utilizar múltiplos fatores para enfrentar situações de desigualdade entre as pessoas e dar soluções distintas para situações distintas[44].

A melhor solução não seria falar em uma igualdade formal, mas avaliar a sua evolução gradual para uma igualdade substancial, tal qual ocorrerá com outros princípios que recebem forte influência dos direitos fundamentais aplicados às relações privadas[45]. Um bom balizamento para a solução de problemas "atuais"[46] que surjam nos contratos será a equidade, não uma equidade forma, mas uma equidade evoluída para sua perspectiva substancial[47].

> O antigo sentido de equidade nos contratos, voltado à paridade, à equivalência e à refutação (seja por ilicitude, seja por abuso) no enriquecimento sem causa, deu ao conceito do contrato um manejo diferenciado sob a justiça comutativa. À justiça contratual formal (fundada na igualdade de oportunidades) somou-se a justiça substancial (mais que compensatória)[48].

Mas como deveria o magistrado, o mediador ou o árbitro agir nestas situações? De nada adianta se falar que há solução para demandas que envolvam contratos em tempo de crise, sem se trazer um balizamento para isso. Vários elementos poderão ser utilizados pelo aplicador do direito na solução de eventuais demandas.

Assevera Fachin que a segurança jurídica nas relações interprivadas adviria de princípios com força normativa em caráter nacional e internacional[49]. O autor cita um rol exemplificativo destes princípios e destaca entre eles o "princípio da equidade substancial (tratamento diferenciado de situações desiguais; compreende o princípio da diferenciação positiva: modulação funcional, rendimentos, titularidades e outros fatores sociais, laborais e familiares)"[50]. A isonomia e a equidade substanciais levariam à uma interpretação dos contratos com base nos direitos fundamentais, criando-se formas de tratar diferentemente as partes e seus contratos conformes as diferenças que se apresentem.

Portanto, as condições sociais, educacionais e econômicas das partes em um contrato devem ser levadas em conta, mesmo em contrato empresariais. Um pequeno empresário local que venda para uma grande rede de varejo nacional ou internacional a sua produção

---

43. FACHIN, Luiz Edson. *Direito Civil* (Sentidos, transformações e fim). Rio de Janeiro: Renovar, 2015, passim.
44. BARROSO, Luiz Roberto. *Temas de Direito Constitucional*. Rio de Janeiro: Renovar, 2002, t. I, p. 159 e 160.
45. FACHIN, Luiz Edson. *Direito Civil* (Sentidos, transformações e fim). Rio de Janeiro: Renovar, 2015, p. 38 e 53.
46. Quando se fala aqui em problemas atuais não se está tratando apenas de crises econômicas, sanitárias e políticas específicas da atualidade, mas problemas da contemporaneidade.
47. FACHIN, Luiz Edson. *Direito Civil* (Sentidos, transformações e fim). Rio de Janeiro: Renovar, 2015, p. 172.
48. FACHIN, Luiz Edson. *Direito Civil* (Sentidos, transformações e fim). Rio de Janeiro: Renovar, 2015, p. 54.
49. FACHIN, Luiz Edson. *Direito Civil* (Sentidos, transformações e fim). Rio de Janeiro: Renovar, 2015, p. 170.
50. FACHIN, Luiz Edson. *Direito Civil* (sentidos, transformações e fim). Rio de Janeiro: Renovar, 2015, p. 172.

não terá as mesmas condições ao firmar os seus contratos, não tendo, diversas vezes, oportunidades de negociar o melhor contrato para si. Isso vai muito além de uma mera dependência e caracteriza uma vulnerabilidade econômica, jurídica e técnica do empresário. A ausência de condições econômicas e socioeducacionais, acompanhadas de uma ausência de assessoria técnica para uma das partes do contrato gera clara vulnerabilidade.

Além dos critérios já elencados, fatores como tempo, espaço, espécie de relação jurídica também influenciarão o interprete na avaliação dos contratos. Em se tratando de relação jurídica empresarial, presumir-se-á a simetria entre as partes, mas mesmo em tempos que não sejam de crise, o interprete deverá levar em conta situações concretas como fatores sociais, educacionais, patrimoniais e econômicos para verificar se esta presunção deverá ou não ser mantida.

O tempo e o espaço também serão fatores cruciais para a interpretação do contrato, a sua revisão ou mesmo a sua resolução. O momento em que o contrato se aperfeiçoou será extremamente importante para o tratamento de eventuais demandas. A resolução por onerosidade excessiva, por exemplo, exige que o fato seja imprevisível para a sua aplicação, assim, sendo firmado após o conhecimento de certos fatos, impedir-se-ia a sua aplicação. O espaço também será importante, pois em certas localidades os efeitos econômicos de crises, v. g., serão sentidos de forma mais branda, não se justificando a revisão ou resolução dos contratos que não sejam tocadas direta ou indiretamente.

Outros critérios para a avaliação dos contratos interempresariais seriam os deveres anexos de conduta decorrentes da boa-fé objetiva. É sabido que o Código Comercial de 1850 regulava boa-fé muito antes da previsão pela legislação civil. Hoje, porém, o Direito Civil tem tratado de forma muito mais cuidadosa a boa-fé e estudado com profundidade os deveres anexos de conduta. Paulo Lôbo elenca que, além das cláusulas contratuais negociadas entre as partes, hão de se aplicar deveres gerais de conduta nestas relações. Deveres como cooperação, informação e proteção seriam aplicáveis aos contratos como uma regra geral.

Há quem entenda, porém, que nos contratos empresariais haveria uma mitigação dos deveres gerais de conduta decorrentes da boa-fé objetiva das partes[51]. Deveres de cooperação seriam mitigados pela rivalidade concorrencial, na medida em que se estaria falando de empresários concorrentes, mas quando se estivesse falando em um fornecedor de insumos, tal mitigação não deveria existir, pois, na medida em que se garanta a livre concorrência (art. 170, CF/88), também se garante como princípio contratual a boa-fé objetiva (art. 422, CCB/02), daí a necessidade de uma análise concreta para cada contrato ao invés de se criar fórmulas mágicas para todas as relações de uma mesma natureza.

Entre os fundamentos para a mitigação dos deveres gerais de conduta em contratos empresariais estaria o risco intrínseco à atividade empresarial. Como mencionado no início deste texto, é pressuposto da empresa e para a caracterização do empresário o profissionalismo. Além do hábito, o profissionalismo levaria a uma expertise do empre-

---

51. LUPION, Ricardo. *Boa-fé objetiva nos contratos empresariais* (contornos dogmáticos dos deveres de conduta). Porto Alegre: Livraria do Advogado, 2011, p. 139.

sário em comparação a outros sujeitos contratuais, colocando-o em um patamar acima dos demais. Pari passu à expertise, impõe-se aos empresários e gestores um dever de diligência negocial, assumindo sempre riscos pela atividade exercida.

Este fator também deve ser levado em conta. A quem cabe o risco do contrato? Nos contratos de trabalho e de consumo, o risco se impõe ao empregador e fornecedor. O risco é inerente à empresa, não aos seus stakeholders. Mas nas relações empresariais caberia analisar se há ou não uma alocação de riscos para tempos de crise. Havendo no contrato uma previsão de riscos devidamente distribuídos entre as partes, como regra, não caberia a parte aduzir fatos que já estivessem previstos pelo contrato.

Outro critério seria a existência ou não de contrato de adesão na relação empresarial. O Código Civil determina que em casos de dúvida, dever-se-ia interpretar o contrato favoravelmente ao aderente[52]. O uso de contrato de adesão desequilibra a relação e, em conjunto com outros fatores, poderia gerar uma condição de vulnerabilidade, mesmo para um empresário[53].

É o caso de contratos firmados entre um grande empresário e um pequeno empresário. A relação firmada geraria claramente uma vulnerabilidade para o pequeno empresário, tal qual destaca Toscano[54]. Nestes contratos os riscos são menos conhecidos e caberá uma interferência do Estado nestas relações para a proteção do empresário vulnerável. Esta é a intelecção retirada do art. 170, inciso IX da Constituição Federal em vigor, protege-se o pequeno[55], tanto por corresponder à parte considerável dos empresários brasileiros, gerando um grande número de empregos[56], como também pela eventual vulnerabilidade que se apresente em suas relações empresariais.

Além disso, a LINDB determina que o magistrado deverá se atentar a valores de fins sociais e exigências de bem comum (art. 5º), bem como levando em conta as consequências práticas da decisão (art. 20)[57]. Neste sentido, caberia ao magistrado utilizar efetivamente critérios de isonomia e equidade substanciais, além da própria função social dos contratos.

Fachin assevera que a segurança jurídica nas relações interprivadas adviria de princípios como normas jurídicas nacional e internacionalmente. O autor cita um rol exemplificativo destes princípios e destaca entre eles o "princípio da equidade substancial (tratamento diferenciado de situações desiguais; compreende o princípio da diferenciação positiva: modulação funcional, rendimentos, titularidades e outros fatores sociais, laborais e familiares)"[58].

---

52. BRASIL, Código Civil. Art. 423.
53. LÔBO, Paulo Luiz Netto. Princípios sociais dos contratos no Código de Defesa do Consumidor e no Novo Código Civil. *Revista de Direito do Consumidor*, v. 42, abr./jun. de 2002, p. 42.
54. BRITO, Rodrigo Toscano de. *Equivalência material dos contratos*. Civis, empresariais e de consumo. São Paulo: Saraiva, 2007, p. 183.
55. Assim considerado quem tenha rendimento bruto anual de até R$ 4.800.000,00, conforme LC 123/06.
56. BRASIL, SEBRAE. Micro e pequenas empresas geram 27% do PIB do Brasil. Disponível em: https://www.sebrae.com.br/sites/PortalSebrae/ufs/mt/noticias/micro-e-pequenas-empresas-geram-27-do-pib-do-brasil,ad-0fc70646467410VgnVCM2000003c74010aRCRD. Acesso em: 30 abr. 2020.
57. BRASIL, Decreto-Lei 4.657/42. Disponível em: http://www.planalto.gov.br/ccivil_03/decreto-lei/del4657compilado.htm. Acesso em: 28 abr. 2020.
58. FACHIN, Luiz Edson. *Direito Civil* (sentidos, transformações e fim). Rio de Janeiro: Renovar, 2015, p. 172.

Fachin assevera que a segurança jurídica nas relações interprivadas adviria de princípios como normas jurídicas nacional e internacionalmente. O autor cita um rol exemplificativo destes princípios e destaca entre eles o "princípio da equidade substancial (tratamento diferenciado de situações desiguais; compreende o princípio da diferenciação positiva: modulação funcional, rendimentos, titularidades e outros fatores sociais, laborais e familiares)"[59]. Neste sentido, a equidade substancial, equanimidade, ou *fairness*, seria uma análise concreta das relações contratuais para dar a cada caso uma solução apropriada.

O certo é que os contratos empresariais devem levar em conta múltiplos critérios para a sua análise. As regras gerais contratuais devem ser adaptadas às vicissitudes do mercado, "ora impondo obrigações adicionais, ora limitando direitos"[60], mas sempre primando pelos ideais de "equilíbrio, equidade e proporcionalidade"[61].

Nos últimos meses o mundo, mais uma vez em sua longa história, viu a fragilidade de sua economia de mercado, buscando no Estado a intervenção até então indesejada. Um vírus, o Coronavírus (Covid-19), obrigou toda a sociedade a manter um distanciamento social, fechando lojas, fábricas, shoppings e outros centros de comércio. No Brasil, o Decreto Legislativo 6, de 20 de março de 2020, configurou o estado de calamidade pública que já vinha ocorrendo em vários outros países de economia semelhante, determinando um processo de distanciamento social causado pela calamidade pública.

Mercados aquecidos se arrefeceram, mercados em crescimento estagnaram e mercados em crise colapsaram ainda mais. Relações em que empregadores e fornecedores eram detentores de um poder de controle sobre empregados e consumidores, reduz-se este poder para que as relações fiquem naturalmente equilibradas e, eventualmente, invertendo a vulnerabilidade.

Na maioria das relações contratuais, como fornecedores e consumidores, empregadores e empregados acabam sendo tocados pela crise econômica fortemente, as relações ficam naturalmente equilibradas e a proteção por presunção absoluta de trabalhadores e consumidores gera um risco de desequilíbrio inverso, criando vulnerabilidade para fornecedores e empregadores. É o mesmo que ocorreria com a resolução por onerosidade excessiva nos contratos civis e empresariais.

De nada adianta a existência de fato extraordinário e imprevisível, nem mesmo se houvesse onerosidade excessiva caso esta recaísse sobre ambas as partes. Sem que exista extrema vantagem para a outra parte, não se resolveria o contrato. O mesmo ocorre com as relações de trabalho e consumo quando a crise, em verdade, atinge ambas as partes do contrato. Não há uma inversão na vulnerabilidade, não só pela existência de presunção absoluta, mas especialmente pela crise atingir a quase todos.

Portanto, cabe ao aplicador do direito realizar uma modulação dos contratos em casos concreto entre empresários para verificar a existência de vulnerabilidades, o seu grau e se é suficiente para se dar um tratamento diferenciado, bem como modular tal

---

59. FACHIN, Luiz Edson. *Direito Civil* (sentidos, transformações e fim). Rio de Janeiro: Renovar, 2015, p. 172.
60. FACHIN Luiz Edson. *Direito Civil* (sentidos, transformações e fim). Rio de Janeiro: Renovar, 2015, p. 67.
61. NEGREIROS, Teresa. *Teoria dos Contratos* (novos paradigmas). Rio de Janeiro: Renovar, 2006, p. 157.

tratamento para cada situação. Deve verificar, mesmo em momentos de crise, o tempo e espaço e a espécie de relação jurídica firmada.

Deve analisar situações sociais, econômicas, jurídicas e técnicas para afastar eventuais vulnerabilidades, mesmo em contratos interempresariais. A evolução das relações sociais e jurídicas trouxe consigo riscos que deixaram para trás a certeza e a segurança de todas as relações serem tratadas de uma mesma maneira[62]. A realidade se impõe mais na interpretação contratual do que meramente a natureza jurídica da relação[63].

6. CONSIDERAÇÕES FINAIS

É fato que os contratos empresariais não podem ser confundidos com outras relações e o excesso de dirigismo contratual, ao invés de fomentar o desenvolvimento econômico, afasta investimentos. Contratos de consumo e trabalhistas são presumidamente assimétricos, diante de uma vulnerabilidade vista de forma absoluta nestas relações. Os contratos empresariais não podem ser vistos desta forma, pelo contrário, serão presumidamente simétricos, contudo, com presunção relativa, devendo se analisar o caso concreto que eventualmente permita o afastamento desta presunção.

O grande problema é encontrar o ponto de equilíbrio entre autonomia e intervenção. A sociedade e o direito são jogados em um movimento pendular entre intervenção estatal e autonomia, variando a intervenção maior ou menor do Estado conforme as influências políticas e econômicas da época. O crescente movimento de liberalização da economia, em especial desde 2017 com as reformas trabalhistas, até em 2019 com a Declaração das Liberdades Econômicas, reduziu consideravelmente o dirigismo contratual sob o argumento da flexibilização de regras sobre a empresa. Todavia, com a crise sanitária internacional da Covid-19 partiu-se para uma volta ao Estado e a necessidade da sua intervenção nas relações.

Diante da diversidade de relações que se realizam em um país de tamanho continental e com tanta diversidade social e econômica, verifica-se, então, que o caso concreto poderá afastar a presunção de simetria para que haja uma intervenção estatal a ponto de equilibrar a relação e evitar eventuais abusos, seja pelo dirigismo normativo, seja por revisões e resoluções contratuais.

Relações empresariais que, nestas condições, sejam desequilibradas por algum fator, exigirão um olhar mais profundo do Estado, buscando um ideal de justiça contratual, fundado na tríade equilíbrio, equidade substancial e proporcionalidade. De nada adianta afastar a intervenção do Estado em relações privadas no intuito de fomentar o crescimento econômico, quando as relações, em algumas oportunidades, correm risco de uma injustiça contratual que acabaria tendo um efeito contrário, desestimulando a economia.

---

62. FACHIN, Luiz Edson. *Direito Civil* (sentidos, transformações e fim). Rio de Janeiro: Renovar, 2015, p. 79-80.
63. FACHIN, Luiz Edson. Direito Civil (sentidos, transformações e fim). Rio de Janeiro: Renovar, 2015, p. 110.

7. REFERÊNCIAS

BARROSO, Luiz Roberto. *Temas de Direito Constitucional*. Rio de Janeiro: Renovar, 2002. t. 1.

BRITO, Rodrigo Toscano de. *Equivalência material dos contratos*. Civis, empresariais e de consumo. São Paulo: Saraiva, 2007.

COELHO, Fábio Ulhôa. *Princípios do direito comercial*. São Paulo: Saraiva, 2012.

DE PLÁCIDO E SILVA. *Vocabulário Jurídico*. Rio de Janeiro: Forense, 2014.

DE PLÁCIDO E SILVA. *Vocábulos Jurídicos*. Rio de Janeiro: Forense, 1975.

DELGADO, Maurício Godinho. *Curso de Direito do Trabalho*. São Paulo: LTr, 2005.

FACHIN, Luiz Edson. *Direito Civil* (sentidos, transformações e fim). Rio de Janeiro: Renovar, 2015.

LÔBO, Paulo Luiz Netto. *Dos contratos no estado social crise e transformações*. Maceió: Edufal, 1983.

LÔBO, Paulo. Princípios sociais dos contratos no Código de Defesa do Consumidor e no Novo Código Civil. *Revista de Direito do Consumidor*, v. 42, p. 187-195, abr./jun. de 2002.

LÔBO, Paulo. *Direito Civil* (obrigações). São Paulo: Saraiva, 2019. v. 2.

LUPION, Ricardo. *Boa-fé objetiva nos contratos empresariais* (contornos dogmáticos dos deveres de conduta). Porto Alegre: Livraria do Advogado, 2011.

MARQUES, Claudia Lima et MIRAGEM, Bruno. *O novo direito privado e a proteção dos vulneráveis*. São Paulo: Ed. RT, 2012.

MARQUES, Claudia Lima. *Contratos no Código de Defesa do Consumidor* (O novo regime das relações contratuais). São Paulo: Ed. RT, 2005.

MARTINS, Fran. *Contratos e obrigações comerciais*. Rio de Janeiro: Ed. Gen-Forense, 2018.

MARTINS, Fran. *Curso de Direito Comercial*. Rio de Janeiro: Forense, 2001.

MENDONÇA, J. X. Carvalho de. *Tratado de Direito Commercial Brasileiro*. Rio de Janeiro: Freitas Bastos, 1933.

MORAES, Paulo Valério Dal Pai. *Código de Defesa do Consumidor*: o princípio da vulnerabilidade no contrato, na publicidade e nas demais práticas comerciais. Porto Alegre: Livraria do Advogado, 2009.

NEGREIROS, Teresa. *Teoria dos Contratos* (novos paradigmas). Rio de Janeiro: Renovar, 2006.

REQUIÃO, Rubens. *Curso de Direito Comercial*. São Paulo: Saraiva, 2017. v. 1.

SUSSEKIND, Arnaldo et alii. *Instituições de Direito do Trabalho*. São Paulo: LTr, 1995. v. 1.

VENOSA, Silvio de Salvo. *Direito civil*: contratos em espécie. São Paulo: Atlas, 2018. v. 3.

VIVANTE, Cesare. *Instituições de Direito Comercial*. Campinas: LZN, 2003.

A HIPERVULNERABILIDADE DO CONSUMIDOR DE SERVIÇOS FINANCEIROS DIGITAIS

Geraldo Frazão de Aquino Júnior

Doutor em Direito pela Universidade Federal de Pernambuco – UFPE. Graduado e Mestre em Direito e em Engenharia Elétrica pela Universidade Federal de Pernambuco – UFPE.

Sumário: 1. Considerações iniciais. 2. Breves comentários acerca dos contratos bancários. 3. O consumidor de serviços financeiros e sua hipervulnerabilidade frente à digitalização. 4. Considerações finais. 5. Referências.

1. CONSIDERAÇÕES INICIAIS

Os novos paradigmas contratuais, calcados nos princípios sociais (função social do contrato, boa-fé objetiva e equivalência material do contrato), amparam os contratantes na medida em que proporcionam o equilíbrio entre as partes mediante a disciplina das cláusulas contratuais gerais, pela teoria da imprevisão, pela resolução por onerosidade excessiva e pela garantia deferida ao contratante vulnerável, fundamentados na boa-fé objetiva que fornece critérios interpretativos e é fonte de deveres e de limitações para as partes. Privilegia-se, fundamentalmente, a tutela da personalidade humana em seu mais amplo espectro, exsurgindo o princípio da dignidade humana como balizador estruturante e conformador das relações sociais.

Não é sem razão que a Constituição Federal, além de consagrar o princípio da igualdade, ao lado da liberdade, impõe a erradicação das desigualdades sociais. Entretanto, a realidade contratual atual tem servido para agravar a marginalização social, na medida em que muitos dos dogmas oitocentistas ainda persistem e se fazem presentes nas relações interprivadas atuais, o que vai de encontro aos objetivos fundamentais da República. Impõe-se a garantia de que os efeitos almejados pelos contratantes não se revelem em desarmonia com os ditames constitucionais. Nesse contexto, o princípio da igualdade caminha lado a lado com a função social do contrato para, juntos, concretizarem o projeto constitucional de redução da pobreza e das desigualdades sociais, reconhecendo, no contrato, um instrumento emancipatório da pessoa. Nessa linha, a solidariedade social, como um dos fundamentos da função social, exige equilíbrio no interesse a ser disposto pelas partes, pois a liberdade de contratar vincula-se estreitamente à igualdade, devendo-se buscar a harmonia entre o interesse das partes e a finalidade social do contrato O equilíbrio das bases econômicas do contrato leva, por consequência, à aproximação entre os contratantes, mormente no quadro atual em que as relações entre direito, economia e globalização situam-se em campo de forte tensão em virtude de o contrato continuar a ser o instrumento por excelência da circulação econômica de bens e serviços.

No âmbito da circulação econômico-financeira de bens e serviços, destacam-se os contratos bancários (relação que tem como objeto a intermediação do crédito), que são, em regra, não paritários. No esquema clássico do modelo contratual paritário, que pressupõe a igualdade de poderes negociais dos contratantes, os mecanismos de intervenção legislativa ou judicial são, em regra, dispensados. Assume-se que as partes efetivaram negociações preliminares e possuem completo domínio acerca do conteúdo do quanto avençado. Nesse ambiente, predominam a tutela dos interesses individuais e a proteção dos direitos subjetivos das partes. O contrato representa, assim, o esquema formal de circulação de riquezas por ato voluntário e lícito entre os participantes, em conformidade com o ordenamento. Segundo Judith Martins-Costa,[1]

> Pode-se, assim, finalmente, conceituar o contrato por seu genótipo como o resultado de *uma atividade comunicativa voluntária e lícita entre sujeitos qualificados como suas "partes", atividade, essa, expressada em um acordo, determinado ou determinável temporalmente, voltado, teleológica e vinculativamente, para a produção de efeitos jurídicos primordialmente entre as suas partes, e cuja função é a de fazer circular a riqueza entre patrimônios, transformando a situação jurídico-patrimonial dos envolvidos e gerando-lhes uma expectativa ao cumprimento garantida pelo Ordenamento, segundo os seus critérios técnicos e valorativos.*

Nos contratos não paritários, como os bancários, principal instrumento de que fazem uso os usuários de serviços financeiros, presume-se que não há equivalência no que concerne aos poderes negociais das partes. Ademais, a proteção jurídica direcionada a determinadas partes pode ser tutelada mediante intervenção legislativa ou judicial, impondo-se o dever de proteção desses interesses. Neles, ressaltam a tutela dos interesses sociais e a proteção do contratante vulnerável, abarcando deveres e responsabilidades mais amplos e que não foram contraídos *ab initio*.

Quando o usuário de serviços financeiros se volta à seara digital, ressalta-se a ampliação – possibilitada pela internet – do leque de sujeitos com os quais é possível interagir e do arsenal de produtos disponíveis. Nesse ambiente, a vulnerabilidade do consumidor não apenas se mantém, mas aprofunda-se[2]. No espaço virtual, continuam existindo grandes diferenças econômicas entre fornecedores e consumidores, razão pela qual as normas de proteção delineadas para proteger o consumidor no mundo real também são aplicáveis no mundo virtual, tendo em vista que a finalidade de neutralizar essa diferença deve coexistir nos dois ambientes.

Essa dificuldade de entendimento também se estende para o próprio ambiente tecnológico. O consumidor opera em um meio que não é o seu natural e, por conseguinte, não consegue compreender todos os meandros do espaço que o envolve. Essa nova realidade apresenta particularidades com as quais não está afeito e a complexidade da tecnologia o envolve como numa teia, ocultando-lhe aspectos que só permanecem visíveis na esfera de controle do fornecedor.

Em razão de sua importância, este artigo volverá o olhar para o ambiente digital em que são processados os serviços financeiros e a especial vulnerabilidade a que estão

---

1. MARTINS-COSTA, Judith. Contratos. Conceito e Evolução. In: LOTUFO, Renan; NANNI, Giovanni Ettore (Coord.). *Teoria Geral dos Contratos*. São Paulo: Atlas, 2011, p. 60 (grifos no original).
2. LORENZETTI, Ricardo Luis. *Comércio eletrônico*. São Paulo: Ed. RT, 2004, p. 363.

sujeitos os usuários. Serão feitos comentários iniciais acerca dos contratos bancários, da relação consumerista envolvendo o sistema financeiro e os consumidores para, ao final, delinear a hipervulnerabilidade a que eles estão sujeitos em particular no ambiente digital.

2. BREVES COMENTÁRIOS ACERCA DOS CONTRATOS BANCÁRIOS

O crédito é a possibilidade de usar capital de outrem com a finalidade de aquisição de bens ou serviços de modo imediato, com a promessa de pagamento futuro. É instrumento que presta relevante meio de fomento da economia, tendo por vocação ser um dos canais de desenvolvimento ao facilitar as vendas do comércio, gerar empregos e colaborar com o progresso sustentado do país.[3] As instituições que oferecem serviços financeiros prestam indispensável serviço ao compatibilizar as expectativas dos poupadores – que dão sustentabilidade ao mercado de crédito – e aquelas dos agentes tomadores. Obviamente atuam visando à remuneração do serviço prestado, mas em o fazendo, expõem-se ao risco de descasamento das operações (a exemplo de instabilidades bruscas no mercado, variação de taxas de juros e inadimplência dos tomadores). Isso ocorre porque, de um lado, os poupadores depositam seus recursos, em regra, no curto ou médio prazo, já que não se tem a consciência de poupar para usufruir dos ganhos a longo prazo. De outro lado, os potenciais beneficiários dos empréstimos buscam satisfazer suas necessidades, no mais das vezes, a médio e a longo prazo.

Por mais variadas que sejam as atividades desenvolvidas pelas instituições financeiras, todas envolvem, em maior ou menor medida, atividades privativas. Com efeito, o art. 17, da Lei 4.595, de 31 de dezembro de 1964, define essas entidades como pessoas jurídicas públicas ou privadas que tenham como atividade principal ou acessória a coleta, a intermediação ou a aplicação de recursos financeiros próprios ou de terceiros, além da custódia de valor de propriedade de terceiros. Para efeitos da lei, equiparam-se às instituições financeiras as pessoas físicas que exerçam quaisquer dessas atividades de forma permanente ou eventual. O exercício de atividade privativa de instituição financeira por entidade não devidamente autorizada pelo Banco Central do Brasil é considerado delito penal (art. 16, Lei 7.492, de 16 de junho de 1986).

Esse dispositivo presente na Lei 4.595/1964 tem o objetivo de salvaguardar a confiabilidade e a higidez das instituições financeiras (aí incluída a proteção da poupança popular), encarregadas de captar recursos junto ao público em geral, sob a forma de depósitos ou investimentos, e repassá-los por meio de empréstimos ou financiamentos aos setores produtivos da sociedade. Saliente-se, também, nesse ponto, que o conceito de atividade privativa de instituição financeira, insculpido no diploma legal, coloca sob a égide da fiscalização governamental as instituições que, por sua atividade, disponibilizam recursos para o público ao mesmo tempo em que os empregam em benefício de terceiros. Tal mecanismo possui grande impacto na economia e seu controle é instrumento de po-

---

3. LIMA, Gustavo Penna Marinho de Abreu. O contrato bancário e a função social. *Revista de Direito Bancário e do Mercado de Capitais,* ano 12, n. 44. São Paulo: Ed. RT, abr.-jun./2009, p. 91.

lítica econômica governamental na medida em que a ampliação ou a restrição do meio circulante acarreta, respectivamente, o estímulo ou a contenção da atividade econômica.[4]

A expressão "instituições financeiras" engloba bancos comerciais, bancos múltiplos, bancos de investimento, bancos de desenvolvimento, caixas econômicas, sociedades corretoras de títulos e valores mobiliários, sociedades corretoras de câmbio, sociedades distribuidoras de títulos e valores mobiliários, sociedades de crédito, financiamento e investimento, sociedades de crédito imobiliário, associações de poupança e empréstimo, sociedades de arrendamento mercantil, sociedades de investimento, agências de fomento, companhias hipotecárias, cooperativas de crédito, sociedades de crédito ao microempreendedor e à empresa de pequeno porte, administradoras de consórcios, sociedades de empréstimo entre pessoas, sociedades de investimento e as instituições de pagamento. É um universo amplo de intermediários financeiros, cada qual com características e modos de funcionamento próprios que não serão examinados individualizadamente, pois seu exame foge ao escopo deste trabalho. Aqui, fixar-se-á no conceito de bancos comerciais e bancos múltiplos, que possuem a peculiaridade de criar, mediante empréstimos, novos depósitos que são fonte de recursos para a consecução de empréstimos adicionais. Sua conceituação está explicitada a seguir.[5]

Os bancos comerciais são instituições financeiras privadas ou públicas que têm como objetivo principal proporcionar suprimento de recursos necessários para financiar, a curto e a médio prazos, o comércio, a indústria, as empresas prestadoras de serviços, as pessoas físicas e terceiros em geral. A captação de depósitos à vista, livremente movimentáveis, é atividade típica do banco comercial, que pode também captar depósitos a prazo. Deve ser constituído sob a forma de sociedade anônima e na sua denominação social deve constar a expressão "banco".

Os bancos múltiplos são instituições financeiras privadas ou públicas que realizam as operações ativas, passivas e acessórias das diversas instituições financeiras, por intermédio das seguintes carteiras: comercial, de investimento e/ou de desenvolvimento, de crédito imobiliário, de arrendamento mercantil e de crédito, financiamento e investimento. Essas operações estão sujeitas às mesmas normas legais e regulamentares aplicáveis às instituições singulares correspondentes às suas carteiras. A carteira de desenvolvimento somente poderá ser operada por banco público. O banco múltiplo deve ser constituído com, no mínimo, duas carteiras, sendo uma delas, obrigatoriamente, comercial ou de investimento, e ser organizado sob a forma de sociedade anônima. As instituições com carteira comercial podem captar depósitos à vista. Na sua denominação social deve constar a expressão "banco".

Vê-se que o traço distintivo desses dois grupos de instituições é a captação de recursos do público para a concessão de novos empréstimos ou financiamentos, auferindo lucro nessa atividade de intermediação, que é o resultado da diferença entre as receitas que auferem na aplicação dos recursos e os custos que suportam para captar e aplicar esses valores. O lucro é a contraprestação devida pela transferência do dinheiro aos tomadores,

---

4. SALOMÃO NETO, Eduardo. *Direito bancário*. São Paulo: Atlas, 2007, p.17-19.
5. Definições disponíveis em: www.bcb.gov.br.

cujo custo é representado pelos encargos de captação. Saliente-se, por oportuno, que, para qualificar a atividade como privativa de instituição financeira, a habitualidade ou a profissionalidade são requisitos essenciais. A atividade desenvolve-se por meio de uma sucessão repetida de atos praticados de maneira organizada e sistemática, de molde a caracterizar-se uma constante oferta de bens ou serviços ao público. Assim, resumidamente, essas instituições captam recursos de terceiros, em nome próprio, repassando-os por meio de empréstimos ou financiamentos com o intuito de auferir lucro derivado da diferença entre a remuneração dos recursos repassados relativamente aos coletados, tomando-se em conta que tais operações são cunhadas com a marca da habitualidade. Possuem papel relevante na economia, pois a atividade financeira condiciona todas as demais atividades. Nesse sentido,

> Não há dúvida que o banco é uma empresa de natureza especial, que deve ter tratamento jurídico próprio. Os economistas lembram que não é só um intermediário entre poupadores ou investidores, de um lado, e mutuários, do outro. É um verdadeiro criador de moeda. Assim sendo, cabe-lhe o papel de catalisador do desenvolvimento, em virtude do repasse de créditos e da viabilização de investimentos, permitindo que sejam feitos. Mercado financeiro e mercado de capitais são, pois, vasos comunicantes, constituindo as verdadeiras alavancas da economia. É o que ocorre principalmente nos países emergentes, que têm importantes necessidades de infraestrutura e nos quais o Estado nem sempre tem os recursos suficientes para atendê-las, sem provocar a inflação ou um aumento descabido nos tributos. Por outro lado, neles se impõe, com maior urgência, o levantamento do nível de vida de uma grande parte da população, com a luta contra a miséria e com a integração econômica e social das classes menos privilegiadas.[6]

Nessa mesma linha, pronunciou-se Barack Obama,[7] afirmando que um setor financeiro sólido ajuda a fortalecer a economia da nação na medida em que são concedidos empréstimos para fazer circular a riqueza nacional, defendendo, não obstante, uma reforma nos fundamentos da atividade financeira para tutelar e proteger os consumidores de produtos financeiros. Além disso, deve-se assegurar que haja limites de exposição de risco que as instituições podem suportar de modo a salvaguardar e fortalecer o sistema contra crises, instilando confiança e transparência nos investidores e afastando determinados instrumentos financeiros (como os derivativos[8]), que Warren Buffet classificou como "*financial weapons of mass destruction*".

Como instrumento para operacionalizar a circulação da riqueza, as instituições financeiras utilizam-se dos contratos bancários, acordos entre banco e cliente para criar, regular ou extinguir uma relação que tenha por objeto a intermediação do crédito.[9] São negócios jurídicos que possuem como partes o prestador de serviço (banco) e o cliente,

---

6. WALD, Arnoldo. Uma nova visão das instituições financeiras. *Revista de Direito Bancário e do Mercado de Capitais*, ano 13, n. 50. São Paulo: Ed. RT, out.-dez./2010, p. 24.
7. Disponível em: http://www.reuters.com/article/2010/04/22/financial-regulation-obama-idUSN2224964320100422. Acesso em: 14 fev. 2020.
8. Entende-se por instrumentos financeiros derivativos aqueles cujo valor varia em decorrência de mudanças em taxa de juros, preço de título ou valor mobiliário, preço de mercadoria, taxa de câmbio, índice de bolsa de valores, índice de preço, índice ou classificação de crédito, ou qualquer outra variável similar específica, cujo investimento inicial seja inexistente ou pequeno em relação ao valor do contrato, e que sejam liquidados em data futura (art. 1º, § 1º, Circular BCB 3.082, de 30 de janeiro de 2002). É um produto financeiro que permite a proteção contra flutuações das taxas de juros e câmbio, por exemplo. Sua característica estrutural diz respeito ao fato de que os direitos e obrigações das partes contratantes derivam de um bem, de um índice ou de uma taxa subjacente.
9. COVELLO, Sergio Carlos. *Contratos bancários*. 3. ed. São Paulo: Leud, 1999, p. 47.

relação esta regulada pelo Banco Central do Brasil (Lei 4.595/1964). A presença de um banco no polo contratual fornecedor é condição necessária e suficiente para caracterizar um contrato como bancário. Quanto à sua natureza, tendo em conta o fato de que as operações bancárias têm por alvo um grande contingente de clientes, as cláusulas contratuais são normalmente pré-confeccionadas pelo banco, padronizadas e de reduzida margem de discussão, sendo em regra contratos de adesão com condições gerais impostas pela instituição.[10] Dois são os aspectos de uma operação bancária: o econômico e o jurídico.[11] Em termos econômicos, há que se levar em conta a prestação de serviços no setor creditício que redunda em proveito tanto para o banco quanto para o cliente e, no âmbito jurídico, a operação bancária, para ser efetivada, depende de um acordo de vontades entre o cliente e o banco, razão pela qual o negócio insere-se no campo contratual.

Na sociedade atual, popularizaram-se os contratos bancários, expandindo-se por todas as classes sociais, que se utilizam dos serviços bancários para realizar operações de crédito, depositar valores, fazer aplicações ou pagar suas contas. O fornecimento do crédito é, assim, um dos fatores mais importantes da sociedade de consumo massificada. Essa massificação do crédito é um dos componentes responsáveis pelos altos níveis de endividamento da população, que não possui noções essenciais sobre crédito responsável em razão das profundas lacunas em sua educação financeira. Os consumidores que se valem dos serviços bancários desconhecem as regras elementares sobre o negócio que estão contratando, além de não terem o cuidado de examinar os termos contratuais e de não exigirem os esclarecimentos necessários para concretizar a operação. É quando surge o dever de aconselhamento do mutuante em relação ao mutuário acerca de eventuais inconvenientes que possam surgir com a tomada do crédito, indicando a forma contratual mais viável ao consumidor.[12] Por outro lado, na era dos contratos eletrônicos, perde-se a noção do relacionamento entre o cliente e a instituição, o que gera impessoalidade na relação. Daí a necessidade da prestação de informações relativas ao crédito consciente, como será adiante referido.

3. O CONSUMIDOR DE SERVIÇOS FINANCEIROS E SUA HIPERVULNERABILIDADE FRENTE À DIGITALIZAÇÃO

No atual estágio de evolução social, na sociedade de consumo, caracterizada pela produção e distribuição em grande quantidade, o comércio jurídico se despersonalizou e se desmaterializou, predominando – em quase todas as relações entre sociedades empresárias e consumidores – os métodos de contratação em massa,[13] com destaque para

---

10. Nesse sentido: MARQUES, Claudia Lima. *Contratos no Código de Defesa do Consumidor*: o novo regime das relações contratuais. 6. ed. São Paulo: Ed. RT, 2011, p. 534 e 559; GRINOVER, Ada Pellegrini et al. *Código Brasileiro de Defesa do Consumidor*: comentado pelos autores do anteprojeto. 9. ed. Rio de Janeiro: Forense, 2007, p. 147; e ABRÃO, Nelson. *Direito Bancário*. 11. ed. São Paulo: Saraiva, 2008, p. 57.
11. ABRÃO, Nelson. *Direito bancário*. 11. ed. São Paulo: Saraiva, 2008, p. 55.
12. CESSETTI, Alexia Brotto; SANSANA, Maureen Cristina. Novas perspectivas para a análise dos contratos bancários: pelo implemento de relações sustentáveis. *Revista da Procuradoria-Geral do Banco Central*, v. 5, n. 1. Brasília, BCB, jun/2011, p. 172.
13. MARQUES, Claudia Lima. *Contratos no Código de Defesa do Consumidor*: o novo regime das relações contratuais. 6. ed. São Paulo: Ed. RT, 2011, p. 70.

a contratação à distância no âmbito do comércio eletrônico de consumo e para os contratos de adesão. Essa despersonalização pode ser exemplificada quando se tem, de um lado, um ofertante automatizado localizado em um *website*, onde a oferta é permanente e utiliza-se da linguagem virtual para operar a contratação, e, de outro, um destinatário final contratante identificado apenas por uma assinatura eletrônica, sem face e impessoal.

Em virtude da necessidade de tratamento adequado do fenômeno da massificação contratual e da parte contratante vulnerável, o contrato sofreu transformações de modo a adequar-se a essa nova estrutura. Restringe-se a preponderância do princípio da autonomia privada para amoldar-se às particularidades da sociedade moderna, que evoluiu, superando esse dogma como rumo intransponível e abrindo campo para a adoção dos princípios da boa-fé objetiva e da tutela do hipossuficiente.

A proteção do consumidor brasileiro tomou vulto com a Constituição Federal de 1988, que consagrou essa defesa como garantia constitucional e como princípio norteador da atividade econômica. Sob esse prisma, o contrato também é instrumento de proteção dos direitos fundamentais do consumidor, uma vez que a Constituição Federal identificou esse novo sujeito e o albergou sob sua proteção (art. 5º, XXXII c/c art. 1º, III), não obstante a livre iniciativa do mercado (art. 170, V). O art. 48, do Ato das Disposições Constitucionais Transitórias (ADCT), por seu turno, ordenou ao legislador ordinário regular as relações de consumo. Deriva, então, o Código de Defesa do Consumidor (CDC) da Constituição Federal: é o CDC, portanto, instrumento de direitos fundamentais do cidadão e instrumento para alcançar a justiça contratual alicerçada na noção de equilíbrio mínimo das relações jurídicas contratuais. Essa mudança de rumo teve como consequência a edição de leis mais concretas com o fito de solucionar os problemas postos pela realidade social. São leis mais funcionais e menos conceituais, que deixam espaço para que a doutrina e a jurisprudência atuem utilizando valores e princípios para a consecução de soluções mais próximas ao ideal de justiça.

Como asseveram Claudia Lima Marques e Valerio de Oliveira Mazzuoli:[14]

> Em outras palavras, a Constituição Federal de 1988 serve agora como a garantia institucional da existência e efetividade do Direito do Consumidor. Efetivamente, no Brasil de hoje a proteção do consumidor é um valor constitucionalmente fundamental (*Wertsystem*), é um direito fundamental (*Grundrecht*) e é um princípio da ordem econômica da Constituição Federal de 1988 (art. 170, V, da CF/88). (...)
>
> (...) A Constituição Federal de 1988 é o marco de reconstrução de um Direito Privado brasileiro mais social e preocupado com os vulneráveis de nossa sociedade; uma Constituição que é a *garantia* e o *limite* de um Direito Privado construído sob seu sistema de valores. (...)

Assim, apenas com a edição da nova ordem constitucional, em 1988, é que novos valores são alçados à primazia da pirâmide axiológica da ordem normativa, cujo reflexo mais notável, no âmbito da regulação contratual, é o Código de Defesa do Consumidor, que se propõe a restringir o âmbito de atuação da autonomia privada, reservando-lhe espaço consentâneo com a equidade contratual. O CDC representa o mais amplo grupo

---

14. MARQUES, Claudia Lima; MAZZUOLI, Valerio de Oliveira. O consumidor-depositário infiel, os tratados de direitos humanos e o necessário diálogo das fontes nacionais e internacionais: a primazia da norma mais favorável ao consumidor. *Revista de Direito do Consumidor*, ano 18, n. 70. São Paulo: Ed. RT, abr.-jun./2009, p. 128-130 (grifos no original).

de normas cogentes com o fito de disciplinar as relações contratuais entre fornecedor e consumidor, segundo os postulados da nova teoria contratual, centrada na limitação da liberdade individual, na relativização da força obrigatória dos contratos e na proteção da confiança e dos interesses legítimos dos parceiros contratuais.[15]

Nos contratos de consumo, a nota distintiva reside no fato de que, existindo a relação de consumo, o direito contratual comum passa a ter função supletiva. A relação dá-se entre aquele que exerce atividade profissional organizada (fornecedor) e o adquirente ou usuários dos bens ou serviços (consumidor). A pedra de toque é a vulnerabilidade do consumidor ante o fornecedor e sua condição de destinatário final de produtos e serviços: o CDC dispensa tratamento desigual aos desiguais.[16] Também absoluta é a presunção legal do poder negocial dominante do fornecedor. Protege-se a coletividade de consumidores destinatários de determinados produtos ou serviços postos à disposição no mercado de consumo.

A relação contratual de consumo para ser aferida deve levar em conta a destinação final do produto ou serviço e a vulnerabilidade do consumidor. Essa vulnerabilidade tem guarida no fato de o consumidor, por ser o polo mais fraco da relação contratual, não dispor de controle sobre os bens de produção – sobre o que produzir, como produzir, para quem produzir e como fixar as margens de lucro – e, por conseguinte, tem que se submeter ao poder dos titulares desses bens, ou seja, os empresários. Essa preocupação visa estabelecer o equilíbrio necessário para que haja harmonia econômica na relação consumidor-fornecedor. Por essa razão, o ordenamento conferiu ao consumidor a facilitação de seu acesso a determinados instrumentos de defesa, principalmente no âmbito coletivo, com o estabelecimento da responsabilidade coletiva e a inversão do ônus da prova. Protege-se, assim, o direito daquele que está na posição mais débil, o vulnerável, no plano fático e jurídico, procurando-se a equidade contratual. Resume Claudia Lima Marques:[17]

Poderíamos afirmar, assim, que a vulnerabilidade é mais um estado da pessoa, um estado inerente de risco ou um sinal de confrontação excessiva de interesses identificado no mercado, é uma situação permanente ou provisória, individual ou coletiva, que fragiliza, enfraquece o sujeito de direitos, desequilibrando a relação. A vulnerabilidade não é, pois, o fundamento das regras de proteção do sujeito mais fraco, é apenas a "explicação" destas regras ou da atuação do legislador, é a técnica para a sua boa aplicação, é a noção instrumental que guia e ilumina a aplicação destas normas protetivas e reequilibradoras, à procura do fundamento da igualdade e da justiça equitativa.

A situação de vulnerabilidade do consumidor abrange:[18]

a) a vulnerabilidade técnica, que implica o desconhecimento acerca dos produtos e serviços a ponto de aferir a pertinência das informações repassadas pelo fornecedor, cujo interesse é a realização do negócio. O consumidor não possui

---

15. MARQUES, Claudia Lima. *Contratos no Código de Defesa do Consumidor*: o novo regime das relações contratuais. 6. ed. São Paulo: d. RT, 2011, p. 268-298.
16. GRINOVER, Ada Pellegrini et al. *Código Brasileiro de Defesa do Consumidor*: comentado pelos autores do anteprojeto. 9. ed. Rio de Janeiro: Forense, 2007, p. 20.
17. MARQUES, Claudia Lima. *Contratos no Código de Defesa do Consumidor*: o novo regime das relações contratuais. 6. ed. São Paulo: Ed. RT, 2011, p. 323.
18. COELHO, Fábio Ulhoa. *Curso de direito comercial*. 5. ed. São Paulo: Saraiva, 2005, v. 3, p. 206.

conhecimentos específicos do bem ou serviço que está adquirindo, podendo ser ludibriado quanto às suas características. Essa vulnerabilidade é presumida para o consumidor não profissional, mas pode ser estendida para o profissional, quando este a demonstrar, no caso concreto;

b) a vulnerabilidade jurídica, que diz respeito à ignorância acerca dos contornos jurídicos do negócio e de suas repercussões econômicas, o que o impede de – paritariamente – acordar com o fornecedor sobre as condições gerais propostas. Diz respeito não só à falta de conhecimentos jurídicos, mas também a outros conhecimentos pertinentes à relação de consumo, tais como questões contábeis, econômicas e financeiras. No âmbito do CDC, é presumida, mas, para os consumidores profissionais e pessoas jurídicas, pressupõe-se que possuam conhecimentos mínimos nas áreas jurídica e econômica (ou que possam consultar especialistas) antes de realizar seus negócios; e

c) a vulnerabilidade socioeconômica, consubstanciada na carência de condições sociais e econômicas para fazer face a seu parceiro negocial. Corresponde ao desencontro de posições entre o fornecedor e o consumidor, decorrente do poderio econômico do primeiro, seja por sua posição de monopólio, seja pela essencialidade do serviço que presta, impondo uma situação de superioridade na relação contratual.

Claudia Lima Marques cita, além dos tipos referidos, a vulnerabilidade informacional,[19] que estaria englobada como espécie de vulnerabilidade técnica. O que caracteriza o consumidor é seu déficit informacional, que representa uma deficiência ainda mais agravada quanto mais importante for a informação detida pelo fornecedor, o que desequilibra ainda mais a relação de consumo. Daí, presumir esse tipo de vulnerabilidade significa impor ao fornecedor o dever de compensar essa deficiência por meio da veiculação de dados e de informações realmente úteis e que possam afetar a decisão do consumidor entre escolher este ou aquele produto ou serviço.

A noção de vulnerabilidade, registre-se, não se confunde com a hipossuficiência. Esta é dada pelo art. 2º, da Lei 1.060, de 5 de fevereiro de 1950, como sinonímia de necessidade:[20] "considera-se necessitado, para os fins legais, todo aquele cuja situação econômica não lhe permita pagar as custas do processo e os honorários do advogado, sem prejuízo do sustento próprio ou da família". A vulnerabilidade é um fenômeno de direito material com presunção absoluta (*iure et de iuris*), segundo a dicção do art. 4º, I, do CDC, enquanto que a hipossuficiência tem índole processual, a ser averiguada casuisticamente pelo magistrado segundo as regras ordinárias de experiências, conforme dispõe o art. 6º, VIII, do CDC.

Destarte, com o intuito de delimitar o alcance do conceito de consumidor estabelecido no art. 2º, do CDC, a noção essencial reside na vulnerabilidade, presumida para o não profissional e para a pessoa física, e não presumida, mas demonstrada no caso concreto,

---

19. MARQUES, Claudia Lima. *Contratos no Código de Defesa do Consumidor*: o novo regime das relações contratuais. 6. ed. São Paulo: Ed. RT, 2011, p. 335.
20. GRINOVER, Ada Pellegrini et al. *Código Brasileiro de Defesa do Consumidor*: comentado pelos autores do anteprojeto. 9. ed. Rio de Janeiro: Forense, 2007, p. 157.

para o profissional e para a pessoa jurídica que revelem situação de vulnerabilidade na relação contratual. É essa *ratio* que incluiu no CDC a possibilidade de equiparação, de tratamento analógico do conceito de consumidor, desde que prove *in concreto* sua situação. Essa interpretação finalista mitigada atende à proteção tutelar do CDC e foi a diretriz abraçada pelo Superior Tribunal de Justiça (STJ) no REsp 476.428-SC.[21]

O fornecedor, por seu turno, na dicção do art. 3º, do CDC, é toda pessoa física ou jurídica, aí incluídas as públicas ou privadas, nacionais ou estrangeiras, assim como os entes despersonalizados, que desenvolvam atividades mercantil ou civil, de forma habitual, e ofereçam no mercado produtos ou serviços.[22]

A filosofia subjacente ao CDC busca a harmonia das relações de consumo (art. 4º, III), compatibilizando a proteção do consumidor com a necessidade de desenvolvimento econômico e tecnológico. Por um lado, o código preocupa-se com o atendimento das necessidades básicas dos consumidores e, por outro, almeja as boas práticas comerciais, a proteção da livre concorrência e do livre mercado. É o art. 170, da Constituição Federal, que estabelece os parâmetros da ordem econômica visada pelo Estado, colocando, em um de seus pilares, a defesa do consumidor, preocupação que tem a finalidade de estabelecer o equilíbrio necessário à harmonia econômica entre consumidor e fornecedor.

No tocante à formação do contrato de consumo, o CDC considera, no art. 30, que toda informação ou publicidade, suficientemente precisa, veiculada por qualquer forma ou meio de comunicação com relação a produtos ou serviços, tem força vinculante, obrigando o fornecedor que a divulgar ou dela se utilizar e integra o contrato que eventualmente venha a ser celebrado. Ou seja, a publicidade obriga o fornecedor à conclusão do contrato. Se este recusar cumprimento à oferta, o consumidor poderá, alternativamente e à sua livre escolha: a) exigir o cumprimento forçado da obrigação, nos termos da oferta, apresentação ou publicidade; b) aceitar outro produto ou prestação de serviço equivalente; ou c) rescindir o contrato, com direito à restituição de quantia eventualmente antecipada, monetariamente atualizada, e a perdas e danos.

Questão relevante nessa seara diz respeito ao dever de informar imputado ao fornecedor. A informação tem que cumprir os requisitos de adequação, suficiência e veracidade. A adequação refere-se à compatibilidade entre o meio de informação utilizado e o produto ou serviço ofertado, levando em conta o consumidor típico. A suficiência diz respeito a quão completa e integral é a informação, que não deve conter lacunas ou omissões. A veracidade, por sua vez, relaciona-se à correção dos dados relativos a um produto ou serviço, correspondendo às suas reais características.

O fornecedor deve providenciar, por conseguinte, para que a oferta e a apresentação de seus produtos ou serviços apresentem as informações estabelecidas no art. 31, do CDC: informações corretas, claras, precisas, ostensivas e em língua portuguesa sobre suas características, qualidades, quantidade, composição, preço, garantia, prazo de validade e origem, entre outros dados, bem como sobre os riscos que apresentam à

---

21. Disponível em: www.stj.jus.br.
22. GRINOVER, Ada Pellegrini et al. *Código Brasileiro de Defesa do Consumidor*: comentado pelos autores do anteprojeto. 9. ed. Rio de Janeiro: Forense, 2007, p. 47.

saúde e à segurança dos consumidores. Saliente-se que, no caso de produtos perigosos ou potencialmente nocivos à saúde ou à segurança, a informação deverá apresentar-se ostensiva e adequadamente a respeito de sua periculosidade ou nocividade (art. 9º, CDC).

Interessante consignar que todas as informações devem ser fornecidas na língua vernácula, devendo ser providenciada a competente tradução no caso de produtos importados de países que não tenham o português como língua nacional. Em todo caso, se houver qualquer disparidade que possa prejudicar o consumidor, interpreta-se favoravelmente a este, por ser a parte mais débil da relação de consumo.

A informação precisa é proposição que resulta da vulnerabilidade do consumidor e constitui-se em verdadeiro mecanismo de controle do equilíbrio da relação entre fornecedores e consumidores, além de dever intrínseco ao exercício da atividade econômica do fornecedor.[23] Sua relevância perpassa os limites das relações de consumo *stricto sensu* e alcança amplitude que compreende os potenciais consumidores de produtos e serviços. Nessa linha,

> A ausência de informação na relação de consumo não atinge apenas aquele consumidor específico que está em vias de celebrar um contrato, mas toda a coletividade de forma indistinta. Tanto que a lei, ao dispor sobre o conceito de consumidor, não ficou adstrita ao de consumidor final, mas ampliou as hipóteses de incidência (arts. 2º *caput* e parágrafo único, 17 e 29 do CDC). Tutelou o chamado consumidor potencial, é a chamada relação jurídica ampla de consumo, a qual dispensa a efetiva conclusão de um contrato de consumo.
>
> A oferta é uma constante nos contratos de consumo, não é dirigida a nenhum consumidor específico, mas a qualquer um indistintamente. Nem sempre o consumidor, naquele momento, precisa adquirir aquele produto ou serviço, mas se deixa levar pelo poder de persuasão, pelos atrativos e vantagens dos produtos/serviços que lhe são apresentados e como o intuito do fornecedor é a indução ao consumo, vale-se do ambiente e das técnicas propícias à prática do ato. Por esta razão, a lei já imputa responsabilidade ao fornecedor quando esse não cumpre o dever de informar previamente, mesmo que a relação contratual ainda não tenha se materializado.[24]

A informação correta e precisa torna-se ainda mais relevante para o consumidor quando se leva em consideração que contratos eletrônicos são realizados a todo instante na internet. Hoje, não mais se toca nos produtos antes de adquiri-los: as informações disponíveis na rede é que servem de base para a decisão de comprá-los ou não. Os serviços não são contratados diretamente com a pessoa do fornecedor, mas concretizados mediante os dados exibidos no *website* do prestador. Sobretudo na internet, a informação adequada, suficiente e verdadeira – pressuposto ao direito de autodeterminação – é elemento imprescindível para que o consumidor eletrônico possa exercer seu livre arbítrio e escolher conscientemente os produtos e serviços que lhe são oferecidos. A cognoscibilidade proporcionada pela devida informação permitirá ao consumidor autodeterminar-se, escolhendo os riscos que entenda justificados e evitando outros, porém

---

23. FERREIRA, Sergio de Abreu. Direitos da personalidade e relações de consumo. In: FIUZA, César (Org.). *Curso avançado de direito civil*. 2. ed. Rio de Janeiro: Forense, 2009, p. 267.
24. ALBUQUERQUE, Fabíola Santos. O princípio da informação à luz do código civil e do código de defesa do consumidor. In: BARROSO, Lucas Abreu (Org.). *Introdução Crítica ao Código Civil*. Rio de Janeiro: Forense, 2006, p. 109.

sempre a par do estado da arte da ciência sobre aquele assunto: a escolha está nas mãos do consumidor bem informado.[25]

No ambiente virtual, a internet possibilita uma ampliação do leque de sujeitos com os quais é possível interagir e do arsenal de produtos e serviços disponíveis para a escolha do consumidor. Nesse ambiente, a vulnerabilidade do consumidor não apenas se mantém, mas aprofunda-se[26]. No espaço virtual, continuam existindo grandes diferenças econômicas entre fornecedores e consumidores, razão pela qual as normas de proteção delineadas para proteger o consumidor no mundo real também são aplicáveis no mundo virtual, tendo em vista que a finalidade de neutralizar essa diferença deve coexistir nos dois ambientes.

No meio virtual, as informações relativas ao bem ou serviço adquirido também impõem uma vulnerabilidade especial ao consumidor, mormente quando o objeto da prestação é a própria informação. Devido à sua intangibilidade, esse produto constitui um verdadeiro desafio para o consumidor, pois este tem dificuldades em entendê-lo em sua completude[27].

Essa dificuldade de entendimento também se estende para o próprio ambiente tecnológico. O consumidor opera em um meio que não é o seu natural e, por conseguinte, não consegue compreender todos os meandros do espaço que o envolve. Essa nova realidade apresenta particularidades com as quais não está afeito e a complexidade da tecnologia o envolve como numa teia, ocultando-lhe aspectos que só permanecem visíveis na esfera de controle do fornecedor.

O acesso aos *sites* de fornecedores de bens e serviços pode dar azo à coleta irregular de informações sobre o consumidor, registrando seus dados pessoais, hábitos de consumo e, muitas vezes, a instalação não autorizada de programas que captam informações sensíveis do usuário para formar banco de dados que, frequentemente, é compartilhado com terceiros. Esses dados cadastrais são utilizados para envio de material publicitário, sob a forma de mala direta não solicitada pelo consumidor, configurando, amiúde, publicidade abusiva. A intromissão na vida privada fica facilitada com a multiplicação de processos informáticos que permitem uma radiografia da vida digital do cidadão, o que termina por agravar sua vulnerabilidade.

> Com a Internet chega-se a resultados espantosos. O navegante na Internet, que pensa que realiza uma pesquisa que não deixa indícios, está afinal a deixar atrás de si algo que é como que o seu retrato. Os seus movimentos são gravados. Com eles consegue-se, através de programas apropriados, traçar o perfil de cada internauta. E assim, quando ele se dirige a um *site* comercial, por exemplo, o "navegador" (programa de busca) elaborou já com base nos pedidos anteriores a informação que lhe concerne. A resposta que lhe é dada não é uma resposta objetiva e uniforme, contra o que se supõe, mas uma resposta já adequada às preferências detectadas daquele internauta.[28]

---

25. HARTMANN, Ivar Alberto Martins. O princípio da precaução e sua aplicação no direito do consumidor: dever de informação. *Revista de Direito do Consumidor*, ano 18, n. 70, p. 223. São Paulo: Ed. RT, abr.-jun./2009.
26. LORENZETTI, Ricardo Luis. *Comércio eletrônico*. São Paulo: Ed. RT, 2004, p. 363.
27. A doutrina refere-se, também, a uma vulnerabilidade especial que afetaria as pessoas idosas, assim entendidas aquelas com idade igual ou superior a 60 anos. Veja-se SCHMITT, Cristiano Heineck. A "Hipervulnerabilidade" do Consumidor Idoso. *Revista de Direito do Consumidor*, ano 18, n. 70, p. 139-171. São Paulo: Ed. RT, abr.-jun./2009.
28. ASCENSÃO, José de Oliveira. *Direito da Internet e da sociedade da informação*. Rio de Janeiro: Forense, 2002, p. 160.

Qualquer tipo de banco de dados formado a partir de informações do consumidor deve ser expressamente autorizado por ele, cabendo ao *site* elaborar sua política de privacidade de forma transparente e solicitar autorização ao usuário para a transferência de dados a terceiros. O que está em causa é a defesa da vida privada e, por conseguinte, a defesa da personalidade diante dos meios informáticos. Daí, são aplicáveis ao espaço virtual as normas que resguardam a privacidade do usuário, inclusive as regras da legislação consumerista, mas, nesse espaço, há a necessidade de um manto protetor mais robusto de modo a compensar a vulnerabilidade especial do consumidor no comércio eletrônico[29].

Questão problemática diz respeito ao anonimato na internet. São inúmeros os casos de mensagens enviadas por *hackers*, *spams*, páginas clonadas, ações de grupos virtuais etc. Diante dessa situação, cabe à tecnologia fornecer as soluções possíveis ao problema da identificação da autoria das informações na rede, de modo a determinar inequivocamente a responsabilidade pelo envio de dados indesejáveis ou nocivos. A regra de identificação é um ônus que deve recair sobre quem estiver em condições de cumpri-la com os menores custos. Em princípio, são os intermediários da cadeia de comunicação digital que podem representar esse papel, uma vez que contam com a possibilidade de estabelecer mecanismos de controle para a identificação dos usuários. A evolução tecnológica proporcionará os meios necessários para o cumprimento desse mister, cabendo aos juízes, auxiliados por peritos, analisar objetivamente as possibilidades concretas em cada caso. Se não tiver sido utilizado o mecanismo de controle adequado, o intermediário poderá ser responsabilizado, pois não se muniu dos recursos necessários, objetivamente aferíveis, para prover a identificação dos usuários que se utilizam de seus serviços. É evidente que, nesse processo, não devem ser feridas a privacidade ou a liberdade de expressão dos sujeitos intervenientes.

Não só os aspectos atinentes à pessoa são afetados, mas toda a multiplicidade de estruturas sociais, econômicas, políticas e culturais da sociedade também o são. A internet tornou-se a grande vitrine de oportunidades do mundo moderno. Com o crescente aumento no número de pessoas conectadas, constata-se que o efeito dessa teia de relações é sentido em todos os cantos do globo, em virtude da possibilidade de comunicação em tempo real entre pessoas separadas por milhares de quilômetros. O amplo espectro de funcionalidades já existentes, assim como a velocidade com que são criados novos aplicativos, fomenta o germe imaginativo do ser humano com vistas a novos usos que certamente serão associados à rede. Estuda-se, inclusive, o analfabetismo digital, decorrente da exclusão de pessoas do mundo virtual, consubstanciando um novo tipo de excluído, que não tem acesso ao variado leque de oportunidades que a internet oferece. "Aqueles que não tiverem existência virtual dificilmente sobreviverão também no mundo real, e esse talvez seja um dos aspectos mais aterradores dos novos tempos".[30]

Em outras palavras, instalou-se um novo tipo de ignorância, o que certamente vai exigir a adoção de políticas públicas com vistas a tornar disponíveis aos cidadãos equipamentos com acesso à rede, assim como capacitação adequada para que os usuários

---

29. REINALDO FILHO, Demócrito. A privacidade na "sociedade da informação". In: REINALDO FILHO, Demócrito (Coord.). *Direito da Informática*: temas polêmicos. São Paulo: Edipro, 2002, p. 39-40.
30. PECK, Patricia. *Direito Digital*. São Paulo: Saraiva, 2002, p. 20.

possam fazer uso de seus recursos.[31] Essa ignorância digital constitui fenômeno amplo e atinge não somente a população de baixa renda, mas também outros grupos como idosos[32] e portadores de necessidades especiais, o que demanda a necessidade de inclusão digital do consumidor, em plena consonância com os objetivos visados na Política Nacional das Relações de Consumo (art. 4º, II, CDC), sendo pouco realista esperar que a inclusão digital desses grupos seja conseguida apenas pelo crescimento do mercado, sem que haja intervenção estatal para combater a desigualdade de acesso e de incorporação de tecnologias da informação.[33]

Questão também ligada à informação (ou à falta dela) é o problema do superendividamento do consumidor, que revela a faceta negativa da democratização do crédito ao consumo. O crédito é um dos caracteres fundamentais da economia moderna, é a mola propulsora do desenvolvimento econômico por meio qual se concede poder aquisitivo em troca de uma contraprestação futura. No entanto, o consumidor, ao endividar-se, não tem, em geral, noção acerca dos mecanismos creditícios praticados pelo mercado, das taxas de juros cobradas ou da possibilidade de adquirir o bem à vista, se fizesse uma poupança. Falta-lhe informação acerca de educação financeira. Assim, acaba impossibilitado de pagar suas dívidas atuais e futuras de consumo.

Entre as causas do superendividamento, destacam-se:[34] a concessão irresponsável do crédito; a publicidade que vende a facilidade de obtenção do crédito; a falta de informação e de formação do cidadão comum para compreender os impactos da transação financeira em seu orçamento doméstico, em especial o comprometimento de sua renda e de sua capacidade de pagamento; a falta de controle e de intervenção estatal nos contratos privados e o descompromisso da instituição financeira concedente com o sucesso do crédito, que, em regra, não se cerca do devido zelo ao dispor do crédito ao cliente, que deveria ser informado quanto à utilização consciente dos valores recebidos em cotejo com sua capacidade de pagamento.

Não há que confundir o superendividamento com a insolvência.[35] O primeiro faz referência a uma regra contábil na qual o passivo é superior ao ativo, o que implica a inexistência de patrimônio suficiente para satisfazer os credores, mas sem que se leve em conta a possibilidade de conseguir crédito. A segunda pressupõe uma incapacidade patrimonial permanente do devedor para satisfazer, de maneira regular, no todo ou em parte, os credores no vencimento da dívida. Não há uma quantidade monetária precisa que defina o valor mínimo do débito a partir do qual se pode considerar o devedor como superendividado, pois essa aferição é realizada a partir do cotejamento entre o ativo e o

---

31. BEHRENS, Fabiele. *Assinatura digital & negócios jurídicos*. Curitiba: Juruá, 2007, p. 117-121.
32. SCHMITT, Cristiano Heineck. A "hipervulnerabilidade" do consumidor idoso. *Revista de Direito do Consumidor*, ano 18, n. 70, p. 139-171. São Paulo: Ed. RT, abr.-jun./2009.
33. MORATO, Antonio Carlos. O conceito de hipossuficiência e a exclusão digital do consumidor na sociedade da informação. In: MORATO, Antonio Carlos; NERI, Paulo de Tarso (Org.). *20 Anos do Código de Defesa do Consumidor*: estudos em homenagem ao Professor José Geraldo Brito Filomeno. São Paulo: Atlas, 2010, p. 11-13.
34. EFING, Antônio Carlos. *Contratos e procedimentos bancários à luz do código de defesa do consumidor*. 2. ed. São Paulo: Ed. RT, 2011, p. 674-675.
35. LÓPEZ, Vicente Gozalo. El Sobreendeudamiento y la Protección de los Consumidores en el Concurso de Acreedores en España: una Regulación Fallida. *Revista de Direito do Consumidor*, n. 69, p. 144. São Paulo: Ed. RT, jan.-mar./2009.

passivo individual e familiar e suas necessidades básicas, de acordo com as particularidades do caso concreto.[36]

A crescente sofisticação dos produtos oferecidos aos consumidores de serviços financeiros incrementou sobremaneira o arsenal de opções postos à disposição do consumidor, atribuindo-lhe, por conseguinte, maior responsabilidade pelas escolhas realizadas. Em particular, a ascensão econômica trazida no bojo da estabilidade econômica vivenciada a partir de meados dos anos 1990 traz à tona elementos novos na vida dos cidadãos. Instrumentos e operações financeiras complexos e variados, sem que o cliente do Sistema Financeiro Nacional esteja preparado para compreendê-los, fazem parte do largo manancial de produtos e serviços ofertados pelas instituições creditícias, cujo manejo torna-se quase impraticável para o cidadão comum. Não apenas é difícil o acesso a informações dessa natureza, mas também falta conhecimento para compreender as características, os riscos e as oportunidades envolvidos em cada decisão. Além do mais, há o eterno embate entre consumir hoje ou poupar para o amanhã: "se as escolhas do presente determinam em larga medida o nosso futuro, o futuro sonhado determina, ao menos em parte, as escolhas que fazemos no presente".[37]

Assim torna-se premente a adoção de políticas públicas com vistas a educar o cidadão para atuar no meio financeiro. Além disso, urgem soluções normativas que previnam ou tratem o superendividamento, impondo controle da publicidade e da informação sobre o crédito ao consumo e fixando limites às garantias pessoais. A doutrina, inclusive, alude à possibilidade de, uma vez alteradas as circunstâncias do negócio, ou seja, a quebra objetiva da sua base, permitir-se a revisão do sinalagma contratual quando as circunstâncias propiciarem uma relação de insustentabilidade ao consumidor superendividado.[38] Na França, o *Code de la Consommation* possui um conjunto de regras aplicáveis às situações de superendividamento – caracterizado pela impossibilidade manifesta do devedor de boa-fé de fazer face aos conjunto de suas dívidas não profissionais exigíveis e a vencer (*article* L330-1) –, existindo um conjunto de procedimentos para tratar essas situações, que passam pela *Cour de Cassation* e incluem um plano de desendividamento para retirar o consumidor da situação de superendividamento em que se encontra.[39] O direito francês regulamenta práticas consumeristas protetivas, tais como enquadramento da taxa de juros, as práticas usurárias, o enquadramento de práticas comerciais e os limites da atuação judicial na apreciação dos contratos de crédito.[40]

---

36. SCHIMIDT NETO, André Perin. Superendividamento do consumidor: conceito, pressupostos e classificação. *Revista de Direito do Consumidor*, n. 71, p. 12. São Paulo: Ed. RT, jul.-set./2009.
37. GIANNETTI, Eduardo. *O valor do amanhã*: ensaio sobre a natureza dos juros. São Paulo: Companhia das Letras, 2005, p. 149.
38. GIANCOLI, Brunno Pandori. O superendividamento do consumidor. In: MORATO, Antonio Carlos; NERI, Paulo de Tarso (Org.). *20 Anos do Código de Defesa do Consumidor*: estudos em homenagem ao Professor José Geraldo Brito Filomeno. São Paulo: Atlas, 2010, p. 584-586.
39. VIGNEAU, Vincent. Le Droit Français du Surendettement des Particuliers. In: MORATO, Antonio Carlos; NERI, Paulo de Tarso (Org.). *20 Anos do Código de Defesa do Consumidor*: estudos em homenagem ao Professor José Geraldo Brito Filomeno. São Paulo: Atlas, 2010, p. 527-550.
40. FLORES, Philippe. A prevenção do superendividamento pelo Código de Consumo. *Revista de Direito do Consumidor*, n. 78, p. 67-79. São Paulo: Ed. RT, abr.-jun./2011.

O crédito consciente, que possibilite a geração de riquezas e benefícios para todos, fomentando um consumo que dê relevo a uma existência digna, com acesso à informação, moradia e lazer consubstancia a função social do contrato bancário.[41] O crédito responsável atua em dois níveis:[42]

> Primeiro, os investimentos socialmente responsáveis, compreendendo, por um lado, os fundos de investimento que constroem o seu universo levando em conta critérios extrafinanceiros, nomeadamente de bem-estar social; por outro, os accionistas solidários, que exercem os seus direitos para influenciar a gestão das empresas.
>
> Por outro lado, o capital deve provocar um desenvolvimento socialmente responsável, contribuindo para o desenvolvimento de novas empresas criadoras de emprego, como é o caso de uma boa parte dos fundos de pensões americanos e canadianos ou dos países nórdicos, participando no respeito ao meio ambiente, financiando a economia solidária, através de investimento em empresas solidárias e estruturas financeiras éticas.
>
> O investimento socialmente responsável consiste em integrar critérios sociais (por exemplo, a defesa do meio ambiente) em qualquer decisão de investimento, sem se abandonar a procura de uma rentabilidade financeira.

No âmbito do crédito consciente, ressalte-se a existência de campanhas promovidas por órgãos e entidades públicos e privados (Ministério Público, Advocacia Pública, Banco Central do Brasil, OAB, Procons, entre outros) que promovem a conscientização do cidadão no que concerne ao uso do dinheiro e do crédito, ajudando-o a expandir seu conhecimento acerca dos mais diversos aspectos da vida financeira: orçamento, crédito responsável, gestão de dívidas, consumo planejado, poupança e investimento, tornando mais transparente sua relação com o mercado financeiro.

Na era da informação digital, mais relevante se torna para o consumidor eletrônico a importância do esclarecimento acerca dos dados contidos nos *sites* dedicados à comercialização de produtos e serviços. Produtos que antes eram vistos materialmente e tocados para serem escolhidos e serviços que eram contratados fitando os olhos do prestador são, agora, escolhidos com base em informações que são, por natureza, desmaterializadas. A própria informação, por sua vez, tornou-se objeto de comercialização. Também na rede, a informação adequada – pressuposto ao direito de autodeterminação – é elemento imprescindível para que o consumidor eletrônico possa exercer seu livre arbítrio e escolher conscientemente os produtos e serviços que lhe são oferecidos. A cognoscibilidade proporcionada pela devida informação permitirá ao consumidor autodeterminar-se, escolhendo os riscos que entende justificados e evitando outros, porém sempre a par do estado da arte da ciência sobre aquele assunto: a escolha está nas mãos do consumidor bem informado[43].

A propósito, reconhecendo que a vulnerabilidade do consumidor é agravada no comércio eletrônico, cujas relações devem ser norteadas pelos princípios da dignidade

---

41. LIMA, Gustavo Penna Marinho de Abreu. O contrato bancário e a função social. *Revista de Direito Bancário e do Mercado de Capitais*, ano 12, n. 44, p. 96. São Paulo: Ed. RT, abr.-jun./2009.
42. CAMPOS, Diogo Leite de. A função social da actividade bancária. *Revista de Direito Bancário e do Mercado de Capitais*, ano 13, n. 50, p. 193-194. São Paulo: Ed. RT, out.-dez./2010.
43. HARTMANN, Ivar Alberto Martins. O princípio da precaução e sua aplicação no direito do consumidor: dever de informação. *Revista de Direito do Consumidor*, ano 18, n. 70, p. 223. São Paulo: Ed. RT, abr.-jun./2009.

da pessoa humana, transparência, boa-fé, equilíbrio, privacidade, segurança, proteção dos interesses econômicos e dos direitos do consumidor, indispensáveis para suscitar a confiança dos consumidores e estabelecer uma relação mais equilibrada e segura entre consumidores e fornecedores nas transações comerciais eletrônicas, o Departamento de Proteção e Defesa do Consumidor, do Ministério da Justiça, divulgou, em 20.08.2010, diretrizes para as relações de consumo estabelecidas no comércio eletrônico, que podem ser consultadas no endereço www.mj.gov.br.

Advirta-se, contudo, que os deveres de informação dos fornecedores no ambiente virtual não diferem dos do mundo real[44]. Aplicam-se às transações eletrônicas o dever de transparência, incluindo as condições e riscos do produto ou serviço, o dever de possibilitar previamente o acesso aos textos contratuais e de perenizá-los e o dever de confirmar o recebimento da proposta e da contratação, de modo que não se exclui qualquer prerrogativa concedida pela legislação consumerista ao consumidor. O cumprimento do dever de informar clara e precisamente os consumidores que se utilizam do comércio eletrônico certamente contribuirá para aumentar a confiança no ambiente virtual. Essa confiança, aliada à aplicação da boa-fé, em sua vertente objetiva, oferecerá uma visão renovada do contrato, tendo como premissa a responsabilidade de criar um ambiente seguro para a contratação eletrônica: enfim, cuidado com o outro, respeito pelas expectativas legítimas do parceiro contratual.

Nos contratos eletrônicos, o dever de transparência torna-se mais premente, uma vez que o consumidor apresenta uma vulnerabilidade especial, pois contrata em um meio que não é o seu natural. Além disso, a grande quantidade de envolvidos na cadeia de fornecimento do produto ou serviço, tais como fornecedor direto e indireto, provedor de acesso, mantenedor do *site*, franqueado e administradora de cartão de crédito, torna a contratação eletrônica uma operação complexa. Nesse ambiente, o fornecedor deve colocar à disposição do consumidor meios técnicos eficientes para comunicar-lhe a existência de erros na transação eletrônica, antes de se perfazer a relação contratual. Deve, também, apresentar informações claras e inteligíveis acerca das características do produto/serviço e das cláusulas contratuais, confirmando – por meio eletrônico – a chegada do pedido ou da aceitação. Note-se que a informação falsa ou insuficiente é considerada vício do produto. E, em se tratando de relação de consumo, a ideia do CDC (e aplicável também ao ambiente virtual) é a responsabilização do organizador da cadeia de comércio, incluindo a responsabilidade pelo fato ou por vício do produto ou serviço. A transparência demanda essa responsabilização pela adequação e segurança, que desperta no consumidor a confiança e a expectativa legítima na maneira de comportar-se no comércio eletrônico. Essa visão impõe os mesmos deveres de conduta, lastreados na boa-fé, tanto no mundo real quanto no virtual.

Especial atenção deve ser dada à publicidade, mormente no espaço virtual, pois, quando suficientemente precisa, passa a ter os efeitos jurídicos de uma oferta, integrando o futuro contrato, cujo cumprimento poderá ser exigido, mesmo perante o Poder Judiciário. É obrigação pré-contratual manter a oferta nos termos em que foi veiculada

---

44. MARQUES, Claudia Lima. *Confiança no comércio eletrônico e a proteção do consumidor:* (um Estudo dos Negócios Jurídicos de Consumo no Comércio Eletrônico). São Paulo: Ed. RT, 2004, p. 255.

e cumprir os deveres anexos de transparência, lealdade e cuidado. A confiança despertada no consumidor pela oferta apresentada serve de parâmetro, de dado objetivo, que impossibilita a anulação por erro da declaração veiculada. O descumprimento do princípio da transparência e a frustração da confiança despertada devem ser acompanhados de uma sanção, de uma reação negativa do ordenamento jurídico. Esse efeito prático deriva da própria lógica do CDC, que privilegia a ética na relação entre fornecedores e consumidores.

Na nova visão do direito contratual, ao tempo em que representa o instrumento de circulação de riquezas, o contrato também é instrumento de proteção dos direitos fundamentais, exigindo que paradigmas de qualidade, segurança, adequação dos serviços e produtos no mercado sejam respeitados. Nessa ambiência, o direito à informação e a tutela da confiança, que norteiam o Código de Defesa do Consumidor, concretizam o princípio da dignidade da pessoa humana. Essa valorização da informação e da confiança reforça a nova concepção da autonomia privada, lastreada na vontade real, racional e efetiva do contratante mais fraco, vontade esta protegida pelo direito e livre de pressões impostas pelo consumismo desenfreado.

Nesse novo paradigma, o direito torna-se instrumento de proteção do lado mais débil da sociedade, combatendo o abuso do poder econômico e toda sorte de atuação que seja contrária à boa-fé e à confiança na relação fornecedor-consumidor. O direito encontra legitimação na proteção da confiança e das expectativas legítimas dos indivíduos, amparando equitativamente o mais fraco e promovendo a justiça e a inclusão social. Valoriza-se o paradigma da confiança como eixo central das condutas e como fonte jurídica, dela extraindo responsabilidades específicas. Essa visão proativa é possível com o advento do Código de Defesa do Consumidor, desde que este seja visto sob um novo olhar, calcado no respeito e na lealdade das relações sociais.

Essa procura pelo equilíbrio e pela equidade contratual está inserida no bojo do princípio da boa-fé, que valoriza os interesses legítimos que levam cada uma das partes a contratar e, consequentemente, põe em evidência a harmonia intrínseca à relação contratual. O desequilíbrio entre direitos e deveres, em detrimento do consumidor, ensejará a sua proteção contra o abuso, reclamando a ação reequilibradora proporcionada pelo CDC, que reprime os excessos do individualismo, revitalizando a importância da comutatividade das prestações e a justa proporcionalidade de direitos e deveres.

Essa visão do equilíbrio contratual embasa a concepção social do contrato, para a qual, além da manifestação de vontade, importa levar em consideração os efeitos do contrato na sociedade e a condição social e econômica das partes envolvidas. Destaca-se o papel da lei como limitadora e legitimadora da autonomia privada, passando a proteger determinados interesses sociais, valorizando a confiança depositada no vínculo, as expectativas e a boa-fé dos contratantes.[45] O espaço para a autorregulação dos interesses se retrai, restringido por normas imperativas de ordem pública e de interesse social, a exemplo do art. 1º, do Código de Defesa do Consumidor. Nessa perspectiva,

---

45. MARQUES, Claudia Lima. *Contratos no Código de Defesa do Consumidor*: o novo regime das relações contratuais. 6. ed. São Paulo: Ed. RT, 2011, p. 210.

A relevância do art. 1º do CDC é, portanto, nos dizeres de Lúcio Delfino, uma *relevância funcional*, funcionalidade esta que se expressa nas mais diversas esferas: as normas do Código de Defesa do Consumidor impactam a vontade dos contratantes, visto que são imutáveis e inafastáveis pela mera vontade contratual; processualmente podem ser aplicadas de ofício pelo juiz – isto é, independentemente do requerimento das partes –, e não são atingidas pela preclusão, podendo ser arguidas em qualquer momento ou grau de jurisdição; possui caráter preferencial em conflitos de Direito intertemporal; são normas invioláveis por fundamentarem-se no art. 5º, XXXII, cláusula pétrea conforme o art. 60, § 4º, IV, da CF/1988; e, por fim, o Código de Defesa do Consumidor é norma principiológica.

Desta forma, considerando que o Código de Defesa do Consumidor é composto por normas públicas e de interesse social isso lhe outorga, segundo os dizeres de Bruno Miragem, um *status* diferenciado, um caráter preferencial, ainda que não torne determinada norma hierarquicamente superior.[46]

Nessa nova concepção, o interesse social passa a ter posição proeminente e o intervencionismo estatal relativiza o dogma da autonomia privada, deslocando o centro das preocupações para a esfera social: é o contrato como instrumento de circulação de riquezas, mas limitado e regulado de molde a alcançar sua função social.

4. CONSIDERAÇÕES FINAIS

O fenômeno da digitalização de serviços é moldado pela ausência de limitações territoriais ou geográficas no que tange à atuação humana, sendo caracterizado pela virtualidade e por mecanismos tecnológicos que encurtam as distâncias e promovem a comunicação instantânea, sobressaindo-se, nesse ambiente, as novas formas de comunicação, que adquiriram relevo com o surgimento da internet.

Os juristas debruçam-se sobre as questões levantadas pelo mundo virtual, direcionando esforços não só no sentido de regular determinados aspectos do mundo virtual, mas também de criar a confiança naquele que utiliza a rede mundial de computadores. Essa mobilização de forças tem como sustentáculo a necessidade de construir a transparência no meio virtual, proporcionando segurança às relações jurídicas, que devem ser pautadas pela boa-fé das partes no que se refere à privacidade dos dados transitados e ao dever de criar um ambiente seguro para a contratação. Ter consciência dos desafios e dos problemas inerentes à utilização da internet é um passo importante para desenvolver ações que visem à restituição da confiança que deve reger todas as relações jurídicas.

Em especial no que concerne aos aspectos relativos aos serviços financeiros digitais, tem-se que o direito aplicável ao mundo virtual também tem guarida na maioria dos princípios do direito aplicável ao mundo físico. O novo olhar que lhe deve ser dirigido está, principalmente, relacionado à postura de quem o interpreta. A tecnologia não cria espaços imunes à aplicação do direito. Partindo do pressuposto de que a sociedade está inserida no processo de globalização, o grande desafio do operador do direito é ser flexível o bastante para adaptar seu raciocínio às novas situações e não criar obstáculos ao livre desenvolvimento da rede. Assim, permitir-se-á maior adequação à realidade social,

---

46. EFING, Antônio Carlos. *Contratos e procedimentos bancários à luz do Código de Defesa do Consumidor.* 2. ed. São Paulo: Ed. RT, 2011, p. 78-79 (grifos no original).

provendo a dinâmica necessária para acompanhar a velocidade das transformações no mundo virtual.

Presencia-se, nesse contexto, uma alteração nos paradigmas empresariais, um maior poder de informação para o consumidor, uma maior agilidade na consecução de suas transações (comerciais ou de cunho pessoal), configurando uma mudança de costumes propiciada pela era da tecnologia, na qual se põe em evidência o conhecimento. Nesse panorama, função relevante é atribuída ao direito com o fito de fornecer a necessária segurança aos partícipes das relações virtuais, provendo-lhes a correta prestação jurisdicional e protegendo o ambiente virtual das práticas nocivas que acarretam danos ao internauta, mormente quando este se encontra na posição de consumidor. O direito deve estar coadunado com as novas práticas que surgem a todo o momento, acompanhando de perto as inovações tecnológicas e, por conseguinte, promovendo um ambiente social mais próximo da segurança que deve nortear as relações jurídicas.

São essas possíveis e contraditórias leituras acerca do estado atual da sociedade que fazem com que seja tão rico e complexo o fenômeno globalizante da internet, exigindo do direito a maleabilidade necessária para regular as repercussões dessa nova ferramenta na vida de cada um. O direito, reflexo que é do caminhar evolutivo da sociedade, também é influenciado por essa nova realidade: a dinâmica da era da informação exige uma mudança na própria forma como é exercido e pensado.

É indubitável, portanto, que a internet tem papel fundamental como dinamizador desses avanços, significando uma profunda alteração na forma como devem ser encaradas as relações sociais. As transformações tecnológicas propiciaram mudanças sociais e, nesse contexto, o direito não pode manter-se inerte, sob pena de não mais atender aos anseios da sociedade. Sua capacidade de adequação à nova realidade determina a própria segurança do ordenamento, proporcionando a necessária estabilidade e segurança jurídica reclamada pelo cidadão. O direito é responsável pelo equilíbrio das relações sociais e este só poderá ser alcançado com a adequada interpretação da realidade social, instituindo normas que garantam a segurança das expectativas e que incorporem as transformações por meio de uma estrutura flexível que possa sustentá-la no tempo.

5. REFERÊNCIAS

ABRÃO, Nelson. *Direito bancário*. 11. ed. São Paulo: Saraiva, 2008.

ALBUQUERQUE, Fabíola Santos. O princípio da informação à luz do Código Civil e do Código de Defesa do Consumidor. In: BARROSO, Lucas Abreu (Org.). *Introdução crítica ao Código Civil*. Rio de Janeiro: Forense, 2006.

ASCENSÃO, José de Oliveira. *Direito da Internet e da sociedade da informação*. Rio de Janeiro: Forense, 2002.

BEHRENS, Fabiele. *Assinatura digital & negócios jurídicos*. Curitiba: Juruá, 2007.

CAMPOS, Diogo Leite de. A Função Social da Actividade Bancária. *Revista de Direito Bancário e do Mercado de Capitais*. ano 13, n. 50, p. 190-198. São Paulo, Ed. RT, out.-dez./2010.

CESSETTI, Alexia Brotto; SANSANA, Maureen Cristina. Novas Perspectivas para a análise dos contratos bancários: pelo implemento de relações sustentáveis. *Revista da Procuradoria-Geral do Banco Central*, Brasília, BCB, v. 5, n. 1, p. 153-180, jun/2011.

COELHO, Fábio Ulhoa. *Curso de Direito Comercial*. 5. ed. São Paulo: Saraiva, 2005. v. 3.

COVELLO, Sergio Carlos. *Contratos bancários*. 3. ed. São Paulo: Leud, 1999.

EFING, Antônio Carlos. *Contratos e procedimentos bancários à luz do Código de Defesa do Consumidor.* 2. ed. São Paulo: Ed. RT, 2011.

FERREIRA, Sergio de Abreu. Direitos da Personalidade e Relações de Consumo. In: FIUZA, César (Org.). *Curso avançado de direito civil*. 2. ed. Rio de Janeiro: Forense, 2009.

FLORES, Philippe. A Prevenção do Superendividamento pelo Código de Consumo. *Revista de Direito do Consumidor*, n. 78, p. 67-79, São Paulo: Ed. RT, abr.-jun./2011.

GIANCOLI, Brunno Pandori. O Superendividamento do Consumidor. In: MORATO, Antonio Carlos; NERI, Paulo de Tarso (Org.). *20 Anos do Código de Defesa do Consumidor*: Estudos em Homenagem ao Professor José Geraldo Brito Filomeno. São Paulo: Atlas, 2010.

GIANNETTI, Eduardo. *O valor do amanhã:* Ensaio sobre a Natureza dos Juros. São Paulo: Companhia das Letras, 2005.

GRINOVER, Ada Pellegrini et al. *Código Brasileiro de Defesa do Consumidor:* Comentado pelos Autores do Anteprojeto. 9. ed. Rio de Janeiro: Forense, 2007.

HARTMANN, Ivar Alberto Martins. O princípio da precaução e sua aplicação no direito do consumidor: dever de informação. *Revista de Direito do Consumidor*, ano 18, n. 70, p. 172-235. São Paulo: Ed. RT, abr.-jun./2009.

LIMA, Gustavo Penna Marinho de Abreu. O contrato bancário e a função social. *Revista de Direito Bancário e do Mercado de Capitais*, ano 12, n. 44, p. 90-96. São Paulo: Ed. RT, abr.-jun./2009.

LÓPEZ, Vicente Gozalo. El Sobreendeudamiento y la Protección de los Consumidores en el Concurso de Acreedores en España: una Regulación Fallida. *Revista de Direito do Consumidor*, n. 69, p. 141-159. São Paulo: Ed. RT, jan.-mar./2009.

LORENZETTI, Ricardo Luis. *Comércio Eletrônico*. São Paulo: Ed. RT, 2004.

MARQUES, Claudia Lima. *Confiança no comércio eletrônico e a proteção do consumidor:* (um Estudo dos Negócios Jurídicos de Consumo no Comércio Eletrônico). São Paulo: Ed. RT, 2004.

MARQUES, Claudia Lima. *Contratos no Código de Defesa do Consumidor:* o novo regime das relações contratuais. 6. ed. São Paulo: Ed. RT, 2011.

MARQUES, Claudia Lima; MAZZUOLI, Valerio de Oliveira. O consumidor-depositário infiel, os tratados de direitos humanos e o necessário diálogo das fontes nacionais e internacionais: a primazia da norma mais favorável ao consumidor. *Revista de Direito do Consumidor*, ano 18, n. 70, p. 93-138. São Paulo: Ed. RT, abr.-jun./2009.

MARTINS-COSTA, Judith. Contratos. Conceito e evolução. In: LOTUFO, Renan; NANNI, Giovanni Ettore (Coord.). *Teoria geral dos contratos*. São Paulo: Atlas, 2011.

MORATO, Antonio Carlos. O conceito de hipossuficiência e a exclusão digital do consumidor na sociedade da informação. In: MORATO, Antonio Carlos; NERI, Paulo de Tarso (Org.) *20 Anos do Código de Defesa do Consumidor:* estudos em homenagem ao Professor José Geraldo Brito Filomeno. São Paulo: Atlas, 2010.

PECK, Patricia. *Direito digital*. São Paulo: Saraiva, 2002.

REINALDO FILHO, Demócrito. A Privacidade na "Sociedade da Informação". In: REINALDO FILHO, Demócrito (Coord.). *Direito da informática:* temas polêmicos. São Paulo, Edipro, 2002.

SALOMÃO NETO, Eduardo. *Direito Bancário*. São Paulo: Atlas, 2007.

SCHIMIDT NETO, André Perin. Superendividamento do consumidor: conceito, pressupostos e classificação. *Revista de Direito do Consumidor,* São Paulo: Ed. RT, jul.-set./2009.

SCHMITT, Cristiano Heineck. A "Hipervulnerabilidade" do Consumidor Idoso. *Revista de Direito do Consumidor,* n. 71, p. 9-33. São Paulo: Ed. RT, ano 18, n. 70, p. 139-171, abr.-jun./2009.

VIGNEAU, Vincent. Le Droit Français du Surendettement des Particuliers. In: MORATO, Antonio Carlos; NERI, Paulo de Tarso (Org.). *20 Anos do Código de Defesa do Consumidor:* estudos em homenagem ao Professor José Geraldo Brito Filomeno. São Paulo: Atlas, 2010.

WALD, Arnoldo. Uma nova visão das instituições financeiras. *Revista de Direito Bancário e do Mercado de Capitais,* ano 13, n. 50, p. 21-29. São Paulo: Ed. RT, out.-dez./2010.

A PROTEÇÃO JURÍDICA DA HIPERVULNERABILIDADE DO IDOSO SUPERENDIVIDADO NA SOCIEDADE DE CONSUMO

Fabíola Albuquerque Lobo

Doutora em Direito Civil pela UFPE. Professora do Departamento de Direito Privado do Centro de Ciências Jurídicas da UFPE. Professora dos Cursos de Mestrado e Doutorado do PPGD/UFPE. E-mail: fsalbuquerque@uol.com.br.

Cora Cristina Ramos Barros Costa

Doutoranda, Especialista e Mestre em Direito pelo CCJ/UFPE. Professora Universitária. Membro do Grupo de Pesquisa Constitucionalização das Relações Privadas (UFPE, UFAL, UFPB/CNPq). Assessora Jurídica no Procon Municipal de Jaboatão dos Guararapes/PE. Advogada. E-mail: ccrabarros@gmail.com.

Sumário: 1. Introdução. 2. A tutela constitucional do idoso. 3. Aspectos gerais do superendividamento. 3.1 Características essenciais. 3.2 As consequências do superendividamento. 3.3 O superendividamento no âmbito internacional. 4. Prevenção e tratamento do superendividamento do idoso. 5. Considerações finais. 6. Referências.

1. INTRODUÇÃO

O presente artigo versa sobre tema de grande relevância no mundo jurídico em virtude das inúmeras modificações ocorridas na sociedade nos últimos séculos, especialmente no âmbito consumerista, trazendo a esse cenário a necessidade de novas nuances interpretativas e protetivas.

As mudanças nas relações jurídicas de consumo exigem um olhar atento do legislador, dos intérpretes e dos aplicadores do Direito para a solução dos casos concretos.

O Código de Defesa do Consumidor – CDC protege o sujeito tendo a vulnerabilidade como o seu vetor. Ela abarca todos os consumidores, mas alguns a possuem de forma acentuada, sendo considerados mais frágeis, ou seja, hipervulneráveis. Nesse sentido, podemos vislumbrar, por exemplo, as crianças, os portadores de doença celíaca e os idosos. Apesar de reconhecer que a hipervulnerabilidade alcança uma gama de consumidores, optamos pelo estudo desta nas situações de superendividamento dos idosos. É de se considerar que por serem dotados de situação biológica e social mais sensível, possuem ainda, proteção específica no Estatuto do Idoso.

A necessidade de um olhar diferenciado para a terceira idade em decorrência da sua condição especial, com uma vulnerabilidade acentuada, se traduz como indispensável na atual conjuntura que o norteia. A sua hipervulnerabilidade se manifesta em diversas situações, como a dificuldade na interpretação dos contratos, as fraudes, a saúde frágil e a publicidade enganosa.

Os cuidados necessários para a proteção devem assegurar "todas as oportunidades e facilidades para a preservação de sua saúde física e mental e seu aperfeiçoamento moral, intelectual, espiritual e social em condições de liberdade e dignidade"[1].

Nese sentido, a ação previne consequências indesejadas, como o superendividamento, que é um fenômeno crescente e traz os idosos como um dos mais atingidos.

O superendividamento se caracteriza pela impossibilidade global do devedor, pessoa física e de boa-fé, em adimplir com suas dívidas vencidas e vincendas, excluindo-se as alimentares, as com o fisco e as decorrentes de delitos.

A dificuldade do acesso ao crédito deu lugar a um *marketing* agressivo para que os idosos contraiam crédito.

A situação de vulnerabilidade agravada destes, por si só, já desperta grande interesse no mercado consumerista. Mas, aliada à permissão legal de aposentados e pensionistas em consignar até 35% (trinta e cinco por cento) da sua aposentadoria para pagamento de empréstimos, financiamentos, cartões de crédito e operações de arrendamento mercantil outorgado por instituições financeiras[2], vê-se um cenário ainda mais preocupante. O que parece demonstrar grande avanço na garantia de direitos, pode trazer, na verdade, situações graves, como o superendividamento dos idosos.

O objetivo geral do presente estudo é verificar se os instrumentos legais atualmente em vigor no Brasil possuem força para proteger o idoso superendividado na sociedade de consumo e reconhecer a sua hipervulnerabilidade.

A metodologia utilizada terá como base o pluralismo metodológico, pois serão utilizados vários métodos indispensáveis para que possa ser efetuada uma melhor investigação sobre o tema e para que se chegue a conclusões analiticamente verificáveis.

Tendo em vista tratar-se de pesquisa que utiliza o tripé: doutrina, jurisprudência e legislação, a modalidade da pesquisa será instrumental. Ao lado disso, mesmo que constitua o oposto, por envolver interdisciplinaridade no tema proposto, também será utilizada a modalidade de pesquisa sociojurídica.

---

1. Lei 10.741/2003, art. 2º.
2. "Art. 1º Os empregados regidos pela Consolidação das Leis do Trabalho – CLT, aprovada pelo Decreto-Lei 5.452, de 1º de maio de 1943, poderão autorizar, de forma irrevogável e irretratável, o desconto em folha de pagamento ou na sua remuneração disponível dos valores referentes ao pagamento de empréstimos, financiamentos, cartões de crédito e operações de arrendamento mercantil concedidos por instituições financeiras e sociedades de arrendamento mercantil, quando previsto nos respectivos contratos.

    § 1º O desconto mencionado neste artigo também poderá incidir sobre verbas rescisórias devidas pelo empregador, se assim previsto no respectivo contrato de empréstimo, financiamento, cartão de crédito ou arrendamento mercantil, até o limite de 35% (trinta e cinco por cento), sendo 5% (cinco por cento) destinados exclusivamente para:

    I – a amortização de despesas contraídas por meio de cartão de crédito;

    II – a utilização com a finalidade de saque por meio do cartão de crédito.

    § 2º O regulamento disporá sobre os limites de valor do empréstimo, da prestação consignável para os fins do caput e do comprometimento das verbas rescisórias para os fins do § 1º deste artigo".

Na fase instrumental da pesquisa, será utilizado o método dedutivo (partindo de uma análise geral para a particular), enquanto que na fase da pesquisa sociojurídica, será aplicado o método dialético, que busca ver a realidade jurídica e social com o enfoque da contradição, em que será abordada a necessidade do reconhecimento da hipervulnerabilidade dos consumidores idosos superendividados, visando à interpretação equânime da norma jurídica.

Em relação aos métodos de procedimento, serão utilizados o método histórico e o método comparativo. O método histórico será utilizado para traçar a evolução histórica da sociedade de consumo até os dias atuais, as transformações ocorridas nas relações jurídicas ao longo dos anos e o impacto da concessão de crédito facilitada numa sociedade em que não se investiu em educação para o consumo.

Por meio do método comparativo, demonstrar-se-á como o superendividamento é regulamentado em outros países e como o assunto está sendo discutido no Brasil através do Projeto de Lei – PL 3.515/2015, originado no Senado Federal através do Projeto de Lei do Senado – PLS 283/2012. Tal PL altera o Código de Defesa do Consumidor para aperfeiçoar a disciplina do crédito ao consumidor de forma responsável, por meio da educação financeira e dispõe sobre a prevenção do superendividamento da pessoa física, para evitar as suas consequências. Será feita uma análise do impacto do referido Projeto na legislação consumerista nacional.

Acerca dos procedimentos técnicos, a pesquisa será bibliográfica e documental. Realizar-se-á consultas a livros, artigos publicados em revistas especializadas, textos publicados na internet, legislação, teses, dissertações e acórdãos de tribunais superiores.

Para atingir a finalidade pretendida, o texto abordará a hipervulnerabilidade do idoso nas situações de superendividamento, discorrendo sobre a tutela constitucional do idoso e o superendividamento crescente nesse público, apontando as características gerais e as suas consequências. Continuando, será analisado como se dá o tratamento do superendividamento na seara internacional e como se pretende implementar no Brasil, considerando que, atualmente, não existe norma específica em vigor no nosso ordenamento jurídico. Encerrando o trabalho, será demonstrado como se dá atualmente o tratamento dos superendividados no Brasil e a fundamentação utilizada para coibir as práticas abusivas das instituições financeiras.

2. A TUTELA CONSTITUCIONAL DO IDOSO

A proteção legal do idoso encontra escopo na Carta Magna de 1988, no artigo 230[3] que, com base nos princípios da proteção e da solidariedade, atribui uma responsabilidade tríplice da família, da sociedade e do Estado no amparo das pessoas idosas, na garantia da participação destes na comunidade e na defesa da dignidade e bem-estar, além de assegurar o direito à vida.

---

3. "Art. 230. A família, a sociedade e o Estado têm o dever de amparar as pessoas idosas, assegurando sua participação na comunidade, defendendo sua dignidade e bem-estar e garantindo-lhes o direito à vida".

No contexto atual do Direito Civil brasileiro, reconhece-se a presença da cláusula geral de tutela da pessoa humana que, alicerçada no valor e princípio fundamental da dignidade da pessoa humana (art. 1º, inciso III, da Constituição Federal), se fundamenta, entre outros aspectos, na vulnerabilidade que é inerente às pessoas humanas, sendo que em alguns casos, tal vulnerabilidade é exacerbada, daí a necessidade de uma tutela diferenciada[4].

Nesse sentido, o Brasil alçou ao patamar dos países mais avançados, em que o cuidado com o idoso possui grande importância, principalmente ao levar-se em consideração fatores como o aumento da expectativa de vida e a diminuição das taxas de natalidade, passando a terceira idade a constituir parte expressiva da população, demandando prestações que ecoam na relação receita/despesa da seguridade social, que os idosos pouco ou nada contribuem[5].

A previsão constitucional no artigo 230 delineou a necessidade da proteção integral do idoso, que se regulamentou através de legislação específica.

A Lei n. 8.842/94, dispõe acerca da Política Nacional do Idoso, e criou o Conselho Nacional do Idoso, visando assegurar o exercício da sua autonomia e participação efetiva na vida em sociedade.

Ocorre que, menos de dez anos após a entrada em vigor da citada lei, em que pese o avanço trazido por esta no que compete a proteção dos idosos, constatou-se que não possuía as ferramentas necessárias a uma proteção de forma efetiva. Somente ocorrendo através da Lei n. 10.741/2003, intitulado Estatuto do Idoso.

Tal Estatuto representou uma verdadeira quebra de paradigma protetivo com a proteção integral do idoso, trazendo bases constitucionais sólidas e explícitas em seu texto.

A proteção da pessoa idosa passa a ter como cerne a proteção da sua dignidade, visando, entre outras coisas, à sua inclusão social. Vivemos numa sociedade competitiva e, sob a ótica do idoso, vê-se um critério excludente em virtude das limitações[6] adquiridas ao longo da vida, fazendo-se necessário um tratamento isonômico desses cidadãos.

Um dos fatores que denotam a importância do reconhecimento da hipervulnerabilidade do idoso, tanto no seu seio familiar, quanto em relação à sociedade em geral, é a sua marginalização, já que, não raro, vê-se fora do ambiente de trabalho, tem sua renda reduzida e comprometida, além da diminuição da sua capacidade física[7].

A Lei em comento tem como algumas das suas finalidades resgatar o respeito ao idoso e viabilizar o exercício da cidadania pela via de novos e significativos direitos[8]. Para tanto, vale-se de alguns princípios à luz da dignidade da pessoa humana: a proteção integral e a absoluta prioridade do idoso.

A ideia de proteção integral dá a conotação de cuidado pleno do idoso, que necessita de atenção especial. O Estatuto visa regular a proteção deste, possibilitando o exercício da

---

4. GAMA, Guilherme Calmon Nogueira da. A pessoa idosa e o direito de família. *Civilistica.com*. Rio de Janeiro. a. 2, n. 1, jan.-mar./2013. Disponível em: http://civilistica.com/a-pessoa-idosa/. Acesso em: 20 abr. 2020.
5. MENDES, Gilmar Ferreira; COELHO, Inocêncio Mártires; BRANCO, Paulo Gustavo Gonet. *Curso de Direito Constitucional*. São Paulo: Saraiva, 2007, p. 1307.
6. De ordem biológica, econômica e social.
7. MARQUES, Claudia Lima; MIRAGEM, Bruno. Op. cit., p. 147.
8. MARTINEZ, Wladimir Novaes. *Comentários ao Estatuto do Idoso*. 2. ed. São Paulo: LTr, 2005, p. 14.

cidadania, tendo como fonte a Constituição Federal. O texto legal prevê o citado princípio em seu artigo 2º, afirmando que o idoso faz jus a todos os direitos fundamentais que dizem respeito à pessoa humana, adicionando a proteção integral, com o objetivo de assegurar a manutenção da sua saúde física e mental, bem como seu aperfeiçoamento no âmbito moral, intelectual, espiritual e social, estando preservadas a sua liberdade e dignidade[9].

Coadunando com o texto Constitucional no tocante à responsabilidade tripartite, é o artigo 3º, do Estatuto do Idoso, que prevê a absoluta prioridade quando se tratar de "efetivação do direito à vida, à saúde, à alimentação, à educação, à cultura, ao esporte, ao lazer, ao trabalho, à cidadania, à liberdade, à dignidade, ao respeito e à convivência familiar e comunitária"[10].

Os princípios da proteção integral e da absoluta prioridade do idoso encontram guarida no princípio do seu melhor interesse, que possui base constitucional, com recepção pelo artigo 5º, parágrafo 2º, da Constituição Federal de 1988, e decorre da cláusula geral de tutela da pessoa humana[11].

A Constituição Federal garante o princípio do melhor interesse considerando a vulnerabilidade acentuada do consumidor idoso no mercado de consumo. O idoso carece de um olhar mais especial, pois este alcançou o patamar de hipervulnerável, principalmente nas relações de consumo em que está envolvida a concessão de crédito. O olhar diferenciado para as relações consumeristas, em que esse sujeito atua como consumidor, decorre do princípio da dignidade da pessoa humana.

3. ASPECTOS GERAIS DO SUPERENDIVIDAMENTO

O consumo como necessidade, com o passar dos anos, sobretudo a partir da idade moderna, vem tomando novos contornos. Os desejos reais do homem dão guarida à

---

9. Art. 2º O idoso goza de todos os direitos fundamentais inerentes à pessoa humana, sem prejuízo da proteção integral de que trata esta Lei, assegurando-se-lhe, por lei ou por outros meios, todas as oportunidades e facilidades, para preservação de sua saúde física e mental e seu aperfeiçoamento moral, intelectual, espiritual e social, em condições de liberdade e dignidade.
10. O artigo 3º da Lei 10.741/2003 prevê em seu parágrafo único o conteúdo da garantia de prioridade em rol exemplificativo:
    "Parágrafo único. A garantia de prioridade compreende:
    I – atendimento preferencial imediato e individualizado junto aos órgãos públicos e privados prestadores de serviços à população;
    II – preferência na formulação e na execução de políticas sociais públicas específicas;
    III – destinação privilegiada de recursos públicos nas áreas relacionadas com a proteção ao idoso;
    IV – viabilização de formas alternativas de participação, ocupação e convívio do idoso com as demais gerações;
    V – priorização do atendimento do idoso por sua própria família, em detrimento do atendimento asilar, exceto dos que não a possuam ou careçam de condições de manutenção da própria sobrevivência;
    VI – capacitação e reciclagem dos recursos humanos nas áreas de geriatria e gerontologia e na prestação de serviços aos idosos;
    VII – estabelecimento de mecanismos que favoreçam a divulgação de informações de caráter educativo sobre os aspectos biopsicossociais de envelhecimento;
    VIII – garantia de acesso à rede de serviços de saúde e de assistência social locais;
    IX – prioridade no recebimento da restituição do Imposto de Renda".
11. BARBOZA, Heloisa Helena. O princípio do melhor interesse do idoso. In: PEREIRA, Tania da Silva; Oliveira, Guilherme de (Org.). *Cuidado como valor jurídico*. Rio de Janeiro: Forense, 2008, p. 57.

economia industrial, que valoriza "necessidades imaginárias, que podem ser incessantemente expandidas pela fantasia humana"[12]. A fantasia da necessidade humana representa o grande foco por parte dos fornecedores. Mantê-la sempre bem alimentada é o desafio que o mercado de consumo encara todos os dias, com a finalidade de atingir os consumidores e incentivá-los a consumir, gerando lucratividade.

A intenção é passar a mensagem de que o consumo, exacerbado ou não, ocorreu de forma voluntária, em decorrência da necessidade real do sujeito. Essa inversão de valores que se tenta passar é contraditada quando se balizam as armas utilizadas para a consecução do fim almejado pelos fornecedores: consumo.

A vulnerabilidade do consumidor traz a resposta diante da publicidade agressiva constatada atualmente.

A pós-modernidade[13] trouxe consigo uma necessidade de atenção à identidade cultural do indivíduo[14], principalmente no tocante às suas particularidades. A efetivação do princípio da igualdade material se sobressai na busca pelo respeito à diferença.

A pós-modernidade também é marcada pela fragmentação do ser humano que, aliada ao pluralismo de fontes desembocou num tipo de descrença na autoridade[15]. A incerteza moral permeia a ética nesse período.

A eterna busca pela igualdade dos cidadãos, no que diz respeito ao acesso ao mercado de consumo como um todo, vem se efetivando de forma não tão longínqua no Brasil. O acesso ao crédito não era algo tão popular e fácil como se vê nos dias atuais.

Nesse sentido, a contextualização possibilita um debate mais rico acerca do reconhecimento da hipervulnerabilidade dos consumidores superendividados na sociedade de consumo, pois que eclodiu, de fato, na atualidade.

O que se vivencia hoje, nem sempre fez parte da realidade. Para chegar ao ponto de tomar dinheiro emprestado, existia uma barreira burocrática pela qual o cidadão precisava passar, e também havia uma outra visão da finalidade de se submeter a esse procedimento, pois os empréstimos bancários serviam para situações emergenciais ou reais necessidades, por exemplo, para o pagamento de parcelas da casa própria[16].

O acesso ao crédito de modo mais facilitado caracteriza-se como uma grande conquista, mas a realidade mostrou algo um pouco diferente. Ocorreram inegáveis avanços. Isso porque, o empoderamento dos sujeitos passou a ser mais do que latente, pois tais sujeitos passaram a ter em mente que o céu seria o limite em matéria de consumo.

---

12. BINSWANGER, Hans Christoph. *Dinheiro e magia*. Rio de Janeiro: Zahar, 2011, p. 140.
13. O período pós-moderno reflete a "cultura após as transformações que afetaram as regras dos jogos da ciência, da literatura e das artes a partir do final do século XIX" (LYOTARD, Jean-François. *A condição pós-moderna*. 7. ed. Rio de Janeiro: José Olympio, 2002, p. XV).
14. JAYME, Erik. Visões para uma teoria pós-moderna do direito comparado. *Cadernos do Programa de Pós-Graduação em Direito*, Porto Alegre, 2003, p. 72.
15. BAUMAN, Zigmunt. *Ética pós-moderna*. Rio de Janeiro: Zahar, 2011, p. 28.
16. "Durante muito tempo foi extremamente difícil conseguir um crédito. Juros altíssimos, pensados para frear a inflação, bem como exigências muito altas em relação a garantias pelos bancos dificultavam trabalhar com créditos, tanto em nível individual, quanto no ambiente empresarial. Isso mudou profundamente. Os juros de crédito continuam altos, mas em um contexto de estabilização econômica no Brasil" (DOLL, Johannes; CAVALLAZZI, Rosangela Lunardeli. O crédito consignado e o superendividamento dos idosos. *Revista de Direito do Consumidor*, v. 107/2016, p. 309-341, set.-out/2016).

Em contrapartida, o poder concedido aos consumidores não se revela tão real assim, pois este possui uma máscara protetora das armadilhas do mercado em relação ao sujeito enfraquecido no mercado de consumo, dando a falsa impressão de que o consumismo se manifesta por necessidade do sujeito, quando, na verdade, há uma ludibriação e incentivo no seu subconsciente para desejar comprar.

O acesso ao crédito de forma facilitada, com a mitigação da burocracia dentro de uma cultura de que consumir é bom, trouxe consigo um excesso de consumo por parte dos consumidores num desvirtuamento de necessidades.

É de se frisar, mais uma vez, a importância do avanço ocorrido, mas este aconteceu sem um preparo dos partícipes, sem educação para o consumo consciente.

Ações sem o devido planejamento tendem ao fracasso, mas não se deve ter uma visão tão pessimista. As consequências vêm acontecendo paulatinamente na realidade dos brasileiros, que estão se deparando com a outra face da democratização do crédito: o superendividamento[17].

> Na economia do endividamento, tudo se articula com o crédito. O crescimento econômico é condicionado por ele. O endividamento dos lares funciona como meio de financiar a atividade econômica. Segundo a cultura do endividamento, viver a crédito é um bom hábito de vida[18].

A atuação dos fornecedores no mercado de consumo em busca de um bom funcionamento da economia, aliou a esta três características: logro, excesso e lixo[19]. Note-se que os adjetivos em nada remetem ao respeito ao ser humano, uma vez que o mercado consumerista é fortemente marcado pela busca do lucro, ficando o sujeito em segundo plano e, como já defendemos, objetivado.

A falta de educação para o consumo abre caminho para o que Bauman chama de perpetuação do endividamento.

> [...] a atual "contração do crédito" não é resultado do insucesso dos bancos. Ao contrário, é o fruto, plenamente previsível, embora não previsto, de seu extraordinário sucesso. Sucesso ao transformar uma enorme maioria de homens, mulheres, velhos e jovens numa raça de devedores. Alcançaram seu objetivo: uma raça de devedores eternos e a autoperpetuação do "estar endividado", à medida que fazer mais dívidas é visto como o único instrumento verdadeiro de salvação das dívidas já contraídas. O hábito universal de buscar mais empréstimos era visto como a única forma realista (ainda que temporária) de suspensão da execução da dívida. Hoje, ingressar nessa condição é mais fácil do que nunca antes na história da humanidade, assim como escapar dessa condição jamais foi tão difícil. Todos os que podiam se transformar em devedores e milhões de outros que não podiam e não deviam ser induzidos a pedir empréstimos já foram fisgados e seduzidos para fazer dívidas[20].

---

17. MARQUES, Claudia Lima. Sugestões para uma lei sobre o tratamento do superendividamento de pessoas físicas em contratos de crédito ao consumo: proposições com base em pesquisa empírica de 100 casos no Rio Grande do Sul. In: MARQUES, Claudia Lima; CAVALLAZZI, Rosângela Lunardelli (Coord.). *Direitos do consumidor endividado*: superendividamento e crédito. São Paulo: Ed. RT, 2006, p. 256.
18. COSTA, Geraldo de Faria Martins da. O direito do consumidor endividado e a técnica do prazo de reflexão. *Revista de Direito do Consumidor*. São Paulo, v. 43, p. 258 - 272, jul.-set. 2002, p. 258.
19. BAUMAN, Zygmunt. *Vida líquida*. Rio de Janeiro: Zahar, 2009. p. 107.
20. BAUMAN, Zygmunt. *Vida a crédito*: conversas com Citlali Rovirosa-Madrazo. Trad. Alexandre Werneck. Rio de Janeiro: Zahar, 2010, p. 31.

O ato de contrair dívidas é comum na vida dos brasileiros, que estão se endividando cada vez mais diante de um mercado de consumo atraente e "recheado de vantagens". Essa falsa ideia é facilmente passada diante da hipervulnerabilidade dos idosos.

A fragilidade é tamanha que os fornecedores passaram a investir num *marketing* agressivo em face dos idosos, com a conotação de que consumir é bom, especialmente no cenário da concessão de crédito, em que facilmente podemos vislumbrar anúncios com a mensagem de que contrair empréstimo trará maior conforto e comodidade na terceira idade, sem deixar claras as reais condições do negócio jurídico que, geralmente, possui alta taxa de juros, comprometendo a renda do idoso, pondo-o em situação de risco.

Nessa toada, Lima[21] cita importante pesquisa feita pela Comissão Europeia no ano de 2011 por solicitação da Eurosat e da Diretoria Geral de "Saúde e Consumidores". Foram avaliados consumidores de vários países Europeus através da aplicação de um questionário, cujo teor envolve a forma como o consumidor traduz as ofertas dispostas no mercado. O que chamou a atenção foi o fato de que menos de 50% (cinquenta por cento) dos entrevistados respondeu corretamente três das diversas indagações feitas. A perguntas foram as seguintes:

> (a) Tratando-se de poupança, qual das seguintes taxas de juros seria a melhor? 1%, 2%, 3%, 4%; (b) Na loja A uma TV custa 500 euros com 10% de desconto. Na loja B a mesma TV custa 400 euros. Qual a mais barata?; (c) Uma família tem um empréstimo imobiliário de 50.000 euros e paga 6% de juros anuais. Quantos euros pagou de juros no primeiro ano?[22]

Esses dados demonstram o quanto se precisa investir em educação financeira e regulamentar as práticas de mercado direcionadas, principalmente aos idosos, dotados de vulnerabilidade agravada, como pudemos constatar.

Nos casos em que os seus direitos forem ameaçados ou violados por ação ou omissão do Estado ou da sociedade; em decorrência de omissão, falta ou abuso de familiares, do curador ou da entidade de atendimento; ou, ainda, em virtude da sua condição pessoal, devem ser aplicadas medidas protetivas ao idoso[23].

Este possui titularidade para gozar dos seus direitos fundamentais, mas necessita de "proteção diferenciada para manter sua autonomia devido à constante ameaça de sua negação diante da natural e crescente fragilidade que a velhice gera, bem como das complexas necessidades da vida"[24].

Não se pretende combater o desenvolvimento do crédito, mas sim discutir a sua concessão de forma responsável ao idoso, visando garantir, ao mesmo tempo, o desenvolvimento econômico e o respeito à dignidade humana, posto sua vulnerabilidade potencializada, pois "as alterações biológicas tornam o idoso menos capaz de manter a

---

21. *O tratamento do superendividamento e o direito de recomeçar dos consumidores*. São Paulo: Ed. RT, 2014, p. 52.
22. EUROPEAN COMISSION. Consumer empowerment: summary report conducted. *Special Eurobarometer*. n. 342. Bruxelles. Disponível em: http://ec.europa.eu/public_opinion/archives/ebs/ebs_342_en.pdf. Acesso em: 14 fev. 2015.
23. Lei n. 10.741/2003, art. 43.
24. GAMA, Guilherme Calmon Nogueira da. A pessoa idosa e o direito de família. *Civilistica.com*. Rio de Janeiro. a. 2, n. 1, jan.-mar./2013. Disponível em: http://civilistica.com/a-pessoa-idosa/. Acesso em: 20 abr. 2020.

homeostase quando submetido a algum fator de estresse, tornando-o mais susceptível ao aborrecimento, morte e crescente vulnerabilidade"[25].

Isso denota como o fator biológico está intimamente ligado a fragilidade acentuada nos idosos diante do mercado de consumo, contribuindo para o aumento do superendividamento.

Esse fenômeno tem invadido a realidade e pode gerar consequências, como o isolamento, problemas na família, na saúde, entre outros. Além desses fatores, há de se levar em consideração a negativação do nome do devedor nos Cadastros de Proteção ao Crédito, estigmatizando sua capacidade de atuar no mercado como bom pagador. O mercado acaba excluindo o indivíduo socialmente.

Importante ressaltar que o aumento do superendividamento vem acontecendo no âmbito global, independentemente de se tratar de países de primeiro mundo ou não. Em virtude disso, apesar do presente trabalho ter a finalidade de apresentar a realidade do Brasil, haverá passagens da regulamentação e tratamento das situações de superendividamento no campo internacional.

3.1 Características essenciais

A Lei 8.078/90 conceituou consumidor como "toda pessoa física ou jurídica que adquire ou utiliza produto ou serviço como destinatário final"[26]. A norma consumerista abarcou em seu conceito tanto as pessoas físicas, quanto as jurídicas.

Ao tratar do superendividamento, temos que pode estar nesta situação o consumidor, mas aqui só se insere o consumidor pessoa física. Não há a tutela para a pessoa jurídica.

O superendividamento se caracteriza pela:

> [...] impossibilidade global do devedor – pessoa física, consumidor, leigo e de boa-fé, de pagar todas as suas dívidas atuais e futuras de consumo (excluídas as dívidas com o Fisco, oriundas de delitos e alimentos) em um tempo razoável com sua capacidade atual de rendas e patrimônio[27].

Para a caracterização do superendividamento do consumidor, devem estar presentes os requisitos necessários, quais sejam: pessoa física, leiga, de boa-fé e estar impossibilitado de realizar o pagamento das suas dívidas vencidas ou vincendas, excluindo-se as dívidas com o fisco, de alimentos ou oriundas de delitos.

Além disso, também é possível vislumbrar situação de sobre-endividamento aquela em que "o devedor, apesar de continuar a cumprir os seus compromissos financeiros, o faz com sérias dificuldades"[28].

O fenômeno é crescente. O brasileiro médio, em regra, não sabe lidar com a concessão de crédito, havendo a necessidade de medidas educacionais, já que o superen-

---

25. BUENO, Cléria Maria Lobo Bittar; LIMA, Lara Carvalho Vilela. Envelhecimento e gênero: A vulnerabilidade de idosas no Brasil. *Revista Saúde e Pesquisa*, v. 2, p. 273-280, 2009, p. 276.
26. CDC, Art. 2º.
27. MARQUES, Claudia Lima; BENJAMIN, Antonio Herman de Vasconcelos; MIRAGEM, Bruno. *Comentários ao Código de Defesa do Consumidor.* 3 ed. São Paulo: Ed. RT, 2010, p. 1051.
28. MARQUES, Maria Manuel Leitão; FRADE, Catarina. *Regular o Sobreendividamento*. Disponível em: https://www.gplp.mj.pt. Acesso em: 15 abr. 2020, p. 4.

dividamento afeta o consumidor em diversos aspectos, tais como: qualidade de vida, saúde, segurança e dignidade[29].

O superendividamento se subdivide em ativo e passivo. O superendividamento ativo se caracteriza pela "acumulação inconsiderada de dívidas"[30]. São pessoas que gastam de forma desenfreada e acima do seu padrão financeiro. Esse conceito representa a consequência grave da falta de educação para o consumo. O sujeito diante de um mercado dominante tem seus reais desejos previamente determinados e moldados para a finalidade de fazer dinheiro.

Há uma subdivisão do superendividamento ativo em duas espécies: consciente e inconsciente.

O superendividado ativo consciente é aquele que contrai dívidas tendo plena certeza de que não poderá honrá-las. Ele age de má-fé, "visando ludibriar o credor e deixar de cumprir sua prestação"[31].

Como visto, um dos requisitos para que o consumidor seja considerado superendividado é a boa-fé perante os fornecedores. Dessa forma, levando em consideração a ausência de boa-fé, o consumidor que se sobre-endividar com a intenção de não arcar com suas dívidas, não se enquadra no conceito de superendividado e não faz jus à proteção do Estado[32].

Já o superendividado ativo inconsciente é aquele que não realizou o controle dos seus gastos e os fez de forma impulsiva. Embora não tenha sido acometido por fato superveniente, não agiu de má-fé. Nessa hipótese, "o fenômeno do superendividamento se dá em função de que a sociedade moderna de consumo induz as aquisições supérfluas e desnecessárias, pelo simples impulso da compra"[33]. Aqui, o consumidor é vítima das armadilhas do mercado.

Enquanto que o superendividamento passivo refere-se à situação em que há uma "redução brutal dos recursos devido às áleas da vida"[34], ou seja, a insolvência ocorreu de forma involuntária, que pode ser representada pela perda do emprego, por um problema de saúde, entre outros fatores. De acordo com Giles Paisant, "o sobre-endividamento passivo se refere a indivíduos que não gozam de recursos suficientes para satisfazer suas necessidades mínimas de consumo, ao contrário dos sobre-endividados ativos, que abusaram do crédito"[35].

---

29. O Professor da Universidade de Savoie, Gilles Paisant, ao prefaciar a obra de Marques, Lima e Bertoncello (*Prevenção e Tratamento do Superendividamento*. Ricardo Morishita Wada e Juliana Pereira da Silva (Coord.). Brasília: DPDC/SDE, 2010, p. 10), fez a seguinte afirmação: "O superendividamento é fonte de isolamento, de marginalização; ele contribui para o aniquilamento social do indivíduo".
30. COSTA, Geraldo de Faria Martins da. Op. cit., p. 261.
31. SCHMIDT NETO, André Perin. Superendividamento do consumidor: conceito, pressupostos e classificação. *Revista de Direito do Consumidor*. São Paulo, n. 71, p. 09-33, jul.-set., 2009, p. 21.
32. SCHMIDT NETO, André Perin. Ibid., p. 21.
33. SCHMIDT NETO, André Perin. Op. cit., p. 22.
34. COSTA, Geraldo de Faria Martins da. Op. cit., p. 261.
35. Tradução livre. No original: *"el sobreendeudamiento passivo se refiere a indivíduos que no gozan de bastantes recursos para satisfacer sus necesidades mínimas de consumo, frente a los sobreendeudados activos que han abusado del crédito"* (PAISANT, Giles. El tratamiento del sobreendeudamiento de los consumidores en derecho Frances. *Revista de Direito do Consumidor*. São Paulo, v. 42, p. 9-26, abr.-jun. 2002, p. 12).

Como se percebe, as características recaem em qualquer das situações. O consumidor deve ser dotado de boa-fé e ter capacidade econômica inferior ao quantitativo devido.

Apesar do posicionamento concreto da doutrina acerca do superendividamento, não existe um valor mínimo ou uma quantidade mínima de dívidas para que o devedor seja enquadrado como tal.

A verificação dessa situação "se dá mediante uma comparação entre o ativo e o passivo do indivíduo e sua família, atentando para as particularidades do caso, como as necessidades básicas daquele"[36].

Sobre o tratamento normativo, no Brasil, atualmente, não existe norma legal que discipline especificamente o superendividamento. As respostas têm sido dadas por meio da doutrina, conforme descrito acima, e da jurisprudência.

A jurisprudência tem se manifestado de modo a buscar ferramentas aptas a tutelar o consumidor superendividado. Com guarida nos princípios da função social dos contratos, da boa-fé objetiva e, também, da dignidade da pessoa humana, o Tribunal de Justiça do Rio Grande do Sul reconheceu a situação de superendividamento por abuso na concessão de crédito praticado pelo fornecedor.

> Uma vez demonstrado pelo agravante que as operações de crédito vencidas junto ao banco agravado são muito superiores aos seus rendimentos mensais, os quais estão sendo consumidos integralmente no mesmo dia em que pagos, tem-se a hipótese de superendividamento gerado em razão de abuso na concessão de crédito pela instituição financeira, violação à boa-fé objetiva e prática comercial abusiva contra o consumidor, e, como tal, nula de pleno direito a cláusula contratual que autoriza tal dedução automática[37].

Interessante afirmar que qualquer consumidor, independentemente do seu sexo, profissão, idade ou credo, pode se tornar superendividado. Todos são atingíveis pelo poder da publicidade, uns mais facilmente, outros não.

> O comportamento impulsivo atinge a todos os cidadãos, mesmo os consumidores mais letrados, com alta formação que, supõe-se, não tão facilmente ludibriáveis, mas ainda assim são pegos pelas armadilhas do *marketing* que cria necessidades e manipula as formas de demonstração de poder dos consumidores, levando-os a crer que serão admirados e considerados bem sucedidos, bonitos ou felizes se possuírem determinado produto[38].

O recorte trazido pelo trabalho destaca a situação do idoso como vítima potencial, considerando a sua hipervulnerabilidade frente à oferta em abundância direcionada a esse público.

Nesse sentido, destacamos a decisão do Tribunal de Justiça do Rio de Janeiro, que salientou a preocupação com as causas e efeitos do superendividamento e ressaltou a ilicitude da conduta praticada pelas instituições financeiras, que se valem da ingenuidade dos consumidores, que acabam vítimas do *marketing* agressivo do crédito fácil e vantajoso.

---

36. SCHMIDT NETO, André Perin. Op. cit., p. 13.
37. TJ-RS – AGV: 70047212519 RS, Relator: Liege Puricelli Pires, Data de Julgamento: 08.03.2012, Décima Sétima Câmara Cível, Data de Publicação: *Diário da Justiça* do dia 14.03.2012.
38. SCHMIDT NETO, André Perin. Op. cit., p. 22.

É crescente a preocupação da Doutrina e da Jurisprudência com as causas e os efeitos do "superendividamento", tendo sido reconhecida, como ilícita, a conduta abusiva e irresponsável de algumas instituições financeiras que – se valendo da ingenuidade de gente humilde, especialmente, aposentados – com base em maciça campanha publicitária oferecem crédito fácil a quem não pode pagar, sem grave prejuízo de seu sustento. O abuso do direito de oferecer empréstimos, sem uma cuidadosa e responsável análise da capacidade de endividamento do tomador, viola o princípio da boa-fé objetiva e não pode contar com o beneplácito do Judiciário[39].

Assim, o diálogo entre a Carta Magna, o Código Civil, o Código de Defesa do Consumidor, o Estatuto do Idoso e legislações correlatas, fornece mecanismos que dão guarida à situação de superendividamento dos idosos.

3.2 As consequências do superendividamento

A atuação agressiva de fomento ao consumo dos fornecedores em relação aos consumidores, torna o ambiente propenso ao surgimento destes cada vez mais endividados, ou melhor, superendividados. O mais grave é pensar que não existem instrumentos legais de proteção específica nesse sentido. O mercado de consumo age sem precedentes no estímulo a obtenção de objetos ou de crédito, como se estes fossem peças fundamentais.

A publicidade é tão bem direcionada aos públicos específicos, que dá a nítida impressão de que o sujeito está consumindo porque quer, e não por conta da indução feita nas entrelinhas através da mídia, seja televisiva, digital, entre outras.

Conforme visto, num contexto geral, a caracterização do superendividamento possui traços comuns, ou seja, se dá pela impossibilidade do pagamento das dívidas atuais e futuras pelo consumidor pessoa física que as contraiu de boa-fé e que, de forma involuntária, pôs-se nesta situação.

O superendividamento não se limita apenas às classes mais baixas. Deu-se importância ao avanço da Classe C em relação ao empoderamento causado pelo acesso ao mercado de consumo como um todo, mas a situação de superendividado ultrapassa as fronteiras das classes sociais. Qualquer indivíduo pode, em algum momento da vida, ser considerado superendividado.

Os fornecedores sabem das reais necessidades dos consumidores, mas a visão de mercado acaba passando longe dos objetivos fundamentais previstos na Carta Magna de 1988[40]. Numa relação jurídica de consumo, a lucratividade se sobrepõe a dignidade do contratante, no caso, o consumidor. A sua vulnerabilidade é agravada num patamar muito elevado, a ponto de crer na necessidade vital da obtenção de bens ou serviços postos à sua disposição.

---

39. TJ-RJ. AI 2005.002.27037, Relator: Des. Marco Antonio Ibrahim, Data de Julgamento: 17.01.2006, Décima Oitava Câmara Cível.
40. Art. 3º Constituem objetivos fundamentais da República Federativa do Brasil:
    I – construir uma sociedade livre, justa e solidária;
    II – garantir o desenvolvimento nacional;
    III – erradicar a pobreza e a marginalização e reduzir as desigualdades sociais e regionais;
    IV – promover o bem de todos, sem preconceitos de origem, raça, sexo, cor, idade e quaisquer outras formas de discriminação.

Os bens e serviços colocados no mercado se renovam a cada dia e a sua aquisição nem sempre se revela realmente como necessária. A pós-modernidade em que estamos inseridos possui a característica de incentivo ao consumo aliada ao bem-estar, onde "toda uma sociedade se mobiliza em torno do projeto de arranjar um cotidiano confortável e fácil, sinônimo de felicidade"[41].

A dita felicidade, de pronto, já pode revelar-se uma grande farsa, pois que tem como grande traço, na prática, a sua instantaneidade seguida pela insatisfação posterior, gerando o fomento à aquisição de novidades, num ciclo vicioso de busca pela felicidade que não existe, pois não pode ser materializada. A felicidade é um sentimento interno do ser humano, e possui conceito dotado de abstração.

Essa busca incessante pela felicidade imposta pela mídia traz como consequência, também, o superendividamento[42].

Como já referido anteriormente, a ausência da educação para o consumo permite uma atuação desenfreada dos fornecedores na busca por lucratividade. Os consumidores passam a atuar no mercado de consumo por impulsividade, que se caracteriza como consequência do incentivo ao consumo feita pela mídia, que incute na mente dos consumidores necessidades, em sua grande maioria, inexistentes.

A cultura do consumo impõe um padrão que vai além da exigência física, representada pela magreza, vendendo a ideia de que o consumidor deve estar sempre vinculado aos padrões da moda, com a imputação do uso de certos modelos de roupa e de marca como forma de inclusão na sociedade. A mensagem passada pela publicidade "dita os preços, a moda, o desenvolvimento do mercado, afetando a economia de tal maneira que sem a publicidade as vendas não teriam o sucesso e a rentabilidade que têm"[43]. Ela tem o poder de controle perante a sociedade, alienando a grande massa receptora das suas mensagens[44].

A necessidade representativa enfraquece certas atitudes dos consumidores, que na gana de obter o objeto ou o serviço de desejo, negligencia a exigência da "informação adequada e clara [...] com especificação correta de quantidade, características, composição, qualidade, tributos incidentes e preço, bem como sobre os riscos que apresentem"[45], e acabam vítimas da publicidade enganosa e abusiva, dos métodos comerciais coercitivos e desleais, e das práticas e cláusulas abusivas impostas nos contratos do consumo.

A educação para o consumo figura como direito básico no artigo 6º, II do Código de Proteção e Defesa do Consumidor, rezando que nas relações jurídicas deverão ser

---

41. LIPOVETSKY, Guilles. *A felicidade paradoxal*. Ensaio sobre a sociedade de hiperconsumo. Trad. Maria Lucia Machado. São Paulo: Companhia das Letras, 2007, p. 35.
42. GAULIA, Cristina Tereza. O abuso na concessão de crédito: o risco do empreendimento financeiro na era do hiperconsumo. *Revista de Direito do Consumidor*. v. 71. São Paulo: Ed. RT, jul.-set., 2009.
43. EFING, Antonio Carlos; SOUZA, Maristela Denise Marques de. O comportamento do consumidor sob influência da publicidade e a garantia constitucional da dignidade humana. *Revista de Direitos Fundamentais e Democracia*. Curitiba, v. 16, p. 70-94, jul./dez. 2014, p. 81.
44. "A comunicação em massa é um fator propulsor para a perpetuação da alienação do consumidor, da criação das falsas necessidades de consumo ("ilusões") e até, inclusive, da interiorização de certo padrão de produção, a saber, o modo capitalista, como a única alternativa viável de produção e distribuição de produtos" (EFING, Antonio Carlos; SOUZA, Maristela Denise Marques de. Ibid., p. 86).
45. CDC, Art. 6º, III.

"asseguradas a liberdade de escolha e a igualdade nas contratações". A falta de efetividade do dispositivo legal também figura como causa para o superendividamento, pois facilita a ludibriação do consumidor no momento da aquisição do produto ou do serviço, já que a sua capacidade de compreensão das condições da contratação é bastante diminuída, ou seja, a sua reflexão racional é mitigada.

O uso do cartão de crédito também robustece a lista de fatores que contribuem para o aumento do superendividamento. A aquisição do conhecido dinheiro de plástico não possui muitas barreiras. Assim como houve a democratização do acesso ao crédito, a facilidade com que se formalizam contratos com empresas operadoras de cartões de crédito é crescente. É muito comum as abordagens no comércio através da famosa frase: "Senhor(a), vamos fazer o cartão de crédito X?". Esse simples questionamento é capaz de provocar sensações diversas nos consumidores, porque este, bem como outros questionamentos, estão sempre inseridos num contexto convidativo, seja ao lado de um item em promoção no supermercado, ou nas ruas do comércio popular.

Mister salientar também as situações em que há o envio do cartão de crédito sem a solicitação prévia do consumidor. Tal prática é considerada abusiva e pode ensejar o pagamento de multa administrativa, além de indenização ao sujeito[46].

O cartão de crédito acaba figurando como grande vilão na seara do superendividamento, mas ele representa apenas uma fatia diante de tantos elementos. O holofote é virado para esse meio de utilização de crédito talvez pela forma contínua e, por vezes, ilimitada de concessão. Apesar dos plásticos possuírem data de validade, os contratos assinados para a obtenção de cartão de crédito acabam sendo por prazo indeterminado, pois não se constata muita dificuldade nas solicitações de novos cartões após passado o seu prazo de vigência, sem desconsiderar, também, todo o aparato tecnológico em torno disto, que torna dispensável a utilização do plástico propriamente dito. Outra característica que pesa bastante é o aumento constante da taxa de limite das compras sem mesmo haver solicitação do titular.

As facilidades trazem consigo alguns ônus, como o alto índice de juros cobrados, apesar da possibilidade do pagamento das faturas através do valor mínimo. A ausência de informação passada ao consumidor possibilita um olhar para o pagamento mínimo de forma desvirtuada, com a ideia de que pagar menos possibilitará a economia de dinheiro para quitar toda a fatura no próximo mês.

Essa falsa impressão acontece constantemente. O pagamento do valor mínimo do cartão de crédito de forma corriqueira sempre traz prejuízo, pois haverá a incidência dos juros no saldo devedor da fatura. Agora, imagine o pagamento mínimo feito mensalmente. Isso, na verdade, impossibilita a quitação da dívida, tornando esta impagável face aos juros acrescidos. O sujeito acaba pagando o valor real da dívida e ainda fica com saldo devedor ativo para pagar, sendo possível que este valor ultrapasse o valor inicial a ser pago.

---

46. Súmula 532 do STJ: "Constitui prática comercial abusiva o envio de cartão de crédito sem prévia e expressa solicitação do consumidor, configurando-se ato ilícito indenizável e sujeito à aplicação de multa administrativa".

Nesse sentido, as administradoras de cartão de crédito foram beneficiadas, pois a cobrança dos juros remuneratórios não se sujeita às limitações da Lei da Usura[47], que dispõe sobre os juros nos contratos.

Fazendo um exercício prático, chegamos ao contexto da situação de um consumidor que contraiu dívida no cartão de crédito no montante de R$ 2.500,00 (dois mil e quinhentos reais), cuja taxa de juros mensal é de 16% (dezesseis por cento). Supondo que não fora realizada nenhuma outra compra no período de 01 (um) ano e que, durante este mesmo período, o sujeito optou por pagar o valor mínimo da fatura, representando 10% (dez por cento) real valor da dívida, observa-se após os 12 (doze) meses que fora pago valor superior ao que era devido inicialmente e que ainda restou um saldo devedor representando mais de 200% (duzentos por cento) desse mesmo valor. O relato é representado na tabela abaixo[48].

Dívida no Cartão de Crédito com Parcela Mínima					
Mês	Fatura Atual	Valor Pago	Saldo Remanescente	Juros (16% A.M)	Próxima Fatura
Janeiro	R$ 2.500,00	R$ 250,00	R$ 2.250,00	R$ 360,00	R$ 2.610,00
Fevereiro	R$ 2.610,00	R$ 250,00	R$ 2.360,00	R$ 377,60	R$ 2.737,60
Março	R$ 2.737,60	R$ 250,00	R$ 2.487,60	R$ 398,02	R$ 2.885,62
Abril	R$ 2.885,62	R$ 250,00	R$ 2.635,62	R$ 421,70	R$ 3.057,31
Maio	R$ 3.057,31	R$ 250,00	R$ 2.807,31	R$ 449,17	R$ 3.256,48
Junho	R$ 3.256,48	R$ 250,00	R$ 3.006,48	R$ 481,04	R$ 3.487,52
Julho	R$ 3.487,52	R$ 250,00	R$ 3.237,52	R$ 518,00	R$ 3.755,53
Agosto	R$ 3.755,53	R$ 250,00	R$ 3.505,53	R$ 560,88	R$ 4.066,41
Setembro	R$ 4.066,41	R$ 250,00	R$ 3.816,41	R$ 610,63	R$ 4.427,04
Outubro	R$ 4.427,04	R$ 250,00	R$ 4.177,04	R$ 668,33	R$ 4.845,36
Novembro	R$ 4.845,36	R$ 250,00	R$ 4.595,36	R$ 735,26	R$ 5.330,62
Dezembro	R$ 5.330,62	R$ 250,00	R$ 5.080,62	R$ 812,90	R$ 5.893,52
	Total Pago:	R$ 3.000,00			
	Ainda deve:	R$ 5.893,52			

A hipótese acima está mais do que sedimentada na realidade dos consumidores, que não sabem calcular o custo efetivo total das suas compras.

---

47. Súmula 283 do STJ: "As empresas administradoras de cartão de crédito são instituições financeiras e, por isso, os juros remuneratórios por ela cobrados não sofrem as limitações da Lei da Usura".
48. Interessante trazer à baila as taxas de juros do cartão de crédito e do cheque especial por representarem as maiores praticadas no mercado, no que se refere a crédito. De acordo com o Banco Central do Brasil, na primeira semana do ano de 2017, a taxa de juros do cheque especial foi de 525,65% ao ano. No mesmo período, a taxa de juros do cartão de crédito foi de 371,43% ao ano. Disponível em: https://www.bcb.gov.br. Acesso em: 20 abr. 2020.

Um dos motivos do aumento do endividamento da população norte-americana é a facilitação do acesso ao crédito. A sua utilização sem planejamento estimula o gasto de forma excedente, incompatível com a realidade financeira do consumidor[49].

Indispensável também se faz destacar o crédito consignado, que possui ligação quase que direta ao tema do presente estudo, por representar a grande porta de entrada dos idosos aposentados e pensionistas ao mercado de crédito. Nessa modalidade, o desconto dos valores contratados é feito diretamente nos benefícios percebidos, principalmente, por essa classe de consumidores.

A promessa da incidência de juros mais baixos e da facilidade de acesso também traz a sensação de que a adesão é um bom negócio.

O fenômeno também pode ocorrer em virtude de circunstâncias imprevistas da vida, como problemas de saúde, desemprego, divórcio, entre outros[50].

Em contrapartida, o engano praticado perante os consumidores traz consequências muito graves nos campos individual, familiar e social. Individualmente e socialmente, a exclusão do indivíduo da sociedade de consumo pode provocar, entre outros fatores, o seu isolamento e problemas de saúde.

No âmbito familiar, ainda há um agravante quando pensamos no reflexo dessa situação do desenvolvimento das crianças[51]. A convivência num núcleo familiar marcado por stress, violência e pais ausentes pode interferir diretamente no comportamento das crianças no futuro.

> Alguns explicam a escalada de violência entre as crianças pequenas como uma consequência do estresse econômico, que obriga os pais a trabalharem mais, deixando os filhos muito tempo nas creches ou sozinhos depois do horário escolar, e de verem os pais chegarem em casa arrancando os cabelos de desespero. Outros apontam para dados que mostram que, nos Estados Unidos, 40% das crianças de 1 a 2 anos assistem a pelo menos três horas de televisão por dia – horas durante as quais não estão interagindo com pessoas que podem ajudá-las a aprender a conviver melhor com outras pessoas. Quanto mais assistem à televisão, mais indisciplinadas se tornam ao chegar à idade escolar[52].

Essa fragilidade explícita que se inicia na fase da infância, as transforma no adulto desejado pelo mercado: que consome, tem satisfação temporária, descarta e adquire novamente; vivendo nesse ciclo vicioso[53].

Um estudo realizado pelo *Centre for Research on Stress, Coping, and Well-being*, do Departamento de Psicologia da Universidade de Carleton, no Canadá, demonstrou que o stress financeiro pode ocasionar, normalmente, algumas emoções como o pavor, a ansie-

---

49. MARTIN, Nathalie; SWEET, Ocean Tama y. Mind games: rethinking BPCPA's debtor education provisions. *Southern Illinois University Law Journal*. Illinois, v. 31, p. 817-848, 2007.
50. BATTELLO, Silvio Javier. A (in)justiça dos endividados brasileiros: uma análise evolutiva. In: MARQUES, Claudia Lima; CAVALLAZZI, Rosângela Lunardelli (Coord.). *Direitos do consumidor endividado:* superendividamento e crédito. São Paulo: Ed. RT, 2006, p. 226.
51. Que também compõem o grupo de hipervulneráveis.
52. COLEMAN, Daniel. *Inteligência emocional*. Rio de Janeiro: Elsevier, 2006, p. 7.
53. Além da falta de preocupação com o indivíduo, há um descuido, também, com a repercussão deste ciclo vicioso no meio ambiente. Neste quesito, a preocupação se dá na forma de descarte dos objetos. Também não existe uma política de educação neste sentido, mas o mais grave é crer que ultrapassamos a esfera da obsolescência planejada nos produtos, com a implementação destes conceitos no subconsciente dos indivíduos que consomem. O treino ao descarte já está sedimentado e parece não haver o necessário tratamento também neste sentido.

dade e o medo, podendo também estar presentes os sentimentos de raiva e frustração[54]. O stress financeiro tem desencadeado aumento dos problemas de saúde física e mental, problemas com alcoolismo e, inclusive, suicídio[55].

Os efeitos ocorridos vão além da seara do direito e da economia, sendo necessária a interlocução também no âmbito psicossocial[56], pois que suas consequências estão cada vez mais presentes.

Tudo em excesso é tendencioso a causar o descontrole. Essa regra também é perfeitamente aplicável nas relações consumeristas, pois o consumo em exacerbado pode causar o superendividamento do sujeito.

Trazendo para o foco do estudo, aqui se constata o agravamento da vulnerabilidade do consumidor idoso. Ele é visto pelo mercado de consumo como alvo fácil de ser atingido. Sua aposentadoria mensal representa solvência, ou seja, manutenção da lucratividade. Ocorre que a falsa ideia de satisfação acaba por comprometer grande parte da renda dos idosos, que, muitas vezes, vê-se sem saída na possibilidade de adimplir suas dívidas em virtude da sua capacidade produtiva reduzida e, também, por ser, em grande parte das vezes, arrimo de família.

3.3 O superendividamento no âmbito internacional

Em vista do crescente número de superendividados, grande importância tem sido direcionada nesse sentido e normas protetivas que visam prevenir e tratar o fenômeno têm sido mais presentes. A atenção dada extrapola fronteiras, pois que o consumidor, dotado de uma vulnerabilidade cada vez maior, está inserido num mercado globalizado.

Essa realidade representa a importância do papel do Governo na efetivação das suas políticas públicas na proteção do consumidor, que demanda uma regulamentação de forma integrada[57].

No ano de 2001, a *International Association of Restructuring, Insolvency & Bankruptcy Professionals – INSOL Internacional*, publicou um relatório de débitos do consumidor, onde traz princípios e recomendações com vistas a melhorar as relações consumeristas[58]. A grande preocupação da pesquisa não consistiu apenas na junção de informações de países que possuíam leis de insolvência dos consumidores, mas também compreender o reflexo desta situação em jurisdições onde não são tão bem estabelecidas sobre o tema, demonstrando formas de como lidar com situações de endividamento.

De acordo com o relatório, solucionar questões provenientes de débito pode ser bem complexo. O nível de abstração das relações jurídicas pode revelar particularidade a

---

54. DAVIS, Christopher G.; MANTLER, Janet. *The consequences of financial stress for individuals, families, and society.* Ottawa: Doyle Salewski, 2004, p. 4.
55. Idem, p. 9.
56. LIMA, Clarissa Costa de. *O tratamento do superendividamento e o direito de recomeçar dos consumidores.* São Paulo: Ed. RT, 2014, p. 43.
57. PERIN JR., Ecio. *A globalização e o direito do consumidor*: aspectos relevantes sobre a harmonização legislativa dentro dos mercados regionais. Barueri: Manole, 2003.
58. *Consumer Debt Report*: Report Of Findings And Recommendations. Disponível em: http://www.insol.org/pdf/consdebt.pdf.

cada caso, mas geralmente está associado a questões psicossociais, como divórcio, perda de emprego, entre outros fatores. Estas situações, conforme relatado em item anterior, podem interferir na qualidade de vida e, em muitos casos, podem revelar graves consequências para a saúde do devedor e sua família, na sua forma de vida, podendo causar o isolamento social, ou ainda, sua retirada da vida por completo.

A conclusão dos estudos realizados foi a de que é possível tratar os problemas de endividamento analisando cada caso e sempre observando os princípios basilares, mas que a efetividade na solução do grave problema de gastos em excesso e sem planejamento se dá através da prevenção.

Os princípios elencados foram os seguintes: repartição justa e equitativa dos riscos de crédito ao consumidor; disponibilização de meios de quitação dos débitos, reabilitação ou "novo começo" para o devedor; priorização dos métodos extrajudiciais de resolução de conflitos em detrimento dos métodos judiciais; e prevenção para reduzir a necessidade de intervenção.

Cada um dos princípios traz em seu bojo algumas recomendações. O princípio que trata da prevenção, trouxe as de n. 8 a 10.

> Recomendação 8 Governos, organizações governamentais ou privadas devem criar programas educacionais e melhorar a informação e o aconselhamento sobre os riscos ligados ao crédito ao consumo.
> [...]
> Recomendação 9 Os credores devem observar a forma como o crédito é disponibilizado para os consumidores e pequenas empresas, como a informação é apresentada e a forma como estes créditos são recolhidos.
> [...]
> Recomendação 10 Organizações de credores e consumidores devem criar programas conjuntos para monitorar a inadimplência de empréstimos[59].

Percebe-se o grande papel do Governo na atuação da prevenção do superendividamento dos cidadãos, tanto no controle da atuação de mercado, quanto na capacitação dos próprios consumidores a atuar de forma consciente.

A crise financeira desencadeada em 2008 fez com que a preocupação com a proteção do consumidor de serviços financeiros se fortalecesse num âmbito mundial.

Vários organismos internacionais passaram a incluir como pauta a necessidade de se implementar uma regulamentação que exija maior rigor na transparência das relações contratuais a fim de evitar práticas abusivas, medidas acerca de indenizações, entre outras.

Já no ano de 2009 foi incluída na pauta do Mercosul o tema crédito e superendividamento do consumidor, pois a realidade se demonstrava crescente nos países-membros.

---

59. Tradução livre. No original: "*Recommendation 8 Governments, quasi-governmental or private organizations should set up educational programmers and improve information and advice on the risks attached to consumer credit. [...] Recommendation 9 Lenders should observe the way credit is made available to consumers and small businesses, information is presented and the way these credits are collected. [...] Recommendation 10 Organizations of lenders and consumers should set up joint programmers to monitor consumer loan delinquencies*" (Consumer Debt Report: Report Of Findings And Recommendations, Op. cit., p. 28-30).

Nos dias 13 e 14.08.2009, houve um Encontro Extraordinário, em Salvador, Brasil, promovido pelo CT n. 7[60], com a finalidade de buscar soluções sobre o tema[61].

No Encontro, constataram-se algumas problemáticas comuns no mercado de consumo, como a publicidade enganosa, a oferta de forma agressiva, a deficiência das informações prestadas, a venda casada, o abuso cometido em relação aos consumidores idosos e também o superendividamento[62].

Diante disso, o Comitê de Defesa do Consumidor no Mercosul, tendo como base a observância e a busca pela proteção efetiva dos Direitos do Consumidor[63], propôs algumas ações:

> (a) criação de um Observatório Mercosul sobre Crédito e Superendividamento, para diagnosticar os principais problemas na concessão de crédito na região; (b) criação de um Laboratório para troca de experiências e integração das políticas públicas e ações de prevenção e tratamento do superendividamento na região; (c) criação de fóruns e debates sobre direito comparado a fim de reconhecer e estudar o quadro normativo e jurídico internacional sobre a prevenção e tratamento do superendividamento[64].

Essa discussão avançou nos anos seguintes. O que se pretendeu, no presente momento, foi relatar o ponto inicial do tratamento do tema pelo Mercosul. É muito importante o direito comparado para o avanço da prevenção e do tratamento dos superendividados. Cada Estado possui um arcabouço cultural diferente que pode gerar visões distintas acerca

---

60. MERCOSUL. Comitê Técnico n. 7 – Defesa do Consumidor. *Declaração de Salvador*. Disponível em: www.senado.gov.br/senado/codconsumidor/pdf/declaracao_salvador.pdf. Acesso em: 21 abr. 2020.
61. LIMA, Clarissa Costa de. O Mercosul e o desafio do superendividamento. *RDC* 73, p. 16-17.
62. Idem, p. 17.
63. A Declaração de Salvador traz em seu bojo o reconhecimento da "importância de se assegurar e dar efetividade, dentre outros, aos seguintes Direitos do Consumidor: 1) Direito do consumidor de ser protegido contra toda publicidade enganosa ou que oculte, de alguma forma, os riscos e os ônus da contratação do crédito, ou que façam alusão a "crédito gratuito"; 2) Direito do consumidor de ser protegido contra a concessão irresponsável de crédito; 3) Direito do consumidor de ser protegido contra as práticas abusivas ou que se prevaleçam da sua fraqueza ou ignorância; 4) Direito do consumidor de ter tratamento diferenciado, tendo em vista fatores que elevem a sua vulnerabilidade, tais como sua idade, saúde, conhecimento ou condição social, em toda a relação de consumo; 5) Direito do consumidor de ter acesso, em toda a relação de consumo, a informações claras, precisas e qualificadas, especialmente sobre o objeto e a duração da operação proposta, o número de prestações, a taxa de juros anual, o custo total do crédito, o preço à vista e o preço total financiado, bem como sobre as características essenciais de cada modalidade contratual (arrendamento mercantil, abertura de crédito, cartão de crédito, entre outros); 6) Direito do consumidor de ter acesso prévio à cópia do contrato, sem a qual ele não se vincula, e, a qualquer momento, à cópia escrita do contrato subscrito; 7) Direito do consumidor de receber uma oferta escrita, na qual deverá constar a identidade das partes, o montante do crédito, a natureza, o objeto, a modalidade do contrato, o número de prestações, a taxa de juros anual e o custo total do crédito. A oferta deverá permitir uma reflexão sobre a necessidade do crédito e a comparação com outras ofertas no mercado; 8) Direito do consumidor de se arrepender nos contratos de crédito ao consumo, em período determinado, possibilitando-lhe desistir do contrato firmado sem necessidade de justificar o motivo e sem qualquer ônus; 9) Direito do consumidor de receber aconselhamento em relação à adequação do crédito pretendido; 10) Direito do consumidor de receber ações e políticas de prevenção e tratamento da situação de superendividamento, de educação para o consumo de crédito consciente e de organização do orçamento familiar; 11) Direito do consumidor que se encontra em situação de superendividamento à renegociação das parcelas mensais, para ter preservado o seu mínimo existencial, com fundamento no princípio da dignidade da pessoa humana; 12) Direito do consumidor de ter o princípio do "empréstimo responsável" respeitado pelo fornecedor, tendo inclusive direito à reparação civil em caso de sua não observância". Mercosul. Comitê Técnico n. 7 – Defesa do Consumidor. *Declaração de Salvador*. Disponível em: http://www.senado.gov.br/senado/codconsumidor/pdf/declaracao_salvador.pdf. Acesso em: 21 abr. 2020.
64. LIMA, Clarissa Costa de. *O tratamento do superendividamento e o direito de recomeçar dos consumidores*. São Paulo: Ed. RT, 2014, p. 46.

da matéria. O tratamento jurídico dos contratos de crédito não é obrigado a seguir o mesmo modelo, mas a sua integração, certamente traz maior concretude na busca pela solução.

Seguindo, interessante destacar os princípios protetivos dos consumidores de serviços financeiros desenvolvidos pela *Organisation for Economic Cooperation and Development* – OECD. Eles são intitulados de princípios *high-level*, e foram criados para proteger os países do G20 e de outras economias interessadas para aumentar a proteção financeira do consumidor. Os princípios de alto nível têm a função de complementar e não de substituir quaisquer outros já existentes ou diretrizes internacionais que regule nesse sentido[65]. São eles: quadro jurídico, regulamentar e de supervisão; papel dos Órgãos de Supervisão; tratamento justo e equitativo dos consumidores; divulgação e transparência; educação financeira; responsabilidade dos prestadores de serviços financeiros e Agentes Autorizados nos Negócios; Proteção de bens de consumo contra a fraude e uso indevido; Proteção da privacidade e de dados do consumidor; tratamento de reclamações e vias de recurso; e livre-concorrência[66].

O nosso país faz parte do G20 e, certamente, a observância aos princípios de alto nível e a aplicabilidade deles de forma complementar aos princípios já previstos na nossa norma interna traria grandes benesses aos consumidores. Alguns dos citados princípios já possuem guarida no nosso ordenamento, e a fundamentação nos princípios *high-level* representa um endosso da sua importância nas relações jurídicas.

É de se salientar também a importante contribuição trazida no ano de 2012, por meio do 75º Congresso de Direito Internacional ocorrido em Sófia (Bulgária), realizado pela *International Law Association* (ILA-Londres)[67], que baixou a Resolução n. 04/2012. A Resolução prevê a necessidade de proteger o consumidor no Direito Internacional, e fixou princípios básicos para a sua proteção global. Assim, a proteção do consumidor deve ser guiada pelos seguintes princípios: princípio da vulnerabilidade; princípio da proteção mais favorável ao consumidor; princípio da justiça contratual; princípio do crédito responsável; e princípio da participação dos grupos e associações de consumidores.

> 1. Os consumidores são a parte mais fraca em situações de contratos de massa ou de contratos-tipo, nomeadamente no que respeita à informação e ao poder de negociação.
>
> 2. É desejável desenvolver normas e aplicar regras de direito internacional privado que deem aos consumidores o direito de beneficiarem da proteção mais favorável do consumidor.
>
> 3. A regulamentação dos contratos celebrados com os consumidores deve ser eficaz e equitativa e garantir a transparência.
>
> 4. O crédito responsável incumbe a todos os envolvidos em operações de crédito ao consumo, incluindo fornecedores de crédito, corretores e consultores.

---

65. *G20 high-level principles on financial consumer protection*. Disponível em: http://www.oecd.org/regreform/sectors/48892010.pdf. Acesso em: 21 abr. 2020.
66. *G20 high-level principles on financial consumer protection*. Disponível em: http://www.oecd.org/regreform/sectors/48892010.pdf. Acesso em: 21 abr. 2020.
67. A ILA é um dos principais fóruns de Direito Internacional do mundo. A conquista tem grande contribuição brasileira através da jurista Claudia Lima Marques, que presidiu o Comitê de Proteção Internacional dos Consumidores, composto por juristas de 14 (quatorze) países, sendo os relatores o Professor Diego Fernández Arroyo, da Faculdade Science-Politique de Paris (França) e a Professora Wei Dan, da Universidade de Macau (China).

5. Os grupos de consumidores devem participar activamente no desenvolvimento e regulamentação da proteção dos consumidores[68].

Assim como os princípios *high-level*, constatamos a existência de alguns destes princípios internamente.

A par das tratativas no âmbito do Direito Internacional Privado, alguns países regulamentam a matéria.

A doutrina portuguesa define o superendividamento como "a impossibilidade do devedor, de uma forma durável ou estrutural, de pagar o conjunto das suas dívidas, ou mesmo quando existe uma ameaça séria de que não possa fazê-lo no momento em que elas se tornarem exigíveis"[69]. Assim como no Brasil, não há norma específica acerca do superendividamento, mas há de se ressaltar a previsão da insolvência do devedor tratada no âmbito empresarial, através do Código da Insolvência e Recuperação de Empresas – CIRE. O artigo 3º, 1, dispõe que "É considerado em situação de insolvência o devedor que se encontre impossibilitado de cumprir as suas obrigações vencidas"[70]. O citado dispositivo trata da pessoa física.

Tratando o tema de forma mais avançada, adentramos na seara no sistema francês, que possui norma evidenciando o superendividamento explicitamente.

> Artigo L 330 – 1. A situação de sobre-endividamento de pessoas físicas é caracterizada pela impossibilidade manifesta de o devedor de boa-fé para satisfazer todas as suas dívidas não profissionais devidas e exigíveis. A incapacidade se manifesta por pessoa física de boa-fé para cumprir o compromisso que deu para endossar ou solidariamente pagar a dívida de um empresário individual ou de uma empresa também caracteriza uma situação de sobre-endividamento. O simples fato de ser proprietário de residência principal com valor estimado, igual ou superior ao montante das suas dívidas não profissionais exigíveis, vencidas ou vincendas, não impede a caracterização do sobre-endividamento.[71].

No âmbito francês, o tratamento do superendividado visa à manutenção do mínimo existencial para o indivíduo desde o seu primeiro delineamento na Lei de *Neiertz*, no ano de 1989.

---

68. Tradução livre. No original: "*1. Consumers are the weaker party in situations of mass contracts or standard form contracts, in particular concerning information and bargaining power. 2. It is desirable to develop standards and to apply rules of private international law that would entitle consumers to take advantage of the most favorable consumer protection. 3. Regulation of consumer contracts should be effective and fair and ensure transparency. 4. Responsible lending is incumbent on all those involved in consumer credit transactions, including credit providers, brokers and advisors. 5. Consumer groups should participate actively in the development and regulation of consumer protection*"
69. MARQUES, Maria Manuel Leitão (Coord.). *O endividamento dos consumidores*. Coimbra: Almedina, 2000, p. 2.
70. PORTUGAL. *Decreto-Lei 53, de 18 de Março de 2004*. Código da Insolvência e da Recuperação de Empresas. Disponível em: http://www.pgdlisboa.pt/leis/lei_busca_assunto_diploma.php?buscajur=em+situa%E7%E3o+-de+insolv%EAncia+o+devedor+que+se+encontre&exacta=on&artigo_id=&pagina=1&ficha=1&nid=85&tabela=leis&diplomas=&artigos=&so_miolo=. Acesso em: 23 abr. 2020.
71. Tradução livre. No original: "*Article L.330 – 1. La situation de surendettement des personnes physiques est caractérisée par l'impossibilité manifeste pour le débiteur de bonne foi de faire face à l'ensemble de ses dettes non professionnelles exigibles et à échoir. L'impossibilité manifeste pour une personne physique de bonne foi de faire face à l'engagement qu'elle a donné de cautionner ou d'acquitter solidairement la dette d'un entrepreneur individuel ou d'une société caractérise également une situation de surendettement. Le seul fait d'être propriétaire de sa résidence principale et que la valeur estimée de celle-ci à la date du dépôt du dossier de surendettement soit égale ou supérieure au montant de l'ensemble des dettes non professionnelles exigibles et à échoir ne peut être tenu comme empêchant que la situation de surendettement soit caractérisée*" FRANÇA. *Code de la consommation*. Disponível em: https://www.legifrance.gouv.fr/affichCodeArticle.do?cidTexte=LEGITEXT000006069565&idArticle=LEGIARTI000006292571&dateTexte=&categorieLien=cid. Acesso em: 23 abr. 2020.

A proteção se dá, inicialmente, através da atuação administrativa da Comissão Departamental de Superendividamento, que objetiva promover uma conciliação entre o devedor e os credores, cujo objetivo é a elaboração de um plano de recuperação[72]. O plano pode incluir medidas adiamento ou reescalonamento dos pagamentos da dívida, o perdão da dívida, redução ou eliminação das taxas de juro, consolidação, criação ou substituição de garantia.

Caso não haja acordo entre as partes, o *Code* prevê que a Comissão pode, a pedido do devedor, fazer recomendações extraordinárias, como promover a reestruturação das dívidas, adiando o pagamento de parte destas, desde que não exceda o prazo de sete anos; reduzir a taxa de juros, entre outros[73].

---

72. "Article L331-6. I.-La commission a pour mission de concilier les parties en vue de l'élaboration d'un plan conventionnel de redressement approuvé par le débiteur et ses principaux créanciers.
Le plan peut comporter des mesures de report ou de rééchelonnement des paiements des dettes, de remise des dettes, de réduction ou de suppression du taux d'intérêt, de consolidation, de création ou de substitution de garantie.
Le plan peut subordonner ces mesures à l'accomplissement par le débiteur d'actes propres à faciliter ou à garantir le paiement de la dette. Il peut également les subordonner à l'abstention par le débiteur d'actes qui aggraveraient son insolvabilité.
Le plan prévoit les modalités de son exécution. Sa durée totale, y compris lorsqu'il fait l'objet d'une révision ou d'un renouvellement, ne peut excéder sept années. Les mesures peuvent cependant excéder cette durée lorsqu'elles concernent le remboursement de prêts contractés pour l'achat d'un bien immobilier constituant la résidence principale du débiteur dont elles permettent d'éviter la cession ou lorsqu'elles permettent au débiteur de rembourser la totalité de ses dettes tout en évitant la cession du bien immobilier constituant sa résidence principale.
73. Article L331-7. En cas d'échec de sa mission de conciliation, la commission peut, à la demande du débiteur et après avoir mis les parties en mesure de fournir leurs observations, imposer tout ou partie des mesures suivantes :
1° Rééchelonner le paiement des dettes de toute nature, y compris, le cas échéant, en différant le paiement d'une partie d'entre elles, sans que le délai de report ou de rééchelonnement puisse excéder sept ans ou la moitié de la durée de remboursement restant à courir des emprunts en cours ; en cas de déchéance du terme, le délai de report ou de rééchelonnement peut atteindre la moitié de la durée qui restait à courir avant la déchéance ;
2° Imputer les paiements, d'abord sur le capital ;
3° Prescrire que les sommes correspondant aux échéances reportées ou rééchelonnées porteront intérêt à un taux réduit qui peut être inférieur au taux de l'intérêt légal sur décision spéciale et motivée et si la situation du débiteur l'exige. Quelle que soit la durée du plan de redressement, le taux ne peut être supérieur au taux légal.
4° Suspendre l'exigibilité des créances autres qu'alimentaires pour une durée qui ne peut excéder deux ans. Sauf décision contraire de la commission, la suspension de la créance entraîne la suspension du paiement des intérêts dus à ce titre. Durant cette période, seules les sommes dues au titre du capital peuvent être productives d'intérêts dont le taux n'excède pas le taux de l'intérêt légal.
Si, à l'expiration de la période de suspension, le débiteur saisit de nouveau la commission, celle-ci réexamine sa situation. En fonction de celle-ci, la commission peut imposer ou recommander tout ou partie des mesures prévues au présent article et par les articles L. 331-7-1 et L. 331-7-2, à l'exception d'une nouvelle suspension. Elle peut, le cas échéant, recommander un rétablissement personnel sans liquidation judiciaire ou saisir le juge aux fins d'ouverture d'une procédure de rétablissement personnel avec liquidation judiciaire.
Pour l'application du présent article, la commission prend en compte la connaissance que pouvait avoir chacun des créanciers, lors de la conclusion des différents contrats, de la situation d'endettement du débiteur. Elle peut également vérifier que le contrat a été consenti avec le sérieux qu'imposent les usages professionnels.
La durée totale des mesures ne peut excéder sept années. Les mesures peuvent cependant excéder cette durée lorsqu'elles concernent le remboursement de prêts contractés pour l'achat d'un bien immobilier constituant la résidence principale du débiteur dont elles permettent d'éviter la cession ou lorsqu'elles permettent au débiteur de rembourser la totalité de ses dettes tout en évitant la cession du bien immobilier constituant sa résidence principale. Les dettes fiscales font l'objet d'un rééchelonnement dans les mêmes conditions que les autres dettes.
La demande du débiteur formée en application du premier alinéa interrompt la prescription et les délais pour agir.
En l'absence de contestation par l'une des parties dans les conditions prévues à l'article L. 332-2, les mesures mentionnées au présent article s'imposent aux parties, à l'exception des créanciers dont l'existence n'aurait pas

Interessante salientar que não é todo e qualquer consumidor que faz jus a esse benefício. Constatadas falsas declarações do devedor, situação em que este endividou-se propositalmente, entre outras possibilidades, não terá a oportunidade dada àquele que se tornou insolvente de boa-fé.

A proteção do superendividado não visa apenas a manutenção da sobrevivência do indivíduo[74], mas o respeito, sobretudo, à sua dignidade. É uma situação vislumbrada como um problema social.

4. PREVENÇÃO E TRATAMENTO DO SUPERENDIVIDAMENTO DO IDOSO

Na atual conjuntura consumerista, ao pensar em soluções de prevenção e tratamento do idoso superendividado vem à mente, em primeiro lugar, a base de tudo na sociedade: a educação. A educação para o consumo pode trazer grande contribuição para o fomento ao consumo consciente. Este incentivo pode ocorrer não apenas na fase adulta, mas desde criança, considerando que estas são potenciais consumidoras, com o poder de influência nas compras familiares. Crianças educadas para o consumo se tornarão idosos conscientes no mercado, com melhor condição de exercer o seu direito de escolha dos produtos e serviços disponíveis.

> [...] a educação do consumidor é de fundamental importância, pois dele dependerá o maior grau de conscientização, que, por sua vez, conduzirá a um maior equilíbrio entre as partes. Não basta, pois, que se legisle em favor do consumidor, é mister que se lhe propicie educação específica[75].

Além de atuar como ferramenta de prevenção, a educação para o consumo empodera o sujeito diante do mercado, pois este pode se munir de informações acerca das etapas de produção de produtos e prestação de serviços. O investimento em educação nesse sentido promove o exercício do pensamento crítico do consumidor diante dos fornecedores, sabendo distinguir de forma mais refletida acerca do que vai adquirir ou não.

Ao lado disso, também há a educação para o consumo prestada pelos órgãos públicos, pelas organizações não governamentais e pelos demais agentes e entidades de direitos humanos que têm capacidade de auxiliar no processo de conscientização do consumidor[76].

O CDC, conforme já referido, elenca como um dos direitos básicos do consumidor a educação para o consumo, com a divulgação sobre o consumo de produtos e serviços adequadamente e ressalta a manutenção da liberdade de escolha dos contratantes, assim como a igualdade das partes, considerando a presunção de vulnerabilidade do sujeito[77].

Visando à regulamentação acerca do superendividamento, tramita na Câmara dos Deputados o PL 3.515/2015, originado no Senado Federal através do PLS 283/2012,

---

été signalée par le débiteur et qui n'en auraient pas été avisés par la commission. Lorsque les mesures prévues par le présent article sont combinées avec tout ou partie de celles prévues par les articles L. 331-7-1 et L. 331-7-2, l'ensemble de ces mesures n'est exécutoire qu'à compter de l'homologation de ces dernières par le juge".

74. Reste à vivre.
75. ALMEIDA, João Batista de. Op. cit., p. 58.
76. ZENAIDE, Maria de Nazaré Tavares. A educação em direitos humanos. In: TOSI, Giuseppe (Org.). *Direitos Humanos*: história, teoria e prática. João Pessoa: Editora Universitária/UFPB, p. 339-369, 2005, p. 347.
77. CDC, Art. 6º, II.

que dispõe sobre medidas que coíbam o superendividamento do consumidor pessoa física, proporcionando o acesso ao crédito de forma consciente através da educação financeira, para evitar as consequências do superendividamento, como a exclusão social. A fundamentação se dá com base nos princípios da boa-fé, da função social do crédito ao consumidor e da dignidade da pessoa humana.

> A proposta atualiza as normas já existentes no CDC quanto aos direitos do consumidor e à prescrição e complementa as já existentes, incluindo nova seção no Capítulo V: da Proteção Contratual. Esta nova seção do CDC tem a finalidade de prevenir o superendividamento da pessoa física, promover o acesso ao crédito responsável e à educação financeira do consumidor, de forma a evitar a sua exclusão social e o comprometimento de seu mínimo existencial.
>
> Sempre com base nos princípios da boa-fé, da função social do crédito ao consumidor e do respeito à dignidade da pessoa humana, a proposta regula o direito à informação, a publicidade, a intermediação e a oferta de crédito aos consumidores. Garantem-se a entrega de cópia do contrato e informações obrigatórias que permitam aos consumidores decidir de maneira refletida sobre a necessidade do crédito. A proposta abarca ainda normas para facilitar a negociação com os fornecedores em caso de cobrança de valores contestados, erro ou fraude cometidos em seus cartões de crédito e meios de pagamento[78].

A obrigatoriedade na prestação das informações necessárias dá a exata noção do que está sendo contratado e possibilita ao consumidor balizar os prós e os contras em relação ao crédito que pretende contrair.

O texto traz ainda o reforço da responsabilidade solidária dos fornecedores no cumprimento das obrigações dos deveres de informação e cooperação, trazendo para o rol de solidários o intermediário do fornecedor de crédito.

Além disso, faculta ao consumidor um prazo de reflexão, podendo, inclusive, arrepender-se do crédito contraído, em determinadas situações previamente pactuadas, visando evitar o superendividamento.

Em relação aos idosos, o PL traz proteção de forma especial com combate ao *marketing* agressivo praticado no mercado consumerista relacionado a esse público específico, estabelecendo regras básicas na publicidade do crédito com a proibição expressa da "referência a crédito sem juros, gratuito e se semelhantes, de forma que a publicidade não oculte os ônus da contratação a crédito"[79].

Ainda nesse sentido, o PL acrescenta dispositivo ao Estatuto do Idoso, permitindo que, caso o idoso esteja em situação de sobredívida, haja a possibilidade de negativa de crédito a este, de modo a evitar o seu superendividamento, como também desestimular o aproveitamento deste pela família ou por terceiros, que o idoso crê ser de sua confiança.

O controle dessas operações de crédito se faz imperioso em virtude, também, das inúmeras irregularidades nos contratos, como as cláusulas abusivas, que colocam o consumidor idoso em excessiva desvantagem.

Para as situações de superendividamento já constatadas, há a previsão da conciliação com todos os credores do consumidor superendividado, através de audiências

---

78. BRASIL. Congresso. SENADO FEDERAL. *Projetos de Lei do Senado* n. 282, de 2012. Disponível em: http://www25.senado.leg.br/web/atividade/materias/-/materia/106771. Acesso em: 26 abr. 2020.
79. BRASIL. Congresso. SENADO FEDERAL. *Projetos de Lei do Senado* n. 282, de 2012. Disponível em: http://www25.senado.leg.br/web/atividade/materias/-/materia/106771. Acesso em: 26 abr. 2020.

globais entre os consumidores e os fornecedores, com a finalidade de elaboração de plano de pagamento para a quitação das dívidas, preservando o mínimo existencial. Tais conciliações já estão em prática em alguns Estados através dos Tribunais de Justiça, como no Rio Grande do Sul, em Pernambuco, no Paraná e em São Paulo; por meio da Defensoria Pública, como no Rio de Janeiro; e através dos Procons, como em Alagoas e São Paulo.

> A atualização do Código de Defesa do Consumidor em tramitação no Congresso brasileiro, abre a oportunidade para a inclusão do tratamento do superendividamento como uma tutela diferenciada para a proteção das condições mínimas de sobrevivência do consumidor superendividado, concretizando o objetivo fundamental da República de 'erradicar a pobreza e a marginalização e reduzir as desigualdades sociais e regionais' (art. 3.º, III da CF/88) Nesse sentido, a fase judicial de tratamento do superendividamento implementará o direito fundamental de acesso à justiça, com a preservação da dignidade da pessoa humana (art. 5.º, XXXV da CF/88)[80].

A falta de tratamento legal específico acerca do tema em nosso país, aliada à citada falta de educação para o consumo são fatores preocupantes, mas isso não representa o desamparo total do idoso que se encontra em situação de superendividamento.

O Código de Defesa do Consumidor em diálogo com outras fontes e à luz da Constituição Federal protege o consumidor que se encontra em situação de superendividamento.

A boa-fé possibilita ao consumidor a exigência da concretização da função social do contrato, inibindo a manutenção de cláusulas abusivas, independentemente de estar adimplente ou não[81].

> Especificamente ao tratar do superendividamento, a boa-fé ganha uma coloração própria, dada a própria caracterização do instituto [...] a boa-fé não é vista só como um vetor principiológico, mas como um requisito comportamental essencial do consumidor para permitir a incidência do instituto[82].

Isso denota uma visão mais exigente da manutenção do equilíbrio dos contratos, evitando, entre outros, o estabelecimento de "obrigações consideradas iníquas, abusivas, que coloquem o consumidor em desvantagem exagerada, ou que sejam incompatíveis com a boa-fé e a equidade"[83].

> [...] o novo regime dos contratos bancários de consumo impede que o elaborador unilateral dos contratos abuse de sua posição contratual (*Matchposition*) e se aproveite do desequilíbrio intrínseco e estrutural dessas relações para impor cláusulas abusivas ou contrárias a leis vigentes e após, mesmo, renove essas

---

80. LIMA, Clarissa Costa de. *O tratamento do superendividamento e o direito de recomeçar dos consumidores*. São Paulo: Ed. RT, 2014, p. 179.
81. "Contratos bancários – Contrato de adesão – Revisão – Continuidade negocial – Contratos pagos. O fato de o obrigado cumprir com a sua prestação prevista em contrato de adesão não o impede de vir a juízo discutir a legalidade da exigência feita e que ele, diante das circunstâncias, julgou mais conveniente cumprir. Se proibida a sua iniciativa, estará sendo instituída, como condição da ação no direito contratual, a de ser inadimplente, o que serviria de incentivo ao descumprimento dos contratos. Além disso, submeteria o devedor à alternativa de pagar e perder qualquer possibilidade de revisão, ou não pagar e se submeter às dificuldades que sabidamente decorrem da inadimplência. Recurso conhecido e provido" (BRASIL. Superior Tribunal de Justiça (STJ). *Recurso Especial n. 293.778/RS*. Brasília, DF. Relator: Min. Ruy Rosado de Aguiar, j. 20/08/2001).
82. GIANCOLI, Bruno Pandori. *O superendividamento do consumidor como hipótese de revisão dos contratos de crédito*. Porto Alegre: Verbo Jurídico, 2008, p. 102.
83. CDC, Art. 51, IV.

relações continuadas por natureza, em virtude da expectativa de contínuo acesso ao crédito e rolagem eventual da dívida[84].

Nos contratos de consumo deve prosperar o dever de cooperar das partes, não apenas do fornecedor, por visar à concretização do objetivo comum de ambos. O dever de cooperação atua como acessório ao contrato, devendo ser cumprido com observância a razoabilidade, de modo a manter o equilíbrio contratual[85]. A atuação sob esse viés evita a ruína do consumidor, uma vez que "o princípio da manutenção dos contratos aliado à boa-fé exige uma conduta de cooperação do parceiro contratual mais forte"[86]. Os fornecedores, principalmente os de crédito, têm o dever de obediência aos ditames legais, ou seja, o de atuar no mercado de consumo resguardando os direitos do consumidor, considerando a presunção da sua vulnerabilidade[87].

De acordo com Sombra[88], "o dever lateral de cooperação amplia o rol de condutas juridicamente exigíveis do credor em uma relação obrigacional". O dever de cooperar traz maior possibilidade de êxito nos casos de renegociação de dívida.

Interessante trazer à baila, ainda, o diálogo possível entre o Código de Defesa do Consumidor e o Código Civil nessa concretização da função social dos contratos de consumo, a fim de evitar a frustração dos fins do contrato[89].

Não se trata de um mero privilégio concedido ao consumidor, mas do respeito à sua dignidade, preservando o mínimo existencial para garantir a sobrevivência digna do devedor, pois não se pode comprometer todos os seus recursos para sanar as suas dívidas.

> Agravo regimental. Recurso especial. Decisão interlocutória. Retenção. Possibilidade de afastamento. Crédito consignado. Contrato de mútuo. Desconto em folha de pagamento. Possibilidade. Limitação da margem de consignação a 30% da remuneração do devedor. superendividamento. preservação do mínimo existencial. (...) 2. Validade da cláusula autorizadora do desconto em folha de pagamento das prestações do contrato de empréstimo, não configurando ofensa ao art. 649 do Código de Processo Civil. 3. Os descontos, todavia, não podem ultrapassar 30% (trinta por cento) da remuneração percebida pelo devedor. 4. Preservação do mínimo existencial, em consonância com o princípio da dignidade humana. 5. Precedentes específicos da Terceira e da Quarta Turma do STJ. 6. Agravo regimental desprovido[90].

Apesar da jurisprudência apontar a limitação a 30% (trinta por cento) dos descontos sobre a remuneração com a finalidade de manter o mínimo existencial, houve alteração da Lei n. 10.820/03, pela Lei n. 13.172/15, permitindo, agora, que os descontos efetuados nas aposentadorias e pensões cheguem ao patamar de 35% (trinta e cinco por cento) do valor destes, consignando que 5% (cinco por cento) deve ser destinado exclusivamente

---

84. MARQUES, Cláudia Lima. Op. cit., p. 1319-1320.
85. MENEZES CORDEIRO, Antonio. *Da boa-fé no Direito Civil*. Coimbra: Almedina, 1984, v. 2, p. 998 ss.
86. MARQUES, Cláudia Lima. Op. cit., p. 1317.
87. "Decisão monocrática. Agravo de instrumento. Ação ordinária revisional de contrato. Desconto em conta corrente. Limitação. Necessidade. Deve ser preservado o interesse de ambas as partes, devendo ser limitado os descontos efetuados na conta corrente da devedora a um determinado percentual, dessa forma, a devedora terá uma sobrevivência digna, bem como permitirá, mesmo que a longo prazo, o recebimento da dívida pelo credor. Agravo de Instrumento desprovido." (TJPR, AI 368409-9, rel. Des. Paulo Cezar Bellio, j. 14.08.2006).
88. SOMBRA, Thiago Luis Santos. *Adimplemento contractual e cooperação do credor*. São Paulo: Saraiva, 2011, p. 158.
89. ITURRASPE, Jorge Mosset et al. *La frustación del contrato*. Santa Fé: Rubinzal-Culzoni, 1991, p. 13.
90. BRASIL. Superior Tribunal de Justiça (STJ). *AgRg no REsp 1.206.956/RS*. Brasília, DF. Relator: Ministro Paulo de Tarso Sanseverino, 3ª T., j. 18.10.2012, DJe 22.10.2012.

para amortizar as despesas de cartão de crédito ou com a finalidade de saque através de cartão de crédito[91].

Assim, com base nos princípios da boa-fé objetiva, da dignidade da pessoa humana, da manutenção dos contratos e, ainda, no dever de cooperação, sem prejuízo de outros, nos contratos que envolvam concessão de crédito ao consumidor, especialmente aos idosos, que possuem a vulnerabilidade agravada; além do cumprimento dos direitos básicos do consumidor[92], há o dever geral de renegociação, a fim de prevenir ou tratar o superendividamento.

Isso impõe ao fornecedor uma obrigação de readaptação das bases das relações negociais para evitar a exclusão social do consumidor em decorrência da ruína financeira.

Interessante salientar que o tratamento do superendividamento não se limita apenas ao campo jurídico, apresentando-se como um problema social ascendente e grave. O seu enfrentamento é multidisciplinar, envolvendo disciplinas como a Psicologia, o Direito, a Educação, o Serviço Social e a Economia[93].

O direito privado brasileiro reconstruído sob a luz da Carta Magna é um instrumento equilibrador das relações jurídicas e da justiça, com a finalidade de incentivar o tratamento leal e a boa-fé entre as partes, e não um instrumento permissivo e fomentador de desequilíbrios contratuais[94].

5. CONSIDERAÇÕES FINAIS

Considerando as premissas desenvolvidas ao longo do presente artigo, chegamos às conclusões a seguir expostas.

A defesa do consumidor é direito fundamental, devidamente regulamentado pela Lei n. 8.078/90, mas não se basta em uma única fonte normativa. A leitura da dissertação não deixa dúvidas de que o Código de Defesa do Consumidor é o que melhor protege o consumidor, mas a realidade se apresenta com uma complexidade de relações jurídicas em decorrência da permanente construção do Direito.

As novas demandas de consumo surgem constantemente e não podem ficar à margem da lei, ao contrário, requerem um olhar atento do legislador, dos intérpretes, dos aplicadores da norma e dos doutrinadores na busca de guarida.

Assim, a repersonalização contida do viés metodológico civil-constitucional possibilita a realização dos valores constitucionais como fatores determinantes na aplicação ao caso concreto na busca pelo equilíbrio e harmonia nas relações jurídicas de consumo, trazendo o ser humano para o protagonismo no mercado consumerista, com a proteção da sua dignidade.

---

91. Lei n. 10.820/03, art. 6º, § 5º.
92. CDC, Art. 6º.
93. HENNINGEN, Inês. Superendividamento dos consumidores: uma abordagem a partir da psicologia social. *Revista Mal-estar e Subjetividade*, v. X, n. 4, p. 1173-1201, dez/2010, p. 1175.
94. MARQUES, Cláudia Lima. Op. cit., p. 1343.

Nesse diapasão, a proteção das relações jurídicas de consumo busca efetividade através do diálogo das fontes, que permite a leitura de leis infraconstitucionais de forma coordenada e sistemática, sem critérios de exclusão, tendo em vista a pluralidade de normas no nosso ordenamento jurídico, permanecendo a Constituição Federal no topo.

Compreende-se, dessa forma, que não há vedação a interpretação do Código de Defesa do Consumidor em diálogo com as demais legislações infraconstitucionais, em especial com o Código Civil, à luz da Constituição Federal, com a finalidade da proteção do consumidor.

Constatou-se que a debilidade do consumidor tem o condão de potencializar a lucratividade do mercado. Aproveitando-se disso, os fornecedores atuam no fomento ao consumo de massas, vislumbrando os consumidores de forma objetificada, ditando implicitamente a forma como estes devem agir, os produtos e serviços que devem desejar, tolhendo a sua liberdade de escolha.

Assim, entendeu-se que a atuação desenfreada do mercado fere o direito fundamental de defesa do consumidor, previsto no art. 5º, XXXII da Carta Magna de 1988; e que, portanto, a ação do mercado não é ilimitada a ponto de se permitir o atual cenário vivenciado, pois o consumidor não se enquadra no conceito de mero dado econômico, mas sim de sujeito de direitos dotado de vulnerabilidade.

Foi visto que a fragilidade do consumidor frente ao mercado possui grande relevância social, visto que em algumas situações ela se torna ainda mais agravada, principalmente quando se leva em consideração o contexto em que a sociedade de consumo encontra-se inserida, dando espaço para o surgimento da hipervulnerabilidade, cujo reconhecimento se dá através do diálogo das fontes buscando a Constituição Federal como fonte por meio do princípio da igualdade.

Nesse sentido, vislumbrou-se as situações em que os consumidores são expostos a um desequilíbrio excessivo no mercado de consumo, em especial, os idosos.

Considerando ser o consumo "parte indissociável do ser humano"[95], influenciando diretamente na economia e no desenvolvimento da sociedade, não se pode fechar os olhos diante das novas problemáticas surgidas diariamente.

Nessa toada, apontou-se o fenômeno do superendividamento como um dos fatores de maior preocupação na sociedade de consumo, pois a facilidade do acesso ao crédito trouxe grandes avanços para a sociedade, proporcionando o aumento do consumo de bens e serviços pela população em geral.

No recorte do trabalho, isso demanda atenção especial por afetar em grande grau o consumidor idoso que, diante do *marketing* agressivo praticado pelos fornecedores, é vítima dotada de hipervulnerabilidade.

O estudo demonstrou que vivemos numa realidade carente no trato com o dinheiro, com pouco ou quase nenhum incentivo ao consumo consciente, investimento em educação financeira, entre outros. Vivendo assim, era só uma questão de tempo para os problemas eclodirem. Esse é o caso do superendividamento, situação em que o consu-

---

95. ALMEIDA, João Batista de. *A proteção jurídica do consumidor.* 7.ed. São Paulo: Saraiva, 2009, p. 1.

midor se vê impossibilitado de adimplir com suas dívidas vencidas e vincendas, tendo sua dignidade atingida, visto que involuntariamente é excluído socialmente.

As causas do superendividamento podem decorrer de diferentes situações involuntárias: desemprego, divórcio, problemas de saúde, impulsividade, entre outros. Por outro lado, constatou-se também a atuação abusiva das instituições financeiras, que oferecem crédito no mercado sem informar de forma clara e precisa todo o teor do contrato, sem investigar a capacidade financeira do consumidor em adimplir a dívida, sem, muitas vezes, permitir que este reflita acerca dos riscos da contratação antes de tomar a decisão de contrair o crédito.

O *marketing* agressivo é o grande vetor da cultura de massa, pois propaga a ideologia do consumo de forma conveniente para as empresas, anulando a capacidade de escolha do consumidor, fazendo com que este acredite ter refletido acerca da necessidade da aquisição do produto ou serviço. As estratégias são direcionadas a públicos específicos, como no caso do fornecimento de crédito, que tem como principal vítima os idosos.

Tanto o consumidor, quanto o idoso "encontram amparo jusfundamental, podendo-se concluir que ambos os sujeitos expressam valores jurídicos de intensa relevância, sendo que sua preservação expressa uma ideia de igualdade, liberdade e de proteção da dignidade"[96].

De fato, o consumidor idoso necessita de um tratamento compatível com as suas limitações de modo a efetivar a sua proteção integral, levando em conta a sua fragilidade acentuada no mercado consumerista. Conforme afirmado no corpo do trabalho, o fator biológico contribui para o aumento da vulnerabilidade do idoso, demandando tutela especial, de modo a atenuar a sua vulnerabilidade diante dos fornecedores, especialmente nas situações de superendividamento.

No entanto, no Brasil, diferentemente de outros países, como a França e Portugal, não existe legislação específica regulamentando o superendividamento.

Nesse sentido, tramita atualmente na Câmara dos Deputados PL 3.515/15, que visa alterar o Código de Defesa do Consumidor regulamentando as situações de superendividamento, trazendo, inclusive, cuidado específico com o idoso no combate à publicidade agressiva, e à concessão de crédito de forma responsável, permitindo até a negativa de crédito em situações de sobredívida do idoso, preservando a sua dignidade.

O Poder Judiciário tem reconhecido as situações de superendividamento e tratando-as por meio do diálogo das fontes, fundamentando suas decisões nos princípios da boa-fé objetiva, da função social do contrato, da dignidade da pessoa humana e no dever de cooperação, com vistas a assegurar o equilíbrio contratual.

Essa fundamentação abre a possibilidade para uma das alternativas propostas para o tratamento do superendividamento através da negociação das dívidas, possibilitando a reanálise do contrato pactuado e a consequente retirada das cláusulas abusivas constatadas nos casos concretos.

---

96. SCHMITT, Cristiano Heineck. *Consumidores hipervulneráveis: a proteção do idoso no mercado de consumo*. São Paulo: Atlas, 2014, p. 262.

A atitude, nesse contexto, obriga o fornecedor a readaptar a forma de lidar com o consumidor nas relações de consumo, evitando contribuir para uma possível ruína financeira deste e, consequentemente, exclusão social.

Aliado a isso, é imperioso que se promova uma educação para o consumo tanto no momento da prevenção, quanto no momento do tratamento do superendividamento, de modo a diminuir as chances de cair nas armadilhas do mercado.

Dessa maneira, em arremate, é imperiosa a aprovação do Projeto de Lei para a proteção do idoso superendividado de forma mais efetiva, prevenindo as situações de superendividamento, tratando as já instauradas e possibilitando um maior equilíbrio nas relações jurídicas de crédito; mas não se pode afirmar que até lá estaremos diante de um total desamparo, pois o diálogo das fontes possibilita o socorro a esse problema social crescente e se traduz na efetivação da justiça distributiva.

6. REFERÊNCIAS

ALMEIDA, João Batista de. *A proteção jurídica do consumidor*. 7. ed. São Paulo: Saraiva, 2009.

BAUMAN, Zygmunt. *Vida líquida*. Rio de Janeiro: Zahar, 2009.

BAUMAN, Zygmunt. *Vida a crédito*: conversas com Citlali Rovirosa-Madrazo. Tradução Alexandre Werneck. Rio de Janeiro: Zahar, 2010.

BAUMAN, Zygmunt. *Ética pós-moderna*. Rio de Janeiro: Zahar, 2011.

BINSWANGER, Hans Christoph. *Dinheiro e magia*. Rio de Janeiro: Zahar, 2011.

BUENO, Cléria Maria Lobo Bittar; LIMA, Lara Carvalho Vilela. Envelhecimento e gênero: A vulnerabilidade de idosas no Brasil. *Revista Saúde e Pesquisa*, v. 2, p. 273-280, 2009.

COLEMAN, Daniel. *Inteligência emocional*. Rio de Janeiro: Elsevier, 2006.

COSTA, Geraldo de Faria Martins da. O direito do consumidor endividado e a técnica do prazo de reflexão. *Revista de Direito do Consumidor*. v. 43, p. 258 – 272. São Paulo, jul.-set. 2002.

DAVIS, Christopher G.; MANTLER, Janet. *The consequences of financial stress for individuals, families, and society*. Ottawa: Doyle Salewski, 2004.

DOLL, Johannes; CAVALLAZZI, Rosangela Lunardeli. O crédito consignado e o superendividamento dos idosos. *Revista de Direito do Consumidor*. v. 107, p. 309-341. São Paulo, set./out. 2016.

EFING, Antonio Carlos. A proteção Constitucional do consumidor fundamentada na dignidade humana do cidadão. In: CONRADO, Marcelo; PINHEIRO, Rosalice Fidalgo (Coord.). *Direito Privado e Constituição*. Curitiba: Juruá, 2009.

EFING, Antonio Carlos; SOUZA, Maristela Denise Marques de. O comportamento do consumidor sob influência da publicidade e a garantia constitucional da dignidade humana. *Revista de Direitos Fundamentais e Democracia*. v. 16, p. 70-94. Curitiba, jul./dez. 2014.

GAMA, Guilherme Calmon Nogueira da. A pessoa idosa e o direito de família. *Civilistica.com*. Rio de Janeiro. a. 2, n. 1, jan.-mar./2013. Disponível em: http://civilistica.com/a-pessoa-idosa/. Acesso em: 20 abr. 2020.

GAULIA, Cristina Tereza. O abuso na concessão de crédito: o risco do empreendimento financeiro na era do hiperconsumo. *Revista de Direito do Consumidor*. v. 71, p. 34 – 64. São Paulo, jul./set., 2009.

GIANCOLI, Bruno Pandori. *O superendividamento do consumidor como hipótese de revisão dos contratos de crédito*. Porto Alegre: Verbo Jurídico, 2008.

ITURRASPE, Jorge Mosset et al. *La frustación del contrato*. Santa Fé: Rubinzal-Culzoni, 1991.

JAYME, Erik. Identité Culturelle et Intégration: le droit internacional privé postmoderne. *Recueil des Cours de l'Académie de Droit Internacional de La Haye* – v. II. Kluwer: Doordrecht. 1995.

JAYME, Erik. Direito internacional privado e cultura pós-moderna. *Cadernos do PPGD/UFRGS* 1, n. 1, mar. 2003.

LIMA, Clarissa Costa de. *O tratamento do superendividamento e o direito de recomeçar dos consumidores*. São Paulo: Ed. RT, 2014.

LIPOVETSKY, Guilles. *A felicidade paradoxal. Ensaio sobre a sociedade de hiperconsumo*. Trad. Maria Lucia Machado. São Paulo: Companhia das Letras, 2007.

LYOTARD, Jean François. *A condição pós-moderna*. 7. ed. Rio de Janeiro: José Olympio, 2002.

MARQUES, Claudia Lima; BENJAMIN, Antonio Herman de Vasconcelos; MIRAGEM, Bruno. *Comentários ao Código de Defesa do Consumidor*. 3 ed. São Paulo: Ed. RT, 2010.

MARQUES, Claudia Lima; LIMA, Clarissa Costa; BERTONCELLO, Káren Danilevicz. In: WADA, Ricardo Morishita; SILVA, Juliana Pereira da (Coord.). *Escola Nacional de Defesa do Consumidor*. Prevenção e Tratamento do Superendividamento. Brasília: DPDC/SDE, 2010.

MARQUES, Claudia Lima. Sugestões para uma lei sobre o tratamento dos superendividamento de pessoas físicas em contratos de crédito ao consumo: proposições com base em pesquisa empírica de 100 casos no Rio Grande do Sul. In: MARQUES, Claudia Lima; CAVALLAZZI, Rosângela Lunardelli (Coord.). *Direitos do consumidor endividado*: superendividamento e crédito. São Paulo: Ed. RT, 2006.

MARQUES, Maria Manuel Leitão; FRADE, Catarina. *Regular o sobreendividamento*. Disponível em: https://www.gplp.mj.pt. Acesso em: 15 abr. 2020.

MARTIN, Nathalie; SWEET, Ocean Tamay. Mind games: rethinking BPCPA's debtor education provisions. *Southern Illinois University Law Journal*. Illinois, v. 31, p. 817-848, 2007.

MARTINEZ, Wladimir Novaes. *Comentários ao Estatuto do Idoso*. 2. ed. São Paulo: LTr, 2005.

MENDES, Gilmar Ferreira; COELHO, Inocêncio Mártires; BRANCO, Paulo Gustavo Gonet. *Curso de Direito Constitucional*. São Paulo: Saraiva, 2007.

MENEZES CORDEIRO, Antonio. *Da boa-fé no Direito Civil*. Coimbra: Almedina, 1984. v. 2.

PERIN JR., Ecio. *A globalização e o direito do consumidor*: aspectos relevantes sobre a harmonização legislativa dentro dos mercados regionais. Barueri: Manole, 2003.

SCHMIDT NETO, André Perin. Superendividamento do consumidor: conceito, pressupostos e classificação. *Revista de Direito do Consumidor*. n. 71, p. 09-33. São Paulo, jul./set., 2009.

SCHMITT, Cristiano Heineck. *Consumidores hipervulneráveis*: a proteção do idoso no mercado de consumo. São Paulo: Atlas, 2014.

SOMBRA, Thiago Luis Santos. *Adimplemento contractual e cooperação do credor*. São Paulo: Saraiva, 2011.

ZENAIDE, Maria de Nazaré Tavares. A educação em direitos humanos. In: TOSI, Giuseppe (Org.). *Direitos Humanos*: história, teoria e prática. João Pessoa: Editora Universitária/UFPB, 2005.

A ECONOMIA DO COMPARTILHAMENTO E A DESCOBERTA DE UM NOVO CONTRATANTE VULNERÁVEL: EM BUSCA DE UMA JUSTIÇA CONTRATUAL

Everilda Brandão Guilhermino

Doutora e Mestre em Direito Civil (UFPE). Professora de Direito Civil. Membro do Grupo de Pesquisa CONREP (UFPE). Membro da Diretoria de Publicações do IBD-Cont. Advogada.

Sumário: 1. Analisando o modelo de negócio e seu caráter disruptivo. 2. A economia do compartilhamento criou um novo sujeito vulnerável? 3. Solidarismo contratual em um novo modelo de negócio. A necessidade urgente de normatização legislativa. 4. Referências.

Recentes decisões do Poder Judiciário, especialmente da Justiça do Trabalho, têm instigado o debate sobre a natureza dos contratos na era do compartilhamento. Saber qual é a sua estrutura, que disciplina o resguarda no campo jurídico, quais os sujeitos que integram a relação jurídica, são temas que voltam a ser revisitados nesse novo fenômeno de mercado, que ao mesmo tempo que instiga pela criatividade e benefícios, tem demonstrado um grande impacto na desigualdade social.

Como bem destaca Stefano Rodotá (2013, p.2), o direito trabalho instaura a definitiva antropologia do direito moderno:

> Aproximamo-nos do tempo, em que escrevia em 1954, Luigi Mengoni. « o modelo antropológico do individualismo proprietário viria do direito do trabalho, que começa a se desenvolver quase na metade do século XIX, ou quase próximo do seu final, nos países, como Itália, o retardado crescimento do capitalismo. Enquanto pressupõe-se que o homem que trabalha, e não é simplesmente um proprietário da força de trabalho que fornece ao mercado, o direito do trabalho instaura a definitiva antropologia do direito moderno, fixada no art. 1 da constituição de 1947, que proclama ser o nosso ordenamento "fundado sob o trabalho".[1]

Em tempos atuais, mais uma vez é a relação contratual envolvendo o labor que causa importante balanço na estrutura contratual e na sua funcionalização. O modelo disruptivo desenvolvido pelos contratos baseados na economia do compartilhamento, desafia um novo olhar e uma nova interpretação da teoria clássica, avançando ainda

---

1. Tradução livre: Avviciniamoci ai tempi nostri, e leggiamo quel che scriveva, nel 1954, Luigi Mengoni. «Il modello antropologico dell'individualismo proprietario è stato corretto dal diritto del lavoro, che comincia a svilupparsi verso la metà del XIX secolo, o verso la sua fine, nei paesi, come l'Italia, a ritardata crescita capitalistica. In quanto presuppone l'uomo che lavora, e non semplicemente un proprietario di forza-lavoro che la offre sul mercato, il diritto del lavoro instaura l'antropologia definitiva del diritto moderno, fissata nell'articolo 1 della Costituzione del 1947, che proclama essere il nostro ordinamento "fondato sul lavoro".

a discussão já estabelecida sobre a intervenção do Estado Social na vida privada e na proteção dos vulneráveis.

Serão destacadas neste texto, duas decisões judiciais: uma do TRT da 2ª Região e outra de primeira instância vinda do Ceará. Tanto o comando decisório quanto o fundamento propiciam grandes e oportunas reflexões jurídicas. Vamos, pois, a elas.

O TRT da 2ª Região suspendeu tutela de urgência concedida em primeira instância que determinava à plataforma de entrega IFood o dever de pagar um auxílio financeiro de um salário mínimo aos entregadores que estivessem em grupo de risco ou já afastados por coronavírus. A ordem também incluía a entrega de álcool em gel, capacetes, uniformes e espaços para higienização dos veículos.[2]

Já a decisão de segunda instância destacou que "os entregadores, na verdade, são usuários da plataforma digital, nela se inscrevendo livremente. A hipótese é de atividade econômica compartilhada e sua análise exige considerar a evolução das relações comerciais e trabalhistas havidas no tempo, não se podendo ficar amarrado a modelos tradicionais, impondo-se garantir a segurança jurídica nas relações".

Na mesma esteira de pensamento, dias depois a Justiça do Trabalho de Fortaleza/CE determinou, em sede de Ação Civil Pública[3], a mesma ordem para as empresas Uber e 99 Táxi. Aqui foi estipulado um *salário* de R$ 4,75 por hora, condicionado ao fato de estar o motorista conectado no aplicativo, podendo optar por uma *prestação de serviço* de 220hs ou 110hs mensais. As empresas deverão ainda remunerar os motoristas afastados pela Covid-19 e reembolsar despesas com álcool gel e máscaras. Nesta decisão chama atenção o fato de que o magistrado disse textualmente que não enfrentaria o tema do vínculo trabalhista, mas reconhecia a competência da Justiça do Trabalho.

Os casos pressionam mais uma vez o poder judiciário a se manifestar sobre a natureza jurídica desse tipo contratual (se civil, comercial ou do trabalho), uma relação jurídica nascida da inovadora economia do compartilhamento.

Deste fato, muitas são as reflexões jurídicas que se seguem. E o risco de despertar reações mais intensas é grande. Ainda assim, é preciso enfrentar essa tarefa, ainda que de forma incipiente, como propõe este texto. Há sem dúvida uma observação a ser feita sobre o tipo contratual a partir de sua natureza jurídica e do contexto social, econômico e cultural em que se encontra.

Mergulhar na análise jurídica de um contrato não significa dizer que sejam justas as bases em que ele se ergue. Tampouco é motivo de conformismo sobre uma realidade que supostamente não se pode mudar. É justamente o olhar cuidadoso que assentará suas bases, apontando os limites de aplicação do ordenamento jurídico, e o que se pode mudar a partir do poder legislativo. A doutrina já fez isso com o contrato de trabalho e o contrato de consumo quando ainda eram incipientes as discussões sobre sua dissociação do contrato civil.

---

2. Disponível em: https://www.conjur.com.br/2020-abr-07/suspensa-decisao-obrigava-ifood-pagar-entregadores-infectados. Acesso em: 07 abr. 2020.

3. Disponível em: https://www.conjur.com.br/2020-abr-13/uber-99-taxi-pagar-remuneracao-minima-durante-pandemia. Acesso em: 14 abr. 2020.

É por isso que se torna fundamental a atuação do intérprete. Este, ao se deparar com um sistema que propositalmente lhe apresenta cláusulas gerais e conceitos jurídicos indeterminados, contribui sobremaneira com a atividade legislativa, estabelecendo a norma final a ser aplicada ao caso concreto.

A pergunta que paira neste texto é se a atividade do intérprete pode se tornar discricionária (ou em qual medida ela pode se dar); e como consequência, quais os riscos em se legitimar uma interpretação que, por ser ampla, leve a um subjetivismo inaceitável pelo ordenamento jurídico.

Nesse sentido, pertinente é a doutrina de Aline Valverde (2016, p.54) quando analisa a discricionariedade dos magistrados. Para a autora, sempre haverá uma seara de discricionariedade na atividade jurisdicional, e isso acontece pelo modelo aberto da nossa legislação. Na falta de precisão do termo normativo, o legislador transfere para o judiciário o poder discricionário para fazê-lo. O problema, segundo ela, está no risco desta discricionariedade degenerar em arbitrariedade, devendo, por isso, haver uma análise de legitimidade do seu exercício. E por isso desta:

> Assim sendo, mesmo a indeterminação intencional das cláusulas gerais ou a referência a princípios não confere ao jurista espaço para impor sua ideologia pessoal. Também não significa permissão para consideração de valores extrajurídicos, ainda que cultural e historicamente relevantes, mas não incorporados ao ordenamento. (VALVERDE, 2016, p.55)

O destaque está no fato de que discricionariedade não abre espaço, nem se confunde com subjetividade. E para isso, a construção racional da decisão é que garantirá, a partir do princípio da legalidade, uma decisão fundada no ordenamento jurídico vigente. Como bem destaca a mesma autora, "a justiça do caso concreto, desejada e perseguida pelo aplicador do direito, é a justiça na legalidade constitucional, que se alcança apenas com o emprego de renovada teoria da interpretação (...)". (VALVERDE, 2016, p.56)

Por isso, a fim de analisar o grau de discricionariedade utilizado nas decisões ora analisadas, é importante partir da compreensão do modelo de negócio, em seus aspectos estruturais e funcionais.

1. ANALISANDO O MODELO DE NEGÓCIO E SEU CARÁTER DISRUPTIVO

Sem dúvida, os negócios jurídicos nascidos na economia do compartilhamento (ou economia solidária) causou a maior ruptura já vista no direito de propriedade e no direito contratual desde a criação do modelo liberal. E o reflexo no direito do trabalho se mostrou de forma intensa. A dúvida que paira é saber se há, ou não, uma relação de subordinação, caracterizadora da relação de emprego, numa relação contratual estabelecida entre plataformas de entrega de produtos, especialmente alimentos.

A primeira afirmação que se pode fazer é que existe um contrato civil de prestação de serviços, não um contrato de trabalho ou de emprego. Aqui se exige a subordinação, nos termos do art. 2º da CLT, com todos os elementos ali elencados; ali, o formato é livre, podendo ser autônomo e sem jornada determinada. Como bem destacou a decisão trazida pelo Acórdão do TRT2, "sua análise exige considerar a evolução das relações comerciais e trabalhistas havidas no tempo".

A revolução do modelo de negócio nas plataformas de entrega se deu justamente por prever uma forma de trabalho que se exerce de forma autônoma, com total liberdade para se estabelecer jornada de trabalho, local de trabalho e parceiros de trabalho (podendo, inclusive se vincular a mais de uma plataforma).

Cada entregador decide em que local da cidade se mostrará disponível, e se aceita o pedido de entrega disponibilizado na plataforma, podendo alterar na hora que desejar. Da mesma forma, seu horário de trabalho é por ele definido, podendo inclusive não trabalhar a qualquer hora do dia.

A ideia de conectar pessoas é um dos pontos altos desse modelo contratual. Se alguém tem algo a oferecer, certamente tem alguém próximo que deseja adquirir o produto ou serviço, mas ambas não se encontram por falta de um meio de comunicação eficiente. Daí o sucesso das plataformas virtuais que promovem essa conexão, aumentando o número de negócios firmados numa região. Daí o sucesso nos negócios de alimentação, educação, entretenimento e deslocamento urbano.

Verifica-se a complexidade da relação jurídica, com vários pactos obrigacionais paralelos. Há o contrato de compra e venda entre o consumidor e o restaurante, por exemplo. Paralelamente, o contrato entre o entregador e aquele que contratou a entrega (o restaurante). E por fim, o vínculo contratual entre a plataforma e o restaurante, e a plataforma e o entregador. Nesse sentido, reduzir a relação jurídica ao vínculo entre entregador e plataforma não engloba todos os interesses envolvidos.

Destaque-se ainda que assim como cada entregador se vincula à plataforma pelo cadastro, o mesmo se dá com os restaurantes. A relação contratual é híbrida e resguarda complexidade. Se os vínculos iniciais são entre cadastrado (entregador e restaurante) e plataforma, quando um pedido de entrega é solicitado, a relação se torna complexa, formando um vínculo jurídico triangular em volta do interesse comum de atender o consumidor final.

O lado ruim desse modelo de negócio é que não há na formação do brasileiro o ensino de educação financeira. A classe trabalhadora não foi educada para o empreendedorismo. Sempre foi formada para a leitura básica, para o conhecimento técnico e o exercício de trabalho repetitivo. Isso se mostrou eficiente na sociedade agrícola e na sociedade industrial. Atualmente as habilidades esperadas pelo mercado de trabalho são outras, pois o trabalho repetitivo e linear está sendo cada vez mais entregue às máquinas e à inteligência artificial.

O trabalhador autônomo no Brasil não possui o pensamento livre que dele se espera. Não é comum vê-lo exercer atitudes preventivas, como seguro de vida ou fundos de reserva financeira de emergência. O mais importante é o dinheiro que se produz, que quando é pouco, sempre justifica deixar para depois certas precauções. Contrata como empreendedor, mas busca a proteção do trabalho subordinado. Por outro lado, não possui poder econômico para negociar os percentuais impostos pelas plataformas digitais. E enquanto o legislador não interfere nessa relação contratual, ela segue com sua desproporção de forças.

Nada impede que haja regulação específica sobre este modelo contratual, pois assim como todos os outros, precisam ser executados a partir de regras que materializem a função social do contrato e o solidarismo contratual. Nada impede que ao parceiro contratante de maior poder econômico se imponha certas regras obrigatórias, a exemplo de contrato de seguro de vida e acidentes.

Mas isso deve ser feito pelo legislador. Por ora, não pode o magistrado estabelecer estas regras por não achar justo o modelo de negócio. A legitimação constitucional para a intervenção de um juiz nos contratos, é distinta daquela concedida ao legislador ordinário. Se o contrato não resguarda o modelo da subordinação, não pode ser enquadrado nas leis que regulam esse tipo de relação jurídica. É preciso, e de forma urgente, exigir do legislador a correta regulação do contrato, a partir do que ele é, um novo modelo de negócio.

2. A ECONOMIA DO COMPARTILHAMENTO CRIOU UM NOVO SUJEITO VULNERÁVEL?

A ideia inicial dos contratos da economia do compartilhamento se encaixava em todas as pessoas que quisessem um trabalho de poucas horas para juntar um dinheiro extra. Mas no Brasil, as condições sociais de extrema desigualdade fizeram com que para milhões de brasileiros, esta fosse a única fonte de renda, o que levou a jornadas excessivas, esgotamento físico e condições indignas de trabalho.

Não havendo relação de emprego, a natureza contratual é de direito civil, regida pela livre autonomia da vontade de um profissional autônomo e uma plataforma de negócios, gerando a cada execução um vínculo com o restaurante envolvido na entrega. E nesse campo, não há como negar entre os contratantes um desequilíbrio marcante no enfrentamento de forças.

Mas, o fato de ser um contrato civil, não retira do cenário a presença de um contratante vulnerável, e que precisa urgentemente ser protegido pelo ordenamento jurídico. A vulnerabilidade que ele apresenta é distinta daquela do contratante trabalhador subordinado e do consumidor. Por isso precisa receber a tutela jurídica adequada.

Como prestador de serviço que é, o entregador vinculado a plataformas estabelece um contrato civil, que lhe traz benefícios inegáveis, como a liberdade de escolher as regras do trabalho, mas paralelamente lhe traz grandes dissabores quando a atividade é exercida como única forma de renda.

Devemos lembrar que o Código Civil nunca foi muito eficiente na tutela dos vulneráveis, pois foi criado para reger as liberdades. No máximo temos a previsão do contrato de adesão no direito civil, nos termos do art. 423 do Código Civil, onde se prevê uma tímida proteção. Foram legislações especiais que avançaram na tutela contratual (CLT e CDC), inclusive para reconhecer essa qualificação fundamental do sujeito de direito; a vulnerabilidade.

Inevitável se faz, pois, uma avaliação sobre a justiça contratual nesse modelo de negócio. O contrato, que foi criado pelo Estado Liberal como o espelho da liberdade e da autonomia do ser contratante, recebeu freios importantes no Estado Social, sempre que envolva elementos de extrema tutela do ordenamento, a exemplo do trabalho, da saúde, do consumo, e da moradia, da vulnerabilidade.

Esse dano causado pela liberdade de contratar precisa ser freado por lei, como já fizemos em outros tipos contratuais. Mas não é correto aplicar regras que não atuam sobre esse tipo de negócio. A relação jurídica é qualificada, e precisa ser vista como tal.

O inovador modelo contratual impacta o direito na mesma medida que o fez o trabalho na indústria e os contratos de consumo no século XX. Foi a percepção de suas nuances em relação ao modelo livre do Código Civil que gerou a análise sobre a justiça de suas bases fundantes e a consequente regulação em leis específicas, com toda a proteção que se esperava sobre o contratante vulnerável. Mas tudo partiu na percepção de que se tratavam de contratos novos, específicos em seu contexto social, econômico e cultural.

E é o que mais uma vez ocorre com o novo modelo de contrato trazido na economia do compartilhamento. Sua estrutura é disruptiva, não segue o padrão conhecido, mas não é por isso que não deve o contrato sofrer regulação.

A doutrina de Paulo Lôbo (2000, p. 3) questiona esses novos modelos. Diz ele: "Mas o quê, afinal, vai caracterizar esses contratos do modelo contemporâneo? São contratos de massa, despersonalizados, contratos que não mais defluem das manifestações de vontade livres, não se originando da igualdade formal das partes." O doutrinador se refere aos contratos de consumo, mas se encaixam perfeitamente na análise atual.

Neste aspecto, acertadas tem sido as decisões do Tribunais brasileiros quando enfrentaram o tema dos negócios jurídicos firmados sobre o modelo da economia do compartilhamento. Já se tem decisões oriundas do TJSP, TRTs e STJ. Em todos os acórdãos se reconhece um novo modelo de negócio, que não configura relação de emprego, embora se observe a vulnerabilidade de uma das partes e as desigualdades de forças entre os contratantes.[4]

No caso da decisão de primeira instância oriunda do TRT2 há uma clara intenção de se promover justiça contratual, mas uma violação grave da própria lei que lhe serve de fundamento. Promover uma maior proteção ao contratante não significa fazê-lo a qualquer custo, utilizando-se de base normativa inaplicável. Por vezes, só o legislador consegue agir na amplitude que desejamos. Se não há contrato de trabalho no modelo de subordinação, não se pode aplicar a legislação trabalhista.

Tomemos como comparativo os contratos de representação comercial e o de franquia. Há muito tempo a doutrina vem destacando a vulnerabilidade desses contratantes (representante e franqueado). No entanto, mesmo com todas as cláusulas restritivas impostas à parte vulnerável, nunca se tentou enquadrar esse modelo em contrato de subordinação. E isso ocorre porque apesar de se reconhecer a vulnerabilidade, corretamente se tenta aplicá-la dentro da própria natureza jurídica da relação contratual, que é de direito civil e empresarial.

---

4. Para mais informações, vide https://www.conjur.com.br/2020-fev-05/turma-tst-nega-vinculo-emprego-entre-uber-motorista. Vide também https://www.conjur.com.br/2020-jan-28/decisao-acende-debate-vinculo-economia-aplicativos.

Vide ainda: http://www.stj.jus.br/sites/portalp/Paginas/Comunicacao/Noticias/Motorista-de-aplicativo-e-trabalhador-autonomo--e-acao-contra-empresa-compete-a-Justica-comum.aspx.

Certamente, sendo de baixa escolaridade e sem transporte adequado, a grande maioria de pessoas que aderiu às entregas por meio de plataformas promoveu comoção social, o que é muito justo. Mas isso impõe uma intervenção estatal para regular sua estrutura e função, tendo o judiciário limites legais em seu poder de agir na busca de uma justiça contratual. Muito pode ser feito, mas a intervenção substancial é legislativa, e não judicial.

Além disso, questões práticas se apresentam nas decisões que estabeleceram o dever de auxílio às plataformas. Por exemplo: quem é o contratante? A plataforma ou os restaurantes? E se o entregador tem mais de um vínculo, todos deverão auxiliá-lo? Multiplica-se o valor ou ele será compartilhado?

Nas duas decisões judiciais que concederam a tutela de urgência, tais fatores não estão esclarecidos. Na justiça do Ceará é dito textualmente que não será analisada a existência de vínculo empregatício e que a decisão se baseia, inclusive, na ausência de tutela do legislador para esta categoria no projeto de lei que trata de medidas emergenciais durante a pandemia.

Há que se enfatizar que tão injusto quanto deixar de proteger o vulnerável, é atribuir à pessoa errada a responsabilidade pelo custo do negócio. O caso da pandemia traz consequências para os dois contratantes, e não apenas um. Embora seja inquestionável que o entregador sobre maiores restrições, há um impacto significativo sobre as empresas. E destaque-se ainda que entre todas as empresas, os serviços de entrega é que estão sendo mais beneficiados pela crise, valendo a velha máxima de que "enquanto uns choram, outros vendem lenços".

Nesta situação emergencial, é o cidadão que está vulnerável, por ter escolhido um modelo de negócio tão precário, e cabe ao Estado promover sua proteção, independente de se ser ele, ou não, contribuinte da previdência social. A ajuda financeira deve vir do Estado, e não do particular, materializando seu caráter assistencial de natureza constitucional. Pelo menos até que se tenha uma regulação efetiva para o modelo de negócio que imponha a um dos contratantes mais responsabilidades.

Nesse sentido, é proporcional a intervenção judicial para revisar, por exemplo, os percentuais de desconto ou aplicação de taxas determinados ao motorista. Temos para isso as teorias da imprevisão e da onerosidade excessiva, ambas baseadas no solidarismo contratual. Também a estipulação de regras sanitárias na execução do contrato se mostra condizente com a justiça contratual. Com isso não se afasta da decisão o princípio da legalidade constitucional e se aplica corretamente o solidarismo contratual.

Destaque-se: a solução está no sistema, não na subjetividade.

Todavia, a criação de jornada de trabalho com estipulação de <u>salário</u> para uma atividade já reconhecidamente não subordinada, inclusive pelos Tribunais do Trabalho e pelo STJ, não se mostra condizente com o princípio da legalidade. É juízo discricionário com alta carga de subjetividade.

Como acentua a doutrina de Anderson Schreiber (2016, p. 14)

> Reconhece-se um papel criativo, mas sempre vinculado à realização dos valores constitucionais. É certo que a transposição desses valores, enunciados em termos genéricos, ao caso concreto exigirá

uma compreensão histórico-social e até mesmo cultural, que é, por definição, reativa, mas que, sendo necessariamente motivada, será passível de controle, discussão e revisão em perspectiva técnica, com base em um parâmetro mais seguro (os valores consagrados no texto constitucional) que o mero sentimento de justiça ou concepção de mundo de cada intérprete.

Há que se ter em conta que a situação excepcional da pandemia não foi produzida pela plataforma virtual, e não deve o Estado impor a ela todas as consequências danosas. Trata-se de uma interpretação errada do que seja justiça contratual, uma discussão de luta de classes que não é oportuna neste momento. A regulação de todas as relações contratuais se mostra urgente, independente do setor, pois já são visíveis a situação de vulnerabilidade que impõem em países não desenvolvidos.

Lembremos que antes do CDC, por mais que se mostrasse desequilibrada a relação contratual entre os contratantes, não podia o magistrado legislar no caso concreto, aplicando deveres específicos a uma das partes que só a lei poderia impor. A situação se repete agora com os contratos da era do compartilhamento.

Isso não quer dizer que não estejamos em situação melhor. A relação civil já encontra no Código Civil princípios norteadores, como função social, solidarismo contratual e boa-fé, que atuam como regras de conduta. Todavia, seu uso não deve propiciar subjetivismo ao negar a natureza jurídica do contrato.

A economia do compartilhamento veio para revolucionar a forma como nos deslocamos, como nos entretemos, como namoramos, como nos alimentamos, com estudamos. Isso não quer dizer que mais uma vez na história revolucione a forma como legislamos.

Desde a revolução industrial que compreendemos que a liberdade proposta pelo direito civil não é a mais apropriada para os contratos que envolvem o labor. Nesse tipo de contrato espera-se a incidência de normas que freiem a liberdade quando a autonomia privada se perde no encontro de forças econômicas. É preciso garantir a cada novo modelo contratual a socialidade que tanto marca o ordenamento jurídico brasileiro.

3. SOLIDARISMO CONTRATUAL EM UM NOVO MODELO DE NEGÓCIO. A NECESSIDADE URGENTE DE NORMATIZAÇÃO LEGISLATIVA

O Estado Social promoveu enorme avanço quando delimitou o poder econômico regulou o contrato e, sobretudo, a propriedade. De igual modo, a Constituição previu uma diferença entre liberdade de empreendimento e liberdade contratual. A primeira permite o livre exercício da atividade econômica, mas é na segunda que exerce seu poder regulador.

Exercer livremente uma atividade econômica não quer dizer ausência de freios, pois toda atividade deve ter um propósito social. E é o legislador que vai conduzindo a atividade econômica através de leis, a fim de cumprir o projeto social determinado na Constituição Federal.

> Pode afirmar-se que a evolução do princípio do autorregramento da vontade é um processo *in fieri*, porque é a própria história da limitação jurídica aos abusos dos mais fortes e a consequente busca do equilíbrio dos poderes dos que ingressam cotidianamente nas relações negociais. (Lôbo, 2013, p. 3).

Quando a Constituição estabeleceu valores sociais, o fez para o trabalho e para a livre iniciativa, ou seja, não há atividade econômica, sob qualquer estrutura negocial, que não se submeta a uma responsabilidade social.

Segurança, saúde, incolumidade física, são certamente direitos que vinculam os contratantes no exercício do pacto obrigacional. Portanto, não há nenhum contrassenso em se exigir tais cuidados, fundando-se inclusive no dever de solidarismo contratual. Mas na hipótese do contrato entre plataformas de entrega de produtos e seus entregadores, as condutas específicas de proteção devem decorrer de lei, pois apenas o trabalho subordinado é que conta hoje com tal determinação.

A relação contratual, nascida da autonomia da vontade, sempre esteve submetida à lei. Nosso modelo jurídico atual impõe um terceiro contratante, a sociedade, na relação jurídica base. A ordem pública, os direitos fundamentais e os princípios contratuais sempre estiveram ao redor do contrato, impondo deveres aos contratantes, buscando-se o que se chamou de justiça contratual e função social do contrato. E cada contrato recebeu sua regulação a partir de princípios basilares fundamentais. Assim aconteceu com a CLT e com o CDC. Chega a hora de regular o contrato complexo da economia compartilhada.

Como bem acentua Paulo Lôbo: (2019, p. 26)

> O contrato, é, pois, fenômeno cada vez mais onipresente na vida de cada um. No entanto, não é nem pode ser categoria abstrata e universalizante, de características inalteradas em face das vicissitudes históricas. Seu significado e seu conteúdo conceptual modicificaram-se profundamente, acompanhando as mudanças de valores da humanidade, notadamente da sociedade brasileira.

É equivocada a aplicação do princípio do solidarismo contratual nos moldes em que foi realizada nas decisões judiciais em comento. A base econômica do negócio não pode ser desconsiderada na aplicação do princípio. Estipular condutas solidárias é o que determina o legislador, mas em torno do objeto do pacto. Não se pode legislar judicialmente sobre o contrato, estabelecendo vínculos jurídicos que só o legislador poderia realizar.

O fato de algo ser como é, não significa que deva permanecer sendo. Se o modelo contratual não é justo, se urge a proteção do vulnerável, se não há como se exercer a vontade livre, cabe ao legislador atuar para promover o equilíbrio contratual, impondo aos contratantes deveres específicos de conduta que promovam a dignidade humana, pois essas são as bases constitucionais do contrato no Brasil. É por isso que criamos o princípio do solidarismo contratual.

Paradoxalmente o contrato firmado entre entregadores e aplicativos tem produzido algo que umbilicalmente nasceu para negar: uma desigualdade social. Como ideia inicial, o novo modelo de negócios sempre teve o propósito de transformar todas as pessoas em dono das riquezas produzidas em determinada atividade econômica, pondo fim ao modelo industrial onde o dono do capital se beneficiava infinitamente mais que o dono do trabalho.

Parecia ser a realização de um sonho ter uma possibilidade de negócio onde fosse possível o lucro compartilhado, o fim de atravessadores e a conexão direta entre as pessoas interessadas em determinado produto ou serviço. Tudo isso produzindo inclusive sustentabilidade.

Mas o que deu errado?

Certamente a ausência do legislador, bem como o fato de que o direito tende a não acompanhar a celeridade das relações sociais, especialmente nas relações privadas.

É preciso resgatar o valor social do trabalho, determinado como fundamento da República, seja ele subordinado ou empreendedor. Não é só o trabalho subordinado que deve contar com dignidade, mas todo e qualquer labor, ainda que exercido de forma autônoma.

É nesse cenário que Eroulths Cortiano (2006, p. 101) atenta para a construção de um novo direito civil, fundador de uma nova realidade jurídica. Diz ele que o "direito civil clássico, formatado segundo as necessidades de uma outra sociedade e de um outro mundo, não dá conta dessa nova realidade, desses novos tempos." O autor destaca a quarta fundação do direito civil hoje em construção: a fundação de "um direito civil de acesso. Um direito civil de dignidade".

O autor nos ensina que o mundo das certezas, típico da sociedade de trocas do século XIX, asseguradas na apropriação de bens e proeminência dos pactos, marcaram a construção jurídica da modernidade Havia um direito claro para um mundo de segurança, mundo esse que foi superado com o final do século XX.

> A sociedade de massas e de consumo é marcada pela impessoalidade concreta e pela relevação dos valores humanos; tal sociedade escondia a pessoa. A recuperação desta noção de pessoa passa a ser essencial: um sujeito inserido historicamente, com suas fomes, paixões e desejos. Com relações, projetos e planos. Carente de trocas afetivas e de refúgios que lhe devolvam a autonomia, a personalidade e a humanidade. Cortiano (2006, p. 102)

Os contratos da economia do compartilhamento trazem essa característica de massa, de adesão, um elemento que conhecemos nas relações de consumo. mas consumo não é. Traz essa despersonalização, maculam a vontade livre, mas não são contratos de trabalho subordinado. E é justamente esse modelo híbrido e inovador que causa tanta dificuldade na adequação aos padrões contratuais já tutelados de forma específica.

O novo não deve impor medo, nem resistências. Os tempos se renovam, as relações jurídicas também. Por isso deve se renovar a atividade legislativa. Com um modelo de negócio inovador, baseado em legislação adequada, materializando-se o equilíbrio de forças e a dignidade da pessoa humana, teremos plena certeza em repetir o slogan dessa nova era: "curte e compartilha". Mas acrescentando-se "porque aqui se tem justiça contratual".

4. REFERÊNCIAS

CORTIANO, Erouths. As quatro fundações do direito civil: ensaio preliminar. *Revista da Faculdade de Direito UFPR*. v. 45. 2006.

LÔBO, Paulo Luiz Netto. *Direito Civil: contratos*. 5 ed. Saraiva: São Paulo, 2019.

LÔBO, Paulo Luiz Netto. Direito contratual e constituição. *Jus Navigandi*, Teresina, ano 4, n. 44, ago. 2000. Disponível em: http://jus2.uol.com.br/doutrina/texto.asp?id=563. Acesso em: 25 abr. 2020.

LÔBO, Paulo Luiz Netto. Autorregramento da vontade – um insight criativo de Pontes de Miranda. *Jus Navigandi*, Teresina, ano 18 (/revista/edicoes/2013), n. 3748 (/revista/edicoes/2013/10/5),5(/revista/edicoes/2013/10/5)out. (/revista/edicoes/2013/10) 2013 (/revista/edicoes/2013). Disponível em: http://jus.com.br/artigos/25357. Acesso em: 25 abr. 2020.

RODOTÀ, Stefano. L'antropologia dell'homo dignus. *Civilistica.com*. Rio de Janeiro, a. 2, n. 1, jan.--mar./2013. Disponível em: http://civilistica.com/antropologia-homo-dignus/.Acesso em: 25 mar. 2020.

SCHREIBER, Anderson. Direito Civil e Constituição. In: KONDER, Carlos Nelson; SCHREIBER, Anderson (Coord.). *Direito Civil Constitucional*. São Paulo: Gen. Atlas, 2016.

TERRA, Aline de Miranda Valverde. Liberdade do intérprete na metodologia civil constitucional. In: KONDER, Carlos Nelson; SCHREIBER, Anderson (Coord.). *Direito Civil Constitucional*. São Paulo: Gen. Atlas, 2016.

VULNERABILIDADE DA CRIANÇA E DO ADOLESCENTE E A (IN) CONSTITUCIONALIDADE DA LEI DE ALIENAÇÃO PARENTAL

Camila Buarque Cabral

Mestre em Direito Privado pela UFPE. Professora Universitária. Pesquisadora do Grupo de Pesquisa Constitucionalização das Relações Privadas (CONREP/UFPE). Advogada com especialidade em Direito de Família e Sucessões.

Karina Barbosa Franco

Mestre em Direito Público pela UFAL. Professora Universitária. Membro do IBDFAM e IBDCIVIL. Pesquisadora do Grupo de Pesquisa Constitucionalização das Relações Privadas (CONREP/UFPE).

Sumario: 1. Introdução. 2. A vulnerabilidade da criança e do adolescente no âmbito das relações parentais. 2.1 Princípio do melhor interesse da criança e do adolescente. 2.2 Princípio da paternidade responsável. 3. A lei de alienação parental. 3.1 Ação Direta de Inconstitucionalidade 6273. 3.2 O escopo da legislação. 4. Conclusão. 5. Referências.

1. INTRODUÇÃO

A partir da Constituição Federal de 1988, tem-se a clara percepção que o legislador se preocupou com o aspecto da vulnerabilidade em relação à entidade familiar e todos os membros que a integram, com inegável destaque para a prioridade de tutela das crianças e adolescentes, sujeitos dotados de novo *status* de direito – pessoa em regular processo de desenvolvimento com autonomia pessoa e ética.

No ordenamento pátrio, crianças e adolescentes são pessoas em desenvolvimento, abandonando-se a concepção de serem tratados como meros objetos sujeitos à intervenção estatal quando se encontravam em uma situação irregular, justificando a tutela em consonância com a doutrina da proteção integral e com prioridade absoluta.

Por conta da fragilidade, não têm capacidade de se autodesenvolver nos aspectos intelectual, moral, social e afetivo, como também atender às suas necessidades básicas, razão pela qual são vulneráveis e necessitam de cuidados especiais. E na parentalidade, "o filho é sujeito a uma relação entre desiguais, caracterizada, tipicamente, pela vulnerabilidade e pela dependência do segundo em relação aos primeiros, uma vez que se trata de pessoa em formação"[1].

---

1. LAGE, Juliana de Sousa Gomes. Dano moral e alienação parental. In: TEIXEIRA, Ana Carolina Brochado; DADALTO, Luciana. (Coord.). *Autoridade Parental*: dilemas e desafios contemporâneos. Indaiatuba, SP: Foco, 2019, p. 141-142.

Partindo da análise das relações parentais que envolvem crianças e adolescentes, sobressaem-se dois princípios norteadores que buscam orientar as relações e decisões: o do melhor interesse e o da parentalidade responsável. O primeiro, previsto na Convenção Internacional dos Direitos da Criança em 1989, e em âmbito nacional, disposto no art. 227, *caput*, da Constituição Federal de 1988, e no Estatuto da Criança e do Adolescente, aliado ao princípio da proteção integral, previsto nos arts. 3º e 4º do mesmo Estatuto. O segundo, com fundamento no art. 226, § 7º, no art. 229 da Constituição Federal de 1988 e no Código Civil, nos arts. 1.566, IV e 1.634, II, que consubstanciam a responsabilização dos pais pela criação, assistência e educação dos filhos, o que se denominou "dever de cuidado" pela ministra Nancy Andrighi no REsp n. 1.159.242/SP.

Ambos os princípios estão interligados com o exercício da autoridade parental, que deve nortear o interesse dos filhos, e não em proveito dos próprios genitores, como será visto ao longo da pesquisa.

Ocorre que mesmo diante da observância destes parâmetros nas relações parentais que envolvem filhos menores, diante do rompimento conjugal ou convivencial entre os pais, o processo de separação pode ensejar um cenário grave que é a alienação parental.

No Brasil, a divulgação deste tema passou a ter maior atenção do Poder Judiciário por volta de 2003, quando surgiram as primeiras decisões reconhecendo este fenômeno, muito mais antigo. Esta percepção começou a tomar corpo por conta da maior participação das equipes interdisciplinares nos processos, culminando na publicação da Lei n. 12.318/10, que conceitua alienação parental no seu art. 2º, elenca, de forma exemplificativa, diversas formas de sua ocorrência e prevê penalidades para o genitor alienador.

O debate sobre a alienação parental é sempre necessário, atual e tem relevância social e jurídica, cuja ocorrência fere, frontalmente, o direito fundamental da criança e do adolescente à convivência familiar saudável, prejudicando o vínculo de afeto nas relações com os genitores e com o grupo familiar, configurando, ainda, abuso moral pelo descumprimento dos deveres inerentes à autoridade parental e precisa ser identificada para tornar efetivo o comando constitucional que assegura às crianças e aos adolescentes proteção integral com prioridade absoluta, além de ser resguardado o direito fundamental à convivência familiar saudável.

Diante deste contexto familiar e jurídico, a pesquisa se propõe a analisar e enfrentar o tema da alienação parental e se as medidas previstas na legislação citada têm o condão de cessar as condutas alienantes e restaurar a convivência familiar entre pais e filhos, dando plena efetividade aos princípios do melhor interesse e da paternidade efetivamente responsável. Ou se, ao revés disso, vão de encontro aos ditames preconizados na constituição brasileira para proteção da criança e do adolescente nas relações parentais, contrastando com a arguição de inconstitucionalidade da referida lei por meio da Ação Direta n. 6273.

Para a pesquisa foram utilizadas várias fontes bibliográficas como livros, artigos científicos, decisões e a legislação específica.

2. A VULNERABILIDADE DA CRIANÇA E DO ADOLESCENTE NO ÂMBITO DAS RELAÇÕES PARENTAIS

Com o advento do Estado Social, ao longo do século XX, a faceta intervencionista do estado, além de interferir no destino da economia, passa a intervir nas relações privadas, a fim de garantir inclusão e equidade aos considerados vulneráveis nessas interrelações.

Assim, o que antes era matéria restrita ao interesse privado, passa a ser alvo da intervenção do Estado, com o fito de garantir a igualdade e a legitimidade nas relações jurídicas interprivadas, sobretudo com o fenômeno da constitucionalização dos direitos privados, com o qual se abandonou a rígida distinção legislativa, projetada na dicotomia entre a constituição estatal – a Constituição Federal, e a constituição dos particulares – o Código Civil. Nesse sentido é que Eugênio Facchini afirma:

> ao contrário de uma concepção liberal, que vislumbrava na Constituição apenas um limite ao poder político, sem afetar as relações privadas, regidas pela legislação infraconstitucional, o constitucionalismo contemporâneo atribui à Constituição a função de modelar também as relações sociais e econômicas.[2]

Assim, institutos que eram matéria restrita aos códigos privados ganham status constitucional, como resultado da consolidação do Estado Democrático Brasileiro e o fenômeno da constitucionalização, inaugurando uma ótica, na qual,

> O significado mais importante é o da aplicação direta das normas constitucionais, máxime os princípios, quaisquer que sejam as relações privadas (...). Portanto, as normas constitucionais sempre serão aplicadas em qualquer relação jurídica privada, seja integralmente, seja pela conformação das normas infraconstitucionais.[3]

No ambiente familiar, desde a primeira Constituição social, a de 1934, a família é destinatária de normas crescentemente tutelares, que asseguram a liberdade e a igualdade material entre seus membros. Situação que se consumou com a Constituição de 1988, que reduziu, ou mesmo eliminou, ao menos no plano jurídico, o elemento despótico existente no seio da família brasileira.[4]

O marco histórico pode ser atribuído à Declaração Universal dos Direitos do Homem, votada pela ONU, em 10 de dezembro de 1948, quando esclareceu em seu artigo 16.3 que "A família é o núcleo natural e fundamental da sociedade e tem direito à proteção da sociedade e do Estado."[5] No mesmo caminhar, seguiu a atual Constituição Federal Brasileira, no seu artigo 226, ao definir que "A família, base da sociedade, tem especial proteção do Estado."[6]

---

2. FACCHINI NETO, Eugênio. Reflexões histórico-evolutivas sobre a constitucionalização do direito privado. In: SARLET, Ingo Wolfgang. (Org.).*Constitucionalização, Direitos Fundamentais e Direito Privado*. Porto Alegre: Livraria do Advogado, p. 13-62, 2006, p. 46.
3. LÔBO, Paulo. *Direito Civil*: Parte Geral. 2. ed. São Paulo: Saraiva, 2010, p. 64.
4. LÔBO, Paulo. *Direito Civil*: Famílias. 2. ed. São Paulo: Saraiva, 2009, p. 4.
5. ORGANIZAÇÃO DAS NAÇÕES UNIDAS. *Declaração Universal dos Direitos do Homem*. Disponível em: www.ohchr.org/EN/UDHR/Documents/UDHR_Translations/por.pdf. Acesso em: 20 jul. 2014.
6. BRASIL. *Constituição Federal de 1988*. Art. 226. Brasília – DF, 5 out. 1988. Disponível em: www.planalto.gov.br/ccivil_03/constituicao/constituicaocompilado.htm. Acesso em: 20 jul. 2014.

As relações entre os membros da família passam a ser definidas, não com base em critérios patrimoniais, mas a partir de princípios como o da solidariedade e afetividade. O seio familiar ganha ares de ambiente de realização pessoal e afetiva de seus componentes. Marca-se o deslocamento definitivo da função econômica-política-religiosa para essa nova atribuição, fenômeno intitulado como repersonalização, que "valoriza o interesse da pessoa humana mais do que suas relações patrimoniais. É a recusa da coisificação ou retificação da pessoa, para ressaltar sua dignidade."[7]

Os contornos do poder familiar, adstrito ao poder do pai sobre a prole, nesse ínterim, dissolve-se para fixar-se no exercício da autoridade de ambos, pai e mãe, sobre os filhos e adstrito aos interesses dos filhos. Solidifica-se, então, a atual configuração familiar, na qual cabem aos genitores o exercício do poder familiar/autoridade parental, como garantia da manutenção material, do afeto e do cuidado na construção da personalidade e identidade do filho.

Não se tratou, entretanto, de um mero deslocamento de centro de poder, do pai para os genitores, foi-se além e condicionou-se o exercício do poder familiar ao melhor interesse dos filhos menores. Configurando-se, assim, atualmente, mais como deveres que poderes, propriamente ditos, conforme consagrado na Constituição Federal, nos seus artigos 227 e 229, ao delimitar expressamente as obrigações exigíveis, com absoluta prioridade, dos pais para com seus filhos menores.

Também o Código Civil de 2002 consagra, em seus dispositivos, o exercício do poder familiar, como um conjunto de deveres inerentes aos pais para com sua prole, desconstruindo por definitivo a ideia de direitos e poderes dos pais sobre seus filhos. O capítulo XI, denominado "Da Proteção da Pessoa dos Filhos", com normas visando a resguardar a pessoas dos filhos menores, após o fim da união conjugal dos pais, consagra a proteção integral dessas personalidades em formação independente do interesse de seus genitores.

Além disso, os deveres constitutivos do poder familiar não se restringem a obrigações de manutenção material, mas abrangem o dever de assegurar à criança e ao adolescente o direito "à dignidade, ao respeito, à liberdade e à convivência familiar e comunitária, além de colocá-los a salvo de toda forma de negligência, discriminação, exploração, violência, crueldade e opressão"[8].

A responsabilidade dos pais com sua prole consiste, assim, principalmente em dar oportunidade ao desenvolvimento dos filhos e em ajudá-los na construção da própria liberdade.[9] Trata-se de deveres de cunho existencial a possibilitar o pleno desenvolvimento humano dessas pessoas em formação, consagrando-se o princípio maior da Carta Magna, o da dignidade da pessoa humana (artigo 1º, inciso III, da Constituição de 1988).

Nesse âmbito é que tem se caracterizado e compreendido as relações entre pais e seus filhos menores: voltadas a garantir um desenvolvimento social, psíquico e físico pleno a essas pessoas em processo de formação de suas personalidades e que, portanto,

---

7. LÔBO, Paulo. *Direito Civil*: Famílias. 2 ed. São Paulo: Saraiva, 2009, p. 11-12.
8. BRASIL. *Constituição Federal de 1988*. Art. 227. Brasília – DF, 5 out. 1988. Disponível em: www.planalto.gov.br/ccivil_03/constituicao/constituicaocompilado.htm. Acesso em: 20 jul. 2014.
9. HIRONAKA, Giselda Maria F. N. *Responsabilidade civil na relação paterno-filial*. Disponível em: jus2.uol.com.br/doutrina/texto.asp?id=4192&p=2. Acesso em: 18 nov. 2009.

gozam de prioridade absoluta na proteção integral de seus interesses; e calcadas numa parentalidade responsável, onde se incluam os deveres de cunho material, ligados à manutenção e sobrevivência da prole, mas, sobretudo, os deveres de cunho existencial ou moral.

Passa-se, pois, à análise de cada uma dessas características que compõem e definem os contornos atuais das relações paterno-filiais e sobre os quais devem pautar-se o exercício da parentalidade nos ditames do ordenamento brasileiro.

2.1 Princípio do melhor interesse da criança e do adolescente

Diante da repersonalização do direito, a família, enquanto instituição, perdeu sua importância, prevalecendo como "*locus* do amor, sonho, afeto e companheirismo"[10], como ambiente de valorização de seus membros. Nesta toada, a criança ou o adolescente, pessoa em processo de desenvolvimento de sua personalidade, sem autonomia para dirigir-se, ganha especial destaque, carecendo que lhe sejam garantidos direitos e fixadas diretrizes mínimas para sua educação, saúde e bem-estar.

Assim, a ordem jurídica brasileira também consagrou, mormente com a Constituição Federal de 1988, conferindo à criança e ao adolescente proteção prioritária, com normas e princípios específicos. Lançou mão, então, para essas pessoas em formação de uma nova diretriz, a doutrina da proteção integral, amparada no princípio do melhor interesse da criança e do adolescente.

O princípio do melhor interesse da criança tem respaldo internacional, haja vista integrar a Declaração Universal dos Direitos da Criança[11], proclamada em 20/11/1959, e a Convenção sobre os Direitos da Criança[12], ratificada pelo Brasil por conduto do Decreto Legislativo n. 28, de 14/09/1990, e promulgada pelo Decreto Presidencial n. 99.710, de 21/11/1990. Mais importante é destacar que ele integra um sistema de proteção muito mais abrangente, no qual as crianças e adolescentes são reconhecidos como sujeitos de direitos e não meros objetos de intervenção no mundo adulto. Nesse sentido:

> Os direitos fundamentais sugerem a ideia de limitação e controle dos abusos do próprio Estado e de suas autoridades constituídas, valendo, por outro lado, como prestações positivas a fim de efetivar na prática a dignidade da pessoa humana. Esta compreensão incide, igualmente, sobre os direitos fundamentais de criança e adolescente, os quais sustentam um especial sistema de garantias de direitos, sendo a efetivação desta proteção dever da família, da sociedade e do Estado[13].

---

10. VILLELA, João Batista apud CUNHA PEREIRA, Rodrigo da. *Princípios Fundamentais e norteadores para a organização jurídica da família*. Curitiba: Tese de doutorado em direito da Universidade Federal do Paraná, 2004, p. 90.
11. *Declaração Universal dos Direitos da Criança* – PRINCÍPIO 2º: A criança gozará proteção social e ser-lhe-ão proporcionadas oportunidade e facilidades, por lei e por outros meios, a fim de lhe facultar o desenvolvimento físico, mental, moral, espiritual e social, de forma sadia e normal e em condições de liberdade e dignidade. Na instituição das leis visando este objetivo levar-se-ão em conta sobretudo, os melhores interesses da criança.
12. Convenção sobre os Direitos da Criança – Artigo 3º: 1. Todas as ações relativas às crianças, levadas a efeito por instituições públicas ou privadas de bem estar social, tribunais, autoridades administrativas ou órgãos legislativos, devem considerar, primordialmente, o interesse maior da criança.
13. MULLER, Crisna Maria. *Direitos Fundamentais*: a proteção integral de crianças e adolescentes no Brasil. Disponível em: www.ambito-juridico.com.br/site/index.php?n_link=revista_artigos_leitura&artigo_id=9619. Acesso em: 08 nov. 2011.

Sob a ótica da família, na medida em que o poder dos genitores sobre a prole afastou-se de um monopólio patriarcal para transformar-se em poder exercido pelos pais em isonomia de tratamento, foi-se além, e condicionou-se o seu exercício ao melhor interesse dos filhos. Nesse sentido é que se configura mais como deveres que poderes, propriamente ditos, conforme consagrado na Constituição Federal, nos seus arts. 227 e 229, ou nas palavras de Fabíola Lôbo: "diz respeito a um poder-dever, a um múnus público incumbido aos pais, porém seu exercício é no interesse dos filhos"[14].

Entretanto, o significado de "melhor interesse das crianças e dos adolescentes" não é de fácil identificação, por sofrer influência das contingências das diferentes estratégias empregadas por cada um dos meios chamados a intervir no meio familiar: judiciário, psicólogos, assistentes sociais, psiquiatras[15]. Assim, pode-se dizer que o critério do melhor interesse da criança e do adolescente só adquire eficácia quando se está diante da situação concreta e de acordo com as diretrizes preconizadas por cada uma desses atores envolvidos.

Não seria excesso de casualidade afirmar que o conceito do melhor interesse da criança e do adolescente não pode ser predefinido. Isso porque os princípios, diferentemente das normas, não trazem em seu conteúdo conceitos predeterminados, ao revés disso, por serem *standards* de justiça e moralidade, os princípios devem ter seu conteúdo preenchido em cada circunstância da vida, com as concepções próprias dos contornos que envolvem o caso em análise[16]. Com conteúdo aberto, portanto, o conceito de "melhor interesse" pode, e deve, sofrer variações no tempo e no espaço, sob pena de ver-se fadado a não garantir o que, no caso concreto, esboça-se como melhor para a criança ou adolescente envolvido.

No entanto, as diretrizes para nortearem a percepção do melhor interesse da criança e do adolescente encontram-se, sim, consolidadas. Primeiro, nos princípios definidos na Declaração Universal dos Direitos da Criança, quando outorgam a todas as crianças, sem qualquer exceção, distinção ou discriminação, todos os direitos e proteções ali enunciados[17]. Segundo, na Constituição Federal, nas normas que disciplinam especificamente sobre a matéria, bem como nos princípios, como a dignidade da pessoa humana e a igualdade. E, terceiro, no Estatuto da Criança e do Adolescente, especificamente, quando prevê os direitos e garantias fundamentais dos menores.

Nesse pisar, disciplina a norma estatutária que, além de detentores dos direitos fundamentais aplicáveis a toda e qualquer pessoa, são as crianças e adolescentes alvo de proteção integral e de "todas as oportunidades e facilidades, a fim de lhes facultar o

---

14. ALBUQUERQUE, Fabíola Santos. As perspectivas e o exercício da guarda compartilhada na separação consensual e litigiosa. In: DEL'OLMO, Florisbal de Souza; ARAÚJO, Luís Ivani de Amorim. (Coord.). *Direito de família contemporâneo e novos direitos*: estudos em homenagem ao Professor José Russo. Rio de Janeiro: Forense, p. 23-34, 2006, p. 23.
15. LEITE, Eduardo de Oliveira apud MADALENO, Rolf. Guarda Compartilhada. In: IBIAS, Delma Silveira (Coord.). *Família e seus desafios*: reflexões pessoais e patrimoniais. Porto Alegre: IBDFAM/RS, p. 114-135, 2012, p. 114.
16. CUNHA PEREIRA, Rodrigo da. *Princípios Fundamentais e norteadores para a organização jurídica da família*. Curitiba: Tese de doutorado em direito da Universidade Federal do Paraná, 2004, p. 91.
17. ORGANIZAÇÃO DAS NAÇÕES UNIDAS. *Declaração dos Direitos da Criança*. Assembleia das Nações Unidas de 20 nov. 1959. Disponível em: www.direitoshumanos.usp.br/index.php/Crian%C3%A7a/declaracao-dos-direitos--da-crianca.html. Acesso em: 20 jul. 2014.

desenvolvimento físico, mental, moral, espiritual e social, em condições de liberdade e de dignidade"[18]. O artigo 4º, corroborando, consolida não apenas como dever do Estado e da sociedade, mas, especificamente, da comunidade e da família, assegurar com absoluta prioridade, a efetivação dos direitos das crianças e dos adolescentes, no que se refere "à vida, à saúde, à alimentação, à educação, ao esporte, ao lazer, à profissionalização, à cultura, à dignidade, ao respeito, à liberdade e à convivência familiar e comunitária"[19].

Infere-se, portanto, três paradigmas que deverão dirigir o melhor interesse da criança ou do adolescente: primeiro, que eles são detentores de todos os direitos fundamentais assegurados à pessoa humana; segundo, gozam da proteção integral previstas nas normas do Estatuto da Criança e do Adolescente; e terceiro, a eles são garantidos todos os meios necessários para um desenvolvimento pleno em situação de liberdade e dignidade.

Tais determinações deverão nortear a interpretação dos contornos do melhor interesse da criança e do adolescente, em cada caso concreto posto à apreciação do Poder Judiciário, além de servir de norte para a compreensão do ordenamento jurídico pátrio e para dirigir a atividade legislativa. Tal tratamento diferenciado encontra respaldo na própria condição desses entes, pessoas em formação, que exigem do Estado, da sociedade e da família um sistema especial de proteção a assegurar seu pleno desenvolvimento e a consolidação de suas personalidades, como forma de equilibrar a desigualdade de fato e garantir-se uma igualdade material.

Não obstante as diretrizes postas acima, que delimitam o conceito do melhor interesse da criança e do adolescente, ainda desponta a dificuldade de identificá-lo nas contingências de um litígio judicial, sobretudo em disputas de guardas e fixação de regime de convivência, nas quais litigam partes igualmente legitimadas, *a priori*, a conduzir os interesses do menor.

O princípio do melhor interesse e o bem-estar da criança ou do adolescente deverão ser os critérios definidores da guarda dos filhos após o fim da união afetiva entre seus pais, também, o fim visado para dar efetividade ao regime de convivência estabelecido. Isso porque "a autoridade parental se afastou inteiramente de um poder dos pais e de um dever dos filhos, dirigindo-se para uma relação onde os genitores devem tutelar a personalidade dos rebentos e trabalhar para a construção da autonomia e responsabilidade"[20].

Assim é que se pode definir o interesse do menor também como um critério de controle, isto é, um instrumento que permite vigiar o exercício da autoridade parental visando à preservação do menor antes dos interesses e direitos dos seus genitores; e também como um critério de solução, no sentido de que, em caso de disputas judiciais,

---

18. BRASIL. Lei 8.069, de 13 de julho de 1990. Dispõe sobre o Estatuto da Criança e do Adolescente e dá outras providências. *Diário Oficial da União*, Brasília – DF, 16 jul. 1990. Disponível em: www.planalto.gov.br/ccivil_03/leis/l8069.htm. Acesso em: 20 jul. 2014.
19. BRASIL. Lei 8.069, de 13 de julho de 1990. Dispõe sobre o Estatuto da Criança e do Adolescente e dá outras providências. *Diário Oficial da União*, Brasília – DF, 16 jul. 1990. Disponível em: www.planalto.gov.br/ccivil_03/leis/l8069.htm. Acesso em: 20 jul. 2014.
20. TEIXEIRA, Ana Carolina Brochado apud MADALENO, Rolf. Guarda Compartilhada. In: IBIAS, Delma Silveira (Coord.). *Família e seus Desafios*: reflexões pessoais e patrimoniais. Porto Alegre: IBDFAM/RS, p. 114-135, 2012, p. 114.

a atribuição da autoridade parental e do exercício de suas prerrogativas depende da apreciação feita pelo magistrado da efetiva realização do interesse do menor[21].

Trata-se não somente de estabelecer uma diretriz para se fixar as soluções dos conflitos judiciais, mas implica uma efetiva busca de mecanismos eficazes para tornar concretos os melhores interesses dos menores envolvidos, ao que também se denomina aspecto "adjetivo" do princípio do melhor interesse[22] e onde reside o critério orientador para análise da efetividade de um sistema normativo.

Nesses termos, para se atender ao melhor interesse da criança é preciso lançar mão de todo e qualquer mecanismo que vise a assegurar um desenvolvimento, físico, mental e social efetivamente pleno a essas pessoas em especial fase de formação suas personalidades. Atender ao melhor interesse da criança e do adolescente ressalta, ainda, com maior relevância, quando é seu sentido que dá contornos e justificativa a outro importante princípio, o da paternidade efetivamente responsável.

2.2 Princípio da paternidade responsável

A abrangência das relações parentais, nos ditames do atual ordenamento jurídico pátrio, passa pela compreensão das responsabilidades dos genitores sobre a prole e pelo princípio da paternidade responsável, um desdobramento dos princípios da dignidade da pessoa humana, da responsabilidade e da afetividade[23], mas que detém a condição de princípio autônomo.

Com evidente cunho político e social, o princípio da paternidade responsável define os liames das responsabilidades dos genitores com os filhos, diante da sobrelevada importância das funções parentais para o adequado desenvolvimento da criança e do adolescente, pessoas em especial fase de desenvolvimento e detentoras de absoluta prioridade, consoante visto no item anterior.

Inicialmente, cabe a ressalva de que mais adequado para definir o princípio da paternidade responsável é a expressão "parentalidade responsável", tendo em vista que o termo "paternidade" indica somente a condição ou qualidade de pai ou o tipo de parentesco que vincula pais e filhos, enquanto que "parentalidade" consegue englobar todo o alcance do princípio, que se destina aos pais, ou seja, ao homem e à mulher e ao casal que, no exercício do projeto parental, têm deveres de cuidado para com os filhos.[24]

Diferentemente da concepção de pátrio poder, nos quais se acentuava o escopo formal da autoridade parental sobre os filhos, de representação ou assistência, o dever de obediência dos filhos e a evidente desigualdade paterno-filial; a atual con-

---

21. LEITE, Eduardo de Oliveira. apud CEZAR-FERREIRA, Verônica A. da Motta. *Família, separação e mediação: uma visão psicojurídica*. 3 ed. São Paulo: Método, 2011, p. 128.
22. LAURIA, Flávio Guimarães apud CUNHA PEREIRA, Rodrigo da. *Princípios Fundamentais e norteadores para a organização jurídica da família*. Curitiba: Tese de doutorado em direito da Universidade Federal do Paraná, 2004, p. 95.
23. CUNHA PEREIRA, Rodrigo da. *Princípios Fundamentais norteadores do direito de família*. 2 ed. São Paulo: Saraiva, 2012, p. 105.
24. BARBOZA, Heloisa Helena. apud AMATO, Gabriela Cruz. A Alienação Parental enquanto elemento violador dos direitos fundamentais e dos princípios de proteção à criança e ao adolescente. *Revista Síntese Direito de Família*, São Paulo, Síntese, v. 14, n. 75, p. 60-77, dez./jan., 2013, p. 70.

figuração do poder familiar abandonou o autoritarismo pelo afeto e a solidariedade, porquanto a entidade familiar pressupõe laços de afetividade e ambiente harmonioso indispensáveis ao desenvolvimento sadio dos filhos, a fim de contribuir para sua formação digna.[25]

Sobretudo nas disposições constitucionais e estatutárias, deixa-se saliente que "o relacionamento entre os genitores e o filho passou a ter como objetivo maior tutelar a sua personalidade e, portanto, o exercício dos seus direitos fundamentais, para que possa, neste contexto, edificar sua dignidade enquanto sujeito."[26] Lança-se a perspectiva do poder familiar enquanto poder/dever para abranger sua função de instrumento de construção das autonomias dos filhos e de realização de suas personalidades.

Considerando-se que os filhos são sujeitos de direitos e não meros objetos da intervenção do mundo adulto, não podem ser sujeitos passivos da relação com os pais e sim sujeitos ativos de suas próprias histórias, resultado do seu direito fundamental à liberdade, consoante os artigos 15 e 16, do Estatuto da Criança e do Adolescente. Sob essa ótica é que devem ser entendidos, portanto, os deveres de assistência, de criação e de educação dos pais para com os filhos menores como dispõe o art. 229 da Constituição Federal/88. Amparados em parâmetros eminentemente existenciais, e não somente patrimoniais, em que a criança e o adolescente revelam-se em primeiro plano como pessoas, detentoras de personalidade e autonomia, ainda que em processo de formação.

No mesmo pisar, a doutrina italiana é bastante instrutiva ao disciplinar que, na educação dos filhos, os pais devem buscar os seus reais interesses, independente de suas vontades próprias, considerando-os como um potencial portador de valores pessoais conexos à formação de um homem livre.[27]

E os liames do exercício de uma parentalidade efetivamente responsável tornam-se latentes após o fim da união afetiva entre os genitores, posto que para os filhos a separação de seus genitores sempre terá um significado negativo, ainda que detenham maturidade suficiente[28]. Diante deste cenário, o papel dos genitores, no exercício de suas funções de criação, educação e assistência aos filhos, é minimizar os danos à prole e tornar a vivência da separação conjugal o menos prejudicial possível.

Os pais não exercem poderes e competências privados, mas direitos vinculados a deveres cujos titulares são os filhos. Enquanto estreitamente funcionalizado ao interesse do menor e à formação de sua personalidade, o exercício do poder familiar evolui no curso da formação da sua personalidade[29], pois o desenvolvimento sadio de uma criança ou adolescente pressupõe mais que sustento material, abarcando o afeto e a participação

---

25. MENEZES DA SILVA, Priscilla. *A Amplitude da Responsabilidade Familiar*: da indenização por abandono afetivo por consequência da violação do dever de convivência. Disponível em: www.ibdfam.org.br/?artigos&artigo=617. Acesso em: 10 abr. 2011.
26. TEIXEIRA, Ana Carolina Brochado. *Família, guarda e autoridade parental*. Rio de Janeiro: Renovar, 2005, p. 130.
27. TRABUCCHI. Alberto apud TEIXEIRA, Ana Carolina Brochado. *Família, guarda e autoridade parental*. Rio de Janeiro: Renovar, 2005, p. 134.
28. FIORELLI, J. O.; Mangini, R. C. R. apud MENDES, Josimar Antônio de Alcântara. *Reflexões sistêmicas sobre o olhar dos atores jurídicos que atuam nos casos de disputa de guarda envolvendo alienação parental*. Brasília/DF: Dissertação de mestrado em Psicologia da Universidade de Brasília, 2013, p. 50.
29. LÔBO, Paulo. *Direito civil*: famílias. 2 ed. São Paulo: Saraiva, 2009, p. 278.

efetiva em sua vida de ambos os genitores, com quem adquirirão o conhecimento teórico e empírico para construção plena da sua personalidade.

É, portanto, inerente e indissociável ao princípio da responsabilidade parental, o dever de garantir à criança e ao adolescente uma convivência familiar plena, independente do fim da relação amorosa entre seus pais. O exercício da parentalidade responsável, diante da separação entre os genitores, está, portanto, intrinsecamente relacionado à garantia da manutenção do afeto dos filhos com seus pais. O fenômeno da alienação parental surge, exatamente, como uma afronta a esses ditames intrínsecos aos deveres parentais, o que se passa a detalhar no item seguinte.

3. A LEI DE ALIENAÇÃO PARENTAL

O termo alienação remete à etimologia latina, *alienatio* ou *alienationis*, que significa: transmissão legal de uma propriedade, alienação, cessão, venda; desvio de conduta, alienação (do espírito), loucura; distanciamento, defecção, desafeto, desinteligência, desunião, separação, ruptura, divisão, aversão[30]. Afastando-se das noções atribuídas ao termo no que se refere à propriedade, é possível apreender-se o sentido, que se pretende entoar quando se faz menção à expressão Alienação Parental: "se tornar estranho a" ou "animosidade em relação à outra pessoa".

Enquanto fenômeno social, a alienação parental é antiga, mas há autores, que remonta sua origem à instituição da guarda compartilhada, com a Lei n. 11.698, de 13 de junho de 2008, quando se passou a ver de forma equânime a importância do pai e da mãe na vida da criança ou do adolescente e que primordial seria o interesse do filho para se decidir o regime de guarda[31].

Sob esse argumento, apesar do inegável avanço trazido com a lei que disciplinou a guarda compartilhada, os pais, incapazes de entrarem em consenso após o fim, muitas vezes conflituoso, da relação conjugal, levavam o conflito aos tribunais, onde se inicia uma disputa, cujo objetivo é demonstrar que o outro é um mau genitor. Nessas situações, o foco da disputa distancia-se do bem estar do filho e este se torna um instrumento de barganha e vingança pela relação desfeita.

Foi, entretanto, identificada academicamente pela primeira vez em 1985, nos Estados Unidos, pelo professor de Psiquiatria Clínica do Departamento de Psiquiatria Infantil da Universidade de Columbia, Richard Gardner, que o definiu como um processo que consiste em programar uma criança para que odeie um de seus genitores, sem justificativa.[32]

O tema alcançou o Poder Judiciário, nas disputas de guarda e regulamentações de visitas, deparando-se o magistrado com denominações, conceitos e significados, muitas vezes emprestados das outras áreas do conhecimento, como a psiquiatria ou a psicologia,

---

30. GOUDARD, Bénédicte. *A Síndrome de Alienação Parental*. Lyon: Tese de doutorado em medicina da Universidade Claude Bernard-Lyon, 2008, p. 09.
31. PODEVYN, François. *Síndrome de Alienação Parental*. Tradução para Português: APASE Brasil. Disponível em: www.pailegal.net/fatpar.asp?rvTextoId=103277923. Acesso em: 03 abr. 2010.
32. GARDNER, Richard A. apud PODEVYN, François. *Síndrome de Alienação Parental*. Tradução para Português: APASE Brasil. Disponível em: www.pailegal.net/fatpar.asp?rvTextoId=103277923. Acesso em: 03 abr. 2010.

para os quais a legislação brasileira não possuía uma solução pronta ou sequer conceitos jurídicos.

Assim foi que, na busca de formalizar os aspectos discutidos em torno do tema, o legislador brasileiro promulgou, em 26 de agosto de 2010, a Lei n. 12.318, que tratou expressamente, pela primeira vez, no âmbito legal, sobre a matéria. E logo no artigo 2º do referido diploma legal, apresenta um conceito para o ato de alienação parental, definindo-o como a

> interferência na formação psicológica da criança ou do adolescente promovida ou induzida por um dos genitores, pelos avós ou pelos que tenham a criança ou adolescente sob a sua autoridade, guarda ou vigilância para que repudie genitor ou que cause prejuízo ao estabelecimento ou à manutenção de vínculos com este[33].

O filho, após intensa exposição a essa interferência, passa a acreditar que foi abandonado e compartilha ressentimentos com o genitor alvo das ingerências, transformando-se em verdadeiro defensor abnegado do guardião, repetindo as mesmas ideias contra o "inimigo comum"[34]. As consequências são graves danos ao desenvolvimento psíquico da criança, tendo em vista que a ausência injustificada de um dos pais, traz-lhe evidentes prejuízos à formação da personalidade, decorrente da falta de afeto, do cuidado e da proteção.

Apontam-se ainda como consequências nas crianças da ausência injustificada de um dos seus pais, danos ao seu desenvolvimento social, externadas na forma de isolamento baixo rendimento escolar, depressão, melancolia e condutas antissociais, reproduzindo em terceiros os danos a que tem sido submetida[35].

O genitor, alvo das condutas alienantes, ao seu turno, é privado do direito ao exercício da paternidade plena. O mentor das condutas alienantes, ao interferir na relação entre pai/mãe e filho, pode privar o outro genitor da convivência familiar, como também da participação na vida do filho, afastando-o de decisões importantes, que competiriam a ambos os pais.

A conduta de alienação parental, como descrita na legislação, configura-se como afronta direta aos princípios da primazia do melhor interesse da criança e de uma paternidade efetivamente responsável. Ofende-se o direito da criança à convivência familiar, seu "direito ao pai", direito de "conhecer, conviver, amar e ser amado, de ser cuidado, alimentado e instruído, de colocar-se em situação de aprendizado e de apreensão dos valores fundamentais da personalidade e da vida humana"[36].

---

33. Artigo 2º, da Lei 12.318. BRASIL. Lei 12.318, de 26 de agosto de 2010. Dispõe sobre a alienação parental e altera o art. 236 da Lei 8.069, de 13 de julho de 1990. *Diário Oficial da União*. Brasília, DF, 27 ago., 2010.
34. DUARTE, Marcos. *Alienação Parental:* a morte inventada por mentes perigosas. Disponível em: www.ibdfam.org.br/?artigos. Acesso em: 19 out. 2009.
35. PINHO, Marco Antônio Garcia de. Lei 12.318/2010 – Alienação Parental: "Órfãos de Pais Vivos". *Revista Síntese Direito de Família*, São Paulo, Síntese, v. 14, n. 75, p. 33-59, dez./jan., 2013, p. 43.
36. HIRONAKA, Giselda Maria F. N. Os contornos jurídicos da responsabilidade afetiva na relação entre pais e filhos – além da obrigação legal de caráter material. *Repertório de Jurisprudência IOB*: civil, processual, penal e comercial, São Paulo, IOB, n. 18, v. 3, p. 569-582, segunda setembro, 2006, p. 576.

Assim, a alienação constitui verdadeiro "abuso moral", nos termos da legislação atinente à matéria (art. 3º, da Lei 12.318/10) ou como preferem outros autores "abuso afetivo"[37]e, inequívoco, descumprimento dos deveres inerentes à autoridade parental. Advertem, ainda, os ensinamentos da área médica, que se trata de um abuso emocional de consequência tão devastadora quanto de um abuso sexual e justifica:

> Na verdade, acobertado pelo amor, é um processo destruidor que se instaura, um verdadeiro estupro psíquico. O lugar da criança não é mais respeitado, suas necessidades fundamentais, isto é, a necessidade de um pai E uma mãe (convenção dos direitos da criança) lhe é negada. Pior ainda, a criança aprende a negar suas necessidades e a participar do processo de denegrimento. A criança é literalmente atada dentro de uma relação com o genitor alienante e fica sem espaço próprio para desenvolver sua identidade. Ela está permanentemente sob pressão[38].

O afastamento de um dos seus genitores ou de outro parente do menor, bem como qualquer conduta perpetrada para esse fim, fere o direito da criança ou do adolescente à convivência familiar, prejudica a realização do afeto do ambiente familiar, atingindo a dignidade dessa pessoa em desenvolvimento, implicando uma indesejada interferência na formação psicossocial do infante. Isto porque "uma vez fecundado os laços afetivos de mútua convivência, rompê-los bruscamente causa danos à personalidade do ser em desenvolvimento e, muitas, vezes, irreparáveis"[39].

Como apontado, a criança e o adolescente, por serem pessoas em especial estágio de desenvolvimento, reclamam seja o poder familiar de seus pais exercido com a estrita observância ao seu melhor interesse. E esses deveres incluem muito mais que obrigações de mera manutenção material, abrangendo as necessidades psíquicas, que estão vinculadas com a orientação moral, o apoio psicológico e todo o necessário para acompanhá-los no processo de formação de suas personalidades, o que inclui, indubitavelmente, a garantia a uma convivência familiar plena.

Diante da preconizada defesa do melhor interesse da criança e do adolescente, qualquer tipo de negligência, omissão ou abuso de direito dos genitores sobre a prole impõe ao Estado lançar mão dos mecanismos, necessários e suficientes, para garantia dos direitos fundamentais e, mais que isso, autoriza a imediata efetivação das medidas para tutela dos interesses dos menores e o afastamento dos prejuízos à sua personalidade. Noutras palavras:

> Os pais que se omitirem quanto ao direito dos filhos, sobretudo, à convivência familiar, estão descumprindo com a sua obrigação legal, acarretando sequelas ao desenvolvimento moral, psíquico e socioafetivo dos filhos. Uma vez caracterizada a ofensa aos direitos fundamentais da criança, os pais ou qualquer outro que detenha a guarda de uma criança ou adolescente, estão sujeitos às penalidades de natureza preventiva e punitiva.[40]

---

37. DA ROSA, Conrado Paulino; CARVALHO, Dimas Messias de; FREITAS, Douglas PHILLIPS. *Dano Moral e Direito das Famílias*. Belo Horizonte: Del Rey, 2012, p. 126.
38. GOUDARD, Bénédicte. *A síndrome de alienação parental*. Lyon: Tese de doutorado em medicina da Universidade Claude Bernard-Lyon, 2008, p. 40.
39. IBIAS, Delma Silveira. O direito à convivência familiar e o dano moral. In: IBIAS, Delma Silveira. (Coord.). *Família e seus desafios*: Reflexões pessoais e patrimoniais. Porto Alegre: IBDFAM, p. 159-168, 2012, p. 162.
40. IBIAS, Delma Silveira. O direito à convivência familiar e o dano moral. In: IBIAS, Delma Silveira. (Coord.). *Família e seus desafios*: reflexões pessoais e patrimoniais. Porto Alegre: IBDFAM, p. 159-168, 2012, p. 165.

Configurada, pois, a alienação parental como afronta aos direitos fundamentais da criança e do adolescente, resultado de uma conduta abusiva, impetrada por um de seus genitores ou outro parente, o Estado tem o dever de intervir, valendo-se de todas as medidas cabíveis para resguardar aquele indivíduo em processo de desenvolvimento, seja para paralisar imediatamente as condutas ou para restaurar a convivência familiar.

Neste ponto é que residirá a análise dos itens seguintes, com vista a enfrentar se as medidas previstas na legislação têm a capacidade de frear as condutas alienantes e restabelecer a convivência familiar, garantindo os princípios do melhor interesse e da paternidade efetivamente responsável. Ou se, ao contrário disso, colide com o previsto na constituição brasileira para proteção da criança e do adolescente nas relações parentais.

3.1 Ação Direta de Inconstitucionalidade 6273

Na primeira década desse século, a sociedade brasileira deparou-se com crescentes movimentos e organizações de pais e mães separados[41] na busca de ver garantidos seus direitos, sobretudo de convivência familiar com os filhos. Organizados, muitas vezes, na forma de associações ou organizações não governamentais, passaram a hastear a bandeira da defesa dos direitos dos genitores não guardiões, na forma de cartilhas, informativos e panfletos, veiculados em espaços públicos e, principalmente, através de *websites* e fóruns de discussão.

Numa dessas frentes de defesa, estava a questão da alienação parental, como tema de debate para a legitimação de suas lutas e como uma primeira denominação para o fenômeno vivenciado por muitos dos genitores, após a dissolução da vida conjugal, que se viam privados do convívio com seus filhos. Partindo de uma intensa campanha de difusão do tema, essas organizações chamaram a atenção dos meios de comunicação e da sociedade, que passaram a clamar do Estado um posicionamento de responsabilização.

A visibilidade do tema da alienação parental, encabeçada por essas entidades, fez com que ele chegasse também ao Poder Judiciário, através dos pedidos de guarda e regulamentações de visitas e, então, às decisões judiciais e aos Tribunais de Justiça, no que o Tribunal de Justiça do Rio Grande do Sul teve importante posição de iniciativa, trazendo o tema como ponto de discussão de forma pioneira do Poder Judiciário brasileiro[42.]

---

41. A exemplo tem-se: *APASE – Associação de Pais e Mães Separados*, www.apase.org.br, Organização não governamental que completou 17 anos em 13/03/2014; *SOS Papai e Mamãe! Associação de Defesa e Estudo dos direitos de paternidade, maternidade e filiação igualitários*, fundada em 28 de fevereiro de 2005; *AMASEP – Associação de Mães e Pais Separados do Brasil*, http://www.amasep.org.br, fundada em agosto de 2004; *Pai Legal – Guarda Compartilha dos Filhos no Divórcio ou Separação*, http://www.pailegal.net; *Associação Pais Para Sempre*, http://www.paisparasemprebrasil.org e http://www.paisparasempre.org; *Pais por Justiça*, http://www.paisporjustica.com, movimento criado em junho de 2007.

42. A exemplo os julgamentos do Tribunal de Justiça do Rio Grande do Sul sobre a matéria proferidos no ano de 2006, tendo a lei somente sido promulgada em 2010:
    Regulamentação de visitas. Síndrome da alienação parental. Evidenciada o elevadíssimo grau de beligerância existente entre os pais que não conseguem superar suas dificuldades sem envolver os filhos, bem como a existência de graves acusações perpetradas contra o genitor que se encontra afastado da prole há bastante tempo, revela-se mais adequada a realização das visitas em ambiente terapêutico. Tal forma de visitação também se recomenda por haver a possibilidade de se estar diante de quadro de síndrome da alienação parental. Apelo provido em parte. (TJ/RS. Apelação Cível 70016276735. Sétima Câmara Cível. Relatora: Des. Maria Berenice Dias. Julgado em: 18 de outubro de 2006).

Nessa toada, em 2006, surgiu o primeiro Projeto de Lei sobre o tema, que deu origem à Lei 12.318, promulgada em 26 de agosto de 2010.

Diante deste cenário, muitos creditaram a promulgação da lei e das medidas de responsabilização, nela previstas, a esse levante social sobre o tema, que demandava do Estado uma resposta muito mais direcionada às demandas e aos litígios judiciais instaurados em torno da alienação parental, que ao próprio cuidado e preservação da família ou da criança e adolescentes envolvidos. E, por isso, segundo os críticos da legislação em tela, ela não contextualizou o fenômeno sobre o qual diz respeito, desconsiderando suas especificidades e as motivações que levam ao surgimento da alienação parental[43].

Em 29 de novembro de 2019, foi ajuizada ação direta de inconstitucionalidade, questionando a integridade da Lei 12.318/2010perante o Supremo Tribunal Federal (STF). A alegação de inconstitucionalidade material justificou-se no argumento de incompatibilidade sistêmica do ato normativo com as garantias e os direitos fundamentais previstos nos artigos 3º, IV, 5º, I, 226, § 8º e 227, caput, da Constituição Federal.

A demanda ainda trouxe como fundamento para a inconstitucionalidade do dispositivo legal a violação do postulado da proporcionalidade. Aduziu-se a inadequação aos fins a que se destina a norma quanto aos seguintes pontos específicos: i) patologização dos/as genitores e das crianças; ii) estigmatização e exclusão dos/das genitores alienadores; iii) violação do melhor interesse da criança e do adolescente; iv) discriminação de gênero contra as mulheres; v) incompatibilidade com a promoção do bem-estar da família[44].

Do ponto de vista da vulnerabilidade das crianças e dos adolescentes nas relações parentais, cerne da análise do presente estudo e, como visto, alvo da legislação em destaque, os fundamentos da ação que se realçam é o da "violação do melhor interesse da criança e do adolescente" e, em segundo plano, o da "patologização das crianças como meio inadequado para atingir a finalidade normativa" aliado ao da "estigmatização e exclusão do/a genitor/a alienador/a".

Quanto a esses pontos, aduzem os defensores da *revogação* da legislação, que têm sido desconsiderados aspectos socioculturais na compreensão do exercício da parentalidade e da vivência da separação conjugal, bem como que o ato normativo:

> define condutas, comuns em situações de rompimento conjugal conflituoso, como abusivas. A lógica que preside a judicialização é da patologização e da punição, que pode impedir a convivência familiar, afastando as crianças de um dos genitores e respectivos parentes. Não respeita a autonomia e a liberdade das crianças e, em última análise, não soluciona os conflitos familiares, mas os agrava e os perpetua[45].

Guarda. Superior interesse da criança. Síndrome da alienação parental. Havendo na postura da genitora indícios da presença da síndrome da alienação parental, o que pode comprometer a integridade psicológica da filha, atende melhor ao interesse da infante, mantê-la sob a guarda provisória da avó paterna. Negado provimento ao agravo. (TJ/RS. Agravo de Instrumento 70014814479. Sétima Câmara Cível. Relatora: Des. Maria Berenice Dias. Julgado em: 07 de junho de 2006).

43. MENDES, Josimar Antônio de Alcântara. *Reflexões sistêmicas sobre o olhar dos atores jurídicos que atuam nos casos de disputa de guarda envolvendo alienação parental*. Brasília/DF: dissertação de mestrado em Psicologia pela Universidade de Brasília, 2013, p. 74.
44. BRASIL. Supremo Tribunal Federal. ADI 6273, Relatora Rosa Weber. Disponível em: http://portal.stf.jus.br/processos/detalhe.asp?incidente=5823813. Acesso em: 20 abr. 2020.
45. BRASIL. Supremo Tribunal Federal. ADI 6273, Relatora Rosa Weber. Disponível em: http://portal.stf.jus.br/processos/detalhe.asp?incidente=5823813. Acesso em: 20 abr. 2020.

Os referidos argumentos fundamentam-se em decisões de casos concretos e na atuação dos profissionais, chamados a intervir nas demandas de guarda e regulamentação do regime de convivência dos filhos menores, tal como as equipes multidisciplinares. Alegam que o trabalho dos profissionais da psicologia se circunscreve à tarefa avaliativa de enquadramento de comportamentos às hipóteses legais do parágrafo único, do artigo 2º, da Lei de Alienação Parental, "(...) com respostas do tipo "sim" ou "não", numa lógica binária maniqueísta, inquisitória e estigmatizante (...)"[46].

Noutro ponto, questionam a origem e o rigor técnico dos conceitos de alienação parental e da sua síndrome. No mesmo sentido, em estudo de revisão da literatura sobre o tema da alienação parental, realizado na Universidade do Rio de Janeiro, constatou-se que não há contribuições nacionais feitas a partir de estudos científicos metodologicamente comprometidos com a acurácia e a validade das informações e conhecimento que são divulgados[47], isso porque grande parte da literatura recente sobre o assunto tem somente corroborado, incontinenti, as ideias e preceitos definidos por Richard Gardner sem debruçar sobre elas questionamentos quanto à validade e pertinência das hipóteses e teses desenvolvidas por aquele psiquiatra.

Ao lado disso, ferrenhas críticas têm surgido aos pressupostos da teoria de Gardner acerca da alienação parental, a maioria delas com fundamento na ausência de metodologia científica que possa confirmar a validade de seus pressupostos e conclusões. As autoras americanas, Moses e Towsend, por exemplo, apontam que, embora os conceitos possam fazer sentido, eles não têm sido aceitos pela comunidade de saúde mental e jurídica dos Estados Unidos da América, por lhe faltarem validade e confiabilidade científica[48].

Nesse mesmo país, o Conselho Nacional de Juízes do Tribunal de Menores e Família tem recomendado que os conceitos de Alienação Parental e Síndrome de Alienação Parental não sejam considerados ou utilizados em casos de disputa de guarda por ser essa uma "síndrome desacreditada pela comunidade científica", que "conduz os tribunais a assumir que os comportamentos e atitudes das crianças em relação ao progenitor dito 'alienado' não têm fundamento na realidade"[49].

A ressalva que pode ser feita nas concepções iniciadas por Gardner, e afirmadas ao longo dos estudos posteriores, é o grave erro que se pode chegar de afirmar que toda situação de alegada alienação parental é, de fato, uma conduta alienante impetrada por um genitor com vistas a afastar o outro do convívio com a prole, sem justo motivo. Ou ainda, que o único agente responsável pela dificuldade de estabelecimento do convívio

---

46. BRASIL. Supremo Tribunal Federal. ADI 6273, Relatora Rosa Weber. Disponível em: http://portal.stf.jus.br/processos/detalhe.asp?incidente=5823813. Acesso em: 20 abr. 2020.
47. Sousa, A. M. apud MENDES, Josimar Antônio de Alcântara. *Reflexões sistêmicas sobre o olhar dos atores jurídicos que atuam nos casos de disputa de guarda envolvendo alienação parental.* Brasília/DF: dissertação de mestrado em psicologia pela Universidade de Brasília. Instituto de Psicologia, 2013, p. 66.
48. Moses, M.; Towsend, B. A. apud MENDES, Josimar Antônio de Alcântara. *Reflexões sistêmicas sobre o olhar dos atores jurídicos que atuam nos casos de disputa de guarda envolvendo alienação parental.* Brasília/DF: dissertação de mestrado em psicologia pela Universidade de Brasília. Instituto de Psicologia, 2013, p. 68.
49. National Council of Juvenile and Family Court Judges apud SOTTOMAYOR, Maria Clara. *A fraude da síndrome de alienação parental e a proteção das crianças vítimas de abuso sexual.* Disponível em: www.eas.pt/wp-content/uploads/2014/01/A-fraude-da-SAP-e-a-protec%C3%A7_o-das-crian%C3%A7as-v%C3%ADtimas-de-abuso-sexual.pdf. Acesso em: 24 jun. 2014.

familiar após a separação dos pais, seja somente um dos genitores, quando a situação pode ser decorrente de um divórcio destrutivo vivenciado e desencadeado por ambos os genitores.

E nesse ponto reside a grande dificuldade que perpassa o Poder Judiciário: atuar e impor as medidas judiciais adequadas diante da complexidade de fatores, muitos dos quais de cunho subjetivo, que permeiam esses casos de alegada alienação parental. Em verdade, a própria realidade humana e os fenômenos sociais que emergem das inter-relações entre os indivíduos são marcadas por esse caráter complexo que também é projetada no campo jurídico, o que evidencia na Justiça o desafio que é lidar com as realidades humanas e desenvolver uma prática que dê continência às complexidades que se apresentam[50].

Por estas razões é que têm ganhado força os questionamentos quanto aos parâmetros e diretrizes da atual intervenção judicial sobre os casos de alienação parental e as medidas previstas no disciplinamento legal brasileiro. Questiona-se se elas têm a possibilidade de atingir o escopo previsto pela própria legislação: "preservação da integridade psicológica da criança ou do adolescente, inclusive para assegurar sua convivência com genitor ou viabilizar a efetiva reaproximação entre ambos, se for o caso" (art. 4º da Lei 12.318/10). Ou se, por outro lado, essas intervenções judiciais somente promoveriam um acirramento ainda maior no conflito, já vivenciado entre os genitores, em detrimento da garantia dos direitos fundamentais da criança e do adolescente.

3.2 O escopo da legislação

O legislador, ao longo da redação legal, da citada Lei 12.318/10, deixa evidente a importância da intervenção judicial diante das condutas alienantes, como permitir que seja declarada de ofício, no curso de uma ação, a existência de indícios de alienação parental, devendo o juiz determinar

> com urgência, ouvido o Ministério Público, as medidas provisórias necessárias para preservação da integridade psicológica da criança ou do adolescente, inclusive para assegurar sua convivência com genitor ou viabilizar a efetiva reaproximação entre ambos, se for o caso.[51]

Cabe ao magistrado determinar as medidas que forem necessárias e suficientes para preservar à criança ou ao adolescente seu direito à convivência familiar com os genitores, de tal modo que a legislação chama-lhe à responsabilidade para frear os efeitos de uma conduta alienante. "A efetiva reaproximação entre criança e genitor passa a ser o poder-dever do magistrado"[52].

Neste cenário, desponta a figura do magistrado como o terceiro com poder decisório sobre o litígio familiar e com o condão de, efetivamente, preservar o bem estar e o melhor interesse dos menores envolvidos, garantindo-lhes a convivência familiar e averiguando

---

50. MENDES, Josimar Antônio de Alcântara. *Reflexões sistêmicas sobre o olhar dos atores jurídicos que atuam nos casos de disputa de guarda envolvendo alienação parental*. Brasília/DF: dissertação de mestrado em psicologia pela Universidade de Brasília. Instituto de Psicologia, 2013, p. 22.
51. Art. 4º da Lei 12.318. BRASIL. Lei 12.318, de 26 de agosto de 2010. Dispõe sobre a alienação parental e altera o art. 236 da Lei 8.069, de 13 de julho de 1990. *Diário Oficial da União*. Brasília, DF, 27 ago., 2010.
52. DUARTE, Marcos. *Alienação parental*: Comentários Iniciais à Lei 12.318/2010. Disponível em: www.ibdfam.org.br/?artigos&artigo=697. Acesso em: 18 jan. 2011.

as medidas efetivamente cabíveis, necessárias e suficientes, a resguardar o interesse dos entes familiares. Adverte a doutrina quanto à necessária intervenção de um terceiro para garantia da convivência familiar e da desconstituição da alienação:

> Determinar que ambos genitores decidam juntos o bem estar dos filhos é ignorar a amplitude do problema. De um lado é necessário deixar de acreditar na boa vontade do alienador e do outro lado deve-se parar sua ação nefasta utilizando o único poder que tem a sociedade, ou seja, recorrer a uma "terceira função" (recorrer a uma força externa aos genitores, o tribunal, por exemplo).[53]

Além disso, o mesmo diploma legal supramencionado foi mais enfático, em seu artigo 4º, declarando que o processo, após a declaração de existência de indícios de atos alienantes, por ação autônoma ou incidente, terá tramitação prioritária, a fim de que seja assegurada a convivência do menor com o seu genitor ou viabilizada a efetiva reaproximação.

E não poderia ser outra a previsão legal para as condutas alienantes ou os seus meros indícios, diante da grave violação ao direito fundamental da criança ou adolescente à convivência familiar e do abuso do poder parental caracterizada. De tal modo que, somente os indícios da ocorrência de condutas alienantes, já demandam a imediata e efetiva intervenção judicial no intuito de impedir que a alienação crie coro com a involuntária colaboração judicial[54].

Acentuou a legislação o poder discricionário do juiz na determinação das medidas provisórias de urgência, em qualquer momento processual, dando efetividade ao comando da Constituição brasileira que impõe ao Estado assegurar a assistência da família, na pessoa de cada um dos seus membros, valendo-se de mecanismos para coibir os atos de violência no âmbito das relações[55].

A atuação do magistrado deverá ser, portanto, direcionada no sentido de proporcionar aos genitores e à prole a manutenção do regime de convivência que vinha ocorrendo e, se necessário, a intervenção para uma convivência assistida, impedindo-se a quebra do vínculo afetivo e o afastamento do convívio sem razões suficientes para tanto. Deste modo, a regra passa a ser a manutenção do convívio e, excepcionalmente, o afastamento e a separação[56].

Assim, logo que identificados quaisquer indícios de uma conduta de alienação parental, a imediata e efetiva aplicação de medidas preventivas, livre de um rigor formal e um rito processual moroso, terá o condão de evitar ou minimizar as consequências dessa conduta. Como, ao revés, a má aplicação desse dispositivo ou aplicação tardia permitirá que as condutas de alienação surtam seus efeitos, afastando os filhos do convívio com

---

53. LAMONTAGNE, Hubert Van Gijseghem. apud PODEVYN, François. *Síndrome de alienação parental*. Tradução para Português: APASE Brasil. Disponível em: www.pailegal.net/fatpar.asp?rvTextoId=103277923. Acesso em: 03 abr. 2010.
54. MADALENO, Rolf; MADALENO, Ana Carolina. *Síndrome da alienação parental*: a importância da detecção com seus aspectos legais e processuais. Rio de Janeiro: Forense, 2013, p. 55.
55. BRASIL. *Constituição Federal de 1988*. Art. 226, § 8º Brasília – DF, 5 out. 1988. Disponível em: www.planalto.gov.br/ccivil_03/constituicao/constituicaocompilado.htm. Acesso em: 20 jul. 2014.
56. DUARTE, Marcos. Alienação Parental: comentários iniciais à Lei 12.318/10. *Revista Síntese Direito de Família*, São Paulo, Síntese, n. 62, p. 40-52, out./nov., 2010, p. 45-46.

seus genitores, sobretudo nos sucessivos decursos de prazos e ritos processuais, que somente dão tempo para a conduta alienante solidificar seus objetivos.

O cerne do disciplinamento legal é, desta forma, a garantia da convivência familiar à criança e ao adolescente, só a afastando em casos excepcionais que deverão ser atestados por profissionais indicados pelo próprio juízo, após ainda a tentativa de visitações realizadas de formas assistida (artigo 4º). Devendo ser esse também o escopo das medidas de intervenção previstas no mesmo diploma legal, especificamente em seu artigo 6º, que serão aplicadas de acordo com a gravidade do caso para inibir ou atenuar os efeitos dos atos alienantes ou qualquer conduta que dificulte a convivência do menor com seu genitor.

A exemplo do inciso I, do artigo 6º, a simples declaração pelo magistrado da ocorrência da alienação parental seguida de uma advertência ao alienador no curso de uma demanda, poderá ter o condão de impedir os efeitos de condutas alienantes detectadas, ainda no início e de forma leve, tendo em vista que o juiz esclarecerá aos litigantes os prejuízos da alienação parental, advertindo, inclusive, das demais medidas judiciais cabíveis em caso de não cessada as condutas.

Por outro lado, a mesma medida se mostra insuficiente em situações em que o vínculo entre o menor e seu genitor já foi cortado. Nesses casos, caberá ao magistrado declarar a ocorrência de atos de alienação parental, advertindo o alienador, mas juntamente ampliar o regime de convivência do genitor alienado com o filho, como uma forma de restabelecer imediatamente o convívio familiar.

Como media última, em situações de grave alienação, há ainda a possibilidade de suspensão da autoridade parental, capaz de coibir os abusos do alienador e proteger a segurança e integridade da criança e do adolescente. Não se trata de punição, mas de medida para cessar o dano e, por consequência, proteger a higidez psíquica do filho, impedindo que ele seja utilizado como objeto para atingir o outro[57].

O que se pode inferir no rol descritivo das medidas cabíveis diante das condutas alienantes é que o escopo da legislação não é o de estigmatizar o alienador ou adotar medidas violentas e vingativas, mas buscar a preservação do direito fundamental do menor à convivência familiar[58].

Tratam de providências que visam à preservação da convivência familiar, com o (r)estabelecimento do equilíbrio das relações entre os genitores, afastando-se de um cunho punitivo. De tal modo é que a intervenção de maior gravidade é a suspensão do poder familiar, ou seja, medida de caráter transitório com o único intuito de, afastando-se a ingerência do genitor alienador, cessar a interferência psicológica e viabilizar a reaproximação entre filho e o genitor alvo da alienação.

Superadas as críticas quanto ao escopo punitivo da legislação, permanecem os questionamentos acerca dos efeitos reais das medidas judiciais aplicadas no âmbito das relações familiares, sobretudo numa situação em que as questões que subjazem o conflito

---

57. IBDFAM. *Especialistas do IBDFAM são contra revogação da Lei de Alienação Parental*. Disponível em: www.ibdfam.org.br. Acesso em: 21 abr. 2020.
58. BUOSI, Caroline de Cássia Francisco. *Alienação Parental*: uma interface do Direito e da Psicologia. Curitiba: Juruá Editora, 2012, p. 133.

são, verdadeiramente, atinentes ao ex-casal e não à guarda da criança, que sequer é, de fato, o objeto central da demanda de seus pais. Assim, um afastamento temporário do genitor condutor da alienação parental, ou outra medida semelhante, não terá o condão de solucionar a raiz do conflito, que são demandas atinentes a um fim conturbado da relação afetiva entre os genitores.

As críticas fundam-se, ainda, no fato de que essas condutas derivam do sofrimento e da angústia, comuns à situação de crise vivenciada pelo ex-casal, onde ambos são corresponsáveis pela situação instalada. Justificam, ademais, que os adultos estão em relação recíproca dentro do sistema familiar, o que lhes confere a qualidade de serem corresponsáveis pelas interações e troca de sentidos e significados que possam dali decorrer, incluindo-se até mesmo a alienação parental.[59]

Nesse sentido, em estudo realizado por pesquisador da Universidade de Brasília, acerca dos olhares dos profissionais jurídicos que atuam nos casos de disputa de guarda envolvendo alienação parental, nas varas de família do Tribunal de Justiça do Distrito Federal e dos Territórios, identificaram-se importantes dicotomias nas concepções e percepções desses profissionais acerca da problemática, sobretudo no que concerne à aplicação da lei e das medidas judiciais nela previstas para conter as condutas alienantes.

De um lado, a pesquisa detectou profissionais para os quais a positivação dessas medidas judiciais muniu o Judiciário com subsídios suficientes a resguardar a criança e seu melhor interesse diante do conflito parental. Noutro turno, entretanto, outros apontaram tal disciplinamento como um instrumento ineficiente, pois não prevê qualquer forma de cuidado daquela família, somente medidas que perpetuam o conflito e reduzem a complexidade da questão em discussão[60].

Com efeito, em outra pesquisa, agora, nas varas de família de Recife-PE, junto aos juízes, assessores, psicólogos e assistentes sociais, que atuam nos litígios de direito de família, quando questionados quanto à eficácia das medidas previstas na Lei 12.318/10, afirmaram que isoladamente as medidas ali previstas não teriam o condão de desinstalar ou coibir os atos de alienação parental, só poderão ter uma eficácia plena se conciliada com:

– a atuação dos próprios genitores, no sentido de conscientizarem-se dos males causados à criança;

– uma ação em conjunto dos profissionais das diversas áreas envolvidas nesses casos, os operadores de direito, psicólogos e assistentes sociais; e

– um tratamento específico para aquela família, por meio da terapia familiar, já que nem a lei, nem o Judiciário são capazes de solucionar as questões afetivas envolvidas nesses casos;[61]

---

59. BRUCH, C. S.; Kelly, J. B.; Jonhston, J. R., Zirogiannis, L.; King, M. apud MENDES, Josimar Antônio de Alcântara. *Reflexões sistêmicas sobre o olhar dos atores jurídicos que atuam nos casos de disputa de guarda envolvendo alienação parental*. Brasília/DF: dissertação de mestrado em psicologia pela Universidade de Brasília. Instituto de Psicologia, 2013, p. 70.
60. MENDES, Josimar Antônio de Alcântara. *Reflexões sistêmicas sobre o olhar dos atores jurídicos que atuam nos casos de disputa de guarda envolvendo alienação parental*. Brasília/DF: dissertação de mestrado em psicologia pela Universidade de Brasília. Instituto de Psicologia, 2013, p. 140.
61. CABRAL, Camila B. *Alienação parental*: Morte em Vida – Uma análise da atuação do Poder Judiciário frente a essa problemática. Recife: Monografia apresentada como requisito parcial para conclusão do bacharelado em direito da UFPE, 2011, p. 59.

Percebe-se, portanto, uma aclamação a uma maior contextualização do conflito, considerando-se toda a historicidade das relações ali encetadas, afastando-se de uma triangulação ainda mais acentuada do conflito. Esses fatos, entretanto, não são considerados nos limites de um conflito judicial, não por descuido do julgador ou por limitação legal, mas por não ser o Poder Judiciário o *locus* adequado para tanto, que deve ter em foco garantir a proteção aos direitos dos menores envolvidos e coibir os abusos morais que possam ocorrer no seio familiar.

Por essas razões, muitos profissionais são incisivos ao afirmarem que a família deve ser encaminhada para uma terapia familiar[62], que permitirá a cada um dos membros da família melhor compreender a si mesmos e seus vínculos para, então, solucionarem os conflitos relacionais existentes. Nesse sentido é que Verônica Cezar Ferreira explica:

> o conflito jurídico é conflito de interesses submetido à Justiça, enquanto o conflito emocional é de ordem íntima, relacional. Isso significa que o acordo judicial resolve o conflito jurídico, mas, frequentemente, não resolve o emocional. No Direito de Família, em especial, o conflito emocional é subjacente ao jurídico.[63]

É reconhecida, portanto, a importância da escuta psicoterapeuta para a resolução dos conflitos emocionais/relacionais nas disputas familiares, bem como não se pode olvidar que a escuta judicial é insuficiente para capturar toda a contingência emocional envolvidas nos casos de direito de família.

Note-se que as medidas judiciais, seja a ampliação da convivência familiar, a inversão da guarda ou até mesmo uma medida de busca e apreensão, continuam sendo de extrema importância para dar cumprimento ao direito de convivência da criança e do adolescente com seus genitores, mas não resolvem o conflito que deu azo a elas ou o dano psicológico causado no menor.

Sob tais fundamentos e em cumprimento à primazia absoluta do interesse do menor, é que pode o magistrado determinar a realização de terapia compulsória aos pais para que, com o apoio dos profissionais adequados, debrucem-se sobre as motivações de suas condutas, seja de alienar ou de deixar-se alienar, cuidando daquele núcleo familiar para que ele desenvolva-se como um ambiente efetivamente saudável ao pleno desenvolvimento dos filhos.

A Lei 12.318/10 outorga essa possibilidade na regra contida em seu artigo 6º, especificamente inciso IV, quando disciplina que caracterizados atos típicos de alienação parental ou qualquer conduta que dificulte a convivência de criança ou adolescente com genitor, o juiz poderá determinar acompanhamento psicológico e/ou biopsicossocial.

Nesse sentido preleciona, inclusive, o Superior Tribunal de Justiça, em um dos seus julgados, quando define que

> a prevalência do melhor interesse da criança impõe o dever aos pais de pensar de forma conjugada no bem estar dos filhos, para que possam os menores usufruir harmonicamente da família que possuem,

---

62. FONSECA, Priscilla M. P. Corrêa da. Síndrome da Alienação Parental. *Revista Brasileira de Direito de Família*, Porto Alegre, IBDFAM/RS, n. 40, fev./mar., 2007, p.14.
63. CEZAR-FERREIRA, Verônica A. Da Motta. Mediação Familiar. In: OSÓRIO, Luiz Carlos e VALLE, Maria Elizabeth P. do. (Org.). *Manual de terapia familiar*. Porto Alegre: Artmed, v. II, p. 191-201, 2011, p.: 195.

tanto a materna, quanto a paterna, sob a premissa de que toda a criança ou adolescente tem o direito de ter amplamente assegurada a convivência familiar.[64]

Assim, a alegação de que lei de alienação parental ignora os múltiplos fatores envolvidos no conflito e não atenta ao melhor interesse da criança e do adolescente envolvidos vai de encontro ao estabelecido pelo próprio legislador. Como visto, o legislador muniu o julgador de medidas, diante da alienação parental que constitui abuso moral e afronta ao direito fundamental à convivência familiar da criança e do adolescente, que devem ser necessárias e suficientes para restabelecer e preservar os seus melhore interesses e garantir o exercício de uma parentalidade efetivamente responsável.

4. CONCLUSÃO

Em direito das famílias, é imprescindível o reconhecimento da autonomia das crianças e adolescentes como sujeitos de direitos, dada a peculiar condição de pessoas em desenvolvimento da personalidade, e significativa é a funcionalização dos institutos da autoridade parental e da guarda pelos valores e pela normativa constitucional.

Como visto, a doutrina da proteção integral do menor exige do Estado, da sociedade e da família uma efetiva busca de meios para tornar concreta a proteção e a garantia do melhor interesse das crianças e dos adolescentes. Sob essa ótica, importantes contribuições legislativas foram promulgadas no sentido de tutelar os interesses dos menores e, neste âmbito, inegável a contribuição da Lei n. 12.318/10 com a proposta de enfrentamento dos atos que importam alienação parental.

A legislação da alienação parental surge com o escopo de coibir violação do direito de convivência plena entre crianças e adolescentes e seus pais, consubstanciando-se em um mecanismo apto a estimular o exercício da autoridade parental pelos genitores e refrear o abuso no exercício da guarda, mediante atos que configuram uma situação grave e inequivocamente prejudicial ao pleno desenvolvimento dos menores envolvidos.

Cumpriu o ato normativo, portanto, a exigência das normas estatutárias e constitucionais, pelas quais, para se atender ao melhor interesse da criança, é preciso lançar mão de todo e qualquer mecanismo que vise a assegurar um desenvolvimento, físico, mental e social efetivamente pleno a essas pessoas em especial fase de formação suas personalidades.

As mesmas normas constitucionais e de proteção ao menor, como visto, também prelecionam que o melhor interesse das crianças e adolescentes só se aperfeiçoa na apreciação do caso concreto. A legislação que disciplinou a alienação parental, dessa forma, mais uma vez, cumpriu o escopo constitucional, munindo os magistrados com conceitos, definições e medidas judiciais aptas a garantir o exercício da autoridade parental nos limites da preservação do menor antes dos interesses e direitos dos seus genitores.

---

64. STJ, Resp. 1.032.875, Relatora: Ministra Nancy Andrighi, DJ 11/5/09 apud DA ROSA, Conrado Paulino; CARVALHO, Dimas Messias de; FREITAS, Douglas PHILLIPS. *Dano moral e direito das famílias*. Belo Horizonte: Del Rey, 2012, p. 136.

As críticas e questionamentos, suscitados em face da legislação, parecem dirigir-se muito mais a sua aplicação, que aos seus termos ou ao escopo preconizado pelo legislador. Para a discussão quanto à sua capacidade de preservar a integridade psicológica da criança ou do adolescente e assegurar sua convivência com os genitores ou viabilizar a efetiva reaproximação, restou demonstrado que a própria legislação prevê, em seus termos, as medidas judiciais necessárias, como também a importância de sua conciliação com medidas extrajudiciais para enfrentamento do conflito emocional, substrato comum nessas disputas.

As intervenções judiciais, aplicadas isoladamente, poderão, sim, promover um acirramento ainda maior no conflito já vivenciado entre os genitores, em detrimento da garantia dos direitos fundamentais da criança e do adolescente. A lei, entretanto, em consonância com o ordenamento jurídico brasileiro, estabelece que seu escopo primordial é o de "assegurar o direito fundamental da ampla convivência familiar da criança, e garantir, no tempo certo e necessário, a presença concreta da dupla parentalidade na história da vida do filho"[65].

A criação de uma nova lei não é necessária, pois a Lei n. 12.318/10 é de irrefutável constitucionalidade por servir como mecanismo de combate à alienação parental, norteando a solução para as práticas alienantes com base nos princípios do melhor interesse da criança e do adolescente e o da parentalidade responsável, concluindo que a sua revogação configuraria um retrocesso.

5. REFERÊNCIAS

ALBUQUERQUE, Fabíola Santos. As perspectivas e o exercício da guarda compartilhada na separação consensual e litigiosa. In: DEL'OLMO, Florisbal de Souza;

AMATO, Gabriela Cruz. A Alienação Parental enquanto elemento violador dos direitos fundamentais e dos princípios de proteção à criança e ao adolescente. *Revista Síntese Direito de Família*, São Paulo, Síntese, v. 14, n. 75, p. 60-77, dez./jan., 2013.

ARAÚJO, Luís Ivani de Amorim. (Coord.). *Direito de família contemporâneo e novos direitos*: estudos em homenagem ao Professor José Russo. Rio de Janeiro: Forense, 2006.

BRASIL. *Constituição Federal de 1988*. Art. 226. Brasília – DF, 5 out. 1988. Disponível em: www.planalto.gov.br/ccivil_03/constituicao/constituicaocompilado.htm. Acesso em: 20 jul. 2014.

BRASIL. Supremo Tribunal Federal. ADI 6273, Relatora Rosa Weber. Disponível em: http://portal.stf.jus.br/processos/detalhe.asp?incidente=5823813. Acesso em: 20 abr. 2020.

BRASIL. Lei 8.069, de 13 de julho de 1990. Dispõe sobre o Estatuto da Criança e do Adolescente e dá outras providências. *Diário Oficial da União*, Brasília – DF, 16 jul. 1990. Disponível em: www.planalto.gov.br/ccivil_03/leis/l8069.htm. Acesso em: 20 jul. 2014.

BUOSI, Caroline de Cássia Francisco. *Alienação Parental*: uma interface do Direito e da Psicologia. Curitiba: Juruá Editora, 2012.

---

65. GIRARDI, Viviane. Os aspectos jurídicos da Alienação Parental. In TEIXEIRA, Ana Carolina Brochado; RIBEIRO, Gustavo Pereira Leite (Coord.). *Manual de direito das famílias e sucessões*. 3. ed. Rio de Janeiro: Processo, 2017, p. 285.

CABRAL, Camila B. *Alienação Parental*: Morte em Vida – Uma análise da atuação do Poder Judiciário frente a essa problemática. Recife: Monografia apresentada como requisito parcial para conclusão do bacharelado em direito da UFPE, 2011.

CEZAR-FERREIRA, Verônica A. da Motta. *Família, separação e mediação*: uma visão psicojurídica. 3. ed. São Paulo: Método, 2011.

CEZAR-FERREIRA, Verônica A. Da Motta. Mediação Familiar. In: OSÓRIO, Luiz Carlos e VALLE, Maria Elizabeth P. do. (Org.). *Manual de Terapia Familiar.* Porto Alegre: Artmed, v. II, 2011.

CUNHA PEREIRA, Rodrigo da. *Princípios Fundamentais e norteadores para a organização jurídica da família.* Curitiba: Tese de doutorado em direito da Universidade Federal do Paraná, 2004.

DUARTE, Marcos. *Alienação Parental*: a morte inventada por mentes perigosas. Disponível em: www.ibdfam.org.br/?artigos. Acesso em: 19 out. 2009.

FACCHINI NETO, Eugênio. Reflexões histórico-evolutivas sobre a constitucionalização do direito privado. In: SARLET, Ingo Wolfgang. (Org.). *Constitucionalização, Direitos Fundamentais e Direito Privado.* Porto Alegre: Livraria do Advogado, 2006.

FONSECA, Priscilla M. P. Corrêa da. Síndrome da Alienação Parental. *Revista Brasileira de Direito de Família*, Porto Alegre, IBDFAM/RS, n. 40, fev./mar., 2007.

GIRARDI, Viviane. Os aspectos jurídicos da Alienação Parental. In TEIXEIRA, Ana Carolina Brochado; RIBEIRO, Gustavo Pereira Leite (Coord.). *Manual de direito das famílias e sucessões.* 3. ed. Rio de Janeiro: Processo, 2017.

GOUDARD, Bénédicte. *A síndrome de alienação parental.* Lyon: Tese de doutorado em medicina da Universidade Claude Bernard-Lyon, 2008.

HIRONAKA, Giselda Maria F. N. *Responsabilidade civil na relação paterno-filial.* Disponível em: jus2.uol.com.br/doutrina/texto.asp?id=4192&p=2. Acesso em: 18 nov. 2009.

HIRONAKA, Giselda Maria F. N. Os contornos jurídicos da responsabilidade afetiva na relação entre pais e filhos – além da obrigação legal de caráter material. *Repertório de Jurisprudência IOB*: civil, processual, penal e comercial, São Paulo, IOB, n. 18, v. 3, p. 569-582, segunda setembro, 2006.

IBDFAM. *Especialistas do IBDFAM são contra revogação da Lei de Alienação Parental.* Disponível em: www.ibdfam.org.br. Acesso em: 21 abr. 2020.

IBIAS, Delma Silveira (Coord.). *Família e seus Desafios*: reflexões pessoais e patrimoniais. Porto Alegre: IBDFAM/RS, 2012.

LAGE, Juliana de Sousa Gomes. Dano moral e alienação parental. In: TEIXEIRA, Ana Carolina Brochado; DADALTO, Luciana. (Coord.). *Autoridade parental*: dilemas e desafios contemporâneos. Indaiatuba, SP: Foco, 2019.

LÔBO, Paulo. *Direito civil*: parte geral. 2 ed. São Paulo: Saraiva, 2010.

LÔBO, Paulo. *Direito civil*: famílias. 2 ed. São Paulo: Saraiva, 2009.

MADALENO, Rolf. Guarda compartilhada. In: IBIAS, Delma Silveira (Coord.). *Família e seus desafios*: reflexões pessoais e patrimoniais. Porto Alegre: IBDFAM/RS, 2012.

MADALENO, Rolf; MADALENO, Ana Carolina. *Síndrome da alienação parental*: a importância da detecção com seus aspectos legais e processuais. Rio de Janeiro: Forense, 2013.

MENDES, Josimar Antônio de Alcântara. *Reflexões sistêmicas sobre o olhar dos atores jurídicos que atuam nos casos de disputa de guarda envolvendo alienação parental.* Brasília/DF: Dissertação de mestrado em Psicologia da Universidade de Brasília, 2013.

MENEZES DA SILVA, Priscilla. *A amplitude da responsabilidade familiar*: da indenização por abandono afetivo por consequência da violação do dever de convivência. Disponível em: www.ibdfam.org.br/?artigos&artigo=617. Acesso em: 10 abr. 2011.

MULLER, Crisna Maria. *Direitos fundamentais*: a proteção integral de crianças e adolescentes no Brasil. Disponível em: www.ambito-juridico.com.br/site/index.php?n_link=revista_artigos_leitura&artigo_id=9619. Acesso em: 08 nov. 2011.

ORGANIZAÇÃO DAS NAÇÕES UNIDAS. *Declaração Universal dos Direitos do Homem*. Disponível em: www.ohchr.org/EN/UDHR/Documents/UDHR_Translations/por.pdf. Acesso em: 20 jul. 2014.

PINHO, Marco Antônio Garcia de. Lei 12.318/2010 – Alienação Parental: "Órfãos de Pais Vivos". *Revista Síntese Direito de Família*, São Paulo, Síntese, v. 14, n. 75, p. 33-59, dez./jan., 2013.

PODEVYN, François. *Síndrome de alienação parental*. Tradução para Português: APASE Brasil. Disponível em: www.pailegal.net/fatpar.asp?rvTextoId=103277923. Acesso em: 03 abr. 2010.

ROSA, Conrado Paulino da; CARVALHO, Dimas Messias de; FREITAS, Douglas PHILLIPS. *Dano moral e direito das famílias*. Belo Horizonte: Del Rey, 2012.

SOTTOMAYOR, Maria Clara. *A fraude da síndrome de alienação parental e a proteção das crianças vítimas de abuso sexual*. Disponível em: www.eas.pt/wp-content/uploads/2014/01/A-fraude-da-SAP-e-a-protec%C3%A7_o-das-crian%C3%A7as-v%C3%ADtimas-de-abuso-sexual.pdf. Acesso em: 24 jun. 2014.

VILLELA, João Batista apud CUNHA PEREIRA, Rodrigo da. *Princípios fundamentais e norteadores para a organização jurídica da família*. Curitiba: Tese de doutorado em direito da Universidade Federal do Paraná, 2004.

VULNERABILIDADE DIGITAL DE CRIANÇAS E ADOLESCENTES: A IMPORTÂNCIA DA AUTORIDADE PARENTAL PARA UMA EDUCAÇÃO NAS REDES

Ana Carolina Brochado Teixeira

Doutora em Direito Civil pela UERJ. Mestre em Direito Privado pela PUC Minas. Especialista em Direito Civil pela Escuola di Diritto Civile – Camerino, Itália. Professora do Centro Universitário UNA. Coordenadora editorial da Revista Brasileira de Direito Civil – RBDCivil. Advogada. E-mail: anacarolina@tmg.adv.br.

Maria Carla Moutinho Nery

Mestre em Direito pela UFPE. Professora da Escola da Magistratura de Pernambuco – ESMPE. Assessora Jurídica do TJPE. E-mail: mariacarlamoutinho@gmail.com

Sumário: 1. Vulnerabilidade de crianças e adolescentes. 2. Vulnerabilidade digital de crianças e adolescentes. 3. O *sharenting* e a vulnerabilidade digital. 4. Conclusão. 5. Referências.

1. VULNERABILIDADE DE CRIANÇAS E ADOLESCENTES

A tutela das vulnerabilidades foi levada a sério no direito brasileiro a partir do momento em que o ordenamento jurídico colocou a pessoa humana em seu centro de proteção e promoção. O sujeito de direitos "reputado como mero elemento da relação jurídica ou centro de imputação"[1] e que desempenhava papéis abstratos deixou de ser o protagonista (principalmente do Direito Civil) para que esse papel fosse assumido pela pessoa de carne e osso, inserida em determinado contexto sócio-histórico-cultural, com a sua história de vida, peculiaridades, valores existenciais.

A partir dessa premissa, o Texto Constitucional estabeleceu uma carta de princípios com aplicação direta às relações jurídicas, que têm como escopo a tutela integral da pessoa humana, tais como os princípios da dignidade da pessoa humana, da solidariedade e da igualdade (formal e substancial). O reconhecimento da vulnerabilidade de alguns grupos é a forma de se concretizar uma tutela positiva, já que a simples proibição da discriminação se demonstrou insuficiente para a promoção da igualdade substancial

---

1. *Agradecemos Felipe Medon pela leitura crítica deste artigo, cujos comentários muito contribuíram para nossa reflexão.
   FACHIN, Luiz Edson; PIANOVSKI, Carlos Eduardo. A dignidade da pessoa humana no direito contemporâneo: uma contribuição à crítica da raiz dogmática do neopositivismo constitucionalista. *Revista trimestral de direito civil: RTDC*, v. 9, n. 35, jul./set. 2008. p. 2.

de certas pessoas, sendo necessário ações afirmativas no sentido de editar leis especiais para proteção a esses grupos.[2] Por essa razão, se a pessoa tem algum tipo de vulnerabilidade, esta deve ser sanada, e o papel do Direito é oferecer instrumentos jurídicos para corrigir esta fragilidade – *rectius*, equilibrar a relação jurídica –, comando determinante do princípio da igualdade material e da dignidade da pessoa humana.[3]

É nesse contexto que o princípio da solidariedade também assume grande relevância, pois legitima a intervenção estatal reequilibradora, de modo a proteger os vulneráveis[4] de forma diferenciada. Em outra oportunidade, aludiu-se a um princípio do melhor interesse dos vulneráveis,[5] pelo qual, independentemente da espécie de vulnerabilidade, é dever do Estado propiciar os meios para colocá-los em situação de igualdade, atendendo às suas demandas concretas, ou seja, o conteúdo desse princípio varia conforme as necessidades específicas de cada grupo vulnerado.[6]

Para tanto, reconheceu-se exemplificativamente[7] algumas categorias que demandam uma intervenção estatal reequilibradora com a finalidade de suprir necessidades específicas, tais como crianças, adolescentes, mulheres, pessoas com deficiência, idosos e consumidores,[8] sujeitos que, até então, sofriam de uma "invisibilidade jurídica".[9]

---

2. TEPEDINO, Gustavo; SCHREIBER, Anderson. Minorias no direito civil brasileiro. *RTDC*, v. 10, p. 134, abr.-jun. 2002.
3. "Não se trata apenas de estabelecer a igualdade material, como no caso do consumidor, mas prover a proteção especial de uma *minoria* que se encontrava subjugada em todas as relações sociojurídicas, inclusive familiares." (BARBOSA, Heloisa Helena. O princípio do melhor interesse do idoso. In: OLIVEIRA, Guilherme de; PEREIRA, Tânia da Silva (Coord.). *O cuidado como valor jurídico*. Rio de Janeiro: Forense, 2008, p. 61).
4. Heloisa Helena Barbosa afirma que "a vulnerabilidade se apresenta sob múltiplos aspectos existenciais, sociais, econômicos. Na verdade, o conceito de vulnerabilidade (do latim *vulnerabilis*, 'que pode ser ferido', de *vulnerare*, 'ferir', de *vulnus*, 'ferida') refere-se a qualquer ser vivo, sem distinção, que pode, eventualmente, ser 'vulnerado' em situações contingenciais." (BARBOSA, Heloisa Helena. *Vulnerabilidade e cuidado*: aspectos jurídicos, in: OLIVEIRA, Guilherme de; PEREIRA, Tania da Silva (Coord.). *Cuidado e vulnerabilidade*. São Paulo: Atlas, 2009, p. 110).
5. TEPEDINO, Gustavo; TEIXEIRA, Ana Carolina Brochado. *Fundamentos de Direito Civil*: direito de família. Rio de Janeiro: Gen, 2020, p. 18.
6. Carlos Nelson Konder entende ser desnecessária a extratificação das vulnerabilidades: "Esse panorama revela que a criação de categorias, embora possa ser útil em alguns casos, é prescindível. O fundamental, dessa forma, é reconhecer que a vulnerabilidade existencial prescinde de qualquer tipificação, eis que decorrência da aplicação direta dos princípios constitucionais da dignidade da pessoa humana e da solidariedade social, devendo sempre ser avaliada em atenção às circunstâncias do caso concreto."(KONDER, Carlos Nelson, Vulnerabilidade patrimonial e vulnerabilidade existencial: por um sistema diferenciador. *Revista de Direito do Consumidor – RDC*, v. 24, n. 99, p. 110, maio-jun. 2015).
7. Nesse sentido, deve-se reconhecer que a categorização desses novos sujeitos, embora possa ser útil como forma de chamar atenção para as situações, não deve ser tida como uma enumeração taxativa. O fundamental é reconhecer que a vulnerabilidade existencial prescinde de qualquer tipificação, pois é decorrência da aplicação direta dos princípios constitucionais da dignidade da pessoa humana e da solidariedade social, devendo sempre ser avaliada em atenção às circunstâncias do caso concreto (KONDER, Carlos Nelson. Vulnerabilidade, hipervulnerabilidade ou simplesmente dignidade da pessoa humana? Uma abordagem a partir do exemplo do consumidor superendividado. In: MONTEIRO FILHO, Carlos Edson do Rêgo (Coord.). *Direito das relações patrimoniais*: estrutura e função na contemporaneidade. Curitiba: Juruá, 2014. p. 93).
8. Por força do princípio da solidariedade, em outra oportunidade tivemos a oportunidade de afirmar que este emana um outro princípio, o do melhor interesse dos vulneráveis, que deve ser aplicado de forma diferente para cada grupo de pessoas vulneradas, de acordo com suas necessidades e peculiaridades. (TEIXEIRA, Ana Carolina Brochado; TEPEDINO, Gustavo. *Fundamentos de Direito Civil*: Direito de Família. Rio de Janeiro: Gen, 2020, p. 18).
9. DALSENTER, Thamis Ávila. Transexualidade: a (in) visibilidade imposta pelo judiciário. *Revista Trimestral de Direito Civil: RTDC*, Rio de Janeiro, v. 31, p. 193, 2007.

Crianças e adolescentes foram protegidos de forma diferenciada e prioritária em função do déficit de discernimento e maturidade inerente a pouca idade, só supridos por meio do processo educacional característico da autoridade parental.[10] A Constituição Federal deles cuidou dando um tratamento distinto, por meio de um investimento normativo que lhes fez verter uma série de direitos fundamentais especialmente voltados para o seu desenvolvimento psiquicamente saudável (art. 227 CF). Não apenas por representarem o futuro, mas também por serem pessoas em desenvolvimento, justifica-se sua especial proteção, consoante estabelece o art. 6º do Estatuto da Criança e do Adolescente – ECA.[11] Fala-se em uma tríade de proteção e promoção: princípio do melhor interesse da criança e do adolescente, doutrina da proteção integral e a parentalidade responsável. Com o escopo de viabilizar esse desenvolvimento, as relações parentais – formais e autoritárias – tornaram-se dialógicas e abrangem os mais variados aspectos da vida dos filhos, os quais passaram a ter vez e voz, instituindo-se sua participação no próprio exercício da autoridade parental.

2. VULNERABILIDADE DIGITAL DE CRIANÇAS E ADOLESCENTES

Vive-se num mundo eminentemente tecnológico, em que se depara com o uso da tecnologia diuturnamente, nas mais diversas atividades. Crianças e adolescentes estão em contato direto com essas inovações, que já fazem parte do seu dia a dia. Não há dúvidas das inúmeras vantagens que a *Internet* tem, evidenciadas no tempo de isolamento social em razão dos riscos da Covid-19. No entanto, também se conhece os riscos que ela apresenta, principalmente para aqueles que não estão prontos para usá-la, ou seja, com malícia suficiente para distinguir os riscos dos benefícios para se proteger.

Há outro fator: os termos de uso e políticas de privacidade dos provedores. Verdadeiros contratos de adesão nos quais não se tem liberdade de escolha senão a de aderir a estes para, assim, obter o acesso pretendido. Estes termos também são inegáveis fontes de assimetria entre o usuário e os provedores, que deveriam viabilizar com maior facilidade e cognoscibilidade, as informações para facilitar o processo de tomada de decisão.[12]

A sexta edição da pesquisa TIC Kids Online Brasil demonstra o uso da *Internet* pelas crianças e adolescentes, marcando uma tendência de crescimento no número de crianças e adolescentes entre 9 e 17 anos, usuárias de *Internet* no país, e que utilizam predominantemente o telefone celular para o acesso à rede. A pesquisa também pretendeu obter informações "acerca da mediação feita por pais, responsáveis e educadores. Esse aspecto é fundamental, tendo em vista o papel que tais atores desempenham na mitigação dos

---

10. TEIXEIRA, Ana Carolina Brochado. *Família, guarda e autoridade parental*. 2. ed. Rio de Janeiro: Renovar, 2009.
11. Art. 6º do Estatuto da Criança e do Adolescente. Na interpretação desta Lei levar-se-ão em conta os fins sociais a que ela se dirige, as exigências do bem comum, os direitos e deveres individuais e coletivos, e a *condição peculiar da criança e do adolescente como pessoas em desenvolvimento*. (g.n.)
12. BIONI, Bruno. *Proteção de dados pessoais*: a função e os limites do consentimento. Rio de Janeiro: Forense, 2019, p. 148.

riscos e na potencialização das oportunidades que as crianças e adolescentes podem experimentar on-line".[13]

A pesquisa aponta que 80% da população brasileira entre 9 e 17 anos utiliza *Internet*,[14] de modo a não deixar dúvidas sobre a necessidade e urgência de uma tutela efetiva para essa camada da população. Além disto, identificou-se que uma grande maioria de crianças e adolescentes (71%) acessa a *Internet* mais de uma vez por dia, outros 17% acessam pelo menos uma vez ao dia, enquanto apenas 12% acessa a rede com frequência de uma vez por semana ou menos.[15] No entanto, apenas 49% dos entrevistados relataram terem os pais "muito conhecimento" sobre suas atividades *online*. Este percentual varia entre faixas etárias, por ser de mais de 60%, entre crianças de 9 a 12 anos, e apenas 36%, para adolescentes entre 15 e 17 anos.[16] Também foi apurado que 83% dos jovens estudantes do 5º ano do Ensino Fundamental ao 2º ano do Ensino Médio no Brasil acessam redes sociais,[17] sendo 82% utilizam o *Whatsapp*, 79% o *Facebook*, 55% o *Instagram* e 27% o *Twitter*.[18]

Há vários exemplos que demonstram os riscos da *Internet*: *cyberbullying*, contato com conteúdos inadequados na rede (inclusive publicidade), participação de jogos *online* que podem apresentar riscos à saúde, divulgação de imagens íntimas (*sexting*)[19] etc. A

---

13. Núcleo de informação e coordenação do Ponto BR, Pesquisa sobre o uso da *Internet* por crianças e adolescentes no Brasil – TIC Kids online Brasil 2017. São Paulo: Comitê gestor da *Internet* no Brasil, 2018, p. 119. Disponível em: https://cetic.br/pesquisa/kids-online/. Acesso em 17 abr. 2020.
14. MELLO, Daniel. Pesquisa: 80% da população brasileira entre 9 e 17 anos usam a Internet. *Agência Brasil*, 10.10.2016. Disponível em: http://agenciabrasil.ebc.com.br/pesquisa-e-inovacao/noticia/2016-10/pesquisa-80-da-populacao--brasileira-entre-9-e-17-anos-usam. Acesso em: 17 abr. 2020.
15. Núcleo de informação e coordenação do Ponto BR, Pesquisa sobre o uso da *Internet* por crianças e adolescentes no Brasil – TIC Kids online Brasil 2017. São Paulo: Comitê gestor da *Internet* no Brasil, 2018, p. 298. Disponível em: https://cetic.br/pesquisa/kids-online/. Acesso em: 17 abr. 2020.
16. Núcleo de informação e coordenação do Ponto BR, Pesquisa sobre o uso da *Internet* por crianças e adolescentes no Brasil – TIC Kids online Brasil 2017. São Paulo: Comitê gestor da *Internet* no Brasil, 2018, p. 145. Disponível em: https://cetic.br/pesquisa/kids-online/. Acesso em: 17 abr. 2020.
17. CGI.br/NIC.br, Centro Regional de Estudos para o Desenvolvimento da Sociedade da Informação (Cetic.br), Pesquisa sobre o uso das tecnologias de informação e comunicação nas escolas brasileiras – TIC Educação 2017, tabela C4C. Disponível em: https://cetic.br/tics/educacao/2017/escolas-urbanas-alunos/C4C/. Acesso em: 17 abr. 2020.
18. CGI.br/NIC.br, Centro Regional de Estudos para o Desenvolvimento da Sociedade da Informação (Cetic.br), Pesquisa sobre o uso das tecnologias de informação e comunicação nas escolas brasileiras - TIC Educação 2017, tabela E6. Disponível em: https://cetic.br/tics/educacao/2017/escolas-urbanas-alunos/C4C/. Acesso em: 17 abr. 2020.
19. O UNICEF realizou importante pesquisa sobre a violência na *Internet*, principalmente ligado ao *sexting*: "Aproveitando a base de relacionamento construída com as adolescentes durante a experiência e respeitando a privacidade delas, foi aplicado um questionário a 14 mil meninas de 13 a 18 anos. As questões foram divididas em quatro categorias: dados sociodemográficos, práticas de *sexting*, consequências para as vítimas de vazamento de imagens sem consentimento e rede de apoio e orientação." Esse questionário foi aplicado em novembro de 2018, tendo obtido mais de 8 mil respostas sendo o resultado 99% como grau de confiabilidade. Verificou-se que: mais de 70% já receberam nudes sem pedir, 80% disseram que já lhes foi pedido o envio de imagens delas nuas, 35% já mandaram fotos ou vídeos íntimos, Menos de 20% já solicitaram nudes. Entre as que enviaram nudes, 45% foi por vontade própria, 34% disseram que foi o parceiro quem pediu e 13% se sentiram pressionadas a fazê-lo. 10% das entrevistadas afirmaram que tiveram divulgação das suas imagens íntimas, tendo a pesquisa concluído que "A família pode ser uma grande aliada de cada adolescente. Para tanto, os adultos responsáveis por essas meninas e esses meninos precisam estar preparados para exercer a mediação em relação ao uso da tecnologia, fomentando comportamentos seguros, assim como o fazem em relação a outros temas importantes, como a alimentação ou exercícios físicos, por exemplo. O diálogo franco e respeitoso é fundamental para que todos os integrantes da família aprendam e promovam um uso seguro, saudável, crítico e construtivo das tecnologias". (*Caretas*: adolescentes e o risco de vazamento de imagens íntimas na internet. Disponível em: https://www.unicef.org/brazil/media/1671/file/Adolescentes_e_o_risco_de_vazamento_de_imagens_intimas_na_internet.pdf. Acesso em: 20 abr. 2020).

pesquisa referida apurou que 40% dos usuários menores de idade já observaram casos de discriminação na *web*: 26% ligados à raça, 16% a atributos físicos e 14% à orientação sexual.

É diante desse contexto que o exercício da autoridade parental assume novas funções. Já se sabe que não mais se trata de um vínculo de poder e autoritarismo como era no Código Civil de 1916, mas, no âmbito de uma família democrática,[20] da construção de uma relação pautada no diálogo sem descurar da autoridade dos pais, advindas da maior vivência e experiência. Por isso o diálogo educativo é o recurso prioritário no exercício da autoridade parental contemporânea, pois é por meio dele que se possibilita uma relação de confiança, na qual crianças e adolescentes, aos poucos, vão amadurecendo e entendendo as consequências das suas escolhas. Nesses termos, este processo educacional viabiliza a formação paulatina de um adulto livre e responsável.

No âmbito dos deveres constitucionais de criação, assistência e, principalmente de educação (art. 229 CF), está o dever de fiscalização dos pais. Fiscalização está atrelada ao acompanhamento diário da criança e do adolescente, do comportamento, das atitudes, das amizades e das reflexões construídas sobre a vida. Tudo isto para tentar garantir a construção da personalidade do filho com base nos valores eleitos pelos pais como mais apropriados, tais como noções sobre condutas e escolhas com o objetivo de incutir no filho uma concepção de vida capaz de ser seu sustentáculo até que ele tenha condições de eleger os próprios valores.

O termo também carrega em seu bojo ideias ligadas aos deveres de limitar e corrigir, mas estes últimos são muito mais efeitos da fiscalização do que equivalentes ou causas. Com base nestas prerrogativas, podem os genitores exigir obediência e respeito dos filhos, principalmente porque ainda não têm meios psíquicos suficientes para decidirem, sozinhos, os rumos da própria vida. Pode-se falar que eles têm o direito a receber limites, de ser corrigidos, como decorrência do direito à educação, formal e informal, de modo a serem preparados para o exercício da cidadania.

O dever de vigilância se traduz em controle dos atos dos filhos, para que eles possam, aos poucos, entender a necessidade de segurança e o comportamento necessário no ambiente virtual. Embora possa transparecer uma invasão da sua intimidade, entende-se ser papel dos pais o exercício dessa fiscalização, sob pena de, em última análise, deixar os filhos em abandono, em virtude do descumprimento do papel educacional dos pais. Limitar e direcionar os filhos em termos de valores, ética, amizades e escolhas é parte inegável do dever de educar dos pais. Diante disto, busca-se, de fato, a implementação de uma autoridade dialógica, pautada na orientação respeitosa, mas com a autoridade necessária. No entanto, ela não dá aos pais o amplo e livre acesso às informações da vida privada do filho às escondidas, quando o filho adolescente já tem algum discernimento e está preparado psiquicamente para usar as redes; nesse caso, eles têm o dever de, juntos, resolverem os impasses advindos da educação e das

---

20. Sobre o tema, ver BODIN DE MORAES, Maria Celina. *A família democrática*. Disponível em: http://www.ibdfam.org.br/assets/upload/anais/31.pdf.

dificuldades enfrentadas pelos filhos, sejam no ambiente virtual ou não.[21] Isto é educar sem invadir, cuidar para emancipar.[22]

> Não existe nenhum direito ao conhecimento da correspondência do cônjuge, nem mesmo para fins de controle do dever de fidelidade – controle que além de tudo seria lesivo à dignidade pessoal –; nem do exercício do pátrio poder dos pais pode-se deduzir *sic et simpliciter* o direito de interceptar os conteúdos das comunicações dos filhos menores, abrindo as cartas a eles destinadas, ainda que a relação familiar – e, em especial, o múnus do pátrio poder dos pais – atenue a inviolabilidade dos direitos fundamentais dos menores.[23]

Tal comportamento justifica-se somente em prol do interesse do filho, mesmo que seja contra sua vontade, de forma a preservar sua instrução e educação, além de proteger sua dignidade. Por exemplo, se existe a suspeita do filho estar sendo alvo de violência no ambiente virtual, os pais têm o direito/dever de acessar suas contas virtuais, pois é necessário acompanhar os filhos na Rede, e proporcionar-lhes uma educação digital, por meio da qual ele tenha a noção de segurança e limites no ambiente virtual.

Outra deve ser a resposta se não for um caso tão grave, como um desejo dos pais, apenas, de ter acesso à vida privada do filho, lendo, por exemplo, um diário ou cartas, somente para saber o que o filho pensa. Se a finalidade for apenas suprir a curiosidade dos pais, a resposta é negativa, pois a conduta destes pode ser deseducativa. No entanto, se o fizerem no interesse da educação do filho, no respeito à dignidade e ao bem-estar deste, para um bem maior, lastreado no dever de educar e proteger, é possível a mitigação de sua intimidade, competindo a cada família avaliar e refletir sobre o exercício da autoridade parental. A via prioritária é a do diálogo com o filho para que, assim, ele mesmo se sinta à vontade de compartilhar o conteúdo das suas conversas com seus pais.

Antônio Cezar Peluso entende que os genitores têm a "faculdade de controle de comunicações postais, telefônicas, de acesso a leituras, espetáculos, companhias etc., de correção moderada, educação, formação física e mental, espiritual".[24] O que se deduz desta reflexão é a impossibilidade de se construir regras fechadas *ex ante*, pois o fator determinante para avaliar qual dos interesses em conflito deve preponderar é o grau de maturidade do filho. Este amadurecimento tem estreita relação com a possibilidade de se autodeterminar, no âmbito do processo educacional, o qual se revela em uma relação dialógica, cuja intensidade deve ser balizada pelo discernimento dos filhos. A autonomia,

---

21. "Deve-se, pois, lançar luzes sobre a condução de uma parentalidade responsável, que, funcionalizada ao melhor interesse da criança e cumprindo o "dever de fiscalização e educação que compõem o conteúdo da autoridade parental", atue na emancipação da criança, auxiliando-a na tomada de decisões, não mais como um censor com poder de vida e morte, mas como um membro do grupo familiar, com direitos e deveres." (MEDON, Filipe. *Big Little Brother Brasil*: pais quarentenados, filhos expostos e vigiados. Disponível em: https://www.jota.info/opiniao--e-analise/artigos/big-little-brother-brasil-pais-quarentenados-filhos-expostos-e-vigiados-14042020. Acesso em: 20 abr. 2020).
22. Sobre essa trajetória da intensidade da atuação dos pais, tendo em vista o respeito aos filhos, recomenda-se BODIN DE MORAES, Maria Celina; MENEZES, Joyceane Bezerra de. Autoridade parental e privacidade do filho menor: o desafio de cuidar para emancipar. *Revista Novos Estudos Jurídicos* – Eletrônica, v. 20, n. 2, p. 501-532, maio-ago. 2015. Disponível em: https://siaiap32.univali.br/seer/index.php/nej/article/view/7881/4466.
23. PERLINGIERI, Pietro. *Perfis do direito civil*. 2. ed. Rio de Janeiro: Renovar, 2002, p. 185-186.
24. PELUSO, Antônio Cezar. O menor na separação. In: PINTO, Teresa Arruda Alvim (Coord.). *Repertório de jurisprudência e doutrina sobre direito de família*: aspectos constitucionais, civis e processuais. São Paulo: Ed. RT, 1993, p. 25.

conquistada através do diálogo, significa o alcance do exercício pleno do direito à intimidade por parte da pessoa em desenvolvimento, evidenciada muito mais numa construção da possibilidade de acesso a este direito fundamental, do que em sua simples aquisição.

O dever de fiscalização nos moldes propostos está incluído numa nova vertente da autoridade parental, que assume caráter ativo, ora denominado de educação digital. Trata-se de atuação dos pais para orientar seus filhos, crianças e adolescentes, para a compreensão da importância da segurança na Rede, navegando de forma saudável e segura no ambiente virtual. São condutas dos pais para preparação dos filhos para o mundo tecnológico. O monitoramento de uso do perfil em redes sociais, *WhatsApp*, jogos *online* são alguns exemplos do que deve ser objeto da educação digital, e que deve ser modulado a partir da aquisição de autonomia e discernimento por parte dos filhos, pois o processo educacional engloba conjugar autonomia e vulnerabilidade também no ambiente digital. A assistência parental deve ser segura e permanente, a respeito do uso e limites dos equipamentos e dos riscos em potencial, além de os pais respeitarem as normas de idade das próprias redes sociais.

Nesse sentido, uma pergunta deve ser feita: "Você deixaria seu filho sozinho o dia todo, sentado na calçada, sem saber com quem ele poderia estar falando? Mas por que será que hoje há tantos jovens assim, abandonados na calçada digital da internet?"[25] O abandono dos filhos nesse ambiente virtual tem sido chamado de abandono digital. Trata-se dos pais que deixam o filho menor, ainda vulnerável aos perigos do ambiente virtual, navegar sozinho na Rede, independentemente de orientação e acompanhamento. Não há dúvida de que é muito fácil entregar um celular para uma criança para que os pais possam trabalhar, ler, fazer as atividades domésticas, principalmente na época do confinamento social advindo do Corona vírus. O fato de os filhos estarem em casa – mas expostos ao ambiente virtual – transmite aos pais uma falsa sensação de segurança, pois a exposição à Rede acaba gerando riscos invisíveis. Deixá-los sem qualquer monitoramento pode causar danos muito graves, que vão desde chantagem, *cyberbullying*, pedofilia, podendo chegar até a morte.[26] A depender dos danos gerados, é o caso de perda da autoridade parental, consoante art. 1.638, II, do Código Civil.

> O 'abandono digital' é a negligência parental configurada por atos omissos dos genitores, que descuidam da segurança dos filhos no ambiente cibernético proporcionado pela internet e por redes sociais, não evitando os efeitos nocivos delas diante de inúmeras situações de risco e de vulnerabilidade.[27]

O abandono digital é, portanto, a "face oposta" da educação digital, ou seja, a educação e o acompanhamento são essenciais para se evitar danos aos filhos menores, decorrentes de condutas omissivas dos pais.

---

25. PINHEIRO, Patricia Peck. *Abandono digital*. Disponível em: https://www.huffpostbrasil.com/patricia-peck-pinheiro/abandono-digital_b_5408043.html. Acesso em: 21 abr. 2020.
26. São várias as notícias de jovens que, em razão de vício em jogos de internet com desafios que impõem riscos de morte, falecem na própria casa, com os pais presentes no mesmo imóvel, mas sem monitoramento. Veja o exemplo: http://g1.globo.com/sp/santos-regiao/noticia/2016/10/menino-morre-apos-partida-de-game-online-e-amigos-no-tam-pela-webcam.html. Acesso em: 21 abr. 2020.
27. ALVES, Jones Figueiredo. Negligência dos pais no mundo virtual expõe criança a efeitos nocivos da rede. Disponível em: https://www.conjur.com.br/2017-jan-15/processo-familiar-abandono-digital-expoe-crianca-efeitos-nocivos-internet. Acesso em: 16 abr. 2020.

Até 2014 não havia regramento específico a respeito da proteção infantojuvenil no ambiente virtual. O Marco Civil da *Internet* (Lei 12.965/2014) tratou da questão nas disposições finais, direcionado a proteção das crianças e adolescentes no ambiente virtual, por meio da "utilização de programa de computador em seu terminal para exercício do controle parental de conteúdo entendido por ele como impróprio a seus filhos menores"[28].

Já a Lei Geral de Proteção de Dados (Lei 13.709/2018 – LGPD) detalhou a proteção e o tratamento de dados pessoais, incluindo, pela primeira vez, dispositivos de aplicação específica a crianças e adolescentes (art. 14, *caput* e §§ 1º a 6º). "A proteção dos dados dos menores implica evitar que eles sejam mapeados e tenham suas preferências e escolhas pregressas utilizadas e manipuladas, preservando, dessa forma, sua liberdade na construção da própria identidade e o livre desenvolvimento da personalidade",[29] evitando-se, dessa maneira, rastros digitais deixados pelos filhos que possam ser mapeados por terceiros e manipulados no curso da vida deles.

É importante pontuar que a Lei Geral de Proteção de Dados trata diferentemente crianças (pessoas até doze anos de idade incompletos, art. 2º do ECA) em relação aos adolescentes (pessoas entre doze e dezoito anos de idade), pois somente para crianças se demandará "o consentimento específico e em destaque dado por pelo menos um dos pais ou pelo responsável legal" (art. 14 §1º). É como se o adolescente já tivesse total capacidade e maturidade para consentir com os aplicativos e programações no mundo virtual acessado por ele, o que obviamente não condiz com a realidade. Além disso, em uma visão isolada da LGPD, é como se a autoridade parental – *rectius*, o papel dos pais de um modo geral, inclusive, na seara da educação digital – não tivesse nenhuma relevância, já que dá ao adolescente total autonomia para a construção da sua *vida virtual*.

3. O *SHARENTING* E A VULNERABILIDADE DIGITAL

O isolamento social, decorrente da Covid-19, forçou as pessoas a aumentarem a convivência digital por meio das mais variadas plataformas, fortalecendo um hábito que já era crescente. O cotidiano da sociedade se transformou abruptamente e sem aviso prévio: o aperto de mão, o beijo carinhoso e o abraço apertado foram trocados pelas curtidas, *chats*, ligações audiovisuais e cumprimentos virtuais.

Reuniões familiares e de trabalho, aniversários, aulas, palestras, atendimentos médicos e psicoterapêuticos, tudo isto, têm acontecido por meio da *Internet*. A vida digital, há tempo retratada nas redes sociais, passou a ocupar a maior parte do tempo da vida

---

28. Art. 29. O usuário terá a opção de livre escolha na utilização de programa de computador em seu terminal para exercício do controle parental de conteúdo entendido por ele como impróprio a seus filhos menores, desde que respeitados os princípios desta Lei e da Lei 8.069, de 13 de julho de 1990 – Estatuto da Criança e do Adolescente. Parágrafo único. Cabe ao poder público, em conjunto com os provedores de conexão e de aplicações de internet e a sociedade civil, promover a educação e fornecer informações sobre o uso dos programas de computador previstos no caput, bem como para a definição de boas práticas para a inclusão digital de crianças e adolescentes.
29. TEIXEIRA, Ana Carolina Brochado; RETTORE, Anna Cristina de Carvalho. A autoridade parental e o tratamento de dados pessoais de crianças e adolescentes. In: TEPEDINO, Gustavo; FRAZÃO, Ana; OLIVA, Milena Donato (Coord.). *Lei Geral de Proteção de Dados Pessoais e suas repercussões no Direito Brasileiro*. São Paulo: Thomson Reuters Brasil, 2019, p. 516.

das pessoas, aumentando significativamente a exposição da vida familiar de cada um. Todos assumiram o seu lado *pop star* e se transformaram em verdadeiros influenciadores digitais por meio de *lives*, vídeos e fotos postadas nas redes sociais.

A mudança de hábito da sociedade, proveniente do confinamento, aliada ao aumento do uso da tecnologia, como forma de encurtar distâncias, traz como consequência a redução da privacidade e da intimidade. Nesse contexto, as crianças, seres em desenvolvimento, ficam ainda mais expostas, o que torna mais relevante o desempenho do papel ativo dos pais na educação digital dos filhos.

O excessivo compartilhamento da vida de uma criança, por parte de seus pais ou responsáveis legais, como forma de entretenimento e de interação com amigos virtuais foi denominado de *sharenting*, importado da língua inglesa, resultado da junção do verbo *to share* (compartilhar) com o termo *parenting* (parentalidade). Felipe Medon acrescenta ao termo *"sharenting"* um comportamento comissivo por parte dos pais no exercício exagerado do compartilhamento de fotos dos seus filhos nas redes sociais.

> O neologismo vem da junção das palavras de língua inglesa *share* (compartilhar) e *parenting* (cuidar, exercer a autoridade parental) e consiste, basicamente, na prática de pais ou responsáveis que postam, de maneira exagerada, em suas redes sociais, fotos, vídeos e informações dos seus filhos menores. Trata-se, portanto, de um exercício disfuncional da liberdade de expressão e da autoridade parental dos genitores, que acabam minando a privacidade de seus filhos nas redes sociais[30].

A vontade dos pais de dividir o cotidiano da própria vida, na qual o filho está inserido, finda por desconsiderar o direito à intimidade e à privacidade da criança, no mais das vezes, devassadas na *Internet* sem qualquer cerimônia e, em alguns casos, com objetivo publicitário. Há uma exposição excessiva das crianças, por meio de fotos e vídeos, os quais são eternizados nas redes sociais ao logo dos anos. Esta exposição, apesar de não ter a intenção de ofender a vida privada dessas crianças, quando elas crescerem e passarem a ter as próprias vontades, tomarem suas próprias decisões, podem ser alvo de piadas desagradáveis por parte dos colegas de colégio e se envergonharem do comportamento dos próprios pais, que pode lhes causar danos.

O problema se agrava quando os pais criam contas individuais em nome dos filhos para relatar a vida da criança desde de a barriga da mãe, com as fotos dos meses de gravidez, o nascimento, a maternidade, o primeiro mês, o batismo, o primeiro aniversário, o primeiro dia na escola e assim por diante. Com o confinamento, as fotos das festinhas escolares e da vida social foi substituída pelas *lives* da rotina infantil, acrescida de dicas de brincadeiras, receitas infantis e cartazes coloridos para dar força aos profissionais de saúde que estão trabalhando na quarentena.

Boomer Phelps, filho do nadador Michael Phelps, aos 3 anos, já possui perfil próprio no *Instagram* desde o nascimento e conta com mais de 640 mil seguidores. No Brasil, Valentina, a filha de Mirella Santos com o humorista Wellington Muniz, o

---

30. MEDON, Felipe. *Big Little Brother Brasil*: pais quarentenados, filhos expostos e vigiados. https://www.jota.info/opiniao-e-analise/artigos/big-little-brother-brasil-pais-quarentenados-filhos-expostos-e-vigiados-14042020. Acesso em 25 maio. 2020.

Ceará, aos 6 anos, possui um perfil com 2,6 milhões de seguidores[31]. A administração da conta é realizada pela mãe de Valentina que elege, em nome desta, fotos e vídeos que reputa como "publicáveis", além de fazer publicidade de produtos infantis. Em uma de suas últimas postagens no seu perfil do *Instagram* Valentina dança sensualmente ao lado da mãe, sugerindo uma nova brincadeira para ficar em casa nos dias de quarentena.

Ao retratar essas fotos nas redes, os pais "coisificam" seus filhos como se eles não tivessem personalidade própria, utilizam e monetizam a imagem deles como se fossem a extensão de si mesmos sem perceber a propagação dos *dados sensíveis*[32] da criança e dos danos provenientes desta conduta. Isso porque eles pensam na conotação lúdica das fotos e na ingenuidade da postagem, sem levar em consideração que a inocência é da criança e não dos inúmeros amigos virtuais. Estes muitas vezes são desconhecidos tanto da criança como de seus pais, embora sejam tratados com um grau de intimidade como se da família fossem. Ao assim proceder, os pais maculam não só a intimidade e a privacidade dos seus filhos, mas se utilizam também do direito de imagem destes, como se eles fossem os titulares.[33]

Anderson Schreiber classifica a privacidade em dois pilares: intimidade e proteção de dados.[34] A intimidade está relacionada aos fatos da vida privada, do cotidiano vivenciado no seio familiar os quais não se deseja partilhar a ninguém. Afinal, a vida retratada na rede não traduz com fidelidade a realidade vivida em casa. Ninguém acorda com os cabelos escovados, a pele perfeita e maquiada. Assim, situações de cunho particular aptas a trazer embaraços como, por exemplo, o banho de uma criança, a utilização do pinico ou a birra por não querer almoçar são tuteladas pelo direito à intimidade.[35]

Sob o ângulo da proteção de dados, a privacidade se volta às informações inerentes à pessoa enquanto membro de uma sociedade, podendo se apresentar de variadas formas, como, por exemplo, a crença religiosa, as informações genéticas, a cor da pele, as preferências sexuais, o perfil de consumo e de busca na *Internet*. A divulgação destes dados viabiliza a possibilidade de discriminação seja virtual seja presencialmente.

Maria Celina Bodin de Moraes traz, ainda, uma terceira face da privacidade[36], vista como o direito de autodeterminar-se, baseada no poder de escolha dado ao titular a respeito da divulgação dos seus próprios dados:

---

31. MOUTINHO, Maria Carla. Se você gostou, dê um "*like*". In: EHRHARDT JÚNIOR, Marcos; LOBO, Fabíola Albuquerque (Coord.). *Privacidade e sua compreensão no direito brasileiro*. Belo Horizonte: Fórum, 2019. p. 73-86.
32. A Lei 12.414/2011 (Marco Civil da Internet) define "dados sensíveis" no art. 3º, § 3º, II – informações sensíveis, assim consideradas aquelas pertinentes à origem social e étnica, à saúde, à informação genética, à orientação sexual e às convicções políticas, religiosas e filosóficas. Depois a Lei 13.709/2018 (Lei Geral de Proteção de Dados – LGPD) amplia esse conceito no Art. 5º Para os fins desta Lei, considera-se: II – dado pessoal sensível: dado pessoal sobre origem racial ou étnica, convicção religiosa, opinião política, filiação a sindicato ou a organização de caráter religioso, filosófico ou político, dado referente à saúde ou à vida sexual, dado genético ou biométrico, quando vinculado a uma pessoa natural;
33. Sobre o tema: MEDON, Filipe. Influenciadores digitais e o direito à imagem de seus filhos: uma análise a partir do melhor interesse da criança. *Revista Eletrônica da Procuradoria Geral do Estado do Rio de Janeiro – PGE-RJ*, Rio de Janeiro, v. 2 n. 2, maio-ago. 2019, p. 1-26.
34. SCHREIBER, Anderson. *Direitos da personalidade*. São Paulo: Atlas, 2011, p. 131.
35. LÔBO, Paulo. *Direito Civil*: parte geral. 8. ed. São Paulo: Saraiva, 2019, p. 160.
36. Aponta-se essa como a terceira face, sendo a primeira a intimidade e a segunda a proteção de dados.

A privacidade, hoje, manifesta-se portanto na capacidade de se controlar a circulação das informações. Saber quem as utiliza, significa adquirir, concretamente, um poder sobre si mesmo. Trata-se de uma concepção qualitativamente diferente da privacidade como "direito à autodeterminação informativa" o qual concede cada um de nós um real poder sobre as nossas próprias informações, os nossos próprios dados.[37]

Nesse contexto, a prática do *sharenting* fere todas as faces da privacidade de um ser em desenvolvimento cuja vulnerabilidade é presumida. É oportuno destacar que a criança, na maioria das vezes, sequer tem discernimento para saber o significado da postagem ou, mesmo tendo um pouco dessa percepção, ela não toma conhecimento ou é consultada a respeito da postagem.

O Estatuto da Criança e do Adolescente tem como pilar o melhor interesse da criança e do adolescente, tidos como pessoa em desenvolvimento. O princípio da proteção integral e prioritária, contido no art. 100, parágrafo único, inciso II, do ECA, impõe como regra hermenêutica uma interpretação *pro infantojuvenil* na aplicação das medidas protetivas. Diante disto, o art. 100, parágrafo único, inciso V, do ECA traz como princípio a privacidade das crianças e dos adolescentes lastreados na intimidade, na vida privada e no seu direito à imagem[38].

Aliado a isto, o art. 17 do mesmo diploma legal expressa o direito ao respeito das crianças e adolescentes aqui incluídos a imagem, a autonomia e os espaços pessoais[39]. Este direito ao respeito faz surgir, por consequência, o dever dos pais e responsáveis de garantir a preservação das três faces da privacidade, isto é, a intimidade, a proteção de dados e a autodeterminação.

Apesar de haver opiniões no sentido da possibilidade de um juízo de ponderação entre a liberdade de expressão dos pais e o direito à privacidade das crianças para a permissão das postagens[40], a liberdade de expressão dos pais nunca será justificativa para prática de *sharenting*, pois este direito constitucional, é individual e exclusivo de cada um, não sendo possível haver a extensão dos seus efeitos dessa liberdade para abranger os demais membros da família.

A falta de diálogo da LGPD com os demais institutos de Direito Civil constitucional poderá trazer um retrocesso e remeter o intérprete desavisado à ideia de poder e de autoritarismo contida no Código Civil de 1916, apesar de o artigo 14 da LGPD fazer alusão ao

---

37. BODIN DE MORAES, Maria Celina. *Na medida da pessoa humana*: estudos de direito civil- constitucional. Rio de Janeiro: Renovar, 2010, p. 142.
38. Art. 100. Na aplicação das medidas levar-se-ão em conta as necessidades pedagógicas, preferindo-se aquelas que visem ao fortalecimento dos vínculos familiares e comunitários. Parágrafo único. São também princípios que regem a aplicação das medidas: II – proteção integral e prioritária: a interpretação e aplicação de toda e qualquer norma contida nesta Lei deve ser voltada à proteção integral e prioritária dos direitos de que crianças e adolescentes são titulares; V – privacidade: a promoção dos direitos e proteção da criança e do adolescente deve ser efetuada no respeito pela intimidade, direito à imagem e reserva da sua vida privada.
39. Art. 17. O direito ao respeito consiste na inviolabilidade da integridade física, psíquica e moral da criança e do adolescente, abrangendo a preservação da imagem, da identidade, da autonomia, dos valores, ideias e crenças, dos espaços e objetos pessoais.
40. EBERLIN, Fernando Büscher von Teschenhausen. Sharenting, liberdade de expressão e privacidade de crianças no ambiente digital: o papel de provedores de aplicação no cenário jurídico brasileiro. *Revista Brasileira de Políticas Públicas*, v. 7, n. 3, 2017.

melhor interesse da criança. Isso porque se o art. 14 da LGPD[41] receber uma interpretação literal do texto, destoará da doutrina da proteção integral, levando o intérprete a presumir que a autoridade parental confere aos pais ou responsáveis a possibilidade de dispor das três faces da privacidade dos seus filhos. Não se deve esquecer que a privacidade é direito da personalidade e, portanto, intransmissível e irrenunciável. Em face da dificuldade funcional de se compatibilizar titularidade e exercício de direitos da personalidade quando o titular necessita de apoio por carecer de condições de discernimento para tal, é prudente a crítica que fazem Luciana Brasileiro e Maria Rita de Holanda:

> A vulnerabilidade de viabilizar o uso de dados, ainda que autorizada pelos pais é grande e questionável, pois, sendo os dados pessoais, como já mencionado, verdadeiro direito de personalidade, sua inalienabilidade e intransmissibilidade vedam a sua utilização por qualquer pessoa que não seja seu detentor. O caráter de indisponibilidade do direito de personalidade afasta a representação no exercício da autoridade parental, fato que não foi observado pela norma. Como já mencionado, a lei que regulamenta o uso de dados pessoais era urgente, mas falha em sua previsão do art. 14, talvez o mais sensível deles, haja vista que trata do uso de informações indisponíveis de quem não poderia jamais anuir. A privacidade das crianças que têm suas rotinas expostas na internet é violada frontalmente e não há como imaginar um mecanismo de proteção que envolva a possibilidade de seu fornecimento, a partir do momento em que se constatam o risco e a vulnerabilidade de exposição de um direito de personalidade.[42]

Nesse contexto, o consentimento específico quanto ao tratamento de dados sensíveis, contido no art. 14, § 1º, da LGPD, deve ser interpretado em observância a todo o arcabouço principiológico da doutrina civil constitucional e da proteção integral de um ser em desenvolvimento. O tratamento dos dados pessoais somente pode ser autorizado pelo titular (art. 7º, inciso I, da LGPD[43]) e são os pais os responsáveis pela permissão do tratamento de dados da criança (art. 14 da LGPD), por serem os legitimados a representar os filhos menores (arts. 3º e 4º do CC/2002).

---

41. Art. 14. O tratamento de dados pessoais de crianças e de adolescentes deverá ser realizado em seu melhor interesse, nos termos deste artigo e da legislação pertinente. § 1º O tratamento de dados pessoais de crianças deverá ser realizado com o consentimento específico e em destaque dado por pelo menos um dos pais ou pelo responsável legal. § 2º No tratamento de dados de que trata o § 1º deste artigo, os controladores deverão manter pública a informação sobre os tipos de dados coletados, a forma de sua utilização e os procedimentos para o exercício dos direitos a que se refere o art. 18 desta Lei. § 3º Poderão ser coletados dados pessoais de crianças sem o consentimento a que se refere o § 1º deste artigo quando a coleta for necessária para contatar os pais ou o responsável legal, utilizados uma única vez e sem armazenamento, ou para sua proteção, e em nenhum caso poderão ser repassados a terceiro sem o consentimento de que trata o § 1º deste artigo. § 4º Os controladores não deverão condicionar a participação dos titulares de que trata o § 1º deste artigo em jogos, aplicações de internet ou outras atividades ao fornecimento de informações pessoais além das estritamente necessárias à atividade. § 5º O controlador deve realizar todos os esforços razoáveis para verificar que o consentimento a que se refere o § 1º deste artigo foi dado pelo responsável pela criança, consideradas as tecnologias disponíveis. § 6º As informações sobre o tratamento de dados referidas neste artigo deverão ser fornecidas de maneira simples, clara e acessível, consideradas as características físico-motoras, perceptivas, sensoriais, intelectuais e mentais do usuário, com uso de recursos audiovisuais quando adequado, de forma a proporcionar a informação necessária aos pais ou ao responsável legal e adequada ao entendimento da criança.
42. BRASILEIRO, Luciana; HOLANDA, Maria Rita. A proteção de dados pessoais na infância e o dever parental de preservação da privacidade. In: EHRHARDT JÚNIOR, Marcos; LOBO, Fabíola Albuquerque (Coord.). *Privacidade e sua compreensão no direito brasileiro*. Belo Horizonte: Fórum, 2019. p. 269-278.
43. Art. 7º O tratamento de dados pessoais somente poderá ser realizado nas seguintes hipóteses: I – mediante o fornecimento de consentimento pelo titular.

No entanto, isso não significa que a criança está desprovida de personalidade própria e dos atributos a ela inerentes. É por isso que os pais não estão autorizados a decidir livremente sobre conteúdo a ser divulgado nas redes sociais a respeito dos seus filhos, pois a criança deixaria de ser pessoa e passaria a ser objeto, sem qualquer valoração sobre os danos sofridos por ela, sendo imprescindível que essa definição seja feita com os valores transmitidos no processo educacional digital, conforme já mencionado anteriormente. Exemplo disto é o que vem acontecendo com filhos de celebridades que se tornam "celebridades infantis por extensão" e servem de fonte de renda para toda a família, a exemplo da já mencionada Valentina Muniz.

Em outra situação, Nissim Ourfali foi protagonista de um dos *memes* mais populares do Brasil, após um convite em formato de vídeo para o Bar Mitzvah dele ter sido confeccionado e postado pelos próprios pais. A música *"What makes you Beatiful"*, da banda *One Direction,* foi adaptada para que ele e os pais cantassem e dançassem contando sobre os *hobbies* do garoto como, por exemplo, jogar basquete, assistir a série *Big Bang Theory* e ir à praia da Baleia, em São Paulo. Com isso, Nissim virou piada nacional e teve seu vídeo readaptado em várias versões humorísticas. Os pais de Ourfali ingressaram com pedido judicial contra o Google, objetivando a retirada do vídeo tendo sido prolatada sentença[44] de improcedência na qual o juiz ressaltou ter o pai do garoto sido imprudente, ao permitir o livre acesso da postagem do vídeo original no *YouTube*, ao invés do compartilhamento privado somente para os convidados[45]. Apesar disso, a decisão foi reformada pelo Tribunal de Justiça de São Paulo que determinou a retirada do vídeo por parte do *Google*. No caso, apesar de a gravação não ter sido para fins comerciais, a imagem e a privacidade da criança foram expostas, tendo Nissim sido vítima de *cyberbullying*. Por isso a relevância de que o papel dos pais, no exercício da autoridade parental no mundo digital, seja em estreita consonância com os reais interesses dos filhos.

4. CONCLUSÃO

Diante das reflexões aqui feitas, conclui-se que:

1. As crianças e os adolescentes, por estarem em processo de desenvolvimento e maturação, são considerados vulneráveis e que, por isso, receberam proteção especial e prioritária, conforme se pode perceber do art. 227 da Constituição Federal e do arcabouço normativo do Estatuto da Criança e do Adolescente.

2. Os pais, detentores da autoridade parental, devem criar, educar e assistir seus filhos menores de idade, proporcionando-lhes uma educação digital, para que naveguem na Rede de forma saudável e segura, acompanhando-os e orientando-os no ambiente virtual, de modo que sua vulnerabilidade natural da idade não exponha os filhos a riscos graves, como violência, chantagem, *sexting* etc.

---

44. Processo n. 0192672-12.2012.8.26.0100.
45. MOUTINHO, Maria Carla. Se você gostou, dê um *"like"*. In: EHRHARDT JÚNIOR, Marcos; LOBO, Fabíola Albuquerque (Coord.). *Privacidade e sua compreensão no direito brasileiro*. Belo Horizonte: Fórum, 2019. p. 73-86. Sobre o tema, também recomendamos: RETTORE, Anna Cristina de Carvalho; SILVA, Beatriz de Almeida Borges e. A exposição da imagem dos filhos pelos pais funcionalizada ao melhor interesse da criança e do adolescente. *Revista Brasileira de Direito Civil*. ISSN 2358-6974. v. 8. p. 32-46. abr.- jun. 2016.

3. O art. 17 do ECA prevê o direito ao respeito às crianças e adolescentes, que faz surgir, por consequência, o dever dos pais e responsáveis de garantir a preservação das três faces da privacidade, isto é, a intimidade, a proteção de dados e a autodeterminação.

4. Alguns pais, de forma não intencional, acabam por colocar seus filhos em risco na Internet, o que se constata, dentre outras práticas, por meio do *sharenting*, a hiper exposição na Rede, narrando seu quotidiano, preferências, usando-os para fazer publicidade etc., ou seja, as crianças são expostas no ambiente virtual sem terem a dimensão das consequências aos seus direitos da personalidade, tais como imagem e privacidade. Nota-se, portanto, um exercício abusivo da autoridade parental que deve ser tratado de modo a preservar os interesses dos menores.

5. REFERÊNCIAS

ALVES, Jones Figueiredo. Negligência dos pais no mundo virtual expõe criança a efeitos nocivos da rede. Disponível em: https://www.conjur.com.br/2017-jan-15/processo-familiar-abandono-digital-expo-e-crianca-efeitos-nocivos-internet. Acesso em: 16 abr. 2020.

BIONI, Bruno. *Proteção de dados pessoais*: a função e os limites do consentimento. Rio de Janeiro: Forense, 2019.

BODIN DE MORAES, Maria Celina. *Na medida da pessoa humana*: estudos de direito civil-constitucional. Rio de Janeiro: Renovar, 2010.

BODIN DE MORAES, Maria Celina. *A família democrática*. Disponível em: http://www.ibdfam.org.br/assets/upload/anais/31.pdf.

BODIN DE MORAES, Maria Celina; MENEZES, Joyceane Bezerra de. Autoridade parental e privacidade do filho menor: o desafio de cuidar para emancipar. *Revista Novos Estudos Jurídicos* – Eletrônica, v. 20. n. 2. p. 501-532. maio-ago. 2015. Disponível em: https://siaiap32.univali.br/seer/index.php/nej/article/view/7881/4466.

BODIN DE MORAES, Maria Celina. *Na medida da pessoa humana*: estudos de direito civil-constitucional. Rio de Janeiro: Renovar, 2010.

BODIN DE MORAES, Maria Celina. Conceito, função e quantificação do dano moral. *Revista IBERC* v. 1, n. 1, p. 1-24, nov.-fev./2019. Disponível em: ww.responsabilidadecivil.org/revista-iberc. Acesso em: 15 abr. 2019.

BRASILEIRO, Luciana; HOLANDA, Maria Rita. A proteção de dados pessoais na infância e o dever parental de preservação da privacidade. In: EHRHARDT JÚNIOR, Marcos; LOBO, Fabíola Albuquerque (Coord.). *Privacidade e sua compreensão no direito brasileiro*. Belo Horizonte: Fórum, 2019.

DALSENTER, Thamis Ávila. Transexualidade: a (in) visibilidade imposta pelo judiciário. *Revista Trimestral de Direito Civil: RTDC*, v. 31, p. 193-206, Rio de Janeiro, 2007.

EBERLIN, Fernando Büscher von Teschenhausen. Sharenting, liberdade de expressão e privacidade de crianças no ambiente digital: o papel de provedores de aplicação no cenário jurídico brasileiro. *Revista Brasileira de Políticas Públicas*, v. 7, n. 3, 2017.

FACHIN, Luiz Edson; PIANOVSKI, Carlos Eduardo. A dignidade da pessoa humana no direito contemporâneo: uma contribuição à crítica da raiz dogmática do neopositivismo constitucionalista. *Revista trimestral de direito civil: RTDC*, v. 9, n. 35, jul./set. 2008.

KONDER, Carlos Nelson, Vulnerabilidade patrimonial e vulnerabilidade existencial: por um sistema diferenciador *Revista de Direito do Consumidor* – RDC, v. 24, n. 99, p. 110, maio/jun. 2015.

KONDER, Carlos Nelson. Vulnerabilidade, hipervulnerabilidade ou simplesmente dignidade da pessoa humana? Uma abordagem a partir do exemplo do consumidor superendividado. In: MONTEIRO FILHO, Carlos Edson do Rêgo (Coord.). *Direito das relações patrimoniais*: estrutura e função na contemporaneidade. Curitiba: Juruá, 2014.

LÔBO, Paulo. *Direito Civil*: parte geral. 8. ed. São Paulo: Saraiva, 2019.

MEDON, Filipe. Influenciadores digitais e o direito à imagem de seus filhos: uma análise a partir do melhor interesse da criança. *Revista Eletrônica da Procuradoria Geral do Estado do Rio de Janeiro – PGE-RJ*, Rio de Janeiro, v. 2 n. 2, p. 1-26, maio-ago. 2019.

MEDON, Filipe. *Big Little Brother Brasil*: pais quarentenados, filhos expostos e vigiados. Disponível em: https://www.jota.info/opiniao-e-analise/artigos/big-little-brother-brasil-pais-quarentenados-filhos--expostos-e-vigiados-14042020. Acesso em: 20 abr. 2020.

MELLO, Daniel. Pesquisa: 80% da população brasileira entre 9 e 17 anos usam a *Internet*. *Agência Brasil*, 10.10.2016. Disponível em: http://agenciabrasil.ebc.com.br/pesquisa-e-inovacao/noticia/2016-10/pesquisa-80-da-populacao-brasileira-entre-9-e-17-anos-usam. Acesso em: 17 abr. 2020.

MOUTINHO, Maria Carla. Se você gostou, dê um *"like"*. In: EHRHARDT JÚNIOR, Marcos; LOBO, Fabíola Albuquerque (Coord.). *Privacidade e sua compreensão no direito brasileiro*. Belo Horizonte: Fórum, 2019.

PERLINGIERI, Pietro. *Perfis do direito civil*. 2. ed. Rio de Janeiro: Renovar, 2002.

PELUSO, Antônio Cezar. O menor na separação. In: PINTO, Teresa Arruda Alvim (Coord.). *Repertório de jurisprudência e doutrina sobre direito de família*: aspectos constitucionais, civis e processuais. São Paulo: Ed. RT, 1993.

RETTORE, Anna Cristina de Carvalho; SILVA, Beatriz de Almeida Borges e. A exposição da imagem dos filhos pelos pais funcionalizada ao melhor interesse da criança e do adolescente. *Revista Brasileira de Direito Civil*. ISSN 2358-6974. v. 8. p. 32-46. abr.-jun. 2016.

SCHREIBER, Anderson. *Direitos da personalidade*. São Paulo: Atlas, 2011.

TEPEDINO, Gustavo; SCHREIBER, Anderson. Minorias no direito civil brasileiro. *RTDC*, v. 10, p. 134, abr.-jun. 2002.

TEIXEIRA, Ana Carolina Brochado; TEPEDINO, Gustavo. *Fundamentos de direito civil*: direito de família. Rio de Janeiro: Gen, 2020.

TEIXEIRA, Ana Carolina Brochado. *Família, guarda e autoridade parental*. 2. ed. Rio de Janeiro: Renovar, 2009.

TEIXEIRA, Ana Carolina Brochado; RETTORE, Anna Cristina de Carvalho. A autoridade parental e o tratamento de dados pessoais de crianças e adolescentes. In: TEPEDINO, Gustavo; FRAZÃO, Ana; OLIVA, Milena Donato (Coord.). *Lei Geral de Proteção de Dados Pessoais e suas repercussões no direito brasileiro*. São Paulo: Thomson Reuters Brasil, 2019.

UOL. Bebê Phelps no Instagram: pais são donos de identidade digital de filho? Disponível em: https://universa.uol.com.br/noticias/redacao/2016/08/18/bebe-phelps-no-instagram-pais-sao-donos-de--identidade-digital-de-filho.htm. Acesso em: 24 mar. 2019.

A EXPOSIÇÃO INFANTIL COM FINS COMERCIAIS NAS REDES SOCIAIS, MECANISMOS DE PROTEÇÃO INFANTIL E A RESPONSABILIDADE CIVIL DOS PAIS

Tatiane Gonçalves Miranda Goldhar

Mestre em Direito pela Universidade Federal de Pernambuco. Especialista em Processo Civil pela Jus Podivm. Professora Universitária dos cursos de Graduação e Pós-Graduação. Conselheira Federal da Ordem dos Advogados pela OAB/SE. Advogada, especialista na área de família e contratos. Presidente da Associação Jurídico-Espírita do Estado de Sergipe (AJE-SE). http://lattes.cnpq.br/8888290603918536

Glícia Thais Salmeron de Miranda

Mestranda em Criminologia (2018/2020) pela Universidade Fernando Pessoa/ UFP, Porto/Portugal. Especialista em Processo Civil pela Universidade Federal de Santa Catarina. Especialista Políticas Públicas de Atendimento a Criança e ao Adolescente, Idoso e Pessoas Deficientes pela Universidade Federal de Sergipe e Escola Superior do Ministério Público. Conselheira Federal da Ordem dos Advogados pela OAB/SE. Advogada.

Sumário: 1. Introdução. 2. O sistema protetivo infantil à luz da Constituição da República Federativa do Brasil e do Estatuto da Criança e do Adolescente. 2.1 A importância do Conselho Nacional dos Direitos da Criança e do Adolescente na formulação das políticas, controle social e enfrentamento a exposição nas redes sociais. 3. A exposição infantil nas redes sociais pelos pais com fins comerciais e seus efeitos jurídicos. 4. A responsabilidade civil dos pais na exposição de filhos com fins lucrativos. 5. Conclusão. 6. Referências.

1. INTRODUÇÃO

O uso e acesso das mídias sociais, com maior ênfase às redes sociais, tem sido cada vez mais estimulado pelos meios de comunicação, pelo mercado digital, pelas facilidades próprias do marketing e propaganda com alcance incalculável que essas ferramentas proporcionam, contabilizando seguidores, curiosos, público certo que, sem elas, não seria possível alcançar.

A maioria dos brasileiros hoje tem acesso às redes sociais, segundo pesquisa consolidada no relatório Digital in 2019, feito pela *We Are Social* em parceria com a *Hootsuite*, concluindo que 66% da população brasileira é usuária das redes sociais. Esses números representam mais de 140 milhões de usuários ativos no Brasil, um dos países com mais de 10 milhões de novos usuários nas redes, de acordo com o rockcontent blog[1].

Indene de dúvidas que, presentes na vida de grande parte das pessoas ao redor do mundo, as redes sociais são hoje um importante acessório para comunicação, informação, relacionamentos e, claro, para o marketing digital. O que antes era adstrito aos profissionais da comunicação e propaganda, hoje qualquer um pode baixar um aplicativo com tutoriais autoexplicativos ensinando a vender produtos pela internet, a criar logo, marca, design, enfim, uma infinidade de recursos criativos que estimulam a propagação de ideias, posts e informações de toda ordem no mundo virtual.

O uso dessas mídias sociais de entretenimento foi potencializado, sobretudo, nos meses de isolamento social ocasionado pela pandemia da Covid-19, durante o qual famílias ilhadas em suas próprias casas demonstraram sua rotina familiar, festas, refeições, bagunças e brincadeiras com grande parte do foco na vida da criançada, em como distraí-las em tempos de confinamento.

As redes sociais despontam na fase atual da *cyber*cultura como uma potência que inaugura novas experiências nas formas de se relacionar, aprender, conviver, se expressar. As crianças, na linha dos adultos, querem estar onde todos estão, aliás, onde seus pais também estão, no entanto, sem a maturidade que os adultos têm para filtrar o conteúdo exposto nas redes sociais.

A análise trazida não desconsidera a presença desse movimento nas sociedades mais consumistas e de valores materiais marcantes, como exibição, consumo e necessidade de diferenciação pelos *status* social, o que explica o grande aumento de crianças brasileiras ativas e expostas nas redes sociais.[2]

Pesquisadores demonstram que a presença e a participação das crianças nas redes sociais virtuais, toleradas ou incentivadas pelos pais, permitem que elas habitem o cyber espaço numa relação de horizontalidade, lado a lado com os adultos, visto que muitas vezes não há como separar ou filtrar conteúdos infantis dos adultos[3]. Nesse ponto, o alerta é para a linguagem infantil que tem sido modificada pelo uso frequente e para entretenimento das redes sociais, tornando-se "adultizada", em decorrência do fenômeno de "adultização" que tem sido objeto de estudo por especialistas como psicólogos, psiquiatras e juristas, preocupados com a modificação do psiquismo, comportamento e linguagem na infância pela exposição precoce ao mundo virtual, certamente, causando

---

1. ROCKCONTENT BLOG. *Acesso dos brasileiros às redes sociais*. Disponível em: https://rockcontent.com/blog/. Acesso em: 26 abr. 2020.
2. Um estudo da Intel Security aponta que "quase 30% das crianças passam de 2 a 5 horas por dia usando dispositivo móvel em atividades como assistir vídeos (62%), mídias sociais (59%) e trocar mensagens (47%). Entre as informações pessoais que as crianças dizem que já postaram nas redes sociais estão fotos (73%), nome da escola (44%), data de nascimento (35%), endereço de e-mail (34%), nome de familiares (28%), telefone (23%) e endereço residencial (10%)". CANALTECH. Crianças brasileiras nas redes sociais. Disponível em: https://canaltech.com.br/redes-sociais/83-das-criancas-brasileiras-entre-8-e-12-anos-ja-estao-ativas-nas-redes-sociais-50663/. Acesso em: 28 abr. 2020.
3. A professora Nélia Mara defendeu, em fevereiro deste ano, sua tese de doutorado, em Educação, pela Universidade do Estado do Rio de Janeiro (Uerj). O estudo pesquisou as experiências infantis com as redes sociais online, tendo como plataformas de investigação o Orkut e o Facebook. MACEDO, Nélia Mara Rezende. *Você tem face?*: sobre crianças e redes sociais online. 2014. Disponível em: http://proped.pro.br/teses/teses_pdf/2006_1-205-DO.pdf. Acesso em 27 abr. 2020.

crescimento sem amadurecimento, exposição de imagem excessiva, transtornos emocionas, dentre outros problemas.

O fato é que estão todos lá, convivendo, interagindo, comunicando. Nesse cenário, as crianças tanto são grandes emissoras de conteúdo quanto são vítimas, atuais ou futuras, dos conteúdos gerados por seus pais, em escala crescente.

O fenômeno de os pais exporem seus rebentos nas redes sociais, de tão comum tem sido denominado "sharenting" formado pelos nomes em língua inglesa "parenting" (criação) e "sharing" (compartilhar), que traduzindo significa o ato de compartilhar a paternidade e maternidade, ou a parentalidade.

Mas qual o problema disso, afinal? Quem nunca postou uma foto orgulhos(a) de um(a) filho(a) fofo fazendo algo legal?

A preocupação aqui é, sem dúvidas, tornar a criança – e aqui não abordaremos o adolescente, já que a questão é com relação as crianças até os 12 anos incompletos[4] – vulnerável nas redes sociais, com sua imagem desgastada e utilizada com fins econômicos, sem possibilidade de defesa e passível de violência, utilização indevida, ou até de rejeição de exposição de sua imagem e vida quando for adolescente ou adulta.

É cada vez mais comum ver os pais, ou um deles, expondo seus filhos nas redes sociais como Instagram, Facebook e Snapchat com roupas e produtos que estão à venda no mercado virtual, em parcerias com essas lojas. Um simples evento escolar ou aniversário da criança se torna uma esteira ou vitrine de produtos, todos citados nos textos dessas postagens, referenciando aos profissionais que, gratuita ou de forma patrocinada, beneficiam-se da imagem da criança-modelo para divulgar seus produtos.

O objetivo desse texto é analisar as consequências jurídicas da exposição das crianças na internet, com foco nos conteúdos gerados por seus responsáveis legais, normalmente os pais, sobretudo nos casos de exposição com fins comerciais quando esses pais, ou um deles, utilizam a imagem de seus filhos ou tutelados para anunciar marcas de produtos vendáveis pela internet, em parceria com lojas que, através da imagem da criança ou da família-referência, passam a lucrar em seus negócios, à revelia da proteção da infância que deve ser integral, segundo os pilares dos estatutos modernos calcados na ideia de proteção integral da criança.

2. O SISTEMA PROTETIVO INFANTIL À LUZ DA CONSTITUIÇÃO DA REPÚBLICA FEDERATIVA DO BRASIL E DO ESTATUTO DA CRIANÇA E DO ADOLESCENTE

Preceitua o art. 2º, item 2 da Convenção Internacional dos Direitos da Criança e do Adolescente, ratificada pelo Brasil através do Decreto n. 99.710/1990, que:

> Os Estados Partes tomarão todas as medidas apropriadas para assegurar a proteção da criança contra toda forma de discriminação ou castigo por causa da condição, das atividades, das opiniões manifestadas ou das crenças de seus pais, representantes legais ou familiares.

---

[4]. Art. 2º Considera-se criança, para os efeitos desta Lei, a pessoa até doze anos de idade incompletos, e adolescente aquela entre doze e dezoito anos de idade.

Mais adiante no artigo 16, a Convenção confirma que "1. Nenhuma criança será objeto de interferências arbitrárias ou ilegais em sua vida particular, sua família, seu domicílio ou sua correspondência, nem de atentados ilegais a sua honra e a sua reputação"; e no item "2. A criança tem direito à proteção da lei contra essas interferências ou atentados."

A convenção internacional serve para reconhecer, a nível global, que as crianças necessitam de uma proteção integral e específica, tendo em vista que são fragilizadas e tem sua capacidade limitada ou são absolutamente incapazes.

A adoção desse importante diploma foi o marco definidor da mudança desse paradigma da situação irregular para a doutrina da proteção integral.

O Brasil também ratificou o Pacto de San José da Costa Rica em 1992, pelo Decreto n. 678, o qual já resguardava e consagrava uma gama de direitos humanos, em justiça social, a proteção ao direito infantojuvenil, de forma específica, no artigo 4 e 19, prescrevendo os direitos à vida, desde o momento da sua concepção, não sendo permitido a privação do direito à vida. O artigo 19 consagra que toda criança terá direito às medidas de proteção de acordo com sua condição de menor, por parte da sua família, da sociedade e do Estado. Todos os direitos consagrados no Pacto são aplicados as crianças de uma forma geral.

Além da Declaração Universal dos Direitos Humanos, tem-se mais especificamente a Declaração dos Direitos da Criança, aprovada pela Assembleia Geral da ONU, em 1959, que anuncia os dez princípios fundamentais de toda criança e adolescente, dentre eles, o 7º Princípio que consagra:

> A criança tem direito à educação, para desenvolver as suas aptidões, sua capacidade para emitir juízo, seus sentimentos, e seu senso de responsabilidade moral e social. Os melhores interesses da criança serão a diretriz a nortear os responsáveis pela sua educação e orientação; esta responsabilidade cabe, em primeiro lugar, aos pais. A criança terá ampla oportunidade para brincar e divertir-se, visando os propósitos mesmos da sua educação; a sociedade e as autoridades públicas empenhar-se-ão em promover o gozo deste direito.

A Constituição Federal de 1988, consagra em seu art. 227:

> É dever da família, da sociedade e do Estado assegurar à criança, ao adolescente e ao jovem, com absoluta prioridade, o direito à vida, à saúde, à alimentação, à educação, ao lazer, à profissionalização, à cultura, à dignidade, ao respeito, à liberdade e à convivência familiar e comunitária, além de colocá-los a salvo de toda forma de negligência, discriminação, exploração, violência, crueldade e opressão.

O Estatuto da Criança e do Adolescente, além de reproduzir a principiologia da Carta Magna, na linha dos documentos internacionais de proteção à criança, inaugura, nos artigos abaixo, específica proteção à dignidade infantil e à proibição de constrangimentos e humilhações de qualquer natureza:

> Art. 17. O direito ao respeito consiste na inviolabilidade da integridade física, psíquica e moral da criança e do adolescente, abrangendo a preservação da imagem, da identidade, da autonomia, dos valores, ideias e crenças, dos espaços e objetos pessoais.
>
> Art. 18. É dever de todos velar pela dignidade da criança e do adolescente, pondo-os a salvo de qualquer tratamento desumano, violento, aterrorizante, vexatório ou constrangedor.

No mesmo texto normativo, mais adiante no art. 110, ao tratar das medidas de proteção, consagra-se o princípio da privacidade no inciso V, através da "promoção dos direitos e proteção da criança e do adolescente deve ser efetuada no respeito pela intimidade, direito à imagem e reserva da sua vida privada".

Com o advento da Lei 8.069 de 13 de julho de 1990, a infância e adolescência rompe a mudança do paradigma da doutrina da situação irregular, para a doutrina da proteção integral, passando de uma concepção que elegia a pobreza como público para aplicação do Código de Menores, para, no novo conceito considerar que todas as crianças independente de sua condição social, devam ser amparadas livres de todos os tipos de violações de direitos, tornando fundamental que sejam consideradas como pessoas em condição peculiar e fase de desenvolvimento, enquanto sujeitos de direitos, tudo isso, assegurado pela Constituição Federal, no artigo 227[5].

No Estatuto da Criança e do Adolescente estão definidas as diretrizes, os princípios, as políticas de atendimento, proteção e prevenção que devem ser implementadas, os deveres dos responsáveis, procedimentos e sanções que devem servir de instrumento para que crianças e adolescentes sejam realmente consideradas sujeitos de direitos, garantida a proteção integral com prioridade absoluta, adotando-se, inclusive, medidas de proteção, promoção e defesa em razão do melhor interesse, sem que sejam necessárias interpretações ou aplicação de outras normas.[6]

Os responsáveis pela garantia com prioridade pela segurança e efetividade da prioridade absoluta, são aqueles definidos no artigo 4º do ECA. São efetivamente a família, a comunidade, a sociedade em geral e o poder público, este através dos órgãos que garantem a efetividade do Sistema de Garantia dos Direitos da Criança e do Adolescente, o SGD – Conselhos dos Direitos da Criança e do Adolescente –, responsável por implementar as políticas públicas que proporcionam a todas as crianças.

Observa-se a riqueza de diplomas internacionais e nacionais que asseguram as crianças e adolescente direitos específicos próprios da idade, com especial atenção ao direito à dignidade, à imagem e à honra, que deve ser assegurado pelos pais ou representantes legais, dentro do exercício do poder familiar.

A história revela em sua evolução uma preocupação maior com os direitos humanos, a partir de novas concepções e direitos fundamentais, sendo a vida de crianças e adolescentes motivo de preocupação na sua formação, seja física ou emocional, os ensinamentos do escritor francês Philippe Aries, em sua obra, publicada em 1960 – "História Social da Criança e da Família"[7] –, já se apontava de forma cristalina e com singularidade,

---

5. Art. 227. É dever da família, da sociedade e do Estado assegurar à criança, ao adolescente e ao jovem, com absoluta prioridade, o direito à vida, à saúde, à alimentação, à educação, ao lazer, à profissionalização, à cultura, à dignidade, ao respeito, à liberdade e à convivência familiar e comunitária, além de colocá-los a salvo de toda forma de negligência, discriminação, exploração, violência, crueldade e opressão.
6. Existem, ainda, as convenções ratificadas pelo Brasil, cujo compromisso com os princípios da proteção integral e absoluta prioridade, são ratificados, a saber: Convenção de Direitos Humanos, Convenção sobre os Direitos da Criança, Convenção sobre a Pessoa com Deficiência, Convenção 182, da OIT que proíbe as piores formas do trabalho infantil.
7. ARIÈS, Philippe. *História Social da criança e da família*. Trad. Dora Flaksman. 2. ed. Rio de Janeiro, Zahar, 1981, p. 181-186.

definições acerca do novo olhar e compreensão sobre a criança, desde a transição dos primeiros anos de vida até a adolescência.

Com acerto e já na década de 1960, o escritor definia a importância da infância nas primeiras linhas, e já no prefácio faz um relato encantador, com destaque para o novo conceito da família e o papel da criança. Mostra a transição de valores e o reconhecimento da criança que assume um papel na família relevante e passa a ser separada do adulto, no que ele chama de quarentena, atribuindo-lhe a condição de ser em formação e destacando o papel da escola, onde a criança passa a aprender e ser preparada, antes de exercer a vida adulta, seus hábitos, atribuições e responsabilidade. Enfatizava o autor sobre a importância da família se inteirar sobre a vida dos filhos e seu aprendizado.

Nesse ponto, é fundamental uma reflexão sobre as crianças e adolescentes expostas e adultizadas pela sociedade nas mais diversas formas, seja por meio do universo do consumo, seja por meio da violência doméstica, do abuso e exploração sexual, e todos os tipos de violência.

2.1 A importância do Conselho Nacional dos Direitos da Criança e do Adolescente na formulação das políticas, controle social e enfrentamento a exposição nas redes sociais

A exposição em redes sociais, tem como pressuposto a forma como a sociedade evolui no universo tecnológico, cuja dimensão e velocidade está distante do controle e das garantias vinculadas a segurança e proteção de crianças, muitas delas, com atos praticados pelos responsáveis em garantir a proteção dos seus direitos.

O fator preponderante e responsável pela exposição de crianças é decorrente de um costume, a partir da cultura da pós-modernidade e do estado contemporâneo, novos tempos, em que os valores associados a essa geração estão em massa de manipulação tendenciosa a comunicação mercadológica à criança, fortalecida pelo abuso da publicidade infantil. Nesse ponto, deve-se considerar a responsabilidade dos pais ou responsáveis, associada à necessidade de exposição dos filhos nas redes sociais, intimamente ligados os temas entre si, para fazer uma discussão e reflexão da importância quanto a responsabilização e exposição infantil.

No campo do controle social e paralelo a formulação da política de atenção a infância, por meio de campanhas educativas e conscientização do papel daquele a quem é atribuída a função protetiva, deve-se fortalecer as informações dos direitos a privacidade e não exposição de acordo com os princípios para aplicação das medidas específicas de proteção definidas no parágrafo único, inciso V, do artigo 100, da Lei 8.069/90[8]. Expressamente está garantida a privacidade, intimidade e o direito a imagem, com absoluta

---

8. Art. 100. Na aplicação das medidas levar-se-ão em conta as necessidades pedagógicas, preferindo-se aquelas que visem ao fortalecimento dos vínculos familiares e comunitários.
Parágrafo único. São também princípios que regem a aplicação das medidas
I – condição da criança e do adolescente como sujeitos de direitos: crianças e adolescentes são os titulares dos direitos previstos nesta e em outras Leis, bem como na Constituição Federal;
II – proteção integral e prioritária: a interpretação e aplicação de toda e qualquer norma contida nesta Lei deve ser voltada à proteção integral e prioritária dos direitos de que crianças e adolescentes são titulares;

segurança e prioridade, conhecimento este que deve ser também da família a quem é atribuída a função de assegurar a proteção e melhor interesse da criança.

Apesar dos meios de regulação, a tendência das famílias é seguida da interferência dos meios de comunicação para induzir ao consumo em excesso, provocado, sobretudo, pela indução de exposição das crianças apresentadas ao universo virtual, com os bens de consumo e da moda. Por isso, é relevante a importância dos órgãos responsáveis pela formulação das políticas públicas e fiscalização em defesa da garantia de direitos das crianças.

Nesse contexto, o Conselho Nacional dos Direitos da Criança e do Adolescente –, Conanda, entendeu a importância de regulamentar o tema, associado as normas já existentes, por meio de Resolução, principalmente, por se tratar de exposições que ocorrem em todos os espaços de participação e vivência da criança.

Na escola, por exemplo, as ações de marketing deve ser objeto de atenção, mesmo que a intenção seja de fundo pedagógico deve ser observada a idade da criança e como será a repercussão dessa exposição para sua vida. As mensagens de consumo podem ser associadas as marcas comerciais do ambiente escolar que impulsionam e até contribuem para as postagens nas redes sociais. Muitas vezes não vistas como exposição e formas de influenciar no universo do consumo em massa e intencionalmente usadas as crianças por meio dos pais, alguns sequer se apercebem dessa exposição.

Por isso, em meio a tantas exposições e que podem causar risco e danos as crianças, o Conanda instituiu a Resolução 163, de 4 de abril de 2014, que considera abusivo o direcionamento de publicidade e de comunicação mercadológica à criança. A Resolução alia-se ao Código de Defesa do Consumidor, em seu artigo 37 ao proibir a publicidade abusiva para crianças[9].

Para definir a responsabilidade dos pais ou responsáveis pela exposição nas redes sociais, não basta conhecer a lei e responsabilizar os que proporcionam o dano a criança,

---

I   II – responsabilidade primária e solidária do poder público: a plena efetivação dos direitos assegurados a crianças e a adolescentes por esta Lei e pela Constituição Federal, salvo nos casos por esta expressamente ressalvados, é de responsabilidade primária e solidária das 3 (três) esferas de governo, sem prejuízo da municipalização do atendimento e da possibilidade da execução de programas por entidades não governamentais;

IV – interesse superior da criança e do adolescente: a intervenção deve atender prioritariamente aos interesses e direitos da criança e do adolescente, sem prejuízo da consideração que for devida a outros interesses legítimos no âmbito da pluralidade dos interesses presentes no caso concreto;

V – privacidade: a promoção dos direitos e proteção da criança e do adolescente deve ser efetuada no respeito pela intimidade, direito à imagem e reserva da sua vida privada.

9. Art. 37. É proibida toda publicidade enganosa ou abusiva.

§ 1º É enganosa qualquer modalidade de informação ou comunicação de caráter publicitário, inteira ou parcialmente falsa, ou, por qualquer outro modo, mesmo por omissão, capaz de induzir em erro o consumidor a respeito da natureza, características, qualidade, quantidade, propriedades, origem, preço e quaisquer outros dados sobre produtos e serviços.

§ 2º É abusiva, dentre outras a publicidade discriminatória de qualquer natureza, a que incite à violência, explore o medo ou a superstição, se aproveite da deficiência de julgamento e experiência da criança, desrespeita valores ambientais, ou que seja capaz de induzir o consumidor a se comportar de forma prejudicial ou perigosa à sua saúde ou segurança.

§ 3º Para os efeitos deste código, a publicidade é enganosa por omissão quando deixar de informar sobre dado essencial do produto ou serviço.

§ 4º (Vetado).

mas também deve ser disponibilizado e estar ao alcance desse público materiais explicativos e que traduzam as consequências decorrentes dessa exposição. As entidades integrantes e que representam a sociedade civil no Conanda exercem o protagonismo dessas ações afirmativas e são fundamentais nas contribuições e resultados alcançados, a exemplo do Instituto Alana, com o projeto criança e consumo[10].

A resolução contempla a proteção e põe a salvo de violações vinculadas a exposição por meio de anúncios impressos, comerciais e televisivos, de rádio, banners e sites, embalagens, promoções, merchandising, ações em shows e apresentações em pontos de vendas. Todas essas formas de exposição devem ser entendidas para fins comerciais, incluindo a exposição dos pais ou responsáveis de crianças em redes sociais, tudo com a finalidade de proteger a intimidade e da privacidade acima definida pelo ECA.

Outro aspecto a ser considerado é a exposição de crianças em redes sociais, com imagens públicas e que possibilita o risco de crimes vinculados a pornografia infantil, com recorte para a pedofilia e cyberbullying. Há cartilhas que orientam quais os procedimentos a serem adotados, em situações de violações decorrentes dessa exposição, que explicam e orientam sobre a importância de não ser estimulada a exposição de crianças em redes sociais, como o trabalho do Ministério Público do estado de Pernambuco[11] que orienta e aponta dados e nomes de entidades que podem contribuir para esclarecer sobre questões de natureza relevante para a proteção de crianças e não exposição em redes sociais.

Efetivamente, a evolução tecnológica não é acompanhada na mesma velocidade da evolução das políticas afirmativas e garantidoras dos direitos de todas as crianças. Essas comparadas aquelas, consideram-se primárias, carecem da vontade política de gestores e investimentos públicos. Já a exposição de crianças nas redes sociais, o controle está associado a campanhas com menor investimento público e mais ligados as culturas e costumes sociais com fortes tendências pelo universo do consumo, o que neste aspecto pode ser aplicada de forma cumulada a legislação e a mudança de concepção quanto aos riscos decorrentes dessa exposição.

3. A EXPOSIÇÃO INFANTIL NAS REDES SOCIAIS PELOS PAIS COM FINS COMERCIAIS E SEUS EFEITOS JURÍDICOS

A exposição infantil nas redes sociais é uma realidade. Estudiosos atestam que esse comportamento é prejudicial às crianças que têm, cada vez mais cedo, acesso a ideias, linguagem e modelos de comportamento que seriam introjetados em sua experiência

---

10. O Projeto Criança e Consumo, iniciativa do Instituto Alana, foi criado para divulgar e debater ideias sobre as questões relacionadas à publicidade de produtos e serviços dirigida às crianças, assim como para apontar meios de minimizar e prevenir os prejuízos decorrentes dessa comunicação mercadológica. O Instituto Alana é uma organização não governamental, sem fins lucrativos, que trabalha em várias frentes e tem como missão honrar a criança. Seus projetos têm como base o olhar sensível para a infância e o reconhecimento do potencial das várias linguagens da criança, em especial as não cognitivas. A atuação do Instituto vai desde a ação direta na educação infantil até um trabalho jurídico e de advocacia para a efetivação dos direitos da criança. INSTITUTO ALANA. Projeto Criança e consumo. Disponível em: https://alana.org.br/project/crianca-e-consumo/. Acesso em: 26 abr. 2020.
11. MINISTÉRIO PÚBLICO DO ESTADO DE PERNAMBUCO. Criança e adolescente na internet: como proceder diante da notícia de violações aos direitos humanos na rede. Disponível em: http://new.netica.org.br/educadores/aqruivos-cartilhas/cartilha-infancia-e-internet-v4.pdf. Acesso em: 26 abr. 2020.

na adolescência, quando já possuem discernimento mais desenvolvido, resguardado o direito ao protagonismo juvenil desde a infância. Quanto mais cedo se apresenta conteúdos adultos de difícil compreensão para a maturidade infantil, mais ela sofrerá para entender e, quando entende, deturpa o conteúdo e sua forma de compreensão do mundo e de relacionamentos, incapaz que é de fazer as associações corretas para sua idade.

Nos Estados Unidos, a grande maioria das crianças de 2 anos de idade – mais de 90% delas, de acordo com uma pesquisa de 2010 – já tem presença virtual. Mais de 80% dos bebês já estão inseridos nas redes sociais, através de seus pais.[12] Esse mesmo estudo sugere que os pais normalmente estão preocupados com o futuro das crianças e sua inserção nesse mundo digital, tendo dificuldades de administrar o tempo de exposição das mesmas e o conteúdo a que têm acesso na internet.

Se de um lado, há pais extremamente atentos e preocupados com o excesso de acesso de seus filhos aos mecanismos virtuais e, principalmente, das redes sociais, conscientes que estão dos possíveis danos que essa integração sem limites pode trazer; de outro, há pais ou um deles, tornando seus filhos "modelos", vitrines vivas de produtos para serem demonstrados nas prateleiras do comércio digital, sem atentar para os riscos atuais e futuros da exposição e dos perigos que a submetem.

O problema é que, apesar dessa legítima preocupação, muitos pais desconhecem ou desconsideram as consequências da exposição de seus filhos nas redes sociais, seja do ponto de vista dos riscos que ela acarreta, como situações danosas que vão desde a deturpação da imagem infantil para fins ilegais, tipo a pornografia infantil, sujeição a pedofilia até as práticas de *bullying* e *cyberbullying* entre as próprias crianças; seja do ponto de vista da proteção à imagem e da vida infantil desse indivíduo, afinal, quando forem adultos estarão com suas vidas espelhadas na internet para todos conhecerem.[13]

Os adultos de hoje não conseguem sequer avaliar o impacto de ter sua infância narrada em redes sociais, pois são de uma geração em que nem internet, nesse nível de uso e abrangência, existia. Portanto, todos nós, da geração anterior aos anos 2000, temos nossa infância preservada na memória dos nossos pais e familiares, assim em nossas próprias memórias, o que nos resguarda de um número imensurável de situações, algumas agradáveis, como elogios e reconhecimentos afetuosos virtuais, outras nem tanto como situações embaraçantes, constrangedoras que é salutar estarem guardadas apenas nas nossas lembranças.

É dizer: em 20 anos houve uma considerável mudança nos conceitos de interação social para abrigarmos, sem amadurecimento, a interação virtual e flexibilização dos conceitos de privacidade e proteção da imagem.

É preciso, pois, colocarmo-nos no lugar dos nossos filhos e netos que estão sendo expostos desde o parto, com suas partes íntimas à mostra e comentadas por todos, seus

---

12. LAFRANCE, Adrienne. The Perils of 'Sharenting'. 2016. Disponível em: https://www.theatlantic.com/technology/archive/2016/10/babies-everywhere/502757/. Acesso em 26 abr. 2020.
13. SENGUPTA, Somini. *Parents of Teenagers Say They Worry That Online Activities Might Hurt Children in the Future*. 2012. Disponível em: https://bits.blogs.nytimes.com/2012/11/20/parents-of-teenagers-say-they-worry-that-online-activities-might-hurt-children-in-the-future/. Acesso em 24 abr. 2020.

choros, suas birras, suas apresentações teatrais e escolares, suas vestimentas, desafios, brincadeiras, pinturas e peripécias comuns a toda e qualquer criança.

Esse álbum de fotografias hoje é compartilhado pelos próprios pais, muitas vezes de forma exagerada, exibindo a rotina de seus rebentos sem ao menos saber como eles gostariam de ser lembrados enquanto crianças e se eles de fato gostariam de ter suas vidas "assistidas" com tamanha frequência por um cem número de pessoas.

A advogada Marília do Nascimento Pereira destaca a problemática da superexposição de crianças e adolescentes nas redes sociais, em 2015, através de trabalho escrito apresentado num congresso internacional de direito e contemporaneidade:

> Cada vez mais crianças são usuárias de perfis em redes sociais ou quando não são as titulares de uma conta, seus próprios pais e familiares continuam a expor seus feitos, hábitos ou atividades através de postagens na rede. São estes atos que muitas vezes tornam o menor de idade alvo de investiduras mercadológicas, cyberbullying ou até mesmo de pedófilos.[14]

O recorte deste texto, como já se revela, não se preocupa com a exposição dos adolescentes, nesse momento, porquanto são indivíduos que já têm condição de serem ouvidos e manifestarem sua opinião sobre sair ou não nas fotos, ter ou não uma conta nas redes sociais. Além disso, os adolescentes, no uso dessas ferramentas, já ajustam as configurações de privacidade em suas redes sociais, o que não ocorre no caso de crianças que, segundo nosso Estatuto da Criança e do Adolescente é aquela até 12 anos de idade, ficam à mercê do bom senso de seus responsáveis, os quais não raro, criam perfis em nome dos próprios filhos à revelia destes e divulgam toda a vida da criança.

No Brasil, cerca de 24,3 milhões de crianças e adolescentes, com idade entre 9 e 17 anos, são usuários de internet no Brasil, correspondendo a 86% do total de pessoas dessa faixa etária no país, de acordo com a pesquisa TIC Kids Online Brasil 2018, divulgada em 17/09/2019 pelo Comitê Gestor da Internet no Brasil (CGI.br), por meio do Centro Regional de Estudos para o Desenvolvimento da Sociedade da Informação (Cetic.br) do Núcleo de Informação e Coordenação do Ponto BR (NIC.br).[15] Ainda, segunda pesquisa, oito em cada dez crianças e adolescentes do país assistem a vídeos, programas, filmes ou séries na internet.

O Facebook, por exemplo, proíbe crianças menores de 13 anos de fazerem parte da rede, devido ao Ato de Proteção de Privacidade de Crianças Online, ou Coppa, que requer que empresas exijam o consentimento dos pais que desejam permitir que crianças abaixo da idade estipulada criem uma conta ou façam parte de uma rede social. Todavia, para contornar a proibição, as crianças geralmente falseiam suas idades – e os pais, por incrível que pareça, as ajudam a mentir, mas ficam de olho no que elas postam, tornan-

---

14. PEREIRA, Marília Nascimento. *A superexposição de crianças e adolescentes nas redes sociais*: necessária cautela no uso das novas tecnologias para a formação de identidade. 2015. Disponível em: file:///C:/Users/Tatiane/Dropbox/Tatiane%20Goldhar/Artigos%20Cient%C3%ADficos-%20CONREP/A%20SUPER%20EXPOSI%C3%87%C3%83O%20INFANTIL%20na%20internet.pdf. Acesso em: 24 abr. 2020.
15. CRUZ, Elaine Patrícia. *Brasil tem 24,3 milhões de crianças e adolescentes que usam internet*. Agência Brasil, 2019. Disponível em: https://agenciabrasil.ebc.com.br/geral/noticia/2019-09/brasil-tem-243-milhoes-de-criancas-e-adolescentes-utilizando-internet. Acesso em: 28 abr. 2010.

do-se seus amigos no Facebook.¹⁶ De acordo com dados do Consumer Reports, existem mais de cinco milhões de crianças abaixo de 13 anos no Facebook.

Essa pesquisa não considera o número de perfis infantis criados pelos pais ou por um deles para seus filhos e manipularem com fotos das crianças à revelia da proteção de seus interesses, levando a crer que esse número aumentaria significativamente já que seriam crianças expostas sem que gerenciassem seu próprio perfil na rede social.

Por causa desses pais, as crianças nascem no mundo virtual no mesmo dia que nascem no mundo real e são expostas durante toda sua vida nas redes sociais, desprovidas que são de opinião, vontade e até, por que não dizer, de proteção da sua imagem e privacidade:

> A child or teenager's digital footprint now starts before birth. From ultrasound photos and due date announcements posted to social media to the proliferation of smart toys, parents are revealing far more information than they realize about their children. Add in the increasing number of computers in the classroom and the amount of data collected by schools and there's very little information about your child that's truly private.¹⁷

Especialista no assunto, Stacey B. Steinberg, professora da faculdade de Direito "Levin College' na Universidade da Florida, no seu texto "*Sharenting: children's privacy in the age of social media*" analisa o impacto da exposição das crianças nas redes sociais em contraponto ao direito dos pais em compartilhar suas vidas com a de seus filhos nas redes sociais:

> (...) analysis of the conflict inherent between a parent's right to share online and a child's interest in privacy. It considers whether children have a legal or moral right to control their own digital footprint and discusses the unique and novel conflict at the heart of parental sharing in the digital age (...)¹⁸

Ela alerta que a discussão que tem sido feita é ainda muito superficial e ainda fica no contraponto acima colocado do direito da criança de ser privada das redes sociais e direito dos pais em compartilhar online a vida de seus filhos com amigos e familiares. Contudo, defende que é preciso ir além dessa dualidade para perceber que o que está em jogo aqui é o dever de proteção de responsabilidade dos pais em decorrência do direito da criança em ser protegida dos efeitos imprevisíveis das redes sociais, o que será aprofundado no próximo tópico.

Evidente que não estamos aqui tratando de situações pontuais onde pais e filhos compartilha, sobretudo em perfis fechados, suas conquistas, momentos de alegria e comemorações. Essas interações são normais e não abusivas.

A reflexão chama atenção para os casos que pais fazem dos filhos verdadeiros modelos mirins, expondo a vida e rotina infantis de seus filhos dede tenra idade, deixando

---

16. CANALTECH. Crianças nas redes sociais: perigo para toda a família. Disponível em: https://canaltech.com.br/comportamento/Criancas-nas-redes-sociais-perigo-para-toda-a-familia/. Acesso em: 28 abr. 2020.
17. STEINBERG, Stacey. *Sharenting*: Children's Privacy in the Age of Social Media (March 8, 2016). 66 Emory L.J. 839 (2017); University of Florida Levin College of Law Research Paper n. 16-41. Disponível em: https://ssrn.com/abstract=2711442. Acesso em: 25 abr. 2020.
18. STEINBERG, Stacey. *Sharenting*: Children's Privacy in the Age of Social Media (March 8, 2016). 66 Emory L.J. 839 (2017); University of Florida Levin College of Law Research Paper n. 16-41. Disponível em: https://ssrn.com/abstract=2711442. Acesso em: 25 abr. 2020.

à mostra as crianças quase sem roupas e, muitas vezes, adultizadas e até erotizadas, em situações próprias de adultos, no intuito, não raro, de comercializar a imagem infantil nas redes sociais, auferindo lucros dessa prática, muitas vezes abusiva da imagem da criança.

Diante do exposto, percebe-se que a problemática da criação e da manipulação da identidade digital das crianças é algo que merece aprofundamento, estudos e pesquisas para alertar os seus responsáveis das consequências danosas a que seus filhos seus expostos. Isso sem mencionar na questão da própria vontade da criança, se ela desejará ou não ter sua vida infantil acessível a todos nas redes sociais.

4. A RESPONSABILIDADE CIVIL DOS PAIS NA EXPOSIÇÃO DE FILHOS COM FINS LUCRATIVOS

No que tange a responsabilidade dos pais pelos filhos, o art. 1.634 do Código Civil traz, de forma não exaustiva, os deveres do pais de dirigir a criação e a educação dos filhos (inciso I), dentro do qual se insere o dever de observar todos os direitos que permitem o desenvolvimento sadio infantojuvenil. Não há dúvidas de que os pais devem adotar medidas para evitar constrangimentos e exposições indevidas e desnecessárias em relação a seus filhos, contudo, o problema aqui é deixar ao crivo de cada família a definição do conteúdo de "exposições indevidas e desnecessárias".

Além disso, destaca-se que o artigo 5º, do ECA assegura: "Nenhuma criança ou adolescente será objeto de qualquer forma de negligência, discriminação, exploração, violência, crueldade e opressão, punido na forma da lei qualquer atentado, por ação ou omissão, aos seus direitos fundamentais".

Qual o norte que poderíamos utilizar para discernir entre o aceitável e o excesso no que tange à exposição infantil?

Edson Fachin, ao abordar a família eudemonista, conceitua que é aquela cuja função é realizar o indivíduo, no seu mais profundo aspecto, uma vez que é pacífico do ponto de vista biopsicossocial a importância do vínculo afetivo e familiar na construção e maturação da personalidade humana.[19]

Para Pietro Perlingieri, a família é valor universal e atemporal e se é favorável ao desenvolvimento do indivíduo que prevaleça então o princípio de conservação, afinal (...) "é preciso garantir de especial modo a conservação de uma formação social que possa tutela e desenvolver a pessoa humana"[20] , eis por que a convivência familiar é o local de desenvolvimento da personalidade humana também.

É unânime na doutrina especializada que a família é reconhecidamente o local mais importante e seguro para estabelecimento dos valores morais, éticos e fundamentais para o desenvolvimento da personalidade do indivíduo, ao lado das experiências de vida que cada um vivenciará.

---

19. FACHIN, Luis Edson. Bem de família e o patrimônio mínimo. In: PEREIRA, Rodrigo da Cunha. (Org.) *Tratado de direito das famílias*. Belo Horizonte: IBDFAM, 2015, p. 681.
20. PERLINGIERI, Pietro. *Perfis do Direito Civil*: introdução ao direito civil constitucional. Trad. Maria Cristina De Cicco, 3. ed. São Paulo: Renovar: 2007, p. 263.

No Brasil, no que tange à proteção da imagem das crianças, a Lei Geral de Proteção de Dados, que possivelmente entrará em vigor em 2020, consagra no art. 14 do "Tratamento de Dados Pessoais de Crianças e de Adolescentes" e proíbe publicidades infantis direcionadas.

> Art. 14. O tratamento de dados pessoais de crianças e de adolescentes deverá ser realizado em seu melhor interesse, nos termos deste artigo e da legislação pertinente.
>
> § 1º O tratamento de dados pessoais de crianças deverá ser realizado com o consentimento específico e em destaque dado por pelo menos um dos pais ou pelo responsável legal.
>
> § 2º No tratamento de dados de que trata o § 1º deste artigo, os controladores deverão manter pública a informação sobre os tipos de dados coletados, a forma de sua utilização e os procedimentos para o exercício dos direitos a que se refere o art. 18 desta Lei.
>
> § 3º Poderão ser coletados dados pessoais de crianças sem o consentimento a que se refere o § 1º deste artigo quando a coleta for necessária para contatar os pais ou o responsável legal, utilizados uma única vez e sem armazenamento, ou para sua proteção, e em nenhum caso poderão ser repassados a terceiro sem o consentimento de que trata o § 1º deste artigo.
>
> § 4º Os controladores não deverão condicionar a participação dos titulares de que trata o § 1º deste artigo em jogos, aplicações de internet ou outras atividades ao *fornecimento de informações pessoais além das estritamente necessárias à atividade*.
>
> § 5º O controlador deve realizar todos os esforços razoáveis para verificar que o consentimento a que se refere o § 1º deste artigo foi dado pelo responsável pela criança, consideradas as tecnologias disponíveis.
>
> § 6º As informações sobre o tratamento de dados referidas neste artigo deverão ser fornecidas de maneira simples, clara e acessível, consideradas as características físico-motoras, perceptivas, sensoriais, intelectuais e mentais do usuário, com uso de recursos audiovisuais quando adequado, de forma a proporcionar a informação necessária aos pais ou ao responsável legal e adequada ao entendimento da criança.

Observe-se que são condições legais para manipulação de dados infantis o consentimento dos pais e o fornecimento de informações pessoais além das estritamente necessárias à atividade, evitando excessos e exposições das informações privadas das crianças no âmbito da internet. É dizer todo o arcabouço legislativo que tratará do assunto no país tem como premissa a proteção infantil.

Mas o que dizer quando os pais são os potenciais violadores do direito à privacidade e imagem de seus filhos ao lançá-los na internet sem atentar para os efeitos danoso que comentamos acima e ainda obtendo lucros com isso?

A psicóloga Renata Soares Martins, na sua dissertação de mestrado na Universidade Federal do Amazonas, citando Rose Melo Venceslau Meirelles[21] destaca que:

> Correlacionando às possíveis consequências da exposição excessiva de crianças nas redes sociais praticada pelos pais, destacamos o que Meirelles (2006) aborda acerca da questão da parentalidade, pontuando que quando esta é patogênica, acaba por potencializar o comportamento ansioso, inseguro, superdependente e imaturo, podendo levar o indivíduo a desenvolver sintomas neuróticos, depressão ou fobia, em condições de estresse.

---

21. MARTINS, Renata Soares. O princípio do melhor interesse da criança. In: BODIN DE MORAES, Maria Celina (Coord.). *Princípios do direito civil contemporâneo*. Rio de Janeiro: Renovar, 2006.

Além do aspecto da exploração da imagem infantil, especialistas alertam que muitos pais projetam suas emoções infantilizados na vida dos rebentos e, na ânsia de serem imitados e admirados pelos filhos, acabam por adultizá-lo, tolerando e incentivando comportamentos que não são apropriados para a infância, como o uso de roupas sensuais, crianças dançando músicas inadequadas para a idade, tirando fotos com atitudes de adultos, só para mencionarmos alguns.

Clara Dawn, escritora, psicopedagoga e psicanalista, adverte que a "adultização" é o processo de querer acelerar o desenvolvimento das crianças para que se tornem logo adultas. A "adultização" provoca perda da infância, da socialização, da coletividade e do mais importante, a fase do brincar livremente.[22]

Especialista no assunto, Stacey B. Steinberg, professora da faculdade de Direito "Levin College' na Universidade da Florida, no seu texto *"Sharenting: children's privacy in the age of social media"* faz considerações sobre medidas que os pais podem tomar para evitar exposições indevidas que causam riscos para seus filhos, como por exemplo:

> (...) os pais poderiam se familiarizar com as regras de privacidade dos sites em que hospedam fotografias de seus filhos, por eles compartilhadas; pais poderiam gerenciar as notificações desses sites para alertá-los quando as fotografias de seus filhos aparecem na pesquisa do goggle; pais deveriam considerar o compartilhamento anônimo ou de forma mais privada com pessoas específicas; pais deveriam evitar compartilhar fotos ou referencias com a localização de seus filhos para evitar identificação do domicílio ou escola deles; pais deveriam conceder a seus filhos o poder de 'veto' sobre o conteúdo a ser publicado em redes sociais, pais deveriam não compartilhar qualquer imagem ou registro de seus filhos sem roupas; e pais deveriam considerar em cada postagem feita o impacto delas no bem-estar atual e futuro de seus filhos, analisando o quão aquele conteúdo pode trazer consequências relacionais para eles.[23]

Importante observar as diretrizes do Conselho Nacional de autorregulamentação publicitária, que no artigo 37 estabelece regras para o merchandising direcionado as crianças:

> Seção 11 – Crianças & Jovens
>
> Artigo 37 3. Este Código condena a ação de merchandising ou publicidade indireta contratada que empregue crianças, elementos do universo infantil ou outros artifícios com a deliberada finalidade de captar a atenção desse público específico, qualquer que seja o veículo utilizado. 4. Nos conteúdos segmentados, criados, produzidos ou programados especificamente para o público infantil, qualquer que seja o veículo utilizado, a publicidade de produtos e serviços destinados exclusivamente a esse público estará restrita aos intervalos e espaços comerciais. 5. Para a avaliação da conformidade das ações de merchandising ou publicidade indireta contratada ao disposto nesta Seção, levar-se-á em consideração que: a. o público-alvo a que elas são dirigidas seja adulto b. o produto ou serviço não seja anunciado objetivando seu consumo por crianças c. a linguagem, imagens, sons e outros artifícios nelas presentes sejam destituídos da finalidade de despertar a curiosidade ou a atenção das crianças.

---

22. DAWN, Clara. *Adultização infantil*. Disponível em: https://www.portalraizes.com/adultizar-e-capitalizar-uma--crianca-e-uma-maneira-bem-eficiente-de-destrui-la/. Acesso em: 27 abr. 2020.
23. STEINBERG, Stacey. *Sharenting*: Children's Privacy in the Age of Social Media (March 8, 2016). 66 Emory L.J. 839 (2017); University of Florida Levin College of Law Research Paper n. 16-41. Disponível em: https://ssrn.com/abstract=2711442. Tradução livre. Acesso em: 25 abr. 2020.

Todos esses diplomas normativos servem para auxiliar profissionais e pais a conduzirem melhor os interesses dos filhos quanto à imagem da criança nas redes sociais e internet de um modo geral.

Como aponta Mayara Leme de Araújo Pires, na sua monografia de conclusão de curso na Universidade Estadual de Campinas, as leis que tratam da proteção infantojuvenil não são respeitadas, há carência de fiscalização efetiva por parte dos órgãos competentes, e as punições, quando ocorrem, são muito brandas, muitas vezes se resumindo a advertências, tornando-se um incentivo para que as leis que protegem a integridade da infância sejam negligenciadas.[24]

É importante partir da premissa do respeito à privacidade ainda que a criança demonstre aceitar e gostar de sua aparição para todos nas redes sociais. Adultos e, principalmente os pais, devem considerar que as crianças são ingênuas e não têm a compreensão adequada dos efeitos de sua imagem espalhadas na internet, sobretudo com fim comercial, onde a publicidade expande ainda mais o acesso dos usuários à vida e imagem infantis.

5. CONCLUSÃO

As crianças que são expostas às redes sociais são vitrines e estão em diálogo com o mundo porque têm acesso à informação de toda ordem, são frequentemente encorajadas a auto exibição, a emitir opiniões, a compartilhar o que gostam e a conversar. Nesse cenário, são sujeitas a imagens e conteúdos inadequados para sua idade.

Esse cenário se agrava quando aqueles que deveriam ser responsáveis por sua proteção, expõem ainda mais essas crianças, tornando-os verdadeiros fantoches de seus pais que, não raro, aproveitam a graciosidade e a ingenuidade próprias da idade para firmar acordos e parcerias com intuito comercial.

Esse contexto, se amiúde, pode ser decisivo para a construção da própria identidade desse indivíduo em formação, para a construção das noções de privacidade, imagem e consumo. Essas crianças podem ter a vida de imagem, posts e fotos como referencial de autoimagem para suas vidas, como o padrão da normalidade consolidando conceitos diferenciados do que é público e particular e assim projetarem esses conceitos para seus relacionamentos, profissão e, assim, atraindo problemas e situações de risco que sequer se pode imaginar.

É indiscutível reconhecer a centralidade que as crianças ocupam hoje nas redes sociais. Elas fazem parte desse mundo virtual, mas ninguém as perguntas se elas querem fazer parte dele com suas vidas contadas e recontadas para um número incerto de seguidores de seus pais. Tona-se urgente pensar sobre isso e no uso abusivo de redes sociais para crianças menores de 12 anos. Quanto menor, mais sujeita ela está a um mundo sem controle, sem fiscalização e sem segurança para suas vidas.

É importante que o adulto, responsável por uma criança, assuma o compromisso e dever de criar e educar garantindo o direito humano à vida, portanto, para valores

---

24. PIRES, Mayara Leme de Araújo. *Adultização da infância*: Bastidores de um concurso de beleza. Monografia apresentada na conclusão do concurso de pedagogia na Universidade Estadual de Campinas, 2013. file:///D:/Users/Tatiane/Downloads/PiresMayaraLemedeAraujo_TCC.pdf.

mais humanos, solidários, fraternos, menos exibicionistas e comerciais, dirigindo os conceitos-chave de preservação de imagem, privacidade que todos devem construir, apontando, assim o caminho seguro para os filhos.

De outro lado, se o Poder Público for omisso quanto aos mecanismos de controle e segurança dos direitos das crianças e dos adolescentes, será ainda maior esse cuidado da família e, mais precisamente dos pais, sob pena de assumir, no futuro, distorções e prejuízos difíceis de reparação imediata.

O grande desafio é alertar e conscientizar esses pais para um maior cuidado e proteção de seus filhos da exposição excessiva nas redes sociais com finalidade de lucro, evitando que seus filhos percam a infância, a rotina saudável que uma criança precisa ter, para ficarem sendo exibidos nas redes sociais, em suas atividades mais simples, sendo desrespeitados na sua vida privada, imagem de criança e sujeitos à processos de ansiedades, agressividade, depressão num futuro próximo no seu desenvolvimento por causa dos exposições indevidas.

Adultos e crianças podem construir uma linguagem de compreensão entre si sobre os códigos morais de ética para os relacionamentos virtuais e aprender a viver em rede, filtrando o que é da intimidade e da vida pública. Evidente que esses conceitos são muito particulares, mas à criança não se deve impor o conceito ampliado do adulto e sim proporcionar e garantir o seu protagonismo juvenil, patrocinando o conhecimento e escolha, sobretudo, alertando sobre o número incontável de pessoas que estará acessando e visualizando a vida dessa criança.

6. REFERÊNCIAS

ARIÈS, Philippe. *História social da criança e da família*. Trad. Dora Flaksman. 2. ed. Rio de Janeiro, Zahar, 1981.

BRASIL. Constituição (1988). Constituição da República Federativa do Brasil. Brasília, DF: Senado Federal, 1988.

BRASIL. Decreto 678, de 22 de novembro de 1969. Convenção Americana sobre Direitos Humanos (Pacto de São José da Costa Rica). Disponível em: http://www.planalto.gov.br/ccivil_03/decreto/D0678.htm Acesso em: 27 abr. 2020.

BRASIL. Decreto 99.710, de 21 de novembro de 1990. Convenção sobre os Direitos da Criança. Disponível em: http://www.planalto.gov.br/ccivil_03/decreto/1990-1994/D99710.htm. Acesso em: 27 abr. 2020.

CANALTECH. *Crianças brasileiras nas redes sociais*. Disponível em: https://canaltech.com.br/redes-sociais/83-das-criancas-brasileiras-entre-8-e-12-anos-ja-estao-ativas-nas-redes-sociais-50663/. Acesso em: 28 abr. 2020.

Convenção sobre os Direitos da Criança. Disponível em: https://www.unicef.org/brazil/convencao-sobre-os-direitos-da-crianca . Acesso em: 27 abr. 2020.

CRUZ, Elaine Patrícia. *Brasil tem 24,3 milhões de crianças e adolescentes que usam internet*. Agência Brasil, 2019. Disponível em: https://agenciabrasil.ebc.com.br/geral/noticia/2019-09/brasil-tem-243-milhoes-de-criancas-e-adolescentes-utilizando-internet. Acesso em: 28 abr. 2010.

DOWN, Clara. Adultização Infantil. Disponível em: https://www.portalraizes.com/adultizar-e-capitalizar-uma-crianca-e-uma-maneira-bem-eficiente-de-destrui-la/. Acesso em: 27 abr. 2020.

FACHIN, Luis Edson. Bem de família e o patrimônio mínimo. In: PEREIRA, Rodrigo da Cunha. (Org.). *Tratado de direito das famílias*. Belo Horizonte: IBDFAM, 2015.

INSTITUTO ALANA. *Projeto Criança e consumo*. Disponível em: https://alana.org.br/project/crianca-e-consumo/. Acesso em: 26 abr. 2020.

LAFRANCE, Adrienne. The Perils of 'Sharenting'. 2016. Disponível em: https://www.theatlantic.com/technology/archive/2016/10/babies-everywhere/502757/. Acesso em 26 abr. 2020.

MACEDO, Nélia Mara Rezende. "Você tem face?": sobre crianças e redes sociais online. 2014. Disponível em: http://proped.pro.br/teses/teses_pdf/2006_1-205-DO.pdf. Acesso em: 27 abr. 2020.

MARTINS, Renata Soares. O princípio do melhor interesse da criança. In: BODIN DE MORAES, Maria Celina (Coord.). *Princípios do direito civil contemporâneo*. Rio de Janeiro: Renovar, 2006. Disponível em: https://tede.ufam.edu.br/bitstream/tede/7135/2/Disserta%c3%a7%c3%a3o_RenataMartins_PPGPSI.pdf. Acesso em: 27 abr. 2020.

MINISTÉRIO PÚBLICO DO ESTADO DE PERNAMBUCO. Criança e adolescente na internet: como proceder diante da notícia de violações aos direitos humanos na rede. Disponível em: http://new.netica.org.br/educadores/aqruivos-cartilhas/cartilha-infancia-e-internet-v4.pdf. Acesso em 26 abr. 2020.

PEREIRA, Marília Nascimento. A superexposição de crianças e adolescentes nas Redes sociais: necessária cautela no uso das novas tecnologias para a formação de identidade. 2015. Disponível em: file:///C:/Users/Tatiane/Dropbox/Tatiane%20Goldhar/Artigos%20Cient%C3%ADficos-%20CONREP/A%20SUPER%20EXPOSI%C3%87%C3%83O%20INFANTIL%20na%20internet.pdf. Acesso em: 24 abr. 2020.

PERLINGIERI, Pietro. Perfis do direito civil – introdução ao direito civil constitucional. Tradução Maria Cristina De Circo. Rio de Janeiro: Renovar, 2007.

PIRES, Mayara Leme de Araújo. Adultização da infância: Bastidores de um concurso de beleza. Monografia apresentada na conclusão do concurso de pedagogia na Universidade Estadual de Campinas, 2013. infantil. Disponível em: file:///D:/Users/Tatiane/Downloads/PiresMayaraLemedeAraujo_TCC.pdf.

ROCKCONTENT BLOG. Acesso dos brasileiros às redes sociais. Disponível em: https://rockcontent.com/blog/. Acesso em: 26 abr. 2020.

SENGUPTA, Somini. Parents of Teenagers Say They Worry That Online Activities Might Hurt Children in the Future. 2012. Disponível em: https://bits.blogs.nytimes.com/2012/11/20/parents-of-teenagers-say-they-worry-that-online-activities-might-hurt-children-in-the-future/. Acesso em: 24 abr. 2020.

STEINBERG, Stacey. Sharenting: *Children's* Privacy in the Age of Social Media (March 8, 2016). 66 Emory L.J. 839 (2017); University of Florida Levin College of Law Research Paper n. 16-41. Disponível em: https://ssrn.com/abstract=2711442.

VULNERABILIDADE, SUPERENDIVDAMENTO E GÊNERO: ENTRE NÚMEROS, PROBLEMAS E SOLUÇÕES

Daniel Bucar

Doutor pela Universidade do Estado do Rio de Janeiro – UERJ. Professor Titular de Direito Civil no IBMEC/RJ.

Caio Ribeiro Pires

Mestre em Direito Civil pela Universidade do Estado do Rio de Janeiro-UERJ.

Sumário: 1. Introdução. 2. Superendividamento e gênero: das estatísticas aos fatos. 2.1 O que diz o "perfil dos endividados". 2.2 *A mulher no fim do mundo*: causas da insolvência civil em aproximação realista. 3. O gênero feminino e a entidade familiar: uma visão à luz do patrimônio. 3.1. O divórcio e os alimentos como ativo necessário: uma perspectiva quanto às relações desiguais. 3.2 Reabilitação patrimonial da pessoa humana: uma proposta dirigida ao gênero feminino. 4. Considerações finais.

1. INTRODUÇÃO

O fenômeno que diz respeito às altas cargas de dívidas incidentes sobre o patrimônio da pessoa humana – e suas mais variadas feições – é fato cotidiano na realidade brasileira. Da mesma forma, destacam-se, cada vez mais, discussões relativas ao seu impacto no direito, devido ao inadimplemento das obrigações e sua repercussão jurídica.

Quando a situação se desenvolve e chega ao estágio de insolvência, o qual se caracteriza por um patrimônio com passivo maior que os ativos, apresenta-se o superendividamento. Diante deste "estado de coisas", caberá ao judiciário encontrar soluções de efetiva desoneração do insolvente, evitando impedir o exercício de sua capacidade e de sua liberdade negocial.

Diante desta tarefa, identificar as causas do superendividamento guarda certa importância, embora não seja exigível um juízo de "culpado" ou "inocente" para aplicação de remédios adequados. Não se trata aqui de justificar o tratamento da insolvência e determinar quem receberá, ou não, a benesse de livrar-se das sanções para além da excussão de seu patrimônio. Afinal, fomentar esta hermenêutica constituiria inadmissível ressureição dos castigos ao corpo, apenas afetando agora outras liberdades fundamentais, orientação vedada pela Constituição da República[1].

---

1. BUCAR, Daniel. *Superendividamento*: reabilitação patrimonial da pessoa humana. São Paulo: Saraiva, 2017. p. 169.

Em verdade, cuida-se de análise cujo objetivo é promover o melhor adimplemento das obrigações existentes e a estabilidade da reabilitação patrimonial. Por meio deste expediente é possível auferir a persistência de fator, único ou preponderante, o qual poderá originar sucessivas ocasiões de insolvência, e, consequentemente, obstar a otimização do pagamento da coletividade de credores. Neste sentido, são exemplos de origem do endividamento crítico a contínua concessão abusiva de crédito ou o cumprimento de contratos excessivamente onerosos.

Ato contínuo à localização deste elemento será imprescindível utilizar-se de alguns institutos jurídicos que operacionalizam uma reação às consequências dele advindas, as quais dificultam um tratamento eficaz dispensado ao superendividamento. Nos casos anteriormente citados destaca-se a responsabilização das instituições financeiras e o dever de renegociar as prestações desequilibradas.

Porém, tais fatores não encobrem todas as hipóteses de influência negativa sobre o patrimônio da pessoa humana contra as quais o direito oferece instrumentos de proteção. O perfil traçado pelo Serviço de Proteção ao Crédito (SPC), anualmente, a partir de dados sobre o endividamento no Brasil, anuncia outros cenários onde esta perspectiva se desenha.

Sob este prisma, o presente trabalho pretende investigar a razão de, nestes relatórios, constatar-se a existência de uma maior quantidade de pessoas pertencentes ao gênero feminino superendividadas, em relação ao gênero masculino. Desta forma, mediante o cruzamento de dados questionou-se qual a relação destes números com o desemprego, o divórcio, e os efeitos de ambos.

No sentido desta questão, o exame de estatísticas fornecidas pelo Instituto Brasileira de Geografia e Estatística (IBGE) e também da jurisprudência do Superior Tribunal de Justiça sobre pedidos de alimentos, poderá demonstrar o ponto de encontro que esta pesquisa apurou. Com base nestas informações, permite-se enxergar a concreta posição da mulher quanto ao endividamento e quais dificuldades de adimplemento se constroem pela falta da tutela material a vulnerabilidades comprovadas.

Em sua parte final, o presente artigo avalia a possibilidade de medidas excepcionais aplicáveis ao plano de pagamento e reabilitação de pessoas do gênero feminino insolventes, adotando como enfoque a plena concretização do direito aos alimentos destinados à mulher ex-cônjuge. Enfim, mediante este caminho percorrido, oportuniza-se a abertura de debates sobre a influência exercida pela desigualdade de gênero nas causas geradoras do superendividamento e sobre qual o papel do direito na contenção destas problemáticas.

2. SUPERENDIVIDAMENTO E GÊNERO: DAS ESTATÍSTICAS AOS FATOS

2.1 O que diz o "perfil dos endividados"

Na forma anteriormente mencionada, o Serviço de Proteção ao Crédito (SPC) disponibiliza, anualmente, um conjunto de informações, as quais expõem o perfil daqueles que se encontram superendividados, ou seja, "quem é" a pessoa nesta situação hoje.

Embora a pesquisa não reflita o superendividamento no país com precisão, os dados por ela coletados carregam informações importantes[2]. As estatísticas comprovam a diferença entre o número de pessoas do gênero masculino e feminino afetadas pela impossibilidade de pagar suas dívidas[3]. No ano de 2018, 57,8% dos endividados pertenciam ao gênero feminino[4], enquanto no ano de 2017 56% eram mulheres[5] e em 2016 a porcentagem era a mesma de 56%[6].

Proporção semelhante repetiu-se em análises centradas em diferentes locais do país e voltadas especificamente ao superendividamento[7]. Em pesquisa empírica realizada no Rio de Janeiro 56% das pessoas entrevistadas identificavam-se com o gênero feminino.[8]

Semelhante trabalho, empreendido no Rio Grande do Sul, constatou a mesma preponderância nos Municípios de Porto Alegre (58%), Charqueadas (51%) e Chapiranga (53%), sendo o superendividamento masculino predominante apenas na cidade de Sapucaia do Sul (54%)[9]. Os dados gerais, portanto, ficam confirmados por meio de informações fornecidas em pesquisas de menor escopo territorial e focalizadas no fenômeno de insolvência. Esta constatação permite afirmar que subsistem mais mulheres nesta situação do que homens.

Ainda que os dados replicados em pesquisas acadêmicas e institucionais alertem para uma desigualdade entre os gêneros incidente sobre o superendividamento, pouco material produziu-se no intuito de identificar as causas deste estado de coisas. Registre-se, unicamente, artigo produzido na seara da economia comportamental, o qual pretendeu estabelecer um perfil feminino de consumo e administração de bens[10].

No entanto, parece ser temerário este viés, vez que aponta o problema a partir de um padrão de consumo em que se encaixa determinado grupo, reforçando estereótipos, os quais, em última análise, atribuem ao próprio devedor a culpa pelo seu estado de insolvência. Tendo em vista as fortes resistências impostas a um tratamento do endividamento patológico, visto com desconfiança pelos mais diversos credores, estes raciocínios

---

2. Diz-se de suas imperfeições, pois se identifica o perfil daqueles que estão em atraso no pagamento de suas contas, e não exatamente dos que não apresentam patrimônio suficiente para solver tais dívidas. Serviço de Proteção ao Crédito, 2018, p. 20; Serviço de Proteção ao Crédito, 2017, p. 13; Serviço de Proteção ao Crédito, p. 43.
3. Esta pesquisa fez um recorte nos anos de 2018, 2017 e 2016.
4. Serviço de Proteção ao Crédito, 2018, p. 4.
5. Serviço de Proteção ao Crédito, 2017, p. 3.
6. Serviço de Proteção ao Crédito, 2016, p. 9.
7. PORTO, Antônio José Maristello; SAMPAIO, Patrícia Regina Pinheiro. Perfil do Superendividado brasileiro: uma pesquisa empírica. *Revista de Direito do Consumidor*. v. 101, ano 24. p. 435-467. São Paulo: Ed. RT, set/out. 2015. p. 458.
8. PORTO, Antônio José Maristello; SAMPAIO, Patrícia Regina Pinheiro. Perfil do Superendividado Brasileiro: Uma Pesquisa Empírica. *Revista de Direito do Consumidor*. v. 101, ano 24. p. 435/467. São Paulo: Ed. RT, set/out. 2015. p. 459.
9. MARQUES, Claudia Lima; LIMA, Clarissa Costa, BERTONCELLO, Káren. *Prevenção e tratamento do superendividamento*. Brasília: DPC/SDE, 2010. p. 134. Disponível em: https://www.justica.gov.br/seus-direitos/consumidor/Anexos/manual-tratamento-do-super%20endividamento.pdf, acesso em: 24 maio 2020.
10. TRINDADE, Larissa de Lima; RIGHI, Marcelo Brutti; VIEIRA, Kelmara Mendes. De onde vem o endividamento feminino? Construção e validação de um modelo PLS-PM. *Revista Eletrônica de Administração*. Porto Alegre, 2012, vol.18, n.3. p.718-746. Disponível em: https://www.scielo.br/pdf/read/v18n3/v18n3a06.pdf. Acesso em: 24 maio 2020.

apenas obstam alteração legislativa, ou até decisão judicial, que permita a desoneração da pessoa insolvente.

De outro lado, as propostas que pretendem operacionalizar uma solução ao superendividamento, permitindo o retorno da pessoa humana ao mercado de consumo em condições de evitar uma nova ocorrência daquele, não podem pautar-se em um sujeito abstrato e desconsiderar os dados aqui apresentados. Contanto que se visualize um procedimento comum, destinado à proteção de todos que dele precisem, imprescindível à consideração – e resposta – das peculiaridades atinentes ao caso concreto no seu desenvolvimento.

Afinal, considerar o déficit patrimonial em abstrato, sem levar em conta as necessidades de cada pessoa humana titular do patrimônio insolvente, além das razões para ocorrência desta situação, resulta em expropriação de sua própria subjetividade[11]. Em última análise, este expediente retorna ao sujeito de direito e oculta a proteção de cada pessoa humana em sua realidade concreta em oposição, inclusive, a diretiva de isonomia substancial. Portanto, faz-se necessário ampliar o estudo sobre o porquê dos números, que compõe o perfil do superendividamento, referentes ao gênero, a fim de identificar possíveis cuidados distintos aplicáveis a mulher nesta situação.

2.2 A mulher no fim do mundo: causas da insolvência civil em aproximação realista

Após a exposição de estatísticas que demonstram o gênero feminino como maior alvo do superendividamento no Brasil, resta o desafio de interpretar esta informação. Como premissa inicial, sublinhe-se que a própria Constituição da República proclamou a igualdade entre os gêneros no seu art. 5º, inciso I, CR.

Entretanto, sublinhe-se que o maior desafio cujo direito das mulheres encontra na atualidade é a plena efetivação da igualdade positivada no texto constitucional. Conquanto se estabeleça uma igualdade formal esta parece almejar um sujeito de direito abstrato, não verdadeiramente às pessoas do gênero feminino em sua dignidade social, o seu livre desenvolvimento dentro das formações das quais participa. Deste modo, a igualdade substancial, real comando emanado pelo dispositivo, continua esvaziada[12].

É este o estado atual da arte, no que tange os direitos das mulheres, que impacta, inclusive, o tema do superendividamento. Por tais motivos rejeita-se a construção de que algumas características, inerentes ao gênero feminino, desenvolveriam uma propensão maior aos gastos e ao superendividamento. Tais raciocínios avizinham-se daqueles que legitimaram, a título de exemplo, a incapacidade da mulher após o casamento, existente na legislação brasileira entre 1916 e 1962.

Premissas como estas se fixam na inferioridade do feminino e contrariam a axiologia constitucional, razão pela qual jamais poderão embasar qualquer argumento no campo

---

11. RODOTÀ, Stefano. *La vita e le regole. Tra diritto e non diritto*. Milano: Fetrinelli Editore, 2007. p. 67.
12. BARBOZA, Heloísa Helena; ALMEIDA, Vitor. (DES) igualdade de gênero: a mulher como sujeito de direito. In: TEPEDINO, Gustavo; TEIXEIRA, Ana Carolina Brochado; ALMEIDA, Vitor. *O Direito Civil entre o sujeito e a pessoa*: estudos em homenagem ao professor Stefano Rodotá. Belo Horizonte: Fórum, 2016. p. 164-165.

do direito. Outro olhar, em direção à realidade, mostra aspectos sociais concretos, os quais devem ser objeto de apreciação judicial e políticas públicas obstinadas a provocar mudanças sociais. Assim, considerar a mulher como pessoa humana em sua complexidade, no que toca o tema do superendividamento, significa analisar este fenômeno em consonância a diferentes adversidades que também impactam, predominantemente, o gênero feminino.

Por tal ângulo, nos últimos anos registrou-se que a maior parte das pessoas desempregadas eram mulheres (59% no ano de 2018[13] e 58% em 2017[14], sem levantamento semelhante encontrado para 2016). Nesta mesma linha, são menores os salários oferecidos a pessoas do gênero feminino em todo o mercado brasileiro[15].

Uma análise centrada nas faixas etárias em que o endividamento feminino é mais recorrente corrobora esta intersecção entre ausência de emprego para mulher e insolvência. Durante os três anos pesquisados apenas em 2016 o quesito idade do endividado incorporou-se a um perfil, traçado para o primeiro semestre daquele ano, o qual se ofereceu por diferente instituição, a Boa-Vista Serviço Central de Proteção ao Crédito. Segundo estes dados, 38% das mulheres endividadas encontravam-se na faixa etária de até 35 anos, 37% na faixa de 46 anos ou mais e 25% entre 36 e 45 anos[16].

Quanto ao desemprego, sem muita precisão, o Serviço de Proteção ao crédito apontou, para 2017, que a idade média em que este fenômeno é mais recorrente, quanto às mulheres, seria de 34 anos[17]. Percebe-se que a primeira faixa etária de maior incidência do endividamento feminino encontra correspondência com a média de idade em que o desemprego é mais frequente entre pessoas do gênero feminino. Neste contexto, até mesmo a relação causal é de fácil percepção, pois a falta de emprego gera escassez de receita, o que é motivo clarividente de endividamento.

Porém, outra correspondência é similarmente possível de se conceber, referente ao divórcio e sua influência no quadro de insolvência. Segundo o Instituto Brasileiro de Geografia e Estatística as três faixas etárias do gênero feminino mais afetadas pelo divórcio são os 35 a 39 anos (52.858 em 2017[18] e 46.985 em 2016[19]), 30 a 34 anos (48.235 em 2017[20] e 45.582 em 2016[21]) e 40 a 44 anos (42.724 em 2017[22] e 38.095 em 2016[23]).

É de se cogitar, desta forma, que a idade em que mais ocorre o superendividamento de pessoas do gênero feminino, engloba, em grande medida, a segunda faixa etária que

---
13. Serviço de Proteção ao Crédito, 2018, p. 5.
14. Serviço de Proteção ao Crédito, 2017, p. 3.
15. *Mulheres ganham menos do que os homens em todos os cargos, diz pesquisa*, notícia publicada no site G1 em 07.03.2017. Disponível em: https://g1.globo.com/economia/concursos-e-emprego/noticia/mulheres-ganham-menos-do-que-os-homens-em-todos-os-cargos-diz-pesquisa.ghtml. Também, *Mulheres ganham menos que os homens em todos os cargos e áreas, diz pesquisa*, notícia publicada no site G1 em 07/03/2018. Disponível em: https://g1.globo.com/economia/concursos-e-emprego/noticia/mulheres-ganham-menos-que-os-homens-em-todos-os-cargos-e-areas-diz-pesquisa.ghtml.
16. Boa Vista Serviço Central de Proteção ao Crédito, 2017, p. 7.
17. Serviço de Proteção ao Crédito, 2017, p. 5.
18. Instituto Brasileiro de Geografia e Estatística, 2017.
19. Instituto Brasileiro de Geografia e estatística, 2016.
20. Instituto Brasileiro de Geografia e Estatística, 2017.
21. Instituto Brasileiro de Geografia e Estatística, 2016.
22. Instituto Brasileiro de Geografia e Estatística, 2017.
23. Instituto Brasileiro de Geografia e Estatística, 2016.

mais registra divórcios, incluindo apenas as pessoas de 35 anos que se encontram na primeira faixa etária. Enquanto isso, a primeira faixa de maior ocorrência do divórcio estaria correlacionada à faixa de menor detecção do superendividamento, mas aquela continua a comportar o expressivo número de 25% das mulheres que a pesquisa entrevistou.

Em síntese, determinada faixa etária do gênero feminino é acometida consideravelmente tanto pelo divórcio, quanto pelo superendividamento.

Eis uma pretensa construção da realidade em que vivem as mais diversas "*Mulheres do fim do mundo*", lutando, como na canção interpretada por Elza Soares, para "*cantar até o fim*". De fato, os números anualmente disseminados pelo SPC nada dizem respeito a um perfil de gastos descontrolados associável ao gênero feminino, mas sim a um efetivo contexto de desigualdade cuja uma das principais características é a associação do privilégio de estabilidade econômica, em larga medida, ao gênero masculino, permitindo a tais pessoas se enquadrarem com maior facilidade na condição de solvência.

3. O GÊNERO FEMININO E A ENTIDADE FAMILIAR: UMA VISÃO À LUZ DO PATRIMÔNIO

3.1 O divórcio e os alimentos como ativo necessário: uma perspectiva quanto às relações desiguais

Compreender a razão que liga o divórcio ao superendividamento pressupõe reconhecer a dinâmica anterior à extinção da sociedade conjugal, qual seja, a vivência do casamento, ou mesmo, da união estável[24]. Com base neste aspecto é possível enxergar no Código Civil diretiva que apresenta o mesmo sentido daquela constitucional, ou seja, igualdade entre os cônjuges na constância da sociedade conjugal (art.226, § 5º, CR e art.1.511, CC).

Contudo, a implementação destas normas dentro das comunidades familiares não se visualiza nos estudos comprometidos em observar os fatos sociais. A mulher, no casamento ou união estável[25], passa a constituir-se como um ser-para-o-outro, responsável pela manutenção da comunidade afetiva e intimidade familiar. Quanto ao marido ou companheiro, permite-se a ele o espaço do trabalho, o qual também reflete a realização do projeto individual[26].

---

24. Sem maiores delongas sobre o tema, adota-se aqui a concepção de que ambas as estruturas familiares desempenham as mesmas funções, o que impede qualquer diferença de tratamento às relações internas da união estável e casamento. A premissa, que aqui se defende, utilizou-se no julgamento do Supremo Tribunal Federal que determinou a inconstitucionalidade do art.1.790, CC, o qual estabelecia uma forma de sucessão diferente para o companheiro, em relação ao cônjuge (STF, RE 878694, Rel. Min. Luís Roberto Barroso, julgado em 10 de Maio de 2017). No mesmo sentido o enunciado 641 da VIII Jornada de Direito Civil ("*A decisão do Supremo Tribunal Federal que declarou a inconstitucionalidade do art. 1.790 do Código Civil não importa equiparação absoluta entre o casamento e a união estável. Estendem se à união estável apenas as regras aplicáveis ao casamento que tenham por fundamento a solidariedade familiar. Por outro lado, é constitucional a distinção entre os regimes, quando baseada na solenidade do ato jurídico que funda o casamento, ausente na união estável*"). Portanto, o termo conjugalidade será utilizado de forma ampla, referindo-se simultaneamente ao casamento e a união estável.

25. OLIVEIRA, Ligia Zggiotti de. *Olhares feministas sobre o direito de família contemporâneo*: perspectivas críticas sobre o individual e o relacional em família. Rio de Janeiro: Lumen Juris, 2016. p. 94-95.

26. OLIVEIRA, Ligia Zggiotti de. *Olhares feministas sobre o direito de família contemporâneo*: perspectivas críticas sobre o individual e o relacional em família. Rio de Janeiro: Lumen Juris, 2016. p. 48-49.

Nos limites do casamento e da divisão sexual do trabalho, ao homem cabe o sustento econômico; já à mulher, a organização da casa ainda se faz preponderante [27]. Sob esta perspectiva, durante a conjugalidade ao gênero feminino somente autoriza-se a realização individual pelo trabalho caso este se equilibre com o cuidado ao lar da família[28].

A totalidade desse contexto dificulta a permanência da mulher no ambiente laboral, além de exigir flexibilidade que possibilite cumprir todas as tarefas de sua incumbência, a qual se acompanha de menores salários[29]. Esse cenário é intensificado pela maternidade, estado em que se dociliza o corpo, o psicológico feminino[30] e o cuidado, o qual no todo ou em grande parte, também se imputa à mãe. Coincidentes a estas informações, estudos empíricos demonstraram ser mais comum a mulher formar redes de apoio femininas (avós, vizinhas) sem contar, ou exigir, que o pai participe dos cuidados destinados aos seus filhos[31].

Diante desses fatores, a vivência da sociedade conjugal mais comum é aquela de dependência econômica da mulher em relação ao homem e, consequentemente, de submissão a qualquer decisão atrelada aos recursos financeiros. Mesmo quando inserida no mercado de trabalho, embora haja uma satisfação do desejo de independência, costumam recair sobre o gênero feminino a jornada dupla de cuidados e os salários menores, em relação aos de seus parceiros.

Todo este liame de dependências, uma relação onde às escolhas da mulher, em união conjugal, pressupõe a renúncia ao desenvolvimento da carreira e da autonomia patrimonial, geram consequências irrecuperáveis no momento de divórcio[32]. O impacto significativamente maior deste acontecimento no patrimônio de mulheres constata-se pelo fato de que inexiste, entre os processos que tramitam no Superior Tribunal de Justiça, ação de alimentos proposta por um homem ex-cônjuge[33].

---

27. OLIVEIRA, Ligia Zggiotti de. *Olhares feministas sobre o direito de família contemporâneo*: perspectivas críticas sobre o individual e o relacional em família. Rio de Janeiro: Lumen Juris, 2016. p. 107.
28. ALMEIDA, Leila Sanches de. Mãe, cuidadora e trabalhadora: as múltiplas identidades de mães que trabalham. *Revista do Departamento de Psicologia da Universidade Federal Fluminense*. Niterói, v. 19, n. 2, julho-dezembro, p. 412-422, 2007. p. 418-419, disponível em: https://www.scielo.br/pdf/rdpsi/v19n2/11.pdf. Acesso em: 24 maio 2020.
29. ALMEIDA, Leila Sanches de. Mãe, cuidadora e trabalhadora: as múltiplas identidades de mães que trabalham. *Revista do Departamento de Psicologia da Universidade Federal Fluminense*. Niterói, volume 19, número 2, julho--dezembro, p. 412-422, 2007. p. 418-419. Disponível em: https://www.scielo.br/pdf/rdpsi/v19n2/11.pdf. Acesso em: 24 maio 2020. p. 413;OLIVEIRA, Ligia Zggiotti de. *Olhares feministas sobre o direito de família contemporâneo*: Perspectivas críticas sobre o individual e o relacional em família. Rio de Janeiro: Lumen Juris, 2016. p. 83;108.
30. BARBOZA, Heloísa Helena; ALMEIDA, Vitor. (DES) igualdade de gênero: a mulher como sujeito de direito. In: TEPEDINO, Gustavo; TEIXEIRA, Ana Carolina Brochado; ALMEIDA, Vitor. *O Direito Civil entre o sujeito e a pessoa*: estudos em homenagem ao professor Stefano Rodotá. Belo Horizonte: Fórum, 2016. p. 173-175.
31. ALMEIDA, Leila Sanches de. Mãe, cuidadora e trabalhadora: as múltiplas identidades de mães que trabalham. *Revista do Departamento de Psicologia da Universidade Federal Fluminense*. Niterói, v. 19, n. 2, julho-dezembro, p. 412-422, 2007. p. 413; 417. Disponível em: https://www.scielo.br/pdf/rdpsi/v19n2/11.pdf. Acesso em: 24 maio 2020.OLIVEIRA, Ligia Zggiotti de. *Olhares feministas sobre o Direito de família contemporâneo*: perspectivas críticas sobre o individual e o relacional em família. Rio de Janeiro: Lumen Juris, 2016. p. 48;83.
32. MATOS, Ana Carla Harmatiuk; TEIXEIRA, Ana Carolina Brochado. Os alimentos entre dogmática e efetividade. *Revista Brasileira de Direito Civil – RBDCivil*. Belo Horizonte, v. 12, p. 75-92, abr.-jun. 2017. p. 84. Disponível em: https://rbdcivil.ibdcivil.org.br/rbdc/article/view/34/28. Acesso em: 24 maio 2020.
33. O trabalho supracitado realizou esta pesquisa dos anos de 1988 a 2015. Por sua vez, estes autores verificaram a busca de jurisprudência do mesmo Superior Tribunal de Justiça (http://www.stj.jus.br/SCON/) utilizando os termos "alimentos" e "ex-cônjuge", por meio da ferramenta "pesquisa livre", do ano de 2015 até o dia 26.03.2019

Em tese, a função de se aplicar o instituto dos alimentos entre cônjuges e companheiros seria exatamente impor o dever de cuidado e solidariedade para sobrevivência daquele dependente, mesmo após o fim do afeto e compromisso[34]. Assim, caso haja a possibilidade do devedor alimentar pagar, as necessidades da credora deveriam ser supridas conforme o art.1.694, Código Civil.

Mas, quando tais pedidos encontram o Poder Judiciário – e a própria legislação –, uma série de impedimentos se opõe a este raciocínio, tal como se vê na experiência brasileira.

De início, aponte-se que, perante estes conflitos, consolidou-se uma jurisprudência silente quanto ao contexto aqui relatado, mas empenhada em vedar um suposto estímulo ao ócio e ao enriquecimento sem causa feminino[35].

Com fundamento nestas proposições, o principal requisito pacífico no Poder Judiciário é a exigência de se estabelecer um prazo em que são devidos alimentos ao ex-cônjuge, não previsto em nenhum dispositivo constitucional ou de legislação. Independentemente do caso concreto, afirma-se que é necessário estabelecer um prazo determinado em que o alimentante irá pagar os alimentos, enquanto a alimentada busca a reorganização financeira e profissional.

Nesta sistemática, estudos da jurisprudência mostram que o tempo fixado costuma ser exíguo, sendo um dos exemplos mais emblemáticos o julgado proferido pelo Superior Tribunal de Justiça no RESP nº 1025769-MG[36], em que uma mulher com 51 anos, casada durante 20 anos e sem nunca exercer atividade laborativa, foi contemplada com pensionamento pelo limitado período de dois anos. A decisão se valeu do argumento de que a ex-cônjuge possuía idade, condição e formação para retornar ao mercado de trabalho[37].

Assim, embora se suponha a igualdade formal, a qual as normas jurídicas produziriam no mundo do trabalho, tal suposição não se confirma na realidade. Desconsideram-se as estatísticas oficiais sobre dificuldade de colocação da mulher no mercado, muito maior quando nunca exerceu qualquer atividade laborativa ou a suspendeu e dedicou-se ao cuidado do lar[38].

---

e, também neste período de tempo, encontraram o mesmo resultado. MATOS, Ana Carla Harmatiuk; TEIXEIRA, Ana Carolina Brochado. Os alimentos entre dogmática e efetividade. *Revista Brasileira de Direito Civil – RBDCilvil*. Belo Horizonte, v. 12, p. 75-92, abr.-jun. 2017. p. 81-82. Disponível em: https://rbdcivil.ibdcivil.org.br/rbdc/article/view/34/28. Acesso em: 24 maio 2020.

34. MATOS, Ana Carla Harmatiuk; TEIXEIRA, Ana Carolina Brochado. Os alimentos entre dogmática e efetividade. *Revista Brasileira de Direito Civil – RBDCilvil*. Belo Horizonte, v. 12, p. 75-92, abr.-jun. 2017. p. 76. Disponível em: https://rbdcivil.ibdcivil.org.br/rbdc/article/view/34/28. Acesso em: 24 maio 2020.

35. MATOS, Ana Carla Harmatiuk; MENDES, Anderson Pressendo; SANTOS, Andressa Regina Bissolotti dos Santos; OLIVEIRA, Ligia Ziggiotti de; IWASAKI, Micheli Mayumi. Alimentos em favor de ex-cônjuge ou companheira: reflexões sobre a (des) igualdade de gênero a partir da jurisprudência do STJ. *Quaestio Iuris (Impresso)*. Rio de Janeiro, v. 8, p. 2474-2492, 2015. p. 2479-2480. Disponível em: https://www.e-publicacoes.uerj.br/index.php/quaestioiuris/article/view/20956/15333. Acesso em: 24 maio 2020.

36. STJ, REsp 1025769-MG, 3ª Turma, Rel. Min. Nancy Andrighi, julgado em 24.08.2010. Disponível em: https://ww2.stj.jus.br/processo/revista/documento/mediado/?componente=ATC&sequencial=10781318&num_registro=200800173420&data=20100901&tipo=51&formato=PDF. Acesso em: 24 maio 2020.

37. MATOS, Ana Carla Harmatiuk; TEIXEIRA, Ana Carolina Brochado. Os alimentos entre dogmática e efetividade. *Revista Brasileira de Direito Civil – RBDCilvil*. Belo Horizonte, v. 12, p. 75-92, abr.-jun. 2017. p. 83. Disponível em: https://rbdcivil.ibdcivil.org.br/rbdc/article/view/34/28. Acesso em: 24 maio 2020.

38. MATOS, Ana Carla Harmatiuk; TEIXEIRA, Ana Carolina Brochado. Os alimentos entre dogmática e efetividade. *Revista Brasileira de Direito Civil – RBDCilvil*. Belo Horizonte, v. 12, p. 75-92, abr./jun. 2017. p. 85-86. Disponível em: https://rbdcivil.ibdcivil.org.br/rbdc/article/view/34/28. Acesso em: 24 maio 2020.

Idêntica é a perspectiva de outro postulado jurisprudencial. Com efeito, o Superior Tribunal de Justiça, no julgamento do recurso REsp 85.683/SP[39], entendeu ser irreversível a renúncia de alimentos, pela mulher, em acordo de divórcio. Tal entendimento, que não cogitou qualquer possibilidade de assimetrias da relação conjugal, não avaliou, tampouco, as repercussões econômicas e os obstáculos à recuperação da autonomia patrimonial pela mulher no pós-divórcio

Também reflete esta lógica, de excepcionalidade e restrição, a limitação, em majoritária jurisprudência, da taxa fixada de alimentos entre 30 e 33% dos rendimentos auferidos pelo devedor.

Não se encontra nenhuma justificativa para fundamentar este entendimento, senão algumas decisões colegiadas do Supremo Tribunal Federal, que utilizaram este parâmetro percentual em 1950 e, aparentemente, replicaram-se e ainda permanecem se replicando[40]. Hermenêuticas como esta abstraem e simplificam fixações complexas no caso concreto, desconsiderando em última análise, distintas necessidades e diferentes patrimônios disponíveis para supri-las.

Transpostas todas estas dificuldades presentes na fixação dos alimentos, restam ultrapassar outras no adimplemento dos valores devidos e fruição destes. No primeiro caso destaca-se o entendimento jurisprudencial, consolidado pelo Superior Tribunal de Justiça, no sentido de permitir a compensação do débito alimentar com despesas pagas *in natura* que os excediam[41].

Uma leitura mais acurada quanto à permissão de se compensar indica que ao alimentante é autorizado, mesmo sem qualquer anuência da alimentada (ou dos filhos alimentados), escolher unilateralmente as prioridades financeiras daquela (ou dos filhos alimentados) e preferir uma forma de pagamento da sua obrigação diversa daquela pactuada. Em resposta contrária, uma das diretivas para um tratamento do superendividado é evitar o desalijo da administração patrimonial, um verdadeiro castigo em forma de incapacidade[42].

Ao fim, em perspectiva funcional, a jurisprudência anteriormente citada, faz exatamente o mesmo, com o agravante de correlacionar-se à dominação masculina pelo devedor. Além disso, os impactos deste pagamento de dívidas sobre a insolvência são diretos, pois não se permite que a pessoa constitua patrimônio que lhe possibilite, de forma suficiente, responsabilizar-se pelas obrigações contraídas. Encargos financeiros estes que estão ligados ao projeto de livre desenvolvimento da personalidade após o divórcio.

Por último, embora não menos importante, o próprio Estado protagoniza uma dificuldade na plena fruição dos alimentos fixados segundo a medida de necessidade da credora. Isto porque a legislação do Imposto de Renda Pessoa Física prevê dedução dos

---

39. STJ, REsp 85.683/SP, Rel. Ministro Nilson Naves, 3ª Turma, julgado em 28.05.1996.
40. MATOS, Ana Carla Harmatiuk; TEIXEIRA, Ana Carolina Brochado. Os alimentos entre dogmática e efetividade. *Revista Brasileira de Direito Civil – RBDCivil*. Belo Horizonte, v. 12, p. 75-92, abr./jun. 2017. p. 80. Disponível em: https://rbdcivil.ibdcivil.org.br/rbdc/article/view/34/28. Acesso em: 24.05.2020.
41. STJ, REsp 1.501.992-RJ, Rel. Min. Paulo de Tarso Sanseverino, por unanimidade, julgado em 20.03.2018. Disponível em: https://ww2.stj.jus.br/processo/revista/documento/mediado/?componente=ATC&sequencial=81039863&num_registro=201403165108&data=20180420&tipo=51&formato=PDF. Acesso em: 24 maio 2020.
42. BUCAR, Daniel. *Superendividamento*: reabilitação patrimonial da pessoa humana. São Paulo: Saraiva, 2017. p. 85-88; 185-186.

tributos incidentes sobre o valor pago de pensão alimentícia em cumprimento à decisão judicial (art.4, inciso II, Lei n 9.250/95), enquanto à alimentada é imputado o pagamento de tributos por este recebimento (art.3, §1, Lei 7.713/88).

Tal política legislativa ignora o fato de o próprio Código Civil prever os alimentos conforme a necessidade do alimentado e retira de seu patrimônio aquilo que, por sentença judicial, foi considerado como o seu mínimo necessário. Aliás, como demonstrado anteriormente, no caso do gênero feminino o padrão de fixação dos alimentos torna ainda mais estreito este limite. Paralelamente, permite ao alimentante, parte mais forte, não recolher qualquer tributo sobre este valor, o qual constitui parte do seu rendimento.

Desta maneira, a norma parece eivada inconstitucionalidade pelo confisco e enfraquecimento da proteção à família, a cujo Constituinte atribuiu também ao legislador (Art.226, CF)[43]. Nem mesmo pode se sustentar como equivalentes a não tributação de alimentos, salários e pensões previdenciárias, o que tornaria a decisão um perigo ao sistema fiscal, como o faz a doutrina que defende a adequação do sistema atual[44]. No primeiro caso não existe qualquer sinalagma, mutualidade, troca de valor ou força de trabalho por dinheiro, mas sim uma dependência unilateral.

É possível, desta forma, encontrar uma coerência para aproximação entre os números de divórcio e endividamento ao analisar o desenvolvimento das realidades familiares sob o viés do patrimônio. Deste modo, durante a vivência matrimonial à mulher é resguardado o papel de cuidadora do lar e dos filhos, o qual não lhe oferece o acréscimo de ativo próprio.

Em casos de divórcio, esta cumplicidade, que existia enquanto o homem recebia auxílio no desenvolvimento de sua vida profissional, poderá ruir, mas a dependência econômica subsiste. Neste estado, que se caracteriza pela impossibilidade de gestão econômica da vida conforme o patrimônio de que se é titular, apresentam-se, às pessoas do gênero feminino, todas as dificuldades relatadas.

É diante do desemprego e falta dos alimentos necessários que o passivo começa a crescer, para que a pessoa possa suprir algumas de suas necessidades. O agravamento deste quadro pode ser causa de superendividamento, respondendo por parte dos números excedentes deste fenômeno no gênero feminino.

3.2 Reabilitação patrimonial da pessoa humana: uma proposta dirigida ao gênero feminino

Após assentar-se a premissa de que os efeitos do divórcio sobre o patrimônio da mulher, nos ditames da atual realidade judicial e legislativa brasileira, podem levar ao superendividamento, caberá, agora, à proposição de um remédio possível a tal cenário. Embasa-se este, inicialmente, em construção já defendida, qual seja, a possibilidade

---

43. FERREIRA, Jussara Suzi Assis Borges Nasser; RIBEIRO, Maria de Fátima. Direito de família: pensão alimentícia e tributação. *Scientia Iuris*. Londrina, v. 5-6, p. 205-221, 2001-2002. Disponível em: http://www.uel.br/revistas/uel/index.php/iuris/article/view/11184/9931. Acesso em: 24 maio 2020.
44. SARAIVA, Oswaldo Othon de Pontes Saraiva. A incidência do IRPF sobre pensão alimentícia. *Revista dos Tribunais*. v. 966, abril de 2016. p. 8-9.

de estender-se a lei de recuperação judicial empresarial (Lei 11.101/2005) às pessoas humanas[45].

Por não haver legislação específica que permita uma recuperação ligeira e efetiva da pessoa humana, com tratamento global do estado patrimonial crítico, mas subsistir esta possibilidade para empresa, aplicar-se-ão os dispositivos da supracitada lei à pessoa humana sempre que possível. O próprio Código Civil, no art. 52, afastou a divisão estrutural entre pessoa jurídica e pessoa natural, ao permitir a primeira obter, no que couber, a tutela dos direitos da personalidade[46].

De acordo com o valor dignitário (art.1, inciso III, CF), quando os instrumentos próprios da tutela patrimonial destinada à pessoa jurídica sejam efetivos na defesa da pessoa humana devem se aplicar, em interpretação unitária e sistemática. O paradigma apresentado à pessoa jurídica em sede de recuperação judicial é vantajoso no sentido de permitir a manutenção de autonomia negocial do devedor e também a confecção de plano negociado entre este e seus credores[47].

O que se espera, enfim, é concretizar a reabilitação patrimonial. No quesito de procedimento, o desejável é que haja uma primeira fase, extrajudicial, em que o devedor compõe a mesa de negociação junto de todos os seus credores, onde serão pretendidos consensos sobre preferências creditórias e será privilegiado um acordo formado entre estas partes. Em consideração a autonomia pretendida, cabe aqui priorizar a solução consensual a que se chegar.

Caso não se logre êxito a etapa extrajudicial, disponibiliza-se ao devedor a abertura da fase judicial, com o rito ditado, no que couber, pela recuperação judicial do patrimônio de sociedade empresária (Lei 11.101/2005). Com efeito, haverá aqui, diante da apreciação de plano de pagamento proposto pelo devedor e de toda sua situação patrimonial por um juiz, a oportunidade adequada de efetivar-se a tutela alimentar que supre os efeitos negativos do divórcio sobre o patrimônio.

A situação de alimentos insuficientes, o inadimplemento destes valores, o fim do prazo transitório sem recolocação ou a renúncia da alimentante fundamentarão o pedido de recuperação judicial da pessoa humana, uma vez que se estará atendida a principal exigência legislativa para acessar o regime benéfico: a indicação das razões que levaram a crise patrimonial do devedor (art.51, inciso I, Lei 11.101/2005). Não só, tais constatações poderão fundamentar eventual *cram down* pelo juiz – imposição de um plano cogente caso os credores não consintam com a proposta de plano a ser formulada (art. 58, § 1º, Lei 11.101/2005). Para tanto, será necessário expor a rede de solidariedade que deve beneficiar o devedor por força de lei[48].

---

45. BUCAR, Daniel. *Superendividamento*: reabilitação patrimonial da pessoa humana. São Paulo: Saraiva, 2017. p. 181-185.
46. BUCAR, Daniel. *Superendividamento*: reabilitação patrimonial da pessoa humana. São Paulo: Saraiva, 2017. p. 182-183.
47. BUCAR, Daniel. *Superendividamento*: reabilitação patrimonial da pessoa humana. São Paulo: Saraiva, 2017. p. 184-185.
48. BUCAR, Daniel. *Superendividamento*: reabilitação patrimonial da pessoa humana. São Paulo: Saraiva, 2017. p. 187.

Caso se comprove quaisquer das problemáticas listadas acima o juiz poderá reconhecer a convenção entre a alimentada e seus devedores de que o plano apenas se viabiliza diante de uma mudança naquela receita a título de alimentos ou apontar esta necessidade no plano cogente. Neste momento a quebra dos dogmas alimentares firmados no percurso jurisprudencial será de suma importância e deve também balizar as decisões judiciais em sede de plano recuperacional da pessoa humana. Assim, é admissível o reconhecimento da necessidade de tutela alimentar mesmo após renúncia firmada, restabelecimento de obrigação alimentar extinta automaticamente após o decurso de prazo imposto e adaptação dos percentuais anteriormente fixados.

Admitida a reabilitação patrimonial como merecedora de primordial tutela na ordem humanista, não se podem mais opor os argumentos abstratos de um possível enriquecimento sem causa e estímulo ao ócio. O que existe é uma situação contrária ao acréscimo patrimonial, de insolvência, a qual merece ser tratada e preenche o requisito de necessidade alimentar, que deve identificar-se à concreta tutela da pessoa humana.

A mesma condição de endividamento crítico torna o juiz do plano recuperacional competente para estabelecer alimentos ou aumentar o valor daqueles antes postos. Trata-se do mais indicado à análise completa da situação em que se encontra o patrimônio como conjunto, e do contexto em que se desenvolveu o superendividamento. Nestes termos, a fixação da obrigação alimentar deve proporcionar à alimentada uma manutenção do mínimo existencial equilibrada a possibilidade de pagar os seus credores conforme o plano apresentado.

De maneira que o processo de recuperação seja efetivo e seus resultados duradouros, poderá se determinar que a obrigação alimentar fixada vigore posteriormente ao fim daquele. Por este viés, o tratamento patrimonial seria de grande artificialidade em caso de identificar a falta de ativos disponíveis como causa para situação de insolvência, mas, ao mesmo tempo, determinar que aquele valor alimentar apenas deva ser pago até o cumprimento do plano pactuado.

Ora, caso se adote esta interpretação, certamente, o estado de superendividamento retornará a partir do momento em que não houver, de novo, recursos para solver as obrigações. Portanto, em caso de desemprego poderá se determinar o cumprimento da prestação pelo alimentante até o momento de recolocação razoável e em incidência de adversidade temporária o tempo que esta durar.

A situação mais difícil será a de prazo razoável para o pagamento da pensão alimentar majorada. De um lado, a credora alimentar deverá se acostumar a nova realidade financeira e, de outro, não poderá o alimentante ignorar os efeitos maléficos de queda abrupta nas condições que este proporcionou, outrora, ao lar familiar. É possível determinar a diminuição progressiva dos valores e oferecer, neste período, aconselhamento financeiro para planejar a vida econômica diante das novas condições[49].

Tal como anteriormente defendido – e seguindo a diretriz de manutenção da capacidade do devedor – desde que cumprido o plano de pagamento, afirma-se que os valores

---

49. BUCAR, Daniel. *Superendividamento*: reabilitação patrimonial da pessoa humana. São Paulo: Saraiva, 2017. p. 178-180.

fixados a título de alimentos devem ser entregues diretamente à credora superendividada, a quem tocará a administração patrimonial. Refuta-se o pagamento indireto pelo devedor alimentício, com o objetivo de extinguir suas obrigações por meio do adimplemento direto de dívidas de sua ex-cônjuge em reabilitação patrimonial.

Única ressalva a se fazer, diante destes casos, é ao pagamento de dívidas que possam afetar a manutenção do patrimônio dignitário, pois este adimplemento visa a impedir a subtração de Direitos Fundamentais do ex-cônjuge. É o exemplo do pagamento de quotas de condomínio edilício, para satisfação dos quais se concedeu, pela via jurisprudencial, a possibilidade de excussão até mesmo do bem de família com o fim de adimplemento[50].

4. CONSIDERAÇÕES FINAIS

O superendividamento é fenômeno recorrente do cotidiano brasileiro e, na maior parte das ocasiões, resultado de fatores externos ao devedor, os quais este usualmente não lograria evitar. A partir desta proposição inicial, realizou-se este trabalho com o fim de determinar se alguns destes fatores que causam a situação de insolvência atingiriam ao gênero feminino em maior medida do que ao gênero masculino.

Constitui-se dado verificado que o número de mulheres com problemas de endividamento é maior do que aquele de homens. Aliás, foram estes números que motivaram a pergunta que gerou o desenvolvimento da pesquisa ora exposta: "É possível correlacionar o gênero ao endividamento no Brasil?".

A resposta é afirmativa e relacionada às desigualdades que ainda perpassam a sociedade. Uma análise de estatísticas entre os anos de 2016 e 2018 demonstra que as faixas etárias onde ocorrem expressivos números de endividamento feminino também são momentos em que sobrevêm, comumente, dois outros fatos desabonadores. São eles o desemprego e o divórcio.

Quanto ao primeiro também revelam os dados um maior número de pessoas do gênero feminino desempregadas, coincidindo a faixa etária de superior endividamento perfeitamente com aquela de ápice do desemprego. Em sentido consoante, os efeitos econômicos da inexistência de trabalho visualizam-se facilmente sobre o patrimônio, por meio da acumulação de passivo sem que haja receita suficiente para solvê-lo.

No entanto, a segunda causa, baseada na desigualdade e dominação entre gêneros, também merece estudo e preocupação social. O divórcio impacta o patrimônio de que a mulher é titular e pode levá-la à insolvência.

Mais uma vez, as faixas onde ocorre significativo endividamento feminino são também aquelas em que ocorre um grande número de divórcios. A análise jurisprudencial demonstrou que os efeitos da queda patrimonial, após extinção conjugal, sentem-se principalmente pelas mulheres, assertiva cujo fundamento de constatação é a inexistência, no Superior Tribunal de Justiça, de recurso julgado a respeito de pedido de alimentos por algum homem.

---

50. BUCAR, Daniel. *Superendividamento*: reabilitação patrimonial da pessoa humana. São Paulo: Saraiva, 2017. p. 177.

Nesta seara, o tratamento que o Poder Judiciário designa aos alimentos costuma impedir a sua correta fixação às ex-cônjuges, por meio de figuras abstratas que não se constituem em lentes para uma realidade de vulnerabilidade e dependência. Procura-se, a todo custo, evitar uma vantagem e indisposição ao trabalho por parte das mulheres. Entretanto, esquece-se de que a mesma mulher é quem cuida do lar e dos filhos, trabalho não remunerado, para o qual, muitas vezes, abandona a profissão, o que lhe impede de conseguir os ativos patrimoniais necessários para uma vida independente.

Caso se transcenda esta fase, as soluções ao inadimplemento do crédito alimentar continuam a reforçar um desalijo parcial da administração financeira que a mulher realiza em sua vida após o divórcio, ao permitir a compensação de débitos por pagamentos *in natura*. Não só, a própria política tributária onera a alimentada pelos valores recebidos, importância a qual se deduz dos rendimentos auferidos pelo alimentante.

No contexto que envolve todas estas razões, concluiu-se factível imputar aos efeitos do divórcio, demonstrados na realidade social brasileira, impactos sobre o patrimônio feminino que podem conduzir a um quadro de superendividamento.

Em sua parte final, este artigo utilizou algumas proposições desenvolvidas sobre a possibilidade de tratamento jurídico à insolvência e nelas inseriu algumas sugestões específicas para mulheres divorciadas que se encontram nesta situação. Utilizando-se das ferramentas presentes na Lei de Recuperação Judicial e Falências (Lei 11.101/2005), passíveis de aplicação a pessoa humana, construiu-se uma possibilidade de avaliação, fixação e execução da obrigação alimentar pelo juiz do plano recuperacional.

Desta forma restam diagnosticadas causas do estado patológico de superendividamento e o direito utiliza-se dos remédios que dispõem para tratamento de cada patrimônio segundo a vulnerabilidade de seu titular. Por este expediente, promove-se também a igualdade substancial e a mudança na realidade desigual, segundo o projeto humanista e solidarista imposto pela Constituição da República.

VULNERABILIDADE E MULHER NOS DIREITOS DAS FAMÍLIAS: DESIGUALDADES NAS RELAÇÕES DE CONJUGALIDADE E CUIDADO

Elisa Cruz

Doutora e Mestra em Direito Civil pela UERJ. Professora. Defensora Pública no Estado do Rio de Janeiro.

Sumário: 1. Introdução. 2. Ponto de partida: conceito de vulnerabilidade. 3. Vulnerabilidade, mulher, feminismos e Direito das Famílias. 4. Família e casamento. 5. Família, cuidado e guarda. 6. Conclusões. 7. Referências.

1. INTRODUÇÃO

Teorias feministas sobre o Direito fazem parte da história da produção do conhecimento acadêmico, mas não seria de todo incorreto afirmar essa perspectiva tem sido assumida com maior frequência em trabalhos recentes, como sustenta Carmen Hein de Campos, em especial em pesquisas sobre violência de gênero e direitos sexuais e reprodutivos[1].

Embora o Direito das Famílias se apresente como um campo favorável à incorporação das teorias feministas para a análise dos seus institutos, considerando-se a correlação entre afetividade e mulher sobre a qual se construiu esse ramo jurídico[2], o debate se revela incipiente e pontual, possivelmente fruto do legado de um "sistema que teima em recusar a travessia do indivíduo ao sujeito, e do sujeito à cidadania"[3]. Temas como guarda parental possuem maior permeabilidade de captação das críticas feministas em relação aos demais institutos familistas.

Esse artigo busca se apropriar de parte das críticas feministas ao Direito e aplicá-las a alguns institutos do Direito das Famílias. A escolha recaiu sobre as relações de conjugalidade e guarda e cuidado dos filhos por serem essencialmente de caráter existencial e com caráter feminino latente, tanto pelas ciências políticas e sociais como pelo Direito. Cabe o destaque de a análise é realizada tendo a mulher como centro das relações, mas

---

1. CAMPOS, Carmen Hein de. Críticas feministas ao Direito: uma análise sobre a produção acadêmica no Brasil. In: SÍMON, Sandra Lia et alii. *Tecendo fios das críticas feministas ao Direito no Brasil*. Ribeirão Preto: FDRP/USP, 2019, p. 32.
2. FERRY, Luc. Amor, filosofia, sabedoria e felicidade. In: Schüler, Fernando Luís; WOLF, Eduardo. *Pensar o contemporâneo*. Porto Alegre: Arquipélago, 2014, p. 100-102.
3. FACHIN, Luiz Edson. *Teoria crítica do Direito Civil à luz do novo Código Civil brasileiro*. 2. ed. Rio de Janeiro: Renovar, 2003, p. 11.

deve-se reconhecer que existem outros gêneros[4] sem visibilidade dentro do Direito das Famílias.

A realização das críticas vem mediada pela vulnerabilidade, conceito que circula entre diversas áreas de conhecimento e que, portanto, revela aptidão para incorporar ao Direito análises realizadas por outros saberes. Assim, o artigo se inicia pela apresentação dos significados possíveis de vulnerabilidade e o conceito utilizado no presente trabalho, conectando-se com a seção 03 em que se busca apresentar um panorama sobre a vulnerabilidade da mulher no Direito das Famílias. Após essas seções introdutórias, as seções 04 e 05 irão conter análises específicas de vulnerabilidade sobre casamento, guarda e cuidado.

2. O PONTO DE PARTIDA: CONCEITO DE VULNERABILIDADE

A expressão vulnerabilidade apareceu em texto legislativo no Brasil pela primeira vez no Código de Defesa do Consumidor – CDC, em seu artigo 4º, I, como um dos princípios da política nacional das relações de consumo.

Sem constar expressamente da Constituição da República nem do Código Civil de 1916, vigente na data de publicação do CDC, o desenvolvimento do conceito de vulnerabilidade desenvolveu-se no contexto das relações de consumo[5] e culminou com sua tripartição em vulnerabilidade técnica, jurídica e econômica[6]. A vulnerabilidade econômica ou fática consiste no reconhecimento da fragilidade do consumidor frente ao fornecedor que, por sua posição de monopólio, fático ou jurídico, por seu forte poderio econômico ou em razão da essencialidade do produto ou serviço que fornece, impõe sua superioridade a todos que com ele contratam. A vulnerabilidade técnica do consumidor consiste na ausência de conhecimentos específicos sobre o produto ou serviço que ele adquire ou utiliza em determinada relação de consumo. A vulnerabilidade jurídica consiste na falta de conhecimentos jurídicos específicos, ou seja, na falta de conhecimento, pelo consumidor, dos direitos e deveres inerentes à relação de consumo[7].

Embora essas construções considerem a pessoa do consumidor e devam, portanto, cumprir a dignidade da pessoa humana, pode-se afirmar que elas foram direcionadas para a regulação de relações de caráter patrimonial em que se busca proteger o consumidor dos riscos decorrentes de uma sociedade de consumo[8]. Ou seja, esses conceitos vinculam-se fortemente às relações travadas pelas pessoas em relações consumeristas, sendo de difícil transposição para situações jurídicas essencialmente existenciais ou dúplices[9],

---

4. BUTLER, Judith. *Problemas de gênero*: feminismo e subversão da identidade. 8. ed. São Paulo: Civilização Brasileira, 2015.
5. BARBOZA, Heloisa Helena. Proteção dos vulneráveis na Constituição de 1988: uma questão de igualdade. In: NEVEZ, Thiago Ferreira Cardoso (Coord.). *Direito e justiça social*. São Paulo: Atlas, 2013, p. 108.
6. CALIXTO, Marcelo Junqueira. O princípio da vulnerabilidade do consumidor. In: MORAES, Maria Celina Bodin de (Coord.). *Princípios do direito civil contemporâneo*. Rio de Janeiro: Renovar, 2006, p. 324.
7. Para Claudia Lima Marques, essa espécie de vulnerabilidade, denominada jurídica ou científica, também inclui a ausência de conhecimentos de economia ou de contabilidade. (MARQUES, Claudia Lima. *Contratos no Código de Defesa do Consumidor*. 4. ed. São Paulo: Ed. RT, 2003, p. 148).
8. BAUMAN, Zygmunt. *Vida para consumo*: a transformação das pessoas em mercadoria. Rio de Janeiro: Zahar, 2008.
9. TEIXEIRA, Ana Carolina Brochado; KONDER, Carlos Nelson. Situações jurídicas dúplices: controvérsias nas nebulosas fronteiras entre patrimonialidade e extrapatrimonialidade. In: TEPEDINO, Gustavo; FACHIN, Luiz Edson (Coord.). *Diálogos sobre direito civil*. Rio de Janeiro: Renovar, 2012, p. 8, v. III.

em que a tutela da pessoa ostenta diferenças de intensidade quando comparada com a regulação de situações patrimoniais[10].

A noção de vulnerabilidade construída no campo da bioética aparece como ponto de partida para uma ressignificação do instituto em bases mais personalistas e que promete assegurar maior concreta do princípio da dignidade da pessoa humana. Nesse campo, encontram-se conceitos de vulnerabilidade como redução da voluntariedade, restrição à espontaneidade, restrição à liberdade, redução da autonomia, redução da capacidade, redução da autodeterminação, suscetibilidade, fragilidade, desigualdade, proteção adicional, solidariedade e compartilhamento de responsabilidades[11].

Fermin Roland Schramm aponta que essa multiplicidade conceitual produz um mal-estar e insatisfação no uso da expressão, o que, ao final, significaria a perda concreta de seu sentido lógico. Assim, propõe que se distinga entre vulnerabilidade e vulneração (ou vulnerabilidade secundária), entendida a primeira como uma característica universal de qualquer humano, animais e sistemas vivos, e a segunda, como referir-se a sujeitos e populações que se encontram em situações concretas de risco em razão de "pertencimento a uma determinada classe social, a determinada etnia, a um dos gêneros ou dependendo de suas condições de vida, seu estado de saúde"[12].

Esse é o sentido também utilizado por Heloisa Helena Barboza, para quem o aprofundamento teórico deve ser feito sobre o conceito de vulneração ou vulnerabilidade secundário de modo a conduzir a uma proteção necessária da pessoa para desenvolver suas "potencialidades e sair da condição de vulneração e, paralelamente, respeitar a diversidade de culturas, as visões de mundo, hábitos e moralidades diferentes que integram suas vidas"[13], e que será utilizado ao longo deste trabalho.

3. VULNERABILIDADE, MULHER, FEMINISMOS E DIREITO DAS FAMÍLIAS

O conceito de vulnerabilidade como resultado de processos históricos, sociais, políticos, econômicos, étnicos, etários, religiosos etc. auxilia na compreensão da mulher como grupo de pessoas em situação de vulnerabilidade. Ao longo da história humana, as mulheres têm sido vítimas de opressão e ausência do poder político-social em relação aos homens, ainda que as desigualdades ocorram de modo diferenciado entre grupos femininos, como, por exemplo, mulheres brancas e negras[14] e classes menos ou mais favorecidas economicamente, inclusive nas intersecções desses grupos[15].

Analisada sob uma perspectiva jurídica, a opressão da condição da mulher tem origem na separação entre o âmbito público (associado à razão) e o âmbito privado (associado

---

10. MEIRELES, Rose Melo Vencelau. *Autonomia privada e dignidade humana*. Rio de Janeiro: Renovar, 2009, p. 189.
11. GOLDIM, José Roberto. *Vulnerabilidade e pesquisa*: aspectos éticos, morais e legais. Disponível em: https://www.ufrgs.br/bioetica/vulnepes.htm. Acesso em: 13 maio 2020.
12. SCHRAMM, Fermin Roland. A saúde é um direito ou um dever? *Revista Brasileira de Bioética*, Brasília, v. 2, n. 2, p. 190-191, 2006.
13. BARBOZA, Heloisa Helena. Proteção dos vulneráveis na Constituição de 1988: uma questão de igualdade. In: NEVEZ, Thiago Ferreira Cardoso (Coord.). *Direito e justiça social*. São Paulo: Atlas, 2013, p. 109.
14. Bell hooks. *Teoria feminista da margem ao centro*. São Paulo: Perspectiva, 2019, p. 56.
15. BIROLI, Flávia. *Gênero e desigualdades*: limites da democracia no Brasil. São Paulo: Boitempo, 2018, p. 37.

à emoção), o primeiro, masculino e o segundo, feminino, e na posição privilegiada que o modo de vida burguês se impôs socialmente[16] e que foi traduzido nas codificações a partir do século XIX[17]. Essa demarcação de *loci* de gênero conquista o ápice da sua expressão na distinção da moralidade masculina, refletida a partir da boa-fé e de um homem cumpridor dos seus deveres[18], da moralidade feminina, com maior grau de subjetividade e pensada sobre a ideia de mulher sexualmente íntegra e dedicada à família[19].

Tal como sua construção, a desconstrução dessas opressões e discriminações têm buscado a reaproximação dessas pautas e a inclusão da mulher no âmbito público e do homem no âmbito privado, bem retratadas pelas "ondas" dos feminismos. Segundo Constância Lima Duarte teríamos quatro momentos dos movimentos feministas no Brasil: o primeiro, de visibilidade e acesso ao direito de ler e escrever; o segundo, pautado pela ampliação da educação feminina; terceiro, marcado pela pauta do direito ao voto e ampliação do trabalho; e, quarto, pelo reconhecimento dos direitos sexuais e reprodutivos[20].

Algumas dessas pautas já foram alcançadas ou já podem ser exercidas com maior nível de igualdade entre homens e mulheres. O voto feminino foi permitido a partir de 1932[21] e hoje o eleitorado é composto de cerca de 52% de mulheres, conforma dados

---

16. "Para esta discussão, o mais importante é ressaltar que existe uma correspondência entre a caracterização da esfera pública como âmbito da universalidade e da razão e a caracterização da esfera privada como âmbito da particularidade e dos afetos. A distinção entre as duas esferas organiza-se em um processo histórico e político no qual as identidades de gênero foram produzidas como papéis, comportamentos e limites. A domesticidade se transformaria nos séculos seguintes, sem que fosse superada a conexão entre a valorização social das mulheres e o universo doméstico familiar. Seu trânsito em espaços não domésticos (profissionais, políticos) encontra hoje menos barreiras, mas é ainda desigual. Mantém-se, ainda, uma matriz que configura as relações e as identidades de gênero na forma de vantagens para os homens. A posição prática de poder que elas desempenham no cotidiano é correspondente à recusa e à subvalorização do feminino – isto é, do que se definiu historicamente. Há aqui um ponto fundamental, já discutido nos capítulos anteriores, que diz respeito ao modo como as posições privilegiadas engendram o conhecimento produzido: recusa e subvalorização são reproduzidas da perspectiva de quem está, estruturalmente, liberado do trabalho cotidiano doméstico. É de uma perspectiva masculina e heterossexual que família e maternidade podem ser idealizadas e mesmo santificadas, enquanto continuam sendo definidas de modo que onera as mulheres e as torna vulneráveis" (BIROLI, Flávia. *Gênero e desigualdades*: limites da democracia no Brasil. São Paulo: Boitempo, 2018, p. 95).
17. PATEMAN, Carole. *The sexual contract*. Cambridge: Polity Press, 2014. E-book.
18. CUNHA, Rodrigo Pereira da. *A força das palavras no direito de famílias e sucessões*. Disponível em: https://www.conjur.com.br/2017-mai-07/processo-familiar-forca-palavras-direito-familias-sucessoes. Acesso em: 13 maio 2020.
19. "Penso, então, que, a partir dessa plataforma de desigualdade nas relações de gênero, funda-se a República brasileira e um projeto de nação no qual a família, a Constituição e, portanto, as normas familiares têm destaque. Há um livro muito interessante de Sueann Caulfield, "Em Defesa da Honra" – a sua tese de doutorado –, no qual ela analisa a construção real da nação moderna brasileira no início do século XX. Segundo Caulfield, a honra sexual era a base da família, e esta, a base da nação. Sem a força moralizadora da honestidade sexual das mulheres brancas, a modernização causaria a dissolução da família, a modificação brutal da comunidade e o caos social, segundo os ideólogos da República brasileira naquele momento. Nessa matriz de ideários políticos, as elites jurídicas tiveram um papel determinante. Primeiro, ao julgar os casos de conflitos sexuais privados, estabelecendo, de pronto, o papel regulador do estado sobre as condutas. Assim se discriminavam as mulheres honestas das outras, o que teve fortes implicações ou uma direta influência implicação na elaboração do Código Civil de 1916 e no Código Penal de 1940, que cumpriram o papel de normatizar as famílias durante praticamente todo o século, com repercussões até os dias de hoje." (DORA, Denise Dourado. Estado da arte no Brasil das críticas feministas do Direito: perspectivas feministas no campo dos direitos sexuais e direitos reprodutivos e no direito de família. In: SÍMON, Sandra Lia et alii. *Tecendo fios das críticas feministas ao Direito no Brasil*. Ribeirão Preto: FDRP/USP, 2019, p. 92).
20. DUARTE, Constância Lima. Feminismo: uma história a ser contada. In: HOLLANDA, Heloísa Buarque de (Org.). *Pensamento feminista brasileiro*. Rio de Janeiro: Bazar do Tempo, 2019, p. 25-47.
21. MARQUES, Teresa Cristina de Novaes. *O voto feminino no Brasil*. 2. ed. Brasília: Edições Câmara, 2018. E-book.

do Tribunal Eleitoral Superior[22] e a taxa de escolarização feminina é hoje superior à masculina[23]. O trabalho assalariado feminino[24] foi permitido sem a necessidade de autorização do cônjuge[25] e os rendimentos desse trabalho deixaram de ser entregues para administração do homem[26]. Também se ampliou o acesso a métodos de contracepção sem a necessidade de consentimento conjugal[27]. Esses dados, contudo, não significam a superação das desigualdades, pois, por exemplo, a participação política feminina ainda é baixa, de cerca de 16,20% dos candidatos eleitos em 2018[28], a renda feminina é inferior a masculina, com especial agravamento nas mulheres negras[29] e o acesso ao livre planejamento familiar ainda tem obstáculos legais e morais[30].

No âmbito do direito civil[31], o enfrentamento às opressões e desigualdades de gênero perpassa pela autonomia com a supressão de razões morais[32] e a aproximação da dignidade como direito à autodeterminação[33]. Deve-se proceder ao reconhecimento efetivo de liberdades positivas ou promocionais em favor da mulher no sentido de promover o seu pleno desenvolvimento e de construir a sua subjetividade desvinculada de pautas morais coletivas[34].

---

22. Informação disponível em: http://www.tse.jus.br/eleitor/estatisticas-de-eleitorado/estatistica-do-eleitorado-por--sexo-e-faixa-etaria. Acesso em: 13 maio 2020.
23. Informação disponível em: https://biblioteca.ibge.gov.br/visualizacao/livros/liv101657_informativo.pdf. Acesso em: 13 maio 2020.
24. HIRATA, Helena; ZARIFIAN, Philippe. Trabalho (conceito de). In: HIRATA, Helena et alii (Org.). *dicionário crítico do feminismo*. São Paulo: Unesp, 2009, p. 251-256.
25. Vide redação original do artigo 233, IV, do Código Civil de 1916 sobre autorização para o trabalho da mulher casada e do artigo 446 da Consolidação das Leis Trabalhistas sobre a possibilidade de oposição marital ao trabalho feminino.
26. Artigo 246 do Código Civil de 1916 com redação da Lei n. 4.121/1962.
27. A autorização do marido era necessária por força do artigo 242 do Código Civil de 1916 e a incapacidade relativa da mulher casada.
28. Informação disponível em: http://www.tse.jus.br/imprensa/noticias-tse/2019/Marco/numero-de-mulheres-eleitas-em-2018-cresce-52-6-em-relacao-a-2014. Acesso em: 13 maio 2020.
29. Informação disponível em: http://repositorio.ipea.gov.br/bitstream/11058/6524/1/Nota_n24_Mulheres_trabalho.pdf. Acesso em: 14 maio 2020.
30. Vide matéria no jornal O Globo disponível em: https://oglobo.globo.com/sociedade/celina/por-que-tao-dificil-fazer-uma-laqueadura-nas-redes-publica-particular-de-saude-mulheres-medicos-debatem-23577251. Acesso em: 14 maio 2020.
31. "O direito civil é o conjunto de normas, categorias e institutos jurídicos que tem por objeto as pessoas e suas relações com as demais. Diz respeito às dimensões jurídicas da existência cotidiana das pessoas e de outros sujeitos de direito, naquilo que o Direito, em sua evolução histórica, considerada como relevante e necessário para a regulação mínima das condutas, que assegurem a vida de cada um, como membro da sociedade." (LÔBO, Paulo. *Direito civil*: parte geral. 7. ed. São Paulo: Saraivajur, 2018, p. 17).
32. TEIXEIRA, Ana Carolina Brochado; RODRIGUES, Renata de Lima. A travessia da autonomia da mulher na pós--modernidade: da superação à afirmação de uma pauta positiva de emancipação. *Pensar*, Fortaleza, v. 23, n. 3, p. 9, jul.-set. 2018.
33. DWORKIN, Ronald. *Domínio da vida*. São Paulo: Martins Fontes, 2009, p. 339; MORAES, Maria Celina Bodin de. *Danos à pessoa humana*: uma leitura civil-constitucional dos danos morais. Rio de Janeiro: Editora Renovar, 3. tir., 2007, p. 85; SARLET, Ingo Wolfgang. *Dignidade da pessoa humana e direitos fundamentais na Constituição Federal de 1988*. 6. ed. rev. e atual. Porto Alegre: Livraria do Advogado, 2008, p. 63.
34. "A despeito da vigência por mais de duas décadas das garantias constitucionais, o que se constata é uma insistente violação da dignidade das mulheres, não só mediante um processo surdo de discriminação que afronta o princípio da igualdade, como também através de violações corporais de diferentes ordens, que chegam a níveis de violência física intoleráveis. Essa situação social recoloca as mulheres na categoria de sujeito de direito em sua formulação original, como entes abstratos, titulares de igualdade formal, não obstante agraciadas por diversos dispositivos legais que lhes asseguram direitos que carecem, muitas vezes, de qualquer efetividade. Imperativo, por conseguinte, que as mulheres tenham assegurado o seu reconhecimento como pessoa, o que só poderá ocorrer se houver respeito

Essa tensão entre as condicionantes histórico-sociais e a autonomia e dignidade femininas é mais intensa em determinados ramos do direito civil do que em outros, notadamente no direito de família, pois, afinal, foi essa área que mais concentrou a pauta sobre a moralidade feminina. Temas sobre família e cuidado merecem ser revisitados à luz de uma teoria crítica da vulnerabilidade feminina de modo a clarificar as formas jurídicas que determinaram ou mantiveram a opressão assim como alternativas para a sua superação.

4. FAMÍLIA E CASAMENTO

Se no campo das ciências políticas e das teorias feministas permanece em aberto o debate sobre a igualdade de gênero na decisão de constituir família[35], no plano jurídico essa questão está definida desde a Constituição de 1988 e o princípio da igualdade insculpido nos artigos 5º e 226.

Três temas servem para demonstrar a evolução normativa da igualdade de gênero na formação da família: capacidade no casamento, idade mínima para casar e deveres no casamento e na união estável.

Capacidade constitui um dos institutos essenciais do direito civil, no que se assenta a possibilidade de exercer e regular os atos da vida civil. A regra é a capacidade, mas é possível que o ordenamento jurídico crie restrições para o exercício per se dessa capacidade instituindo situações de incapacidade total ou relativa. As causas de incapacitação, no geral, fundamentam-se em aspectos biopsicológicos ou etários, como hoje se observa dos artigos 4º e 5º do Código Civil[36]. Entretanto, no Código Civil de 1916, no artigo 6º, I, previa-se a incapacidade relativa da mulher casada, o que significava dizer que a prática de atos civis por essa mulher estava condicionada à assistência legal do marido[37]. Considerando que até os 21 anos de idade a pessoa era naturalmente relativamente incapaz e que na década de 1970 a mulher tinha em média 23 anos na data de

---

a sua "dignidade social", qualificação dada à dignidade pela Constituição italiana, a ser interpretada de modo amplo, que atinge a própria reconstrução da igualdade formal e não pode ser indiferente ao sistema de relações em que se encontram os sujeitos da igualdade.

Embora não haja na Constituição brasileira tal qualificação expressa, a interpretação sistemática de seus dispositivos, notadamente o art. 3º, que estabelece os objetivos fundamentais da República, autoriza, ou melhor, exige, que se compreenda e aplique o princípio da dignidade humana nessa dimensão social." (BARBOZA, Heloisa Helena; ALMEIDA, Vitor. (Des)Igualdade de gênero: restrições à autonomia da mulher. *Pensar*, Fortaleza, v. 22, n. 1, p. 242-243, jan.-abr. 2017).

35. "Há um amplo debate entre teóricas e ativistas sobre o grau em que a reivindicação do direito ao casamento, agora garantido em diversos países, corresponde a uma acomodação a formas convencionais da conjugalidade. Para algumas, o direito a casar-se e ter família é parte dos direitos humanos, o modo como são hoje codificados internacionalmente, e os obstáculos a eles comprometem a cidadania de muitos indivíduos. Para outras, o foco no casamento significaria a adesão a uma instituição historicamente opressiva e excludente, que é a espinha dorsal de muitas desigualdades. Além de regular as relações de gênero e sexualidade, a família é um fator importante nas relações de classe, porque estabelece os elos para a transmissão da propriedade privada e transfere vantagens e desvantagens não apenas dessa forma, mas também na capital educacional, cultural e de rede de relações." (BIROLI, Flávia. *Gênero e desigualdades*: limites da democracia no Brasil. São Paulo: Boitempo, 2018, p. 125).

36. Sobre capacidade e incapacidade: PEREIRA, Caio Mário. *Instituições de direito civil*: introdução ao direito civil. Teoria geral de direito civil. 23. ed. Rio de Janeiro: Forense, 2010, p. 225-226.

37. Não se faz referência à união estável porque essa entidade foi reconhecida como família apenas com a Constituição da República de 1988.

seu casamento[38], pode-se concluir que são altas as chances de que uma mulher jamais exercesse a plena capacidade civil; mas, de outro lado, talvez sejam mais controversas as situações de casamento feminino após os 21 anos, pois do status de plenamente capaz seria reconduzida à incapacidade relativa.

O fundamento dessa incapacidade não é da mesma natureza que os demais. Segundo Clóvis Beviláqua, ela é consequência da chefia masculina da sociedade conjugal e serviria à preservação da família[39]. Igualmente, Virgílio de Sá Pereira sustenta que essa incapacidade não tem como causa o sexo, mas o fato de que "toda sociedade implica uma restrição da liberdade individual"[40].

Essa norma esteve em vigor até 1962, quando editada a Lei n. 4.121, que "devolveu a plena capacidade à mulher, que passou à condição de colaboradora na administração da sociedade conjugal"[41], e desde essa data o casamento não possui influência sobre a capacidade de homens ou mulheres.

A previsão de uma idade legal para casar, denominada de idade núbil ou capacidade para o casamento, também é alvo de críticas. No Código Civil de 1916 as idades núbeis eram distintas para homens e mulheres a partir de pressuposições sobre a aptidão de gerar filhos e de sustentar economicamente a família[42]. Assim, permitia-se o casamento de mulheres a partir dos 16 anos e aos homens, aos 18 anos[43]. Apesar do requisito etário, era possível o casamento de pessoas aquém do mínimo legal, caso em que, se do casamento houvesse resultado gravidez, ele não poderia ser anulado por falha na representação ou assistência dos pais[44].

As idades mínimas para casamento de homens e mulheres foram equiparadas no Código Civil de 2002 em 16 anos de idade[45], persistindo a possibilidade de casamento abaixo desse limite para "evitar imposição ou cumprimento de pena criminal ou em caso de gravidez"[46]. A primeira causa que justificaria o casamento já perdeu a função desde 2005 com a revogação das hipóteses de extinção da punibilidade penal do casamento do autor do crime com a vítima ou da vítima com terceiro por força da Lei n. 11.106, e em 2009 pela Lei n. 12.015 que criou o tipo penal de estupro de vulnerável. Assim, passou-se a interpretar o dispositivo pela "dimensão substancial do princípio da igualdade jurídica, ética e moral entre o homem e a mulher, evitando-se, sem prejuízo do respeito à diferença, tratamento discriminatório"[47], permitindo-se o casamento quando o interesse da criança ou adolescente estivesse devidamente justificado pelas circunstâncias concretamente verificáveis.

---

38. Informação disponível em: https://exame.abril.com.br/brasil/como-os-casamentos-mudaram-nas-ultimas-decadas-no-brasil/. Acesso em: 14 maio 2020.
39. BEVILÁQUA, Clóvis. *Teoria geral do direito civil*. 2. ed. Campinas: Servanda, 2015, p. 110-112.
40. PEREIRA, Virgílio de Sá. *Direito de família*. 3. ed. Rio de Janeiro: Forense, 2008, p. 353-354.
41. DIAS, Maria Berenice. *A mulher no Código Civil*. Disponível em: http://www.mariaberenice.com.br/uploads/18_-_a_mulher_no_c%F3digo_civil.pdf. Acesso em: 14 maio 2020.
42. LÔBO, Paulo. *Direito civil*: famílias. São Paulo: Saraivajur, 2008, p. 81.
43. Artigo 183, XII, do Código Civil de 1916.
44. Artigo 215 do Código Civil de 1916.
45. Artigo 1.517 do Código Civil.
46. Artigo 1.520, redação original, do Código Civil.
47. Enunciado 329 da IV Jornada de Direito Civil.

A manutenção da possibilidade de casamento abaixo dos 16 anos de idade deve ser inserida nos debates de gênero e vulnerabilidade da mulher. Até meados de 2019 o Brasil ocupava o 4º lugar no ranking internacional de casamentos infantis, assim entendidos como a união formal ou informal antes dos 18 anos de idade, e não conseguirá atingir a meta 5.3 do Objetivo de Desenvolvimento Sustentável (ODS) 2030[48] segundo o Banco Mundial[49].

Segundo dados apresentados pela Organização das Nações Unidas a partir de pesquisas realizadas pela ONG Promundo, são cinco as causas principais do casamento infantil, todas relacionadas a desigualdade de gênero: (1) o desejo de um membro da família, em função de uma gravidez indesejada, de proteger a reputação da menina ou da família e para assegurar a responsabilidade do homem de "assumir" ou cuidar da menina e do bebê potencial; (2) o desejo de controlar a sexualidade das meninas e limitar comportamentos percebidos como "de risco", associados à vida de solteira, tais como relações sexuais sem parceiros fixos e exposição à rua; (3) o desejo das meninas e/ou membros da família de ter segurança financeira; (4) uma expressão da autonomia das meninas e um desejo de sair da casa de seus pais, pautado em uma expectativa de liberdade, ainda que dentro de um contexto limitado de oportunidades educacionais e laborais, bem como de experiências de abuso ou controle sobre a mobilidade das meninas em suas famílias de origem; (5) o desejo dos futuros maridos de se casarem com meninas mais jovens (consideradas mais atraentes e de mais fácil controle do que as mulheres adultas) e o seu poder decisório desproporcional em decisões maritais[50].

O artigo 1.520 foi alterado em 2019 pela Lei n. 13.811, proibindo-se, "em qualquer caso, o casamento de quem não atingiu a idade núbil". Para Flávio Tartuce, a proibição do casamento de pessoa com idade inferior a 16 anos já estava proibida desde as leis penais de 2005 e 2009, mas sustenta que esse casamento é anulável[51] diante da inexistência de norma revogado dos artigos 1.551, 1.553 e 1.552 do Código Civil[52]. Esse entendimento,

---

48. Informação disponível em: https://nacoesunidas.org/pos2015/ods5/. Acesso em: 14 maio 2020.
49. Relatório disponível em: http://documents.worldbank.org/curated/pt/657391558537190232/pdf/Child-Marriage-Girls-Education-and-the-Law-in-Brazil.pdf. Acesso em: 14 maio 2020.
50. Matéria disponível em: https://nacoesunidas.org/artigo-casamento-infantil-o-que-falta-para-erradicar-essa-pratica/. Acesso em: 14 maio 2020.
51. Em oposição, Rolf Madaleno sustenta que o casamento da pessoa com menos de 16 anos de idade é nulo. Disponível em: http://genjuridico.com.br/2019/03/14/casamento-de-menores-de-16-anos-lei-13-811-19/. Acesso em: 14 maio 2020.
52. "Em suma, por tudo o que foi exposto, parece-me que, de fato, o art. 1.520 do Código Civil encontrava-se já derrogado tacitamente em relação à hipótese fática de casamento envolvendo menor de 14 anos, somente sendo aplicado à pessoa entre essa idade e os 16 anos, o que passou a não ser mais permitido, de forma peremptória e inafastável. Todas essas modificações comprovam a minha afirmação, no sentido de que o casamento do menos de 16 anos não seria possível juridicamente antes da alteração de 2019, ou seja, era algo condenado e proibido como regra pelo nosso sistema jurídico. E, como consequência, diante de um tratamento específico, apesar dessa proibição, a lei previa a solução da anulabilidade pela dicção expressa do art. 1.550, inc. I, do Código Civil. Esse dispositivo não foi revogado, expressa ou tacitamente, pela Lei n. 13.811/2019, e, sendo assim, a solução da anulabilidade ou nulidade relativa do casamento infantil continua em vigor. A mesma afirmação vale quanto à possibilidade de convalidação do casamento, hipótese em que o ato inválido passará a ser válido caso tenha passado despercebida a proibição perante o Cartório de Registro Civil. Continua em vigor, nesse contexto, o art. 1.551 do Código Civil, segundo o qual não se anulará, por motivo de idade, o casamento de que resultou gravidez. O mesmo em relação ao art. 1.553 da mesma codificação, que estabelece a possibilidade de convalidação do casamento do menor que não atingiu a idade núbil caso este, depois de completa-la, confirme a sua intenção de casar, com a autorização de seus representantes legais, se for necessária, ou com suprimento judicial. A possibilidade de convalidação, por

contudo, não se sustenta no plano fático, uma vez que em 2018 foram registrados 199 casamentos de mulheres com idade inferior a 15 anos e 89.746 casamentos de mulheres entre 15 e 19 anos de idades pelo IBGE[53].

A alteração legislativa de 2019 referiu-se apenas quanto aos casamentos formais, permanecendo objeto de debate as uniões informais de pessoas com menos de 16 anos, que, conforme dados já apresentados, composta majoritariamente por mulheres.

A Terceira Turma do Superior Tribunal de Justiça, no julgamento do Recurso Especial n. 1.201.462/MG, considerou que a união estável só poderia ser caracterizada quando, além dos requisitos específicos do artigo 1.723 do Código Civil, houvesse discernimento para a prática dos atos da vida civil[54]. Em outras palavras, aplicou o sistema de capacidades da Parte Geral ao direito das famílias e, assim, rejeitou a possibilidade de casamento ou união estável pela pessoa absolutamente incapaz.

O caso julgado envolvia transtornos mentais e foi anterior à edição do Estatuto da Pessoa com Deficiência (Lei n. 13.146/2015), mas aplicando-se a *ratio* do julgamento à incapacidade absoluta por idade outra não seria a conclusão senão pela impossibilidade de reconhecimento de união estável por crianças e adolescentes abaixo dos 16 anos de idade.

Essa solução parece estar de acordo com a proteção integral e melhor interesse da criança e do adolescente, princípios informados do direito infantojuvenil inseridos no

---

óbvio, dar-se-á muitas vezes após a idade núbil ou mesmo a maioridade ser atingida, preservando uma família que pode estar constituída e que merece proteção, conforme o art. 226 do Texto Maior. Também não estão revogados, expressa ou tacitamente, os dispositivos que consagram regras específicas a respeito da ação anulatória, caso do art. 1.552 do Código Civil que prevê quem pode promover a ação anulatória do casamento infantil. Igualmente quanto ao prazo decadencial de 180 dias para a demanda, conforme o art. 1.560, § 1º, da Lei Geral Privada, que será ainda analisado." (TARTUCE, Flávio. Art. 1.520. In: SCHREIBER, Anderson et alii. *Código Civil comentado*: doutrina e jurisprudência. Rio de Janeiro: Forense, 2019. E-book.

53. A título de comparação, nenhum casamento de homens com menos de 15 anos de idade foi registrado em 2018 e entre 15 e 19 anos de idade constam apenas 50 registros civis. Dados do registro civil de 2018 constantes das Tabelas 4.3.1 e 4.3.2 – Casamentos, disponível em: https://www.ibge.gov.br/estatisticas/sociais/populacao/9110-estatisticas-do-registro-civil.html?edicao=26178&t=resultados. Acesso em: 14 maio 2020.

54. Recurso especial – Ação declaratória de reconhecimento de união estável – Negativa de prestação jurisdicional – Não ocorrência – Alteração da base fática sob a qual se fundou o aresto *a quo* – Impossibilidade nesta instância especial – Inteligência da Súmula n. 7/STJ – Pretenso companheiro desprovido do necessário discernimento para a prática dos atos da vida civil – Impossibilidade do reconhecimento da relação pretendida (união estável) – Recurso especial a que se nega provimento.
1. Não existe negativa de prestação jurisdicional no acórdão que, a despeito de adotar fundamento diverso daquele pretendido pela parte, efetivamente decide de forma fundamentada toda a controvérsia, como sucede *in casu*.
2. O recurso especial presta-se a definir a interpretação da lei federal e não a rediscutir a base fática sobre a qual se fundou o acórdão recorrido.
3. Se o "enfermo mental sem o necessário discernimento para os atos da vida civil" (artigo 1.548, inciso I, do Código Civil) não pode contrair núpcias, sob pena de nulidade, pela mesma razão não poderá conviver em união estável, a qual, neste caso, jamais será convertida em casamento. A adoção de entendimento diverso, data vênia, contrariaria o próprio espírito da Constituição Federal, a qual foi expressa ao determinar a facilitação da transmutação da união estável em casamento.
4. A lei civil exige, como requisito da validade tanto dos negócios jurídicos, quanto dos atos jurídicos – no que couber –, a capacidade civil (artigo 104, 166 e 185, todos do Código Civil).
5. Não só pela impossibilidade de constatar-se o intuito de constituir família, mas também sob a perspectiva das obrigações que naturalmente emergem da convivência em união estável, tem-se que o incapaz, sem o necessário discernimento para os atos da vida civil, não pode conviver sob tal vínculo.
6. Recurso especial desprovido.
(STJ. REsp 1201462/MG, Relator Ministro Massami Uyeda, Terceira Turma, DJe 27.04.2011).

artigo 227 da Constituição da República e artigo 1º do Estatuto da Criança e do Adolescente, na medida em que as responsabilidades inerentes à existência e manutenção da chefia da vida familiar constituem obstáculos ao acesso a direitos para o desenvolvimento de crianças e adolescentes[55]. Ainda assim, como argumentado por Ana Carla Harmatiuk Matos e Lígia Ziggiotti de Oliveira, não é possível a formatação de respostas abstratas a situações difíceis como essa, de modo que "a chave hermenêutica que parece possibilitar o encaminhamento apropriado de um conflitos com estes contornos reside, com efeito, na principiologia, que homenageia a proteção integral da infância e da juventude" e com atenção às "vulnerabilidades de gênero, etárias e socioeconômicas, entre outras"[56]. Assim, apenas no caso concreto se pode determinar o reconhecimento jurídico da união e suas consequências existenciais e patrimoniais.

Os deveres do casamento e da união estável também são influenciados por uma visão machista e patriarcal da sociedade. De acordo com o artigo 1.566 do Código Civil, são deveres de ambos os cônjuges a fidelidade recíproca, vida em comum no domicílio conjugal, mútua assistência, sustento, guarda e educação dos filhos e respeito e consideração mútuos. Os deveres na união estável constam do artigo 1.724 e incluem a lealdade[57], respeito e assistência, e guarda, sustento e educação dos filhos.

Sem analisar, por ora, os deveres em relação aos filhos, que serão objeto de seção adiante, os deveres de coabitação e fidelidade possuem uma conexão entre si e com a presunção de paternidade *pater is est*. De acordo com Luiz Edson Fachin, ao estabelecer o fundamento da "presunção de paternidade, o legislador ordinariamente leva em conta duas outras presunções: a presunção de ocorrência de coabitação entre marido e mulher dentro do período da concepção e a presunção de que a coabitação tenha sido a causa da concepção"[58]. Ora, uma vez que a maternidade é uma realidade fática, o dever de fidelidade recai de modo mais intenso e grave sobre a mulher, de modo a permitir a aplicação das presunções de que, respeitada a fidelidade conjugal e existente a coabitação, o seu marido é presumivelmente o pai da criança gestada[59].

---

55. Vide nota 48.
56. MATOS, Ana Carla Harmatiuk; OLIVEIRA, Lígia Ziggiotti de. Paradoxos entre autonomia e proteção das vulnerabilidades. In: TEIXEIRA, Ana Carolina Brochado; DADALTO, Luciana (Coord.). *Autoridade parental*: dilemas e desafios contemporâneos. Indaiatuba: Foco, 2019, p. 75.
57. Para Rolf Madaleno, fidelidade e lealdade são deveres distintos, pois "lealdade vai além do compromisso de fidelidade afetiva, abrange um amplo dever de respeito e de consideração devida mutuamente entre os companheiros no propósito de perpetuarem a sua relação afetiva." (MADALENO, Rolf. *Direito de família*. 9. ed. Rio de Janeiro: Forense, 2019. E-book). Em sentido contrário, Paulo Lôbo defende a unicidade de significados dos conceitos (LÔBO, Paulo. *Direito civil*: família. São Paulo: Saraiva, 2008, p. 158).
58. FACHIN, Luiz Edson. *Estabelecimento da filiação e paternidade presumida*. Porto Alegre: Sergio Fabris, 1992, p. 39.
59. "Enquanto a maternidade sempre foi dita como certa, já que é a mulher quem engravida e dá à luz, a paternidade era incerta. Assim, a lei criou um sistema de presunções legais de paternidade, objetivando garantir que o filho da mulher casada fosse de seu marido. Neste sentido, Carole Pateman (1993) aponta que a maternidade é um fato natural e social, enquanto a paternidade é apenas um mero fato social, uma invenção humana. Para assegurar a eficácia dessa ficção jurídica, a infidelidade feminina precisaria ser rigidamente proibida e controlada, mormente quando o patrimônio familiar e o direito sucessório estivessem em jogo." (HOLANDA, Caroline Sátiro de. *Uma análise feminista dos deveres conjugais e das consequências da culpa pelo fim do casamento no direito brasileiro*. Disponível em: Disponível em: http://www.ufpb.br/evento/lti/ocs/index.php/17redor/17redor/paper/view/29/185. Acesso em: 14 maio 2020.

Esse dado explica, num primeiro momento, a impossibilidade de transposição da presunção *pater is est* nas filiações não matrimonializadas[60], dado que, nesses casos, ou não existe a coabitação ou não existe o dever de coabitar, inclusive conforme enunciado de súmula 382 do Supremo Tribunal Federal[61]. Mas, além desse argumento, há que considerar que a conformação da união estável como união de fato, em particular, portanto, estruturalmente distinta do casamento, impede a unicidade de efeitos dessas entidades familiares na formação presumida da filiação biológica[62].

Uma vez descumpridos os deveres de conjugalidade, seria possível o manejo da separação com atribuição de culpa[63], com reflexos potenciais no uso do nome de família[64] pelo cônjuge culpado e fixação de obrigação alimentar[65]. Contudo, a modificação promovida pela Emenda Constitucional n. 66/2010 no artigo 226 da Constituição com a supressão dos requisitos para obtenção do divórcio direto provocou a supressão da separação como possibilidade jurídica[66], deixando vazio qualquer espaço para debate sobre culpa no ordenamento atual[67]. Seria possível cogitar a transposição desse debate para a responsabilidade civil, contudo, como alertam Francielle Elisabet Nogueira Lima e Ligia Ziggiotti de Oliveira, possibilita a "discussão sobre a incidência do direito de danos em relação à divisão não equânime das atividades domésticas entre cônjuges/

---

60. VILLELA, João Baptista. O modelo constitucional de filiação: verdades e superstições. *Revista brasileira de direito de família*. Porto Alegre, v. 1, n. 2, jul.-set. 1999. p. 139-157.
61. "A vida em comum sob o mesmo teto, more uxório, não é indispensável à caracterização do concubinato."
62. GAMA, Guilherme Calmon Nogueira da. *A nova filiação*: o biodireito e as relações parentais. Rio de Janeiro: Renovar, 2003.
63. Artigo 1.573 do Código Civil de 2002.
64. Artigo 1.578 do Código Civil de 2002.
65. Artigo 1.694, § 2º, do Código Civil de 2002.
66. Em sentido oposto:
   Recurso especial. Direito civil. Direito de família. Emenda constitucional 66/2010. Divórcio direto. Requisito temporal. Extinção. Separação judicial ou extrajudicial. Coexistência. Institutos distintos. Princípio da autonomia da vontade. Preservação. Legislação infraconstitucional. Observância.
   1. A dissolução da sociedade conjugal pela separação não se confunde com a dissolução definitiva do casamento pelo divórcio, pois versam acerca de institutos autônomos e distintos.
   2. A Emenda à Constituição 66/2010 apenas excluiu os requisitos temporais para facilitar o divórcio.
   3. O constituinte derivado reformador não revogou, expressa ou tacitamente, a legislação ordinária que cuida da separação judicial, que remanesce incólume no ordenamento pátrio, conforme previsto pelo Código de Processo Civil de 2015 (arts. 693, 731, 732 e 733 da Lei 13.105/2015).
   4. A opção pela separação faculta às partes uma futura reconciliação e permite discussões subjacentes e laterais ao rompimento da relação.
   5. A possibilidade de eventual arrependimento durante o período de separação preserva, indubitavelmente, a autonomia da vontade das partes, princípio basilar do direito privado.
   6. O atual sistema brasileiro se amolda ao sistema dualista opcional que não condiciona o divórcio à prévia separação judicial ou de fato.
   7. Recurso especial não provido.
   (STJ. REsp 1431370/SP, Rel. Ministro Ricardo Villas Bôas Cueva, Terceira Turma, DJe 22.08.2017).
67. "O apontamento circunstancial da culpa no divórcio não se coadunaria com o espírito e propósito da Emenda Constitucional n. 66/2010 e com a própria finalidade do instituto que veda a discussão da culpa dos casais desavindos e se doravante é possível alcançar a dissolução direta do casamento, sem perquirir das causas do fracasso matrimonial, não faria o menor sentido permitir ao casal seguir usando o palco judicial para encenar sua peça privada e sempre trágica, de ruptura litigiosa do casamento, cujo exercício processual não guarda nenhum efeito prático final e que não se distancie da mera decretação de dissolução da sociedade matrimonial, sem a possibilidade sequencial de ser convertida em divórcio." (MADALENO, Rolf. *Direito de família*. 9. ed. Rio de Janeiro: Forense, 2019. E-book).

conviventes" e os danos patrimonial e extrapatrimonial aferidos da "ativa divisão sexual do trabalho, que extrapolam o argumento teórico do mero dissabor ocasionado pela quebra dos deveres conjugais"[68].

5. FAMÍLIA, CUIDADO E GUARDA

O artigo 227 da Constituição da República atribui à família, à sociedade e ao poder público o dever de cuidado de crianças e adolescentes. Conjugado aos artigos constitucionais 5º e 226, impõem igualdade a homens e mulheres o cuidado dos filhos, sem distinção de origem de filiação e independentemente do modelo familiar de conjugalidade adotado. Ainda assim, dados do IBGE apontam que em 2018, cerca de 65,4% das guardas definidas em divórcios judiciais foi atribuída à mulher e 24,4% foram de guardas compartilhadas[69]. Comparados com 2014, a guarda unilateral feminina decaiu 10%, mas ainda assim permanece em alta no cenário jurídico brasileiro.

Em linhas gerais, guarda é a atividade de cuidados dos filhos exercida no âmbito da família. Num contexto de privatização do espaço doméstico e de atribuição de valor afetivo a esse tipo de relação, já antes destacado, é possível entender a preponderância feminina nessa atividade.

No plano normativo, a prevalência feminina no exercício da guarda foi determinada desde 1977, embora já estivesse residualmente presente desde 1916.

O Código Civil de 1916 previa a dissolução da sociedade conjugal pelo desquite de modo excepcional, uma vicissitude na relação familiar entre homem e mulher, de modo que a guarda funcionava como sanção ao cônjuge que desse causa ao desquite ou, como afirmado em lei, pelo cônjuge culpado. Sendo o desquite amigável, prevaleceria o acordo entre as partes, mas se o desquite não fosse consensual, a guarda e responsabilidade pelos filhos pertenceria à mãe até os 06 anos de idade e pelas filhas enquanto perdurasse a menoridade etária[70]. Essa regra foi alterada pela Lei n. 4.121/1962[71], mantendo-se o privilégio do cônjuge inocente para a guarda, no que mais se assemelha a uma advertência

---

68. LIMA, Francielle Elisabet Nogueira; OLIVEIRA, Ligia Ziggiotti de. Reflexões e desafios propostos pela leitura feminista acerca do descumprimento de deveres conjugais. *Civilistica.com*. Rio de Janeiro, a. 7, n. 3, 2018. Disponível em: http://civilistica.com/wp-content/uploads/2018/12/Lima-e-Oliveira-civilistica.com-a.7.n.3.2018.pdf. Acesso em: 14 maio 2020.
69. Informação disponível em: https://biblioteca.ibge.gov.br/visualizacao/periodicos/135/rc_2018_v45_informativo.pdf. Acesso em: 13 maio 2020.
70. Artigo 326, na redação original do Código Civil de 1916:
    Art. 326. Sendo o desquite judicial, ficarão os filhos menores com o conjugue inocente.
    § 1º Se ambos forem culpados, a mãe terá direito de conservar em sua companhia as filhas, enquanto menores, e os filhos até a idade de seis anos.
    § 2º Os filhos maiores de seis anos serão entregues à guarda do pai.
71. Redação com a Lei n. 4.121/1962:
    "Art. 326. Sendo desquite judicial, ficarão os filhos menores com o cônjuge inocente.
    § 1º Se ambos os cônjuges forem culpados ficarão em poder da mãe os filhos menores, salvo se o juiz verificar que de tal solução possa advir prejuízo de ordem moral para eles.
    § 2º Verificado que não devem os filhos permanecer em poder da mãe nem do pai deferirá o juiz a sua guarda a pessoa notoriamente idônea da família de qualquer dos cônjuges ainda que não mantenha relações sociais com o outro a quem, entretanto, será assegurado o direito de visita".

jurídica à violação dos deveres conjugais pela mulher e o risco de ela não poder exercer a guarda dos filhos, demarcando simbolicamente a posição social inferior da mulher em relação ao homem no meio social.

A partir da Lei n. 6.515/1977 a associação entre guarda e mulher tornou-se mais evidente, uma vez que o artigo 10[72] da lei determinada a guarda materna em caso de conflito, pressupondo que a mulher como fonte única e privilegiada de cuidado. Isso se manteria normativamente até a Constituição de 1988 e a determinação de igualdade de gêneros.

As Leis n. 11.698/2008 e 13.058/2014, ao instituírem a guarda compartilhada como regra do exercício das responsabilidades parentais entre pais não residentes, buscou assegurar, simultaneamente, a efetividade do melhor interesse da criança na convivência com todos os pais e um reequilíbrio de gêneros no exercício da guarda[73], mas como demonstram os dados, a realidade social ainda se mostra atrelada aos aspectos femininos do cuidado.

Para além dos debates de gênero, a atribuição do exercício da guarda enfrenta dificuldades nos fundamentos em que está justificada. Enquanto a guarda unilateral tem como base a posse ou convivência física entre pai-criança, de modo que um dos pais é o guardião e o outro, não guardião com direito de visita[74], a guarda compartilhada pressupõe compartilhamento de responsabilidades[75], sendo ambos os pais responsáveis pelos filhos e detentores de direito de convivência[76].

Para Ligia Ziggiotti de Oliveira, a superação dessas contradições e da vulnerabilidade feminina na guarda importa no estabelecimento do foco no exercício do cuidado, "questionando através de quem, como e por quê, concretamente, ele é efetuado" e transformando o "cuidar de" em "cuidar com"[77]. Ou seja, o que se propõe é um enfoque maior tanto no compartilhando das decisões da vida da criança como também a participação concreta nas atividades diárias de cuidado, dividindo-se entre os pais a responsabilidade jurídica da parentalidade como a responsabilidade do cuidado prático[78].

A propósito, revela-se mais importante na superação das contradições de gênero a distribuição equitativa das tarefas cotidianas de cuidado, na medida em que a auto-

---

72. Art. 10. Na separação judicial fundada no *caput* do art. 5º, os filhos menores ficarão com o cônjuge que a e não houver dado causa.
    § 1º Se pela separação judicial forem responsáveis ambos os cônjuges; os filhos menores ficarão em poder da mãe, salvo se o juiz verificar que de tal solução possa advir prejuízo de ordem moral para eles.
73. "Em verdade, a real importância da guarda compartilhada tem sido popularizar a discussão da coparticipação parental na vida dos filhos, além de efetivamente propiciar aos pais o exercício conjunto da autoridade parental, como se vê das decisões jurisprudenciais. Isso porque, com a clássica divisão sexual do trabalho, sempre coube à mulher os cuidados domésticos, e ao homem, o papel de provedor da família." (TEIXEIRA, Ana Carolina Brochado. A (des)necessidade da guarda compartilhada ante o conteúdo da autoridade parental. In: COLTRO, Antônio Carlos Mathias; DELGADO, Mário (Coord.). *Guarda compartilhada*. Rio de Janeiro: Forense, 2017. E-book).
74. Artigo 1.583, § 5º, do Código Civil.
75. Artigo 1.583, § 1º, do Código Civil.
76. Artigo 1.583, § 2º, do Código Civil.
77. OLIVEIRA, Ligia Ziggiotti. *Cuidado como valor jurídico*: crítica aos direitos da infância a partir do feminismo. 141p. Tese (Doutorado) – Universidade Federal do Paraná, Curitiba, 2019, p. 89-90.
78. BARBOZA, Heloisa Helena. Perfil jurídico do cuidado e da afetividade nas relações familiares. In: PEREIRA, Tânia da Silva; OLIVEIRA, Guilherme de; COLTRO, Antônio Carlos Mathias (Org.). *Cuidado e afetividade*: projeto Brasil/Portugal 2016-2017. São Paulo: Atlas, 2017, p. 176-179.

ridade parental se mantém íntegra a despeito da relação afetiva ou conjugal dos pais, como informa o artigo 1.632 do Código Civil. Nessa medida, pode-se refletir sobre a categorização dos cuidados aos filhos em três categorias: assistência educacional, pessoal e financeira, distribuindo os encargos práticos entre os pais, dentre elas mas sem esgotar o rol, a participação escolar (nas atividades da escola e no apoio ao ensino), o dever de providenciar a convivência familiar e comunitária à criança e ao adolescente, a participação nas atividades rotineiras na vida infantojuvenil e distribuição dos encargos financeiros de custeio dos gastos dos filhos.

6. CONCLUSÕES

A passagem do Direito para períodos históricos modernos fez surgir a distinção entre esferas públicas e privadas que antes não existiam, uma vez que a existência pública era central na formação comunitária ocidental. Simultaneamente, foram se desenvolvendo de maneira mais profunda o sistema capitalista e negociações comerciais que, progressivamente, se tornaram globais e conectadas pelas tecnologias disponíveis a cada momento histórico. Com alguma intensidade, todas as relações sociais foram afetadas pela passagem para a modernidade.

As relações sociais, como um todo, são transformadas por aspectos comerciais e econômicos, mas especificamente as relações familiares passam a incorporar afetos como elemento de justificação, mantidas, contudo, a base estrutural das instituições antes existentes. O casamento serve como bom exemplo: estruturalmente, até hoje é o vínculo jurídico formal entre duas pessoas que decidem agir em comunhão de vida. A substituição do vínculo civil em detrimento do religioso e a possibilidade de casamento entre pessoas de mesmo sexo são importantes conquistas civilizatórias, mas que não afetaram o núcleo básico do instituto mesmo depois de algumas centenas de anos.

As análises feministas aplicadas ao Direito das Famílias visam precisamente a questionar a compreensão da família como entidade eminentemente privada e organizada com os afetos, e, nesse sentido, serem associadas a características femininas. Isso porque as perspectivas liberais que produziram a normatividade do Direito das Famílias acabam por estabilizar as relações sociojurídicas do passado, o que, para a mulher, significa mantê-la com acesso limitado a direitos e ao exercício da sua autonomia, ou seja, em situação de vulnerabilidade secundária.

Assim, é necessário pensar sobre as bases teóricas fundantes do Direito das Famílias e repensá-las de modo a (a) ampliar a autonomia da mulher para as situações jurídica de direito das famílias e (b) redefinir o papel do homem nessas situações jurídicas, buscando um equilíbrio de posições jurídicas que estejam mais condizentes com o princípio da igualdade material.

7. REFERÊNCIAS

BARBOZA, Heloisa Helena; ALMEIDA, Vitor. (Des)Igualdade de gênero: restrições à autonomia da mulher. *Pensar*, Fortaleza, v. 22, n. 1, p. 240-271, jan./abr. 2017.

BARBOZA, Heloisa Helena. Perfil jurídico do cuidado e da afetividade nas relações familiares. In: PEREIRA, Tânia da Silva; OLIVEIRA, Guilherme de; COLTRO, Antônio Carlos Mathias (Org.). *Cuidado e afetividade*: projeto Brasil/Portugal 2016-2017. São Paulo: Atlas, 2017.

BARBOZA, Heloisa Helena. Proteção dos vulneráveis na Constituição de 1988: uma questão de igualdade. IN: NEVEZ, Thiago Ferreira Cardoso. *Direito e justiça social*. São Paulo: Atlas, 2013.

BAUMAN, Zygmunt. *Vida para consumo*: a transformação das pessoas em mercadoria. Rio de Janeiro: Zahar, 2008.

BELL Hooks. *Teoria feminista da margem ao centro*. São Paulo: Perspectiva, 2019.

BEVILÁQUA, Clóvis. *Teoria geral do direito civil*. 2. ed. Campinas: Servanda, 2015.

BIROLI, Flávia. *Gênero e desigualdades*: limites da democracia no Brasil. São Paulo: Boitempo, 2018.

CALIXTO, Marcelo Junqueira. O princípio da vulnerabilidade do consumidor. In: MORAES, Maria Celina Bodin de. *Princípios do direito civil contemporâneo*. Rio de Janeiro: Renovar, 2006.

CAMPOS, Carmen Hein de. Críticas feministas ao Direito: uma análise sobre a produção acadêmica no Brasil. In: SÍMON, Sandra Lia et alii. *Tecendo fios das críticas feministas ao Direito no Brasil*. Ribeirão Preto: FDRP/USP, 2019.

CUNHA, Rodrigo Pereira da. *A força das palavras no direito de famílias e sucessões*. Disponível em: https://www.conjur.com.br/2017-mai-07/processo-familiar-forca-palavras-direito-familias-sucessoes. Acesso em: 13 maio 2020.

DIAS, Maria Berenice. *A mulher no Código Civil*. Disponível em: http://www.mariaberenice.com.br/uploads/18_-_a_mulher_no_c%F3digo_civil.pdf. Acesso em: 14 maio 2020.

DINIZ, Debora; GUILHEM, Dirce. Feminismo, bioética e vulnerabilidade. *Revista de Estudos Feministas*, Florianópolis, a. 8, n. 1, p. 237-244, 2000.

DORA, Denise Dourado. Estado da arte no Brasil das críticas feministas do Direito: perspectivas feministas no campo dos direitos sexuais e direitos reprodutivos e no direito de família. In: SÍMON, Sandra Lia et alii. *Tecendo fios das críticas feministas ao Direito no Brasil*. Ribeirão Preto: FDRP/USP, 2019.

DUARTE, Constância Lima. Feminismo: uma história a ser contada. In: HOLLANDA, Heloisa Buarque de (Org.). *Pensamento feminista brasileiro*. Rio de Janeiro: Bazar do Tempo, 2019.

FACHIN, Luiz Edson. *Estabelecimento da filiação e paternidade presumida*. Porto Alegre: Sergio Fabris, 1992.

FACHIN, Luiz Edson. *Teoria crítica do Direito Civil à luz do novo Código Civil brasileiro*. 2. ed. Rio de Janeiro: Renovar, 2003.

GAMA, Guilherme Calmon Nogueira da. *A nova filiação*: o biodireito e as relações parentais. Rio de Janeiro: Renovar, 2003.

HOLANDA, Caroline Sátiro de. *Uma análise feminista dos deveres conjugais e das consequências da culpa pelo fim do casamento no direito brasileiro*. Disponível em: Disponível em: http://www.ufpb.br/evento/lti/ocs/index.php/17redor/17redor/paper/view/29/185. Acesso em: 14 maio 2020.

LIMA, Francielle Elisabet Nogueira; OLIVEIRA, Ligia Ziggiotti de. Reflexões e desafios propostos pela leitura feminista acerca do descumprimento de deveres conjugais. *Civilistica.com*. Rio de Janeiro, a. 7, n. 3, 2018. Disponível em: http://civilistica.com/wp-content/uploads/2018/12/Lima-e-Oliveira-civilistica.com-a.7.n.3.2018.pdf. Acesso em: 14 maio 2020.

LÔBO, Paulo. *Direito civil*: famílias. São Paulo: Saraivajur, 2008.

LÔBO, Paulo. *Direito civil*: parte geral. 7. ed. São Paulo: Saraivajur, 2018.

MADALENO, Rolf. *Direito de família*. 9. ed. Rio de Janeiro: Forense, 2019. E-book.

MARQUES, Claudia Lima. *Contratos no código de defesa do consumidor*. 4. ed. São Paulo: Ed. RT, 2003.

MARQUES, Teresa Cristina de Novaes. A mulher casada no Código Civil de 1916. Ou, mais do mesmo. *Textos de História*, Brasília, v. 12, n. 1/2, p. 127-144, 2004.

MARQUES, Teresa Cristina de Novaes. *O voto feminino no Brasil*. 2. ed. Brasília: Edições Câmara, 2018. E-book.

MATOS, Ana Carla Harmatiuk; OLIVEIRA, Lígia Ziggiotti de. Paradoxos entre autonomia e proteção das vulnerabilidades. In: TEIXEIRA, Ana Carolina Brochado; DADALTO, Luciana (Coord.). *Autoridade parental*: dilemas e desafios contemporâneos. Indaiatuba: Foco, 2019.

MEIRELES, Rose Melo Vencelau. *Autonomia privada e dignidade humana*. Rio de Janeiro: Renovar, 2009.

MIGUEL, Luis Felipe; BIROLI, Flávia. *Feminismo e política*. Boitempo: São Paulo, 2014.

MORAIS, Talita Cavalcante Arruda de; MONTEIRO, Pedro sai. Conceitos de vulnerabilidade humana e integridade individual para a bioética. *Revista Bioética*, Brasília, v. 25, n. 2, p. 311-319. 2017.

PEREIRA, Caio Mário. *Instituições de direito civil*: introdução ao direito civil. Teoria geral de direito civil. 23. ed. Rio de Janeiro: Forense, 2010.

OLIVEIRA, Ligia Ziggiotti de. *Cuidado como valor jurídico*: crítica aos direitos da infância a partir do feminismo. 141p. Tese (Doutorado) – Universidade Federal do Paraná, Curitiba, 2019.

OLIVEIRA, Ligia Ziggiotti de. *Olhares feministas sobre o direito das famílias contemporâneos*: perspectivas críticas sobre o individual e o relacional em família. Rio de Janeiro: Lumen Juris, 2016.

PEREIRA, Virgílio de Sá. *Direito de família*. 3. ed. Rio de Janeiro: Forense, 2008.

RUZYK, Carlos Eduardo Pianovski. *Institutos fundamentais do direito civil e liberdade(s)*: repensando a dimensão funcional do contrato, da propriedade e da família. Rio de Janeiro: GZ Editora, 2011.

SCHRAMM, Fermin Roland. A saúde é um direito ou um dever? Autocrítica da saúde pública. *Revista Brasileira de Bioética*, Brasília, v. 2, n. 2, p. 187-200, 2006.

SCHREIBER, Anderson et alii. *Código Civil comentado*: doutrina e jurisprudência. Rio de Janeiro: Forense, 2019. E-book.

TEIXEIRA, Ana Carolina Brochado; KONDER, Carlos Nelson. Situações jurídicas dúplices: controvérsias nas nebulosas fronteiras entre patrimonialidade e extrapatrimonialidade. In: TEPEDINO, Gustavo; FACHIN, Luiz Edson. *Diálogos sobre direito civil*. Rio de Janeiro: Renovar, 2012, p. 3-24, v. III.

TEIXEIRA, Ana Carolina Brochado; RODRIGUES, Renata de Lima. A travessia da autonomia da mulher na pós-modernidade: da superação à afirmação de uma pauta positiva de emancipação. *Pensar*, Fortaleza, v. 23, n. 3, p. 1-20, jul.-set. 2018.

TEIXEIRA, Ana Carolina Brochado. A (des)necessidade da guarda compartilhada ante o conteúdo da autoridade parental. In: COLTRO, Antônio Carlos Mathias; DELGADO, Mário (Coord.). *Guarda compartilhada*. Rio de Janeiro: Forense, 2017. E-book.

VILLELA, João Baptista. O modelo constitucional de filiação: verdades e superstições. *Revista brasileira de direito de família*. Porto Alegre, v. 1, n. 2, p. 139-157. jul.-set. 1999.

A VULNERABILIDADE DA MULHER NO CASO DA GESTAÇÃO SUB-ROGADA NO BRASIL

Maria Rita de Holanda

Pós-doutorado pela Universidad de Sevilla/ES. Doutorado pela Universidade Federal de Pernambuco. Professora adjunto I da Universidade Católica de Pernambuco e pesquisadora do Grupo de Pesquisa CONREP – Constitucionalização das Relações Privadas da UFPE.

Sumário: 1. Introdução. 2. A gestação sub-rogada – Probabilidades fáticas e jurídicas. 3. O tratamento da GS no Brasil, a invasão da reserva legal e a vulnerabilidade da mulher no contexto brasileiro. 4. Conclusão. 5. Referências.

1. INTRODUÇÃO

As relações existenciais mudam segundo as necessidades do grupo, novas valorações e segundo o seu próprio contexto cultural.

Há inúmeras vicissitudes históricas que foram e são influenciadoras das mudanças de valores morais à exemplo da "emancipação" da mulher, da "liberação" sexual, do status de sujeito de direitos da criança e do adolescente, e também entre estas e outras, os avanços da biotecnologia na engenharia genética.

Dentre os avanços biotecnológicos, a manipulação genética dos gametas através de procedimentos que auxiliam medicamente a reprodução humana, abre um caminho infindável de possibilidades antes inimagináveis pela ciência social jurídica, e exige desta uma postura de revisão de ordenação e mesmo de novas emancipações, com o difícil compromisso de garantir a manutenção das conquistas humanistas decorrentes de um processo democrático.

Nesse sentido, e considerando que o avanço médico estará sempre um passo à frente das transformações sociais para atender imposições da própria natureza humana, os limites jurídicos devem ser observados e têm a finalidade de garantir que tais avanços não comprometam o respeito à vida, à dignidade humana e às liberdades fundamentais das pessoas.[1]

O presente ensaio visa suscitar os principais debates em torno da chamada Gestação Sub-rogada, que recebe diversas denominações, tais como: maternidade de substituição, cessão de útero, barriga solidária ou ainda barriga de aluguel. Em verdade, a gestação sub-rogada, como adotaremos aqui, é a possibilidade de que pessoa estranha ao projeto parental de outras, participe ativamente da reprodução. A técnica em si, constitui-se

---

1. LÓPEZ PELÁEZ, Patricia. Filiación y reproducción asistida, en RAVETLLAT BALLESTE, ISAAC (Coord.). *Derecho de la persona*, Editorial Bosh, Barcelona, 2011, p. 89.

apenas na inseminação artificial *in vitro* e transferência embrionária (fertilização in vitro – Fiv ou ou Fivete – fertilização in vitro com transferência de embriões).

As dúvidas terminológicas para a referida técnica revelam não apenas perspectivas éticas e morais distintas, mas também refletem as distintas formas em que a temática é tratada no mundo, sendo que há sistemas que a proíbem expressamente, sistemas que embora não proíbam, não a regulamentam e sistema totalmente permissivos.

Diante disso e tendo em vista as distintas experiências jurídicas, não se pode desprezar os problemas jurídicos que podem ser identificados, tanto para os sistemas proibitivos como ara os autorizadores.

Não são poucos os casos de cidadãos que se descolocam de um território ao outro visando realizar o seu projeto parental, onde é permitido, e ao retornarem buscam a legitimação da filiação perante o sistema proibitivo.

É necessário lembrar a história colonizadora e colonizada de alguns países, o que exige uma compreensão multicultural dos efeitos de uma dominação histórica, que não foi apenas geográfica, mas dos povos, de seus costumes e de seu conhecimento, em que pese a identidade em suas origens jurídicas romano-germânicas.

Ao final, e ponderando os diversos problemas identificados em torno da gestação sub-rogada no Brasil, o que se pretende é uma visão racional, calcada em uma ética civil à serviço de um interesse geral, e que não esteja sujeita a pressões de natureza ideológica.

O principal problema a ser explorado consiste em responder a seguinte indagação: é correto afirmar que a mulher cessionária do útero na gestação sub-rogada detém plena autonomia material em um contexto de desigualdade material?

2. A GESTAÇÃO SUB-ROGADA – PROBABILIDADES FÁTICAS E JURÍDICAS

À Gestação sub-rogada – GS, corresponde a uma forma de auxílio à reprodução humana, que foi desenvolvida e promovida pela ciência médica para auxiliar pessoas que tem interesse na parentalidade pela filiação biológica/genética, mas em razão de alguma dificuldade gestacional, é "incapaz" de realizar o seu intento, naturalmente. O seu propósito inicial, portanto, está calcado em uma finalidade terapêutica e isso significa que, para ser utilizada, exige a prova cabal da patologia que impede a reprodução natural e gestação.

A configuração da infertilidade como doença está planteada pela Organização Mundial de Saúde. Segundo esta, a infertilidade se define como a situação de não concepção, depois de 12(doze) de relacionamento sexual sem uso de medidas contraceptivas.[2] Para alguns, a utilização da GS seria o único meio para atender ou suprir essa "incapacidade" orgânica, mas especificamente de uma mulher que não possui condições uterinas de levar a gestação adiante. Tecnicamente, a **infertilidade** é resultado de uma disfunção dos órgãos reprodutores, dos gametas ou do concepto. Já a **esterilidade** é a impossibilidade

---

2. Ministério da Saúde. Portaria 426/2005. Disponível em: https://sbra.com.br/noticias/infertilidade-como-enfrentar-o-diagnostico-e-buscar-o-tratamento-adequado/. Acesso em: 26 maio 2020.

que tem o homem ou a mulher de produzir gametas (óvulos e espermatozoide) ou zigotos (resultado da fusão entre óvulos e espermatozoides) viáveis.

Dessa forma a GS é demandada quando uma mulher de vida uterina saudável, "cede" o seu útero para esse projeto alheio, que pode ser de um casal ou de uma única pessoa (homem ou mulher), a fim de que o seu material genético possa se desenvolver. Do ponto de vista jurídico-parental, tal meio permitiria a atribuição da filiação àqueles que contrataram ou buscaram o útero alheio, afastando ou relativizando o paradigma secular de que a maternidade só pode ser atribuída à gestante.

Contudo, o seu uso também vem sendo defendido e "autorizado" para auxiliar o acesso ao projeto parental genético do casal homoafetivo masculino, principalmente nos contextos onde se reconhece a união entre pessoas do mesmo sexo, seja pelo casamento, seja pela união estável. Nesse particular, o propósito da referida técnica se amplia e talvez deixe de haver aí, propriamente apenas uma finalidade terapêutica. Isso nos remete a algumas indagações: é possível dizer que o impedimento natural de reprodução entre pessoas do mesmo sexo constitui-se infertilidade, enquanto doença, ou seria uma incompatibilidade? É possível ao direito, estabelecer isonomia entre infertilidade e incompatibilidade, enquanto doença? Não havendo possibilidade de prova médica da infertilidade, para o casal homoafetivo masculino essa técnica dispensa a finalidade terapêutica? o acesso aos direitos reprodutivos por meio das técnicas, não se aplicando a todos como um acesso à saúde lhe atribui a condição de um direito fundamental? São questionamentos desconfortáveis no âmbito de um contexto de igualdade e proibição de discriminação em razão de orientação sexual, mas que precisam ser dolorosamente enfrentados, em que pese a defesa dos direitos homoafetivos.

Para garantir o "selo" de direito fundamental, seria fácil também apenas se basear na concepção de saúde da própria Organização Mundial – OMS, segundo a qual saúde é *um estado de completo bem-estar físico, mental e social, e não apenas a ausência de doenças*.[3] Dessa forma, a busca do bem estar dos casais homoafetivos masculinos e a sua estabilidade psíquica, dependeriam da autorização da utilização da GS.

A discussão quanto a ser ou não um direito fundamental, não estaria apenas nessa configuração simplista, mas também nas principais indagações: os direitos reprodutivos mediante as técnicas são de acesso à todas as pessoas, indiscriminadamente, no que diz respeito à raça, classe social, gênero e orientação sexual? o sentido de "acesso" e de consideração de bem estar e saúde, deve se aplicar à todos os envolvidos na técnica, como os contratados e contratantes ou apenas à estes últimos? os Países signatários da OMS e portanto aos preceitos da ONU, efetivamente garantem esse acesso como direito fundamental à todos os cidadãos? A ineficácia social dessa garantia, nos diversos e desiguais contextos das realidades nacionais comprometem a consideração do acesso aos direitos reprodutivos enquanto direitos fundamentais?

De qualquer forma as dúvidas e controvérsias existentes em torno da gestação sub-rogada, não deixa de ser um "problema" de direitos fundamentais para além do foco

---

3. Constituição da Organização Mundial da Saúde (OMS/WHO) – 1946, em Biblioteca Virtual de Direitos Humanos da USP. Disponível em: http://www.direitoshumanos.usp.br/index.php/OMS-Organiza%C3%A7%C3%A3o-Mundial-da-Sa%C3%BAde/constituicao-da-organizacao-mundial-da-saude-omswho.html. Acesso em: 27 jan. 2020.

do acesso à técnicas de reprodução humana em geral, isso porque envolve não apenas o interesse dos contratantes, mas a condição da contratada, o comprometimento de seus diretos fundamentais no contrato, além do melhor interesse da criança. Por certo, não é suficiente analisar a problemática apenas com base na nobreza da intenção dos contratantes e alcance de configuração de seus desejos.

Nesse sentido, Vivas Tesón[4] ressalta, que a intervenção do TEDH – Tribunal Europeu de Direitos Humanos em várias sentenças, é a prova cabal de que a temática se insere nas preocupações relativas aos direitos humanos (ex.: Sentencia de 26 de junio de 2014 (asuntos n. 65192/11, *Mennesson c. Francia* y n. 65941/11, *Labassee c. Francia*) / Sentencia de 24 de enero de 2017 (asunto n. 25358/12, *Paradiso y Campanelli c. Italia*), em que pese tais decisões abordarem especificidades distintas dos casos.

Do ponto de vista médico, seriam várias as probabilidades de combinações na utilização das técnicas. A biotecnologia permitindo a manipulação genética, viabiliza, com relação à GS, a participação de uma mulher para gestar e outra para doar o óvulo, caso a contratante também seja estéril além de infértil. Socialmente falando e considerando a intenção parental, poderíamos estar diante de até 03(três) mulheres, entre as já citadas, e a contratante do procedimento. Da mesma forma, o sêmen pode ser de doador anônimo ou pertencente ao contratante. Estaríamos diante de uma possível filiação biológica para duas mulheres (consanguínea e genética), uma filiação genética para o contratante ou doador do material, duas filiações intencionais e socioafetivas de um casal contratante. Isso implicaria, em tese, na possibilidade de constituição de uma "multiparentalidade" à 05(cinco) pessoas distintas.

O contexto legal do Brasil é claro com relação à binariedade na filiação, apenas em duas linhas "ascendentes", mas apesar disso, o Supremo Tribunal Federal – STF, admitiu em sede de repercussão geral 622/2016, a possibilidade de multiparentalidade, sem delinear, contudo, os requisitos para que ela se estabeleça, conforme abaixo descrito[5]:

> A paternidade socioafetiva, declarada ou não em registro público, não impede o reconhecimento do vínculo de filiação concomitante baseado na origem biológica, com os efeitos jurídicos próprios.

O principal questionamento jurídico nos sistemas construídos binariamente para a filiação, seria: dentre os participantes do procedimento, com ou sem origem genética, a quem deverá ser atribuída a maternidade e a paternidade para fins e efeitos jurídicos da responsabilidade parental? Um sistema binário será sempre excludente, e exigirá, portanto, uma escolha e tal escolha, exigirá a ponderação dos critérios para a filiação. Já em um sistema que embora legalmente binário, admitiu em sede Constitucional (STF) a sua relativização, qual seria o critério para essa exclusão? A origem biológica

---

4. VIVAS TESÓN, Inmaculada. El Grupo de Bioética de la Conferencia de Obispos de la Unión Europea: el grupo. Comentarios sobre el dictamen sobre la subrogación gestacional en Gestación Subrogada. Principales Cuestiones civiles, penales, registrales y médicas. Su evolución y consideración (1988 – 2019), Madri, 2019, Editorial DYKINSON, S.L., p. 475.
5. Supremo Tribunal Federal. Disponível em: http://www.stf.jus.br/portal/jurisprudenciarepercussao/verAndamentoProcesso.asp?incidente=4803092&numeroProcesso=898060&classeProcesso=RE&numeroTema=622. Acesso em: 27 jan. 2020.

consanguínea? A origem biológica genética? A socioafetividade pela convivência? A socioafetividade pela intenção?

O elemento intencional para a constituição da filiação não é algo estranho aos sistemas jurídicos, à exemplo da filiação socioafetiva pela adoção, contudo, a socioafetividade também é autorizada dentro de requisitos e limites. No caso da GS, trata-se de afastar o critério biológico consanguíneo e ou genético da gestante, admitindo uma autonomia contratual para renunciar ao Poder familiar automaticamente atribuído desde a gestação. Este seria o primeiro problema em torno do tema. Os demais, são atinentes à esfera ética e à possibilidade de coisificação da mulher e da criança, em que pese a nobreza da intenção, se se estabeleceu com base na solidariedade. No caso da cessão onerosa, há apenas interesse patrimonial na "cessão.

Sem prejuízo de outras classificações, os sistemas jurídicos sobre a gestação sub-rogada, podem ser assim adjetivados: a) Sistema fechado – mantém o paradigma de definição da maternidade pela gestação e pelo parto, proíbe expressamente a técnica e seus efeitos, estabelecendo sanções em caso de violação ou reconhecendo nulos os efeitos desse contrato; b) Sistema semiaberto – em regra proíbe (expressamente ou presumidamente pela atribuição de nulidade ao contrato), salvo se baseado em finalidade terapêutica comprovada e desde que a cessão seja gratuita e se dê por solidariedade – nesses sistemas geralmente se exige que a gestante cedente tenha parentesco com o/a(s) pais/mães intencionais; c) Sistema aberto – que permite expressamente a utilização da técnica respeitando a total autonomia dos contratantes e contratada, podendo se dar conforme prevejam no contrato (com ou sem material genético da gestante/ de forma gratuita ou onerosa); e por fim, d) Sistema híbrido indefinido – onde não há lei sobre a Reprodução Humana Assistida (indefinido), mas há lei sobre o paradigma da maternidade para a gestante – *mater semper certa est*, mas intervém em outras formas de regulação administrativa ou judicial, facilitando a proliferação e naturalização da técnica da GS na realidade social.

Apenas à título de exemplo, a Espanha estaria inserida em um sistema considerado fechado, com expressa disposição com relação à nulidade contratual em seu território, seja qual for a forma (solidária ou onerosa). Já o Brasil, estaria inserido em um sistema híbrido indefinido, uma vez que legalmente define a gestante enquanto mãe, mas por outro lado, autoriza social e administrativamente a sua utilização da GS e do registro de filiação aos contratantes nos Cartórios de Registro civil. A indefinição reside na ausência de lei que regule os direitos reprodutivos pelas técnicas.

Em que pese as inúmeras críticas da invasão da reserva legal, aqui também elaborada, o Brasil vem naturalizando o procedimento. As razões são de ordem sociológica para justificar as autorizações, mas tal formalização trará também repercussões para o estrangeiro que busca a técnica no país e depois pretende regularizar a filiação em seu país de origem, que detém um sistema fechado, numa postura de fraude à lei nacional que favorece, inclusive, o chamado turismo reprodutivo.

A discussão, portanto, está em torno da autonomia no projeto parental e a menor ou maior intervenção do estado no exercício da liberdade de seus cidadãos para o exercício dessa autonomia. Assim, permanece sempre e também a indagação: a construção mundial em torno dos direitos humanos, atribuiu *status* de direito fundamental aos direitos reprodutivos?

As inúmeras obras específicas sobre o tema dividem-se entre argumentos favoráveis e desfavoráveis ao procedimento. Assim, defensores do direito homoafetivo invocam-na como única forma de exercício do direito fundamental à saúde ao casal masculino, enquanto a teorias defensoras da vulnerabilidade da mulher, reconhece no procedimento a possibilidade de coisificação e de ressignificação de um novo patriarcado, apesar do discurso da solidariedade.

3. O TRATAMENTO DA GS NO BRASIL, A INVASÃO DA RESERVA LEGAL E A VULNERABILIDADE DA MULHER NO CONTEXTO BRASILEIRO

O Brasil, localizado na América do Sul é o maior país dessa região continental, com uma área de 8.515.767,049 km² e mais de 200 milhões de habitantes. Com uma grande área territorial e uma população extremamente diversificada, dada a própria origem do povo Brasileiro, é importante frisar que existem diferenças regionais significativas e de valores.

O parentesco da filiação está regulado por lei Federal vigente em todo o território nacional. De origem romano-germânica, o sistema jurídico legal brasileiro, ao que importa à presente temática, estabelece como critério para a maternidade, o biológico pela gestação e pelo parto.

No que diz respeito aos avanços biotecnológicos, o Brasil se inclui em um sistema híbrido e indefinido, já que não há lei sobre a Reprodução Humana Assistida e uma realidade social pulsante em sua realização. Mas a atividade científica tem base Constitucional no artigo 5°, IX da Constituição Federal, o que não significa dizer possa se desenvolver ilimitadamente, máxime se comprometer direito atinente à personalidade humana e sua dignidade, que representa o próprio fundamento do Estado Democrático de Direito.

Ao longo da década de 90, vários instrumentos internacionais de proteção aos direitos humanos anunciaram a emergência de se tratar os direitos reprodutivos como tais, o que em princípio reclamaria do próprio Estado uma garantia no acesso científico às técnicas de reprodução humanas desenvolvidas pela ciência médica.

Segundo Flávia Piovesan[6], os direitos reprodutivos incluem:

a) o direito de adotar decisões relativas à reprodução sem sofrer discriminação, coerção ou violência;

b) o direito de decidir livre e responsavelmente o número de filhos e o intervalo entre seus nascimentos;

c) o direito de ter acesso às informações e meios seguros, disponíveis, acessíveis, e;

d) o direito de acesso ao mais elevado padrão de saúde reprodutiva.

No âmbito Constitucional, a reflexão contribuirá com a sua adjetivação da gestação sub-rogada enquanto direito fundamental ou não, segundo a defesa ou não de pelo menos dois grupos considerados vulneráveis, respectivamente: os homossexuais e as mulheres.

---

6. PIOVESAN, Flávia. *Temas de Direitos Humanos*. 4. ed. São Paulo: Saraiva, 2010, p. 314.

Mas a garantia formal não concretizada, como a ausência da igualdade material, nos revela que a igualdada racial é um mito e coloca os direitos reprodutivos na medida do acesso às técnicas de RHA como um direito apenas de alguns privilegiados economicamente, enquanto que para outros além de não se garantir o acesso, os coloca enquanto instrumentos de projetos alheios.

Dignidade, igualdade e liberdade, assim como a proibição de discriminação, são ideais proclamados quase que mundialmente pela comunidade internacional, máxime aos Países ligados à Organização das Nações Unidas.

Por influência de um contexto sócio-político, o Brasil na atualidade vem enfrentando uma crise institucional sem precedentes, a começar pelo delineamento das competências e autonomias dos três poderes: legislativo, judiciário e executivo. Frequentemente, o que é para ser legislado não se faz e o que já está ou não legislado, se altera ou se legisla pelo judiciário e seus órgãos de controle, à exemplo do Conselho Nacional de Justiça.

Tal contexto e soluções, repercutem intensamente na validade sistêmica de muitas decisões e Resoluções, controvérsia esta que é extremamente debatida em nossa doutrina.

Sobre matérias tão específicas como a filiação, não é estranho haver desconhecimento da comunidade internacional sobre como é regulada a prática aqui no Brasil. Trazendo a realidade Brasileira sobre a matéria, será possível vislumbrar com maior clareza, os efeitos da autorização registral de decisões emanadas em nosso território, sobre a gestação sub-rogada e o seu efeito em um país como a Espanha, por exemplo.

O Brasil possui apenas projetos de lei tramitando no Congresso Nacional, cujos substitutivos já somam mais de 15 (quinze), prevendo o último substitutivo sobre a matéria (PL 5768 de 2019), a possibilidade de gestação sub-rogada e a previsão da contratante, sendo dona do material genético, como a mãe, e não a gestante.[7] As principais justificativas para o Projeto são os avanços da biotecnologia na realidade social e a previsão da Resolução do Conselho Federal de Medicina – CFM, e não o Código Civil Brasileiro ou a Lei de Registros Públicos.

Há, portanto o argumento de preenchimento de um vazio legislativo, para justificar tais regulamentações, que reconhece a atividade como lícita e a plena autonomia para a contratação. Aqui vale a distinção entre *liberdade de contratar*, que admite a plena autonomia e a *liberdade contratual*, que se refere ao conteúdo do contrato (o que contratar).[8]

Mas, quanto à definição da maternidade, não há vazio legislativo. Além da legislação civil que adota a presunção – *mater semper certa est* – há legislação Federal de Registros civis – Lei 6015/1973 (as alterações que ocorreram nos anos de 1975, 2012 e 2017), que prevê a prova do nascimento para que o oficial de registro possa registrar a maternidade,

---

7. BRASIL, Projeto de Lei 5768/2019. Autor: Afonso Motta – PDT/RS Data da apresentação: 30/10/2019 Ementa: Acrescenta dispositivos à lei 10.406, de 10 de janeiro de 2002 (Código Civil) para estabelecer as hipóteses de presunção de maternidade pela gestação na utilização de técnicas de reprodução assistida e autoriza a gestão de substituição. Situação: Tramitando em Conjunto. Disponível em: https://www.camara.leg.br/buscaProposicoesWeb/?wicket:interface=:2:1:::. Acesso em: 29.01.2020.
8. TARTUCE, Flávio. *Direito Civil*. São Paulo: Método, 2010, v. 3. Teoria Geral dos Contratos e contratos em espécie, p. 81.

obrigatoriamente como decorrente do parto, mediante apresentação de documento denominado DNV – Declaração de nascido vivo.[9]

O vazio legislativo sobre a RHA, portanto, não autorizaria o oficial de Registro a proceder com o assentamento da mãe em não sendo a gestante (constante do DNV), salvo determinação judicial, como é o caso de adoção e de outras filiações socioafetivas suscitadas e reconhecidas judicialmente, na especificidade de cada caso.

O Conselho Federal de Medicina no Brasil – CFM, edita regras deontológicas para a proteção da atuação dos profissionais de medicina e, portanto, são regras de natureza ética e desprovidas de qualquer imperatividade no sistema jurídico. Contudo, são essas Resoluções que vem naturalizando as técnicas no País, fomentando a sua demanda e espelhando o que seria um "marco regulatório", em que pese a sua ilegitimidade de origem.

Curiosamente o CFM editou no Brasil 05 (cinco) Resoluções, datadas de 1992, 2010, 2013, 2015 e por último, 2017. O lapso temporal entre o ano de 1992 e 2010 é de 18 (dezoito) anos. Depois disso, não passa de 03 (três) anos a diferença de tempo entre elas, o que demonstra uma eficácia social, conforme haja aprimoramento maior das técnicas.

A que se encontra vigente, portanto é a Resolução 2168/2017, que prevê a possibilidade de gestação sub-rogada, em que pese estabelecer determinados parâmetros, tais como a existência de parentesco entre as partes contratantes, a gratuidade na cessão e o fato da gestante cedente do útero já possuir filhos biológicos próprios.[10]

---

9. BRASIL, Lei 6515/73 – Lei de Registros Públicos. Art. 54. O assento do nascimento deverá conter: (Renumerado do art. 55, pela Lei 6.216, de 1975). 1º) *o dia, mês, ano e lugar do nascimento e a hora certa, sendo possível determiná-la, ou aproximada;* 2º) o sexo do registrando; (...) 7º) Os nomes e prenomes, a naturalidade, a profissão dos pais, o lugar e cartório onde se casaram, a idade da genitora, do registrando em anos completos, *na ocasião do parto*, e o domicílio ou a residência do casal. (Redação dada pela Lei 6.140, de 1974) 8º) os nomes e prenomes dos avós paternos e maternos; 9º) *os nomes e prenomes, a profissão e a residência das duas testemunhas do assento, quando se tratar de parto ocorrido sem assistência médica em residência ou fora de unidade hospitalar ou casa de saúde;* (Redação dada pela Lei 13.484, de 2017) 10) *o número de identificação da Declaração de Nascido Vivo, com controle do dígito verificador, exceto na hipótese de registro tardio previsto no art. 46 desta Lei;* e (Redação dada pela Lei 13.484, de 2017) 11) (...) § 3º Nos nascimentos frutos de partos sem assistência de profissionais da saúde ou parteiras tradicionais, a Declaração de Nascido Vivo será emitida pelos Oficiais de Registro Civil que lavrarem o registro de nascimento, sempre que haja demanda das Secretarias Estaduais ou Municipais de Saúde para que realizem tais emissões. (Incluído pela Lei 12.662, de 2012). Disponível em: http://www.planalto.gov.br/ccivil_03/leis/L6015compilada.htm. Acesso em 29.01.2020.
10. BRASIL, Conselho Federal de Medicina. Resolução 2168/2017. (...) VII – Sobre a gestação de substituição (cessão temporária do útero) As clínicas, centros ou serviços de reprodução assistida podem usar técnicas de RA para criarem a situação identificada como gestação de substituição, desde que exista um problema médico que impeça ou contraindique a gestação na doadora genética, em união homoafetiva ou pessoa solteira. 1. A cedente temporária do útero deve pertencer à família de um dos parceiros em parentesco consanguíneo até o quarto grau (primeiro grau – mãe/filha; segundo grau – avó/irmã; terceiro grau tia/sobrinha; quarto grau – prima). Demais casos estão sujeitos à autorização do Conselho Regional de Medicina. 2. A cessão temporária do útero não poderá ter caráter lucrativo ou comercial. 3. Nas clínicas de reprodução assistida, os seguintes documentos e observações deverão constar no prontuário da paciente: 3.1. Termo de consentimento livre e esclarecido assinado pelos pacientes e pela cedente temporária do útero, contemplando aspectos biopsicossociais e riscos envolvidos no ciclo gravídico-puerperal, bem como aspectos legais da filiação; 3.2. Relatório médico com o perfil psicológico, atestando adequação clínica e emocional de todos os envolvidos; 3.3. Termo de Compromisso entre o(s) paciente(s) e a cedente temporária do útero (que receberá o embrião em seu útero), estabelecendo claramente a questão da filiação da criança; 3.4. Compromisso, por parte do(s) paciente(s) contratante(s) de serviços de RA, de tratamento e acompanhamento médico, inclusive por equipes multidisciplinares, se necessário, à mãe que cederá temporariamente o útero, até o puerpério; 3.5. Compromisso do registro civil da criança pelos pacientes (pai, mãe ou pais genéticos), devendo esta documentação ser providenciada durante a gravidez; 3.6. Aprovação do cônjuge ou companheiro, apresentada por escrito, se a cedente temporária do útero for casada ou viver em união estável. Disponível em: http://www.

A regra, pois, não passa por qualquer processo legitimador democrático e ainda estabelece que na hipótese de utilização da técnica de gestação sub-rogada, a maternidade, diferentemente do que prevê a legislação civil, será da contratante (tenha ou não o material genético).

Considerando a proliferação dos serviços médicos prestados dessa natureza, e a ausência de controle ou supervisão do Estado, não se sabe ao certo, estatisticamente, o número de gestações sub-rogadas realizadas e as suas condições. Até porque, em que pese as condições estabelecidas pelo Conselho Federal, esta mesma resolução prevê que em sua disposição final que: *Casos de exceção, não previstos nesta resolução, dependerão da autorização do Conselho Regional de Medicina da jurisdição e, em grau recursal, ao Conselho Federal de Medicina.*

Note-se que a exigência do parentesco, direciona os interessados à uma contratação altruística, mas, não havendo o parentesco, o que levaria uma mulher a arriscar a sua saúde e vida em prol de projeto parental alheio? E que mulher é essa? Sua condição financeira, e de autonomia de sua própria vida? A partir daí, já é possível verificar pareceres sobre consultas dessa temática, que autorizam a técnica, independentemente de parentesco entre os contratantes e contratada, em que pese o compromisso escrito dos mesmos quanto a finalidade solidária da cessão.[11] O acesso a tais pareceres decorrentes de demandas concretas ou consultas científicas, estão disponíveis no site do Conselho Federal de Medicina, mas não há um dado estatístico da utilização.[12]

A pesquisa no site do CFM aponta que há um significativo número de demandas que são autorizadas, independentemente de parentesco entre as partes. Há até mesmo um parecer do Conselho Regional de Medicina do Paraná (CRM-PR) favorável a realização da técnica em uma mulher que o casal solicitante conheceu na rede social *Facebook*, em um grupo chamado "Barriga solidária"[13], conforme a seguir descrito:

> Protocolados documentos em 16 de setembro de 2016. No primeiro documento consta que:
>
> "Ocorre que a doadora genética não dispõe de qualquer mulher com grau de parentesco que possa submeter-se a este processo."
>
> E o Termo de Consentimento Livre e Esclarecido assinado pelo casal com firma reconhecida.
>
> Cumpre observar que houve mudança na petição. A doadora do útero de substituição foi terceira pessoa cujo contato inicial ocorreu pelo Facebook.
>
> Meu parecer é pelo Deferimento, desde que as seguintes recomendações sejam

---

in.gov.br/materia/-/asset_publisher/Kujrw0TZC2Mb/content/id/19405123/do1-2017-11-10-resolucao-n-2-168-de-21-de-setembro-de-2017-19405026. Acesso em: 29.01.2020.

11. BRASIL, Conselho Federal de Medicina. Processo consulta CRM/TO 0612018 – Parecer CRM/TO 0212018 (Aprovado em Sessão Plenária do dia 30.11.2018) Expediente: Processo Consulta 06/2018 Interessado (A): L. M. S. Assunto: Solicita autorização para gestação de substituição (doação temporária de útero) em I.M.S. com quem tem "relação de amizade" e não de parentesco. https://sistemas.cfm.org.br/normas/visualizar/pareceres/ES/2019/15. Acesso em: 30 jan. 2020.

12. BRASIL, Conselho Federal de Medicina. http://portal.cfm.org.br/index.php?option=com_normas&tipo%5B0%5D=R&tipo%5B1%5D=P&tipo%5B2%5D=E&tipo%5B3%5D=N&tipo%5B4%5D=D&uf=&numero=&ano=&assunto=&texto=maternidade+de+substitui%C3%A7%C3%A3o&pagina=1#resultado, acesso em 30/01/2020.

13. Parecer 2540/2016 CRM-PR. Curitiba: Conselho Regional de Medicina do Paraná, 2016. Disponível em: https://sistemas.cfm.org.br/normas/visualizar/pareceres/PR/2016/2540. Acesso em: 11 abr. 2020.

cumpridas: 1 – Comprovação pelo médico, da ausência de doadora com parentesco, conforme determinação da Resolução CFM 2121/2015. 2 – Responsabilização do médico que realizará o procedimento. Em especial, sobre as condições médicas e psicológicas dos envolvidos, visto que as avaliações foram realizadas por outros médicos. 3 – Observar a determinação: A doação temporária do útero não poderá ter caráter lucrativo ou comercial.

É o parecer, s. m. j

Há também Parecer recente do Conselho Regional de Medicina do Tocantins (CRM-TO) autorizando a gestação sub-rogada em uma mulher que possuía "relação de amizade" com o casal solicitante[14], bem como um parecer do Conselho Regional de Medicina do Espírito Santo (CRM-ES) autorizando a prática em uma amiga do homem solicitante, que desejava realizar uma produção independente[15].

Recentemente também, em notícia veiculada no site do Superior Tribunal de Justiça, este autorizou a adoção de criança "avençada" durante a gestação, por um casal que se utilizou da Gestação sub-rogada com uma mulher "prostituta".[16]

O Conselho Federal de Medicina, portanto, exerce uma autonomia que não possui para regular a matéria e inclusive autorizar prática, ingerindo-se na recomendação de mudança da concepção de maternidade em razão da prática médica diante de demandas concretas e sem maior reflexão de suas repercussões sociais. Os pareceristas são conselheiros médicos e, portanto, trazem uma visão estritamente médica do ponto de vista da possibilidade.

Tal atuação médica, baseada apenas no exercício de uma autonomia" não leva em conta, que a bioética calcada em princípios universais (autonomia, beneficência, não maleficência e justiça) – há muito vem sofrendo uma releitura necessária.[17]

Volnei Garrafa destaca ainda uma crítica surgida nos últimos anos a partir dos países periféricos da metade Sul do planeta é de que a chamada teoria bioética principialista seria insuficiente e/ou impotente para analisar os macroproblemas éticos persistentes (ou cotidianos) verificados na realidade concreta. O processo de globalização econômica mundial, ao invés de amenizar, aprofundou ainda mais as desigualdades verificadas

---

14. Parecer15/2019 CRM-TO. Palmas. Conselho Regional de Medicina de Tocantins, 2019. Disponível em: https://sistemas.cfm.org.br/normas/visualizar/pareceres/TO/2019/15. Acesso em: 11 abr. 2020.
15. Parecer 15/2019 CRM-ES. Santa Catarina. Conselho Regional de Medicina do Espírito Santo. Disponível em: https://sistemas.cfm.org.br/normas/visualizar/pareceres/ES/2019/15. Acesso em: 11 abr. 2020.
16. JUSTIÇA, Superior Tribunal de. Criança nascida de barriga de aluguel será mantida com pai que a registrou. Disponível em: https://stj.jusbrasil.com.br/noticias/112326986/crianca-nascida-de-barriga-de-aluguel-sera-mantida-com-pai-que-a-registrou. Acesso em: 11 abr. 2020.
17. GARRAFA, Volnei. *Da bioética de princípios a uma bioética interventiva*. Disponível em: http://revistabioetica.cfm.org.br/index.php/revista_bioetica/article/view/97/102. Acesso em: 02 fev. 2020. Adotada pelo Instituto Kennedy, a bioética sofreu, já em 1971, uma redução da sua concepção "potteriana" original, restrita ao âmbito biomédico (6). O tema da autonomia foi maximizado hierarquicamente em relação aos outros três, tornando-se uma espécie de superprincípio. Este fato contribuiu para que, em alguns países, a visão individual dos conflitos passasse a ser aceita como a única vertente verdadeira e decisiva para a resolução dos mesmos (7). Em diversas nações indígenas, por exemplo, ou mesmo na cultura oriental de um modo geral, o tema da autonomia é pouco conhecido. O perigo da utilização maximalista da autonomia está em – saindo do referencial sadio do respeito à individualidade e passando pelo individualismo em suas variadas nuances – cairmos no extremo oposto, em um egoísmo exacerbado, capaz de anular qualquer visão inversa, coletiva e indispensável ao enfrentamento das tremendas injustiças sociais relacionadas com a exclusão social, hoje mais do que nunca constatada .

entre as nações ricas do Hemisfério Norte e as pobres do Sul, exigindo, portanto, novas leituras e propostas.

Tal contexto exige uma forma diferente de trabalhar a bioética, refreando a maximização do princípio da autonomia que se baseia na ideia de princípio para construir o que se passou a designar uma "bioética de intervenção."[18]

Observa-se que a postura do Brasil em sua realidade social através do CFM, é justamente baseada na bioética dos princípios, fechando os olhos para situações que não são apenas individuais, mas também coletivas.

Não bastasse isso, órgãos administrativos vinculados ao Poder Judiciário, que são responsáveis pelo controle da atividade Registral, também deixaram de lado essa visão crítica de uma bioética intervencionista, para super referenciar a bioética principiológica, e iniciaram um movimento variável entre os estados membros, no sentido de prever os efeitos do contrato de gestação sub-rogada, autorizando, para não dizer determinando que o oficial de Registro Civil assim procedesse, aceitando a renúncia do poder familiar pela gestante, através de sua anuência e a atribuição de parentalidade aos contratantes. Assim, iniciou o estado de Pernambuco[19], no Brasil e foi uniformizado, posteriormente pelo Conselho Nacional de Justiça – CNJ, para todos os estados, da seguinte forma, segundo o Provimento 63/2015:[20]

> Art. 16. O assento de nascimento de filho havido por técnicas de reprodução assistida será inscrito no Livro A, independentemente de prévia autorização judicial e observada a legislação em vigor no que for pertinente, mediante o comparecimento de ambos os pais, munidos de documentação exigida por este provimento
>
> (...)
>
> § 1º Na hipótese de gestação por substituição, não constará do registro o nome da parturiente, informado na declaração de nascido vivo, devendo ser apresentado termo de compromisso firmado pela doadora temporária do útero, esclarecendo a questão da filiação
>
> (...)
>
> Art. 18. Será vedada aos oficiais registradores a recusa ao registro de nascimento e à emissão da respectiva certidão de filhos havidos por técnica de reprodução assistida, nos termos deste provimento
>
> § 1º A recusa prevista no *caput* deverá ser comunicada ao juiz competente nos termos da legislação local, para as providências disciplinares cabíveis.

O CNJ é uma instituição pública que visa aperfeiçoar o trabalho do sistema judiciário brasileiro, principalmente no que diz respeito ao controle e à transparência administrativa e processual.[21] A competência e composição do órgão está prevista no art. 103-B da Constituição Federal, sendo certo que da análise de tal competência, o referido

---

18. GARRAFA, Volnei. *Da bioética de princípios a uma bioética interventiva*. Disponível em: http://revistabioetica.cfm.org.br/index.php/revista_bioetica/article/view/97/102. Acesso em: 02 fev. 2020.
19. CORREGEDORIA DE JUSTIÇA DO TJPE. Provimento 21/2015. Disponível em: https://www.tjpe.jus.br/documents/29010/1101062/PROVIMENTO+N%C2%BA+21-2015+-+CGJ_DJe+de+05-11-2015/78d2f783-d657-13c-2-8d62-d40b6fc8c645. Acesso em: 30.01.2020.
20. CONSELHO NACIONAL DE JUSTIÇA. PROVIMENTO 63/2015. Disponível em: https://atos.cnj.jus.br/atos/detalhar/atos-normativos?documento=2525. Acesso em: 30.01.2020.
21. Conselho Nacional de Justiça. Disponível em: https://www.cnj.jus.br/sobre-o-cnj/quem-somos-e-visitas/. Acesso em: 30 jan. 2020.

Provimento corresponde a uma extrapolação da mesma, na medida em que determina alteração de Direito Substancial pelos agentes de Registro Civil, prevendo penalidades na hipótese de descumprimento.[22]

Sem Lei sobre Reprodução Humana Assistida, matérias do direito substancial Brasileiro, seguem sofrendo alterações em sua prática, comprometendo a segurança de um Estado de Direito, e corroendo o sistema jurídico enquanto sistema legal de representatividade popular, praticamente justificando a sua intervenção com base na realidade social Brasileira, de proliferação de Centros de Reprodução Humana Assistida.

Não há supervisão sobre a atuação dos centros de Reprodução Humana Assistidas no Brasil, a não ser a ANVISA – Agência Nacional de Vigilância Sanitária[23], que restringe a atua atual nesse âmbito ao Relatório SisEmbrio, que é um Sistema Nacional de Produção de Embriões, criado por uma Resolução da Anvisa, no ano de 2008. O sistema denomina as clinicas de reprodução humana, de BCTG – Banco de células e tecidos germinativos.[24] Ao que parece, o relatório é montado a partir dos dados enviados pelas Clínicas, que por sua vez, não estariam "obrigadas" a enviar tais relatórios.

Sobre a gestação sub-rogada, portanto, não há dados, mas tão somente sobre o uso da tecnologia em inseminações artificiais. De acordo com o 12º Relatório do Sistema Nacional de Produção de Embriões (SisEmbrio), em 2018 foram realizados 43.098 ciclos de fertilização *in vitro*, contra 36.307 em 2017. A comparação entre os dois anos resultou em um crescimento de 18,7% na quantidade de procedimentos.[25]

O documento aponta também que, em 2018, foram congelados 88.776 embriões para uso em técnicas de reprodução humana assistida, 13,5% a mais do que em 2017 (78.216). De acordo com a Gerência de Sangue, Tecidos, Células e Órgãos (GSTCO) da Anvisa, as informações do relatório confirmam a tendência de alta desses números no Brasil.[26]

A invasão da reserva legal é flagrante no Brasil, como já exaustivamente demonstrado. Para fins do que dispõe a nossa legislação Civil, o contrato de gestação sub-rogada, é nulo de pleno direito, por prever direitos que seriam indisponíveis.

---

22. BRASIL, Constituição da República Federativa. Disponível em: http://www.senado.leg.br/atividade/const/con1988/CON1988_15.09.2015/art_103-B_.asp,=. Acesso em: 30 jan. 2020.
23. ANVISA – Agência nacional de Vigilância Sanitária. Criada pela Lei 9.782, de 26 de janeiro 1999, a Agência Nacional de Vigilância Sanitária (Anvisa) é uma autarquia sob regime especial, que tem sede e foro no Distrito Federal, e está presente em todo o território nacional por meio das coordenações de portos, aeroportos, fronteiras e recintos alfandegados. Tem por finalidade institucional promover a proteção da saúde da população, por intermédio do controle sanitário da produção e consumo de produtos e serviços submetidos à vigilância sanitária, inclusive dos ambientes, dos processos, dos insumos e das tecnologias a eles relacionados, bem como o controle de portos, aeroportos, fronteiras e recintos alfandegados. Disponível em: http://portal.anvisa.gov.br/institucional. Acesso em: 30.01.2020.
24. ANVISA – Agência nacional de Vigilância Sanitária. SisEmbrio. Disponível em: http://portal.anvisa.gov.br/resultado-de-busca?p_p_id=101&p_p_lifecycle=0&p_p_state=maximized&p_p_mode=view&p_p_col_id=_column-1&p_p_col_count=1&_101_struts_action=%2Fasset_publisher%2Fview_content&_101_assetEntryId=5556918&_101_type=document.
25. ANVISA – Agência nacional de Vigilância Sanitária. Reprodução humana assistida cresce 18,7% em 2018. Disponível em: http://portal.anvisa.gov.br/noticias/-/asset_publisher/FXrpx9qY7FbU/content/inseminacao-artificial-cresce--18-7-em-2018/219201?p_p_auth=YQsinNoZ&inheritRedirect=false. Acesso em: 02 fev. 2020.
26. Idem. Ibidem.

Assim, a preocupação em se considerar o acesso aos meios da reprodução medicamente assistida um direito fundamental, importaria em se admitir o acesso material e não apenas formal, à todas as pessoas, independentemente de sua finalidade, orientação sexual e estado civil.

É importante lembrar, contudo, que os países colonizados que se enquadram em um sistema aberto ou mesmo híbrido e indefinido, como Brasil, tornam-se palco de utilização dos meios reprodutivos para cidadãos de países colonizadores, onde são proibidos.

A partir da perspectiva decolonial trabalhada por Quijano, os efeitos da colonialidade histórica, como exercício de um saber dominante ainda se faz presente na categorização de seres humanos dominantes e dominados e, portanto, superiores e inferiores, que foi a lógica dualista imposta por essa construção eurocêntrica de conhecimento.[27]

Portanto, a liberação/emancipação proposta pela modernidade torna-se inefetiva pela história da colonialidade eurocêntrica. As promessas de igualdade, liberdade não se efetivam na prática e isso não pode ser maquiado por perspectivas ideológicas distintas. A questão é, ou se concorda com as desigualdades sociais ou não se concorda. Mas de fato, elas existem em números.

Uma eugenia mais liberal, de fato, e diante de tantas distorções será regulada sobre a base da oferta e da demanda.

Segundo Boaventura de Sousa Santos, a distância entre países ricos e pobres existe, assim como entre ricos e pobres em um mesmo país. Essa é uma realidade que não para de aumentar. E esta é apenas uma das faces de dominação e opressão (classe), ao lado de outras como o patriarcado e a raça.[28]

A partir do aprofundamento teórico de tais teorias críticas, há um problema na utilização da gestação sub-rogada em contextos de países colonizados. Nestes, há grande probabilidade e risco, que ainda se mantenham os efeitos da colonização, submetendo os menos favorecidos, como mulheres pobres, negras e índias a uma cessão supostamente autônoma. Na experiência da prática no Brasil, há inúmeros contratos que não são firmados com parentes, com base na veracidade da declaração "solidária", e ainda assim, com previsão de obrigações por parte da cedente, que atingem os seus próprios direitos fundamentais, indisponíveis. Com base nisso e visando ressignificar o acesso às técnicas de reprodução humana assistida, talvez seja importante refletir, se se trata realmente de um direito humano fundamental e se efetivamente vem cumprindo o seu papel como tal, tendo em vista os problemas do acesso particularizado aos economicamente mais fortes, e a cessão por parte do economicamente mais fracos.

Habermas[29], destaca que desde a ótica do Estado Constitucional Liberal, a autonomia da investigação merecia ser protegida, já que com o aumento do alcance e da profundi-

---

27. QUIJANO, Aníbal. *Colonialidad del poder, Eurocentrismo y América Latina*. Edición digital Construcción a cargo de El Cid Editor, ISBN 950-9231-51-7_9, Consejo Latinoamericano de Ciencias Sociales CLACSO, p. 12.
28. SANTOS, Boaventura de Sousa. *Crítica de la razón indolente* – contra el desperdício de la experiência. v. I, Para um nuevo sentido común: la ciência, el derecho y la política em la transición paradigmática, Editorial Desclée de Brouwer, S.A., 2003, Bilbao, 2000, p. 28-29.
29. HABERMAS, Jürgen. *El futuro de la naturaliza humana. Hacia una eugenesia liberal?* Ediciones Paidós Ibérica, S.A.: Barcelona, 2009, p. 39.

dade da disponibilidade técnica sobre a naturezas, também caminhava a produtividade e a prosperidade como a expectativa política de abrir espaços de decisão individual mais amplos.

Nas sociedades liberais seriam os mercados regidos pelos interesses nos benefícios e as preferências da demanda que passariam a guiar as decisões eugênicas a eleição individual dos pais, e em geral, dos desejos desenfreados dos clientes.[30]

No Brasil, por fim, a autonomia da gestante é restrita, a começar pela própria proibição do aborto, na medida em que o permite apenas excepcionalmente e não por liberalidade. Por que haveria de ser irrestrita na contratação pela cessão de útero?

4. CONCLUSÃO

É inegável a condição de desigualdade material dos Países considerados periféricos e que respondem até hoje pelos efeitos da dominação sofrida em seu processo de colonização, estando o Brasil inserido nessa realidade.

A experiência Brasileira, com a utilização cada vez mais permissiva da Gestação sub-rogada, põe em dúvida a licitude do conteúdo desse contrato, comprometendo direitos fundamentais da contratada, ainda que esteja devidamente informada e na esfera de sua plena capacidade. A sua condição de vulnerabilidade é histórica e proveniente de um "dever de servidão" a que sempre esteve adstrita a mulher em um contexto patriarcal, materialmente ainda não extinto.

Com a garantia da igualdade formal, resta a igualdade material como ideal ainda não conquistado pela mulher, que nestas circunstâncias, submete-se a arriscar a sua saúde e vida em uma gestação que pode ser inclusive múltipla, o que apenas se justificaria na plena garantia da finalidade terapêutica e da solidariedade, que só pode ser presumida onde houver parentesco entre a contratada e os contratantes.

Em que pese as perspectivas antagônicas entre os casais homoafetivos e as mulheres com relação à gestação sub-rogada, a garantia a um grupo vulnerável não deve comprometer a dignidade do outro.

A mercantilização da ciência médica em um contexto de desigualdade social retrata uma autonomia maquiada e a subjugação inconsciente da mulher/gestante na "cessão" para a técnica da gestação sub-rogada.

5. REFERÊNCIAS

ANVISA – Agência nacional de Vigilância Sanitária. Disponível em: http://portal.anvisa.gov.br/institucional. Acesso em: 30 jan. 2020.

ANVISA. SisEmbrio. Disponível em: http://portal.anvisa.gov.br/resultado-de-busca?p_p_id=101&p_p_lifecycle=0&p_p_state=maximized&p_p_mode=view&p_p_col_id=column1&p_p_col_count=1&_101_struts_action=%2Fasset_publisher%2Fview_content&_101_assetEntryId=5556918&_101_type=document. Acesso em: 30 jan. 2020.

---

30. Idem. Ibidem. p. 69.

ANVISA. *Reprodução humana assistida cresce 18,7% em 2018*. Disponível em: http://portal.anvisa.gov.br/noticias/-/asset_publisher/FXrpx9qY7FbU/content/inseminacao-artificial-cresce-18-7-em-2018/219201?p_p_auth=YQsinNoZ&inheritRedirect=false. Acesso em: 02 fev. 2020.

BRASIL. Congresso Nacional. Disponível em: http://www.congreso.es/docu/constituciones/1978/1978_cd.pdf. Acesso em: 26 jan. 2020.

BRASIL. Lei 6015/73 – Lei de Registros Públicos. Disponível em: http://www.planalto.gov.br/ccivil_03/leis/L6015compilada.htm. Acesso em: 29 jan. 2020.

BRASIL. Constituição da República Federativa. Disponível em: http://www.senado.leg.br/atividade/const/con1988/CON1988_15.09.2015/art_103-B_.asp. Acesso em: 30 jan. 2020.

BRASIL. Projeto de Lei 5.768/2019. Autor: Afonso Motta – PDT/RS Data da apresentação: 30.10.2019. Disponível em: https://www.camara.leg.br/buscaProposicoesWeb/?wicket:interface=:2:1:::. Acesso em 29 jan. 2020.

CONSELHO FEDERAL DE MEDICINA. Resolução 2168/2017.Disponível em: http://www.in.gov.br/materia/-/asset_publisher/Kujrw0TZC2Mb/content/id/19405123/do1-2017-11-10-resolucao-n-2-168-de-21-de-setembro-de-2017-19405026. Acesso em: 29 jan. 2020.

CONSELHO FEDERAL DE MEDICINA. Processo consulta CRM/TO 0612018 – PARECER CRM/TO 0212018 (Aprovado em Sessão Plenária do dia 30.11.2018). Disponível em: https://sistemas.cfm.org.br/normas/visualizar/pareceres/ES/2019/15. Acesso em: 30 jan. 2020.

CONSELHO FEDERAL DE MEDICINA. Disponível em: http://portal.cfm.org.br/index.php?option=com_normas&tipo%5B0%5D=R&tipo%5B1%5D=P&tipo%5B2%5D=E&tipo%5B3%5D=N&tipo%5B4%5D=D&uf=&numero=&ano=&assunto=&texto=maternidade+de+substitui%C3%A7%C3%A3o&pagina=1#resultado. Acesso em: 30 jan. 2020.

BRASIL. CONSELHO NACIONAL DE JUSTIÇA. Provimento 63/2015. Disponível em: https://atos.cnj.jus.br/atos/detalhar/atos-normativos?documento=2525. Acesso em: 30 jan. 2020.

CONSTITUIÇÃO DA ORGANIZAÇÃO MUNDIAL DA SAÚDE (OMS/WHO) – 1946, em Biblioteca Virtual de Direitos Humanos da USP. Disponível em: http://www.direitoshumanos.usp.br/index.php/OMS-Organiza%C3%A7%C3%A3o-Mundial-da-Sa%C3%BAde/constituicao-da-organizacao-mundial-da-saude-omswho.html. Acesso em: 27 jan. 2020.

ESPANHA. Comité de Bioética de. Informe del Comité de Bioética de España sobre Los Aspectos éticos y jurídicos de la maternidad subrogada. Disponível em: http://assets.comitedebioetica.es/files/documentacion/es/informe_comite_bioetica_aspectos_eticos_juridicos_maternidad_subrogada.pdf. Acesso em: 09 mar. 2019.

GARRAFA, Volnei. *Da bioética de princípios a uma bioética interventiva* Disponível em: http://revistabioetica.cfm.org.br/index.php/revista_bioetica/article/view/97/102. Acesso em: 02 fev. 2020.

HABERMAS, Jürgen. *O futuro da natureza humana: a caminho de uma eugenia liberal?* Trad. Karina Jannini. São Paulo: Marins Fontes, 2004.

LÓPEZ PELÁEZ, PATRICIA. Filiación y reprodución assistida, en RAVETLLAT BALLESTE, ISAAC (Coord.). *Derecho de la persona*, Editorial Bosh, Barcelona, 2011.

MINISTÉRIO DA SAÚDE. Portaria 426/2005. Disponível em: https://sbra.com.br/noticias/infertilidade-como-enfrentar-o-diagnostico-e-buscar-o-tratamento-adequado/. Acesso em: 26 maio 2020.

ORGANIZAÇÃO MUNDIAL DE SAÚDE – OMS. Disponível em: http://www.medicinanet.com.br. Acesso em: 04 jan. 2016.

PIOVESAN, Flávia. *Temas de direitos humanos*. 4. ed. São Paulo: Saraiva, 2010.

QUIJANO, Aníbal. *Colonialidad del poder*, Eurocentrismo y América Latina. Edición digital Construcción a cargo de El Cid Editor, ISBN 950-9231-51-7_9, Consejo Latinoamericano de Ciencias Sociales CLACSO.

SANTOS, Boaventura de Sousa. *Crítica de la razón indolente* – contra el desperdício de la experiência. Editorial Desclée de Brouwer, S.A., 2003, Bilbao, 2000. v. I, Para um nuevo sentido común:la ciência, el derecho y la política em la transición paradigmática.

SUPERIOR TRIBUNAL DE JUSTIÇA. Criança nascida de barriga de aluguel será mantida com pai que a registrou. Disponível em: https://stj.jusbrasil.com.br/noticias/112326986/crianca-nascida-de-barriga-de-aluguel-sera-mantida-com-pai-que-a-registrou. Acesso em: 11 abr. 2020.

SUPREMO TRIBUNAL FEDERAL. Disponível em: http://www.stf.jus.br/portal/jurisprudenciarepercussao/verAndamentoProcesso.asp?incidente=4803092&numeroProcesso=898060&classeProcesso=RE&numeroTema=622. Acesso em: 27 jan. 2020.

TRIBUNAL DE JUSTIÇA DE PERNAMBUCO. Corregedoria de Justiça. Provimento 21/2015. Disponível em: https://www.tjpe.jus.br/documents/29010/1101062/PROVIMENTO+N%C2%BA+21-2015+--+CGJ_DJe+de+05-11-2015/78d2f783-d657-13c2-8d62-d40b6fc8c645. Acesso em: 30 jan. 2020.

VIVAS TESÓN, Inmaculada. *El Grupo de Bioética de la Conferencia de Obispos de la Unión Europea: el grupo*. Comentarios sobre el dictamen sobre la subrogación gestacional en Gestación Subrogada. Principales Cuestiones civiles, penales, registrales y médicas. Su evolución y consideración (1988 – 2019), Madri, 2019, Editorial DYKINSON, S.L.

"NOSSAS VIDAS IMPORTAM?"[1] A VULNERABILIDADE SOCIOJURÍDICA DA POPULAÇÃO LGBTI+ NO BRASIL: DEBATES EM TORNO DO ESTATUTO DA DIVERSIDADE SEXUAL E DE GÊNERO E DA SUA ATUAL PERTINÊNCIA

Manuel Camelo Ferreira da Silva Netto

Mestre em Direito pela Universidade Federal de Pernambuco (UFPE). Graduado em Direito pela Universidade Católica de Pernambuco (UNICAP). Pesquisador do Grupo de Pesquisa Constitucionalização das Relações Privadas (CONREP/UFPE/CNPq). Associado do Instituto Brasileiro de Direito de Família (IBDFAM). Advogado. Mediador Humanista. E-mail: manuelcamelo2012@hotmail.com.

Carlos Henrique Félix Dantas

Mestrando em Direito Civil pela Universidade Federal de Pernambuco (UFPE). Pós-graduando em Direito Civil pela Pontifícia Universidade Católica de Minas Gerais (PUC/MG). Graduado em Direito pela Universidade Católica de Pernambuco (UNICAP). Associado do Instituto Brasileiro de Direito de Família (IBDFAM). Advogado. E-mail: carloshenriquefd@hotmail.com.

Sumário: 1. Introdução. 2. A população LGBTI+ e sua vulnerabilidade sociojurídica: a heterocisnormatividade como uma estrutura de opressão que afeta as expressões de sexualidade e as identidades de gênero não hegemônicas. 3. O Estatuto da Diversidade Sexual e de Gênero como instrumento de emancipação da população LGBTI+. 4. Considerações finais. 5. Referências.

"Quando se fala de resultados práticos em aquisições políticas para a diversidade sexual, muita coisa ficou a desejar, no tocante aos órgãos tanto legislativos quanto executivos, como já se viu fartamente"
(TREVISAN, João Silvério. **Devassos no paraíso**, 2018).

---

1. Ensina Judith Butler que "abjeção" é a característica de todas aquelas vidas que não são consideradas "vidas", ou seja, aquelas tidas por prescindíveis. A autora geralmente utiliza esse conceito para tratar de temas ligados a estudos sobre gênero e sexualidade, tendo em vista o fato de que a violação do sistema sexo-gênero por pessoas que apresentam expressões de sexualidade e identidades de gênero não hegemônicas tornam-nas ininteligíveis e desimportantes para o campo social. Desse modo, o questionamento feito neste título toma por base essa concepção butleriana de "desimpotância" da vida de pessoas desviantes do padrão heterocisnormativo para chamar atenção para a vulnerabilidade sociojurídica referente à população LGBTI+ que será discutida no texto (Cf. PRINS, Baukje; MEIJER, Irene Costera. Como os corpos se tornam matéria: entrevista com Judith Butler. *Revista Estudos Feministas*, Florianópolis, v. 10, n. 1, p. 155-167, 2002, p. 161. Disponível em: http://www.scielo.br/pdf/ref/v10n1/11634.pdf. Acesso em: 11 jul. 2019).

1. INTRODUÇÃO

Ainda hoje, o intenso preconceito histórico-social existente com relação aos membros da população LGBTI+ (lésbicas, *gays*, bissexuais, travestis, transexuais, transgêneros, intersexuais e outros, outras ou outres)[2] acaba por gerar restrições nos seus direitos fundamentais e da personalidade. Essa postura discriminatória, por sua vez, decorre do estigma fortemente presente nas relações pessoais dessa população e da heterocisnormatividade hegemônica no contexto sociojurídico, acarretando, por isso, no que se pode entender enquanto uma vulnerabilidade latente nas relações sociais.

À vista disso, em função, sobretudo, da crise vivenciada no direito, na transição do Estado Liberal para o Social, no século XX, sabe-se que a pessoa humana se tornou o centro do debate das ciências jurídicas, estabelecendo-se, por isso, uma cláusula geral de proteção. Dessa forma, estabelece-se que o Direito existe em função da pessoa humana, de modo a que seu objetivo central é reconhecer e proteger a fruição de direito e liberdades inerentes à condição humana. Afinal, a existência de normas e condutas que violem os direitos fundamentais e da personalidade estão, em certa medida, em descompasso com o ordenamento jurídico vigente.

Nesse diapasão, é cediço reconhecer que o exercício da cidadania plural, de acordo com as subjetividades da pessoa humana, especialmente no que se refere à população LGBTI+, deve ser condizente com o respeito da diversidade sexual e de gênero para além de uma heterossexualidade e de uma cisgeneridade compulsórias. A partir disso, o esforço contramajoritário – no sentido de reconhecer direitos violados dessa parcela populacional – dá-se principalmente por via jurisprudencial, existindo lacunas normativas específicas que garantam com objetividade a proteção de suas vidas e existências.

Diante disso, este trabalho parte da seguinte problemática: apesar dos avanços obtidos no campo jurisprudencial, com efeitos vinculantes, subsiste a pertinência da criação de um microssistema normativo próprio para tutelar a população LGBTI+ nas suas relações sociojurídicas?

Sendo assim, buscou-se analisar a atual pertinência da aprovação do Estatuto da Diversidade Sexual e de Gênero enquanto uma norma jurídica específica para promover

---

2. A escolha do uso dessa sigla, para os fins deste trabalho, deu-se em razão da sigla "LGBTI" ter sido a escolhida para figurar no corpo do Projeto de Lei do Senado (PLS) 134/2018, que trata do Estatuto da Diversidade Sexual e de Gênero, objeto desta pesquisa. Sabe-se, no entanto, que tal movimento político-social não apresenta um consenso com relação à sigla; tendo ela, inclusive, sofrido diversas transformações ao longo dos anos: "GLS" (*gays*, lésbicas e simpatizantes), "GLBT" (*gays*, lésbicas, bissexuais e transgêneros), "LGBT" (lésbicas, *gays*, bissexuais e transgêneros) etc. (Cf. SILVA JÚNIOR, Enézio de Deus. Diversidade sexual e suas nomenclaturas. In: DIAS, Maria Berenice (Coord.). *Diversidade sexual e direito homoafetivo*. São Paulo: Ed. RT, 2011, p. 97). Essas mudanças, por sua vez, deram-se, sobretudo, para trazer maior visibilidade para grupos identitários que tendem a ser mais invisibilizados pela sociedade (a exemplo das mulheres lésbicas, que além da homofobia, também sofrem com opressões ligadas ao gênero feminino, e as pessoas intersexuais, que costumam ser estigmatizadas pela sua não adequação aos padrões de sexo-gênero vigentes na sociedade) ou para respeitar a multiplicidade identitária constante dessa camada populacional (a exemplo das pessoas trans, as quais, nem sempre, identificam-se com o termo "transgênero", motivo pelo qual há o destaque também para as pessoas transexuais e travestis). De toda forma, como não há como agregar toda a pluralidade desse grupo em uma sigla apenas, recorre-se normalmente ao "+" para indicar que existem também outras identidades que são abrangidas, razão pela qual se optou neste trabalho por utilizá-lo para remeter a essas outras identidades, as quais também irão/deverão ser contempladas pelas disposições do Estatuto da Diversidade Sexual e de Gênero.

a adequada tutela da população LGBTI+ no contexto normativo brasileiro. Dessa maneira, de modo a buscar um arcabouço teórico compatível com essa reflexão, objetivou: a) compreender a vulnerabilidade sociojurídica da população LGBTI+; e, b) entender a pertinência da tutela jurídica da população LGBTI+ por meio do Estatuto da Diversidade Sexual e de Gênero.

Para tanto, este trabalho pautou-se no método de raciocínio analítico dedutivo, através da técnica da documentação indireta, consubstanciada nas modalidades: a) pesquisa bibliográfica – análise de artigos, teses, dissertações e livros, em meio bibliográfico ou digital, a respeito da realidade sociojurídica da população LGBTI+; e, b) pesquisa documental – análise legislativa (do Projeto de Lei do Senado 134/2018 – Estatuto da Diversidade Sexual e de Gênero) e jurisprudencial (especialmente os julgados do Supremo Tribunal Federal sobre as matérias conexas com este trabalho). Com isso, a partir de uma perspectiva qualitativa, visou-se edificar um aporte doutrinário que corrobore com as reflexões em torno da construção de uma tutela jurídica adequada e efetiva para a diversidade sexual e de gênero.

2. A POPULAÇÃO LGBTI+ E SUA VULNERABILIDADE SOCIOJURÍDICA: A HETEROCISNORMATIVIDADE COMO UMA ESTRUTURA DE OPRESSÃO QUE AFETA AS EXPRESSÕES DE SEXUALIDADE E AS IDENTIDADES DE GÊNERO NÃO HEGEMÔNICAS

A origem etimológica da percepção de vulnerabilidade remonta à história da medicina na modernidade, em meados do século XIX, ao passo que dizia respeito aos pacientes enfermos feridos, que necessitavam de suporte médico adequado. Além disso, esse não foi o único emprego do vocábulo, havendo, ainda, o sentido farmacêutico da palavra, a ser compreendido enquanto um remédio para as feridas e doenças. Entretanto, o sentido contemporâneo, por sua vez, sofreu uma metamorfose, de modo a se reportar a "vulnerabilidade" do indivíduo enquanto pessoa humana[3]. Dessa forma, é possível inferir que o conceito de vulnerabilidade evoluiu, ao longo da história, para entender a pessoa humana numa posição de fragilidade. Assim, o seu sentido moderno aponta para a visão de que a vulnerabilidade é inerente à condição humana, sendo atributo de todas as pessoas.

Por outro lado, para além desse conceito explorado, há a percepção de que alguns indivíduos possam ser mais fragilizados ou desamparados do que outros, podendo esses estarem mais suscetíveis a violações. Logo, explica Schramm que se deve distinguir a mera vulnerabilidade – condição ontológica de qualquer ser vivo – da suscetibilidade ou vulnerabilidade secundária, uma vez que os suscetíveis podem se tornar vulnerados, de modo a que sua condição existencial impeça o exercício de suas potencialidades para o gozo de uma vida digna e de qualidade[4]. Por isso, é importante distinguir o que seria a

---
3. MELKEVIK, Bjarne. Vulnerabilidade, direito e autonomia: um ensaio sobre o sujeito de direito. Trad. Nevita Maria Pessoa de Aquino Franca Luna. *Revista da Faculdade de Direito da UFMG*, n. 71, p. 639-674, 2017, p. 643. Disponível em: https://www.direito.ufmg.br/revista/index.php/revista/article/view/1877/1779. Acesso em: 19 abr. 2020.
4. SCHRAMM, Fermin Roland. Bioética da Proteção: ferramenta válida para enfrentar problemas morais na era da globalização. *Revista Bioética*, v. 16, 1, p. 11-23, 2008, p. 20. Disponível em: https://www.ghc.com.br/files/BIOETICA%20DE%20PROTECAO.pdf. Acesso em: 18 abr. 2020.

mera vulnerabilidade, que engloba a todos, do que significaria a percepção de vulnerados, tendo em vista que existem indivíduos que possuem especificidades que implicam em tutelas jurídicas diferenciadas para defender seus interesses a partir da efetivação de uma *Igualdade Material ou Substancial* na sociedade.

Nesse sentido, por isso, a população LGBTI+ pode ser compreendida enquanto mais suscetível a ser vulnerada do que outros grupos sociais, ao passo que, em virtude de uma estrutura de opressão que afeta as expressões de sexualidade e identidades de gênero não hegemônicas na sociedade, permanecem sem a tutela jurídica devida para que se efetive o respeito de sua situação psicofísica, social, econômica e, às vezes, até da própria vida e *Dignidade* em igualdade de oportunidades com os demais. Carecem, portanto, do movimento da doutrina, jurisprudência e legislação para efetivar a proteção integral de sua respectiva condição humana.

Ademais, é importante lembrar que a reflexão do sentido jurídico de vulnerabilidade, no direito brasileiro, esteve quase sempre associado as relações de consumo. Isso porque se entende que a vulnerabilidade consiste em característica de todo consumidor (art. 4º, I, do CDC)[5], existindo ainda aqueles que possuem vulnerabilidade potencializada. Desse modo, entende Heloisa Helena Barboza, na esteira do que foi comentado, que a cláusula geral de tutela da pessoa humana se apresenta sob múltiplos aspectos existências, sociais e econômicos, abarcando, por isso, grupos discriminados, tais quais a população LGBTI+ em sua condição de vulneração potencializada[6].

À vista disso, ensina Bjarne Melkevik que no campo da filosofia do direito, tradicionalmente, existe a concepção metafísica chamada de "dois mundos", em que o mundo metafísico (ao qual pertence o sujeito de direito) deve servir para julgar o mundo "empírico", povoado de indivíduos, associados a teóricos como Kant, Fichte e Hegel. Por isso, em sua interpretação da aplicação do estudo da vulnerabilidade na teoria crítica moderna, entende que o indivíduo e o sujeito de direito, na verdade, são apenas um, devendo, por isso, quebrar essa separação entre mundos para que possa dar efetiva tutela protetiva aos grupos vulnerados, de modo a desenvolver novas ferramentas filosóficas de interpretação do sistema jurídico[7].

Diante disso, adentrando especificamente na análise da vulnerabilidade jurídica enfrentada pela população LGBTI+, sabe-se que o estigma social consiste em forte influência como atributo que desqualifica e deslegitima o exercício das sexualidades e identidades de gênero dessa população e, por consequência, influi na impossibilidade de gozo de direitos considerados como fundamentais para todas as pessoas. Afinal, como pondera Erving Goffman, a percepção de estigma[8], cuja essência carrega consigo o entendimen-

---

5. Código de Defesa do Consumidor: "Art. 4º A Política Nacional das Relações de Consumo tem por objetivo o atendimento das necessidades dos consumidores, o respeito à sua dignidade, saúde e segurança, a proteção de seus interesses econômicos, a melhoria da sua qualidade de vida, bem como a transparência e harmonia das relações de consumo, atendidos os seguintes princípios: [...] I – reconhecimento da vulnerabilidade do consumidor no mercado de consumo".
6. BARBOZA, Heloisa Helena. Vulnerabilidade e cuidado: aspectos jurídicos. In: PEREIRA, Tânia da Silva; OLIVEIRA, Guilherme de (Coord.). *Cuidado e vulnerabilidade*. São Paulo: Atlas, 2009. p. 109-110.
7. MELKEVIK, Bjarne. *Vulnerabilidade, direito e autonomia*: um ensaio sobre o sujeito de direito. cit., 2017, p. 644-645.
8. Segundo lições de Goffman, o estigma seria uma relação especial entre um atributo profundamente depreciativo e um estereótipo, tendo em vista que o descrédito é muito grande (podendo ser considerado como um defeito,

to de um atributo que produz um amplo descrédito na vida do sujeito, ocasiona, para os estigmatizados, a redução de oportunidades em face da perda da identidade social e deterioração da imagem pessoal[9].

Nessa toada, tem-se que a percepção desse estigma é produzida, no meio social, pela edificação de um padrão histórico de opressão, qual seja: a heterocisnormatividade compulsória. Isto é, a constituição de uma estrutura de dominação social através da qual se elege a heterossexualidade (atração afetivo-sexual por pessoas do gênero oposto) e a cisgeneridade (identidade de gênero compatível com aquela que é atribuída com o nascimento, em razão do sexo biológico) enquanto as únicas formas corretas, legítimas e aceitáveis de expressão de sexualidade e de identidade de gênero, relegando qualquer outra a uma marginalização[10].

Tal noção, por sua vez, no dizer de Pierre Bourdieu, acarreta a invisibilização das existências públicas e legítimas dos membros da população LGBTI+[11]. Por essa razão, diversas são as repercussões sociais, políticas e jurídicas, ao que podem ser citadas:

A *Os alarmantes índices de mortes de pessoas que integram a diversidade sexual e de gênero no país* – segundo aponta o *"Relatório 2018: mortes violentas da população LGBT+ no Brasil"* (2018), produzido pelo Grupo Gay da Bahia (GGB), 420 pessoas LGBTI+ morreram, no Brasil, no ano de 2018, sendo 320 homicídios (76%) e 100 suicídios (24%), registrando uma pequena redução (de 6%) comparada ao ano de 2017, o qual registrou 445 mortes. Analisando tais números, tem-se que, no país, a cada 20 horas, uma pessoa LGBTI+ é morta ou se suicida[12]. Ademais, corroborando, com tal estatística, importa destacar também o Relatório elaborado, no ano de 2018, pela Organização Não Governamental (ONG) *Transrespect versus Transphobia Worldwide* (TvT), dando continuidade ao trabalho iniciado, desde 2009, pela ONG *Transgender Europe* (TGEU), intitulado *"Trans Murder Monitoring (TMM)"*[13] (2018), no qual constatou-se 369 casos, no mundo, de assassinatos de pessoas trans ou com gênero diverso, entre 1º de outubro de 2017 e 30 de setembro de 2018, sendo que o Brasil ocupa o primeiro lugar na lista, com 167 casos (45,25%), mais do que o dobro das mortes registradas no segundo colocado México, com 71 casos (19,24%)[14];

---

uma fraqueza, ou uma desvantagem), de modo a constituir uma discrepância entre a identidade social virtual e a identidade social real. (Cf. GOFFMAN, Erving. *Estigma*: notas sobre a manipulação da identidade deteriorada. Trad. de Márcia Bandeira de Mello Leite Nunes. 4 ed. Rio de Janeiro: LTC, 2017, p. 12-13).

9. GOFFMAN, Erving. *Estigma: notas sobre a manipulação da identidade deteriorada. cit.*, 2017, p. 12.
10. ANGONESE, Mônica; LAGO, Mara Coelho de Souza. Direitos e saúde reprodutiva para a população de travestis e transexuais: abjeção e esterilidade simbólica. Saúde e Sociedade, v. 26, p. 256-270, 2017. Disponível em: http://www.scielo.br/pdf/sausoc/v26n1/1984-0470-sausoc-26-01-00256.pdf. Acesso em: 27 out. 2017.
11. BOURDIEU, Pierre. *A dominação masculina*. Trad. Maria Helana Kühner. 11. ed. Rio de Janeiro: Bertland Brasil, 2012.
12. GRUPO GAY DA BAHIA. *Relatório 2018*: mortes violentas da população LGBT+ no Brasil. Disponível em: https://grupogaydabahia.files.wordpress.com/2020/03/relatorio-2018.pdf. Acesso em: 21 abr. 2020.
13. Em tradução livre: Monitoramento de Homicídios Trans (MHT)".
14. TRANSRESPECT VERSUS TRANSPHOBIA WORLDWIDE. TvT MMM Update. Trans Day of Remembrance 2018: 369 reported murders of trans and gender-diverse people between 1 October 2017 and 30 September 2018. Disponível em: https://transrespect.org/wp-content/uploads/2018/11/TvT_TMM_TDoR2018_PR_EN.pdf. Acesso em: 21 abr. 2020.

B) *A exclusão de pessoas trans do mercado de trabalho* – segundo dados da Associação de Travestis e Transexuais (ANTRA), 90% dessa parcela populacional sobrevivem de trabalhos marginalizados[15]. Sobre isso, explica Caio Benevides Pedra que empresas e marcas costumam não querer associar suas imagens a pessoas que transitam entre os dois gêneros (masculino e feminino), levando a que esses indivíduos busquem, no meio informal, o seu sustento, que, por sua vez, geralmente, dá-se pela via da prostituição[16];

C) *A problemática da inclusão no sistema de ensino formal* – comenta Caio Benevides Pedra que, apesar de, no ponto de vista formal, todas as pessoas terem acesso à educação, não basta a escola estar disponível, mas é preciso que ela também se faça pronta para receber todas, todos e todes. No entanto, em se tratando da diversidade sexual e de gênero, tal inclusão resta bastante precária, em especial pelo fato de, em 2017, o Conselho Nacional de Educação ter retirado as referências relacionadas a gênero e orientação sexual do texto da Base Nacional Comum Curricular. Somado a isso, complementa o autor ao afirmar que o ambiente escolar é marcado pela reprodução de comportamentos e conceitos próprios da heterocisnormatividade, a qual interdita os alunos LGBTI+ de desenvolverem, em plenitude, suas identidades, visto que são "adestrados" a reproduzirem um padrão de gênero e sexualidade hegemonicamente imposto[17];

D) *A LGBTIfobia intrafamiliar* – a falta de apoio da família, manifestada, muitas vezes, através de violência intrafamiliar, considerando que, em 2014, dentre as agressões denunciadas no disque 100, canal para denúncia de violações contra direitos humanos, uma em cada seis agressões contra pessoas LGBTI+ foram cometidas por parentes das vítimas[18];

E) *A negatória do direito de envelhecer e de ter uma vida longeva e sadia para as pessoas trans* – a negativa das identidades daquelas pessoas que integram a diversidade sexual e de gênero repercute diretamente numa mitigação do exercício pleno da cidadania por tais indivíduos, ao que pode ser citado a baixa expectativa de vida das pessoas *trans*, no Brasil, que é de cerca de 35 anos, representando menos da metade da média nacional, equivalente a 75,5 anos[19];

---

15. PEREIRA, Fabio Queiroz; GOMES, Jordhana Maria Costa. Pobreza e gênero: a marginalização de travestis e transexuais pelo direito. *Revista Direitos Fundamentais e Democracia*, Curitiba, v. 22, n. 2, p. 210-224, 2017. Disponível em: http://revistaeletronicardfd.unibrasil.com.br/index.php/rdfd/article/view/800. Acesso em: 03 dez 2017.
16. PEDRA, Caio Benevides. *Acesso a cidadania por travestis e transexuais no Brasil*: um panorama da atuação do Estado no enfrentamento de exclusões. 2018. 274 f. Dissertação (Mestrado em Administração Pública) – Fundação João Pinheiro, Escola de Governo Professor Paulo Neves de Carvalho, 2018, p. 53. Disponível em: http://tede.fjp.mg.gov.br/bitstream/tede/381/2/FJP05-000415.pdf. Acesso em: 21 abr. 2020.
17. PEDRA, Caio Benevides. *Acesso a cidadania por travestis e transexuais no Brasil*: um panorama da atuação do Estado no enfrentamento de exclusões, 2018. cit., p. 63-68, passim.
18. IKEMOTO, Luisa. Transexuais e travestis sofrem violência dentro de casa. *Correio braziliense*, Brasília. Disponível em: http://especiais.correiobraziliense.com.br/transexuais-e-travestis-sofrem-violencia-dentro-de-casa. Acesso em: 04 dez. 2017.
19. BORTONI, Larissa. *Expectativa de vida de transexuais é de 35 anos, metade da média nacional*, Senado Notícias, Brasília, 2017. Disponível em: https://www12.senado.leg.br/noticias/especiais/especial-cidadania/expectativa-de-vida-de-transexuais-e-de-35-anos-metade-da-media-nacional/expectativa-de-vida-de-transexuais-e-de-35-anos-metade-da-media-nacional. Acesso em: 11 mar. 2019.

F) *A sub-representação política no contexto nacional* – em 2018, segundo dados da Aliança Nacional LGBTI+, comparado com o certame eleitoral de 2014, observou-se um crescimento de 386% de candidaturas de pessoas abertamente LGBTI+, equivalente a 160 candidatos, candidatas e candidates[20], dos quais se elegeram: a) para deputadas(os) estaduais – Erica Malunguinho (PSOL-SP), Erika Hilton cocandidata da Bancada Ativista (PSOL-SP), Fábio Felix (PSOL-DF), Isa Penna (PSOL-SP), Leci Brandão (PC do B-SP) e Robyoncé Lima cocandidata das Juntas (PSOL-PE); b) para deputado federal – Jean Wyllys (PSOL-RJ)[21]; e, c) para senador – Fabiano Contarato (REDE-ES)[22]. Isto é, apesar de um elevado índice de candidaturas, a sub-representação dessa camada populacional ainda denota a forte influência da heterocisnormatividade no campo político, sobretudo, em razão da falta de políticas públicas no sentido de estimular a participação dessas pessoas nessa seara[23];

G) *A retirada da menção à população LGBTI+ das diretrizes nacionais de proteção aos direitos humanos* – em 2019, ao assumir a Presidência da República, o presidente eleito Jair Messias Bolsonaro assinou a Medida Provisória 870/2019, na qual fora retirada a menção expressa à população LGBTI+ das políticas e diretrizes destinadas à promoção dos direitos humanos, pertencentes ao âmbito de atuação do Ministério da Mulher, da Família e dos Direitos Humanos, sob a responsabilidade da Ministra Damares Alves[24].

Por sua vez, essa negação das existências públicas e legítimas das pessoas que integram a diversidade sexual e de gênero tem como o ápice da sua consubstanciação, do ponto de vista jurídico, a ausência de legislações específicas que se destinem a salvaguar-

---

20. DEARO, Guilherme. Número de candidatos LGBT cresce 386% em 2018, diz pesquisa. Publicado em 29 ago. 2018. Disponível em: https://exame.abril.com.br/brasil/eleicoes-2018-numero-de-candidatos-lgbt-cresce-386/. Acesso em: 07 abr. 2019.
21. Não obstante obter votos suficientes para a sua terceira reeleição como deputado federal, Jean Wyllys, um dos primeiros deputados abertamente LGBTI+ a ocupar uma cadeira no Congresso Nacional, optou por deixar o Brasil e não assumir seu mandato, devido às várias ameaças de morte que vinha sofrendo, o que denota a manifesta postura de perseguição política aos defensores de Direitos Humanos. O vereador David Miranda (PSOL-RJ), também homossexual, assumiu o mandato na condição de suplente. (Cf. CALEIRO, João Pedro. *Jean Wyllys diz que desistiu de mandato e vai deixar Brasil após ameaças*. Publicado em 24 jan. 2019. Disponível em: https://exame.abril.com.br/brasil/jean-wyllys-diz-que-desistiu-de-mandato-e-vai-deixar-brasil-apos-ameacas/. Acesso em: 07 abr. 2019).
22. COSTA, Bruno. *Quem são os LGBTs eleitos em 2018*. Publicado em 9 out. 2018. Disponível em: https://www.vice.com/pt_br/article/wj97zy/quem-sao-os-lgbts-eleitos-em-2018. Acesso em: 07 abr. 2019.
23. Sobre isso Cleyton Feitosa Pereira evidencia como a desigualdade na distribuição de recursos e o reforço à inferiorização de determinados setores vulnerabilizados da sociedade, no caso a população LGBTI+, representam um cenário totalmente desigual de disputa política, favorecedor de candidaturas de homens, brancos, heterossexuais e cisgêneros, o qual acarreta, consequentemente, na assimetria representativa. Diante desse panorama, ele conclui que "[...] a violência e as desigualdades sociais fora das instituições liberais transbordam para dentro das instituições políticas, espelhando as injustiças, distorções e correlações de força no tecido social. E o primeiro elemento observável é a aniquilação da produção de desejo e ambição política entre sujeitos e sujeitas vulneráveis que em face das assimetrias e iniquidades não se veem possibilitados a disputar espaços de poder formais". (Cf. PEREIRA. Cleyton Feitosa. Barreiras à ambição e à representação política da população LGBT no Brasil, *Revista Ártemis*, João Pessoa, v. 24, n. 1, p. 120-131, 2017. Disponível em: http://www.periodicos.ufpb.br/index.php/artemis/article/view/35710/19262. Acesso em: 07 abr. 2019).
24. QUEIROGA, Louise. Medida Provisória assinada por Bolsonaro não explicita diretrizes para população LGBTI. *O Globo Sociedade*. Publicado em 03 de janeiro de 2019, às 08h 27min. Disponível em: https://oglobo.globo.com/sociedade/medida-provisoria-assinada-por-bolsonaro-nao-explicita-diretrizes-para-populacao-lgbti-23341254. Acesso em 2020.

dar os direitos da população LGBTI+. Tal fato acaba engendrando uma vulnerabilidade desse grupo populacional que, relegado ao ostracismo legal, encontra-se em situação de elevada insegurança jurídica com relação aos seus direitos.

Em virtude disso, verifica-se a importância que a via do Poder Judiciário, apesar de bastante criticada[25], representa para garantir um mínimo de tutela jurídica para as pessoas LGBTI+ no contexto nacional. Afinal, num âmbito teoricamente democrático, apenas a via da judicialização mostra-se aberta a salvaguardar os direitos dessas pessoas, dentre os quais podem ser citados, particularmente, alguns julgados que, proferidos pelo Supremo Tribunal Federal (STF), em sede de controle concentrado de constitucionalidade, foram marcantes, em especial, pela sua eficácia *erga omnes* e pelos seus efeitos vinculantes:

A) *Reconhecimento da união homoafetiva* – em 2011, foram julgadas conjuntamente a Ação Direta de Inconstitucionalidade (ADI) 4.277/DF e a Arguição de Descumprimento de Preceito Fundamental (ADPF) 132/RJ, nelas a Suprema Corte declarou a impossibilidade de discriminação aos casais formados por pessoas do mesmo gênero e afirmou os seus direitos à constituição de uma família, dotada de *Dignidade* e merecedora de proteção como qualquer outra e, para tanto, equiparando-a ao regime jurídico das uniões estáveis entre homem e mulher[26];

B) *Retificação de registro das pessoas trans independentemente de obrigatoriedade de submissão à cirurgia de transgenitalização* – em 2018, foi julgada a ADI 4.275/DF, oportunidade na qual o STF declarou a procedência da ação quanto à possibilidade de alteração do registro civil das pessoas trans sem necessidade de prévia submissão à intervenção cirúrgica. Não obstante, note-se que os ministros divergiram com relação à indispensabilidade de apreciação judicial prévia no tocante à efetivação dessa modificação registral, tendo ficado estabelecido, por maioria dos votos, que a retificação poderia ser feita tanto pela via administrativa quanto judicial, ficando ao critério da pessoa interessada eleger o caminho mais apropriado, segundo seus interesses[27];

C) *Criminalização da homotransfobia* – em 2019, a Ação Direta de Inconstitucionalidade por Omissão (ADO) 26 e o Mandado de Injunção (MI) 4.733 foram

---

25. Fala-se bastante a respeito do ativismo judicial, que seria um fenômeno através do qual o julgador, no exercício de sua função jurisdicional e decisória, atua de forma a adentrar nas esferas de operação do Legislativo ou da Administração Pública (Cf. RAMOS, Elival da Silva. *Ativismo judicial*: parâmetros dogmáticos. São Paulo: Saraiva, 2015, p. 116-117). Sobre o tema, interessante pontuar a crítica de Lenio Luiz Streck, para quem o ativismo consiste em má atuação do Poder Judiciário, através da qual ele se usurpa da competência dos demais poderes, em especial o Legislativo (Cf. STRECK, Lenio Luiz. O rubicão e os quatro ovos do condor: de novo, o que é ativismo? *Revista Consultor Jurídico*. Publicado em 7 de janeiro de 2016, às 8h 40 min. Disponível em: https://www.conjur.com.br/2016-jan-07/senso-incomum-rubicao-quatro-ovos-condor-ativismo. Acesso em: 19 ago. 2018).

26. BRASIL. Supremo Tribunal Federal. Arguição de Descumprimento de Preceito Fundamental 132/RJ. Relator: Ministro Ayres Britto. Data do Julgamento: 05.05.2011. Disponível em: http://redir.stf.jus.br/paginadorpub/paginador.jsp?docTP=AC&docID=628633. Acesso em: 14 ago. 2018; BRASIL. Supremo Tribunal Federal. Ação Direta de Inconstitucionalidade 4.277/DF. Relator: Ministro Ayres Britto. Data do Julgamento: 05.05.2011. Disponível em: http://jurisprudencia.s3.amazonaws.com/STF/IT/ADI_4277_DF_1319338828608.pdf?Signature=3tCKJor9pw22ndmfv2CkDfbIRXg%3D&Expires=1459737468&AWSAccessKeyId=AKIAIPM2XEMZACAXCMBA&response-content-type=application/pdf&x-amz-meta-md5-hash=82e72df83dc8520f9d7b7eeb704df7c6. Acesso em: 14 ago. 2018.

27. BRASIL. Supremo Tribunal Federal. Ação direta de inconstitucionalidade 4.275/DF. Relator: Ministro Marco Aurélio Mello. Data do Julgamento: 01/03/2018. Disponível em: https://portal.stf.jus.br/processos/downloadPeca.asp?id=15339649246&ext=.pdf. Acesso em: 12 mar. 2019

julgados e, em síntese apertada, o STF fixou tese no sentido de: 1) reconhecer o estado de mora inconstitucional do Congresso Nacional com relação à proteção penal adequada e específica do grupo LGBT[28]; 2) declarar a omissão normativa inconstitucional do Poder Legislativo, cientificando-o de tal fato; e, 3) dar interpretação conforme a Constituição para enquadrar a homo-transfobia, qualquer que seja sua forma de manifestação, nos tipos penais constantes da Lei 7.716/89 (Lei para Crime de Racismo), com base na compreensão social de racismo, até que sobrevenha legislação autônoma editada pelo Congresso Nacional[29-30].

D) *Reconhecimento da inconstitucionalidade da vedação à doação de sangue por parte de homens que fazem sexo com homens* – em 2020, a ADI 5.543/DF[31] foi julgada procedente, de modo a determinar que a restrição que existia à doação de sangue por parte de homens que fazem sexo com homens[32] – art. 64, IV da Portaria de Consolidação 5/2017 do Ministério da Saúde (MS)[33] e pelo art. 25, XXX, "d" da Resolução 34/2014 da Agência Nacional de Vigilância Sanitária (ANVISA)[34] – é inconstitucional e incompatível com os valores da Constituição, uma vez que fere a cláusula geral de proteção da pessoa humana no que diz respeito aos preceitos fundamentais (como o da *Dignidade*, da *Igualdade e Não Discriminação* e da *Proporcionalidade*)[35].

---

28. Aqui se tratou de julgado específico sobre a criminalização de condutas homo-transfóbicas. Por essa razão, neste ponto em específico, utilizou-se o termo LGBT, no intuito de delimitar a parcela específica que foi abrangida pela decisão.
29. BRASIL. Supremo Tribunal Federal. Ação Direta de Inconstitucionalidade por Omissão 26/DF. Relator: Ministro Celso de Mello. Data de Julgamento: 13.06.2019. Disponível em: http://portal.stf.jus.br/processos/detalhe.asp?incidente=4515053. Acesso em: 15 dez. 2019.
30. Note-se, ainda, que, no que diz respeito ao julgado relativo à criminalização da homo-transfobia, existem críticas não só à forma pela qual ela foi viabilizada, através do Judiciário, mas também à própria pertinência dessa criminalização (Para maior aprofundamento, ver SILVA NETTO, Manuel Camelo Ferreira da; MOREIRA, Mateus Henrique Cavendish; FERREIRA, Vinícius José Passos. O arco-íris manchado de sangue: as mortes da população LGBT+ sob a ótica de uma heterocisnormatividade perversa e os debates em torno da criminalização da LGBTfobia no Brasil. In: FERRAZ, Carolina Valença; DANTAS, Carlos Henrique Félix; SILVA NETTO, Manuel Camelo Ferreira da; CHAVES, Marianna (Coord.). *Direito e morte*. Belo Horizonte: Letramento, 2020).
31. Disponível em: https://portal.stf.jus.br/processos/detalhe.asp?incidente=4996495. Acesso em: 21 abr. 2020.
32. Note-se que essa vedação, na prática, além de afetar os homens homossexuais e bissexuais, também se estendia às mulheres trans que, apesar de possuírem uma identidade de gênero feminina, eram enquadradas dentro desse mesmo grupo, "homens que fazem sexo com homens", em função de uma visão estritamente biológica e equivocada das suas identidades. Ademais, é importante frisar que essas diretrizes utilizavam a ultrapassada percepção de "grupo de risco de contaminação", ao passo que na atualidade se deve substituir essa visão para a de "comportamento de risco". À vista disso, a mera restrição discriminatória, de acordo com as expressões de sexualidade ou identidades de gênero da pessoa humana, violava frontalmente direitos fundamentais da população LGBTI+.
33. Portaria de Consolidação 5/2017 do MS: "Art. 64. Considerar-se-á inapto temporário por 12 (doze) meses o candidato que tenha sido exposto a qualquer uma das situações abaixo: [...] IV – homens que tiveram relações sexuais com outros homens e/ou as parceiras sexuais destes".
34. Resolução 34/2014 da ANVISA: "Art. 25. O serviço de hemoterapia deve cumprir os parâmetros para seleção de doadores estabelecidos pelo Ministério da Saúde, em legislação vigente, visando tanto à proteção do doador quanto a do receptor, bem como para a qualidade dos produtos, baseados nos seguintes requisitos: [...] XXX – os contatos sexuais que envolvam riscos de contrair infecções transmissíveis pelo sangue devem ser avaliados e os candidatos nestas condições devem ser considerados inaptos temporariamente por um período de 12 (doze) meses após a prática sexual de risco, incluindo-se: [...] d) indivíduos do sexo masculino que tiveram relações sexuais com outros indivíduos do mesmo sexo e/ou as parceiras sexuais destes".
35. Para aprofundamento da temática, ver PEREIRA, Paula Moura Francesconi de Lemos; ALMEIDA, Vitor. Doação de sangue, solidariedade social e orientação sexual: repercussões do julgamento da ADI 5.543 em tempos de pandemia. Disponível em: https://migalhas.com.br/coluna/migalhas-de-vulnerabilidade/327568/doacao-de-sangue-solidariedade-social-e-orientacao-sexual-repercussoes-do-julgamento-da-adi-5543-em-tempos-de-pandemia. Acesso em: 25 maio 2020.

Sem dúvidas, tais julgados representam grandes avanços no cenário da tutela jurídica pátria da população LGBTI+ e buscam afastar esses indivíduos de uma vulnerabilidade decorrente do contexto sociojurídico remanescente. No entanto, o reconhecimento legislativo ainda mostra-se relevante para proporcionar uma sistematização dos direitos da diversidade sexual e de gênero na sociedade, motivo pelo qual o próximo tópico irá debruçar-se sobre a defesa da pertinência da edição de uma lei específica sobre o tema.

3. O ESTATUTO DA DIVERSIDADE SEXUAL E DE GÊNERO COMO INSTRUMENTO DE EMANCIPAÇÃO DA POPULAÇÃO LGBTI+

Cabe finalmente discutir, neste artigo, a pertinência da edição de um diploma normativo que contemple, de forma específica, a proteção e a consequente promoção dos direitos próprios da população LGBTI+. Tal discussão mostra-se necessária, pois, conforme visto anteriormente, trata-se de um grupo social marcado pela vulnerabilidade decorrente do estigma que é imposto a tais indivíduos em razão das bases heterocisnormativas nas quais está tradicionalmente fundada a edificação da sociedade contemporânea.

Destarte, é imperioso relembrar, conforme já descrito neste trabalho, que a luta pelo reconhecimento de direitos, nas mais diversas esferas jurídicas, por parte da população LGBTI+ foi (e, em certa medida, ainda, é) marcada por um processo de exclusão e de discriminação que invisibiliza suas existências. O ordenamento jurídico, assim como a sociedade, não foi tradicionalmente pensado para comportar expressões de sexualidade e identidades de gênero que contrariam o padrão heterocisnormativo imposto. Isso, no dizer de Maria Berenice Dias, implicou em uma grande "[...] dificuldade de se construir um referencial doutrinário e legal que alavanque a construção de um arcabouço teórico-científico para o reconhecimento de se estar diante de um novo ramo do direito"[36].

Sobre isso, inclusive, é interessante destacar a longa trajetória percorrida pela autora e descrita nas apresentações da sua obra "Homoafetividade e Direitos LGBTI" (2016), quando, na 1ª edição de seu livro – nesse tempo intitulado "União Homossexual: o preconceito e a justiça" (2000) –, foi motivada a trazer uma abordagem jurídica, até então inexistente, a respeito do tema. Nessa oportunidade, viu-se impelida a discutir sobre a promoção da emancipação das relações homossexuais – ou, como preferiu chamá-las, homoafetivas – através do Direito e a consequente necessidade de superação dos preconceitos que pairavam em torno da temática na época[37].

A partir de então, inúmeros escritos foram empreendidos sobre a matéria e, igualmente, diversos posicionamentos jurisprudenciais foram firmados, conforme já fora anteriormente mencionado. Diante disso, a supracitada autora afirma que essa mobilização, tanto por parte da doutrina, quanto do Poder Judiciário, oportunizou o advento de um novo ramo no Direito, qual seja o Direito Homoafetivo[38] (que será aqui trabalhado enquanto Direito LGBTI+ ou Direito da Diversidade Sexual e de Gênero).

---

36. DIAS, Maria Berenice. Rumo a um novo direito. In: DIAS, Maria Berenice (Coord.). *Diversidade sexual e direito homoafetivo*. 3. ed. São Paulo: Ed. RT, 2017, p. 31.
37. DIAS, Maria Berenice. *Homoafetividade e direitos LGBTI*. 7. ed. São Paulo: Ed. RT, 2016, p. 31-33.
38. DIAS, Maria Berenice. *Homoafetividade e direitos LGBTI*. cit., 2016, p. 301.

Nessa toada, pode-se dizer que foi possibilitado, também, o advento de uma autonomia epistemológica[39] para esse novo campo, a qual contribuiu para a compreensão, para o reconhecimento e para a legitimação das existências e das vivências LGBTI+, no intuito de trazê-las, consequentemente, para os debates próprios da seara jurídica. Tal processo, por sua vez, é de extrema relevância para a garantia da emancipação político-jurídico-social dessa parcela da população, pois como sustenta Anselmo Peres Alós, "A discussão de representações sexuais que não reproduzam os imperativos heteronormativos é uma alternativa para vencer o silenciamento imposto aos sujeitos homossexuais, travestis, transexuais e transgêneros"[40]. Como resultado, uma ciência jurídica que conheça os mecanismos de dominação impostos a essas pessoas pela heterocisnormatividade estará igualmente mais apta a dar respostas legais mais apropriadas as suas demandas e aos seus anseios.

É interessante pontuar que não faltam Projetos de Lei (PL´s) tramitando no Congresso Nacional (CN) na tentativa de regulamentar alguns aspectos pertinentes ao acolhimento da diversidade sexual e de gênero no contexto jurídico brasileiro[41]. Entretanto,

---

39. A epistemologia diz respeito ao ramo da filosófica que se dedica a compreender o conhecimento científico e a conhecer os processos de produção desse conhecimento, ou seja, a forma através da qual são estabelecidas relações sujeito-objeto entre os pesquisadores e seus objetos de pesquisa (Cf. RAGO, Margareth. Epistemologia feminista, gênero e história. In: GROSSI, Miriam Pilar; PEDRO, Joana Maria (Org.). *Masculino, feminino, plural*. 1. ed. Florianópolis: Editora Mulheres, 1998. Disponível em: http://files.mudem.webnode.com/200000074-71426723a2/Epistemologia%20feminista,%20g%C3%AAnero%20e%20hist%C3%B3ria.pdf. Acesso em: 20 dez. 2019).
40. ALÓS, Anselmo Peres. Gênero, epistemologia e performatividade: estratégias pedagógicas de subversão. *Revista estudos feministas*, Florianópolis, v. 19, n. 2, p. 421-449, 2011, p. 443. Disponível em: https://periodicos.ufsc.br/index.php/ref/article/view/S0104-026X2011000200007/19545. Acesso em: 20 dez. 2019.
41. Maria Berenice Dias faz uma relação dos PL's destinados a garantir a proteção dos direitos da população LGBTI+ no cenário nacional, dividindo-os a partir da matéria a qual visam regulamentar e colocando o *status* da sua tramitação no CN, chegando a uma listagem de quase 50 projetos de lei, os quais podem ser agrupados nas seguintes categorias: a) *Projetos de Lei que visam à criminalização da Homofobia* – 1) PL 2.138/2015, da Deputada Erika Kokay (PT/DF), apensado ao PL 1.959/2011; 2) PL 622/2015, da Deputada Moema Gramacho (PT/BA), aguardando parecer do relator na Comissão de Defesa dos Direitos da Mulher (CMULHER); 3) PL 81/2007, da Deputada Fátima Bezerra (PT/RN), aguardando deliberação do recurso na Mesa Diretora da Câmara dos Deputados; 4) PL 7.052/2006, da Deputada Iara Bernardi (PT/SP), arquivado; 5) PL 5.003/2001, da Deputada Iara Bernardi (PT/SP), aguardando apreciação do Senado Federal; b) *Projetos de Lei que visam à regulamentação da União Civil entre pessoas do mesmo gênero* – 6) PL 335/2015, do Deputado Wadson Ribeiro (PCdoB/MG), aguardando parecer do Relator da Comissão de Direitos Humanos e Minorias (CDHM); 7) PL 5.120/2013, dos Deputados Jean Wyllys (PSOL/RJ) e Erika Kokay (PT/DF), apensado ao PL 580/2007; 8) PL 2.153, da Deputada Janete Rocha Pietá (PT/SP), apensado ao PL 7.018/2010; 9) PL 1.510/2011, da Deputada Erika Kokay (PT/DF), apensado ao PL 4.684/2001; 10) PL 4.914/2009, dos Deputados José Genoíno (PT/SP), Manuela D'ávila (PCdoB/RS) Maria Helena (PSB/RR) e outros, apensado ao PL 580/2007; 11) PL 3.712/2008, do Deputado Maurício Rands (PT/PE), arquivado; 12) PL 674/2007, do Deputado Vaccarezza (PT/SP), aguardando deliberação do recurso na Mesa Diretora da Câmara dos Deputados; 13) PL 580/2007, do Deputado Clodovil Hernandes (PTC/SP); 14) PL 6.874/2006, da Deputada Laura Carneiro (PFL/RJ), arquivado; 15) PL 6.297/2005, do Deputado Maurício Rands (PT/PE), arquivado; 16) PL 4.684/2001, Marcos Rolim (PT/RS), apensado ao PL 107/1999; 17) PL 1.151/1995, da Deputada Marta Suplicy (PT/SP), pronto para pauta no plenário; 18) Projeto de Lei do Senado (PLS) 612/2011, da Senadora Marta Suplicy (PT/SP), arquivado; c) *Projetos de Lei que visam à regulamentação da Intervenção Cirúrgica e da Alteração de Sexo* – 19) PL 4.870/2016, da Deputada Laura Carneiro (PMDB/RJ), apensado ao PL 70/1995; 20) PL 70/1995, do Deputado José Coimbra (PTB/SP), pronto para pauta no plenário; d) *Projetos de Lei que visam à regulamentação da Identidade de Gênero* – 21) PL 4.931/2016, do Deputado Ezequiel Teixeira (PTN/RJ), aguardando designação de relator na Comissão de Seguridade Social e Família (CSSF); 22) PL 1.531/2015, do Deputado Chico D'Angelo (PT/RJ), apensado ao PL 7.727/2014; 23) PL 2.138/2015, da Deputada Erika Kokay (PT/DF), apensado ao PL 1.959/2011; 24) PL 8.032/2014, da Deputada Jandira Feghali (PCdoB/RJ), pronto para pauta na CDHM; 25) PL 7.524/2014, do Deputado Jean Wyllys (PSOL/RJ), pronto para pauta na CDHM; 26) PL 5.002/2013, denominado Lei de Identidade de Gênero ou Lei João W. Nery, dos Deputados Jean Wyllys (PSOL/RJ) e Erika Kokay (PT/DF), pronto pra pauta da CDHM; 27) PL 4.916/2012,

essas tentativas veem-se constantemente dificultadas, seja pela sua não inserção nas pautas de votação, seja pelo arquivamento dos PL's apresentados[42].

Nesse grupo de propostas legislativas, um, em especial, ganha destaque pela tentativa arrojada de instituir um verdadeiro estatuto particularizado e encarregado de tutelar os direitos da população LGBTI+. Fala-se no PLS 134/2018, apresentado pela Comissão de Direitos Humanos e Legislação Participativa, conhecido como "Estatuto da Diversidade Sexual e de Gênero".

Sobre ele, impende inaugurar a discussão dizendo que tal projeto legislativo é fruto do trabalho realizado pela Comissão Especial da Diversidade Sexual e de Gênero (CEDSG) do Conselho Federal da Ordem dos Advogados do Brasil (CFOAB) a qual foi incumbida de realizar uma ampla revisão da legislação infraconstitucional no intuito de promover o reconhecimento de direitos que já vinham sido garantidos nas esferas judicial e administrativa. Para tanto, contou com o apoio das várias CDSG das Seccionais e das Subseccionais da OAB, das Comissões de Direito Homoafetivo do IBDFAM e dos movimentos sociais, tendo o Anteprojeto do Estatuto da Diversidade Sexual (ao qual, posteriormente, fora incluída a expressão "e de Gênero") sido entregue ao CFOAB no dia 23 de agosto de 2011, recebendo parecer favorável do seu relator[43].

A partir daí, a CEDSG iniciou um movimento, em 17 de maio de 2012 (Dia Mundial de Combate à Homofobia), para conseguir adesões para que o projeto fosse levado à Câmara Federal por iniciativa popular, o que demandaria a adesão de 1% do eleitorado, nos termos do art. 61, §2º da Constituição Federal (CF/88)[44], e, paralelamente, o anteprojeto foi também encaminhado à Comissão de Direitos Humanos e Legislação Participativa

---

do Deputado Jean Wyllys (PSOL/RJ), apensado ao PL 2.304/2003; 28) PL 4.241/2012, da Deputada Erika Kokay (PT/DF), apensado ao PL 70/1995; 29) PL 2.976/2008, da Deputada Cida Diogo (PT/RJ), apensado ao PL 70/1995; 30) PL 6.655/2006, do Deputado Luciano Zica (PT/SP), aguardando apreciação pelo Senado Federal; e) *Projetos de Lei que visam à regulamentação da Discriminação por Orientação Sexual* – 31) PL 4.359/2016, do Deputado Atila A. de Nunes (PSL/RJ), apensado ao PL 4.916/2012; 32) PL 1.846/2011, da Deputada Carmen Zanotto (PPS/SC), pronto para a pauta na Comissão de Constituição e Justiça e de Cidadania (CCJC); 33) PL 4.373/2008, da Deputada Sueli Vidigal (PDT/ES), arquivado; 34) PL 6.871/2006, da Deputada Laura Carneiro (PFL/RJ), apensado ao PL 2.773/2000; 35) PL 6418/2005 (PLS 309/2004), do Senador Paulo Paim (PT/RS), pronto para pauta no Plenário; 36) PL 3.770/2004, do Deputado Eduardo Valverde (PT/RO), arquivado; 37) PL 2.383/2003, da Deputada Maninha (PT/DF), aguardando deliberação do recurso na Mesa Diretora da Câmara dos Deputados; 38) PL 726/2003, do Deputado Fernando de Fabinho (PFL/BA), arquivado; 39) PL 287/2003, da Deputada Laura Carneiro (PFL/RJ), pronta para pauta no plenário; 40) PL 5.452/2001, da Deputada Iara Bernardi (PT/SP), apensado ao PL 6.418/2005; 41) PL 3.980/2000, do Senador Geraldo Candido (PT/RJ), pronto para pauta no plenário; 42) PL 3.099/2000, do Deputado Pompeo de Mattos (PDT/RS), apensado ao PL 434/1999; 43) PL 2.773/2000, do Deputado Alceste Almeida (PMDB/RR), pronto para pauta no plenário; 44) PL 2.367/2000, do Deputado Vincente Caropreso (PSDB/SC), apensado ao PL 1.904/1999; 45) PL 1.904/1999, do Deputado Nilmário Miranda (PT/MG), arquivado; e, f) *Projetos de Lei que visam à regulamentação da Adoção por Casal Homoafetivo* – 46) PL 2.153/2011, da Deputada Janete Rocha Pietá (PSC/PA), apensado ao PL 7.018/2010; 47) PL 7.018/2010, do Deputado Zequinha Marinho (PSC/PA), arquivado (Cf. DIAS, Maria Berenice. *Homoafetividade e direitos LGBTI*. cit., 2016, p. 100 e 390-401, passim).

42. DIAS, Maria Berenice. *Homoafetividade e direitos LGBTI*. cit., 2016, p. 99-100.
43. DIAS, Maria Berenice. *Homoafetividade e direitos LGBTI*. cit., 2016, p. 305.
44. Constituição Federal de 1988: "Art. 61. A iniciativa das leis complementares e ordinárias cabe a qualquer membro ou Comissão da Câmara dos Deputados, do Senado Federal ou do Congresso Nacional, ao Presidente da República, ao Supremo Tribunal Federal, aos Tribunais Superiores, ao Procurador-Geral da República e aos cidadãos, na forma e nos casos previstos nesta Constituição [...] § 2º A iniciativa popular pode ser exercida pela apresentação à Câmara dos Deputados de projeto de lei subscrito por, no mínimo, um por cento do eleitorado nacional, distribuído pelo menos por cinco Estados, com não menos de três décimos por cento dos eleitores de cada um deles".

(CDH), como a Sugestão 61/2017, em razão da legitimidade ativa universal, dispensada comprovação de pertinência temática, conferida ao CFOAB pelo art 7º do ato 01/2006 da CDH[45-46]. Desse modo, em 2018, a Sugestão 61/2017 obteve parecer favorável da relatora Marta Suplicy (PMDB/SP) e foi aprovado pela CDH, passando a tramitar como o atual PLS 134/2018[47].

Desse modo, o propósito do referido Estatuto, no dizer de Maria Berenice Dias, é construir um microssistema jurídico no intuito de promover normas afirmativas por meio de princípios e regras de conteúdo material e processual que visam consagrar a concretização do *Princípio da Igualdade* com respeito à diferença para a população LGBTI+ no sistema jurídico brasileiro[48].

Para tanto, no seu bojo, traz disposições gerais (relativas às nomenclaturas utilizadas e ao objetivo de combate à discriminação por expressão de sexualidade ou identidade de gênero, constante dos arts. 1º ao 3º), princípios fundamentais (art. 4º), direito à livre orientação sexual e identidade de gênero (arts. 5º ao 8º), direito à *Igualdade* e à *Não Discriminação* (arts. 9º ao 11), direito à *Convivência Familiar* (arts. 12 ao 17), direito à parentalidade (arts. 18 ao 30), direito à identidade de gênero (arts. 31 ao 43), direito à saúde (arts. 44 ao 50), direitos previdenciários (arts. 51 ao 55), direito à educação (arts. 56 ao 61), direito ao trabalho (arts. 63 ao 71), direito à moradia (arts. 72 ao 76), direito de acesso à justiça e à segurança (arts. 77 ao 88), tutela adequada dos meios de comunicação (arts. 89 ao 91), tutela adequada das relações de consumo (arts. 92 ao 96), crimes (arts. 97 ao 102) e políticas públicas (arts. 103 ao 105)[49].

Além disso, promove alterações na Lei de Introdução às Normas do Direito Brasileiro, no Código Civil, na Lei de Registros Públicos, no Estatuto da Criança e do Adolescente, na Regulação da Investigação de Paternidade, na Consolidação das Leis Trabalhistas, nos Planos de Benefícios da Previdência Social, na Regulamentação da Previdência Social, na Disposição do Regime Jurídico dos Servidores Públicos da União, das Autarquias e das Fundações Públicas Federais, na Regulamentação do Imposto de Renda, no Código

---

45. Ato da Comissão de Direitos Humanos e Legislação Participativa 01/2006: "Art. 7º Para atuar junto à Comissão de Direitos Humanos e Legislação Participativa as pessoas jurídicas legitimadas no art. 102-E, do Regimento Interno do Senado Federal, alterado pela Resolução n.º 1 de 2005, deverão observar o requisito de pertinência temática com a atividade da entidade. [...]§ 2º Partido político sem representação no Congresso Nacional, o Conselho Federal da OAB e suas Seccionais têm legitimação ativa universal em virtude de sua atuação e, portanto, não precisam observar à pertinência temática".
46. DIAS, Maria Berenice. *Homoafetividade e direitos LGBTI*. cit., 2016, p. 305.
47. BRASIL. Senado Federal. CDH acolhe sugestão de Estatuto da Diversidade Sexual. Publicado em 23 de maio de 2018, às 16h54min. Disponível em: https://www12.senado.leg.br/noticias/materias/2018/03/21/cdh-acolhe-sugestao-da-oab-sobre-estatuto-da-diversidade-sexual-e-de-genero. Acesso em: 15 dez. 2019.
48. Comenta, ainda, a autora que tal alternativa é a forma que os Estados Modernos têm encontrado para garantir a visibilidade e a segurança daquelas pessoas que sofrem algum tipo de discriminação no meio social. Razão, por exemplo, pela qual foram construídos o Código de Defesa do Consumidor, o Estatuto da Criança e do Adolescente, o Estatuto do Idoso, o Estatuto da Pessoa com Deficiência etc. (Cf. DIAS, Maria Berenice. *Homoafetividade e direitos LGBTI*. cit., 2016, p. 305).
49. BRASIL. Congresso Nacional. Projeto de Lei do Senado 134/2018. Institui o Estatuto da Diversidade Sexual e de Gênero. Disponível em: https://www25.senado.leg.br/web/atividade/materias/-/materia/132701. Acesso em: 15 dez. 2019.

Penal, no Código de Processo Penal, na Lei de Execuções Penais, no Código Penal Militar, no Estatuto dos Militares e na Lei de Racismo[50].

Tal iniciativa, portanto, pode-se dizer, consiste em uma tentativa de redução da vulnerabilização à qual está sujeita a população LGBTI+, tanto no meio social, quanto a sua reverberação no campo jurídico. No intuito de combater essa estigmatização recorre-se, então, à sedimentação daquilo que Bruno Galindo chama de um direito antidiscriminatório que, a partir do reconhecimento das diferenças, no intento de promover a *Igualdade Material*, atua para coibir condutas discriminatórias negativas e pejorativas e, ao mesmo tempo, para implementar políticas públicas de discriminação reversa ou positiva, a fim de garantir a plenitude do exercício da cidadania para aquelas pessoas que se encontram em situação de vulnerabilidade, propiciando-lhes uma igualdade de oportunidades[51].

À vista disso, é imperioso que o Poder Legislativo mobilize-se para garantir a aprovação dessa lei que se destina a uma regulamentação adequada dos mais variados aspectos que envolvem a tutela jurídica da população LGBTI+, visto que concentra, em si, de forma sistemática, aspectos atinentes a vários ramos do direito material e processual. Além do que, comprova a legitimidade e a necessidade da garantia de uma autonomia epistemológica de um ramo jurídico específico destinado ao estudo dos direitos próprios da diversidade sexual e de gênero, de modo a conferir a essas pessoas o merecido reconhecimento e emancipação que lhes é justo, tomando por base o respeito à *Liberdade* na expressão das suas sexualidades e das suas identidades de gênero em *Igualdade* de oportunidades com as demais pessoas.

4. CONSIDERAÇÕES FINAIS

1. A percepção de vulnerabilidade é inerente à condição humana, sendo, portanto, característica imanente de todas as pessoas. Contudo, alguns sujeitos, em razão de suas subjetividades e existências, são mais suscetíveis a sofrerem violações aos seus direitos fundamentais e da personalidade. Nessa toada, encontra-se a população LGBTI+ enquanto grupo vulnerado na sociedade, sobretudo em função do estigma fortemente presente em suas relações pessoais e da heterocisnormatividade hegemônica no contexto sociojurídico. À vista disso, entende-se como fundamental o movimento da doutrina, jurisprudência e legislação para efetivar a proteção integral da pessoa humana independente de uma heterossexualidade ou uma cisgeneridade compulsória.

2. No meio social, o caráter heterocisnormativo compulsório corrobora com uma situação de marginalização e invisibilização das existências públicas e legítimas daqueles que integram a população LGBTI+. Nesse diapasão, todas as construções sociais que dizem respeito ao exercício da sexualidade e aos padrões de gênero ignoram a pluralidade de manifestações que essas duas características podem

---

50. DIAS, Maria Berenice. *Homoafetividade e direitos LGBTI*. cit., 2016, p. 346-366, passim.
51. GALINDO, Bruno. O direito antidiscriminatório entre a forma e a substância: igualdade material e proteção de grupos vulneráveis pelo reconhecimento da diferença. In: FERRAZ, Carolina Valença; LEITE, Glauber Salomão (Coord.). *Direito à diversidade*. São Paulo: Atlas, 2015, p. 51.

apresentar em cada pessoa individualmente considerada. Em função disso, no âmbito jurídico, a consequência desse modelo de "normalidade" heterocisnormativa reverbera na maior dificuldade de aprovação de legislações que abarquem os direitos da população LGBTI+.

3. A atuação jurisprudencial vem representando um papel elementar para a concretização dos direitos fundamentais da população LGBTI+ no cenário jurídico brasileiro. Contudo, tais medidas, ainda que eficientes e eficazes, não podem e nem devem ser obtidas de forma meramente isolada, como se tem sido feito até então. Por essa razão, é imperioso que o Estado-Legislador seja sensibilizado com relação a tais questões, para que seja editada legislação específica que garanta, de forma integral e coerente, a salvaguarda dos direitos de lésbicas, *gays*, bissexuais, travestis, transexuais, transgêneros, intersexuais e demais categorias identitárias que compõem esse grupo social.

4. Vislumbra-se, então, a relevância da aprovação do Estatuto da Diversidade Sexual e de Gênero como uma medida indispensável para a consecução da cláusula geral de proteção da pessoa humana e, assim, efetivar a tutela da população LGBTI+ nas relações sociais, existenciais e patrimoniais, o que consistiria em um instrumento eficaz na busca de implementação da *Igualdade Material* na sociedade.

5. A aprovação e implementação do Estatuto da Diversidade Sexual e de Gênero será responsável por concentrar a regulamentação da matéria em uma norma autônoma e com natureza de microssistema, reforçando a ideia de se tutelar as vulnerabilidades de maneira precisa e específica. Ademais, também será responsável por promover o devido reconhecimento das particularidades da população LGBTI+ no ordenamento brasileiro e por sedimentar a pertinência de uma autonomia epistemológica do ramo jurídico que visa tutelar a diversidade sexual e de gênero.

5. REFERÊNCIAS

ALÓS, Anselmo Peres. Gênero, epistemologia e performatividade: estratégias pedagógicas de subversão. *Revista estudos feministas*, Florianópolis, v. 19, n. 2, p. 421-449, 2011. Disponível em: https://periodicos.ufsc.br/index.php/ref/article/view/S0104-026X2011000200007/19545. Acesso em 20 dez. 2019.

ANGONESE, Mônica; LAGO, Mara Coelho de Souza. Direitos e saúde reprodutiva para a população de travestis e transexuais: abjeção e esterilidade simbólica. *Saúde e Sociedade*, v. 26, p. 256-270, 2017. Disponível em: http://www.scielo.br/pdf/sausoc/v26n1/1984-0470-sausoc-26-01-00256.pdf. Acesso em: 27 out. 2017.

BARBOZA, Heloisa Helena. Vulnerabilidade e cuidado: aspectos jurídicos. In: PEREIRA, Tânia da Silva; OLIVEIRA, Guilherme de (Coord.). *Cuidado e vulnerabilidade*. São Paulo: Atlas, 2009.

BORTONI, Larissa. *Expectativa de vida de transexuais é de 35 anos, metade da média nacional*, Senado Notícias, Brasília, 2017. Disponível em: https://www12.senado.leg.br/noticias/especiais/especial-cidadania/expectativa-de-vida-de-transexuais-e-de-35-anos-metade-da-media-nacional/expectativa-de-vida-de-transexuais-e-de-35-anos-metade-da-media-nacional. Acesso em 11 mar. 2019.

BOURDIEU, Pierre. *A dominação masculina*. Trad. Maria Helana Kühner. 11. ed. Rio de Janeiro: Bertland Brasil, 2012.

BRASIL. Agência Nacional de Vigilância Sanitária. Resolução da Diretoria Colegiada n. 34, de 11 de junho de 2014. Dispõe sobre as Boas Práticas no Ciclo do Sangue. Disponível em: http://portal.anvisa.gov.br/documents/10181/2867975/%281%29RDC_34_2014_COMP.pdf/ddd1d629-50a5-4c5b-a3e-0-db9ab782f44a. Acesso em: 12 mar. 2020.

BRASIL. Congresso Nacional. Projeto de Lei do Senado 134/2018. Institui o Estatuto da Diversidade Sexual e de Gênero. Disponível em: https://www25.senado.leg.br/web/atividade/materias/-/materia/132701. Acesso em: 15 dez. 2019.

BRASIL. Comissão de Direitos Humanos e Legislação Participativa. Ato da Comissão de Direitos Humanos e Legislação Participativa 01/2006. Disponível em: http://www.senado.leg.br/comissoes/CDH/AtoRegulamentarCDH.pdf. Acesso em: 15 dez. 2019.

BRASIL. Constituição Federal (1988). Constituição da República Federativa do Brasil. Brasília: Senado, 1988. Disponível em: http://www.planalto.gov.br/ccivil_03/Constituicao/Constituicao.htm. Acesso em: 07 ago. 2018.

BRASIL. Ministério da Saúde. Portaria de Consolidação n. 5, de 28 de Setembro de 2017. Consolidação das normas sobre as ações e os serviços de saúde do Sistema Único de Saúde. Disponível em: https://portalarquivos2.saude.gov.br/images/pdf/2018/marco/29/PRC-5-Portaria-de-Consolida----o-n---5--de-28-de-setembro-de-2017.pdf. Acesso em: 12 mar. 2020.

BRASIL. Senado Federal. CDH acolhe sugestão de Estatuto da Diversidade Sexual. Publicado em 23 de maio de 2018, às 16h54min. Disponível em: https://www12.senado.leg.br/noticias/materias/2018/03/21/cdh-acolhe-sugestao-da-oab-sobre-estatuto-da-diversidade-sexual-e-de-genero. Acesso em: 15 dez. 2019.

BRASIL. Supremo Tribunal Federal. Ação Direta de Inconstitucionalidade por Omissão 26/DF. Relator: Ministro Celso de Mello. Data de Julgamento: 13/06/2019. Disponível em: http://portal.stf.jus.br/processos/detalhe.asp?incidente=4515053. Acesso em: 15 dez. 2019.

BRASIL. Supremo Tribunal Federal. Ação direta de inconstitucionalidade 4.275/DF. Relator: Ministro Marco Aurélio Mello. Data do Julgamento: 01/03/2018. Disponível em: https://portal.stf.jus.br/processos/downloadPeca.asp?id=15339649246&ext=.pdf. Acesso em:12 mar. 2019.

BRASIL. Supremo Tribunal Federal. Ação Direta de Inconstitucionalidade 4.277/DF. Relator: Ministro Ayres Britto. Data do Julgamento: 05/05/2011. Disponível em: http://jurisprudencia.s3.amazonaws.com/STF/IT/ADI_4277_DF_1319338828608.pdf?Signature=3tCKJor9pw22ndmfv2CkDfbIR-Xg%3D&Expires=1459737468&AWSAccessKeyId=AKIAIPM2XEMZACAXCMBA&response-content-type=application/pdf&x-amz-meta-md5-hash=82e72df83dc8520f9d7b7eeb704df7c6. Acesso em: 14 ago. 2018.

BRASIL. Supremo Tribunal Federal. Arguição de Descumprimento de Preceito Fundamental 132/RJ. Relator: Ministro Ayres Britto. Data do Julgamento: 05/05/2011. Disponível em: http://redir.stf.jus.br/paginadorpub/paginador.jsp?docTP=AC&docID=628633. Acesso em: 14 ago. 2018.

CALEIRO, João Pedro. Jean Wyllys diz que desistiu de mandato e vai deixar Brasil após ameaças. Publicado em 24 jan. 2019. Disponível em: https://exame.abril.com.br/brasil/jean-wyllys-diz-que-desistiu-de--mandato-e-vai-deixar-brasil-apos-ameacas/. Acesso em: 07 abr. 2019.

COSTA, Bruno. Quem são os LGBTs eleitos em 2018. Publicado em 9 out. 2018. Disponível em: https://www.vice.com/pt_br/article/wj97zy/quem-sao-os-lgbts-eleitos-em-2018. Acesso em: 07 abr. 2019.

DEARO, Guilherme. Número de candidatos LGBT cresce 386% em 2018, diz pesquisa. Publicado em 29 ago. 2018. Disponível em: https://exame.abril.com.br/brasil/eleicoes-2018-numero-de-candidatos-lgbt-cresce-386/. Acesso em: 07 abr. 2019.

DIAS, Maria Berenice. *Homoafetividade e direitos LGBTI*. 7. ed. São Paulo: Ed. RT, 2016.

DIAS, Maria Berenice. Rumo a um novo direito. In: DIAS, Maria Berenice (Coord.). *Diversidade sexual e direito homoafetivo*. 3. ed. São Paulo: Ed. RT, 2017.

GALINDO, Bruno. O direito antidiscriminatório entre a forma e a substância: igualdade material e proteção de grupos vulneráveis pelo reconhecimento da diferença. In: FERRAZ, Carolina Valença; LEITE, Glauber Salomão (Coord.). *Direito à diversidade*. São Paulo: Atlas, 2015.

GOFFMAN, Erving. *Estigma*: notas sobre a manipulação da identidade deteriorada. Trad. de Márcia Bandeira de Mello Leite Nunes. 4 ed. Rio de Janeiro: LTC, 2017.

GRUPO GAY DA BAHIA. Relatório 2018: mortes violentas da população LGBT+ no Brasil. Disponível em: https://grupogaydabahia.files.wordpress.com/2020/03/relatorio-2018.pdf. Acesso em: 21 abr. 2020.

IKEMOTO, Luisa. Transexuais e travestis sofrem violência dentro de casa. *Correio braziliense*, Brasília. Disponível em: http://especiais.correiobraziliense.com.br/transexuais-e-travestis-sofrem-violencia-dentro-de-casa. Acesso em: 04 dez. 2017.

MELKEVIK, Bjarne. Vulnerabilidade, direito e autonomia: um ensaio sobre o sujeito de direito. Trad. Nevita Maria Pessoa de Aquino Franca Luna. *Revista da Faculdade de Direito da UFMG*, n. 71, p. 639-674, 2018. Disponível em: https://www.direito.ufmg.br/revista/index.php/revista/article/view/1877/1779. Acesso em: 19 abr. 2020.

PEDRA, Caio Benevides. *Acesso a cidadania por travestis e transexuais no Brasil*: um panorama da atuação do Estado no enfrentamento de exclusões. 2018. 274 f. Dissertação (Mestrado em Administração Pública) – Fundação João Pinheiro, Escola de Governo Professor Paulo Neves de Carvalho, 2018, p. 53. Disponível em: http://tede.fjp.mg.gov.br/bitstream/tede/381/2/FJP05-000415.pdf. Acesso em: 21 abr. 2020.

PEREIRA. Cleyton Feitosa. Barreiras à ambição e à representação política da população LGBT no Brasil, *Revista Ártemis*, João Pessoa, v. 24, n. 1, p. 120-131, 2017. Disponível em: http://www.periodicos.ufpb.br/index.php/artemis/article/view/35710/19262. Acesso em: 07 abr. 2019.

PEREIRA, Fabio Queiroz; GOMES, Jordhana Maria Costa. Pobreza e gênero: a marginalização de travestis e transexuais pelo direito. *Revista Direitos Fundamentais e Democracia*, Curitiba, v. 22, n. 2, p. 210-224, 2017. Disponível em: http://revistaeletronicardfd.unibrasil.com.br/index.php/rdfd/article/view/800. Acesso em: 03 dez. 2017.

PEREIRA, Paula Moura Francesconi de Lemos; ALMEIDA, Vitor. *Doação de sangue, solidariedade social e orientação sexual*: repercussões do julgamento da ADI 5.543 em tempos de pandemia. Disponível em: https://migalhas.com.br/coluna/migalhas-de-vulnerabilidade/327568/doacao-de-sangue-solidariedade-social-e-orientacao-sexual-repercussoes-do-julgamento-da-adi-5543-em-tempos-de-pandemia. Acesso em: 25 maio 2020.

PRINS, Baukje; MEIJER, Irene Costera. Como os corpos se tornam matéria: entrevista com Judith Butler. *Revista Estudos Feministas*, Florianópolis, v. 10, n. 1, p. 155-167, 2002, p. 161. Disponível em: http://www.scielo.br/pdf/ref/v10n1/11634.pdf. Acesso em: 11 jul. 2019.

QUEIROGA, Louise. Medida Provisória assinada por Bolsonaro não explicita diretrizes para população LGBTI. *O Globo Sociedade*. Publicado em 03 de janeiro de 2019, às 08h 27min. Disponível em: https://oglobo.globo.com/sociedade/medida-provisoria-assinada-por-bolsonaro-nao-explicita-diretrizes-para-populacao-lgbti-23341254. Acesso em 2020.

RAGO, Margareth. Epistemologia feminista, gênero e história. In: GROSSI, Miriam Pilar; PEDRO, Joana Maria (Org.). *Masculino, feminino, plural*. 1. ed. Florianópolis: Editora Mulheres, 1998. Disponível em: http://files.mudem.webnode.com/200000074-71426723a2/Epistemologia%20feminista,%20g%C3%AAnero%20e%20hist%C3%B3ria.pdf. Acesso em: 20 dez. 2019.

RAMOS, Elival da Silva. *Ativismo judicial*: parâmetros dogmáticos. São Paulo: Saraiva, 2015.

SCHRAMM, Fermin Roland. Bioética da Proteção: ferramenta válida para enfrentar problemas morais na era da globalização. *Revista Bioética*, v. 16, 1, p. 11-23, 2008. Disponível em: https://www.ghc.com.br/files/BIOETICA%20DE%20PROTECAO.pdf. Acesso em: 18 abr. 2020.

SILVA JÚNIOR, Enézio de Deus. Diversidade sexual e suas nomenclaturas. In: DIAS, Maria Berenice (Coord.). *Diversidade sexual e direito homoafetivo*. São Paulo: Ed. RT, 2011.

SILVA NETTO, Manuel Camelo Ferreira da; MOREIRA, Mateus Henrique Cavendish; FERREIRA, Vinícius José Passos. O arco-íris manchado de sangue: as mortes da população LGBT+ sob a ótica de uma heterocisnormatividade perversa e os debates em torno da criminalização da LGBTfobia no Brasil. In: FERRAZ, Carolina Valença; DANTAS, Carlos Henrique Félix; SILVA NETTO, Manuel Camelo Ferreira da; CHAVES, Marianna (Coord.). *Direito e morte*. Belo Horizonte: Letramento, 2020.

STRECK, Lenio Luiz. O rubicão e os quatro ovos do condor: de novo, o que é ativismo? *Revista Consultor Jurídico*. Publicado em 7 de janeiro de 2016, às 8h 40 min. Disponível em: https://www.conjur.com.br/2016-jan-07/senso-incomum-rubicao-quatro-ovos-condor-ativismo. Acesso em: 19 ago. 2018.

TRANSRESPECT VERSUS TRANSPHOBIA WORLDWIDE. TvT TMM Update. Trans Day of Remembrance 2018: 369 reported murders of trans and gender-diverse people between 1 October 2017 and 30 September 2018. Disponível em: https://transrespect.org/wp-content/uploads/2018/11/TvT_TMM_TDoR2018_PR_EN.pdf. Acesso em: 21 abr. 2020.

A VULNERABILIDADE JURÍDICA DAS FAMÍLIAS TRANSNACIONAIS

Dimitre Braga Soares de Carvalho

Pós-Doutor em Direito pelo Programa de Pós-Graduação em Direito da Universidade Federal de Pernambuco – PPGD/UFPE. Professor Adjunto III da Universidade Federal do Rio Grande do Norte – UFRN e da UNIFACISA. Membro do Grupo de Pesquisa Constitucionalização das Relações Privadas – CONREP. Advogado.

Sumário: 1. Introdução. 2. Família: vulnerabilidade e pluralidade. 3. As famílias internacionais em sua conceituação e abrangência. 4. Singularidades e universalidades do direito de família nos diferentes países. 5. Conclusões. 6. Referências.

1. INTRODUÇÃO

O fenômeno das migrações internacionais de pessoas tem dado origem a multiplicação das famílias transacionais. Como consequência, os problemas em Direito Internacional Privado de família também aumentam. A internacionalização do núcleo familiar tem provocado um desdobramento no número de rupturas familiares transnacionais, seja por divórcio, seja por dissolução de uniões estáveis.

Além dos problemas tradicionais e complexos do Direito de Família, quando isso acontece na esfera internacional, tem-se o agravante de um embate entre pelo menos duas competências processuais distintas, limites entre fronteiras, soberanias díspares, ordens públicas diferentes, além dos interesses familiares de mulheres, crianças, adolescentes, público tradicionalmente formado por vulneráveis, associados a questões de competência processual, disputa de bens, dificuldade no cumprimento de demandas internacionais e o conflito entre, pelo menos, duas legislações de países diferentes.

O multiculturalismo, entendido como o fenômeno cultura da convivência pacífica de várias culturas e várias nacionalidades (em seus mais largos aspectos) é a senha para compreensão da amplitude das relações de entidades familiares transnacionais na pós-modernidade, sobretudo no entendimento, construção e reconhecimento de vínculos de afeto e de família para além das fronteiras nacionais. A tecnologia, a diminuição das distancias e a grande velocidade nas comunicações, possibilitam o alargamento de relações familiares entre pessoas de países e culturas tão distantes. Por conseguinte, resta necessária a emergência de mecanismos interpretativos capazes de dar vazão às demandas jurídicas decorrentes do reconhecimento pleno da multiplicidade de normas, costumes e regras jurídicas sobre direito de família, muitas das vezes tão distintas umas das outras.

De modo geral, a condição jurídica do estrangeiro vem sendo pouco analisada na doutrina brasileira, sobretudo no âmbito da perspectiva civilista, ainda muito associada exclusivamente ao contexto do Direito Internacional. O Direito de Família brasileiro vem passando ao largo de questões mais aprofundadas sobre a matéria, a despeito do crescimento exponencial de casos e estudos voltados para solução de casos específicos na jurisprudência. A importância e a compreensão dos chamados "elementos de conexão", passa a ser decisivo para o deslinde dessas questões.

Como recorda Jean E. B. Nicolau:

> O contato entre pessoas de diferentes nacionalidades (elementos de conexão) pode suscitar o conflito de normas que, apesar de emanadas de ordenamentos jurídicos distintos, são passíveis de aplicação ao mesmo caso concreto. Esta é a razão pela qual foram desenvolvidas formas para solucionar tais problemas relacionados ao direito internacional privado.[1]

A entrada no território nacional de estrangeiro, a saída do nativo para outro país e as hipóteses de permanência de grupos familiares em outras nações implicam, por sua própria natureza, aspectos de vulnerabilidade social e jurídica.

Atualmente, as características mais relevantes da vulnerabilidade das famílias transnacionais são a filiação e suas presunções, o tratamento da adoção internacional, os direitos das crianças e adolescentes no âmbito transnacional, o reagrupamento familiar, a guarda internacional de crianças e as regras sobre sucessão internacional.

Ainda, parece necessária uma breve reflexão sobre a questão particular das mulheres migrantes. Diante da fragilidade social em que as mesmas se encontram, após a dissolução familiar, muitas delas acabam por voltar para seus países de origem, trazendo consigo seus filhos, sem a autorização dos pais, gerando ainda mais conflitos relacionados à guarda, visitação e alimentos internacionais.

2. FAMÍLIA: VULNERABILIDADE E PLURALIDADE

É certo que os conceitos de generalização, globalização, internacionalização e mundialização, os quais eram eminentemente acadêmicos, agora passam a figurar no rol de propriedades aplicáveis aos direitos privados contemporâneos. O sistemático lançamento/divulgação de produtos pelas grandes empresas, geram mecanismos de harmonização e homogeneização dos conceitos e parâmetros em nível global, aí incluídas as relações interpessoais e familiares[2].

O fluxo de capitais, a circulação de pessoas (através dos mais variados tipos de movimentos migratórios) e, principalmente, a veiculação instantânea de informações, confluem para o que parece ser um ideal de similaridade e significância em padrão internacional no que tange às relações de igualdade entre as pessoas e as famílias[3].

---

1. NICOLAU, Jean E. B. A condição do estrangeiro em vista do direito ao reagrupamento familiar. In: MÔNACO, Gustavo Ferraz de Campos; FULCHIRON, Hugues (Org.). *Famílias Internacionais*: seus direitos e seus deveres. São Paulo: Intelecto Editora, 2016, p. 45.
2. A cultura de massas demonstra exercer importante influência sobre o comportamento social, com consequências sobre a família. A padronização nas atividades desenvolvidas, nos produtos consumidos, no estilo de vida etc., terminam por sugerir uma padronização da própria família.
3. Bastante interessante perceber como a evolução tecnológica transfere valores a praticamente todas as sociedades do mundo, gerando uma rede de similaridades em termos culturais. Nesse sentido: "Um importante componente que deflui dessa realidade se traduz pelo fenômeno do multiculturalismo representado por fatores de transferência cultural, os quais, a despeito do processo e 'homogeneização da saciedade industrial', tipificado como 'aldeia global'

Resta patente, então, que os mais recentes fenômenos sociais, e mesmo os fluxos de transferência de capital via multinacionais exercem influência sobre o conteúdo de direitos nacionais de família, alterando, de certo modo, a ordem lógica e cronológica da evolução social.

Percebe-se que há uma necessidade de se afirmar a perene importância dos direitos civis e políticos que continuam tendo a mesma relevância que tiveram em épocas anteriores, acrescida da necessidade premente de se reverter o atual quadro de aumento da exclusão e da marginalização social de refugiados e de se buscar uma maior vigência dos direitos econômicos, sociais e culturais para esses grupos específicos.

As relações de família são, portanto, amplamente afetadas pelas transformações da globalização, que abre espaço para as manifestações plurais de comportamento. Nesse contexto se insere a vulnerabilidade das famílias transnacionais. Por vulnerável, se compreende a fragilidade ínsita a determinada relação ou situação, caracterizada por uma premente característica de dificuldade no pleno exercício de direitos e deveres por determinadas pessoas ou grupos sociais.

Perceptível, destarte, a necessidade de se repensar as normas de direito utilizadas na interpretação de relações familiares transnacionais, haja vista a ruptura com os parâmetros tradicionais de organização familiar. Se o conceito familiar internacional muda ao longo do tempo, necessariamente, devem mudar também os critérios de igualdade aplicáveis pelo Direito Civil. Os institutos jurídicos existentes no nosso ordenamento devem ser, progressivamente, adaptados às situações de conflitos familiares transnacionais.

O mundo contemporâneo requer a adequação do fenômeno de internacionalização de Direitos Humanos às normas de direito interno. Assim, novos temas como a igualdade de gênero, a democratização de uniões livres, a reconstrução do parâmetro parental, a socioafetividade, a inseminação artificial ou as uniões homoafetivas incrementam o debate que descamba, também, no reconhecimento das famílias transnacionais.

Dentro da nova perspectiva, então, estabelece-se o direito a ter uma família (seja qual for sua formatação), direito a ter respeitados direitos individuais personalíssimos e intransferíveis, direito à identidade familiar (seja qual for sua origem), direito à reconhecida significação afetivo-familiar (que enquadra o indivíduo, dentro de seu ambiente familiar, como sendo cidadão do mundo e, assim, sujeito de direitos.

Percebe-se, desse modo, que existe a premente necessidade de se atingir novas áreas dos Direitos para abraçar hipóteses que antes seriam tidas por excepcionais e, por este mesmo motivo, desprovidas de atenção. O multiculturalismo reinventa, de forma impositiva, o próprio Direito de Família brasileiro.[4]

---

por *Raymond Aron* e outros sociólogos norte-americanos". BOUCAULT, Carlos. Multiculturalismo e direito de família nas normas de direito internacional privado. *Anais do III Congresso Brasileiro de Direito de Família*. Belo Horizonte: Magister, 2011. p. 163-164.

4. O pluralismo cultural desmantela e reinventa a ordem social, cabendo, logo, imperiosa reforma jurídica. Nesse sentido: "Sucede que a vida familiar, expressão de formas opressivas de estruturas sociais, afirma-se na temática contemporânea como sede de liberdade individual, de identidade cultural, e encontra nos grupos sociais específicos e no pluralismo cultural as bases de internacionalização dos Direitos Humanos para construir aspirações alusivas à constituição de novos direitos, em detrimento de atingir deveres." BOUCAULT, Carlos. Multiculturalismo e direito

Certamente, questões como o matrimônio formal, casamento informal, relações monogâmicas ou poligâmicas, alimentos e adoção, que são institutos puramente de Direito de Família, revelam também natureza de estatuto pessoal com aplicação para ramos díspares, inclusive para o Direito Internacional. Como nosso sistema jurídico vai se comportar diante destas transformações cada vez mais rápidas e frequentes deve ser objeto de análise pelos profissionais da área.

A nacionalidade do pai, da mãe, da criança, a diferença de nacionalidade entre os cônjuges, a lei nacional aplicada a convenções matrimoniais, o premente dilema do regime de bens, o reconhecimento de sociedades afetivas não tradicionais, e as formas de dissolução da sociedade conjugal revelam problemáticas intemporais e extraterritoriais a serem sanadas pela moderna visão do direito.

O próprio fenômeno migratório, diante de sua flagrante heterogeneidade, situa pessoas de diferentes níveis sócias, culturais e econômicos para se deparar com um mesmo estatuto normativo. É fundamental que se questione sobre a aplicabilidade das ideias de igualdade para estas pessoas. Será que elas têm seus direitos respeitados como cidadãos? Será que o princípio da dignidade se aplica a estas pessoas e suas famílias? O direito à liberdade afetiva e familiar será plenamente tutelado?

Em suma, as migrações (não apenas de pessoas, mas de valores, de mercadorias, de consumo, de padrões de comportamento etc.) promovem, inegavelmente, uma crescente internacionalização das relações familiares e seus efeitos são universais. Nas palavras de Carlos Bocault, temos que:

> A problemática não escapa à realidade brasileira: "O Brasil, apesar dos emigrantes brasileiros que alteram as estatísticas concitárias nas últimas décadas, constitui-se um exemplo eloquente do que se descreve nesse contexto, obviando-se as crises matrimoniais entre estrangeiros, cabendo-se indagar como o legislador estrangeiro pode optar, para regulação desses fatos, num amplo leque de possibilidades e adaptar nosso ordenamento a esse contexto progressivamente multicultural.[5]

No caso da legislação brasileira, o anacronismo é gritante. Por exemplo, a principal fonte de normas de Direito Internacional Privado, aplicável a temática das famílias, é a Lei de Introdução às Normas Brasileiras (antiga Lei de Introdução ao Código Civil, LICC, de 1942), que mesmo com a entrada em vigor do Código Civil em 2002 ainda se aplica a estes conflitos. Os direitos de domicílio e de soberania nacional, mesmo em casos de família transnacionais, ainda são regidos pela norma clássica do século passado.

Sobre a precariedade da legislação brasileira sobre o tema, são necessárias as reflexões de Patrícia Nabuco Martuscelli:

> O Brasil possui uma política que tende a facilitar a reunião familiar de refugiados se tomamos como referência políticas mais restritivas adotadas por outros países. O Brasil adota uma definição de família mais ampla que inclui ascendentes, descendentes, cônjuges e demais familiares desde que comprovada a dependência econômica. Além disso, o país possui um procedimento facilitado de reunião familiar sem a necessidade de exames de DNA. A Lei de Migrações (13.445/2017) também reconhece

---

de família nas normas de direito internacional privado. *Anais do III Congresso Brasileiro de Direito de Família*. Belo Horizonte: Magister, 2011, p. 165.

5. BOUCAULT, Carlos. Multiculturalismo e direito de família nas normas de direito internacional privado. *Anais do III Congresso Brasileiro de Direito de Família*. Belo Horizonte: Magister, 2011, p. 168.

um direito à reunião familiar para imigrantes permanentes no Brasil (o que inclui refugiados) e eleva a reunião familiar como princípio da política migratória brasileira. Mas nem tudo são flores para aqueles que buscam a reunião familiar no Brasil. Na verdade, a pesquisa de doutorado conduzida por mim no Departamento de Ciência Política da Universidade de São Paulo, intitulada 'Refúgio significa saudades': A Política Brasileira de Reunião Familiar de Refugiados em Perspectiva Comparada (1997-2018), mostra que os refugiados no país enfrentam vários desafios que levam à separação prolongada entre famílias.[6]

E segue a professora da Universidade de São Paulo, apontando a fragilidade do regramento brasileiro sobre o tema:

> É difícil para os refugiados trazerem as famílias para o Brasil porque o procedimento de reunião familiar garante muito poder para agentes consulares que não possuem um treinamento específico sobre o tema do refúgio. Pelo contrário, eles são treinados para proteger a segurança e a soberania nacionais. Assim, quando um familiar de um refugiado solicita o visto no posto consular, ele tende a ser percebido como qualquer solicitante de visto. Ou seja, não é considerado que esse familiar pode auxiliar o processo de integração local de pessoas que já recebem a proteção do refúgio no país e que não podem voltar para seu país de origem. Enquanto o tema da reunião familiar não for considerado como parte integral da política para refugiados, os refugiados continuarão a pergunta por que é difícil trazer a família aqui. O caráter progressista da legislação brasileira não se revela na prática cotidiana. O primeiro ponto que dificulta o processo de reunião familiar para refugiados se relaciona com as mudanças sutis na legislação que ocorreram principalmente depois de 2017. A primeira delas foi negar que refugiados que vieram por reunião familiar possam solicitar a reunião familiar como uma forma de impedir a migração em cadeia. A segunda ocorreu com a regulamentação da Lei 13.445 por meio da Portaria Interministerial 12/2018 que restringiu a definição de família em comparação com aquela que era adotada até então. Finalmente, a resolução 27/2018 adotada em 31 de outubro de 2018 pelo Comitê Nacional para os Refugiados (CONARE) transferiu o processo de visto de reunião familiar para fora do país, dando maior poder para os funcionários dos postos consulares brasileiros no exterior e tirando o protagonismo do refugiado que está no país e pode pedir ajuda para organizações em caso de necessidade. Essa Resolução substituiu a Resolução Normativa 16/2013 que tinha consolidado o processo no qual o visto de reunião familiar era solicitado pelo refugiado via CONARE no Brasil. Essa resolução também mencionava explicitamente que o CONARE levaria em consideração aspectos sociais, culturais e afetivos para estabelecer padrões de reunião familiar. Essa consideração não está na Resolução 27/2018 atualmente em vigor.[7]

Denota-se claro que a problemática do pluralismo traz consigo um outro debate: a questão da inclusão das famílias transnacionais e suas vivências, raízes históricas, preceitos culturais, antropológicos e religiosos sobre a configuração das relações familiares, vínculos de afeto e Direito de Família[8].

---

6. MARTUSCELLI, Patrícia Nabuco. *Refugiados têm direito, mas não conseguem trazer família para o Brasil*. Disponível em: https://www.migramundo.com/refugiados-tem-direito-mas-nao-conseguem-trazer-familia-para-o-brasil/. Acesso em: 14 maio 2020.
7. MARTUSCELLI, Patrícia Nabuco. *Refugiados têm direito, mas não conseguem trazer família para o Brasil*. Disponível em: https://www.migramundo.com/refugiados-tem-direito-mas-nao-conseguem-trazer-familia-para-o-brasil/. Acesso em: 14 maio 2020.
8. A problemática da exclusão social não deixa de revelar o lado um tanto sombrio da existência humana. A ideia da barbárie, como descrita por *Hanna Arendt* acompanha a evolução da história humana. Afastar plenamente esse aspecto da natureza humana não parece ser possível, nem mesmo com a difusão de práticas humanitárias mundo afora. Nesse sentido: "É certo que o homem jamais domesticará por completo o lobo que repousa nele próprio. Sabemos também o quanto custa a uma sociedade extirpar radicalmente sua parte maldita. Por isso, o ideal de uma sociedade livre, justa e fraterna, antes de indicar nosso triunfo, talvez seja uma maneira de atestar a nossa ruína. Como falar em liberdade e em direitos num mundo assolado pelo aspecto do egoísmo e da moral do interesse? Por que temos a tendência a defender com mais volúpia nossos direitos do que aqueles que se referem ao outro? Quem é esse outro, às vezes tão próximo, às vezes tão estranho anos mesmos?" PEQUENO, Marconi José P. Filosofia dos Direitos humanos. In: TOSI, Giuseppe Tosi (Org). *Direitos Humanos, história, teoria e prática*. João Pessoa: Editora Universitária, 2005, p. 181.

A prática da inclusão exige que se realize uma mudança radical de princípios, exemplificado pela aceitação da diferença individual, a valorização das contribuições individuais, e, principalmente, a convivência dentro da diversidade humana.

A questão do multiculturalismo envolve, finalmente, outras áreas a serem analisadas. A da pobreza, certamente, é um dos fatores mais importantes. A questão de formação familiar perpassa diretamente sobre o aspecto socioeconômico.[9] A formação familiar em ambientes pobres gera situações significativamente delicadas. Não se quer dizer, entretanto, que a pobreza e miséria, questões endêmicas em países subdesenvolvidos como o Brasil, seja fruto de questões multiculturais e do aspecto globalizante da economia. Mas, certamente, as diferenças econômicas refletem distorções nas concepções de família, que geram desigualdades. Estas desigualdades não podem ser aceitas dentro da perspectiva do sistema normativo brasileiro[10].

A questão da vulnerabilidade específica do migrante é tema que merece, portanto, redobrada atenção. Conforme leciona Camila Oliveira da Costa:

> Durante os séculos XX e XXI, o fenômeno das migrações internacionais restou altamente intensificado. A busca por uma vida melhor, independentemente sob qual aspecto, seja familiar, profissional, de saúde e qualidade de vida, ou de ensino, afetam as mudanças de domicílio e nacionalidade no mundo, independentemente do gênero. Esses migrantes já vêm de uma situação de vulnerabilidade social em um território anterior. Vulnerabilidade esta, socialmente falando, representada nos indivíduos que possuem algum tipo de condição social, política, cultural, étnica, econômica, de saúde, ou educacional diferente de outras pessoas, resultando em uma situação de desigualdade. Esse vértice pode englobar o ser humano em muitas dimensões. Os migrantes, sejam eles refugiados ou não, são considerados vulneráveis por aparecerem como um alvo mais facilmente fragilizado em algum aspecto social, condição esta geralmente presente antes mesmo da migração, como também em razão das novas realidades a serem enfrentadas, diferentes daquela que conhece. Os migrantes, em sua maioria, possuem mais problemas para conquistar seu espaço no país de destino, sejam nas relações pessoais, sociais, culturais, religiosas, ou trabalhistas[11].
>
> Não que o migrante seja sempre mais frágil que o não migrante. Todavia, repetidamente, se encontraram em situação de um, ou múltiplos, aspecto(s) de dificuldade. Até mesmo quando possuem boas condições financeiras ou de trabalho as probabilidades de sofrerem discriminação por motivos xenofóbicos são altas. Várias são as vulnerabilidades que podem ser enfrentadas, no geral por motivos de documentação; violações de direitos humanos; dependência econômica de familiares no seu local de origem; limites a direitos sociais e de cidadão; adaptação às diferenças culturais, linguísticas, religiosas; xenofobia; perda de referenciais identitários; e de emprego.[12]

---

9. "Além da falta de ambiente de afeto e amor humano, outra circunstância extremamente maléfica para o processo formativo do ser humano é a pobreza. O Prêmio Nobel de Economia *Amartya Sen* define pobreza de forma mais ampla, não apenas como a falta de recursos econômicos, mas também como 'privação de capacidades'. Essa privação pode ser tão acentuada que pode privar o ser humano de sua capacidade de atingir um patamar mínimo da própria humanidade." ALMEIDA, Guilherme Assis de; CHRISTIMANN, Martha Ochsenhofer. *Ética e direito*: uma perspectiva integrada. São Paulo: Atlas, 2009, p. 39.
10. A complexidade da questão da pobreza é tão abrangente que envolve praticamente todas as áreas das ciências sociais. "A pobreza é um problema complexo e multidimensional, com origem, ao mesmo tempo, na área nacional e internacional". ALMEIDA, Guilherme Assis de; CHRISTIMANN, Martha Ochsenhofer. *Ética e direito*: uma perspectiva integrada. São Paulo: Atlas, 2009, p. 40.
11. MARINUCI, Roberto; LUSSI, Carmem. *Vulnerabilidade social em contexto migratório*. Disponível em: encurtador.com.br/pAD23. Acesso em: 01 abr. 2019.
12. COSTA, Camila Oliveira. *A questão de gênero na subtração internacional de crianças por mulheres brasileiras*. Disponível em: encurtador.com.br/dhAQX. Acesso em: 14 maio 2020.

A busca por um parâmetro que sirva de elemento identificador para tratar de modo igualitário as questões das novas formações de família transnacionais, portanto, não pode ser discutida sem uma devida análise dos fatores históricos, sociais, humanos, culturais e, de modo especial, o aspecto econômico. Somente através da análise profunda e conjunta do fenômeno jurídico e da complexidade social aí envolvido, será possível enfrentar a vulnerabilidade de famílias transnacionais.[13]

3. AS FAMÍLIAS INTERNACIONAIS EM SUA CONCEITUAÇÃO E ABRANGÊNCIA

Desde a origem da vida, o ser humano é nômade. Entretanto, nunca foi tão itinerante como na atualidade. Os fenômenos globais, em especial a facilitação no transporte humano a longas distâncias, têm impactado não somente as relações de contrato, comércio e economia, mas também as relações privadas familiares. O Direito de Família tem sido, por séculos, afetado pela constituição das famílias internacionais, aquelas que são afetadas por normas jurídicas de mais um país ou tratado internacional, dependendo da legislação de duas ou mais jurisdições. Dessa forma, a movimentação das pessoas entre países faz nascer casamentos e uniões estáveis internacionais, filhos com dupla nacionalidade, filhos de pais com nacionalidades, e muitas vezes domicílios, distintos. Conforme Nádia de Araújo:

> A família moderna enseja inúmeras repercussões no plano internacional. No limiar deste novo milênio, no qual a comunicação global é um dos traços característicos da sociedade, tendem a aumentar as ocorrências de famílias transnacionais, e por conseguinte as questões de direito internacional privado[14].

Com o fortalecimento das migrações e o crescimento das famílias transnacionais, há, consequentemente, o aumento de conflitos e desordens nestes tipos de famílias, como em qualquer outra. Se o tradicional Direito de Família impõe questões de difícil solução com relação a divórcio, regime de bens, guarda e visitação, alimentos, sucessões, os problemas se tornam ainda mais complicados quando se acrescenta grandes distâncias geográficas, duas ou mais leis materiais de ordenamentos diferentes, normas processuais derivadas de tratados ou acordos internacionais.

---

13. "É certo que a questão filosófica dos direitos humanos não pode ser dissociada do estudo dos problemas históricos, sociais, econômicos e jurídicos inerentes à sua realização. Por outro lado, convém recolocar em discussão a pertinência de tal fundamentação começando pelas seguintes indagações: até que ponto o problema do fundamento dos direitos humanos torna-se prioritário na época em que vivemos? Ou ainda, como instituir um fundamento universal capaz de sustentar o peso da diversidade de culturas, hábitos, costumes, convenções e comportamentos próprios às inúmeras sociedades humanas? Em face de tais dificuldades, seria cabível compartilhar do ponto de vista de Norberto Bobbio, para quem: 'o problema grave do nosso tempo, com relação aos direitos humanos, não é mais o de fundamentá-los e sim o de protegê-los' (BOBBIO, 1992)? Ora, a ideia de que devemos protegê-los pressupõe a aceitação de que tais direitos já estão implantados na consciência da humanidade (ou pelo menos em parte dela). O problema então, é de outra ordem: em que sentido podemos afirmar que os direitos humanos já adquiriram estatuto de cidadania, aceitação tácita e plena efetivação na comunidade de nações? Trata-se de algo consensual e absolutamente livre de controvérsias sobre seu valor e eficácia?" PEQUENO, Marconi José P. Filosofia dos Direitos humanos. In: TOSI, Giuseppe (Org.). *Direitos Humanos, história, teoria e prática*. João Pessoa: Editora Universitária, 2005, p. 370.
14. ARAÚJO, Nadia de. *Direito Internacional Privado*: teoria e prática brasileira. 6. ed. São Paulo: Ed. RT, 2016. p. 463. (ebook).

Nessa óptica, tais indivíduos estarão sujeitos a mais de uma ordem jurídica. Os conflitos de leis que decorrem daí são complexos e exigem um sistema de elementos de conexão, direitos adquiridos e exceções à aplicação do direito estrangeiro capaz de solucioná-los de modo descomplicado e efetivo, garantindo segurança jurídica para as partes interessadas.

Além disso, esse tipo de família impõe ainda outra dificuldade além do aspecto transfronteiriço: as diferenças culturais, levando-se em conta que a família é o centro de difusão dos aspectos culturais, que passam de geração em geração. Os entrelaçamentos culturais dificultam ainda mais a aplicação do tradicional Direito de Família, especialmente nas suas formas transnacionais e pluridomiciliadas, ou seja, as em que seus membros possuem mais de um domicílio. A quebra das demarcações geográficas transforma as relações interpessoais.

Nesta seara, Direito Internacional e Direito Privado se unem para determinar, primeiramente, qual jurisdição será responsável por julgar o eventual caso concreto. Em segundo lugar, analisada a jurisdição, diversos institutos próprios do Direito Internacional Privado (DIPr), como os elementos de conexão, deverão ser utilizados para definir qual a norma (e de qual país), em termos de lei material, deve incidir sobre a situação. É a regulação dos conflitos interespaciais feita, no Brasil, especialmente pela Lei de Introdução às normas do Direito Brasileiro (LINDB), que irá ditar o elemento de conexão, ou seja, o parâmetro que será considerado para informar o local que ditará a norma a ser aplicada, comumente definido em conformidade com o domicílio das partes envolvidas.

O art. 7º da Lei de Introdução às Normas do Direito Brasileiro – LINDB escolheu a lei do domicílio das partes como conector geral para reger as relações referentes aos Direitos de Família, havendo ainda uma série de outros elementos de conexão complementares para o casamento e a sucessão, que nem sempre funcionam, como no caso das famílias pluridomiciliadas. Considere-se, ainda, que existem também tratados internacionais sobre temas relativos a vários assuntos pertinentes ao Direito de Família, como proteção às crianças e adolescentes[15], adoção internacional[16], alimentos e sua execução[17], guarda e sequestro internacional de crianças[18].

Os problemas são vários: casamento/união estável internacional (que vão desde a lei que regerá a celebração e os impedimentos, à lei do regime de bens); divórcio internacional, partilha e o seu reconhecimento em outros países; guarda e sequestro internacional de crianças; direito aos alimentos e sua execução; adoção; tutela e curatela; sucessão de bens em vários Estados. O assunto não se esgota aí, tendo em vista que os assuntos em Direito Internacional estão sempre interligados, dependendo muitas vezes da cooperação jurídica internacional e do reconhecimento de decisões/sentenças estrangeiras.

---

15. Declaração dos Direitos da Criança; Convenção de Haia sobre os Direitos da Criança – 1990.
16. Convenção Interamericana sobre conflitos de Leis em Matéria de Adoção de Menores La Paz – 1984; Convenção sobre a Cooperação Internacional e Proteção de Crianças e Adolescentes em Matéria de Adoção Internacional – 1993.
17. Convenção de Nova York sobre Prestação de Alimentos no Estrangeiro de 1953; Convenção Interamericana sobre Obrigação de Prestar Alimentos Montevidéu – 1989; Convenção de Haia sobre a Cobrança Internacional de Alimentos para Crianças e Outros Membros da Família, e seu protocolo, de 2017;
18. Convenção de Haia sobre os aspectos civis do Sequestro Internacional de Crianças de 1980.

A simples definição do país que receberá a competência processual e a lei que incidirá (seja nacional, estrangeira, ou algum tratado), não resolve completamente a questão[19]. Ainda devem ser analisados outros elementos que podem limitar, e até impedir, a aplicação de uma lei estrangeira (como a ordem pública e a fraude à lei), além dos elementos de validação de prova e interpretação desse direito alienígena.

A complexidade moderna das questões das famílias fluídas, acoplada às dificuldades promovidas pelo cruzamento das fronteiras, físicas, culturais e legais, se tornam fatores que aumentam a confusão das questões do Direito de Família Internacional, desde as mais simples, como o reconhecimento de um divórcio feito em outro país, ou a efetivação do estágio de convivência na adoção internacional, até às mais complexas, como o casamento poligâmico de refugiados que estejam no Brasil, ou a devolução de uma criança ao seu país de origem, que foi vítima de sequestro[20] internacional por um de seus pais.

Importante considerar, ainda, que a grande maioria das famílias transnacionais comporta algum membro refugiado, situação esta que se torna ainda mais delicada, por tratar-se de pessoas que, por sua própria condição, são ainda mais vulneráveis. Não se pode esquecer ainda dos eventuais membros apátridas, crianças e mulheres, seres que também estão em vulnerabilidade por sua própria natureza ou por questões históricas e políticas. Ou seja, além de estarem expostos aos problemas comuns de um cotidiano familiar, aos problemas relacionados à sua situação jurídica como estrangeiro em outro país, sofrendo muitas vezes com desemprego e xenofobia, soma-se os desafios da família transnacional. São de situações de vulnerabilidade que trataremos a seguir.

4. SINGULARIDADES E UNIVERSALIDADES DO DIREITO DE FAMÍLIA NOS DIFERENTES PAÍSES

De singularidades e universalidades vive o Direito de Família no mundo. Apesar das diferentes concepções com relação às regras que regem as relações de família (cada país tem regras próprias para casamento, união de fato, divórcio, responsabilidade familiar, manifestações da sexualidade, identidade e gênero etc.), a maior parte da doutrina especializada se posiciona no sentido de que há mais consenso que divergências[21].

---

19. Muitas das situações resultam no julgamento processual de um caso em um ordenamento jurídico, utilizando a lei material de outro.
20. O sequestro internacional aqui mencionado em nada corresponde ao sequestro do Código Penal Brasileiro. A situação aludida diz respeito ao cenário em que uma criança ou adolescente, menor de 16 anos, é retirada de seu país de residência habitual por um dos seus genitores ou responsável legal, sem a autorização do outro, independentemente da situação fática ou legal da guarda. A subtração internacional de menores de idade é regida por tratados internacionais e resolvida, seja para a devolução ou permanência no país, por meios próprios de cooperação jurídica internacional, cuja competência no Brasil é da Justiça Federal, com o apoio da Advocacia Geral da União.
21. Nesse sentido, já se manifestava a doutrina tradicional sobre Direito Internacional Privado: "Durante largo espaço de tempo, os juristas não se ocupam de conflitos de leis com relação ao casamento, a não ser pelo seu aspecto patrimonial, relativo ao regime de bens, visto como, quanto aos demais, havia na Europa uniformidade legislativa pois o assunto era regulado pelo Código Canônico. Os conflitos de leis referentes aos bens do casal remontavam, porém, às divergências entre as leis romanas e bárbaras, perante o regime da personalidade das leis. (...) Todavia, foi com o aparecimento do Código Civil, após a reforma protestantes, que surgiram diversidades legislativas no tocante a outros problemas ligados ao casamento." SILVA, Agustinho Fernandes Dias da. Introdução ao Direito Internacional Privado. Rio de Janeiro: Freitas Bastos, 1978, p. 12.

A monogamia ainda é regra nas sociedades ocidentais e existem muitos dilemas sobre como garantir o melhor interesse da criança, comuns a várias nações do mundo. Em quase todos os países a união estável tem se mostrado crescente, e mesmo com diferentes trajetórias, existe o reconhecimento internacional de novos arranjos familiares, rompendo fronteiras territoriais e legislativas.

Estas mudanças contemporâneas exigem a atenção de especialistas na área do Direito de Família das diversas regiões do planeta. Esta é uma das mais interessantes peculiaridades do ser humano: o fato de sermos universais, mas cada país com sua língua e sua cultura, interage de modo distinto com os conceitos e as relações familiares.[22]

Além do importante discurso sobre o reconhecimento de novas famílias, é necessário compreender outras fundamentais questões que envolvem a maioria dos países ocidentais, como a crescente instabilidade da vida familiar nessas regiões, as questões da política familiar moderna e a convivência entre as diferenças nas estruturas e concepções familiares de cada grupo com o ambiente de convívio internacional.

O aumento da instabilidade da vida familiar nos países ocidentais ameaça o futuro, e mesmo a prosperidade desses povos e, por óbvio, tem profundas implicações para a saúde física e mental da população. Os movimentos migratórios decorrentes que conflitos políticos, guerras e miséria impulsionam as famílias de várias nações a perambular, mundo afora, em busca de um novo lar. Estas se tornaram questões permanentes do que passou a ser chamado de "política familiar moderna".

O que se conclui, nesse sentido, é que passou a ser importante que exista uma cooperação internacional relativa ao Direito de Família, de modo que as nações, ou cidadãos de nações diferentes possam interagir em uma mesma plataforma de regras jurídicas, a fim de combater, minorar ou extinguir as vulnerabilidades das famílias transnacionais. Pessoas de diferentes países se conhecem, se apaixonam e formam famílias. Além disso, as famílias de um mesmo país podem ir morar em outra nação, com regras, costumes, hábitos e condutas completamente diferentes.

Tema preponderante, nesse diapasão, é a vulnerabilidade da mulher migrante. O peso de ser migrante, acumulada à marginalização pelo gênero, por ser mulher, tornam-nas duplamente vulneráveis, estando ainda mais desprotegidas do sentido de reivindicar igualdade e direitos em território estrangeiro. Nesse sentido, são importantes as palavras de Camila Oliveira da Costa:

> O Parlamento Europeu, sobre o papel e lugar das mulheres imigradas na União Europeia, na concluiu que as mulheres migrantes se deparam mais frequentemente com discriminações e obstáculos à sua integração, seja no mercado de trabalho, seja no meio familiar, por depender em vários países do Estatuto Legal do Marido, se deparando ainda com casamentos forçados, mutilações genitais, pouco incentivo ao estudo, crimes sexuais e de honra, ocupando, no geral, funções de sub emprego. Reforça ainda que a mulher imigrante está mais exposta a maus-tratos, físicos e psicológicos, exploração sexual, a dependência financeira ou jurídica, já que até mesmo as ofertas de empregos a homens imigrantes são maiores que para mulheres imigrantes. Nessas situações em que estão submetidas ao estatuto legal do marido, ou dependem de casamento/união estável para receber visto residencial, as mulheres estão ainda mais expostas ao risco de não reconhecimento dos seus direitos fundamentais, sendo, pela mesma

---

22. Nesse sentido, a vasta produção doutrinária da *International Society of Family Law* – ISFL.

razão, mais frequentemente vítimas de discriminações e violência no quotidiano e que, apesar disso e de comporem a maioria na imigração, a dimensão de gênero não tem sido levada em consideração nas políticas nacionais europeias de integração de imigrantes. Assim, além das práticas negativas que já trazem consigo dos seus países de origem, a situação tende a se agravar no país de destino, estimulando a marginalização da mulher migrante[23].

Essa forma de interação humana, cada vez mais comum (principalmente por conta do encurtamento das distâncias e da popularização dos meios de comunicação via internet) é fundamental para a construção de uma nova ordem de cooperação internacional sobre as regras que regem as chamadas "famílias internacionais". Esta cooperação internacional envolve a compreensão de diferentes ideias e perspectivas sobre a vida familiar, com respeito a tais diferenças.[24]

Tomemos, a título ilustrativo, duas situações de interesse: em primeiro lugar, a questão da internacionalização das normas de direito internacional privado na Europa; e em segundo, a problemática das inseminações artificiais em diferentes países, que passou a ser chamado de "turismo procriativo".

No primeiro caso, é sabido que, nos últimos anos, a transformação das legislações internas sobre o Direito de Família na Europa coincide com uma internacionalização das fontes do direito internacional privado e com um movimento de fundamentalização do direito. Ou seja: a grande diversidade dos modelos de Direito de Família na Europa, é fonte constante de dificuldades para a garantia da liberdade de circulação de cidadãos no âmbito da União Europeia.

No segundo caso, é notório que mais e mais casais e indivíduos vão ao estrangeiro em busca de métodos de reprodução assistida que são proibidos em seus países de origem. O fato é que as pessoas agora podem mover-se em um mundo globalizado e amplamente conectado, e que não hesitam em atravessar fronteiras, muitas vezes viajando milhares de quilômetros, para realizar o desejo de se tornarem pais.[25]

Tais conflitos reforçam a noção de vulnerabilidade jurídica de famílias transnacionais, entre distintos direitos fundamentais e garantias de cada país é o que justifica a necessidade da construção de princípios internacionais de direito que se apliquem em qualquer situação, independente da origem e da nacionalidade das partes envolvidas.

---

23. COSTA, Camila Oliveira. *A questão de gênero na subtração internacional de crianças por mulheres brasileiras.* Disponível em: encurtador.com.br/dhAQX. Acesso em: 14 maio 20.
24. "Muitas vezes nos concentramos no que discordamos; mas na verdade, existe uma grande quantidade de acordos entre as nações sobre vida familiar. Há um consenso generalizado de que, se os pais se separam, a decisão do tribunal deve ser feita com base no melhor interesse da criança, ao invés do que os adultos querem ou merecem. Há um consenso generalizado de que deve haver medidas para lidar com a violência doméstica. A maioria dos países tem alguma variação na ideia de que o casamento é uma parceria, e que a propriedade adquirida no curso do casamento deve ser, pelo menos, partilhada de forma igual, com a parte economicamente mais fraca, quer recebendo uma fatia maior da propriedade ou recebendo alimentos. Há também um consenso quase universal para o princípio de que os pais não residentes com os filhos devem pagar pensão alimentícia". PARKINSON, Patrick. Cooperação Internacional no Direito de Família. *Revista do Instituto Brasileiro de Direito de Família*, Ed. 12. Editora Magister: Belo Horizonte: 2014, p. 07.
25. BIDAUD-GARON, Cristine, *O direito procriativo e o direito francês.* Disponível em: www.isflbrazil.com/#!programacao-programme/c20gp. Acesso em: 14 maio 2020.

5. CONCLUSÕES

A despeito de a globalização ter conseguido derrubar, definitivamente, várias diferenças culturais por todo o mundo, simultaneamente (e ironicamente) acirrou distinções no que diz respeito à família, autoridade parental e filiação, expondo o contraste de sociedades que passaram a ser cada vez mais obrigadas a conviver entre si. Sobre esse fenômeno tão contraditório quanto assustador, Yuval Noah Harari leciona:

> À medida que cada vez mais humanos cruzam cada vez mais fronteiras em busca de empregos, e um futuro melhor, a necessidade de confrontar, assimilar ou expulsar estrangeiros cria tensão entre sistemas políticos e identidades coletivas formadas em tempos menos fluidos. Em nenhum lugar o problema é mais agudo do que na Europa. A União foi construída sobre a promessa de transcender as diferenças culturais entre franceses, alemães e gregos. E pode desmoronar devido a sua capacidade de incluir diferenças culturais entre europeus e imigrantes da África e do Oriente Médio. Ironicamente, foi em primeiro lugar, o próprio sucesso da Europa em construir um sistema próspero e multicultural que atraiu tantos imigrantes.[26]

A compreensão da emergência significativa de conflitos decorrentes de família transnacionais, sobretudo no mundo ocidental, desperta atenção dos estudiosos de diversas áreas da Ciência Jurídica, e impõe reflexões necessárias aos civilistas, e de modo especial, aos familiaristas.

A busca por soluções que compatibilizem a realidade histórica, cultural e jurídica dos povos migrantes com o ordenamento jurídico dos países que os acolhem é o ponto de partida para superação da vulnerabilidade das famílias internacionais.

Uma das alternativas mais palpáveis parece ser a implementação de regras relativas ao reagrupamento familiar de famílias transnacionais. O direito ao reagrupamento familiar constitui importante mecanismo para reestruturação da dignidade humana dos membros destas famílias, a fim de permitir que o estrangeiro regularmente instalado em determinado país seja, conforme as condições estabelecidas pela legislação nacional e pelos tratados internacionais, acompanhado pelos membros de seu núcleo familiar, e que se configure em direito de cada pessoa, identicamente sob certas condições, que o estrangeiro que esteja devidamente estabelecido em certo local tenha a companhia dos seus familiares.

Nesse prisma, o direito ao reagrupamento familiar emerge como alternativa plausível, e parece se fundamentar em rigorosa perspectiva constitucional, albergada pelos princípios da igualdade, da afetividade e da autodeterminação.

Importante, igualmente, retomar as lições de Lenio Luiz Streck, que reforçam a função e dos limites éticos e teóricos das convenções internacionais sobre o Direito de Família, mecanismos base para a interpretação da normatividade aplicada ao tema:

> Os Princípios internacionais tem função de unidade e compatibilidade com os tratados e convenções que tratam do direito de família. As convenções adquirem um significado apenas quando considerados em conjunto com o restante do sistema jurídico: daí a necessidade de se pressupô-lo como uma totalidade. No mínimo, esses acordos, tratados, convenções etc., podem servir como um 'topos hermenêutico'.

---

26. HARARI, Yuval Noah. *21 lições para o século 21*. Companhia das Letras, 2018, p. 178-179.

Basta que se dê uma examinada na riqueza dos seus textos. A tarefa de engendrar essa espécie de (re)simbolização do sistema – mormente se levarmos em conta a crise (surto) que o atravessa – é de responsabilidade do jurista comprometido com um direito de família publicizado e secularizado, onde a família é entendida dentro da perspectiva do Estado Democrático de Direito, onde o novo modo de produção de Direito (interno), agregado ao *inputs de* demanda do Direito externo (convenções, acordos e tratados internacionais), formam uma unidade, no interior da qual o Direito não é nem ordenador e nem reflexivo (redutor de complexidades), e, sim, voltado à transformação da sociedade."[27]

Finalmente, parece pertinente recordar que um outro caminho se abre para a solução das questões atinentes à vulnerabilidade das famílias transnacionais: a contratualização das relações de família. Contratualizar os vínculos de afeto, estabelecendo normas de conduta, preceitos de matriz matrimonial ou de filiação, acordo sobre convivência e poder familiar, estipulando critérios econômicos e patrimoniais para aquisição e partilha de bens, ou fixação de alimentos, pode ser, na perspectiva do modelo norte-americano, o caminho para superar a vulnerabilidade jurídica e ajustar os ditames da autonomia privada (alicerçada em questões culturais e sexuais indisponíveis) com as normas de Direito de Família dos países que os acolhem na sua terra e na sua sociedade.

6. REFERÊNCIAS

ALMEIDA, Guilherme Assis de; CHRISTIMANN, Martha Ochsenhofer. *Ética e Direito*: uma perspectiva integrada. São Paulo: Atlas, 2009.

ARAÚJO, Nadia de. *Direito Internacional Privado*: teoria e prática brasileira. 6. ed. São Paulo: Ed. RT, 2016. p. 463. (ebook).

BIDAUD-GARON, Cristine, O direito procriativo e o direito francês. Disponível em: www.isflbrazil.com/#!programacao-programme/c20gp. Acesso em: 14 maio 2020.

BOUCAULT, Carlos. Multiculturalismo e direito de família nas normas de direito internacional privado. *Anais do III Congresso Brasileiro de Direito de Família*. Belo Horizonte: Magister, 2011.

COSTA, Camila Oliveira. *A questão de gênero na subtração internacional de crianças por mulheres brasileiras*. Disponível em: encurtador.com.br/dhAQX. Acesso em: 14 maio 2020.

HARARI, Yuval Noah. *21 lições para o século 21*. Companhia das Letras, 2018.

MARINUCI, Roberto; LUSSI, Carmem. *Vulnerabilidade social em contexto migratório*. Disponível em: encurtador.com.br/pAD23. Acesso em: 01 abr. 2019.

MARTUSCELLI, Patrícia Nabuco. Refugiados têm direito, mas não conseguem trazer família para o Brasil. Disponível em: https://www.migramundo.com/refugiados-tem-direito-mas-nao-conseguem-trazer-familia-para-o-brasil/. Acesso em: 14 maio 2020.

NICOLAU, Jean E. B. A condição do estrangeiro em vista do direito ao reagrupamento familiar. In: MÔNACO, Gustavo Ferraz de Campos; FULCHIRON, Hugues (Org.). *Famílias internacionais*: seus direitos e seus deveres. São Paulo, Intelecto Editora, 2016.

PARKINSON, Patrick. Cooperação Internacional no Direito de Família. *Revista do Instituto Brasileiro de Direito de Família*, Ed. 12. Editora Magister: Belo Horizonte: 2014.

---

27. STRECK, Lenio. *As convenções internacionais, o direito de família e a crise de paradigma em face do estado democrático de direito*. Disponível em: www.gontijo-familia.adv.br/2008/artigos_pdf/Lenio.../ConvLenio.pdf. Acesso em: 14 maio 2020.

PEQUENO, Marconi José P. Filosofia dos direitos humanos. In: TOSI, Giuseppe (Org.). *Direitos humanos, história, teoria e prática*. João Pessoa: Editora Universitária, 2005.

SILVA, Agustinho Fernandes Dias da. *Introdução ao Direito Internacional Privado*. Rio de Janeiro: Freitas Bastos, 1978.

STRECK, Lenio. *As convenções internacionais, o direito de família e a crise de paradigma em face do estado democrático de direito*. Disponível em: www.gontijo-familia.adv.br/2008/artigos_pdf/Lenio.../ConvLenio.pdf. Acesso em: 14 maio 2020.

AUTONOMIA E GRADAÇÃO DA CURATELA À LUZ DAS FUNÇÕES PSÍQUICAS

Fernanda Tartuce

Doutora e Mestra em Processo Civil pela USP. Professora no programa de Mestrado e Doutorado da FADISP (Faculdade Autônoma de Direito de São Paulo). Professora e Coordenadora de Processo Civil na EPD (Escola Paulista de Direito). Advogada, mediadora e autora de publicações jurídicas.

Simone Tassinari

Doutora e Mestra em Direito pela PUCRS. Professora no programa de Mestrado e Doutorado da Universidade Federal do Rio Grande do Sul. Advogada, Mediadora, autora de livros e publicações jurídicas.

Sumário: 1. Relevância do tema. 2. A proteção da saúde das pessoas com deficiência como responsabilidade de todos. 3. Funções psíquicas e autonomia para declaração: a necessidade de graduar a curatela. 3.1 Da passagem da teoria da vontade à teoria da declaração e necessidade de autonomia privada para tanto. 3.2 As funções psíquicas, as questões de saúde fundamentais e os impedimentos de manifestação de vontade a partir de cada limitação individual. 4. Notas conclusivas. 5. Referências.

1. RELEVÂNCIA DO TEMA

Ao refletirmos sobre os temas "deficiência" e "desafios para uma sociedade inclusiva", a situação da curatela ganha destaque.

A mudança legislativa operada pela Lei Brasileira de Inclusão (Lei 13.146/2015) em dispositivos consagrados sobre capacidade de fato no Código Civil brasileiro deixou algumas lacunas. O espaço mais significativo a ser preenchido por doutrina e jurisprudência é o que diz respeito à dicotomia entre realidade e lei.

Embora a disciplina legal determine que todas as pessoas[1], com deficiência ou não, têm capacidade e que as que não podem exprimir vontade são apenas *relativamente incapazes* para prática de atos na vida civil, não é esta a realidade da vida: em situações de coma, doenças mentais graves e deficiências intelectuais há *impossibilidade de exprimir vontade,* e por mais que se busque artificializar desejando relativa capacidade, por vezes esta não se configura.

Em certos momentos pode ser viável reconhecer que não há vontade qualquer para a prática de alguns atos, mas suficiência de vontade para a prática de outros. Há uma variação muito significativa nos desafios de mentes e interações humanas. Uma coisa se

---

1. Salvo os menores de 16 anos.

sabe: as ciências da saúde apontam áreas em que os desafios se impõem com mais força. Neste sentido, a proposta de: a) fazer com que a norma jurídica que pretendeu incluir as pessoas com deficiência não seja ela mesma responsável por colocá-las em situação de vulnerabilidade; b) superar uma correlação anterior que se fazia entre "interdição por absoluta incapacidade a ser exercida por representação de curador" e "interdição por incapacidade relativa a ser exercida por assistência de curador"; c) reconhecer que há possibilidades de funções psíquicas significativas a impedir absolutamente a manifestação de vontade *em certa área específica, gerando inexistência, ou nulidade absoluta do ato*, restando hígida a possibilidade de manifestação em outro campo, *devendo o ato/negócio ser considerado perfeito*.

É extremamente relevante reconhecer que o paradigma contemporâneo dos negócios jurídicos se coloca a partir da declaração, sendo extremamente influenciado pelas posições científicas desenvolvidas por Emílio Betti. Em suma, superou-se a noção de uma manifestação de vontade psíquica no sentido de constituir o ato ou negócio jurídico. Em um primeiro momento pode parecer que pessoas com impedimento de vontade, poderiam então, declarar perante a sociedade, e a avaliação sobre a perfeição do ato deveria ser avaliada posteriormente. Entretanto, relendo a teoria de Betti, verifica-se que a autonomia pessoal é pressuposto para a declaração. Então resta assentada, inclusive na teoria de Betti, que se não há suficiência de autodeterminação, não há possibilidade de conceber uma declaração juridicamente existente.

Com este reconhecimento, faz-se necessário revisar o instituto da curatela, modulando, no mesmo processo, capacidade plena, incapacidade absoluta e incapacidade relativa para atos específicos a fim de viabilizar que se reconheça a possibilidade de, *a partir da pessoa concreta*, decretar a curatela a partir de suas necessidades e vulnerabilidades. Entende-se, portanto, que o estudo das funções psíquicas oferece condições de compreender as dimensões da vida humana em sua complexidade, podendo-se perceber que para gerar efetividade à tutela legal há de se reconhecer a vida concreta, em suas dimensões.

2. A PROTEÇÃO DA SAÚDE DAS PESSOAS COM DEFICIÊNCIA COMO RESPONSABILIDADE DE TODOS

A saúde compreende "o estado de completo bem-estar físico, mental e social", não se limitando à mera ausência de doenças[2]. Por constituir premissa essencial para a atuação humana, a saúde conta com importantes previsões no ordenamento brasileiro tanto na seara constitucional[3] como na infraconstitucional.

---

2. A definição consta no preâmbulo da Constituição da Organização Mundial de Saúde, que afirma na sequência: "Gozar do melhor estado de saúde que é possível atingir constitui um dos direitos fundamentais de todo o ser humano, sem distinção de raça, de religião, de credo político, de condição econômica ou social. Disponível em: http://www.direitoshumanos.usp.br/index.php/OMS-Organiza%C3%A7%C3%A3o-Mundial-da-Sa%C3%BAde/constituicao-da-organizacao-mundial-da-saude-omswho.html. Acesso em: 25 mar. 2020.
3. Nos termos do art. 196 da Constituição Federal, "a saúde é direito de todos e dever do Estado, garantido mediante políticas sociais e econômicas que visem à redução do risco de doença e de outros agravos e ao acesso universal e igualitário às ações e serviços para sua promoção, proteção e recuperação". Ao comentar referida previsão, Tércio Sampaio Ferraz Júnior afirma ser ela reconhecedora da "garantia constitucional de acesso universal e igualitário de

No plano internacional a Assembleia Geral da Organização das Nações Unidas (ONU) aprovou em 1975 a Declaração dos Direitos das Pessoas com Deficiência[4], tendo o Brasil ratificado em 2001 a Convenção Interamericana para a Eliminação de Todas as Formas de Discriminação contra as Pessoas Portadoras de Deficiência[5].

Segundo dados do Instituto Brasileiro de Geografia e Estatística (IBGE), entre um censo e outro 2000 e 2010 o volume de pessoas declaradas com deficiência aumentou de 15% para 24% da população do País[6]; considerando a última projeção que indica a existência de 190 milhões de habitantes, há mais de 27 milhões de brasileiros com deficiência. O número, contudo, pode ser ainda maior, já que especialistas criticam a metodologia empregada nas pesquisas porque esta seria feita com amparo em incipiente amostragem e com base em parâmetros pouco adaptados à realidade[7].

Durante certo tempo a menção mais utilizada para denominar esse grupo era "portadores de necessidades especiais" (PNE); Luiz Alberto David Araújo, porém, afirma que a expressão não merece prevalecer porque o termo *deficiente* é o mais adequado para representar a pessoa com difícil grau de integração social[8]. Textos mais contemporâneos têm feito referência à *pessoa com deficiência,* uma vez que estas não seriam deficientes em si, mas apresentam alguma deficiência. Considerando as recentes alterações pro-

---

todos às ações e serviços para a promoção da saúde" (FERRAZ JUNIOR, Tércio Sampaio. Limites da interpretação jurídica. *Revista dos Tribunais*, São Paulo, ano 58, v. 232, 2009. p. 57).

4. A Resolução 3.447, de 9 de dezembro de 1975, define como *deficiente* "qualquer pessoa incapaz de assegurar por si mesma, total ou parcialmente, as necessidades de uma vida individual ou social normal, em decorrência de uma deficiência, congênita ou não, em suas capacidades físicas ou mentais" (Disponível em: http://www.dhnet.org.br/direitos/sip/onu/deficiente/lex61.htm. Acesso em: 04 dez. 2010).
5. A ratificação se deu pelo Decreto 3.956/2001. Utiliza-se a expressão da documentação internacional.
6. O IBGE afirmou no Censo de 2000 haver 24,6 milhões de pessoas com deficiência, o que correspondia a 14,5% da população brasileira – que então somava 169,8 milhões. Os dados de 2010 também apontam índices consideráveis, cerca de 24% "Além disso, quase 46 milhões de brasileiros, cerca de 24% da população, declarou possuir pelo menos uma das deficiências investigadas (mental, motora, visual e auditiva), a maioria, mulheres. Entre os idosos, aproximadamente 68% declararam possuir alguma das deficiências. Pretos e amarelos foram os grupos em que se verificaram maiores proporções de deficientes (27,1% para ambos). Em todos os grupos de cor ou raça, havia mais mulheres com deficiência, especialmente entre os pretos (23,5% dos homens e 30,9% das mulheres, uma diferença de 7,4 pontos percentuais). Em 2010, o Censo registrou, ainda, que as desigualdades permanecem em relação aos deficientes, que têm taxas de escolarização menores que a população sem nenhuma das deficiências investigadas. O mesmo ocorreu em relação à ocupação e ao rendimento. Todos esses números referem-se à soma dos três graus de severidade das deficiências investigados (alguma dificuldade, grande dificuldade, não consegue de modo algum).". Fonte em https://censo2010.ibge.gov.br/noticias-censo?id=3&idnoticia=2170&view=noticia. Acesso em: 03 mar. 2020.
7. "A questão da imprecisão conceitual e sua consequente dificuldade de aplicabilidade nos levantamentos censitários, há muito vem preocupando e desafiando os estatísticos e demais responsáveis por esses levantamentos. Corre-se o risco, no caso do levantamento do número das 'pessoas portadoras de deficiência', de não obter-se êxito na elaboração dos instrumentos e na metodologia da pesquisa no sentido de dotá-los da flexibilidade e precisão necessárias para poder 'captar' toda a complexidade da questão, para a qual a existência dos casos limítrofes entre duas ou mais situações é crucial. Os resultados e as metodologias aplicadas a essa questão infelizmente perecem, possivelmente por não haver um questionamento crítico do senso comum acerca do conceito de 'pessoas portadoras de deficiência', reproduzir as dificuldades apontadas. Em consequência disso, os resultados apontam para uma 'visibilidade' somente dos casos mais flagrantes e, sobretudo, aparentes das 'diferenças restritivas' existentes na população. No Brasil, onde há uma dificuldade crônica desses levantamentos, as poucas tentativas de enfrentar essa questão mostraram-se desastradas" (PINHEIRO, Humberto Lippo. *Pessoas portadoras de deficiência e as políticas públicas*. Disponível em: www.institutointegrar.org.br/arquivos/Pessoas%20Portadoras%20de%20Deficiencia%20e%20as%2 0Politicas%20Publicas.doc. Acesso em: 16 dez. 2010).
8. ARAÚJO, Luiz Alberto David. *A proteção constitucional das pessoas portadoras de deficiência*. Brasília: Corde, 1994. p. 21.

movidas pela Convenção de Nova York e pela Lei Brasileira de Inclusão, percebe-se o deslocamento da definição médica de deficiência para o reconhecimento de que ela se insere em um contexto social.[9]

O objetivo das previsões protetoras é assegurar a isonomia e proporcionar justiça, rechaçando preconceitos e discriminações por meio de diversos mecanismos de inserção social das pessoas com deficiências e suprimindo óbices para "restaurar o equilíbrio e gerar para elas as oportunidades com as mesmas chances de acesso."[10] Trata-se, de fato, de encontrar o ponto arquimediano entre o máximo de autonomia possível com proteção às vulnerabilidades.

O deslocamento da concepção que responsabiliza o indivíduo por sua situação de saúde para a compreensão de que condições sociais apresentam barreiras capazes de facilitar ou dificultar atos de autonomia da vida das pessoas pautando, assim, a deficiência, é essencial para apresentar à sociedade um compromisso de solidariedade e responsabilidade.

Em recente experiência – impensada até a vivencia com a *Covid-19* – a sociedade mundial percebeu que, em termos de saúde, o paradigma individualista está falido: riscos severos são impostos à comunidade humana e somente com comprometimento individual de solidariedade poderemos driblar problemas gerados por situação tão séria como esta. Da mesma forma, as questões atinentes às deficiências não devem ser percebidas como responsabilidades individuais ou somente restritas aos familiares. A sociedade deve se comprometer em promover o máximo de autonomia e proteção possíveis para a integração efetiva das pessoas às atividades. Logo, a proposta de graduar a curatela no contexto jurídico brasileiro exige muito mais do que a percepção que uma pessoa específica está em situação de vulnerabilidade: é primordial compreender que há um contexto social de saúde pública que põe cada um e a todos na condição de destinatários de uma compreensão mais adequada das relações jurídicas em que figuram pessoas que têm algum impedimento de declaração de vontade.

3. FUNÇÕES PSÍQUICAS E AUTONOMIA PARA DECLARAÇÃO: A NECESSIDADE DE GRADUAR A CURATELA

A mudança dos dispositivos codificados[11] para atender à normativa internacional, a partir da Lei Brasileira de Inclusão, trouxe uma série de questionamentos significativos.

---

9. Esta concepção é reproduzida a partir do artigo 2º da Lei Brasileira de Inclusão – Lei 13.146/2015. "Art. 2º Considera-se pessoa com deficiência aquela que tem impedimento de longo prazo de natureza física, mental, intelectual ou sensorial, o qual, em interação com uma ou mais barreiras, pode obstruir sua participação plena e efetiva na sociedade em igualdade de condições com as demais pessoas.§ 1º A avaliação da deficiência, quando necessária, será biopsicossocial, realizada por equipe multiprofissional e interdisciplinar e considerará: I – os impedimentos nas funções e nas estruturas do corpo; II – os fatores socioambientais, psicológicos e pessoais; III – a limitação no desempenho de atividades; e IV – a restrição de participação."
10. MINHOTO, Antonio Celso Baeta; OTERO, Cleber Sanfeleci. Portador de deficiência, federação e inclusão social. In: MINHOTO, Antonio Celso Baeta (Org.). *Constituição, minorias e inclusão social*. São Paulo: Rideel, 2009, p. 26.
11. Art. 4º do Código Civil – São incapazes, relativamente a certos atos ou à maneira de os exercer: (Redação dada pela Lei 13.146, de 2015) (Vigência) I – os maiores de dezesseis e menores de dezoito anos; II – os ébrios habituais e os viciados em tóxico; (Redação dada pela Lei 13.146, de 2015) (Vigência) III – aqueles que, por causa transitória ou permanente, não puderem exprimir sua vontade; (Redação dada pela Lei 13.146, de 2015) (Vigência) IV – os pródigos.

O primeiro diz respeito à única situação de reconhecimento de absoluta incapacidade relacionada à idade, ou seja, somente pessoas entre 0 e 15 anos têm esta classificação jurídica. Os demais foram todos remetidos à incapacidade relativa a certos atos ou à maneira de exercício de certos atos.

A proposta do presente estudo relaciona-se a refletir sobre a possibilidade de reconhecimento da relativa capacidade e consequente deferimento de curatela a quem estiver incurso no inciso III do art. 4o do Código Civil ("aqueles que, por causa transitória ou permanente, não puderem exprimir sua vontade)".

Se é certo que a língua portuguesa é voraz ao apresentar definições para o "incapaz" – associando-o à inaptidão, insuficiência, inabilidade, fato que de certo modo impacta na concepção social daqueles que se enquadram na concepção jurídica do termo – também é certo que a Ordem Jurídica brasileira foi disciplinando uma gama de proteções e salvaguardas a quem fosse considerado "absolutamente incapaz de realizar por força própria atos jurídicos."

Eis benefícios : a) não fluência de prazo prescricional contra si; b) possibilidade de ter reconhecidos como nulos os negócios realizados, como norma hipotética dedutiva prévia disposta explicitamente na legislação – art. 166 do Código Civil,[12] o que facilitava a operação do julgados nos casos de negócios realizados em risco para o agente. A substituição de vontade concedida ao curador – pessoa nomeada pelo juízo para representar os interesses do curatelado – oferecia minimização de riscos em negócios jurídicos. Antes da reforma legislativa os curadores não poderiam dar em comodato bens dos curatelados, sem autorização especial para tanto.[13]; seriam responsáveis pela reparação civil por atos realizados pelos curatelados, sob sua responsabilidade[14]; Poderiam revogar autorização para casamentos até o momento da celebração do mesmo.[15] No procedimento de divórcio, havia autorização para a propositura da ação ou defesa[16] e a autoridade do curador se estendia à pessoa e aos bens do curatelado.[17]

Além disso, somente seria possível com autorização judicial a prática de certos atos, como o pagamento das dívidas do curatelado, a aceitação de herança, de legado, e de doações (ainda que com encargo), a transação de bens e direitos do curatelado, a venda de móveis e imóveis cuja conservação não lhe fosse conveniente e a propositura de ações e a defesa em pleitos movidos contra o curatelado.[18] Percebe-se, assim, que atos e negócios jurídicos de maior impacto eram passíveis de efetiva fiscalização judicial.

---

12. Art. 166 do Código Civil. É nulo o negócio jurídico quando: I – celebrado por pessoa absolutamente incapaz.
13. Art. 580. Os tutores, curadores e em geral todos os administradores de bens alheios não poderão dar em comodato, sem autorização especial, os bens confiados à sua guarda.
14. Art. 932. São também responsáveis pela reparação civil: I – os pais, pelos filhos menores que estiverem sob sua autoridade e em sua companhia; II – o tutor e o curador, pelos pupilos e curatelados, que se acharem nas mesmas condições;
15. Art. 1.518. Até à celebração do casamento podem os pais, tutores ou curadores revogar a autorização. (revogado pela Lei Brasileira de Inclusão).
16. Art. 1.582. O pedido de divórcio somente competirá aos cônjuges. Parágrafo único. Se o cônjuge for incapaz para propor a ação ou defender-se, poderá fazê-lo o curador, o ascendente ou o irmão.
17. Art. 1.778. A autoridade do curador estende-se à pessoa e aos bens dos filhos do curatelado, observado o art. 5º.
18. Art. 1.774. Aplicam-se à curatela as disposições concernentes à tutela, com as modificações dos artigos seguintes.
  Art. 1.748. Compete também ao tutor, com autorização do juiz: I – pagar as dívidas do menor; II – aceitar por ele heranças, legados ou doações, ainda que com encargos; III – transigir; IV – vender-lhe os bens móveis, cuja con-

Tamanha era a proteção relacionada aos curatelados, que a legislação vedou a realização de certos atos, ainda que com a autorização judicial, os atos dispostos no artigo 1.749 CC, sob pena de nulidade: I – adquirir por si, ou por interposta pessoa, mediante contrato particular, bens móveis ou imóveis pertencentes ao menor; II – dispor dos bens do menor a título gratuito; III – constituir-se cessionário de crédito ou de direito, contra o menor.

Isso tudo sem referir a imposição da necessidade de prestação de contas já disciplinada no artigo 1.755 do Código Civil.[19]

Com a alteração da "condição jurídica" reconhecida a certas pessoas houve alteração no espectro jurídico protetivo destinado a elas. Se antes recebiam proteção como absolutamente incapazes por força do artigo 3o do Código Civil, agora, sem alteração qualquer da realidade dos fatos, passaram ser reconhecidas como relativamente incapazes, com proteção jurídica inferior. Em termos linguísticos, faz sentido, pois rotular alguém como incapaz é atribuir-lhe uma série de significados pejorativos; entretanto, juridicamente, a absoluta incapacidade vinha acompanhada de uma série de *standards* de proteção.

A estrutura protetiva do sistema jurídico operava na lógica biunívoca entre "capaz" e "incapaz" e pouco se debruçou em estudar estrutura e função da relativa capacidade. Um exemplo típico envolve a prodigalidade. Era comum que o procedimento padrão de interdição contivesse limitações para atos e negócios jurídicos em geral, e especificamente, votar e dirigir, dentre outros. Com relação às negociações patrimoniais pode-se encontrar sentido na limitação, entretanto, no que a prodigalidade impede o curatelado de dirigir? Os operadores jurídicos acomodaram as expectativas relacionadas ao tema e construíram um consenso compartilhado sobre como proceder nestes temas.

A operação do tema da curatela se dava obedecendo a esta lógica:

Modalidade de limitação de capacidade	Instrumento jurídico para proteção	Ação manejada	Modalidade de exercício do instrumento jurídico
Incapacidade absoluta	Curatela	Ação de interdição	Representação
Incapacidade relativa	Curatela com limite de atos	Ação de interdição	Assistência

Havia uma associação entre a modalidade de limitação da capacidade e a modalidade de exercício do instrumento jurídico de proteção, a exemplo da decisão abaixo transcrita:

> A r. sentença de fls. 110/112, cujo relatório se adota, julgou procedente o pedido da ação de interdição para declará-lo relativamente incapaz de exercer pessoalmente os atos da vida civil enumerados no artigo 1.782 do Código Civil, na forma dos artigos 4º, III, 17.67, IV e 1.772, do mesmo diploma legal. Nomeou a autora *como assistente e curadora do réu*.[20]

---

servação não convier, e os imóveis nos casos em que for permitido; V – propor em juízo as ações, ou nelas assistir o menor, e promover todas as diligências a bem deste, assim como defendê-lo nos pleitos contra ele movidos. Parágrafo único. No caso de falta de autorização, a eficácia de ato do tutor depende da aprovação ulterior do juiz.

19. Art. 1.755. Os tutores, embora o contrário tivessem disposto os pais dos tutelados, são obrigados a prestar contas da sua administração.
20. São Paulo, Tribunal de Justiça, Apelação 9201796-74.2009.8.26.0000 – Novo Horizonte – Voto 24322 – F, Relator Ribeiro da Silva, julgado em 15 de agosto de 2012.

Se diante de incapacidade absoluta, havia representação; na incapacidade relativa, figurava a assistência.

A alteração do sistema de regramento da Capacidade Civil na codificação, a partir da Lei Brasileira de Inclusão (LBI), desacomodou o sistema protetivo e o hábito de associar certas disciplinas legais a consequências já previstas e trabalhadas largamente por doutrina e jurisprudência. Uma alteração legislativa apressada no debate jurídico – e lenta na incorporação de uma convenção ratificada pelo Brasil em 2009 – acabou por impor significativas alterações logo no início de ano, o que por si já impactou no sistema. E tendo operado com uma *vacatio legis* de apenas 180 dias, acabou por surpreender a maioria dos técnicos – isso sem referir o fato de que o Novo Código de Processo Civil estava com sua *vacatio* de 1 ano em curso de tramitação.

Tivemos uma alteração de alto impacto em 180 dias, que se passaram dentro dos 365 dias da *vacatio legis* do Novo Código de Processo Civil (NCPC), que acabou por não incorporar as modificações da LBI – lei antiga com relação ao NCPC – que já estava vigente quando da entrada em vigor do Código de Processo.

Há, portanto, alguma compatibilização sistemática a ser realizada, sob pena de incoerência material. Isso significa dizer que, materialmente, a densidade de fundamentalidade dos direitos envolvidos atrai necessidade de interpretação sistemática.

3.1 Da passagem da teoria da vontade à teoria da declaração e necessidade de autonomia privada para tanto

Uma das questões mais relevantes relacionadas à tutela dos interesses da pessoa curatelada, ou ainda não curatelada, mas que tenha alguma deficiência significativa, diz respeito à possibilidade de exprimir vontade. Em um primeiro momento, a maior parte da doutrina associa este impedimento de expressão de vontade com as possibilidades físicas desta emissão. Estariam impedidos de exprimir vontade alguém em coma, ou em situação similar. Entretanto, é requisito para a existência dos atos e negócios jurídicos a possibilidade efetiva de exercício de autonomia. Não há ato ou negócio jurídico sem autonomia.

De acordo com Betti, a teoria da declaração transpassa os aspectos da subjetividade relativos à vontade individual, pois entende que o negócio é ato comunicativo e social resultante de uma vontade declarada; logo, é uma estrutura normativa objetivamente colocada, uma declaração preceptiva que ganha relevância jurídica.[21] Ou seja, segundo ele, a estrutura normativa objetivamente colocada exige autonomia do sujeito com pressuposto. Não há como emitir declaração preceptiva sem que haja autonomia. Este é o motivo pelo qual ocupa um capítulo inteiro a tratar da autonomia privada após reconhecida:[22]

> Vejamos agora o carácter que reveste a autonomia privada, uma vez reconhecida. A autonomia – como autoridade, e como *potestas*, de auto-regulamentação dos próprios interesses e relações exercidas pelo próprio titular destes – pode ser reconhecida pela ordem, jurídica estatal, com duas funções distintas e diversas: a) Pode ser reconhecida como fonte de normas jurídicas, destinadas a fazer parte integrante

---
21. BETTI, Emílio. *Teoria geral do negócio jurídico*. Coimbra Editora: Portugal, 1969. p. 40.
22. BETTI, Emílio. *Teoria geral do negócio jurídico*. Coimbra Editora: Portugal, 1969.

da própria ordem jurídica, que reconhece, precisamente, como fonte de direito subordinada e dependente; b) Pode ser, além disso, reconhecida como pressuposto e causa geradora de relações jurídicas já disciplinadas, em abstracto e em geral, pelas normas dessa ordem jurídica. Aqui só interessa considerar a autonomia privada. Esta autonomia é reconhecida pela ordem jurídica no campo do direito privado, exclusivamente nas segundas indicadas funções. É, portanto, reconhecida como a actividade e *potestas* criadora, modificadora, ou extintora das relações jurídicas entre particulares. [23]

Logo, é essencial reconhecer a autonomia como *potestas*. Há necessidade de reconhecer a existência de uma habilidade suficiente para criar, modificar ou extinguir direitos. A ausência desta habilidade inviabiliza a criação de qualquer negócio jurídico.

A lógica jurídica acostumou-se a compreender a situação da capacidade em uma relação biunívoca, e essa foi o pressuposto sobre o qual se instituiu a situação da capacidade civil. A dicotomia entre capaz e incapaz de fato apresentava soluções mais simples, uma vez que ao incapaz desautorizavam-se certos atos e concediam-se certos benefícios. Impossibilitados de agir por si para todos os atos da vida civil, tinham vontade substituída ao negociar e praticar atos em sentido estrito, ainda que dissessem respeito às questões existenciais.

A alteração legislativa originada na Lei Brasileira de Inclusão trouxe a necessidade de repensar estes pressupostos, investigando um pouco mais a circunstância do próprio sujeito. Ou seja, deixou-se de conceber a dicotomia capaz-incapaz para todos os atos jurídicos da vida civil para considerar relativamente incapaz – especificamente – uma pessoa em circunstâncias pontuais. Segundo a lei, a limitação de capacidade somente vai ocorrer no momento em que for impedida a manifestação de vontade. Com relação à circunstância de impedimento físico, como o coma, deficiências intelectuais severas, doenças físicas incapacitantes, resta clara e facilitada a abordagem, pois eventuais curatelas serão deferidas mediante representação integral – ainda que a nomenclatura seja de relativamente incapazes.

Entretanto, maior atenção merece ser dedicada ao perceber-se que há impedimento de declaração de vontade em algumas circunstâncias mais delicadas. Em certos casos não há obstáculos físicos, mas sim psíquicos, desafios que demandam do Poder Judiciário atenção ao fixar os limites do que se pode ou não realizar – ao mesmo tempo, há necessidade de abandonar a lógica curatela = representação e relativa capacidade em razão da idade= assistência.

Neste sentido, são apresentadas a partir da área da saúde as funções psíquicas essenciais a partir das quais se pode fazer a gradação da curatela segundo as necessidades de cada uma das pessoas cura teladas. Em alguma circunstância será necessária a substituição de vontade – mediante representação – pois neste espaço não há vontade suficiente nem sequer a preencher o suporte fático da existência. Em outros casos, a assistência dará conta dos interesses do curatelado. E em outros casos ainda será necessário graduar com a soma entre representação para certos atos e assistência para outros. Segundo Emílio Betti,

> [...] "a vontade", como facto psicológico meramente interno, é qualquer coisa em si mesma incompreensível e incontrolável, que pertence, unicamente, ao foro íntimo da consciência individual. Só na medida em que se torne reconhecível no ambiente social, que por declarações, quer por comportamentos, ela passa a ser um facto social, susceptível de interpretação e de valoração, por parte dos consociados.

---

23. BETTI, Emílio. *Teoria geral do negócio jurídico*. Coimbra Editora: Portugal, 1969. p. 97-98.

Somente declarações ou comportamentos são entidades socialmente reconhecíveis e, portanto, capazes de poder constituir objeto de interpretação, ou instrumento da autonomia privada. [24]

De acordo com os estudos deste autor, o elemento psicológico e interno foi substituído pela declaração[25] – comportamento possível de ser reconhecido socialmente como vinculante. Entretanto, o próprio autor apresenta como elemento de existência as condições mínimas para esta declaração e coloca o vício desta vontade no ambiente da nulidade – sem autonomia, sem existência do ato ou negócio. Logo, pessoas que tenham circunstância de saúde tal que impeça a declaração de vontade naquele caso ensejarão inexistência dos atos... e se tiverem a vontade maculada pela redução da capacidade para tanto, podem ensejar nulidade absoluta ou relativa, a depender do grau de impedimento.

Este já é o pressuposto dos atos e negócios jurídicos. Somente dispõe de capacidade em plenitude aquele que possui inteligência e compreensão e que é dono de si.[26] Neste sentido, especificamente no que tange às condições mínimas de autonomia privada, há uma série de conhecimentos das outras ciências capazes de conceder bases para verificação de capacidade:

> O negócio é um acto humano de importância social, e, portanto, fruto de liberdade, de iniciativa consciente. É um acto a cujas consequências, ainda que onerosas, o autor deve submeter-se no mundo social, e, por conseguinte, é fonte de autorresponsabilidade. Liberdade e autorresponsabilidade são termos correlativos, que no mundo social se pressupõem e se evocam alternadamente. Liberdade, ou seja, iniciativa consciente, antes do acto; autorresponsabilidade, ou seja, necessidade de suportar as consequências, depois de realizado o acto vinculativo, sem outro limite e correctivo além da boa-fé. [...] liberdade de criar um regulamento de interesses próprios, nas relações com outros, pondo em acção os mecanismos e os instrumentos que o direito põe à disposição dos indivíduos para esse fim. Por outro lado, uma vez que esses mecanismos e instrumentos hajam sido usados e por assim dizer, postos em movimento, o indivíduo já não é livre de se subtrair às consequências, boas ou más para ele, do seu funcionamento.[27]

Ao reconhecerem-se condições para liberdade e auto responsabilidade, reconhece-se capacidade. Se faltarem condições para esta liberdade, não será possível falar em vinculação jurídica. Não há declaração quando o pressuposto para ela é a autonomia e esta última inexiste.

3.2 As funções psíquicas, as questões de saúde fundamentais e os impedimentos de manifestação de vontade a partir de cada limitação individual

Este item destina-se a analisar as funções psíquicas e algumas situações referentes à saúde mental a partir da área da psicopatologia a fim de que se possa indicar a área da vida de cada pessoa em que há um impedimento de manifestação de vontade. Este impedimento de manifestação de vontade é o suporte de fato que gera a necessidade do deferimento de uma curatela em favor de alguém. E, considerando-se que a curatela será deferida, reco-

---

24. BETTI, Emílio. *Teoria geral do negócio jurídico*. Coimbra Editora: Portugal, 1969. p.109.
25. A declaração caracteriza-se como a exteriorização do "[...]pensamento do íntimo de cada um, para se tornar expressão objectiva, dotada de vida própria, perceptível e apreciável no mundo social". BETTI, Emílio. *Teoria Geral do Negócio Jurídico*. Coimbra Editora: Portugal, 1969. p. 247.
26. LARENZ, Karl. *Derecho Civil* – Parte General. Trad. ao esp. por Miguel Izquierdo y Macías-Picavea, Madrid, EDERSA, 1978, p. 105.
27. BETTI, Emílio. *Teoria geral do negócio jurídico*. Coimbra Editora: Portugal, 1969. p. 316.

nhecendo-se a restrição "somente relativa a certos atos" – porque incapacidade relativa –, imperioso que a sentença da curatela fixe os limites exatos da restrição a partir das condições de cada sujeito. A curatela passa a ser um instrumento de salvaguarda em que se fixará exatamente o sistema de apoio necessário. Assim, uma mesma decisão pode fixar o modelo de exercício da curatela mediante gradação de necessidades. Havendo necessidade ampla, representação para todos os atos; se mediana, representação para certos atos e assistência para os que sejam possíveis; se diminuta a necessidade, somente assistência.

É fato que o modelo social de identificação da deficiência substituiu o modelo médico e isso já ocorreu em tempo tardio. Entretanto, é preciso que se reconheça uma gama gigantesca de circunstâncias relacionadas à saúde que são sim doenças mentais e deficiências intelectuais significativa geradoras de impossibilidade de manifestação de vontade suficiente, ensejando falta de autonomia para atos e negócios jurídicos. Mesmo que se queira nominar as realidades de modo diverso, é importante reconhecer que a troca do nome de "absoluta incapacidade" para "relativa capacidade" não altera a realidade daquele ser humano. Ao contrário, a situação exige do jurista maior empenho no enquadramento da realidade vivida na normativa atual.

Segundo Paulo Dalgalarrondo, na obra Psicopatologia e Semiologia dos Transtornos Mentais, há funções psíquicas essenciais a partir das quais se pode encontrar limites significativos e impeditivos de autonomia em cada uma das pessoas, individualmente.[28] Em apertada sintetização e redução, apresentam-se alguns elementos essenciais somente para fazer questionar a necessidade de gradação da curatela.

A primeira função psíquica essencial a ser destacada é o afeto. Por afeto entendem-se os estados psíquicos que, impactados pela agradabilidade ou desagradabilidade, dão cor, brilho e calor as vivências. Surgem como consequência de ações que visaram a uma satisfação de necessidade e incluem humor, estado de ânimo, emoções, sentimentos, afetos e paixões. As limitações afetivas podem incluir, como exemplo, o embotamento afetivo (caso em que o afeto está distanciado e/ou empobrecido), a depressão, a exaltação afetiva (aumento da intensidade ou duração de forma desproporcional a situação ou objeto que motivou o afeto) e também a labilidade afetiva, uma instabilidade e dificuldade de controlar as mudanças frequentes nos afetos.[29]

Pessoas com comprometimento severo na instância do afeto, podem apresentar impossibilidade de relacionamentos afetivos, de forma que mesmo a autorização genérica do art. 6o da Lei 13.146/15[30] pode estar comprometida. Sabe-se que a deficiência – por si – pode não apresentar impedimentos para a formação familiar, ou guarda, entretanto, as condições médicas efetivas e de saúde podem sim inviabilizar completamente a mani-

---

28. DALGALARRONDO, Paulo. *Psicopatologia e semiologia dos transtornos mentais* (recurso eletrônico). 3. ed. Porto Alegre: Artmed, 2019.
29. DALGALARRONDO, Paulo. *Psicopatologia e semiologia dos transtornos mentais* (recurso eletrônico). 3. ed. Porto Alegre: Artmed, 2019. p. 147-171.
30. Art. 6º A deficiência não afeta a plena capacidade civil da pessoa, inclusive para: I – casar-se e constituir união estável; II – exercer direitos sexuais e reprodutivos; III – exercer o direito de decidir sobre o número de filhos e de ter acesso a informações adequadas sobre reprodução e planejamento familiar; IV – conservar sua fertilidade, sendo vedada a esterilização compulsória; V – exercer o direito à família e à convivência familiar e comunitária; e VI – exercer o direito à guarda, à tutela, à curatela e à adoção, como adotante ou adotando, em igualdade de oportunidades com as demais pessoas.

festação de vontade neste sentido. Neste caso, deve ser causa suficiente para caracterizar a situação descrita no artigo 4o, III do Código Civil[31].

Outra função psíquica essencial a ser destacada é a atenção.[32] Ela caracteriza-se como o processo de direcionamento da consciência de forma interna ou externa, auxiliando a pessoa ao selecionar e manter a concentração da atividade mental sobre algo. Eventuais alterações na atenção podem caracterizar-se como hipoprosexia, diminuição da atividade da atenção atingindo a tenacidade (capacidade de concentração, manter a atenção) e a mobilidade (capacidade de desviar a atenção a coisas diferentes); Também podem haver rigidez da atenção ou distração (alta capacidade de concentração, de manter a atenção gerando desatenção as outras coisas não focadas no momento) ou ainda labilidade da atenção ou distraibilidade (uma instabilidade com alta capacidade de desviar a atenção a coisas diferentes com incapacidade para fixar-se em algo que exija esforço).[33]

A consciência caracteriza-se como vivência interna e atual, reflexiva, soma total das experiências conscientes, fazendo distinção entre o self/eu e o não eu, integrando todos os processos mentais em dado momento com intencionalidade. Pode ser compreendida como vigilância, ou seja, estado de ativação, de lucidez, de alerta com o sensório claro.[34] Nos casos de alteração da consciência, tem-se exemplos bastante variados, como a possibilidade de perda da consciência de continuidade da própria ação, a sensação de que ao agir é outra pessoa ou outra força que toma iniciativa. Ainda estão neste item os estados de coma, com a ausência completa da consciência, e a desorientação autopsíquica, uma diminuição ou perda da consciência da identidade do eu. Novamente, aqui, há circunstâncias graves capazes sim de comprometer a manifestação de vontade. A ausência da função da consciência gera impedimento de autonomia e, portanto, falta de liberdade. Em casos graves, ela afeta a condição de manifestação de vontade jurídica, retirando-a. Constatada alteração significativa neste campo, a curatela deve ser deferida em favor desta pessoa com os limites para os quais a consciência existe ou não. Se há espaços de lucidez, a autonomia deve ser respeitada – entretanto, na ausência dela, a lucidez parcial pode ser recebida mediante curatela com assistência e se não existir consciência, deve-se deferir curatela mediante representação.

O pensamento é uma função psíquica essencial que tem relevância para este estudo. A partir dele usamos processos metacognitivos para compreender, elaborar e avaliar conteúdos intelectuais que objetivam realizações e adaptações com eficiência, soluções satisfatórias. O pensamento pode ser compreendido como uma função composta – havendo alterações significativas, pode-se ter déficit intelectual por desenvolvimento deficiente ou deterioração intelectiva.[35] O comprometimento desta função, isoladamente,

---

31. Art. 4º São incapazes, relativamente a certos atos ou à maneira de os exercer: (Redação dada pela Lei 13.146, de 2015) III – aqueles que, por causa transitória ou permanente, não puderem exprimir sua vontade; (Redação dada pela Lei 13.146, de 2015).
32. DALGALARRONDO, Paulo. *Psicopatologia e semiologia dos transtornos mentais* (recurso eletrônico). 3. ed. Porto Alegre: Artmed, 2019. p. 82-92.
33. DALGALARRONDO, Paulo. *Psicopatologia e semiologia dos transtornos mentais* (recurso eletrônico). 3. ed. Porto Alegre: Artmed, 2019. p. 82-92.
34. DALGALARRONDO, Paulo. *Psicopatologia e semiologia dos transtornos mentais* (recurso eletrônico). 3. ed. Porto Alegre: Artmed, 2019. p. 69-81.
35. DALGALARRONDO, Paulo. *Psicopatologia e semiologia dos transtornos mentais* (recurso eletrônico). 3. ed. Porto Alegre: Artmed, 2019. p.195-205.

ou juntamente com o juízo de realidade[36], pode gerar impedimento de manifestação de vontade. Neste caso, sem dúvidas seria essencial o deferimento da curatela mediante representação. Mesmo que se queira primar pela autonomia destes sujeitos, há espaços de não autonomia por conta do impedimento existente. Mesmo que o Direito nomine de outra forma, há um dado de realidade que exige proteção – uma condição de saúde significativa –, sob pena de desconsiderar vulnerabilidades essenciais.

Outra função psíquica que pode ensejar impedimento de manifestação de vontade é a memória, que se caracteriza como o armazenamento de conhecimento e experiências por meio de fixação, conservação e evocação. Também pode-se distinguir as pessoas pelos tipos de memórias portadas (psicológica, genética, imunológica e cultural). Há várias alterações possíveis como a amnésia anterógrada – impossibilidade de formar novas lembranças de longo prazo; amnésia retrógrada –, impossibilidade de evocar eventos anteriores a seu surgimento; hipermnésia anterógrada – capacidade exagerada de armazenar novas informações; hipermnésia retrógrada – excesso de recordações em pouco tempo.[37] A memória também interfere significativamente na possibilidade de autonomia e expressão da vontade.

A orientação é a capacidade de se situar em relação a si mesmo e ao ambiente, vivência do tempo e do espaço, resultado da apreensão entre si e as percepções para atribuir significações ao contexto. Trata-se de um produto da integração de várias funções psíquicas. As alterações de orientação podem ser variadas, como desorientação amnéstica, prejuízo na memória recente que não permite fixar informações; desorientação confusa, prejuízo na consciência que gera disfunção na atenção, na concentração, na memória recente e de trabalho e ainda na apreensão e integração da realidade; e ainda a falsa orientação delirante, orientação falsa surgida por ideias e pensamentos que não condiz com a realidade.[38] Como se pode imaginar, pessoas com dificuldades de orientação por juízos que não condizem com o real ficam sim impedidas de exprimir vontade em sentido jurídico do termo, pois a avaliação está amplamente condicionada pela doença.

A linguagem[39] é a função que faz acontecer a comunicação social, a expressão de vivências internas, organizam a experiência sensorial e dos processos mentais, transmitem conhecimento e regulam condutas. Há muitas alterações significativas neste campo: agrafia, incapacidade para escrever; alexia, incapacidade para leitura; mutismo, ausência da fala. Algumas alterações são apenas físicas, outras referem-se aos processos de associação da realidade, o que gera impedimento de vontade significativo para a curatela.

A sensopercepção diz respeito ao primeiro contato de conhecimento do mundo externo e gera as informações do ambiente necessárias à sobrevivência. A sensação é um fenômeno resultante das alterações produzidas por estímulos externos sobre os órgãos

---

36. DALGALARRONDO, Paulo. *Psicopatologia e semiologia dos transtornos mentais* (recurso eletrônico). 3. ed. Porto Alegre: Artmed, 2019. p.206-231.
37. DALGALARRONDO, Paulo. *Psicopatologia e semiologia dos transtornos mentais* (recurso eletrônico). 3. ed. Porto Alegre: Artmed, 2019. p.129-147.
38. DALGALARRONDO, Paulo. *Psicopatologia e semiologia dos transtornos mentais* (recurso eletrônico). 3. ed. Porto Alegre: Artmed, 2019. p. 93-99.
39. DALGALARRONDO, Paulo. *Psicopatologia e semiologia dos transtornos mentais* (recurso eletrônico). 3. ed. Porto Alegre: Artmed, 2019. p.232-252.

sensoriais, enquanto a percepção é um fenômeno consciente que resulta da integração das impressões sensoriais parciais e da associação dessas representações[40]. Há muitas alterações possíveis na sensopercepção, sendo as mais habituais a hiperestesia ou hiperpercepção (que se caracteriza pelo aumento da intensidade perceptiva); a hipoestesia ou hipopercepção (diminuição da intensidade perceptiva); a ilusão (ao verificar que um objeto serve de estímulo para a percepção de outra coisa) ou ainda a alucinação (percepção de algo sem a presença de um objeto que estimule).[41] Como se pode inferir, alterações na percepção podem levar a ausência completa de comportamentos autônomos ou, em outras circunstâncias, apenas atrapalhar a vida cotidiana. A depender do grau de impedimento nesta seara, haverá causa suficiente ao deferimento da curatela[42].

Com relação à vontade, cabe referir: este elemento psiquicamente considerado não se identifica com o aspecto jurídico do termo. Juridicamente consideramos vontade o conjunto das funções apresentadas aqui, mas no ambiente da saúde a vontade representa algo específico. Segundo a área da saúde as alterações no campo da vontade podem ser várias, como a hipobulia (fraqueza, diminuição no desejo, falta de vontade e de energia); a realização de atos impulsivos (atos súbitos, incoercíveis e incontroláveis); ocorrência de atos compulsivos (primeiro pode haver luta ou resistência em executar um ato, mas com falha nessa tentativa o ato é feito de forma frequente, ritualizado e para aliviar sofrimento).[43] Eventuais alterações psíquicas neste campo trazem impactos relevantes para o Direito, como no exemplo do impulso de realizar a mesma compra todos os dias (mesmo produto, no mesmo lugar, em repetição sistemática de comportamento, como movimento de estabilização, em caso de autismo de adultos). Este movimento, mesmo que realizado, não pode ser considerado um negócio jurídico efetivo, como os demais.

Considerando-se, então, a ampla gama de possibilidades e limitações possíveis de reconhecimento de outras ciências "de fora" do Direito, a proposta de gradação da curatela apresenta-se desvinculando a modalidade de limitação de capacidade da modalidade de exercício do instrumento jurídico protetivo. Do mesmo modo, pretende-se a substituição da terminologia relacionada a "ação de interdição": como a Lei Brasileira de Inclusão é norma que densifica materialmente a Convenção de Nova York e esta foi incorporada à Ordem Jurídica brasileira, com *status* de emenda constitucional, o Código de Processo Civil deve estar alinhado a ela. Nessa medida, são mais apropriadas as nomenclaturas "ação de curatela" e "ação para nomeação de curador(a)".

Em suma, os argumentos do presente estudo podem ser sintetizados da seguinte maneira:

---

40. DALGALARRONDO, Paulo. *Psicopatologia e semiologia dos transtornos mentais* (recurso eletrônico). 3. ed. Porto Alegre: Artmed, 2019. p.232-252.
41. DALGALARRONDO, Paulo. *Psicopatologia e semiologia dos transtornos mentais* (recurso eletrônico). 3. ed. Porto Alegre: Artmed, 2019. p.105-128.
42. DALGALARRONDO, Paulo. *Psicopatologia e semiologia dos transtornos mentais* (recurso eletrônico). 3. ed. Porto Alegre: Artmed, 2019. p.232-252.
43. DALGALARRONDO, Paulo. *Psicopatologia e semiologia dos transtornos mentais* (recurso eletrônico). 3. ed. Porto Alegre: Artmed, 2019. p. 172-194.

Modalidade de limitação de capacidade	Instrumento jurídico para proteção	Ação manejada	Modalidade de exercício do instrumento jurídico
Incapacidade absoluta Somente entre 0-15 anos	Representação mediante poder familiar – 1634 CC[44]	–	Representação
Incapacidade relativa	Assistência mediante poder familiar – 1634 CC[45]	–	Assistência
Incapacidade relativa	Curatela com limite de atos	Ação de Curatela Ação para Nomeação de Curador(a)	**Reconhecimento da autonomia** naquilo em que for possível; **Representação** dos atos em que seja necessário substituição de vontade; **Assistência** para os atos em que seja suficiente o comparecimento em conjunto.

Tome-se como exemplo uma pessoa com deficiência intelectual com dificuldade de lidar com problemas abstratos complexos e com algumas questões lógico-matemáticas.[46] Exemplificativamente, a partir da verificação das condições efetivas de vida desta pessoa, poder-se ia concluir que ela pode ter uma curatela deferida em seu favor, fixando-se a relativa capacidade para atos e negócios jurídicos que envolvam valores. E, na modalidade de exercício, pode-se ter uma alçada de até R$ 1.000,000 (mil reais) para que atue por si mesma, entre R$ 1.000,00 e 2.000,00 (mil e dois mil reais) para seja assistida nos negócios e a partir disso, seja representada. Esta apreciação tópica toma por base a realidade de cada ser humano em concreto e não abstratamente.

De acordo com Gustavo Tepedino e Ana Carolina Brochado Teixeira, a curadoria tem como escopo a proteção do interdito no tráfego jurídico, por meio da nomeação de um terceiro – o curador –, cujo *munus* deverá ser proporcional às necessidades do indivíduo.[47]

Desconectou-se o tipo de incapacidade do modelo de exercício da curatela. Numa curatela com reconhecimento de incapacidade relativa, pode-se ter 3 dimensões de tutela jurídica, uma capacidade absoluta para certos atos e possibilidade de agir *per se*, uma incapacidade relativa para outros e o modelo será o de representação ou de assistência, a partir das necessidades daquela pessoa em concreto.

Esta gradação cede espaço para que pessoas em coma – mesmo com o reconhecimento de uma incapacidade relativa (por conta da literalidade da lei e das necessidades de linguagem), possam receber curatela mediante representação integral.[48]

---

44. Art. 1.634 CC. Compete a ambos os pais, qualquer que seja a sua situação conjugal, o pleno exercício do poder familiar, que consiste em, quanto aos filhos: VII – representá-los judicial e extrajudicialmente até os 16 (dezesseis) anos, nos atos da vida civil, e assisti-los, após essa idade, nos atos em que forem partes, suprindo-lhes o consentimento;
45. Art. 1.634 CC. Compete a ambos os pais, qualquer que seja a sua situação conjugal, o pleno exercício do poder familiar, que consiste em, quanto aos filhos: VII – representá-los judicial e extrajudicialmente até os 16 (dezesseis) anos, nos atos da vida civil, e assisti-los, após essa idade, nos atos em que forem partes, suprindo-lhes o consentimento;
46. DALGALARRONDO, Paulo. *Psicopatologia e semiologia dos transtornos mentais* (recurso eletrônico). 3. ed. Porto Alegre: Artmed, 2019. p.311-312.
47. TEPEDINO, Gustavo; TEIXEIRA, Ana Carolina Brochado. *Fundamentos do Direito Civil*. Direito de Família. Rio de Janeiro: Forense, 2020. p. 410.
48. Sabe-se que a Lei Brasileira de Inclusão pretendeu limitar a curatela aos atos patrimoniais; entretanto há circunstâncias especiais em que este limite põe em risco o ser humano ao invés de primar por sua autonomia. O coma é um exemplo: neste caso o curador deve sim representar, integralmente, ainda que com relação aos cuidados

É certo que a maior autonomia possível deve ser reconhecida às pessoas sujeitas à curatela e também é certo que a lei que pretende proteger determinado grupamento de pessoas não pode acabar prejudicando-as. Neste sentido, o reconhecimento da incapacidade relativa aos que anteriormente estavam enquadrados na categoria da incapacidade absoluta não pode retirar direitos que estavam consolidados sob pena de retrocesso em matéria de direitos fundamentais[49] a ser operado pela própria lei que deveria assegurar.

4. NOTAS CONCLUSIVAS

A mudança de paradigma operada a partir da Convenção de Nova York, que integra hoje a ordem jurídica como emenda constitucional, influenciou a promulgação da Lei Brasileira de Inclusão com a alteração significativa no regime das capacidades. A lei em questão pretendeu respeitar a maior autonomia possível das pessoas com deficiência, alterando do modelo médico para o social.

Esta alteração significativa acabou gerando certos questionamentos acerca do reconhecimento biunívoco entre autonomia e incapacidade, na visão como tradicionalmente foi realizada. Para assegurar maior autonomia possível e ao mesmo tempo, assegurar proteção onde realmente é necessário, impõe-se revisitar a curatela, a fim de admitir – no mesmo processo, a tutela integral das pessoas. Neste sentido, algumas considerações são essenciais.

I. A proteção e o respeito às pessoas com deficiência é responsabilidade de toda a sociedade, uma vez que os negócios realizados por elas têm impacto para a sociedade como um todo. Eventual impedimento de vontade a gerar inexistência dos atos jurídicos impacta nos direitos de todos que com elas negociaram. Assim, se houvesse condições de reconhecimento antecipado da incapacidade específica naquele assunto, haveria a proteção dos interesses de terceiros. De outro lado, considerando que as barreiras são impostas pela sociedade como um todo, a retirada delas, ou minimização, também é responsabilidade social.

II. A teoria de Betti modificou a compreensão sobre o negócio jurídico, concebendo não a vontade psíquica como elemento fundamental, mas a declaração perante a sociedade. Para a existência desta declaração, entende-se como pressuposto a existência de autonomia para tanto. Sem ela, não há como falar em declaração. Neste sentido, tanto considerando o antigo paradigma da vontade quanto o da declaração há necessidade de autonomia. Neste sentido, é preciso analisar a pessoa em concreto para verificar se há ou não autonomia naquela função em especial.

III. As ciências da saúde apresentam ampla gama de conhecimentos sobre as condições ou não de exercício de autonomia. Esse conhecimento pertence a eles

---

existenciais e de saúde. Por óbvio que não realizará atos personalíssimos por substituição de vontade, mas ignorar que certas questões caracterizam-se como doenças é colocar em risco a existência destes seres humanos. Isso a lei não pode fazer: pretender tutelar e acabar por desproteger integralmente.

49. Em texto sobre o tema da proteção ambiental, Ingo Wolfgang Sarlet e Tiago Fensterseifer abordam o tema da proibição de retrocesso a partir da decisão da Medida Provisória 558/2012, convertida na Lei 12.678/2012. A ADI 4.717/DF. SARLET, Ingo Wolfgang; FENSTERSEIFER, Tiago. O Supremo Tribunal Federal e a proibição do retrocesso ecológico. Disponível em: https://www.conjur.com.br/2019-jun-28/direitos-fundamentais-supremo--tribunal-federal-proibicao-retrocesso-ecologico?imprimir=1. Acesso em: 02 maio 2020.

e não ao Direito. Assim, a perícia biopsicossocial ocupa local essencial para realizar esta avaliação. Há funções psíquicas importantes a serem analisadas e o conhecimento delas, ainda que superficial, impõe a necessidade de gradação da curatela, a fim de que se respeite cada uma das pessoas em suas situações de capacidade ou de incapacidade relativa.

IV. A proposta de revisitar o instituto jurídico da curatela tem por objetivo compatibilizar o instituto às tutelas legislativas atuais a partir de uma interpretação sistemática do Direito. Assim, é preciso superar a relação incapacidade absoluta = representação e incapacidade relativa = assistência para conceber que em um mesmo processo possa haver áreas de total capacidade juntamente com áreas de relativa incapacidade mediante representação do curador e outras de assistência. A proposta é promover maior enfoque na pessoa concreta e em suas necessidades e vulnerabilidades a fim de lhe assegurar a maior autonomia possível e a melhor proteção.

5. REFERÊNCIAS

ARAÚJO, Luiz Alberto David. *A proteção constitucional das pessoas portadoras de deficiência*. Brasília: Corde, 1994.

BETTI, Emílio. *Teoria Geral do Negócio Jurídico*. Coimbra Editora: Portugal, 1969.

CAVALCANTI, Maria Tavares. NETO, Hélio Rocha. Psicopatologia e semiologia dos transtornos mentais Paulo Dalgalarrondo. *Revista Latinoamericana de Psicopatologia Fundamental*. São Paulo. n. 22(3), set. 2019, p. 630-635. Disponível em: https://www.scielo.br/pdf/rlpf/v22n3/1415-4714-rlpf-22-03-0630.pdf. Acesso em: 04 maio 2020.

DALGALARRONDO, Paulo. *Psicopatologia e semiologia dos transtornos mentais* (recurso eletrônico). 3. ed. Porto Alegre: Artmed, 2019.

FERRAZ JUNIOR, Tércio Sampaio. Limites da interpretação jurídica. *Revista dos Tribunais*, São Paulo, ano 58, v. 232, 2009.

LARENZ, Karl. *Derecho Civil* – Parte General. Trad. ao esp. por Miguel Izquierdo y Macías-Picavea, Madrid, EDERSA, 1978.

LARENZ, Karl. *Derecho Civil* – Parte General. Trad. ao esp. por Miguel Izquierdo y Macías-Picavea, Madrid, EDERSA, 1978.

MINHOTO, Antonio Celso Baeta; OTERO, Cleber Sanfeleci. Portador de deficiência, federação e inclusão social. In: MINHOTO, Antonio Celso Baeta (Org.). *Constituição, minorias e inclusão social*. São Paulo: Rideel, 2009.

PINHEIRO, Humberto Lippo. *Pessoas portadoras de deficiência e as políticas públicas*. Disponível em: www.institutointegrar.org.br/arquivos/Pessoas%20Portadoras%20de%20Deficiencia %20e%20 as%2 0Politicas%20Publicas.doc. Acesso em: 16 dez. 2010.

SARLET, Ingo Wolfgang; FENSTERSEIFER, Tiago. *O Supremo Tribunal Federal e a proibição do retrocesso ecológico*. Disponível em: https://www.conjur.com.br/2019-jun-28/direitos-fundamentais-supremo--tribunal-federal-proibicao-retrocesso-ecologico?imprimir=1. Acesso em: 02 maio 2020.

SÃO PAULO, Tribunal de Justiça, Apelação 9201796-74.2009.8.26.0000 – Novo Horizonte – Voto 24322 – F, Relator Ribeiro Da Silva, julgado em 15 de agosto de 2012.

TARTUCE, Fernanda. *Igualdade e vulnerabilidade no processo civil*. Rio de Janeiro: Ed. Forense, 2012.

TEPEDINO, Gustavo; TEIXEIRA, Ana Carolina Brochado. *Fundamentos do Direito Civil*. Direito de Família. Rio de Janeiro: Forense, 2020.

FUNÇÃO SOCIAL DA LEGÍTIMA: DA SOLIDARIEDADE FAMILIAR ABSTRATA À ANÁLISE CASUÍSTICA DA VULNERABILIDADE DOS SUCESSORES

Patricia Ferreira Rocha

Doutoranda em Ciências Privatísticas na Universidade do Minho, Portugal. Mestre em Direito Civil pela UFPE (2018). Professora de Direito das Famílias e Sucessões. Pesquisadora do CONREP/UFPE. Vice-presidente do IBDFAM/AL. *E-mail*: patriciarochamcz@hotmail.com.

Sumário: 1. Introdução. 2. A Funcionalização da legítima. 3. A definição de vulnerabilidade sucessória. 4. A legítima a partir de uma análise casuística e o efetivo cumprimento de sua função social. 5. Conclusões. 6. Referências.

1. INTRODUÇÃO

O direito à herança encontra-se constitucionalmente assegurado no rol de direitos e garantias fundamentais (art. 5º, XXX, CF), sendo regulamentado entre os artigos 1.784 e 2.027 do Código Civil. A transmissão de bens *post mortem* pode se dar por força de lei ou do exercício da autonomia privada do titular do acervo patrimonial, sendo a primeira deferida aos sucessores em função de suas relações familiares com o *de cujus* e a segunda de acordo com a livre nomeação realizada pelo testador, que sofre, contudo, algumas restrições quanto aos sujeitos beneficiados, a forma de disposição e ao volume de bens passível de atribuição.

Neste sentido, o legislador estabelece que metade dos bens de uma pessoa deve ser, obrigatoriamente, deferida a uma classe privilegiada de sucessores, denominada de herdeiros necessários e composta, segundo o art. 1.845 do Código Civil, pelos descendentes, ascendentes e cônjuge sobrevivente, defendendo a doutrina ainda a inclusão do companheiro sobrevivente neste rol. Desta forma, fala-se numa espécie de sucessão forçada, onde se garante um patrimônio mínimo a certos sucessores, do qual somente poderiam ser afastados em face de declaração de indignidade ou deserdação.

Diante deste contexto, questionamos se o sistema normativo do Direito Sucessório brasileiro relativo à quota legal reservada aos herdeiros necessários, da forma como está regulamentado no Código Civil em vigor, é adequada a cumprir, de fato, a sua função social. Nesse sentido, este artigo pretende demonstrar a necessidade de flexibilização do paradigma vigente, na medida em que a liberdade relativa à disposição patrimonial gratuita, *inter vivos* ou *post mortem,* deixaria de estar subordinada a simples presença de relações estreitas de família com o titular do patrimônio para ser atribuída em função de comprovada necessidade dos sucessores que estejam em situação de dependência ou de vulnerabilidade econômica para com o *de cujus*.

Para chegar ao fim almejado, o presente artigo pretende tecer algumas considerações acerca do reconhecimento de funcionalização do direito à legítima, da delimitação do conceito de vulnerabilidade sucessória, de eventual distinção dos efeitos quanto ao aspecto temporal ligado à vulnerabilidade, da definição acerca da manutenção de um valor fixo ou estabelecimento de uma reserva variável no que diz respeito à legítima, assim como do estabelecimento do rol de possíveis herdeiros necessários e a forma de seu chamamento.

2. A FUNCIONALIZAÇÃO DA LEGÍTIMA

O Direito das Sucessões estabelece os princípios e normas para a transmissão do patrimônio de uma pessoa por ocasião de sua morte, deferindo aos seus sucessores os direitos e obrigações passíveis de avaliação econômica pertencentes ao falecido, exceto as de caráter personalíssimo. Em que pese ter por fator gerador a morte, esclarece Paulo Lôbo que o direito das sucessões não é um direito dos mortos, mas sim dos vivos[1], na medida em que regulamenta as relações jurídicas relativas ao domínio dos bens que cessou pelo óbito para determinado sujeito, mas que continua em outra(s) pessoa(s). Dessa forma, a sucessão *causa mortis* faz com que o sucessor substitua o *de cujus*, no todo ou em parte, nos direitos e deveres que lhe pertenciam sobre seu patrimônio.

A investidura dos sucessores nesta realocação patrimonial, nos termos do art. 1.786 do Código Civil brasileiro, ocorre por força da lei ou por disposição de última vontade. De um lado, pois, temos a previsão acerca da sucessão legítima, na qual o deferimento dos bens se dá por meio de critérios estabelecidos na legislação, que convoca a herdar certas pessoas que integram o núcleo familiar do falecido, através de uma sequência de chamamento dos sucessores baseada nas classes e graus de parentesco, assim como nas relações de conjugalidade e convivência. De outro, temos a chamada sucessão testamentária, pela qual a atribuição dos bens do falecido ocorre em função de expressa manifestação de vontade do titular do patrimônio, exarada em vida por meio de um instrumento escrito, nos limites e formas admitidas em lei. A sucessão testamentária pressupõe, então, que a aquisição de direitos hereditários decorre da intervenção da autonomia da vontade do autor da herança, pela qual há projeção manifesta do direito de propriedade para além da morte do de cujus.[2]

Em sendo assim, para que o sucessor possa pretender o patrimônio do falecido haverá necessidade de possuir um título jurídico do direito hereditário, seja por meio da sucessão legítima ou da testamentária, admitindo o ordenamento jurídico brasileiro a concomitância das duas modalidades. Nesse sentido, a existência de testamento não inibe a possibilidade de incidência da sucessão legítima, já que pode ocorrer de o instrumento de última vontade ser invalidado, caducar, ser rompido ou não abranger a totalidade do

---

1. LÔBO, Paulo. *Direito Civil*: sucessões, 2019, p. 15.
2. FARIAS, Cristiano Chaves de; ROSENVALD, Nelson. *Curso de direito civil*. 2018, p. 391. v. 7: sucessões.

patrimônio, e, neste último caso, por vontade do titular do acervo patrimonial ou por imperativo legal.

Esta restrição à disposição gratuita de bens *post mortem* consiste na garantia da legítima aos herdeiros necessários, estabelecendo o legislador que metade dos bens do falecido, ao tempo de sua morte, depois de abatidas as suas dívidas e as despesas relativas ao enterro e funeral, monte ao qual são acrescidas as doações por ele efetuadas a título de adiantamento de direitos hereditários e que se encontram sujeitas à colação (art. 1.847, CC), compreenderão uma quota indisponível do seu patrimônio, não sujeita à liberalidades e que será deferida obrigatoriamente a uma classe privilegiada de sucessores, do qual fazem parte, segundo a letra da lei, os descendentes, os ascendentes e o cônjuge sobrevivente (art. 1.845, CC). Acrescente-se que, mesmo o direito à sucessão vindo se apresentar como algo futuro e eventual, o interesse do herdeiro necessário poder ser chamado à herança se encontra tutelado até antes da morte do titular dos bens, na medida em que a sua existência restringe a liberdade de disposição gratuita *inter vivos*, por meio do contrato de doação (art. 549, CC).

Desta forma, a reserva de parte do patrimônio do autor da sucessão em favor dos herdeiros necessários lhes assegura a participação obrigatória na transmissão hereditária, mesmo contra a vontade do *de cujus*, exceto em situações excepcionais e consideradas graves, pelas quais o legislador permite a sua exclusão da herança, por indignidade (art. 1.814, CC) ou deserdação (arts. 1.962 e 1.963, CC). Assim, apesar de a atribuição da legítima aos herdeiros necessários, tal qual a sucessão *ab intestato*, ter como título de vocação a lei, dela se distingue pelo caráter coativo das normas que a disciplinam.[3] Importante esclarecer, contudo, que a sucessão necessária é forçada apenas para o titular do patrimônio, mas não para os sucessíveis necessários. Em outras palavras, a legítima será, para o autor da sucessão, uma porção de bens da qual não poderá dispor, enquanto para os herdeiros necessários será uma porção de bens que lhes é por lei deferida, sobre cujo direito poderá manifestar sua vontade no sentido de aceitá-la ou repudiá-la[4], não sendo obrigado a suceder.

Percebe-se, então, que o direito hereditário acaba por oscilar entre dois importantes valores: a liberdade, no sentido de permitir ao titular do patrimônio a manifestação de sua autonomia privada para fins de dispor gratuitamente de seus bens da forma que lhe aprouver, e o "valor familiar"[5], no que diz respeito à segurança de um patrimônio mínimo para a manutenção e desenvolvimento do núcleo doméstico mais íntimo, variando a concepção de família a tutelar, fundado nos princípios de mútuo auxílio e solidariedade.

Acontece que, dentro de uma perspectiva constitucionalizada, as relações jurídicas, na qual se incluem as do âmbito sucessório, precisam "estar funcionalizadas a partir da afirmação da dignidade de cada um dos partícipes dela"[6], o que inclui o autor da sucessão e seus sucessores, em especial, os necessários. Neste sentido, a funcionalização das

---
3. PROENÇA, José João Gonçalves de. *Natureza jurídica da "legítima"*, 2010, p. 101.
4. AMARAL, Jorge A. Pais do. *Direito da família e de sucessões*, 2015, p. 357.
5. CORTE-REAL, Carlos A. C. de Andrade Pamplona. *Da Imputação de liberalidades na sucessão legitimária*, 1989, p. 100-101.
6. FARIAS, Cristiano Chaves de; ROSENVALD, Nelson. *Curso de direito civil*. 2018, v. 7: sucessões, p. 46.

situações jurídicas importa levar em consideração que os legítimos interesses individuais dos titulares dos interesses econômicos somente serão merecedores de tutela quando realizem uma função social, ou seja, sejam exercidos em conformidade com a realização dos valores superiores positivados na Constituição Federal.[7] Para encontrar a função de determinado instituto, pois, é necessária a identificação dos interesses que o legislador pretendeu tutelar por meio dele[8], com a devida contextualização social, na medida em que seu significado pode variar de acordo com a conjuntura temporal, histórica e geográfica em que se insere.[9]

Assim é que, em um momento em que se manifestam preocupações de justiça e equidade, Jorge Duarte Pinheiro aponta como um dos aspectos de índole valorativa que fragilizam o direito das sucessões justamente o fato de as atribuições patrimoniais aos herdeiros necessários não se orientarem "nem pelo mérito nem pelas necessidades concretas dos beneficiários".[10] Desta forma, como já tivemos oportunidade de nos manifestar, "o fato de ser necessário compreender a herança em um contexto social não importa em reconhecer, indistintamente, o direito a uma reserva patrimonial a determinados sucessores tão somente porque se encontram ligados ao falecido por vínculos familiares próximos", pois isto implicaria na utilização vazia do elemento funcional da sucessão, travestindo-o em mero assistencialismo.[11]

Por esta razão Rita Lôbo Xavier defende que "um rígido sistema de legítima, que garanta, em qualquer caso, uma parte do património do falecido aos seus descendentes, com independência da sua situação económica ou das suas necessidades, parece ser desadequado".[12] Mais do que garantir uma base econômica para determinados familiares a legítima deveria buscar assegurar amparo aos sucessores que não têm meios para a própria subsistência e um patrimônio consolidado, ficando dependentes da herança para a manutenção de uma vida digna. Seria preciso, então, considerar a situação patrimonial concreta dos herdeiros necessários, na medida em que nem sempre a ausência de herança seria causa de miserabilidade destes, a fim de que esta também não acabasse por se transformar em fonte de seu enriquecimento injustificado.[13]

Isto poderia implicar em reconhecer à legítima a mesma base jurídica dos alimentos, que, na visão de José João Gonçalves de Proença, são institutos "paralelos na índole e efeitos". Para o citado autor, a reserva legitimária de instituição forçada equivaleria a

---

7. ROCHA, Patricia Ferreira. Funcionalização contemporânea do direito à legítima. In: EHRHARDT JUNIOR, Marcos; LOBO, Fabíola Albuquerque (Coord.). *A função social nas relações privadas*, 2019, p. 379.
8. SANTOS, Deborah Pereira Pinto dos; MENDES, Eduardo Heitor. Função, funcionalização e função social. In: SCHREIBER, Anderson; KONDER, Carlos Nelson (Coord.). *Direito civil constitucional*, 2016, p. 98.
9. MORAES, Bruno Terra de; MAGALHÃES, Fabiano Pinto de. Historicidade e relatividade dos institutos e a função promocional do direito civil, In: SCHREIBER, Anderson; KONDER, Carlos Nelson (Coord.). *Direito civil constitucional*, 2016, p. 125.
10. PINHEIRO, Jorge Duarte. *O Direito das sucessões contemporâneo*, 2017, p. 29.
11. ROCHA, Patricia Ferreira. Funcionalização contemporânea do direito à legítima. In: EHRHARDT JUNIOR, Marcos; LOBO, Fabíola Albuquerque (Coord.). *A função social nas relações privadas*, 2019, p. 381.
12. XAVIER, Rita Lôbo. Notas para a renovação da sucessão legitimaria no direito português. In: CORDEIRO, António Menezes et al. *Estudos em homenagem ao professor doutor Carlos Pamplona Corte-Real*, 2016, p. 356.
13. ROCHA, Patricia Ferreira. Funcionalização contemporânea do direito à legítima. In: EHRHARDT JUNIOR, Marcos; LOBO, Fabíola Albuquerque (Coord.). *A função social nas relações privadas*, 2019, p. 382.

ser qualificada como "dívida alimentar continuada, para além da morte".[14] Assim, se a obrigação alimentar não advém do simples estabelecimento dos vínculos de parentesco ou conjugalidade, mas também de uma necessária relação entre necessidade e possibilidade (art. 1.695, CC), então, para o reconhecimento da reserva patrimonial aos herdeiros necessários seria imprescindível a verificação casuística de que estes sucessores não dispõem de meios para prover, por si próprios, o seu sustento. Esta perspectiva, então, estaria muito mais atrelada à ideia de efetiva proteção à família do que uma previsão em abstrato de proteção a determinados familiares que, em muitas das vezes, não necessitam de nenhum amparo especial.[15]

Na esteira desse entendimento, Roxana Borges e Renata Dantas defendem que

> A família, sob uma ótima despatrimonializada, não constitui núcleo de produção e acumulação de riqueza, mas, sim, espaço de construção do eu, fundado em relações de afeto e solidariedade. Pensar o Direito Sucessório constitucionalizado, de fato, é reconhecer que a herança pode sofrer limitações quanto à liberdade de testar, com o fim de proteção familiar. Mas a proteção à família não se realiza na transmissão compulsória de bens àqueles que podem prover seu próprio sustento. Diferentemente, quando se trata dos vulneráveis econômicos, a limitação é coerente[16].

Leciona Pietro Perlingieri acerca da necessidade de se revisar o sistema hereditário sob a ótica constitucional, no sentido de "valorizar a autonomia negocial equilibrando-a com o dever de solidariedade". Para isso, seria necessário "prestar mais atenção às necessidades da pessoa dentro da família", tendo em vista, em particular o seu estado de necessidade, compreendido como "a incapacidade de manter condições existenciais adequadas àquelas desfrutadas durante a vida do de cujus", além da duração e seriedade do vínculo afetivo que unia sucessores e sucedido.[17]

Neste sentido também aduzem Gustavo Tepedino, Ana Luiza M. Nevares e Rose Melo Vencelau Meireles, para quem essa perspectiva constitucionalizada que informa o Direto Civil e no qual se inclui o Direito Sucessório, deve buscar valorizar não mais "o indivíduo abstrato, mas a pessoa em sua dimensão concreta e em relação com as demais a partir do reconhecimento de suas diversidades e peculiaridades", motivo pela qual a indiferença quanto aos bens transmitidos e, em especial, quanto aos sucessores, deve ser repensada. Dentro desta concepção, a legítima não deveria se fundamentar "apenas no vínculo familiar, mas também na situação de fato na qual se encontra o chamado à sucessão em relação ao bem transmitido, ou seja, no conjunto de interesses que recai sobre o bem objeto da sucessão no momento da transmissão da herança". Até porque, sendo a família compreendida como formação social que tem em vista a pessoa de seus componentes, a sua funcionalidade deve ser irradiada para o Direito Sucessório, fazendo com que a delação sucessória forçada seja estabelecida com vistas à concreta satisfação

---

14. PROENÇA, José João Gonçalves de. *Natureza jurídica da "legítima"*, 2010, p. 62-110.
15. ROCHA, Patricia Ferreira. A solidariedade familiar alimentar como parâmetro à atribuição da legítima aos herdeiros necessários. In: TEPEDINO, Gustavo et al. *Anais do VI Congresso do Instituto Brasileiro de Direito Civil*, 2019, p. 594.
16. BORGES, Roxana Cardoso Brasileiro; DANTAS, Renata Marques Lima. Direito das sucessões e a proteção dos vulneráveis econômicos. *Revista brasileira de Direito civil – RBDCivil* I, 2017, p. 90.
17. PERLINGIERI, Pietro. La funzione sociale del diritto sucessório. *Rassegna di diritto civile*, n. 1, 2009, p. 145.

das reais necessidades de determinadas categorias de parentes.[18] Diante do exposto, e seguindo preciosa lição de Luiz Edson Fachin, deve-se evocar "um mundo real, composto de pessoas concretas que têm anseios, necessidades e direitos".[19]

Por fim, cumpre consignar que o argumento da funcionalização do direito à legítima estaria levando em consideração o conceito de igualdade material, segundo o qual a constatação da desigualdade impõe a exigência de mecanismos de compensação para que a todos seja atribuída a mesma possibilidade de direitos, cabendo uma tutela diferenciada, com a reserva forçada de patrimônio do *de cujus*, apenas aos sucessores que se encontrem em situação de vulnerabilidade ou dependência econômica.[20] Em conclusão, portanto, para além das relações familiares, a reserva legitimária seria imposta, cumulativamente, ante o estado de vulnerabilidade de algum(s) sucessor(es), sendo necessário delimitar a abrangência deste conceito dentro do direito hereditário.

3. A DEFINIÇÃO DE VULNERABILIDADE SUCESSÓRIA

A palavra vulnerabilidade tem por significado a qualidade ou estado do que é ou se encontra vulnerável, vocábulo que, por sua vez, em sua acepção original, verte a ideia daquilo que é frágil, prejudicado ou ofendido.[21] Na esteira deste mesmo raciocínio, Carlos Nelson Konder ensina que ser vulnerável está relacionado à suscetibilidade de sofrer males.[22] Já Gustavo Baptista Andrade explica que vulnerabilidade transmite uma ideia de desequilíbrio nas relações jurídicas.[23] E, neste sentido, dentro do ordenamento brasileiro encontramos vários exemplos de vulnerabilidade juridicamente reconhecidos.

Em primeiro lugar podemos citar a Lei nº 8.069, de 13 de julho de 1990[24], que dispõe sobre o Estatuto da Criança e do Adolescente e, em seu art. 2º, considera criança "a pessoa até doze anos de idade incompletos, e adolescente aquela entre doze e dezoito anos de idade", reconhecendo a necessidade de uma tutela especial a fim de lhes permitir o pleno desenvolvimento físico, mental, moral, espiritual e social. Falta, pois, à criança e ao adolescente, o discernimento decorrente da maturidade em razão da idade e, por isso, "a consciência sã para o exercício dos atos de natureza privada"[25], o que justifica a adoção, a nível constitucional, da sua proteção prioritária e integral (art. 227, CF).

---

18. NEVARES, Ana Luiza Maia; MEIRELES, Rose Melo Vencelau; TEPEDINO, Gustavo. *Fundamentos do direito civil*. 2020, v. 7: direito das sucessões, p. 10-12.
19. FACHIN, Luiz Edson. *Estatuto do patrimônio mínimo*, 2006, p. 23.
20. ROCHA, Patricia Ferreira. Funcionalização contemporânea do direito à legítima. In: EHRHARDT JUNIOR, Marcos; LOBO, Fabíola Albuquerque (Coord.). *A função social nas relações privadas*, 2019, p. 383.
21. HOUAISS, Antonio. *Dicionário Houaiss da língua portuguesa*, 2009, p. 1961.
22. KONDER, Carlos Nelson. Vulnerabilidade patrimonial e vulnerabilidade existencial: por um sistema diferenciador. *Revista de Direito do Consumidor*, v. 99, 2015, p. 103.
23. ANDRADE, Gustavo Henrique Baptista. *O direito de herança e a liberdade de testar*: um estudo comparado entre os sistemas jurídicos brasileiro e inglês, 2019, p. 70.
24. BRASIL. Lei 8.069, de 13 de julho de 1990. Disponível em: http://www.planalto.gov.br/ccivil_03/leis/l8069.htm. Acesso em: 21 abr. 2020.
25. TARTUCE, Flávio. *Direito civil*, v. 1: lei de introdução e parte geral, 2020, p. 141.

Há também a Lei nº 10.741, de 1º de outubro de 2003[26], que instituiu o Estatuto do Idoso, e que se destina a regular os direitos assegurados às pessoas com idade igual ou superior a 60 (sessenta) anos. É importante consignar que a velhice ou senilidade, por si só, nunca foi tida como causa de restrição da capacidade de fato da pessoa[27], mas assegura tratamento prioritário e proteção especial a fim de preservar a saúde física e mental da pessoa idosa, bem como garantir o seu aperfeiçoamento moral, intelectual, espiritual e social, em condições de liberdade e dignidade.

Na sequência, a Lei nº 13.146, de 6 de julho de 2015[28], que instituiu a Lei Brasileira de Inclusão da Pessoa com Deficiência, considera, em seu art. 2º, pessoa com deficiência "aquela que tem impedimento de longo prazo de natureza física, mental, intelectual ou sensorial, o qual, em interação com uma ou mais barreiras, pode obstruir sua participação plena e efetiva na sociedade em igualdade de condições com as demais pessoas". A finalidade desta lei é "assegurar e a promover, em condições de igualdade, o exercício dos direitos e das liberdades fundamentais por pessoa com deficiência, visando à sua inclusão social e cidadania". Para tanto, devem ser considerados os impedimentos nas funções e nas estruturas do corpo; os fatores socioambientais, psicológicos e pessoais; a limitação no desempenho de atividades; e a restrição de participação. Por conseguinte, a deficiência mental ou intelectual não retira, necessariamente, a capacidade civil do indivíduo, na medida em que a pessoa com deficiência é dotada de capacidade jurídica irrestrita para atos jurídicos não patrimoniais (art. 6º), restringindo-se sua atuação somente quanto aos atos de natureza patrimonial e, ainda assim, proporcionalmente às necessidades e circunstâncias de cada caso.[29]

Sob outro prisma, a legislação tributária nos apresenta o conceito de dependente e suas respectivas categorias, qualificando-o como encargo de família, razão pela qual o contribuinte que suporta as suas despesas poderá beneficiar-se da dedução relativa a este(s) dependente(s) na declaração de imposto de renda. Para este fim, são considerados dependentes, nos termos do art. 35 da Lei 9.250, de 26 de dezembro de 1995[30]:

I – o cônjuge;

II – o companheiro ou a companheira, desde que haja vida em comum por mais de cinco anos, ou por período menor se da união resultou filho;

III – a filha, o filho, a enteada ou o enteado, até 21 anos, ou de qualquer idade quando incapacitado física ou mentalmente para o trabalho;

IV – o menor pobre, até 21 anos, que o contribuinte crie e eduque e do qual detenha a guarda judicial;

V – o irmão, o neto ou o bisneto, sem arrimo dos pais, até 21 anos, desde que o contribuinte detenha a guarda judicial, ou de qualquer idade quando incapacitado física ou mentalmente para o trabalho;

---

26. BRASIL. *Lei 10.741, de 1º de outubro de 2003*. Disponível em: http://www.planalto.gov.br/ccivil_03/leis/2003/l10.741.htm. Acesso em: 21 abr. 2020.
27. TARTUCE, Flávio. *Direito civil*, v. 1: lei de introdução e parte geral, 2020, p. 147.
28. BRASIL. *Lei 13.146, de 6 de julho de 2015*. Disponível em: http://www.planalto.gov.br/ccivil_03/_ato2015-2018/2015/lei/l13146.htm. Acesso em: 21 abr. 2020.
29. LÔBO, Paulo. *Direito Civil*, v. 1: parte geral, 2019, p. 128.
30. BRASIL. *Lei 9.250, de 26 de dezembro de 1995*. Disponível em: http://www.planalto.gov.br/ccivil_03/leis/l9250.htm. Acesso em: 21 abr. 2020.

VI – os pais, os avós ou os bisavós, desde que não aufiram rendimentos, tributáveis ou não, superiores ao limite de isenção mensal;

VII – o absolutamente incapaz, do qual o contribuinte seja tutor ou curador.

Atente-se ao fato de que, em relação aos dependentes referidos nos incisos III e V do citado dispositivo, estes poderão ser assim considerados quando maiores até 24 anos de idade, se ainda estiverem cursando estabelecimento de ensino superior ou escola técnica de segundo grau.

Quanto à legislação previdenciária, o Regime Geral da Previdência Social assegura, em caso de doença, invalidez, prisão ou morte do segurado, auxílio àquele que dependia do seu trabalho e sustento do lar, na qualidade de dependente. Neste sentido, estabelece o art. 16 da Lei 8.213/91[31] que são dependentes:

I – o cônjuge, a companheira, o companheiro e o filho não emancipado, de qualquer condição, menor de 21 (vinte e um) anos ou inválido ou que tenha deficiência intelectual ou mental ou deficiência grave;

II – os pais;

III – o irmão não emancipado, de qualquer condição, menor de 21 (vinte e um) anos ou inválido ou que tenha deficiência intelectual ou mental ou deficiência grave;

Imperioso consignar que a jurisprudência do Superior Tribunal de Justiça consolidou a orientação de que o menor sob guarda tem direito à concessão do benefício de pensão por morte do seu mantenedor, comprovada a sua dependência econômica, nos termos do art. 33, § 3º, do Estatuto da Criança e do Adolescente, o que pode permitir incluir os netos do segurado, desde que presentes os requisitos citados[32], da mesma forma que vem permitindo o recebimento de benefício pelos avós que criam o neto(a) como se fossem seus genitores[33]. Acrescente-se também que o § 2º do artigo acima transcrito estabelece que "o enteado e o menor tutelado equiparam-se a filho mediante declaração do segurado e desde que comprovada a dependência econômica na forma estabelecida no Regulamento", autorizando que os parentes afins e as pessoas sob tutela figurem no rol de dependentes.

Feitas estas considerações e trazendo a temática para o direito sucessório, aduzem Roxana Borges e Renata Dantas que a vulnerabilidade do sucessor "não se refere à pessoa que se releva com menos recursos financeiros, mas sim àquela que não possui condições de, por si mesma, assegurar as condições materiais necessárias à proteção de sua dignidade".[34] Desta forma, a atribuição do *status* de herdeiro necessário somente estaria configurado através da presença de um elemento familiar (vínculo parental ou de conjugalidade) cumulado com alguma circunstância concreta que revelasse a vul-

---

31. BRASIL. Lei 8.213, de 24 de julho de 1991. Disponível em: http://www.planalto.gov.br/ccivil_03/leis/l8213cons.htm. Acesso em: 21 abr. 2020.
32. Superior Tribunal de Justiça. *Recurso Especial*. 428492/MA. Disponível em: https://ww2.stj.jus.br/processo/pesquisa/?aplicacao=processos.ea&tipoPesquisa=tipoPesquisaGenerica&termo=REsp%201428492. Acesso em: 21 abr. 2020.
33. Superior Tribunal de Justiça. *Recurso Especial 1574859/SP*. Disponível em: http://www.stj.jus.br/SCON/jurisprudencia/doc.jsp?livre=pensao+por+morte+aos+pais&b=ACOR&p=true&l=10&i=2. Acesso em: 21 abr. 2020.
34. BORGES, Roxana Cardoso Brasileiro; DANTAS, Renata Marques Lima. Direito das sucessões e a proteção dos vulneráveis econômicos. *Revista brasileira de Direito civil – RBDCivil* I, 2017, p. 83.

nerabilidade do sucessor, a exemplo da menoridade, deficiência física ou intelectual, idade avançada, enfermidade grave, incapacidade laboral ou qualquer outra adversidade que o impossibilitasse de, por seus próprios meios, viesse a prover a sua subsistência com dignidade. Assim, seria necessário que o sucessor legitimário, além de pertencente ao núcleo familiar do *de cujus*, estivesse em uma situação de dependência econômica em relação ao patrimônio daquele.[35] Por esta razão, destaque-se de início, a condição de herdeiro necessário não teria a mesma abrangência do rol de dependentes fixado na legislação tributária e nem na previdenciária, mas poderia abranger outros parentes além dos consignados no art. 1.845 do Código Civil brasileiro.

Assim, como já defendemos em artigo apresentado no VI Congresso do Instituto Brasileiro de Direito Civil (2018), é necessária a releitura do instituto da legítima, modulando os efeitos da sucessão aos familiares do autor da sucessão que, em função de determinadas circunstâncias que lhes impeça de concretizar a garantia de um patrimônio mínimo, se encontrem em uma situação de vulnerabilidade ou de dependência econômica para com o falecido.[36] A proteção desses sujeitos especiais, por óbvio, deve ser realizada casuisticamente, razão pela qual passaremos a abordar os critérios de ponderação necessários para delimitação do direito à legítima.

4. A LEGÍTIMA A PARTIR DE UMA ANÁLISE CASUÍSTICA E O EFETIVO CUMPRIMENTO DE SUA FUNÇÃO SOCIAL

Prescreve o art. 1.845 do Código Civil brasileiro, que a classe dos herdeiros necessários é composta apenas pelos descendentes, ascendentes e pelo cônjuge sobrevivente. Há discussão, contudo, acerca da inclusão ou não do companheiro sobrevivente no rol daqueles herdeiros privilegiados. Em que pese tenha o Supremo Tribunal Federal, no julgamento do RE 878.694[37], reconhecido a equiparação sucessória do companheiro ao cônjuge nos termos do art. 1.829 do Diploma Civil, não tratou do seu eventual *status* de herdeiro necessário. Atento a esta situação de incerteza, o IBDFAM – Instituto Brasileiro de Direito das Famílias e Sucessões –, que funcionou como *amicus curiae* nesta ação, impetrou embargos declaratórios que, todavia, não foram conhecidos pela Corte Superior, sob argumento de que o assunto fugia aos limites da lide, já que esta envolvia apenas a disputa sucessória entre irmãos e o companheiro sobrevivente do *de cujus*. A doutrina majoritária[38] e a jurisprudência do Superior Tribunal de Justiça, posterior inclusive ao

---

35. ROCHA, Patricia Ferreira. A solidariedade familiar alimentar como parâmetro à atribuição da legítima aos herdeiros necessários. In: TEPEDINO, Gustavo et al. *Anais do VI Congresso do Instituto Brasileiro de Direito Civil*, 2019. p. 594.
36. ROCHA, Patricia Ferreira. A solidariedade familiar alimentar como parâmetro à atribuição da legítima aos herdeiros necessários. In: TEPEDINO, Gustavo et al. *Anais do VI Congresso do Instituto Brasileiro de Direito Civil*, 2019. p. 597.
37. SUPREMO TRIBUNAL FEDERAL. *Recurso Extraordinário 878.694*. Disponível em: https://stf.jusbrasil.com.br/jurisprudencia/311628824/repercussao-geral-no-recurso-extraordinario-rg-re-878694-mg-minas-gerais-1037481-7220098130439/inteiro-teor-311628833. Acesso em: 21 abr. 2020.
38. A favor da equiparação total dos direitos sucessórios, o que conferiria a qualidade de herdeiro necessário ao companheiro a doutrina majoritária representada pelos seguintes autores: Caio Mário da Silva Pereira, Maria Berenice Dias, Cristiano Chaves de Farias, Nelson Rosenvald, Giselda M. Novaes Hironaka, Heloísa Helena Barboza, Paulo Lôbo, Maria Celina Bodin, Gustavo Tepedino, entre outros. Pela manutenção do rol de herdeiros necessário, pre-

citado recurso extraordinário, não obstante, defendem a plena igualdade sucessória entre os componentes das entidades familiares matrimonial e convivencial, razão pela qual ao companheiro também deve ser reconhecida a condição de herdeiro necessário.

Desta forma, o primeiro pressuposto para o reconhecimento do direito à legítima é a verificação de um estado familiar, advindo de uma relação de parentesco, conjugalidade ou convivência. Acontece que não é todo vínculo familiar que impõe a garantia da reserva patrimonial sucessória, na medida em que, quando o legislador trata dos sucessores facultativos, ou seja, daqueles que podem ser afastados da sucessão por mera manifestação de vontade do titular do patrimônio, faz referência expressa aos parentes colaterais (art. 1.850, CC).

A primeira questão que se coloca a partir da identificação de uma função social à legítima nos termos neste artigo propostos, então, diz respeito aos sujeitos que gozam desta prerrogativa sucessória: será possível incluir como herdeiros necessários outros parentes do falecido, desde que estejam em uma situação de vulnerabilidade ou de dependência econômica em relação àquele?

A fim de oferecer uma possível resposta é preciso considerar que, em sendo reconhecida à legítima a mesma base jurídica dos alimentos, o Código Civil brasileiro estabelece que o direito à prestação alimentar é "recíproco entre pais e filhos, e extensivo a todos os ascendentes, recaindo a obrigação nos mais próximos em grau, uns em falta de outros" (art. 1.696, CC), dever que se transmite, na falta de ascendentes, "aos descendentes, guardada a ordem de sucessão e, faltando estes, aos irmãos, assim germanos como unilaterais" (art. 1.697 CC)[39]. Desta forma, defendemos a inclusão dos colaterais de 2º grau como detentores do direito a uma reserva legitimária, mantendo-se excluídos da legítima apenas os colaterais de 3º e 4º graus, em que pese sejam considerados herdeiros legítimos. Neste sentido, oportuno recordar que os irmãos faziam parte do elenco dos herdeiros necessários, sendo deste excluído pelas Ordenações.[40]

Um segundo aspecto a ser pontuado se refere ao critério de convocação dos herdeiros necessários, na medida em que, apesar de abstratamente qualificados como tais, a efetiva reserva de patrimônio a estes sucessores depende da sequência imposta segundo os ditames da ordem de vocação hereditária (art. 1.829, CC). Assim, pelo sistema sucessório vigente, somente cabe falar em atribuição de legítima aos ascendentes, quando inexistirem descendentes, na medida em que estes preferem os parentes da segunda classe da ordem sucessória. O mesmo raciocínio deve ser aplicado ao cônjuge sobrevivente quando configurada qualquer das exceções à concorrência com os descendentes mencionadas no art. 1.829, inciso I, do Código Civil brasileiro, sem negligenciar a necessária adequação da sua situação conjugal aos limites traçados pelo art. 1.830 do mesmo diploma legal, ou seja, o consorte sobrevivente não pode, ao tempo da morte, estar separado judicialmente ou separado de fato há mais de dois anos, salvo prova, neste caso, de que

---

vista no art. 1.845 do CCB/2002: Luis Edson Facchin, Guilherme Calmon N. da Gama, Eduardo de O. Leite, Jorge Fujita, Maria Helena Diniz, Roberto Senise Lisboa, Rolf Madaleno, Euclides de Oliveira, Silvio de Salvo Venosa, Flávio Tartuce, Carlos Roberto Gonçalves, Mário Luiz Delgado e outros.

39. BRASIL. *Código Civil Brasileiro de 2002*. Disponível em: http://www.planalto.gov.br/ccivil_03/leis/2002/L10406.htm. Acesso em: 21 abr. 2020.
40. AMARAL, Jorge A. Pais do. *Direito da família e de sucessões*, 2015, p. 358.

essa convivência se tornara impossível sem sua culpa. Quanto ao companheiro, além dos mesmos critérios concorrenciais relativos ao regime de bens (art. 1.829, I, CC), é preciso que o sobrevivente estivesse vivendo em comunhão de vidas com seu parceiro no momento do óbito deste.

A funcionalização da legítima, não obstante, suscita dúvidas quanto à manutenção do chamamento segundo uma ordem de vocação hereditária ou ao eventual afastamento da prioridade de uma determinada classe de sucessores em detrimento de outra, em razão de uma vulnerabilidade similar ou premente. Opinamos pela manutenção do sistema normativo sucessório vigente, tal como ocorre em relação ao chamamento do devedor de alimentos (art. 1.698, CC), que impõe uma convocação sequencial e excludente dos herdeiros necessários, na exata medida das necessidades do caso concreto dentro de cada classe, salvo a hipótese de concorrência sucessória dos parentes com o cônjuge ou companheiro sobrevivente.

Quanto ao seu valor, estabelece o art. 1.846 do Código Civil brasileiro pertencer "aos herdeiros necessários, de pleno direito, a metade dos bens da herança, constituindo a legítima", de forma que a reserva é invariável, seja em razão do número de herdeiros, sua classe ou de outras circunstâncias. Para fins de averiguação desse limite, deve ser levado em consideração o valor do patrimônio líquido do *de cujus*, ou seja, dos bens existentes no acervo à data abertura da sucessão, abatidas as dívidas e as despesas do funeral, adicionando-se, em seguida, o valor dos bens sujeitos a colação (art. 1.847, CC).

Neste aspecto cabe questionar se a funcionalização da legítima implicaria na modificação da sua quantificação, no sentido da manutenção de um valor fixo ou estabelecimento de uma reserva variável a depender das particularidades da sucessão *in concreto*. Defendemos, pois, a sua variabilidade, na medida em que a legítima somente deveria ser atribuída àqueles que, figurando no rol dos herdeiros legítimos, deveriam ser alimentados, ou seja, quando evidenciada a necessidade de auxílio em sua subsistência e na exata medida desta necessidade.[41] Não dispondo o sucessor de bens ou se encontrando na impossibilidade de os produzir por seu próprio trabalho, em função de condição etária, deficiência, enfermidade grave ou outras incapacidades, a ele seria destinada uma porção patrimonial para fins da manutenção de uma vida digna após o falecimento do autor da sucessão. Se os alimentos são baseados numa relação de mutualidade em que devem atender, ao mesmo tempo e proporcionalmente, às necessidades do alimentando e às possibilidades do alimentante, assim também o deve ser a legítima, em relação ao montante patrimonial deixado pelo autor da sucessão e as necessidades fáticas dos herdeiros necessários.

Examinando os critérios utilizados no sistema inglês, onde inexiste a reserva obrigatória, mas tão somente uma espécie de provisão financeira para caso alguns familiares e dependentes do *de cujus* não tenham sido contemplados em testamento ou não possam

---

41. ROCHA, Patricia Ferreira. A solidariedade familiar alimentar como parâmetro à atribuição da legítima aos herdeiros necessários. In: TEPEDINO, Gustavo et al. *Anais do VI Congresso do Instituto Brasileiro de Direito Civil*, 2019. p. 595.

ser beneficiados pelas regras da sucessão *ab intestato*, Gustavo Baptista Andrade[42] ensina o referido pedido será apreciado levando-se em consideração as seguintes circunstâncias:

> a) as necessidades financeiras e os recursos (atuais e futuros) do peticionário; b) as necessidades financeiras e os recursos (atuais e futuros) de outros eventuais peticionários; c) os recursos financeiros e as necessidades (atuais e futuros) dos beneficiários do espólio; d) as obrigações e responsabilidades do falecido frente aos peticionários e beneficiários; e) o tamanho e a natureza do montante líquido do espólio; f) qualquer deficiência física ou mental dos peticionários e beneficiários; g) qualquer outro fator, incluindo a conduta do peticionário, que a depender das circunstâncias do caso, a Corte considere relevante.

Para tanto seria necessário efetuar uma distinção quanto ao aspecto temporal ligado à vulnerabilidade ou dependência econômica, no sentido de esta ser transitória ou permanente. Assim, defende Gustavo Baptista Andrade que "a lei pode estabelecer uma reserva para ditos herdeiros, a qual poderia variar entre uma parcela do patrimônio, se o estado de vulnerabilidade fosse permanente e uma provisão, se temporária a situação de vulnerabilidade",[43] posicionamento a qual nos filiamos.

Neste ponto, conforme aduz Luiz Edson Fachin, "O valor 'pessoa' abarca a possibilidade de se lhe garantir um patrimônio mínimo", a fim de que seja resguardada a sua dignidade dentro da esfera individual, mas indo além, para também se projetar para a coletividade. Por esta razão, o citado autor declara que "a existência possível de um patrimônio mínimo concretiza, de algum modo, a expiação da desigualdade, e ajusta, ao menos em parte, a lógica do Direito à razoabilidade da vida daqueles que, no mundo do ter, menos têm e mais necessitam". Esclarece, contudo, que a ideia de mínimo "não é menos nem é ínfimo. É um conceito apto à construção do razoável e do justo ao caso concreto, aberto, plural e poroso ao mundo contemporâneo", cabendo analisá-lo partir do contexto em que ele é exercido, considerando-se, inclusive, o padrão social dos envolvidos.[44]

5. CONCLUSÕES

O direito à legítima há muito vem sendo justificado pela relatividade do direito de propriedade, pela solidariedade familiar, pelo respeito à dignidade da pessoa humana e pela manutenção de um patrimônio mínimo, fazendo com que ocorra uma limitação da autonomia privada do titular do acervo patrimonial sob tais fundamentos. Acontece que, acreditamos que tal restrição não serve mais ao objetivo a que se propõe.

O Direito sucessório, assim, não deve mais promover a transmissão compulsória da herança, indiferentemente, a herdeiros, ainda que necessários, aptos a garantirem economicamente sua subsistência, pelo simples fato de pertencerem a uma mesma família. Por esta razão, o titular do patrimônio somente não poderia dispor gratuitamente, por

---

42. ANDRADE, Gustavo Henrique Baptista. *O direito de herança e a liberdade de testar*: um estudo comparado entre os sistemas jurídicos brasileiro e inglês, 2019, p. 42-86.
43. ANDRADE, Gustavo Henrique Baptista. *O direito de herança e a liberdade de testar*: um estudo comparado entre os sistemas jurídicos brasileiro e inglês, 2019, p. 112.
44. FACHIN, Luiz Edson. *Estatuto do patrimônio mínimo*, 2006, p. 114-284.

ato de manifestação de vontade cujos efeitos operem *inter vivos* ou *post mortem*, de um volume de bens que comprometa a dignidade de seu núcleo familiar quando existirem herdeiros necessários que dele dependam ou que estejam em situação de vulnerabilidade. O direito à legítima, então, deixaria de levar em consideração os sucessores de forma abstrata, tratando indistintamente os pertencentes à mesma classe privilegiada legitimada à sucessão, para atender a necessidades especiais em função de idade, estado físico, mental ou de saúde, incapacidade laboral ou outra circunstância que impeçam a concretização da garantia de um patrimônio mínimo a estes sucessores.

Para tanto, defendemos que o alargamento dos sujeitos pertencentes à classe dos herdeiros necessários, para nesta incluir os colaterais de 2º grau, tomando como referência o reconhecimento jurídico do direito/dever alimentar, mantendo-se, contudo, a sua convocação sequencial e excludente, na exata medida das necessidades do caso concreto dentro de cada classe, salvo a hipótese de concorrência sucessória dos parentes com o cônjuge ou companheiro sobrevivente. Quanto ao valor, o estabelecimento de uma reserva variável a depender das particularidades do caso concreto, na exata medida da necessidade dos necessários legitimados, razão pela qual seria preciso identificar se a vulnerabilidade ou estado de dependência seria transitório ou permanente.

6. REFERÊNCIAS

AMARAL, Jorge A. Pais do. *Direito da família e de sucessões*. 2. ed. Coimbra: Almedina, 2015.

ANDRADE, Gustavo Henrique Baptista. *O direito de herança e a liberdade de testar*: um estudo comparado entre os sistemas jurídicos brasileiro e inglês. Belo Horizonte: Fórum, 2019.

BORGES, Roxana Cardoso Brasileiro; DANTAS, Renata Marques Lima. Direito das sucessões e a proteção dos vulneráveis econômicos. *Revista brasileira de Direito civil – RBDCivil* I, v. 11, p. 73-91. Belo Horizonte, 2017.

BRASIL. *Código Civil Brasileiro de 2002*. Disponível em: http://www.planalto.gov.br/ccivil_03/leis/2002/L10406.htm. Acesso em: 21 abr. 2020.

BRASIL. *Lei 8.069, de 13 de julho de 1990*. Disponível em: http://www.planalto.gov.br/ccivil_03/leis/l8069.htm. Acesso em: 21 abr. 2020.

BRASIL. *Lei 8.213, de 24 de julho de 1991*. Disponível em: http://www.planalto.gov.br/ccivil_03/leis/l8213cons.htm. Acesso em: 21 abr. 2020.

BRASIL. Lei 9.250, de 26 de dezembro de 1995. Disponível em: http://www.planalto.gov.br/ccivil_03/leis/l9250.htm. Acesso em: 21 abr. 2020.

BRASIL. *Lei 10.741, de 1º de outubro de 2003*. Disponível em: http://www.planalto.gov.br/ccivil_03/leis/2003/l10.741.htm. Acesso em: 21 abr. 2020.

BRASIL. *Lei 13.146, de 6 de julho de 2015*. Disponível em: http://www.planalto.gov.br/ccivil_03/_ato2015-2018/2015/lei/l13146.htm. Acesso em: 21 abr. 2020.

CORTE-REAL, Carlos A. C. de Andrade Pamplona. *Da Imputação de liberalidades na sucessão legitimária*. Lisboa: Centro de Estudos Fiscais, 1989.

FACHIN, Luiz Edson. *Estatuto do patrimônio mínimo*. 2. ed. Rio de Janeiro: Renovar, 2006.

FARIAS, Cristiano Chaves de; ROSENVALD, Nelson. *Curso de direito civil*. 4. ed. Salvador: JusPodivm, 2018. v. 7: sucessões.

HOUAISS, Antonio. *Dicionário Houaiss da língua portuguesa*. Rio de Janeiro: Objetiva, 2009.

KONDER, Carlos Nelson. Vulnerabilidade patrimonial e vulnerabilidade existencial: por um sistema diferenciador. *Revista de Direito do Consumidor*, ano 24, v. 99, p. 111-112. Brasília: maio-jun. 2015.

LÔBO, Paulo. *Direito Civil*. 8. ed. São Paulo: Saraiva Educação, 2019. v. 1: parte geral.

LÔBO, Paulo. *Direito Civil*. 5. ed. São Paulo: Saraiva Educação, 2019. v. 6: sucessões.

MORAES, Bruno Terra de; MAGALHÃES, Fabiano Pinto de. Historicidade e relatividade dos institutos e a função promocional do direito civil. In: SCHREIBER, Anderson; KONDER, Carlos Nelson (Coord.). *Direito civil constitucional*. São Paulo: Atlas, 2016.

NEVARES, Ana Luiza Maia; MEIRELES, Rose Melo Vencelau; TEPEDINO, Gustavo. *Fundamentos do direito civil*. Rio de Janeiro: Forense, 2020. v. 7: direito das sucessões.

PERLINGIERI, Pietro. *La funzione sociale del diritto sucessório*. Rassegna di diritto civile. Napoli: Edizioni Scientifiche Italiane, n. 1, p. 131-146, 2009.

PINHEIRO, Jorge Duarte. *O Direito das sucessões contemporâneo*. 2. ed. Lisboa: Alameda da Universidade, 2017.

PROENÇA, José João Gonçalves de. *Natureza jurídica da "legítima"*. Lisboa: Universidade Lusíada Editora, 2010.

ROCHA, Patricia Ferreira. A solidariedade familiar alimentar como parâmetro à atribuição da legítima aos herdeiros necessários. In: TEPEDINO, Gustavo et al. *Anais do VI Congresso do Instituto Brasileiro de Direito Civil*. p. 585-598. Belo Horizonte, Fórum, 2019.

ROCHA, Patricia Ferreira. Funcionalização contemporânea do direito à legítima. In: EHRHARDT JUNIOR, Marcos; LOBO, Fabíola Albuquerque (Coord.). *A função social nas relações privadas*. Belo Horizonte: Fórum, 2019.

SANTOS, Deborah Pereira Pinto dos; MENDES, Eduardo Heitor. Função, funcionalização e função social. In: SCHREIBER, Anderson; KONDER, Carlos Nelson (Coord.). *Direito civil constitucional*. São Paulo: Atlas, 2016.

SUPERIOR TRIBUNAL DE JUSTIÇA. *Recurso Especial 1428492/MA*. Disponível em: https://ww2.stj.jus.br/processo/pesquisa/?aplicacao=processos.ea&tipoPesquisa=tipoPesquisaGenerica&termo=REsp%201428492. Acesso em: 21 abr. 2020.

SUPERIOR TRIBUNAL DE JUSTIÇA. *Recurso Especial 1574859/SP*. Disponível em: http://www.stj.jus.br/SCON/jurisprudencia/doc.jsp?livre=pensao+por+morte+aos+pais&b=ACOR&p=true&l=10&i=2. Acesso em: 21 abr. 2020.

SUPREMO TRIBUNAL FEDERAL. *Recurso Extraordinário 878.694*. Disponível em: https://stf.jusbrasil.com.br/jurisprudencia/311628824/repercussao-geral-no-recurso-extraordinario-rg-re-878694-m-g-minas-gerais-1037481-7220098130439/inteiro-teor-311628833. Acesso em: 21 abr. 2020.

TARTUCE, Flávio. *Direito civil*. 16. ed. Rio de Janeiro: Forense, 2020. v. 1: Lei de introdução e parte geral.

XAVIER, Rita Lôbo. Notas para a renovação da sucessão legitimaria no direito português. In: CORDEIRO, António Menezes et al. *Estudos em homenagem ao professor doutor Carlos Pamplona Corte-Real*. Coimbra: Almedina, 2016.

TODA LIBERDADE SERÁ CASTIGADA: UM ESTUDO SOBRE A VULNERABILIDADE DA AUTONOMIA SUCESSÓRIA NAS RELAÇÕES CONCUBINÁRIAS

Gustavo Henrique Baptista Andrade

Pós-Doutorado em Direito Civil pela UERJ. Mestre e Doutor em Direito Civil pela UFPE. Pesquisador do Grupo de Pesquisa Constitucionalização das Relações Privadas (CONREP – UFPE). Pesquisador do Grupo de Pesquisa Historicidade e Relatividade do Direito Civil (UERJ). Pesquisador visitante do *Max-Planck-Institut für ausländisches und internationales privatrecht*. Vice-Presidente do IBDFAM-PE. Procurador do Município do Recife. *E-mail*: gustavo@gustavoandrade.adv.br.

Luciana Brasileiro

Doutora e Mestre em Direito Civil pela UFPE. Pesquisadora do Grupo de Pesquisa Constitucionalização das Relações Privadas (CONREP – UFPE). Membro do Conselho Consultivo do IBDFAM-PE. Professora Universitária. Advogada. *E-mail*: lucianabrasileiroadv@gmail.com.

Sumário: 1. Introdução. 2. Vulnerabilidade em geral. 3. Concentração do patrimônio nas famílias. 4. Flexibilização da legítima. 5. Função social da herança. 6. Proibição do legado no concubinato. 7. Conclusão. 8. Referências.

1. INTRODUÇÃO

A vulnerabilidade ocupa um espaço de preocupação na doutrina contemporânea, sendo objeto de estudos em várias áreas, não podendo ser diferente no direito privado. As relações familiares sofreram larga ampliação de seus conceitos com advento da Lei do Divórcio e, posteriormente, da Constituição Federal de 1988, que viabiliza a pluralidade das relações familiares e impõe a equidade de gênero ainda não alcançada, porém perseguida.

Os avanços na seara existencial, no entanto, não são acompanhados do ponto de vista patrimonial, o que gera alguns engessamentos, como ocorre no direito sucessório.

O presente artigo é o encontro de duas pesquisas de pós-graduação, uma na área de direito familiar e outra na área de direito sucessório, que dialogam tendo como conector a vulnerabilidade, haja vista a rigidez da norma sucessória, reflexo de uma cultura voltada para as famílias matrimonializadas, patriarcais e patrimonializadas.

A abordagem da vulnerabilidade de forma ampla se mostrou necessária para ambientá-la como resposta à necessidade de uma proteção legal às relações concubinárias, assim como para demonstrar a ausência de autonomia plena em matéria de sucessão testamentária.

Para além disto, o artigo aborda breves elementos da formação de patrimônio no direito conjugal, aspectos relacionados à função social da herança e à abordagem específica da proibição legal da deixa testamentária nas relações concubinárias, construindo uma crítica às regras proibitivas a partir da abordagem da metodologia civil constitucional.

2. VULNERABILIDADE EM GERAL

A compreensão do significado de um conceito e a sua utilização é um desafio corrente para os operadores do direito. E obviamente isso ocorre também com a vulnerabilidade.

Vulnerabilidade é uma palavra recente (séc. XX) que trouxe grande contribuição para o direito de uma maneira geral e em especial para o direito privado. Tem por significado a qualidade ou estado do que é ou se encontra vulnerável, vocábulo que, por sua vez, em sua acepção mais original, traduz a ideia de lesão, indicando também o que é frágil, prejudicado ou ofendido[1]. E mesmo no ambiente do direito manteve-se inicialmente vinculada a esse aspecto, em muito ligado às políticas públicas. Com o tempo, vulnerabilidade passou a representar a ideia de desequilíbrio nas relações jurídicas.

Roxana Borges e Renata Dantas apresentam estudo sobre a proteção dos vulneráveis no direito das sucessões, onde apontam o critério da vulnerabilidade econômica para identificar, dentre os herdeiros, aqueles que devem ser alimentados. A vulnerabilidade econômica no direito das sucessões se referiria então aos herdeiros que não possuam meios de assegurar as condições materiais capazes de lhes proporcionar uma vida digna, não necessariamente àqueles com menos recursos financeiros. As autoras consideram herdeiros economicamente vulneráveis as pessoas que não podem obter o próprio sustento, seja em decorrência da idade (crianças e adolescentes) seja de deficiência[2].

Não é possível compreender a vulnerabilidade como todo e qualquer risco social ou mesmo individual a que esteja sujeita a pessoa humana. Se assim fosse, estar-se-ia a tratar de uma categoria onde todos estariam inseridos, dificultando a tutela daqueles que, de fato, necessitam compensar eventuais desigualdades em determinadas situações jurídicas.

Carlos Nelson Konder propõe a inserção do conceito de vulnerabilidade no âmbito das intervenções jurídicas reequilibradoras de relações sociais. Denuncia o referido autor que o conceito de vulnerabilidade se dissociou do seu significado original[3].

O conceito de vulnerabilidade no direito ainda permanece muito ligado às relações de consumo, eminentemente contratuais, mas o instituto também permeia outras disciplinas e situações jurídicas que não tenham necessariamente conteúdo econômico, como o direito de família e o direito das sucessões.

---

1. HOUAISS, Antônio. *Dicionário Houaiss da língua portuguesa*. Rio de Janeiro: Objetiva, 2009, p. 1961.
2. BORGES, Roxana Cardoso Brasileiro; DANTAS, Renata Marques Lima. Direito das sucessões e os vulneráveis econômicos. *Revista brasileira de direito civil – RBDCivil*. Belo Horizonte: IBDCivil, p. 84. Disponível em: https://rbdcivil.ibdcivil.org.br/rbdc/article/view/9. Acesso em: 29 abr. 2020.
3. KONDER, Carlos Nelson. Vulnerabilidade patrimonial e vulnerabilidade existencial: por um sistema diferenciador. *Revista de direito do consumidor*. São Paulo: Ed. RT, 2015, v. 99, p. 101.

Konder sugere a existência de uma segunda acepção de vulnerabilidade, que estaria ligada a uma "finalidade protetiva da dignidade da pessoa humana e realizadora do princípio constitucional da solidariedade social", promovendo dita "intervenção reequilibradora" a igualdade substancial[4].

Muitas foram as intervenções reequilibradoras ocorridas desde meados do século XX, inclusive no âmbito legislativo, a exemplo de diversas leis de caráter intervencionista, como o Estatuto da Mulher Casada, a Lei do Divórcio, o Estatuto da Pessoa com Deficiência, entre outras.

No que diz respeito aos mecanismos de equilíbrio, há que se salientar que sempre houve concentração nas situações de caráter patrimonial, embora tenha também havido intervenções que visaram proteger a dignidade da pessoa humana, sendo um dos mais recentes exemplos o Estatuto da Pessoa com Deficiência (Lei n° 13.146/2015).

Adverte ainda Carlos Konder que a sistematização dos instrumentos de tutela da vulnerabilidade existencial é mais importante do que a construção ou requalificação dos tipos padrão de vulnerabilidade, exemplificando alguns instrumentos utilizados para a proteção da vulnerabilidade existencial, como a prioridade no atendimento, a gratuidade, a reserva de vagas e, mais recorrentemente, os deveres de assistência, em especial a material, a qual, entretanto, não representa como a assistência imaterial, a garantia aos vulneráveis do direito de exigir prestações não obrigacionais[5].

3. CONCENTRAÇÃO DO PATRIMÔNIO NAS FAMÍLIAS

A concentração de patrimônio nas relações familiares sempre foi a tônica na construção de suas regras. O Código Civil Brasileiro revela essa preocupação ao regulamentar as relações pessoais com várias regras destinadas ao patrimônio comum.

Contudo, a diferença de oportunidades por gênero é uma constante histórica. Atualmente, segundo dados da Organização Internacional do Trabalho, as mulheres ganham 17% menos que os homens em américa Latina e Caribe[6]. Além disto, a mulher ainda é responsável por 80% das tarefas domésticas, segundo Pesquisa Nacional por amostragem de Domicílio – PNAD, muito embora as mulheres ocupem os números de maior escolaridade[7].

Este acúmulo de funções, que faz com que a mulher trabalhe mais, esteja à frente de mais responsabilidades e ainda assim, seja menos remunerada e tenha menos acesso às oportunidades, conduz, inúmeras vezes, à dependência econômica, mantendo-se a falsa ideia de que o homem é o único responsável pela formação do patrimônio familiar.

---

4. KONDER, Carlos Nelson. Vulnerabilidade patrimonial e vulnerabilidade existencial: por um sistema diferenciador. *Revista de direito do consumidor*. São Paulo: Ed. RT, 2015, v. 99, p. 103.
5. KONDER, Carlos Nelson. Vulnerabilidade patrimonial e vulnerabilidade existencial: por um sistema diferenciador. *Revista de direito do consumidor*. São Paulo: Ed. RT, 2015, v. 99, p. 107.
6. ROLIM, Lilian Nogueira. Disponível em: https://www.cartacapital.com.br/blogs/brasil-debate/a-insercao-da-mulher-no-mercado-de-trabalho-brasileiro/. Acesso em: 27 abr. 2020.
7. Disponível em: https://www.ibge.gov.br/estatisticas/multidominio/genero/20163-estatisticas-de-genero-indicadores-sociais-das-mulheres-no-brasil.html?=&t=resultados. Acesso em: 27 abr. 2020.

Vigeu no Brasil o Estatuto da Mulher Casada (Lei 4.121/62), que outorgava ao marido a condição de chefe da família e a administração dos bens comuns do casal, apesar de ter sido uma norma de grande importância, por ter revogado regra que previa a incapacidade relativa da mulher e lhe autorizava ao trabalho.

O Código Civil Brasileiro atual mantém o formato de forte preocupação com a formação e acúmulo de patrimônio nas relações de conjugalidade, dispondo sobre quatro tipos específicos de regime de bens e um regime obrigatório, imposto nas hipóteses do art. 1.641. Paulo Lôbo, ao identificar os regimes de bens, encontra naqueles que preveem a comunhão do patrimônio, uma forma de proteger a mulher das desigualdades sociais provocadas pela divisão de papéis na sociedade. Ao se referir ao regime de comunhão universal de bens ele afirma:

> O regime exerceu papel fundamental na unidade do patrimônio familiar sob a égide do *pater famílias*. Ao mesmo tempo, assegurou mais igualdade patrimonial à mulher, com a dissolução da sociedade conjugal, quando socialmente era relegada ao papel secundário de administração doméstica, sem vida econômica própria, e juridicamente era tida como relativamente incapaz. O fenecimento da família patriarcal e a emancipação feminina revelaram sua obsolescência e inadequação.[8]

Os regimes de bens, portanto, eram modulados para proteger os mais vulneráveis e assegurar a manutenção do patrimônio dentro do seio familiar. Neste particular, além da vulnerabilidade da mulher, por esta condição cultural de coadjuvante na formação de patrimônio, se soma a dos idosos, que são obrigados à adoção do regime de Separação Total de Bens, numa assustadora regra que presume a incapacidade dos maiores de setenta anos ao exercício de suas escolhas patrimoniais.

Apesar de ser a separação absoluta um regime de bens democrático, por prever uma separação de direitos e obrigações no patrimônio (bens e dívidas), facultando-se a comunhão a negócios jurídicos na constância do casamento (ou o reconhecimento de bens comuns previamente, por meio de pacto antenupcial), a regra que impõe sua obrigatoriedade é um ônus.

Contudo, o inciso II do art. 1641 do Código Civil, que impõe a separação aos maiores de 70 anos, mais do que um ônus, representa uma redução de autonomia, considerada atentatória à dignidade humana ou, no sentir de Rodrigo da Cunha Pereira, *uma interdição parcial de homens e mulheres ao se verem com a liberdade limitada na escolha de seu regime de bens*.[9] Ela vai de encontro ao ideal de mínima intervenção estatal assegurado pela Constituição Federal de 1988 e presume que toda pessoa maior de 70 anos não tem condições de gerir seu próprio patrimônio.

Em matéria sucessória, por sua vez, há uma regra que atinge todas as pessoas que possuem herdeiros necessários: a legítima.

Embora o testamento represente a liberdade de dispor de patrimônio conforme o planejamento de cada pessoa, o Código Civil Brasileiro impõe como cota de legítima, a reserva de metade do patrimônio aos herdeiros necessários, partindo da premissa de que o patrimônio, naturalmente, é construído para permanecer na família.

---

8. LÔBO, Paulo. *Direito civil*: famílias. 9. ed. São Paulo: Saraiva Educação, 2019, p. 364.
9. PEREIRA, Rodrigo da Cunha. *Código Civil das famílias anotado*. 4 ed. Curitiba: Juruá, 2012, p. 103.

A propósito da ausência da plena autonomia do autor da herança para dispor de seus bens após a morte e a concentração do patrimônio na família, tem-se a nítida impressão de que "toda liberdade será castigada"[10].

Contudo, é importante refletir sobre o conceito contemporâneo de família e de liberdade. Isto porque, ao contrário da regra codificada, que faz menção expressa regulamentada do casamento e da união estável, a Constituição Federal traz em seu art. 226 o amplo conceito de entidade familiar, que comporta uma interpretação inclusiva e, consequentemente, outros tipos familiares, no sentir de Paulo Lôbo, *para além do numerus clausus*, desde que haja o preenchimento dos requisitos estabilidade, afetividade e ostensibilidade[11].

Nesta toada, famílias formadas por pessoas do mesmo sexo, por exemplo, foram reconhecidas a partir da perspectiva inclusiva e equiparadas às uniões estáveis, recebendo o mesmo tratamento legal[12].

Atualmente, o direito familiar enfrenta a análise de tema sensível que é o reconhecimento das famílias simultâneas, na mesma linha acima mencionada, de interpretação inclusiva ao art. 226 da Constituição Federal.

Por famílias simultâneas, compreende-se a formação de entidade familiar pautada na conjugalidade, que se estabelece simultaneamente a uma outra entidade, sem ocorrência de separação de fato com qualquer delas. No ordenamento jurídico, quando uma relação fática estável se estabelece simultaneamente a um casamento, emprega-se a expressão *concubinato*, prevista no art. 1.727 do Código Civil como sendo *relação não eventual entre homem e mulher impedidos de casar.*

O concubinato possui um longo histórico de preconceitos, que resvala em sua própria interpretação conceitual, mas também através de normas que excluem direitos.

No direito sucessório, há expressa proibição no art. 1.801 à sucessão testamentária nas relações concubinárias, por exemplo, numa norma que desconhece os efeitos jurídicos das famílias simultâneas, numa clara demonstração de que a preocupação do legislador é preservar o patrimônio dentro de um núcleo familiar. Interessante observar que o inciso está incluído em um artigo destinado a regulamentar impedimentos às pessoas que participaram da confecção do testamento. Os demais incisos se referem à pessoa que escreveu testamento a rogo e seus familiares, às testemunhas e ao tabelião envolvido com o referido documento. Dentre estas pessoas, incluiu-se o concubino, como se ele estivesse, necessariamente, acompanhando o testador do ato de formalização do testamento.

Esta precaução do legislador revela uma interferência estatal, como já mencionado alhures, com a vida privada, numa clara vedação à liberdade de testar para além de questões jurídicas, adentrando em questões morais. A ideia é manter o patrimônio dentro de um contexto familiar.

---

10. Utiliza-se aqui de uma paródia a um clássico da literatura brasileira de 1965, "Toda nudez será castigada", de Nelson Rodrigues, cujo enredo é fortemente marcado por questões de ordem moral e religiosa.
11. LÔBO, Paulo. *Entidades familiares constitucionalizadas*: para além do *numerus clausus*. Disponível em: http://www.egov.ufsc.br/portal/sites/default/files/anexos/9408-9407-1-PB.pdf. Acesso em: 27 abr. 2020.
12. BRASIL. Supremo Tribunal Federal. ADI 4277/DF. Relator: Min. Ayres Britto. Julgamento 05.05.2011. Disponível em: http://redir.stf.jus.br/paginadorpub/paginador.jsp?docTP=AC&docID=628635. Acesso em: 27 abr. 2020.

4. FLEXIBILIZAÇÃO DA LEGÍTIMA

Diferentemente do que se observa no direito de família, o direito das sucessões – talvez por sua ligação mais intrincada com o patrimônio – não vem evoluindo na mesma velocidade ou com a mesma intensidade refletindo os fatos sociais como acontece nas situações jurídicas familiares.

Em passagem anterior do presente texto, restou constatado que, de certo modo, a concentração do patrimônio nas famílias vem dando a nota e o tom do direito das sucessões codificado no Brasil. A regulamentação das relações sucessórias no Código Civil pouco difere em essência do que fora legislado no início século passado. Não foram muitas as mudanças nas disposições constantes no Código de 1916 para o de 2002 e as que ocorreram, em boa parte, não vieram em socorro do intérprete. É bem verdade que a perenidade de um ordenamento ou de uma legislação específica denota, muitas vezes, segurança jurídica. Por outro lado, há que se observar que as contingências histórico-culturais e sociais e também de outras naturezas implicam na necessidade de renovação ou mesmo de ressignificação dos diversos institutos jurídicos.

É o que parece acontecer com a herança legítima[13].

---

13. Como é consabido, a sucessão legítima, que não se confunde com a herança legítima, é a que decorre da lei e difere da sucessão testamentária por derivar esta última de expressa disposição de última vontade (art. 1.786, CC). A herança legítima, por sua vez, é aquela que pertence aos herdeiros necessários (art. 1.846, CC), aqui incluído também o companheiro por força da interpretação conforme a Constituição, levada a efeito pelo Supremo Tribunal Federal, no julgamento dos Recursos Extraordinários 646.721 e 878.694, quando foi declarada a inconstitucionalidade do art. 1.790 do Código Civil. A esse respeito: "Aqui uma observação se faz necessária. Não obstante a opinião de abalizada doutrina e a interpretação conforme a Constituição que vinha sendo adotada após o julgamento pelo Supremo Tribunal Federal mencionado no item 1.2 (Recursos Extraordinários 646721 e 878694), o qual declarou inconstitucional o art. 1.790 e, por consequência, a distinção de regimes sucessórios entre cônjuges e companheiros, a inclusão do companheiro no rol dos herdeiros necessários não está pacificada. De fato, se declarada inconstitucional a distinção na forma de suceder entre cônjuge e companheiro, imperioso é o reconhecimento deste último como herdeiro necessário. Acontece, porém, que no último dia 26 de outubro de 2018, o Pleno do STF, ao julgar Embargos de Declaração oferecidos pelo Instituto Brasileiro de Direito de Família – IBDFAM (RE 878694 ED MG), onde se questionou a aplicabilidade às uniões estáveis, do art. 1.845 (rol dos herdeiros necessários) e outros dispositivos do Código Civil que versam sobre o regime sucessório dos cônjuges, decidiu que "a repercussão geral reconhecida diz respeito apenas à aplicabilidade do art. 1.829 do Código Civil às uniões estáveis. Não há omissão a respeito da aplicabilidade de outros dispositivos a tais casos". Apressada hermenêutica tratou de estabelecer entendimento de que o STF decidira peremptoriamente que o companheiro não pode ser admitido entre os herdeiros necessários. O julgamento dos referidos embargos de declaração, entretanto, e isso é facilmente perceptível, se limita a aclarar uma questão formal, qual seja, a de que a repercussão geral reconhecida no Recurso Extraordinário onde foi declarada a inconstitucionalidade do art. 1.790, referiu-se apenas à aplicabilidade do art. 1.829 (ordem da vocação hereditária na sucessão legítima) às uniões estáveis, não havendo omissão quanto à aplicabilidade de outros dispositivos do Código. Quer isto dizer que, no aludido recurso, não foi reconhecida repercussão geral quanto à aplicabilidade do art. 1.845 (rol dos herdeiros necessários) às uniões estáveis. Em absoluto firmou o STF entendimento de que o companheiro não pode figurar entre os herdeiros necessários. E não poderia ser diferente, já que a própria Corte declarou inconstitucional a distinção dos regimes sucessórios entre cônjuges e companheiros. Nessa toada, caso a interpretação prevalecente seja a de que o companheiro não é herdeiro necessário, além de representar um retrocesso, instalar-se-á flagrante insegurança jurídica quanto à sucessão nas uniões estáveis. E este é mais um argumento a ser utilizado em favor da flexibilização da legítima no Brasil que, se for o caso, pode vir a garantir ao companheiro condições de concorrer com outros beneficiários, herdeiros ou não, na sucessão testamentária". ANDRADE, Gustavo Henrique Baptista. *O direito de herança e a liberdade de testar*. Um estudo comparado entre os sistemas jurídicos brasileiro e inglês. Belo Horizonte: Fórum, 2019, p. 76-77.

O direito brasileiro, quando da promulgação do Código Civil de 1916, vinculava a autonomia privada do testador a uma questão comportamental que nada tinha de jurídico. Em verdade, tratava a regra pela exceção.

A premissa do raciocínio utilizado é a de que, ao exercer sua autonomia privada, o testador seria levado a cometer "desregramentos". Percebe-se que o testador é então tratado como um pródigo em potencial[14].

A questão que se apresenta com fundamental importância é a de que o Código Civil atual, promulgado já no século XXI, manteve a reserva da legítima e o fez na mesma proporção do Código de 1916.

Nesse aspecto, é forçoso reconhecer que os limites a serem impostos à autonomia privada precisam estar ligados a normas jurídicas do próprio sistema, como os princípios da dignidade humana e da solidariedade, além dos dispositivos constitucionais que determinam a proteção à pessoa.

O questionamento que se coloca como cerne da problematização relativa à flexibilização ou mesmo extinção da herança legítima não é de fácil solução. Em especial porque o principal argumento do debate e que lhe serve de fundamento é a proteção da família. Entretanto, faz-se necessária a compreensão de qual família é tributária da proteção, aquela que representou o modelo do liberalismo tardio que aportou no Brasil já no século XX – ainda há mais de cem anos – ou a família multifacetária do século XXI, cujo modelo não se esgota em *numerus clausus*?[15]

Outro ponto crucial para o direcionamento da busca por uma solução ao problema é o dimensionamento da ambiência onde está inserido o modelo de família que se visa proteger. As contingências histórico-culturais e sociais têm, nesta seara, papel fundamental. E ao menos como ponto de partida, não subsiste dúvida de que essa proteção buscada pelo direito de herança deve estar condicionada ao modelo de Estado social projetado pelo legislador constituinte e encontrar seus fundamentos na legalidade constitucional, "o polo irradiador de eficácia às normas de direito civil", no dizer de Luiz Edson Fachin.[16]

Inquietantes reflexões surgem a partir de tal compreensão. Ainda que se homenageie a autonomia do autor da herança na sucessão testamentária, na forma do que dispõe

---

14. Ver acerca da prodigalidade: "(...) sua concepção jurídica não se renovou e também não absorveu os valores do tempo presente. De uma maneira geral, o pródigo é aquele que se desfaz de seu patrimônio pessoal ou o compromete de forma descontrolada, sem critério. Embora o Código Civil de 2002 tenha mantido o pródigo no rol dos relativamente incapazes (art. 4º, IV), assim como a opinião de abalizada doutrina, o presente trabalho comunga da opinião de que a prodigalidade não constitui necessariamente causa incapacitante. Não há sentido na privação da capacidade jurídica de uma pessoa que se desfaz de seu patrimônio. Está na seara da autonomia do sujeito de direito a manutenção de seu patrimônio ou o seu desfazimento. O que se amealhou durante uma vida pode ser utilizado da maneira que aprouver a seu titular, que pode mantê-lo intacto ou gastar por exemplo com o intuito de bem viver a última fase de sua existência. O instituto da prodigalidade não pode ser utilizado como instrumento de garantia da herança (ANDRADE, 2015, p. 161). Imperioso é reconhecer que nas discussões durante a redação do Código de 1916, o próprio Clóvis Beviláqua defendeu a supressão do instituto afirmando que "[...] ou a prodigalidade é um caso manifesto de alienação mental, e não há necessidade de destacá-la para constituir uma classe distinta de incapacidade, pois entra na regra comum; ou tal não é positivamente, e não há justo motivo para feri-la com a interdição" (1949, p. 202)". ANDRADE, Gustavo Henrique Baptista. *O direito de herança e a liberdade de testar*. Um estudo comparado entre os sistemas jurídicos brasileiro e inglês. Belo Horizonte: Fórum, 2019, p. 48.
15. LÔBO, Paulo. *Direito civil*. Famílias. São Paulo: Saraiva, 2017, p. 80.
16. FACHIN, Luiz Edson. *Questões de direito civil contemporâneo*. Rio de Janeiro: Renovar, 2008, p. 7.

o Código Civil, esse tributo é excessivo? Os valores sociais e de solidariedade familiar estão, de fato, melhor contemplados na sucessão legítima? A sucessão testamentária não conformaria melhor alguns outros direitos fundamentais, como o direito à moradia e a função social da propriedade, a permitir acesso a novas formas de repartição de riquezas, tão concentradas nas mãos de poucas famílias em um país de proporções continentais como o Brasil? O que dizer dos novos arranjos familiares e a recomposição permanente e contínua de grande parte das famílias na contemporaneidade, com repercussão direta no direito das sucessões?[17]

O direito das sucessões brasileiro prevê um instituto específico para atender à vontade daquele que quer dispor de seus bens após a morte, que é o testamento. A sucessão testamentária (arts. 1857 a 1990 do Código Civil) regulamenta a transmissibilidade do patrimônio *post mortem*. A liberalidade *mortis causa* então deve ser realizada por testamento, que tem natureza unilateral e obedece a determinações legais específicas.

De qualquer sorte, quer a transmissão de bens se faça por intermédio de um contrato (*inter vivos*), quer se dê através de disposição de última vontade (*mortis causa*), a existência de herdeiros necessários (arts. 1.845 e 1.846 CC) limita a liberdade de doar e de testar.

A manutenção da reserva legítima tal como figura na legislação infraconstitucional limita a autonomia privada do autor da herança no Brasil. E como afirmando acima, embora se utilize o mesmo fundamento do passado – e ainda por muitos autores defendido – de que a herança é uma maneira de proteger a família, mantendo em seu poder o patrimônio do *de cujus*, dita proteção na atualidade deve ser compreendida no invólucro dos princípios da solidariedade e da valorização da pessoa humana enquanto membro de uma entidade familiar, em clara consonância com a tessitura que compõe o texto constitucional de 1988, fundado na dignidade da pessoa humana e na solidariedade, na pluralidade de modelos de família e na proteção da criança, do adolescente e do idoso.

E embora não se vislumbrem mudanças mais substanciais a curto prazo, inúmeros debates e discussões vêm sendo travados pelo país e pelo mundo no âmbito da autonomia privada no direito das sucessões. Ditos debates têm procurado estabelecer critérios de ordem objetiva para a ampliação da liberdade de testar e a consequente limitação da legítima.

5. FUNÇÃO SOCIAL DA HERANÇA

O direito das sucessões representa hoje um projeto social que tem por fim também a tutela do direito de propriedade e o exercício deste, o qual, por imposição constitucional, está condicionado ao atendimento de sua função social (art. 5º, XXII e XXIII)[18]. E é gritante o descompasso entre a função social da propriedade e a concentração de

---

17. ANDRADE, Gustavo Henrique Baptista. *O direito de herança e a liberdade de testar*. Um estudo comparado entre os sistemas jurídicos brasileiro e inglês. Belo Horizonte: Fórum, 2019, p. 53.
18. CORTIANO JUNIOR, Eroulths; ROBL FILHO, Ilton Norberto. O ensino do direito civil: breve ensaio sobre o ensino do direito das sucessões. In: TEPEDINO, Gustavo; FACHIN, Luiz Edson (Org.). *Diálogos sobre direito civil*. Rio de Janeiro: Renovar, 2008. v. 2, p. 653.

riqueza inspirada em uma solidariedade ao reverso e que limita a liberdade de testar do autor da herança.

A herança, como uma projeção do direito de propriedade no tempo, está subordinada à função social. A questão é saber onde está melhor emoldurada essa função social, se na proteção da família ou se na autonomia privada do autor da herança, na ressignificação desta e na funcionalização do testamento como modo de alcançar também os fins sociais, a solidariedade e a dignidade da pessoa humana, pilares do sistema constitucional brasileiro.

Diferentemente do que defendem alguns autores, o inciso XXX do art. 5º da Constituição da República garante o direito de herança, mas não apenas aos herdeiros legítimos e necessários. Com a garantia constitucional do direito de herança coube ao legislador ordinário estabelecer a maneira como se realiza a sucessão hereditária. Quis a legislação infraconstitucional – no caso o Código Civil brasileiro – mantendo tradição histórica, deferir a transmissão da herança aos herdeiros legítimos e testamentários (art. 1.784, CC). A herança legítima, como já visto, é a parte não disponível às disposições de última vontade (art. 1.857, § 1º) e corresponde à metade dos bens da herança.

Pietro Perlingieri, ampliando a discussão acerca da função social da herança, não atribui completa coincidência entre a função social do direito hereditário e aquela referente à propriedade[19]. Forte no princípio da solidariedade, a doutrina do autor aponta a função social da herança exemplificada no artigo 2.122 do Código Civil italiano[20], segundo o qual em caso de morte do trabalhador, eventuais indenizações devem ser repartidas entre o cônjuge, os filhos e, acaso dependentes do empregado, aos parentes até o terceiro grau e aos afins até o segundo grau. Complementa o referido dispositivo que a repartição dos benefícios, se não houver acordo entre os titulares, deve ser feita conforme a necessidade de cada um e, somente na ausência das pessoas indicadas, seguir-se-ão as regras da sucessão legítima. Demonstrando nítida preocupação com a necessidade de cada pessoa da família em sua individualidade, conclui Perlingieri:

> Para tanto, é necessário revisitar o sistema hereditário sob a ótica constitucional, agilizando seu conteúdo de modo decisivo; valorizar a autonomia negocial equilibrando-a com o dever de solidariedade; prestar mais atenção às necessidades da pessoa dentro da família e, por consequência, elaborar critérios mais flexíveis para identificação dos legitimários com relação à proximidade do grau de parentesco, em particular tendo em vista o estado de necessidade (a se entender *lato sensu* como a incapacidade de manter condições existenciais adequadas àquelas desfrutadas durante a vida do *de cujus*), à duração e seriedade do vínculo afetivo, bem como qualquer conduta que, não integrando hipótese de indignidade, representem violações dos deveres mais elementares da solidariedade familiar e, portanto, constituir uma justa causa para a deserdação, ainda que se tratando da legítima.[21].

---

19. PERLINGIERI, Pietro. La funzione sociale del diritto successorio. *Rassegna di diritto civile*. Napoli: Edizioni Scientifiche Italiane, n. 1, 2009, p. 134.
20. Tradução livre de: "Art. 2122. In caso di morte del prestatore di lavoro, le indennità indicate dagli articoli 2118 e 2120 devono corrispondersi al coniuge [548, 585], ai figli e, se vivevano a carico del prestatore di lavoro, ai parenti entro il terzo grado [74, 76] e agli affini [78] entro il secondo grado[78, 1751]. La ripartizione delle indennità, se non vi è accordo tra gli aventi diritto, deve farsi secondo il bisogno di ciascuno. In mancanza delle persone indicate nel primo comma, le indennità sono attribuite secondo le norme della successione legittima [565]. È nulloogni patto anteriore alla morte del prestatore di lavoro circa l'attribuzione e la ripartizione delle indennità [458]".
21. Tradução livre de: "A tal fine occorre rivisitare il sistema ereditario in chiave costituzionale, snellendone i contenuti in modo deciso; valorizzare l'autonomia negoziale equilibrandola con il dovere di solidarietà; prestare maggiore attenzione ai bisogni della persona all'interno della famiglia e, di conseguenza, elaborare criteri per l'individuazione

Por certo que ausência de plena liberdade de testar no sistema jurídico brasileiro tem forte componente histórico-cultural que não pode ser desprezado, assim como sólidos são os fundamentos que defendem a preservação da reserva legítima. Tênue é a linha divisória até mesmo na caracterização de onde haveria mais proteção e solidariedade no seio da família, se na maior ou menor autonomia do testador. A análise a ser realizada, para além da compatibilidade da liberdade de testar ao ordenamento constitucional, é a que deve sopesar em qual situação estariam sendo melhor concretizados os princípios jurídicos mais caros à pessoa humana, como a sua dignidade, a sua proteção e a sua liberdade, além daqueles que foram eleitos pelo legislador constituinte para corporificar o projeto do Estado social brasileiro.

No que diz respeito à eficácia social da preservação da legítima nos moldes hoje previstos no Brasil, é preciso reconhecer que ela contribui para a concentração do patrimônio sob a titularidade de um grupo privilegiado de herdeiros – que, diga-se de passagem, nem sempre correspondem àqueles com quem o falecido mantinha os mais estreitos laços de relacionamento – com um modelo que finda por incentivar longas demandas judiciais.

Em pesquisa realizada sob a metodologia do direito comparado é possível perceber que, de uma maneira geral, no sistema da Common Law os pais são obrigados a cuidar de seus filhos e provê-los de suas necessidades financeiras até que os mesmos estejam aptos a fazê-lo por si próprios. A partir de então, caso não sejam contemplados em disposições de última vontade, os filhos não terão mais direitos com relação ao patrimônio de seus genitores. Há de qualquer forma regras para a hipótese de não ter o autor da herança celebrado testamento, quando prevalecerão as normas da sucessão *ab intestato*. No sistema da Civil Law, ao contrário, a regra geral é a de que o patrimônio do *de cujus* seja transmitido aos herdeiros necessários independentemente de suas necessidades.

É interessante perceber em outros sistemas jurídicos, a exemplo do inglês, muito bem concretizada a solidariedade no âmbito do direito das sucessões e justamente com ampla autonomia do autor da herança[22].

6. PROIBIÇÃO DO LEGADO NO CONCUBINATO

O concubinato sempre ocupou um espaço de "não direito" a norma brasileira. A acepção da palavra, por si só, traduz este preconceito, de um relacionamento havido para manutenção de relações sexuais. Contudo, o Código Civil conceitua o concubinato como "relações não eventuais", no capítulo destinado às uniões estáveis.

Não obstante a expressão famílias simultâneas seja a atualmente defendida para abarcar todas as circunstâncias de paralelismo conjugal, o fato é que o concubinato

---

dei legittimari piú flessibili rispetto a quello della prossimità del grado di parentela, in particolare, avendo riguardo allo stato di bisogno (da interdersi lato sensu come incapacità di mantenere condizioni esistenziali adeguate a quelle godute durante la vita del de cuius), alla durata e alla serietà del vincolo affettivo, nonché ad eventuali condotte che, pur non integrando ipotesi di indegnità, rappresentino violazioni dei piú elementari doveri di solidarietà familiare e dunque possano costituire giusta causa di diseredazione, anche del legitimario". PERLINGIERI, Pietro. La funzione sociale del diritto successorio. *Rassegna di diritto civile*. Napoli: Edizioni Scientifiche Italiane, n. 1, 2009, p. 145.

22. Para um maior aprofundamento, indica-se: ANDRADE, Gustavo Henrique Baptista. *O direito de herança e a liberdade de testar*. Um estudo comparado entre os sistemas jurídicos brasileiro e inglês. Belo Horizonte: Fórum, 2019.

preenche no Código um lugar que parece ter sido construído para evitar consequências jurídicas. É certo que o concubinato reflete as situações que se estabelecem em paralelo a um casamento, especificamente, não se enquadrando, por exemplo, nos casos em que se materializam, simultaneamente, duas uniões estáveis, pois nelas não haverá impedimento para o casamento. Assim, é importante delimitar que as regras excludentes previstas no Código se aplicam às relações que ocorrem em simultaneidade a um casamento sem separação de fato.

Além de seu conceito jurídico, o concubinato está previsto como hipótese de exoneração de alimentos de credor que passe a viver num novo contexto familiar, junto ao casamento e à união estável (art. 1.708), podendo esta regra ser interpretada como um efeito jurídico positivo, haja vista que a sua interpretação ampla permite deduzir que o concubinato está previsto como tipo familiar e ainda, gerador de solidariedade em matéria de alimentos.

No livro destinado aos contratos, o art. 550 prevê a anulabilidade de doação do cônjuge "adúltero" ao seu "cúmplice", agregado ao art. 1.642, que possibilita em seu inciso V a reivindicação de bens comuns transferidos ao concubino, ressalvando os adquiridos com esforço comum.

Em relação ao tema que interessa a este trabalho, o Código prevê proibição expressa no art. 1.801 à nomeação dos concubinos como herdeiros ou legatários, salvo nos casos em que a pessoa casada esteja separada de fato há mais de cinco anos. Ora, se há separação de fato não há concubinato, mas clara união estável, o que foi objeto de esclarecimento pelo Enunciado 269 da III Jornada de Direito Civil do Conselho da Justiça Federal: "Art. 1.801: A vedação do art. 1.801, inc. III, do Código Civil não se aplica à união estável, independentemente do período de separação de fato (art. 1.723, § 1º)".[23]

O art. 1.803, por fim, representa exceção ao art. 1.802, que prevê a nulidade das disposições testamentárias em favor de pessoas não legitimadas a suceder, dentre elas, aquelas que vivem em relação concubinária, incluindo-se as deixas feitas mediante *interposta pessoa*. O artigo traz em seu parágrafo único a definição de interposta pessoa, dentre elas, os descendentes. Assim, o artigo veio para assegurar aos filhos o direito de receber deixa testamentária, quando oriundos de relação concubinária[24].

A regra é reflexo de evolução legislativa no tratamento de filhos. A Constituição Federal veda a discriminação de filhos pela sua origem, depois de longos anos de tratamento discriminatório. Neste sentido, portanto, o artigo reconhece que os filhos das relações concubinárias têm direito à sucessão, inclusive ao recebimento de legado e é, no mínimo, paradoxal que esta regra tenha sido construída para proteção de pessoas, porque reconhece o direito dos filhos, mas não o dos companheiros.

A deixa testamentária apareceria, em verdade, como uma solução para contemplar um vazio legislativo de direito à meação da pessoa concubinada. Não obstante a lógica

---

23. BRASIL. *Jornadas de direito civil I, III, IV e V*: enunciados aprovados. (Coordenador científico Ministro Ruy Rosado de Aguiar Júnior). Brasília: Conselho da Justiça Federal, Centro de Estudos Judiciários, 2012. p. 47. Disponível em: file:///C:/Users/LUBRAS~1/AppData/Local/Temp/compilacaoenunciadosaprovados1-3-4jornadadircivilnum.pdf. Acesso em: 27 abr. 2020.
24. BRASILEIRO, Luciana. As famílias *simultâneas* e seu regime jurídico. Belo Horizonte: Fórum, 2019, p. 124.

do direito brasileiro seja de blindar o patrimônio num único núcleo familiar, seguindo a ordem monogâmica, esta blindagem protege uma pessoa em detrimento de outra. E esta outra, culturalmente, é uma mulher. Em julgado de Recurso Especial 196, ocorrido em 1989, o Superior Tribunal de Justiça se deparou com testamento que contemplava a concubina. Na ocasião, logo após a promulgação da Constituição Federal de 1988, consagradora da dignidade humana, o STJ afastou a regra que impedia a deixa testamentária à concubina e confirmou o testamento. Em verdade, o caso retratava uma união estável, por ser uma relação havida após separação de fato. Mas, nos arquivos do Superior Tribunal de Justiça, é possível encontrar a conceituação de concubinato por aquele tribunal:

> Refletindo as transformações da sociedade, o STJ deparou-se com a necessidade de diferenciar a companheira da concubina. Segundo a decisão dos ministros, concubina é "a amante, a mulher de encontros velados com homem casado, que convive ao mesmo tempo com sua esposa legítima". A companheira, por sua vez, é a mulher que se une ao homem já separado da esposa e que se apresenta à sociedade como se casados fossem.[25]

Há, portanto, alguns problemas sensíveis que vulneram o concubinato. O primeiro deles é a interpretação dada à norma, no sentido de não enxergar seus efeitos jurídicos positivos, mesmo depois do advento da Constituição Federal de 1988, que impede tratamento discriminatório às pessoas.

A segunda questão é a formação cultural de relações concubinárias, em sua grande maioria, com um homem mantendo mais de uma família. A interpretação restritiva da norma estimula um comportamento irresponsável de manutenção de dois ou mais núcleos familiares, sob a ideia de que apenas uma delas será privilegiada com os deveres jurídicos oriundos da família, a exemplo dos alimentos.

A terceira questão, portanto, é que a mulher que carrega a pecha de concubina, além do preconceito estrutural sofrido, enfrentará as dificuldades não apenas decorrentes do julgamento moral, mas do espaço do "não direito". Cumprirá seu papel "natural" das tarefas domésticas, indicadas pelas estatísticas, dos cuidados com a prole, se existente, participará, na medida de sua inserção no mercado de trabalho, diretamente, da formação de patrimônio, mas não poderá figurar como herdeira ou legatária, por vedação legal, inconstitucional.

Se é certo que as famílias foram repensadas para não oferecer tratamento discriminatório em relação à parentalidade, ela precisa avançar em matéria de conjugalidade.

7. CONCLUSÃO

A vulnerabilidade alimenta a seiva da solidariedade e é um critério que hoje é utilizado em alguns sistemas jurídicos, como no caso do direito sucessório inglês, onde a provisão a toda sorte de pessoas que possuíam vínculo de dependência com o autor da herança é garantida àqueles que não foram beneficiados em testamentos ou mesmo nas regras da sucessão *ab intestato*.

---

25. BRASIL. Superior Tribunal de Justiça. Disponível em: http://arquivocidadao.stj.jus.br/index.php/resp-196. Acesso em: 29 abr. 2020.

No Brasil, a vulnerabilidade dos herdeiros como critério, seja para a limitação da liberdade de testar, seja para a flexibilização da legítima, pode vir a traduzir-se pela transmissão de patrimônio apto a garantir um futuro digno aos herdeiros.

Há que se levar em consideração que, no passado, era comum a dependência econômica tanto do cônjuge quanto dos descendentes do autor da herança. De fato, a inserção da mulher no mercado de trabalho é um fenômeno do pós-Guerra, mantendo-se como regra até mais da metade do século XX a figura do homem como provedor, chefe de família e responsável pelo patrimônio desta, e da mulher como administradora das tarefas domésticas, inclusive a de cuidar mais diretamente da prole. À época, não era rara a morte dos pais ainda jovens, os quais deixavam órfãos seus filhos, demonstrando-se fortemente necessária a reserva legitimária como forma de manter o sustento da família.

Na atualidade, quando caminhamos para a terceira década do século XXI, onde a expectativa de vida beira os 76 anos (75,8 em 2016), com um crescimento de mais de 30 anos entre 1940 e 2016[26], não é incomum que quando da morte do autor da herança, seus filhos – e não raras vezes os netos – gozem de plena independência econômica, possuindo patrimônio próprio, apresentando-se desnecessária a proteção desempenhada pela reserva da legítima, muito mais à razão de 50% do patrimônio do *de cujus*. Mais raras se tornaram igualmente as hipóteses de morte com a idade avançada com a existência de ascendentes. Com relação aos cônjuges ou companheiros, o regime de bens do casamento ou da união estável irá nortear a divisão do patrimônio e a existência de filhos comuns ou não, a sucessão do falecido.

Haverá sempre situações em que, seja pela morte precoce do autor da herança, seja por qualquer outra razão, os herdeiros podem se encontrar em situação de vulnerabilidade quando da abertura da sucessão.

E ainda que se considere que a legítima cumpre uma função relevante no ordenamento brasileiro – o que é defendido por grande parte da doutrina – não se pode fugir ao fato de que são necessárias mudanças em sua estrutura.

Enfrentadas em face do que dispõe a Constituição da República, mais precisamente no inciso XXX do seu art. 5º, ditas mudanças se mostram compatíveis com a ordem constitucional vigente, a qual, no aludido dispositivo, garantiu o direito de herança.

Entre eventuais modificações legislativas, poder-se-ia garantir provisão aos filhos menores ou até uma idade média que correspondesse ao de sua formação educacional e profissional, algo em torno de vinte e cinco ou trinta anos. A provisão poderia decorrer da venda de um ou mais bens, ou até mesmo de parte do patrimônio, a depender do tamanho da herança. Dita provisão seria definitiva no caso de deficiência física ou mental permanente que desabilitasse o herdeiro para o trabalho.

Ao cônjuge que não fosse contemplado com a meação, a depender do regime de bens do casamento, poderia ser também garantida provisão que o permitisse viver com

---

26. Dados divulgados pelo Instituto Brasileiro de Geografia e Estatística – IBGE em 2017. Disponível em: https://agenciadenoticias.ibge.gov.br/agencia-noticias/2012-agencia-de-noticias/noticias/18469-expectativa-de-vida--do-brasileiro-sobe-para-75-8-anos.html. Acesso em 04 fev. 2018.

dignidade, o que também se estenderia por óbvio ao companheiro, nos casos em que um e outro demonstrasse real necessidade de sustento.

O Instituto Brasileiro de Direito de Família (IBDFAM) elaborou Anteprojeto de Lei para Reforma do Direito das Sucessões,[27] mantendo a reserva legítima, a qual, no entanto, poderia vir a ter um ¼ (um quarto) de sua totalidade destinado a descendentes, ascendentes, cônjuge ou companheiro com deficiência, propondo-se o acréscimo de um parágrafo único ao art. 1846 do Código Civil. O anteprojeto propõe alteração do art. 1845 do Código para excluir o cônjuge do rol dos herdeiros necessários.

O mesmo texto traz em seu conteúdo dispositivos que procuram aumentar a autonomia do autor da herança, permitindo-lhe melhor planejar a sua sucessão, como a permissão para converterem-se os bens da legítima em dinheiro.

A extinção ou a máxima flexibilização da legítima, por sua natureza e complexidade, necessitam de aprofundados estudos para que possam ser implementadas no ordenamento jurídico brasileiro. Entretanto, não se deve enxergar com perplexidade uma realidade em que questões jurídicas de ordem existencial se sobreponham àquelas de caráter exclusivamente patrimonial.

Herdeiros necessários, se assim houvesse de ser chamados, seriam aqueles que obrigatoriamente necessitam de ajuda (menores, deficientes, idosos, vulneráveis).

E na ausência de testamento, seguir-se-ão as regras da sucessão *ab intestato*.

Casos ilustrativos com a vida de pessoas famosas, geralmente também muito ricas, movimentam os tribunais e o senso comum moral e jurídico de determinada sociedade. Exemplo recente é o da morte do apresentador de TV Gugu Liberato, cujo testamento, uma vez exposto, trouxe uma série de questionamentos e discussões no imaginário das pessoas, mas também no mundo jurídico.

Um caso que se aproxima mais da temática deste artigo e que será utilizado para dimensionar o debate – consubstanciado nas inquietações e reflexões que moveram as pesquisas dos dois autores – não aconteceu no Brasil, mas nos Estados Unidos, mais precisamente no Estado norte-americano da Califórnia.

No ano de 2009, após lutar contra um câncer, faleceu a atriz Farrah Fawcett, a qual fez muito sucesso na televisão dos anos 80 com o seriado "As panteras" (*Charlie's Angels*). Ela convivera entre 1982 e 1997 com o também ator Ryan O'Neal – protagonista de um clássico dos *blockbusters*, o filme cinematográfico "*Love story*" – casando-se poucas horas antes de sua morte[28].

A relação de ambos sempre fora bastante conturbada, sendo de conhecimento público que tanto o marido quanto o filho do casal eram viciados em drogas, o último chegando a ser preso após a morte da mãe.

O patrimônio da atriz correspondia a US$ 70 milhões e segundo notícias publicadas à época, não houve qualquer surpresa, nem mesmo por parte do marido, quando da

---

27. Disponível em: http://ibdfam.org.br/assets/upload/anteprojeto_sucessoes/anteprojeto_sucessoes.pdf. Acesso em: 29 abr. 2020.
28. Disponível em: https://www.elmundo.es/elmundo/2009/11/18/cultura/1258549790.html. Acesso em: 27 abr. 2020.

abertura do testamento da autora da herança restou constatado que este fora excluído das disposições de última vontade da atriz, a qual havia destinado a maior parte de seus bens para a instituição de uma fundação com seu nome, uma parte para o filho (o equivalente a US$ 4,5 milhões), a importância correspondente a US$ 500.000 a seu pai e mesma quantia a um sobrinho, e, finalmente o equivalente a US$ 100.000 a Gregory Lawrence Lott, com quem Farrah Fawcett teria tido um caso extraconjugal[29].

O fato é que por mais que a sociedade vislumbre uma orientação cultural monogâmica, especialmente aquelas com forte orientação religiosa, como no Brasil, é necessário que haja uma análise do sistema jurídico que hodiernamente protege as pessoas, para assegurar o desenvolvimento digno de cada membro da família.

O sistema jurídico brasileiro não comporta mais tratamentos discriminatórios, em especial regras que preservam previsões de codificações passadas, quiçá das Ordenações Filipinas, porque atualmente a preocupação do direito está voltada para realização pessoal do indivíduo, respeitando, sempre que possível sua autonomia.

Assim, se o conceito atual de famílias é, reconhecidamente, um espaço plural, não é possível que a norma se mantenha discriminando relações que deveriam impor responsabilidades e ainda, ser um espaço de liberdades.

Enquanto essa liberdade for desprovida de responsabilidades, no entanto, ela representará *castigo* a alguém que, ou será discriminado ou será menos privilegiado, sendo, portanto, vulnerado, num sistema jurídico que não deveria, mas parece ainda preservar institutos em detrimento de pessoas.

8. REFERÊNCIAS

ANDRADE, Gustavo Henrique Baptista. *O direito de herança e a liberdade de testar*. Um estudo comparado entre os sistemas jurídicos brasileiro e inglês. Belo Horizonte: Fórum, 2019.

BORGES, Roxana Cardoso Brasileiro; DANTAS, Renata Marques Lima. Direito das sucessões e os vulneráveis econômicos. *Revista brasileira de direito civil – RBDCivil*. Belo Horizonte: IBDCivil, p. 84. Disponível em: https://rbdcivil.ibdcivil.org.br/rbdc/article/view/9. Acesso em: 29 abr. 2020.

BRASIL. IBGE. Disponível em: https://www.ibge.gov.br/estatisticas/multidominio/genero/20163-estatisticas-de-genero-indicadores-sociais-das-mulheres-no-brasil.html?=&t=resultados. Acesso em: 27 abr. 2020.

BRASIL. Supremo Tribunal Federal. ADI 4277/DF. Relator: Min. Ayres Britto. Julgamento 05.05.2011. Disponível em: http://redir.stf.jus.br/paginadorpub/paginador.jsp?docTP=AC&docID=628635. Acesso em: 27 abr. 2020.

BRASIL. *Jornadas de direito civil I, III, IV e V*: enunciados aprovados. (Coordenador científico Ministro Ruy Rosado de Aguiar Júnior). Brasília: Conselho da Justiça Federal, Centro de Estudos Judiciários, 2012. p. 47. Disponível em: file:///C:/Users/LUBRAS~1/AppData/Local/Temp/compilacaoenunciadosaprovados1-3-4jornadadircivilnum.pdf. Acesso em: 27 abr. 2020.

BRASIL. Superior Tribunal de Justiça. Disponível em: http://arquivocidadao.stj.jus.br/index.php/resp-196. Acesso em: 29 abr. 2020.

---

29. Disponível em: https://abcnews.go.com/Business/FarrahFawcett/farrah-fawcetts-millions-son-ryan-oneal/story?id=9099626. Acesso em: 28 abr. 2020.

BRASILEIRO, Luciana. *As famílias simultâneas e seu regime jurídico*. Belo Horizonte: Fórum, 2019.

CORTIANO JUNIOR, Eroulths; ROBL FILHO, Ilton Norberto. O ensino do direito civil: breve ensaio sobre o ensino do direito das sucessões. In: TEPEDINO, Gustavo; FACHIN, Luiz Edson (Org.). *Diálogos sobre direito civil*. Rio de Janeiro: Renovar, 2008. v. 2.

Dados divulgados pelo Instituto Brasileiro de Geografia e Estatística – IBGE em 2017. Disponível em: https://agenciadenoticias.ibge.gov.br/agencia-noticias/2012-agencia-de-noticias/noticias/18469-expectativa-de-vida-do-brasileiro-sobe-para-75-8-anos.html. Acesso em: 04 fev. 2018.

Disponível em: https://www.elmundo.es/elmundo/2009/11/18/cultura/1258549790.html. Acesso em: 27 abr. 2020.

Disponível em: https://abcnews.go.com/Business/FarrahFawcett/farrah-fawcetts-millions-son-ryan-oneal/story?id=9099626. Acesso: em 28 abr.2020.

FACHIN, Luiz Edson. *Questões de direito civil contemporâneo*. Rio de Janeiro: Renovar, 2008.

HOUAISS, Antônio. *Dicionário Houaiss da língua portuguesa*. Rio de Janeiro: Objetiva, 2009.

IBDFAM. Disponível em: http://ibdfam.org.br/assets/upload/anteprojeto_sucessoes/anteprojeto_sucessoes.pdf. Acesso em 29 abr. 2020.

IBGE. Disponível em: https://www.ibge.gov.br/estatisticas/multidominio/genero/20163-estatisticas-de-genero-indicadores-sociais-das-mulheres-no-brasil.html?=&t=resultados. Acesso em 27.04.2020.

KONDER, Carlos Nelson. Vulnerabilidade patrimonial e vulnerabilidade existencial: por um sistema diferenciador. *Revista de direito do consumidor*. v. 99. São Paulo: Ed. RT, 2015.

LÔBO, Paulo. *Direito civil*. Famílias. São Paulo: Saraiva, 2019.

LÔBO, Paulo. *Direito civil*. Famílias. São Paulo: Saraiva, 2017.

LÔBO, Paulo. *Direito civil*. Sucessões. São Paulo: Saraiva, 2019.

LÔBO, Paulo. *Entidades familiares constitucionalizadas*: para além do *numerus clausus*. Disponível em: http://www.egov.ufsc.br/portal/sites/default/files/anexos/9408-9407-1-PB.pdf. Acesso em: 27 abr. 2020.

PEREIRA, Rodrigo da Cunha. *Código Civil das famílias anotado*. 4 ed. Curitiba: Juruá, 2012.

PERLINGIERI, Pietro. *Perfis do direito civil*. Introdução ao direito civil constitucional. Rio de Janeiro: Renovar, 2002.

PERLINGIERI, Pietro. La funzione sociale del diritto successorio. *Rassegna di diritto civile*. Napoli: Edizioni Scientifiche Italiane, n. 1, 2009.

ROLIM, Lilian Nogueira. In: https://www.cartacapital.com.br/blogs/brasil-debate/a-insercao-da-mulher-no-mercado-de-trabalho-brasileiro/. Acesso em: 27 abr. 2020.

SILVA, Orozimbo Nonato da. *Estudos sobre sucessão testamentária*. Rio de Janeiro: Forense, 1957. v. l.

DESENVOLVIMENTO SUSTENTÁVEL, SAÚDE MENTAL E VULNERABILIDADES. INTERFACES ENTRE VIDA SAUDÁVEL, BEM-ESTAR E OS PRESSUPOSTOS PARA INTERNAÇÃO FORÇADA NA JURISPRUDÊNCIA DA CORTE EUROPEIA DE DIREITOS HUMANOS

Gabriel Schulman

Doutor em Direito pela Universidade do Estado do Rio de Janeiro (UERJ). Mestre em Direito pela Universidade Federal do Paraná (UFPR). Especialista em Direito da Medicina (Universidade de Coimbra). Professor na Universidade Positivo onde coordena o Grupo de Pesquisa, "Pessoa, Mercado e Tecnologia". Integra a Comissão de Saúde da OAB. É membro do Instituto Brasileiro de Estudos de Responsabilidade Civil (IBERC). Advogado, Sócio de Trajan Neto e Paciornik Advogados.

> A minha vontade é forte, porém minha disposição de obedecer-lhe é fraca.
> Carlos Drummond de Andrade[1]
>
> Estou feliz em ter voltado
> pois o outro eu era
> um ser revoltado
> Que nada tinha a ver comigo
> Eu me caibo inteirinho dentro de mim.
> Samuel Barros Magalhães[2]

Sumário: 1. Desenvolvimento sustentável, saúde mental e vulnerabilidade. 2. Vulnerabilidade e invisibilidade. é preciso caminhar na noite. 3. Direitos fundamentais e saúde mental. A fundamentação jurídica das internações forçadas e sua insuficiência. 4. Considerações finais. vulnerabilidade como pressuposto para proteção, e não para violação. 5. Referências.

1. DESENVOLVIMENTO SUSTENTÁVEL, SAÚDE MENTAL E VULNERABILIDADE

A saúde mental é aspecto central dos Objetivos do Desenvolvimento Sustentável (ODS) estabelecidos na Agenda2030. O ODS n. 3 consiste em "Assegurar uma vida saudá-

---

1. ANDRADE, C. *O avesso das coisas.* Rio de Janeiro: Record, 1987, p. 168.
2. MAGALHÃES, S. DO EU PARA MIM. In: Conselho Federal da Psicologia. *Prêmio Inclusão Social. Arte Cultura e Trabalho.* Usuário (s) autor (es) de texto (s) (poesias, contos, poemas e demais expressões literárias). Brasília: CFP, 2016, p. 8. A Publicação registra as produções literárias de usuárias e usuários contemplados na Categoria D ("usuário/s autor/es de texto/s – poesias, contos, poemas e demais expressões literárias") do Prêmio Inclusão Social.

vel e promover o bem-estar para todas e todos, em todas as idades"[3]. De modo específico, o tema se relaciona a duas metas da Agenda2030. A meta 3.4 define como objetivo "Até 2030, reduzir em um terço a mortalidade prematura por doenças não transmissíveis via prevenção e tratamento, e *promover a saúde mental e o bem-estar*" e a meta 3.5 concerne a "Reforçar a prevenção e o tratamento do abuso de substâncias, incluindo o abuso de drogas entorpecentes e uso nocivo do álcool".

Estas metas estão diretamente relacionadas ao adequado cuidado conferido para a saúde mental, que contraste com uma realidade permeada por estigmas, violações e abusos. Como destaca a ONU, de maneira inédita reconhece-se a "a promoção da saúde mental e bem-estar, e a prevenção e tratamento do abuso de substâncias, como prioridades de saúde na agenda de desenvolvimento global"[4]. Em tal horizonte, a proteção jurídica às pessoas com sofrimento psíquico (usuários da saúde mental) corresponde um desafio de profunda relevância, ao que destoa a indevida falta de atenção que tem recebido.

É interessante destacar também que a saúde mental possui "interseções e influências com a maior parte dos objetivos de desenvolvimento sustentável"[5], de modo que está relacionado com diversas projeções (ou capas)[6] da vulnerabilidade, inclusive, com a erradicação da pobreza[7], desnutrição, acesso ao trabalho, igualdade de gênero[8], empoderamento feminino.

Como salientam Patel e Thornicroft,[9]

---

3. ONU. *Objetivos de Desenvolvimento Sustentável*. Disponível em: https://nacoesunidas.org/pos2015/ods3/. Acesso em: 12 maio 2020.
4. ONU. *Mental health included in the UN Sustainable Development Goals*. Disponível em: https://www.who.int/mental_health/SDGs/en//. Acesso em: 08 maio 2020.
5. MILLS, C. From 'Invisible Problem' to Global Priority: The Inclusion of Mental Health in the Sustainable Development Goals. *Development and Change*, v. 49, p 843-866. 06 March 2018. Votruba, N. We can't make progress without investing in mental health. *World Economic Forum*. 26 nov. 2018. Disponível em: https://nacoesunidas.org/pos2015/ods3/. Acesso em: 08 maio 2020. No original: "Mental disorders affect most societal sectors, and, while not clearly recognized in the SDGs, mental health intersects with and influences most of the other SDGs. Poverty eradication (SDG 1), nutrition (SDG 2), health (SDG 3), education (SDG 4), women's empowerment (SDG 5), decent work (SDG 8), sustainable cities (SDG 11), sustainable consumption (SDG 12), climate change and disaster recovery (SDG 13), peaceful and just societies (SDG 16) and partnerships (SDG 17) – all of these are linked to mental health".
6. Sobre a terminologia e o tema, confira-se: LUNA, F. *Vulnerabilidad*: la metáfora de las capas. *Jurisprudencia Argentina*, (IV), p. 60-67, 2008.
7. LUND C, BROOKE-SUMNER C, BAINGANA F, BARON EC, BREUER E, CHANDRA P, et al. *Social determinants of mental disorders and the sustainable development goals: a systematic review of reviews*. Lancet Psychiatry, v. 5, p. 357-369, 2018.
8. HERRMAN H. *Sustainable Development Goals and the Mental Health of Resettled Refugee Women*: A Role for International Organizations. Front Psychiatry, v. 10, p. 608. 30 Ago 2019 Aug 30. Fisher J, Herrman H, Cabral de Mello M, Chandra P. *Women's mental health, in Global mental health* (2013). New York: Oxford University Press USA p. 354-84.
9. THORNICROFT, G, PATEL, V. Including mental health among the new sustainable development goals. The case is compelling. *British Medical Journal*, Editorial, v. 349, g5189, 2014. Confira-se também: PATEL, V., S. SAXENA, H, FRANKISH, N. BOYCE. Sustainable Development and Global Mental Health: A Lancet Commission', *The Lancet*, v, 387, p. 1143-1145, 2006. Votruba N, Thornicroft G. The importance of mental health in the Sustainable Development Goals. BJPsych Int, v 12, n. 1, 2015.
Patel, V., S. Saxena, H. Frankish and N. Boyce (2016) 'Sustainable Development and Global
Mental Health: A Lancet Commission', The Lancet 387: 1143–45Patel, V., S. Saxena, H. Frankish and N. Boyce (2016) 'Sustainable Development and GlobalMental Health: A Lancet Commission', The Lancet 387: 1143–45

In order to ensure inclusive and equitable quality education and promote lifelong learning opportunities for all, we will have to recognise that mental health problems, especially developmental disorders such as attention-deficit/hyperactivity disorder, are often associated with educational underachievement and that these blight long term economic prospects. Moreover, educational stressors are risk factors for suicidality among school and college students. Mental health is also relevant to the goal of ending hunger, achieving food security, improving nutrition, and promoting sustainable agriculture. Mental illnessin mothers is a risk factor for child undernutrition, and poor diet among people with severe mental illness contributes to their worse physical health.

A reforma psiquiátrica, incorporada no Brasil por meio da Lei de Saúde Mental (Lei 10.2106/2001), assinalou importante avanço, notadamente ao enfatizar a importância dos direitos fundamentais do paciente, bem como por marcar a excepcionalidade da internação. A proteção ganhou maior reforço ainda com a Convenção de Nova York da Pessoa com Deficiência, com status constitucional, sobre a qual se volta a tratar adiante.

A condição de vulnerabilidade do usuário de serviços de saúde mental é marcante, e reiteradamente reafirmada pelas Corte Europeia de Direitos Humanos e pela Corte Interamericana de Direitos Humanos[10]. Essa compreensão foi exaltada no caso Rooman vs. Bélgica[11], em que se concluiu que se salientou a importância dos aspectos linguísticos para a verificação da adequação do tratamento psiquiátrico forçado. Durante longos anos o paciente ficou preso sem acesso ao alemão, língua oficial da minoria à qual pertencia Rooman.

A CEDH exaltou a ilegalidade de internações com finalidade não terapêutica. Salientou-se também que a internação forçada sem o tratamento adequado constitui violação ao art. 3º da Convenção Europeia dos Direitos do Homem por caracterizar tratamento desumano e degradante, com exceção aso períodos em que estava disponível tratamento em seu idioma. A disposição da Convenção é equivalente o art. 15 da Convenção Internacional sobre os Direitos das Pessoas com Deficiência (Convenção de Nova York) da qual o Brasil é signatário.

Um dos aspectos centrais a destacar diz respeito a vinculação entre a legalidade da internação e sua finalidade de proteção da pessoa. No caso Rooman, a falta de adequado tratamento, inclusive o aspecto linguístico foi central para avaliar a ilegalidade da internação, na compreensão da Corte. Aliás, em voto divergente, destacou-se ainda que a diferença de acesso à saúde pela condição de René Rooman de integrar uma minoria é fator discriminatório relevante, a ser apreciado.

Como registra o acórdão do caso Rooman *vs. Bélgica* a jurisprudência da Corte, especialmente nos últimos quinze anos, o inequívoco um vínculo estreito entre a "le-

---

10. Entre outros: Corte Interamericana de Direitos Humanos. *Caso Ximenes Lopes vs. Brasil*. 2006. Disponível online em: http://www.corteidh.or.cr/docs/casos/articulos/seriec_149_por.pdf. Acesso em: 01 fev. 2020. Como se extrai do acórdão "os fatos deste caso se veem agravados pela situação de vulnerabilidade em que se encontram as pessoas portadoras de deficiência mental, bem como pela especial obrigação do Estado de oferecer proteção às pessoas que se encontram sob o cuidado de centros de saúde que integram o Sistema Único de Saúde do Estado". De modo similar, EUROPEAN COURT OF HUMAN RIGHTS. Caso ervenka v. República Tcheca. Application no. 62507/12. Estrasburgo (França): 13.01.2017. Disponível em: https://hudoc.echr.coe.int/eng# {"itemid":["001-167125"]}. Acesso em: 04 ago. 2019.
11. European Court of Human. *Case Rooman v. Bélgica*. Application n. 18052/11. Estrasburgo (França): 31.05.2006. Disponível em: http://hudoc.echr.coe.int/eng?i=001-189902. Acesso em: 12 maio 2020.

galidade" da detenção de pessoas que sofrem de transtornos mentais e a adequação do tratamento previsto para sua condição mental. Embora esse requisito ainda não tenha sido estabelecido nos primeiros julgamentos proferidos nessa área a jurisprudência atual indica claramente que a administração de uma terapia adequada se tornou um requisito da "legalidade" da privação de liberdade.

Destaca a Corte Europeia, que o simples acesso a profissionais de saúde, consultas e fornecimento de medicamentos não é suficiente para que um tratamento seja considerado adequado e para legitimar a internação forçada.

Em contraste com tais conclusões, tradicionalmente, o direito traduz a doença mental pelo signo da incapacidade civil, por meio do procedimento de interdição.[12] Segundo a divisão entre capazes e incapazes, fixa-se o reconhecimento ou negação jurídica da vontade. Dessa forma, embora a incapacidade civil tenha sido desenhada para finalidades patrimoniais termina por repercutir de forma expansiva e atinge inclusive as decisões no campo da saúde. Em outras palavras, uma avaliação da aptidão para atos patrimoniais converte-se em uma autorização.

A definição da capacidade e incapacidade termina por revelar uma inadequada vocação expansiva de modo que se define ao se "medir" a racionalidade, termina-se por estabelecer também modelos aceitos ou não e a própria possibilidade de escolha de projetos de vida em relação às pessoas vulneráveis. A atividade primordial dos fluxos que atravessam a realidade do Direito Civil aplicado passa a ser, com isso, a da determinação de quem controla esses projetos de vida – indivíduo ou sociedade, sujeito de direitos ou Estado, parte ou julgador.

No *Case NA x Lithuania*,[13] julgado em 31.05.2016, destacou-se que a constatação de doença mental, ainda que grave, não leva a conclusão imediata da incapacidade. O paciente apresentava esquizofrenia severa, inclusive tentou suicídio ateando fogo a si próprio. Destacou-se a falta de fundamentação do serviço social, que se limitou a concordar com o pedido de incapacidade. A administração da propriedade pela mãe foi definida em audiência da qual A.N. não participou. Em 2007, no mesmo dia de sua hospitalização forçada no Šiauliai Psychiatric Hospital, um advogado foi designado. Após o período de internação buscou auxílio legal, todavia, teve seu pedido rejeitado pela incapacidade e pelo decurso do prazo legal para atacar a decisão de incapacidade. A Corte também negou o pedido de acesso aos procedimentos interdição ao fundamento de que A.N. não era capaz.

O aprofundamento do desenvolvimento sustentável demanda inclusive o repensar crítico da relação quase automática estabelecida entre diagnóstico de saúde mental e restrições a uma série de direitos. Ilustrativamente, em relação à decisão que fixa inca-

---

12. DELGADO, Pedro Gabriel. *As razões da tutela*. Psiquiatria, Justiça e Cidadania do Louco no Brasil. São Paulo: Te Corá, 1992. Não se usou neste artigo o termo curatela, para marcar uma nova leitura da interdição, justamente porque os casos analisados revelaram uma visão retrógrada, compatível com a ênfase patrimonial, a formalidade e a posição secundária da pessoa concreta e seus valores.
13. European Court of Human. Case A.N. v. Lithuania. Application n. 17280/08. Estrasburgo (França): 31.05.2006. Disponível em: http://hudoc.echr.coe.int/eng?i=001-163344. Acesso em: 12 maio 2020.

pacidade civil, é importante notar seu caráter provisório e a necessidade de que seja sob medida, evidenciou a corte.

A superação do etiquetamento em relação às doenças mentais[14] implica que a doença mental não se traduz na incapacidade, muito menos se pode promover a inadequada vocação expansiva que se observa em relação à incapacidade civil. Em termos práticos, significa que não faz qualquer sentido, a não ser na metáfora kafkiana,[15] negar acesso à pessoa interditada às decisões que fundamentaram sua interdição. A própria legislação local, mencionada, registra que os prazos para recursos sobre incapacidade não correm contra a pessoa incapaz, e a internação forçada não pode passar de 48 horas, salvo com confirmação judicial.

A negativa de acesso à documentação pela pessoa interditada, sobre a interdição demonstra a expansão indevida dos efeitos da incapacidade civil, e no extremo oposto, o caráter essencial do reconhecimento a todos, da capacidade legal, como consagra a Convenção de Convenção da ONU sobre os Direitos das Pessoas com Deficiência (CDPD), art. 12, item 2.

Neste sentido, o acórdão do caso em análise noticia Memorando do Ministério da Justiça da Letônia, posterior à convenção destacou a insuficiência do padrão capaz/incapaz, diante da necessidade de restrições personalizadas e proporcionais. Conforme o acórdão da Corte Europeia, a nova legislação local da Lituânia permite também rever a interdição anualmente, e criou-se uma comissão específica para reanálises.

Em 2016, a legislação local inclui a gradação de capacidades. Outro aspecto interessante é a definição de que as restrições estabelecidas judicialmente devem ser acompanhadas da definição dos mecanismos do apoio necessário, o que se alinha com a perspectiva de apoio à tomada de decisão ao invés de negação. Tal compreensão se harmoniza com as salvaguardas preconizadas na Convenção de Convenção da ONU sobre os Direitos das Pessoas com Deficiência (CDPD)[16].

Outra falha destacada é que a representação judicial na hospitalização forçada, porque seu advogado não fez qualquer tipo de contato, nem o visitou. Essa falha demonstra alguns aspectos importantes a serem ressaltados: (i-) a proteção da pessoa com restrição de capacidade é caracterizada por um formalismo vazio que não atende à vulnerabilidade; (ii-) a confusão entre interdição e internação que termina por subtrair da pessoa com sofrimento psíquico a chance de participar; (iii-) a capacidade legal deve ser protegida e a máxima participação assegurada por todos os meios possíveis. Por fim destacou-se que a restrição de direitos fundamentais de grupos particularmente vulneráveis, vítima de discriminação no passado, exige uma atenção redobrada.

---

14. GOFFMAN, Erving. *Estigma:* la identidad deteriorada. (Trad. Leonor Guinsberg). Biblioteca de sociología. Buenos Aires: Amorrortu, 2006, p. 11. RONZANI, Telmo Mota; NOTO, Ana Regina; SILVEIRA, Pollyanna Santos da. *Reduzindo o estigma entre usuários de drogas:* guia para profissionais e gestores. Juiz de Fora: Editora UFJF, 2015, p. 6-7.
15. KAFKA, Franz. *O processo.* São Paulo: Companhia das Letras, 2005.
16. ARAUJO, Luiz Alberto David; RUZYK, Carlos Eduardo Pianovski. A perícia multidisciplinar no processo de curatela e o aparente conflito entre o Estatuto da pessoa com deficiência e o Código de Processo Civil: reflexões metodológicas à luz da teoria geral do direito. *Revista de Direitos e Garantias Fundamentais*, Vitória, v. 18, n. 1, p. 227-256, jan.-abr. 2017.

O caso *Case NA x Lithuania*, lustra em que medida se relaciona razão e controle, para suprimir o reconhecimento jurídico da possibilidade decisória e muitas vezes, inclusive sem participar do próprio processo de análise, seja de sua condição de decidir, seja da necessidade de um tratamento forçado. Em questão, a interdição como negação da possibilidade de dizer, como o não espaço, como a restrição não da vontade, porém do acesso, a fomentar a necessidade de uma criteriosa avaliação do papel ocupado pela internação psiquiátrica. A proteção do corpo pelo direito e reconhecimento dos direitos da personalidade opõem-se aos padrões de disposição socialmente aceitos, às práticas admitidas como acertadas (racionais), aos ditames dos bons costumes.[17]

Tome-se ainda o Caso Gajcsi vs. Hungary[18], julgado em 03.01.2007, que versa sobre a internação forçada para tratamento do cidadão húngaro László Gajcsi, iniciada em 1999. Do acórdão da Corte Europeia de Direitos Humanos observa-se a legislação húngara exige revisão periódica das internações e também fixa os prazos (entre 30 e 60 dias). Destacou-se ainda que o simples cumprimento da legislação local é insuficiente, quando não se mostrar apto a afastar arbitrariedades em hospitalização forçada[19]. De acordo com as normas do país, a internação forçada demanda prova de periculosidade, o que além de ser bastante questionável, sequer foi objeto de análise, a caracterizar sua ilegalidade.

Como explica Foucault, o isolamento na internação psiquiátrica originalmente não se presta ao papel de cuidar ou tratar[20]. Constitui um mecanismo de segregação[21], em relação ao qual o cuidado surgiu como uma contingência, não um propósito. Nesse sentido, Foucault destaca a internação como mecanismo de controle do perigoso,[22] em jogo não o tratar, mas o temor.

Da análise dos precedentes da Corte Europeia de Direitos Humanos, o que se observa é marcante dificuldade das autoridades públicas lidarem com situações de saúde em geral (não apenas saúde mental), como ilustra o *Case Jasinskis v. Latvia*.[23] Valdis após beber com os amigos em um bar na Letônia, foi empurrado, bateu a cabeça e perdeu a consciência por vários minutos. Apesar de apresentar arranhões, ao chegar ao local a polícia não aguardou a ambulância e, supondo embriaguez, o manteve por 14 horas em uma cela para sobriedade. Somente no dia seguinte, porque Valdis não acordava, foi

---

17. É exemplar a redação do Código Civil ao definir que "Art. 13. Salvo por exigência médica, é defeso o ato de disposição do próprio corpo, quando importar diminuição permanente da integridade física, ou contrariar os bons costumes".
18. EUROPEAN COURT OF HUMAN RIGHTS. *Case Gajcsi v. Hungary*. Application n. 34503/03. Estrasburgo (França): 03.10.2006. Disponível em: https://hudoc.echr.coe.int/eng#{"fulltext":["34503/03"], "documentcollectionid2":["GRANDCHAMBER","CHAMBER"],"itemid":["001-77036"]}. Acesso em: 08 ago. 2017.
19. Neste mesmo sentido: European Court of Human Rights. Caso ervenka v. República Tcheca. Application n. 62507/12. Estrasburgo (França): 13.01.2017. Disponível em: http://hudoc.echr.coe.int/eng?i=001-167125. Acesso em: 04 maio. 2020.
20. FARIAS, Cristiano Chaves de; ROSENVALD, Nelson. *Curso de direito civil*: parte geral e LINDB. v. 1. 13. ed. rev., ampl. e atual. São Paulo: Atlas, 2015. p. 281.
21. GOFFMAN, Erving. *Manicômios, prisões e conventos*. Trad. Dante Moreira Leite. São Paulo: Perspectiva, 2001. p. 28.
22. FOUCAULT, Michel. *Os anormais*. São Paulo: Martins Fontes, 2001. p. 101.
23. European Court of Human. Case Jasinskis v. Latvia (Letônia). Application n. 45744/08. Estrasburgo (França): 21.12.2010. Disponível em: https://hudoc.echr.coe.int/eng#{"itemid":["001-102393"]}. Acesso em: 04 ago. 2017.

chamada uma ambulância na delegacia que, ao supor fingimento, descartou o atendimento. Na madrugada seguinte faleceu com severos danos cerebrais, fratura do crânio e edema cerebral. A Corte Europeia de Direitos Humanos destacou a violação ao direito à vida, a irregularidade na investigação ser realizada pelo mesmo distrito em que os fatos ocorreram. Em diversos julgamentos, a corte sublinha que é necessário distinguir a constatação de doença mental, da incapacidade civil, haja vista que são projeções distintas.

Os diálogos entre saúde e direito são essenciais para o desenvolvimento sustentável, o que não pode ser confundido com a apropriação dos saberes de um pelo outro, nem deve ser empregado como subterfúgio para distorções. Dito de maneira objetiva para o tema sob análise, ao juiz não cabe clinicar, nem definir ou impor arbitrariamente tratamentos. Por outro lado, sua análise do direito deve ter um olhar pautado pela empatia, pela visão transformadora que demanda a Agenda2030, para as mudanças que se espera no mundo.

A perspectiva adequada da inter-relação consiste em um diálogo construtivo, com colaboração mútua dos saberes, de modo a colher, na saúde, os elementos e conhecimentos necessários para estabelecer, segundo os filtros jurídicos, quando um tratamento deve ou não ser assegurado (ou mesmo imposto). A multicitada expressão "judicialização" e, notadamente, a locução "judicialização da saúde" são associadas a diferentes significados[24,25,26,27], entre os quais, o incremento da presença do Judiciário como meio de resolução de conflitos, a interferência (indevida) em questões eminentemente políticas, a intervenção do Poder Judiciário nos processos decisórios, a figura do juiz protagonista, a presença devida ou indevida nas políticas públicas de saúde. No presente texto, procura-se problematizar os fundamentos da imposição de internação forçada (habitualmente designada involuntária ou compulsória) com especial crítica às práticas estabelecidas no campo penal, por meio das *medidas de segurança*, de forma a demonstrar que o direito parece indevidamente absorver a saúde nesta seara (grifo nosso).

2. VULNERABILIDADE E INVISIBILIDADE. É PRECISO CAMINHAR NA NOITE

A partir dos casos examinados, é possível avançar em algumas reflexões sobre a vulnerabilidade no campo da saúde mental.

A proteção das pessoas usuárias de serviços de saúde mental é um campo ao qual tanto o direito quanto a saúde não conferem a adequada importância[28]. Tal circunstância contrasta com a severidade da medida de internação forçada e com a vulnerabilidade dos

---

24. SADEK, Maria Tereza. Judiciário e Arena Pública: Um olhar a partir da Ciência Política. In: GRINOVER, Ada Pellegrini; WATANABE, Kazuo (Org.). O controle jurisdicional de políticas públicas. Rio de Janeiro: Forense, 2011.
25. Conselho Federal de Medicina. *Diretrizes para um modelo de assistência integral em saúde mental no Brasil*. Brasília: CFM, AMB, FENAM, ABP, 2014.
26. PINHEIRO, Clara Virginia de Queiroz; AGUIAR, Isabella Maria Augusto; MENDES, Layza Castelo Branco. *O sofrimento psíquico e as novas modalidades de relação entre o normal e o patológico*: uma discussão a partir da perspectiva freudiana. Interação em Psicologia, UFPR, v. 12, p. 299-305, 2008.
27. ORGANIZAÇÃO MUNDIAL DE SAÚDE. *Relatório Mundial da Saúde*. Saúde mental: nova concepção, nova esperança. Lisboa (Portugal): OMS, Abril de 2002, p. 97.
28. CONSELHO FEDERAL DE MEDICINA. *Diretrizes para um modelo de assistência integral em saúde mental no Brasil*. Brasília: CFM, AMB, FENAM, ABP, 2014.

usuários de serviços de saúde mental[29]. Nesse sentido, a Organização Mundial da Saúde (OMS) registra que "as condições de vida nos hospitais psiquiátricos em todo o mundo são deficientes, resultando em violações dos direitos humanos e em cronicidade".[30]

Se, por um lado, não se pretende defender generalizações, de outro giro, não se pode ignorar as inúmeras violações de direitos humanos denunciadas em sede de internações forçadas[31]. Sob o prisma jurídico, a imposição de tratamento é absolutamente excepcional, sujeita a um amplo conjunto de requisitos, de tal forma que somente pode ser cogitada de forma remota[32]-[33]. Nessa linha, o disposto na Lei de Saúde Mental (Lei n. 10.216/2001), cujo art. 4º é claro ao advertir que: "A internação, em qualquer de suas modalidades, só será indicada quando os recursos extra-hospitalares se mostrarem insuficientes".[34] Esta redação é repetida no art. 23-A, § 6º da Lei 11.343/2006, consoante a redação estabelecida pela Lei n. 13.840/2019.[35]

Na prática, contudo, as internações forçadas são, muitas vezes, empregadas de modo negligente, distante dos parâmetros seja do direito, seja da saúde[36]-[37]. A internação forçada, em tais casos, é ilegal e caracteriza crime de tortura, como já estabeleceu o Conselho de Direitos Humanos da Assembleia Geral das Nações Unidas.[38]

Desta forma, como tivemos a oportunidade expor anteriormente[39], a ilegalidade da internação pode decorrer do seu emprego desnecessário, sem função terapêutica, sem respaldo de equipe de saúde ou ainda, no que tange ao modo como é implementada – e.g. com desrespeito a direitos fundamentais do paciente, sem projeto terapêutico singular. Neste texto, procura-se confrontar tais aspectos para concluir a necessidade de reavaliar

---

29. PINHEIRO, Clara Virginia de Queiroz; AGUIAR, Isabella Maria Augusto; MENDES, Layza Castelo Branco. *O sofrimento psíquico e as novas modalidades de relação entre o normal e o patológico*: uma discussão a partir da perspectiva freudiana. Interação em Psicologia, UFPR, v. 12, p. 299-305, 2008.
30. ORGANIZAÇÃO MUNDIAL DE SAÚDE. *Relatório Mundial da Saúde*. Saúde mental: nova concepção, nova esperança. Lisboa (Portugal): OMS, Abril de 2002, p. 97.
31. SILVA, Marcus Vinicius de Oliveira. (Org.) *A Instituição Sinistra:* mortes violentas em hospitais psiquiátricos no Brasil. Brasília: CFP, 2001.
32. SCHULMAN, Gabriel. *Internações forçada, saúde mental e drogas*. Indaiatuba: Foco, 2020.
33. Recentes mudanças legislativas autorizaram a internação forçada de forma específica em relação ao uso abusivo de drogas (Lei n. 11.343/2006, na redação conferida pela Lei 13.840/2019) e o exame forçado de pacientes para verificação da gripe COVID19, coronavírus (Lei n. 13.979/2020), sem menção à possibilidade de internação.
34. Na mesma linha a Portaria de Consolidação n. 03/2017, do Ministério da Saúde, art. 65 e a Portaria n. 2.391/2002, do Ministério da Saúde.
35. Vale recordar que "diante da normatividade constitucional, somente é admissível a imposição de internação quando esgotadas todas as demais alternativas de tratamento, embora a recíproca não seja verdade. Mesmo se inexistentes alternativas diversas à internação, a medida não se impõe, continua a ser excepcional, a depender de outros requisitos, entre os quais, naturalmente o mais elementar consubstancia-se na recomendação por parte da equipe multidisciplinar de atenção à saúde". SCHULMAN, Gabriel. *Internações forçada, saúde mental e drogas*. Indaiatuba: Foco, 2020. p. 196.
36. CONSELHO FEDERAL DE PSICOLOGIA. *Inspeções aos manicômios*. Relatório Brasil 2015. Brasília: CFP, 2015, p. 152.
37. ORGANIZAÇÃO MUNDIAL DE SAÚDE. *Relatório Mundial da Saúde*. Saúde mental: nova concepção, nova esperança. Lisboa (Portugal): OMS, Abril de 2002, p. 97.
38. NACIONES UNIDAS. Asamblea General. Consejo de Derechos Humanos. Informe del *Relator Especial sobre la tortura y otros tratos o penas crueles, inhumanos o degradantes*. Relatório A-HRC-22-53. ONU: Nova York (Estados Unidos), 1º fev. 2013. Disponível em: http://www.ohchr.org/Documents/HRBodies/HRCouncil/RegularSession/Session22/A-HRC-22-53_sp.pdf. Acesso em: 20 ago. 2017.
39. SCHULMAN, Gabriel. Internações forçadas e saúde mental: entre tratamento e punição. In: SANTOS, Alethele de Oliveira. (Org.). *Coletânea direito à saúde*. Institucionalização. CONASS, 2018, v. 1, p. 248-259.

o modo como são definidas as internações forçadas, numa análise que coloca em questão a harmonização entre saúde e direito.

3. DIREITOS FUNDAMENTAIS E SAÚDE MENTAL. A FUNDAMENTAÇÃO JURÍDICA DAS INTERNAÇÕES FORÇADAS E SUA INSUFICIÊNCIA

Examina-se, de modo especial, a proteção dos direitos humanos na saúde como preconiza a OMS[40], bem como os impactos da incorporação ao direito brasileiro da Convenção Internacional sobre os Direitos das Pessoas com Deficiência e seu Protocolo Facultativo, assinados em Nova York, em 30 de março de 2007, abreviada como CDPD.

Mas qual a conexão da Convenção com o tema? Em primeiro, é importante ressaltar que esta convenção possui *status* constitucional. É que, de acordo com a Constituição, art. 5º, § 3º, os tratados e convenções internacionais acerca de direitos humanos, desde que aprovados pelo Senado Federal e pela Câmara dos Deputados, em dois turnos, por três quintos dos votos dos respectivos membros, recebem *status* de emenda constitucional. O único tratado que atendeu a todos estes requisitos foi justamente a CDPD, incorporada ao direito brasileiro por meio do Decreto n. 6.949/2009.

Em segundo, a Convenção reformula diversos aspectos da concepção da saúde mental, entre os quais a afirmação da capacidade civil para todas as pessoas (art. 12), a valorização da atenção multidisciplinar[41], a afirmação do *consentimento como direito fundamental* e a superação do modelo de substituição da vontade do paciente usuário da saúde mental em prol de uma perspectiva emancipatória; A prática, no entanto, parece estar bastante distante. Isabel Teresa Pinto Coelho Diniz identifica em seus estudos sobre decisões judiciais nas ações de internação compulsória pelo uso de crack que "práticas discursivas (orais ou escritas), utilizadas pelos juízes nos casos de internação compulsória de usuários de drogas, possuem fundamentos morais, ligados mais aos padrões sociais, do que propriamente científicos"[42].

A partir da análise de decisões judiciais[43] e da compreensão da doutrina[44], identificou-se que as internações forçadas usualmente embasam-se em dois possíveis percursos.

---

40. WORLD HEALTH ORGANIZATION. WHO. *Policies and practices for mental health in Europe* – meeting the challenges. Copenhagen (Dinamarca): WHO, 2008, p. 157.
41. ARAUJO, Luiz Alberto David; RUZYK, Carlos Eduardo Pianovski. A perícia multidisciplinar no processo de curatela e o aparente conflito entre o Estatuto da pessoa com deficiência e o Código de Processo Civil: reflexões metodológicas à luz da teoria geral do direito. *Revista de Direitos e Garantias Fundamentais*, Vitória, v. 18, n. 1, p. 227-256, jan.-abr. 2017.
42. DINIZ, Isabel Teresa Pinto Coelho. *A interface entre os saberes jurídico e psiquiátrico acerca da internação compulsória de usuários de crack no Rio de Janeiro e região metropolitana entre 2010 e 2015*. Tese (Doutorado em Saúde Pública e Meio Ambiente) – Escola Nacional de Saúde Pública Sergio Arouca, Fundação Oswaldo Cruz, Rio de Janeiro, 2018. p. 296.
43. STJ. *Habeas Corpus* n. 394.072. 6ª Turma. Rel.: Min. Maria Thereza de Assis Moura. DJe: 30.05.2017.
44. DINIZ, Debora; PENALVA, Janaina. *Medidas de segurança loucura e direito penal*: uma análise crítica das Medidas de Segurança (Série *Pensando o Direito*, n. 35/ 2011). Rio de Janeiro/Brasília: Ministério da Justiça, Secretaria de Assuntos Legislativos do Ministério da Justiça, Julho de 2011, p. 13. KARAM, Maria Lúcia. Aplicação da pena: por uma nova atuação da justiça criminal, *Revista Brasileira de Ciências Criminais*, ano 2, n. 6, p. 117-132, abr.-jun. 1994. p. 124. Tribunal de Justiça do Mato Grosso. Apelação n. 25919/2010. Rel.: Des. Rui Ramos Ribeiro, 1ª Câmara Criminal, Julgado em 22/03/2011, Publicado no Diário de Justiça do Estado em 06/04/2011. CARRARA, Sergio. *Crime e loucura*: o aparecimento do manicômio judiciário na passagem do século. (Coleção Saúde e Sociedade)

No direito criminal envolve a chamada inimputabilidade, ou seja, a pessoa é considerada como inapta para responder pelo crime e então é imposta uma medida de segurança. Fora da esfera penal, o embasamento das internações pode ser assim sintetizado: à medida em que a pessoa possui uma doença mental, é incapaz civilmente ("interditada" dirão alguns), logo, não tem discernimento para decidir sobre seu tratamento. Como núcleo comum, o não reconhecimento da vontade e/ou da aptidão para se determinar. Ambas as fundamentações jurídicas ocultam – ou revelam – graves distorções, as quais se passa a apreciar[45].

É grave equívoco tomar como base a incapacidade civil para concluir por restrições ao consentimento para atos na esfera da saúde. A conclusão de que a instituição de curatela imponha a limitação da vontade em outras esferas esbarra na natureza distinta dos institutos e da disparidade de finalidades. A curatela se volta, precipuamente, a restringir atos patrimoniais e de qualquer modo precisa ser feita de maneira personalizada[46], inclusive no tocante às restrições que impõe.

Como esclarece Foucault, estabeleceu-se, com efeito, um liame da "loucura ao crime e do crime à loucura",[47] útil à higiene pública. Essa sistemática é reforçada pela valorização da psiquiatria como forma de determinação científica das condutas que permitem diagnosticar o indivíduo perigoso. Para o autor, há uma tautologia no valor conferido às avaliações periciais, de modo que a percepção judicial da loucura se legitima pela participação do perito, e tal participação é legítima por ocorrer na esfera judicial.[48]

Na medida em que "o crime vai se patologizando",[49] o controle da loucura é função dos juízes e sua detecção prévia, assim como o potencial de novos atos por meio do crivo da *periculosidade* passam a ser centrais. A inimputabilidade, fundamento das internações forçadas determinadas por juízes no âmbito de processos criminais, orienta-se pelo disposto no Código Penal, art. 26:

> É isento de pena o agente que, por doença mental ou desenvolvimento mental incompleto ou retardado, era, ao tempo da ação ou da omissão, inteiramente incapaz de entender o caráter ilícito do fato ou de determinar-se de acordo com esse entendimento.

Por força do princípio constitucional da culpabilidade[50], uma vez preenchidos os pressupostos referidos na legislação penal, a pessoa é considerada inapta à punição. O

Rio de Janeiro: EdUERJ; São Paulo: EdUSP, 1998, p. 31. JACOBINA, Paulo Vasconcelos. *Direito penal da loucura e reforma psiquiátrica*. Brasília: ESMPU (Escola Superior do Ministério Público da União), 2008, p. 110. ORGANIZAÇÃO MUNDIAL DE SAÚDE. *Relatório Mundial da Saúde*. Saúde mental: nova concepção, nova esperança. Lisboa (Portugal): OMS, Abril de 2002, p. 98. São Paulo. Defensoria Pública. *Teses institucionais*. Execução Criminal. Disponível em: https://www.defensoria.sp.def.br/dpesp/Default.aspx?idPagina=6245. Acesso em: 05 mar. 2017.

45. Para uma leitura mais profundada: SCHULMAN, Gabriel. *Internações forçada, saúde mental e drogas*. Indaiatuba: Foco, 2020.
46. ABREU, Célia Barbosa. *Curatela e interdição civil*. Rio de Janeiro: Editora Lumen Juris, 2009. NEVARES, Ana Luiza Maia; SCHREIBER, Anderson. Do sujeito à pessoa: uma Análise da Incapacidade Civil. In: TEPEDINO, Gustavo; TEIXEIRA, Ana Carolina Brochado; ALMEIDA, Vitor. (Coord.). *O Direito civil entre o sujeito e a pessoa*: estudos em Homenagem ao Professor Stefano Rodotà. Belo Horizonte: Fórum, 2016. p. 39-56.
47. FOUCAULT, Michel. *Os anormais*. São Paulo: Martins Fontes, 2001, p. 102.
48. FOUCAULT, Michel. *Os anormais*. São Paulo: Martins Fontes, 2001, p. 10-11, 23, 35.
49. FOUCAULT, Michel. *Os anormais*. São Paulo: Martins Fontes, 2001, p. 33.
50. KARAM, Maria Lúcia. Aplicação da pena: por uma nova atuação da justiça criminal, *Revista Brasileira de Ciências Criminais*, ano 2, n. 6, p. 117-132, abr.-jun. 1994. p. 124.

saber do direito afirma que a pessoa não pode ser punida e deve ser tratada. Surge então uma questão central: a quem cabe o protocolo de tratamento? Permita-se explicar de maneira singela, caso a leitora/leitor deste texto estivesse doente, recorria a um médico o um magistrado? A despeito da facilidade da resposta, na prática, constata-se que a definição é feita, muitas vezes, a partir de critérios exclusivamente jurídicos e abstratos, de forma incompatível com o fundamento de oferecer cuidados em saúde.

Para ilustrar, vale citar três distorções que ajudam a dimensionar o quadro de incoerência que se está a denunciar: 1) definição da modalidade de tratamento com base no tipo penal que compõe a acusação; 2) estabelecimento da duração do tratamento com base na pena em abstrato; 3) alta hospitalar subordinada à autorização judicial.

Em outras palavras, no âmbito das medidas de segurança, ao mesmo tempo em que o direito reconhece não ser possível punir, declara a pessoa acusada como não culpável (o que se designa tecnicamente de "absolvição imprópria"), porém se estabelece um tratamento distante de qualquer critério da saúde. Para melhor compreensão, vale confrontar a redação do Código Penal, art. 97: "Se o agente for inimputável, o juiz determinará sua internação (art. 26). Se, todavia, o fato previsto como crime for punível com detenção, poderá o juiz submetê-lo a tratamento ambulatorial". Dessa maneira, uma interpretação literal deste dispositivo, sugere que a definição do tratamento não seria dada por equipe médica, mas pelo tipo de crime do qual a pessoa foi acusada, o que permite afirmar que a *absolvição imprópria,* como se designa no direito penal a situação em que se conclui pela "insanidade mental", é mais *imprópria* do que uma absolvição (grifo nosso).

Para ilustrar o que se expõe, confira-se decisão judicial proferida pelo Tribunal de Justiça do Mato Grosso (TJMT), a qual aponta que a eleição da modalidade de tratamento dependeria do tipo de pena aplicada ao crime do qual, consinta-se repetir, a pessoa foi absolvida: "Sendo o apelante inimputável, e condenado a pena privativa de liberdade, de reclusão, impõe-se a internação. Somente na hipótese de detenção é que fica a critério do juiz a estipulação, ou não, da medida menos gravosa – de tratamento ambulatorial."[51]

O STJ adota a mesma compreensão: "Esta Corte Superior de Justiça possui entendimento consolidado no sentido de que, apenas é cabível a imposição de medida de segurança de tratamento ambulatorial se o fato previsto como crime for punível com detenção. Agravo regimental desprovido"[52]. No Tribunal de Justiça do Distrito Federal e dos Territórios, afirmou-se que "Se o fato é previsto como crime punível com detenção, a sentença poderá submetê-lo a tratamento ambulatorial, limitado ao tempo máximo da pena abstrata culminada", a demonstrar, em grave distorção, que a duração do tratamento também está vinculada a pena[53].

Ora, em que área da saúde o tipo de crime é que define a forma como o paciente precisa receber cuidados? Ou se faz preciso reescrever os livros da saúde e estabelecer uma correspondência entre tipos penais e tratamentos, ou, no campo jurídico, deve-se

---

51. Tribunal de Justiça do Mato Grosso. Apelação n. 25919/2010. Rel.: Des. Rui Ramos Ribeiro, 1ª. Câmara Criminal, DJe 06.04.2011.
52. STJ. AgRg no REsp: 1779990 MG 2018/0303259-0, Relator: Ministro Felix Fischer, 5ª. Turma: DJe 30/04/2019.
53. Tribunal de Justiça do Distrito Federal e dos Territórios. Apelação n. 20151410081235APR, Acórdão 1187691, Relator: J.J. Costa Carvalho, 1ª Turma Criminal, DJE: 29.07.2019.

superar a herança punitiva e respeitar os parâmetros da saúde. No tocante à duração da medida, como afirma Carrara, "não se pode exigir de uma doença que respeite os prazos legais, embora seja exatamente isso que faz o Código Penal".[54] O que explica, porém, não justifica, a previsão legal é uma visão punitivista, que aponta para a internação como uma medida que busca, sobretudo, segregar e aplicar uma pena, ainda que sob (falsa) alegação de tratar[55]. Como sublinha a OMS:

> Muitos hospitais conservavam a estrutura carcerária de origem, quando tinham sido construídos nos tempos coloniais. Os doentes eram chamados de detidos e ficavam a maior parte do dia ao cuidado de carcereiros, cujos supervisores eram chamados de capatazes, enquanto as enfermarias eram chamadas de cercas. Usavam-se quartos para isolamento na maioria dos hospitais.[56]

Mas se o direito assim prevê, então a lei deve ser seguida? O argumento legalista é equivocado. Para começar, a melhor interpretação é de que a legislação penal foi revogada pela Lei de Saúde Mental (Lei n. 10.216/2001)[57], assim como pela Lei Brasileira de Inclusão (Lei n. 13.146/2015)[58]. Com mais ênfase, devem ser respeitados os limites constitucionais, inclusive com os acréscimos da já citada Convenção Internacional sobre os Direitos das Pessoas com Deficiência, que reforça a proteção da pessoa com sofrimento psíquico de modo geral.

---

54. CARRARA, Sergio. *Crime e loucura*: o aparecimento do manicômio judiciário na passagem do século (Coleção Saúde e Sociedade) Rio de Janeiro: EdUERJ; 1998, p. 31.
55. JACOBINA, Paulo Vasconcelos. *Direito penal da loucura e reforma psiquiátrica*. Brasília: ESMPU (Escola Superior do Ministério Público da União), 2008, p. 110. Organização Mundial de Saúde. *Relatório Mundial da Saúde*. Saúde mental: nova concepção, nova esperança. Lisboa (Portugal): OMS, Abril de 2002, p. 98. São Paulo. Defensoria Pública. *Teses institucionais*. Execução Criminal. Disponível em: https://www.defensoria.sp.def.br/dpesp/Default.aspx?idPagina=6245. Acesso em: 05 mar. 2017. Paraná. Justiça Federal do Paraná. *Ata do 56ª Reunião do Comitê Executivo Estadual para monitoramento das demandas de assistência à saúde*. 29.07.2016. Disponível em: www.jfpr.jus.br/saude/ata_56.php. Acesso em: 12 out. 2016. HALL, Wayne; CARTER, Adrian. "Advocates need to show compulsory treatment of opioid dependence is effective, Safe and Ethical." *Bulletin of the World Health Organization* 91.2, fev. 2013, p. 146. WANG, Daniel. Wei Lang; COLUCCI, Erminia Should compulsory hospitalization be part of suicide prevention strategies? *BJPsych Bulletin*, v. 41, p. 169-171, 2017. WERB, Dan et al. The effectiveness of compulsory drug treatment: a systematic review. *The International Journal on Drug Policy*, n. 28, p. 1-9, 2016. BRASIL. Ministério Público Federal. *Parecer sobre medidas de segurança e hospitais de custódia e tratamento psiquiátrico sob a perspectiva da Lei n. 10.216/2001*. Brasília: MPF, 2011.
56. Organização Mundial de Saúde. *Relatório Mundial da Saúde*. Saúde mental: nova concepção, nova esperança. Lisboa (Portugal): OMS, Abril de 2002, p. 98.
57. Nesse sentido: São Paulo. Defensoria Pública. *Teses institucionais*. Execução Criminal. Disponível em: https://www.defensoria.sp.def.br/dpesp/Default.aspx?idPagina=6245. Acesso em: 05 mar. 2017. Paraná. Justiça Federal do Paraná. *Ata da 56ª Reunião do Comitê Executivo Estadual para monitoramento das demandas de assistência à saúde*. 29.07.2016. Disponível em: www.jfpr.jus.br/saude/ata_56.php. Acesso em: 12 out. 2016. HALL, Wayne; CARTER, Adrian. "Advocates need to show compulsory treatment of opioid dependence is effective, Safe and Ethical." *Bulletin of the World Health Organization* 91.2, fev. 2013, p. 146. WANG, Daniel. Wei Lang; COLUCCI, Erminia Should compulsory hospitalization be part of suicide prevention strategies? *BJPsych Bulletin*, v. 41, p. 169-171, 2017. WERB, Dan et al. The effectiveness of compulsory drug treatment: a systematic review. *The International Journal on Drug Policy*, n. 28, p. 1-9, 2016. Brasil. Ministério Público Federal. *Parecer sobre medidas de segurança e hospitais de custódia e tratamento psiquiátrico sob a perspectiva da lei n. 10.216/2001*. Brasília: MPF, 2011. BRASIL. Ministério Público Federal. *Parecer sobre medidas de segurança e hospitais de custódia e tratamento psiquiátrico sob a perspectiva da lei n. 10.216/2001*. Brasília: MPF, 2011. DORNELLES, Renata Portella. *O círculo alienista: reflexões sobre o controle penal da loucura*. Dissertação (Mestrado em Direito). Universidade de Brasília (UnB), Brasília, 2012, p. 134. PALAZZO, Francesco. *Introduzione al principe del diritto penale*. Torino (Itália): G. Giappichelli Editore, 1999, p. 64. FOUCAULT, Michel. *Os anormais*. São Paulo: Martins Fontes, 2001, p. 10-11.
58. Para um estudo aprofundado sobre a lei, cf. BARBOZA, Heloisa Helena et. al. *O Código Civil e o Estatuto da Pessoa com Deficiência*. Rio de Janeiro: Processo, 2019.

Em reforço, é preciso observar que as internações sem fundamento na saúde, são desprovidas de base legal, e violam os princípios da bioética, os quais, são reconhecidos como desdobramentos dos princípios constitucionais, como propõe Heloisa Helena Barboza.[59]

Por todos esses fundamentos, inclusive a Convenção de NY, considera-se inconstitucional a aplicação de tratamento sem finalidade de tratar, a punição sem que haja culpabilidade. A Medicina não é instrumento para punir. Além disso, o simples fato de haver uma sentença judicial não torna a imposição de um tratamento legal, nem legitima a imposição abstrata de sua duração.

A postura comumente adotada nas internações forçadas contradiz ainda toda compreensão amplamente defendida de que a concessão de tratamentos médicos exige robusta comprovação da necessidade e eficácia. Por sua vez, as internações forçadas têm sido determinadas até mesmo sem laudo ou mesmo prescrição.[60]

A saúde baseada em evidências e a adequação do tratamento ao paciente são filtros fundamentais, injustificadamente ignorados quando se trata de internações forçadas. Cumpre ressaltar que a Organização Mundial da Saúde já deixou claro que a eficácia dos tratamentos forçados é matéria em aberto[61], e que precisa ser enfrentada[62]. Para Werb, a literatura sobre o tema ainda é limitada, especialmente no campo da atenção ao uso de drogas[63]. Em sintonia com o exposto, conforme posição do Ministério Público Federal, apresentada em importante parecer[64], a legislação de saúde mental promoveu derrogação (revogação parcial da legislação) criminal. É também o que se extrai da Resolução n. 5/2004 do Conselho Nacional de Política Criminal e Penitenciária (CNPC)[65], que "Dispõe a respeito das Diretrizes para o cumprimento das Medidas de Segurança, adequando-as à previsão contida na Lei n. 10.216, de 06 de abril de 2001 – a lei de saúde mental".

O que se observa, em muitos casos, é que a internação surge como um mecanismo jurídico alheio aos critérios da saúde; a argumentação terapêutica busca apenas preencher a necessidade de fundamentação jurídica de medidas que, na realidade, buscam segregar. Como aponta Dornelles, sobre o caso de uso abusivo de drogas, "não raro, os

---

59. BARBOZA, Heloisa Helena. Princípios do Biodireito. In: BARBOZA; Heloisa Helena; BARRETO; Vicente; MEIRELLES; Jussara. (Org.). *Novos temas de biodireito e bioética*. Rio de Janeiro: Renovar, 2002, v. 1, p. 49-81. A exigência da ética compõe a própria concepção do Código Civil. REALE, Miguel. Visão Geral do Novo Código Civil. *Revista da EMERJ*: Anais dos Seminários EMERJ. Debate o Novo Código (fev.-jun.2002), EMERJ, Rio de Janeiro, Parte I, p. 38-44, 2003. p. 40.
60. Paraná. Justiça Federal do Paraná. *Ata da 56ª Reunião do Comitê Executivo Estadual para monitoramento das demandas de assistência à saúde*. 29.07.2016. Disponível em: www.jfpr.jus.br/saude/ata_56.php. Acesso em: 12 out. 2016.
61. HALL, Wayne; CARTER, Adrian. "Advocates need to show compulsory treatment of opioid dependence is effective, Safe and Ethical." *Bulletin of the World Health Organization* 91.2, fev. 2013, p. 146.
62. WANG, Daniel. Wei Lang; COLUCCI, Erminia Should compulsory hospitalization be part of suicide prevention strategies? *BJPsych Bulletin*, v. 41, p. 169-171, 2017.
63. WERB, Dan et al. The effectiveness of compulsory drug treatment: a systematic review. *The International Journal on Drug Policy*, n. 28, p. 1-9, 2016.
64. BRASIL. Ministério Público Federal. *Parecer sobre medidas de segurança e hospitais de custódia e tratamento psiquiátrico sob a perspectiva da lei n. 10.216/2001*. Brasília: MPF, 2011.
65. BRASIL. Ministério da Justiça. Conselho Nacional de Política Criminal e Penitenciária (CNPCP). Resolução n. 05/2004. Disponível em: www.justica.gov.br/seus-direitos/politica-penal/cnpcp-1/resolucoes/resolucoes-arquivos-pdf-de-1980-a-2015/resolucao-no-05-de-04-de-maio-de-2004.pdf. Acesso em: 03 mar. 2017.

dependentes são submetidos à medida de segurança de internação como forma de garantir também a sua hospitalização".[66]

Sob o prisma jurídico, o que se nota é também um conjunto de distorções que tornam a internação ilegítima. Se, por definição, não se pode punir os inimputáveis[67], não há possibilidade de imposição de privação de liberdade; apenas admite-se a internação com finalidade terapêutica, logo, coerente com os protocolos de atenção à saúde.

A presença de um laudo, por sua vez, não resolve toda a questão. É preciso uma análise qualificada, não um simples ato formal. Do contrário, verifica-se o retorno à tautologia identificada por Foucault, em que o saber médico se justifica pelo jurídico e vice-versa[68], ou seja, a medida dita terapêutica é admitida porque há ordem judicial, e a ordem judicial é legítima porque há um laudo.

Além disso, uma questão relevante diz respeito à alta hospitalar (desinternação), a qual se considera que, por ser uma definição médica, não pode depender de apreciação judicial[69]. Observa-se, todavia, a subversão desta lógica. Em inspeção do Conselho Federal de Psicologia (CFP) em internações de usuários de drogas no Hospital de Custódia e Tratamento Psiquiátrico (HCTP), concluiu-se que: "para entrar eles não precisam de ordem judicial, mas para sair sim"[70]. A imprensa noticia que a "Justiça mantém internações psiquiátricas mesmo após alta médica e paciente fica até 3 anos". O jornal O Estado de São Paulo identificou:

> centenas de casos do tipo por meio de pesquisas em Diários Oficiais de todo o País e entrevistas com 30 promotores, defensores públicos, representantes de hospitais psiquiátricos e outros especialistas em 20 Estados. Destes, 15 confirmaram o problema: São Paulo, Santa Catarina, Paraná, Rio Grande do Sul, Acre, Pará, Minas Gerais, Bahia, Espírito Santo, Alagoas, Tocantins, Rio Grande do Norte, Piauí, Mato Grosso e Paraíba.[71]

De acordo com o disposto na Resolução do Conselho Federal de Medicina (CFM) n. 2.057/2013, art. 43, "quem determina a natureza e o tipo de tratamento a ser ministrado é o médico assistente do paciente, que poderá prescrever alta hospitalar no momento em que entender que este se encontra em condições". No mesmo sentido, a opinião descrita no Parecer CFM n. 01/2011. Igualmente, a Resolução CFM n. 2.057/2013 estabelece que compete ao "diretor técnico médico comunicar tal fato ao juiz, para as providências que entender cabíveis". A melhor compreensão é de que a alta dispensa a avaliação judicial e será, tão somente, comunicada ao juiz. Não bastasse tal situação,

---

66. DORNELLES, Renata Portella. *O círculo alienista*: reflexões sobre o controle penal da loucura. Dissertação (Mestrado em Direito). Universidade de Brasília (UnB), Brasília, 2012, p. 134.
67. PALAZZO, Francesco. *Introduzione al princìpe del diritto penale*. Torino (Itália): G. Giappichelli Editore, 1999, p. 64.
68. FOUCAULT, Michel. *Os anormais*. São Paulo: Martins Fontes, 2001, p. 10-11.
69. BARDARO, Rosália; MAPELLI Júnior, Reynaldo. Saúde mental – Legislação e normas aplicáveis. In: MATEUS, Mário Dinis (Org.). *Políticas de saúde mental*: baseado no curso Políticas públicas de saúde mental, do CAPS Luiz R. Cerqueira. São Paulo: Instituto de Saúde, 2013. p. 376-399. p. 397.
70. Conselho Federal de Psicologia. *Inspeções aos manicômios*. Relatório Brasil 2015. Brasília: CFP, 2015, p. 37.
71. TOLEDO, Luiz Fernando; CAMBRICOLI; Fabiana. Justiça mantém internações psiquiátricas mesmo após alta médica e paciente fica até 3 anos. *O Estado de S. Paulo*, 23 jul. 2017.

diante da falta de critérios e desfuncionalização das internações, terminam por durar décadas[72].

O teor do Enunciado n. 48 da II Jornada de Direito da Saúde do Conselho Nacional de Justiça (CNJ): "As altas de internação hospitalar de paciente, inclusive de idosos e toxicômanos, independem de novo pronunciamento judicial, prevalecendo o critério técnico profissional do médico"[73]. A Resolução CFM n. 2.057/2013, art. 5º, § 2º, dispensa a avaliação judicial também para a "saída temporária de paciente de estabelecimento de saúde para observação evolutiva e da adaptação em família". Ainda que a norma do CFM seja infralegal, neste caso mostra-se absolutamente adequada, e reforça o aspecto que se procura alertar sobre uma frequente apropriação da internação pelo direito, que termina por converter a internação forçada em medida que é qualquer coisa, menos terapêutica, e o fato de emanar do direito não a torna legítima, nem ao menos legal.

A distorção decorrente da apropriação da saúde, fácil notar, estabelece-se tanto na definição de que se deve internar, quanto na alta. Não bastasse, muitas vezes, tem-se exigido, para finalizar o tratamento forçado, uma conclusão "médica" de que cessou a "periculosidade", o que, grosso modo, equivale a indagar se a pessoa voltará ou não a praticar um ato contrário à lei.

Na visão de Pavarini, é o mesmo que exigir do profissional da saúde uma "bola de cristal"[74]. Em sintonia, Lemos aponta que se exige um exercício de futurologia[75]. Como se sabe, na saúde, lida-se com diagnósticos, mas o que se pede é um prognóstico. Não há, na Classificação Internacional de Doenças (CID)-10, nenhuma menção a periculosidade. Por trás da construção da periculosidade, revela-se uma perigosa aproximação entre crime e patologia. Não se trata de aliar a saúde ao direito, mas de subverter a saúde para justificar medidas de restrição de direitos fundamentais.

Em contraposição, colhe-se na jurisprudência a seguinte construção:

Verificando-se que o apelante praticou crime apenado com reclusão (homicídio simples), impõe-se a aplicação de internação, nos termos do art. 97 do Código Penal, sobretudo quando a averiguação da periculosidade do agente respaldar essa medida. Recurso que se nega provimento[76].

Ante as inúmeras incongruências, o Ministério da Justiça e Ministério da Saúde defenderam o "fim dos exames de cessação de periculosidade", "inserção da política de saúde penitenciária no SUS", "que a conversão de tratamento ambulatorial em internação ocorra somente sob critérios clínicos", "articulação interinstitucional permanente

---

72. O STF definiu o limite de 30 anos, com base na pena máxima para restrição de liberdade. STF. *Habeas Corpus* n. 84.219. Rel.: Min. Marco Aurélio. 1ª Turma. DJ: 23.09.2005.
73. Conselho Nacional de Justiça. *Enunciados da II Jornada de Direito da Saúde do CNJ*. Disponível em: www.cnj.jus.br/files/conteudo/destaques/arquivo/2015/05/96b5b10 aec7e 5954 fcc1978473e4cd80.pdf. Acesso em: 20 abr. 2016.
74. PAVARINI, Massimo. Il folle che delinque: rapsodia sul margine. *Rivista sperimentale di freniatria*, v. 135, Fascicolo: 3, p. 145-154, 2011, p. 150.
75. LEMOS, Clécio. Quatro críticas à medida de segurança: da insegurança da medida à desmedida do sistema. In: MIRANDA, Angelica Espinosa; RANGEL, Claudia; COSTA-MOURA, Renata (Org.). *Questões sobre a população prisional no Brasil*: saúde, justiça e direitos humanos. Vitória: UFES, Proex, 2016. [recurso digital]).
76. Tribunal de Justiça do Estado de Rondônia, Apelação 0000158-29.2015.822.0006, Rel. Des. Marialva Henriques Daldegan Bueno 2ª Câmara Criminal, DJe: 29/07/2019

das áreas da saúde, justiça e direitos humanos, por meio de um grupo técnico composto pelas três esferas governamentais". São premissas que ainda não foram alcançadas.[77]

Ademais, segundo levantamento sobre o sistema penitenciário brasileiro, um laudo psiquiátrico demora, em média, 10 meses, ao passo que o dito exame de cessação de periculosidade, não bastasse todas as impropriedades destacadas, tarda 32 meses.[78]

Ao fim e ao cabo, em muitos casos se conclui que a prisão é melhor do que o tratamento forçado, porque, ao menos, há um tempo de pena máximo, admite-se a imposição de regime aberto ou mesmo semiaberto.

Sobre o quadro descrito, permita-se sugerir uma singular leitura do texto constitucional, quando define em seu art. 5º, inc. III, que "ninguém será submetido a tortura nem a tratamento desumano ou degradante". Propõe-se que a expressão "tratamento" seja interpretada inclusive no significado de saúde. Logo, o texto constitucional permite extrair que ninguém pode ser submetido a tratamento em saúde de forma desumana. A postura em contrário viola, de modo imperdoável, os ditames da ética médica. Reafirma-se, assim, a inconstitucionalidade da internação ou qualquer outra imposição de tratamento que não tenha como função única o bem-estar do paciente.

No que tange à construção que fundamenta a internação a partir da incapacidade civil, vale tecer algumas breves considerações, ainda que o tema exija um maior aprofundamento. A interdição (designada contemporaneamente de curatela) ocupa-se de avaliar a aptidão para atos patrimoniais e não guarda relação com a avaliação da internação. Aqui, a interação entre a saúde presta um serviço importante ao sublinhar que um quadro clínico pode apresentar sintomas e características muito distintos.

Resta superada a equivocada correlação entre o diagnóstico de uma "doença mental" com a incapacidade civil[79], como já decidiu, inclusive, a Corte Interamericana de Direitos Humanos[80], assim como estar interditado não é pressuposto nem justificativa para internações, muito menos uma consequência. Tratam-se de projeções distintas. Na compreensão das aptidões e deficiências, abandonou-se o modelo de *status*, que enxerga na doença mental a negação absoluta da vontade, ou mesmo do modelo biomédico que toma a doença como um sinal de anormalidade[81].

Contemporaneamente, à luz da Classificação Internacional de Funcionalidade, Incapacidade e Saúde publicada pela Organização Mundial da Saúde[82], da CDPD e da Lei Brasileira de Inclusão da Pessoa com Deficiência (Lei 13.146/2015), a avaliação da

---

77. BRASIL. Ministério da Saúde. Ministério da Justiça. Reforma Psiquiátrica e Manicômio Judiciários: *Relatório Final do Seminário Nacional para a Reorientação dos Hospitais de Custódia e Tratamento Psiquiátrico*: Brasília: MS – MJ, 2002, p. 19.
78. DINIZ, Debora. *A custódia e o tratamento psiquiátrico no Brasil:* Censo 2011. Brasília: Letra Editora Universidade de Brasília, 2013, p. 17.
79. Confira-se ALMEIDA, Vitor. *A Capacidade Civil das Pessoas com Deficiência e os Perfis da Curatela.* Belo Horizonte, Fórum, 2019.
80. Corte Interamericana De Direitos Humanos. *Caso Ximenes Lopes x Brasil. 2006.* Disponível online em: http://www.corteidh.or.cr/docs/casos/articulos/seriec_149_ por.pdf. Acesso em: 01 fev. 2015.
81. DHANDA, Amita. Legal capacity in the disability rights convention strangle hold of the past or lodestar for the future? *Syracuse Journal of International Law & Commerce*, v. 34, p. 429-462, Spring 2007, p. 432.
82. Organização Mundial da Saúde. Classificação Internacional de Funcionalidade, Incapacidade e Saúde (CIF). (Trad. Amélia Leitão). Lisboa (Portugal): OMS, 2004.

deficiência será biopsicossocial, realizada por equipe multiprofissional e interdisciplinar, observando os impedimentos e/ou limitações nas funções e nas estruturas do corpo, *os fatores socioambientais*, psicológicos e sociais, a limitação no desempenho de atividades, a restrição de participação em situações da vida social e os fatores ambientais (grifo nosso). Portanto, a análise da deficiência deve perpassar a dimensão intrínseca e extrínseca ao indivíduo. O foco passa a ser a funcionalidade e as potencialidades da pessoa, e não mais suas limitações.[83]

Nos casos concretos, seguindo as orientações da área da saúde, cabe ao juiz, em conjunto com equipe multidisciplinar, mediante prestação negativa, dar máxima concretização à autonomia do indivíduo, a partir da análise dos fatores individuais e das barreiras externas a que ele está submetido, delineando a medida terapêutica a ser aplicada fundamentado nos princípios do respeito pela dignidade inerente, da autonomia individual, da liberdade de fazer as próprias escolhas e da independência das pessoas, em consonância com os princípios da CDPD (Decreto 6.949/2009, artigo 3, a).

A judicialização de demandas que objetivam o deferimento de internações forçadas possui respaldo, por vezes, no paternalismo estatal, este entendido como a interferência do Estado na autonomia e esfera existencial de determinado jurisdicionado em decorrência de vulnerabilidades por este experimentadas, interferência esta justificada pela persecução de sua saúde, segurança e bem-estar[84]. Todavia, é tênue a linha que separa o paternalismo da violação à direitos que suprimem a dignidade humana. Se de um lado o Estatuto da Pessoa com Deficiência elenca como princípios o respeito pela dignidade inerente, a autonomia individual, a liberdade de fazer as próprias escolhas e a independência das pessoas, de outro, a formação da cognição judicial que defere a internação forçada carece da análise biopsicossocial, não individualizando o tratamento a ser realizado em cada caso concreto e, consequentemente, compulsoriamente tolhe a esfera decisória do indivíduo sob respaldo de proteger-lhe contra si mesmo.

Neste sentido, recente decisão do Tribunal de Justiça do Estado de São Paulo deferiu a internação forçada de uma mulher que realiza uso problemático de substâncias químicas fundamentando sua decisão, dentre outros, no argumento de que "nessas hipóteses graves [de dependência química], o dependente torna-se incapaz de avaliar e escolher o que é melhor para si, perdendo, assim, os seus valores e dignidade, o que passaria a justificar a intervenção do Poder Judiciário para determinar a internação forçada."[85]

Ao fim e ao cabo, a internação forçada nas chamadas instituições totais, nomenclatura utilizada por Goffman[86], viola os princípios basilares de proteção à pessoa com deficiência desde o momento do deferimento judicial até a aplicação da medida terapêutica,

---

83. ALENCAR, Cícero; ASSIS, Daniel; MUSSE, Luciana. Da interdição civil à tomada de decisão apoiada: uma transformação necessária ao reconhecimento da capacidade e dos direitos humanos da pessoa com deficiência. *Revista de Estudos Empíricos em Direito*, v. 3, n. 2, jul. 2016, p. 230.
84. PEREIRA, Ana; BRAZZALE, Flávia. Paternalismo estatal, autonomia e Estatuto da Pessoa com Deficiência. *Revista de Ciências Jurídicas Pensar*, v. 22, n. 1, jan.-abr. 2017, p. 3-33.
85. TJSP; Remessa Necessária Cível 1005505-87.2019.8.26.0066; Relator (a): Djalma Lofrano Filho; Órgão Julgador: 13ª Câmara de Direito Público; Foro de Barretos – 1ª Vara Cível; Data do Julgamento: 20/03/2020; Data de Registro: 20.03.2020.
86. GOFFMAN, Erving. *Manicômios, prisões e conventos*. 7. ed. São Paulo: Editora Perspectiva, 2001, p. 16.

Breves considerações acerca da aplicação da medida terapêutica são necessárias. O Relatório da Inspeção Nacional em Comunidades Terapêuticas realizado pelo Conselho Federal de Psicologia em parceria com o Ministério Público Federal e com o Mecanismo Nacional de Prevenção e Combate à Tortura, aponta que uma característica comum às instituições analisadas é a restrição do convívio social e o isolamento dos internos.[87]

O paradigma do isolamento vivenciado nas instituições terapêuticas vai na contramão do direito estabelecido no Artigo 2º, II da Lei da Reforma Psiquiátrica (lei 10.206/2001), segundo o qual a inserção na família, no trabalho e na comunidade deve fazer parte do tratamento da pessoa com deficiência. Goffman aponta que "a barreira que as instituições totais colocam entre o internado e o mundo externo assinala a primeira mutilação do eu."[88], de modo que a alteração substancial na rotina do indivíduo, a desconexão forçada com elementos que faziam parte de sua formação moral e cultural, a completa ausência da possibilidade de realizar pequenas escolhas durante o dia, tais como o horário em que se levanta, quais alimentos irá ingerir nas refeições, enfim, a disciplina minuciosamente orquestrada, com o passar do tempo, ocasiona a mortificação do eu, situação que dificilmente poderá ser revertida após a alta do paciente.[89]

4. CONSIDERAÇÕES FINAIS. VULNERABILIDADE COMO PRESSUPOSTO PARA PROTEÇÃO, E NÃO PARA VIOLAÇÃO

Para atingir-se a promoção da saúde e do bem-estar, inclusive da saúde mental, é preciso recordar o pressuposto dos ODS, de "não deixar ninguém para trás". A falta de atenção à saúde mental "é identificada como uma barreira global ao desenvolvimento sustentável".

As interlocuções entre a saúde e o direito intensificaram-se e são objeto frequente de atenção de ambas as áreas. No campo jurídico, há grande destaque para a "judicialização da saúde", termo que exige um cuidado por ter múltiplos significados e porque sugere um caráter pejorativo aos pedidos judiciais da saúde, sem levar em conta as falhas e lacunas do sistema.

É preciso, no entanto, diferenciar o diálogo necessário, da apropriação pelo direito de questões da saúde. Não se justifica que a definição sobre a "necessidade", modalidade e duração de internações forçadas seja fixada segundo parâmetros abstratos do direito criminal, sem qualquer coerência com os protocolos da saúde. Em um momento em que a devida comprovação da eficácia dos tratamentos, da adequação ao paciente singular

---

87. *Relatório da Inspeção Nacional em Comunidades Terapêuticas* – 2017. Conselho Federal de Psicologia; Mecanismo Nacional de Prevenção e Combate à Tortura; Procuradoria Federal dos Direitos do Cidadão; Ministério Público Federal. Brasília/DF: CFP, 2018, p. 57.
88. GOFFMAN, Erving. *Manicômios, prisões e conventos*. 7. ed. São Paulo: Editora Perspectiva, 2001, p. 24.
89. "Embora alguns dos papéis possam ser restabelecidos pelo internado, se e quando ele voltar para o mundo, é claro que outras perdas são irrecuperáveis e podem ser dolorosamente sentidas como tais. Pode não ser possível recuperar, em fase posterior do ciclo vital, o tempo não empregado no progresso educacional ou profissional, no namoro, na criação dos filhos. Um aspecto legal dessa perda permanente pode ser encontrado no conceito de "morte civil": os presos podem enfrentar, não apenas uma perda temporária dos direitos de dispor do dinheiro e assinar cheques, opor-se a processos de divórcio ou adoção, e votar, mas ainda podem ter alguns desses direitos permanentemente negados". GOFFMAN, Erving. *Manicômios, prisões e conventos*. 7. ed. São Paulo: Editora Perspectiva, 2001, p. 25.

e a avaliação de custo benefício são requisitos usuais para incorporação e fornecimento de tratamentos, são frequentemente desprezadas na imposição de internação.

É indispensável resgatar a interlocução entre saúde e direito, para que nenhuma das áreas se converta em refém da outra. É evidente a incoerência em afastar a punição, mas tomar o Código Penal como baliza para estabelecer tratamentos. Revela-se urgente uma revisão das violações de direitos humanos nas internações forçadas, inclusive na esfera penal, sob pena da permanência de uma situação de notória e constante violação de direitos humanos. Vale recordar a lição de Guimarães Rosa, "As coisas mudam no devagar depressa dos tempos".

5. REFERÊNCIAS

ANDRADE, C. *O avesso das coisas*. Rio de Janeiro: Record, 1987.

ARAUJO LAD, Ruzyk CEP. A perícia multidisciplinar no processo de curatela e o aparente conflito entre o Estatuto da pessoa com deficiência e o Código de Processo Civil: reflexões metodológicas à luz da teoria geral do direito. *Rev de Direitos e Garantias Fundamentais*. Vitória. 2017;18(1):227-256.

BARDARO R, Mapelli Júnior R. Saúde mental – Legislação e normas aplicáveis. In: MD, Mateus (Org.). *Políticas de saúde mental: baseado no curso Políticas públicas de saúde mental, do CAPS Luiz R. Cerqueira*. São Paulo: Instituto de Saúde; 2013.

BRASIL. Ministério da Justiça. Conselho Nacional de Política Criminal e Penitenciária (CNPCP). Resolução n. 05/2004. Disponível em: www.justica.gov.br/seus-direitos/politica-penal/cnpcp-1/resolucoes/resolucoes-arquivos-pdf-de-1980-a-2015/resolucao-no-05-de-04-de-maio-de-2004.pdf. Acesso em: 03 mar. 2017.

BRASIL. Ministério Público Federal. Parecer sobre medidas de segurança e hospitais de custódia e tratamento psiquiátrico sob a perspectiva da Lei 10.216/2001. Brasília: MPF; 2011.

BRASIL. STJ. *Habeas Corpus* n. 394.072. 6ª Turma. Relatora Min. Maria Thereza de Assis Moura. DJe 30.05.2017.

CARRARA S. *Crime e loucura*: o aparecimento do manicômio judiciário na passagem do século. Rio de Janeiro: EdUERJ; São Paulo: EdUSP; 1998. (Coleção Saúde e Sociedade)

CONSELHO FEDERAL DE MEDICINA. Diretrizes para um modelo de assistência integral em saúde mental no Brasil. Brasília: CFM, AMB, FENAM, ABP; 2014.

CONSELHO FEDERAL DE MEDICINA. Diretrizes para um modelo de atenção integral em saúde mental no Brasil. Brasília: CFM, AMB, FENAM, ABP; 2014.

CONSELHO FEDERAL DE PSICOLOGIA. Inspeções aos manicômios. Relatório Brasil 2015. Brasília: CFP; 2015.

CONSELHO NACIONAL DE Justiça. Enunciados da II Jornada de Direito da Saúde do CNJ. Disponível em: www.cnj.jus.br/files/conteudo/destaques/arquivo/2015/05/96b5b10aec7e5954fcc1978473e-4cd80.pdf. Acesso em: 20 abr. 2016.

Corte Interamericana de Direitos Humanos. Caso Ximenes Lopes x Brasil. 2006. Disponível em: http://www.corteidh.or.cr/docs/casos/articulos/seriec_149_por.pdf. Acesso em: 1º fev. 2015.

DHANDA A. Legal capacity in the disability rights convention strangle hold of the past or lodestar for the future? *Syracuse journal of international law & commerce*. 2007;34:429-462.

DINIZ D, Penalva J. *Medidas de segurança loucura e direito penal*: uma análise crítica das medidas de segurança. Rio de Janeiro/Brasília: Ministério da Justiça, Secretaria de Assuntos Legislativos do Ministério da Justiça;2011. (Série pensando o direito, n. 35/ 2011)

DINIZ D. *A custódia e o tratamento psiquiátrico no Brasil*: Censo 2011. Brasília: Letra Editora Universidade de Brasília; 2013.

DORNELLES RP. *O círculo alienista*: reflexões sobre o controle penal da loucura. Dissertação (Mestrado em Direito). Universidade de Brasília (UnB). Brasília; 2012.

DURAN F, Camila et al. *O judiciário e as políticas públicas de saúde no Brasil*: o caso Aids. Prêmio Ipea 40 anos. Brasília: Ipea; 2005.

EUROPEAN COURT OF HUMAN RIGHTS. Case Gajcsi v. Hungary. Application n. 34503/03. Estrasburgo (França): 03.10.2006. Disponível em: https://hudoc.echr.coe.int/eng#{"fulltext":["34503/03"],"-documentcollectionid2":["GRANDCHAMBER","CHAMBER"],"itemid":["001-77036"]}. Acesso em: 08 ago. 2017.

EUROPEAN COURT OF HUMAN RIGHTS. Caso ervenka v. República Tcheca. Application 62507/12. Estrasburgo (França): 13.01.2017. Disponível em: https://hudoc.echr.coe.int/eng# {"itemid":["001-167125"]}. Acesso em: 04 ago. 2019.

EUROPEAN COURT OF HUMAN RIGHTS. Caso ervenka v. República Tcheca. Application n. 62507/12. Estrasburgo (França): 13.01.2017. Disponível em: http://hudoc.echr.coe.int/eng?i=001-167125. Acesso em: 04 maio. 2020.

EUROPEAN COURT OF HUMAN. Case Jasinskis v. Latvia (Letônia). Application n. 45744/08. Estrasburgo (França): 21.12.2010. Disponível em: https://hudoc.echr.coe.int/eng#{"itemid":["001-102393"]}>. Acesso em: 04 ago. 2017.

EUROPEAN COURT OF HUMAN. Case Rooman v. Bélgica. Application n. 18052/11. Estrasburgo (França): 31.05.2006. Disponível em: http://hudoc.echr.coe.int/eng?i=001-189902. Acesso em: 08 maio 2020.

FISHER J, Herrman H, Cabral de Mello M, Chandra P. *Women's mental health, in Global mental health* New York: Oxford University Press USA p. 354-84. (2013).

FOUCAULT M. *Os anormais*. São Paulo: Martins Fontes; 2001.

HALL W, Carter A. *Advocates need to show compulsory treatment of opioid dependence is effective, safe and ethical*. Bulletin of the World Health Organization 2013;91(2):146.

HERRMAN H. Sustainable Development Goals and the Mental Health of Resettled Refugee Women: A Role for International Organizations. *Front Psychiatry*, v. 10, p. 608. 30 Ago 2019 Aug 30.

JACOBINA PV. *Direito penal da loucura e reforma psiquiátrica*. Brasília: ESMPU; 2008.

KARAM ML. Aplicação da pena: por uma nova atuação da justiça criminal. *Rev Brasileira de Ciências Criminais*. 1994;2(6):117-132.

LEMOS C. Quatro críticas à medida de segurança: da insegurança da medida à desmedida do sistema. In: MIRANDA AE, RANGEL C, COSTA-MOURA R, (Org.). *Questões sobre a população prisional no Brasil*: saúde, justiça e direitos humanos. Vitória: UFES, Proex; 2016. [recurso digital].

LUNA, F. *Vulnerabilidad*: la metáfora de las capas. Jurisprudencia Argentina, (IV), p. 60-67, 2008.

LUND C, Brooke-Sumner C, BAINGANA F, BARON EC, BREUER E, CHANDRA P et al. *Social determinants of mental disorders and the sustainable development goals*: a systematic review of reviews. Lancet Psychiatry, v. 5, p. 357-369, 2018.

MAGALHÃES, S. DO EU PARA MIM. Conselho Federal da Psicologia. Prêmio Inclusão Social. Arte Cultura e Trabalho. Usuário (s) autor (es) de texto (s) (poesias, contos, poemas e demais expressões literárias). Brasília: CFP, 2016.

MATEUS MD. Mari JJ. O sistema de saúde mental brasileiro: avanços e desafios. In: MATEUS MD (Org.). *Políticas de saúde mental*: baseado no curso políticas públicas de saúde mental, do CAPS Luiz R. Cerqueira. São Paulo: Instituto de Saúde; 2013.

MILLS, C. *From 'Invisible Problem' to Global Priority*: The Inclusion of Mental Health in the Sustainable Development Goals. Development and Change, v. 49, p 843-866. 06 March 2018.

MINISTÉRIO DA SAÚDE. Ministério da Justiça. Reforma psiquiátrica e manicômio judiciários: relatório final do Seminário Nacional para a Reorientação dos Hospitais de Custódia e Tratamento Psiquiátrico: Brasília: MS – MJ; 2002. p. 19.

NACIONES UNIDAS. ASAMBLEA GENERAL. Consejo de Derechos Humanos. Informe del Relator Especial sobre la tortura y otros tratos o penas crueles, inhumanos o degradantes. *Relatório A-HRC-22-53*. ONU: Nova York (Estados Unidos), 1º fev. 2013. Disponível em: http://www.ohchr.org/Documents/HRBodies/HRCouncil/RegularSession/Session22/A-HRC-22-53_sp.pdf. Acesso em: 20 ago. 2017.

ONU. *Mental health included in the UN Sustainable Development Goals*. Disponível em: https://www.who.int/mental_health/SDGs/en//. Acesso em: 08 maio 2020.

ONU. *Objetivos de desenvolvimento sustentável*. Disponível em: https://nacoesunidas.org/pos2015/ods3/. Acesso em: 08 maio 2020.

ONU. Relatório sobre a visita ao Brasil do Subcomitê de Prevenção da Tortura e outros Tratamentos ou Penas Cruéis, Desumanos ou Degradantes. 2012.

ORGANIZAÇÃO MUNDIAL DE SAÚDE. *Relatório mundial da saúde. Saúde mental*: nova concepção, nova esperança. Lisboa (Portugal): OMS; 2002.

PALAZZO F. *Introduzione al princìpe del diritto penale*. Torino (Itália): G. Giappichelli Editore; 1999.

PARANÁ. Justiça Federal do Paraná. Ata da 56ª Reunião do Comitê Executivo Estadual para monitoramento das demandas de assistência à saúde. 29.07.2016. Disponível em: www.jfpr.jus.br/saude/ata_56.php. Acesso em: 12 out. 2016.

PATEL, V., S. SAXENA, H, FRANKISH, N. Boyce. Sustainable Development and Global Mental Health: A Lancet Commission', *The Lancet*, v, 387, p. 1143-1145, 2006.

PAVARINI M. Il folle che delinque: rapsodia sul margine. *Rivista sperimentale di freniatria*. 2011;135(3):145-154.

PINHEIRO CVQ, AGUIAR IMA, MENDES LCB. *O sofrimento psíquico e as novas modalidades de relação entre o normal e o patológico*: uma discussão a partir da perspectiva freudiana. Interação em Psicologia. UFPR. 2008;12:299-305.

POLO MPR. Tratamiento ambulatorio involuntario de enfermos mentales. *Rev de Derecho Privado*. 2005;89(6):82-93.

PRADO AM, Schindler D. A medida de segurança na contramão da Lei de Reforma Psiquiátrica: sobre a dificuldade de garantia do direito à liberdade a pacientes judiciários. *Rev Direito GV*, São Paulo, FGV. 2017;13(2):628-652. p. 632.

RIBEIRO RB, Castellana GB, QUIRINO C. Atos médicos no cumprimento das medidas de segurança. In: QUIRINO C, LIMA MGA. *Hospital de custódia*: prisão sem tratamento – fiscalização das instituições de custódia e tratamento psiquiátrico do Estado de São Paulo. São Paulo: Conselho Regional de Medicina do Estado de São Paulo; 2014.

SABINO MAC. Quando o judiciário ultrapassa seus limites constitucionais e institucionais. O caso da saúde. In: GRINOVER AP, WATANABE K (Org.). *O controle jurisdicional de políticas públicas*. Rio de Janeiro: Forense; 2011.

SADEK MT. Judiciário e arena pública: um olhar a partir da ciência política. In: Grinover AP, Watanabe K (Org.). *O controle jurisdicional de políticas públicas*. Rio de Janeiro: Forense; 2011.

São Paulo. Defensoria Pública. Teses institucionais. Execução criminal. [internet]. Disponível em: https://www.defensoria.sp.def.br/dpesp/Default.aspx?idPagina=6245. Acesso em: 05 mar. 2017.

SCHULMAN, G. *Internações forçada, saúde mental e drogas*. Indaiatuba: Foco, 2020.

SILVA MVO (Org.). *A instituição sinistra*: mortes violentas em hospitais psiquiátricos no Brasil. Brasília: CFP; 2001.

TATE CN, Vallinder T. *The global expansion of judicial power*: the judicialization of politics. In The global expansion of judicial power. New York: New York University Press; 1995.

THORNICROFT, G, PATEL, V. Including mental health among the new sustainable development goals. The case is compelling. *British Medical Journal*, Editorial, v. 349, g5189, 2014.

TOLEDO LF, CAMBRICOLI F. Justiça mantém internações psiquiátricas mesmo após alta médica e paciente fica até 3 anos. *O Estado de S. Paulo*. 23 jul. 2017.

TRIBUNAL DE JUSTIÇA DO MATO GROSSO. Apelação n. 25919/2010. Relator Des. Rui Ramos Ribeiro, 1ª. Câmara Criminal, Julgado em 22.03.2011. Diário de Justiça do MT 06 abr. 2011.

VOTRUBA N, Thornicroft G. *The importance of mental health in the Sustainable Development Goals*. BJPsych Int, v 12, n. 1, 2015.

VOTRUBA, N. We can't make progress without investing in mental health *World Economic Forum*. 26 Nov 2018. Disponível em: https://nacoesunidas.org/pos2015/ods3/. Acesso em: 08 maio 2020.

WANG DWL, COLUCCI E. Should compulsory hospitalization be part of suicide prevention strategies? *BJPsych Bulletin*. 2017; 41:169-171.

WERB D et al. The effectiveness of compulsory drug treatment: a systematic review. *The International Journal on Drug Policy*. 2016; 28:1-9.

WORLD HEALTH ORGANIZATION. WHO. Policies and practices for mental health in Europe – meeting the challenges. Copenhagen (Dinamarca): WHO; 2008.